Die Chronik-Bibliothek des 20. Jahrhunderts

Chronik 1918

Chronik
Verlag

Abbildungen auf dem Schutzumschlag
(oben links beginnend)
Deutsche Propagandapostkarte
Mitglieder des Spartakusbundes bei einem Aufmarsch vor dem Brandenburger Tor während der Novemberrevolution
Extraausgabe des »Vorwärts« vom 9. November 1918 zur Abdankung von Kaiser Wilhelm II.
Die deutsche und die alliierte Delegation treffen sich zu Waffenstillstandsverhandlungen im Eisenbahnwaggon in Compiègne
Sowjetisches Plakat, das für den freiwilligen Eintritt in die neugegründete Rote Armee wirbt

Herausgeber: Bodo Harenberg
Autor: Sibylle Reinhardt
Lektorat: Manfred Brocks
Anhang: Ludwig Hertel, Bernhard Pollmann, Karl Adolf Scherer
Bildredaktion: Christine Voges
Graphiken: Dieter Haf, Burkhard Wagner
Redaktionelle Abwicklung: Barbara Reppold-Hinz, Annette Retinski
Leihgeber für Zeitungen und Zeitschriften: Institut für Zeitungsforschung, Dortmund

Gesamtherstellung: Mohndruck Graphische Betriebe GmbH, Gütersloh
ISBN 3-611-00002-7

Inhalt

Der vorliegende Band aus der »Chronik-Bibliothek des 20. Jahrhunderts« führt Sie zuverlässig durch das Jahr 1918 und gibt Ihnen – aus der Sicht des Zeitzeugen, aber vor dem Hintergrund des Wissens von heute – einen vollständigen Überblick über die weltweit wichtigsten Ereignisse in Politik und Wirtschaft, Kultur und Sport, Alltag und Gesellschaft. Sie können das Jahr in chronologischer Folge an sich vorüberziehen lassen, die »Chronik 1918« aber auch als Nachschlagewerk oder als Lesebuch benutzen. Das Chronik-System verbindet eine schier unübersehbare Fülle von Artikeln, Kalendereinträgen, Fotos, Graphiken und Übersichten nach einheitlichen Kriterien und macht damit die Daten dieses Bandes mit jedem anderen Band vergleichbar. Wer die »Chronik-Bibliothek« sammelt, erhält ein Dokumentationssystem, wie es in dieser Dichte und Genauigkeit nirgends sonst zu haben ist.

Hauptteil (ab Seite 8)

Jeder Monat beginnt mit einem Kalendarium, in dem die wichtigsten Ereignisse chronologisch geordnet und in knappen Texten dargestellt sind. Sonn- und Feiertage sind durch farbigen Druck hervorgehoben. Pfeile verweisen auf ergänzende Bild- und Textbeiträge auf den folgenden Seiten. Faksimiles von Zeitungen und Zeitschriften, die im jeweiligen Monat des Jahres 1918 erschienen sind, spiegeln Zeitgeist und herausragende Ereignisse.

Wichtige Ereignisse des Jahres 1918 werden – zusätzlich zu den Eintragungen im Kalendarium – in Wort und Bild beschrieben. Jeder der 357 Einzelartikel bietet eine in sich abgeschlossene Information. Die Pfeile des Verweissystems machen auf Artikel aufmerksam, die an anderer Stelle dieses Bandes ergänzende Informationen zu dem jeweiligen Thema vermitteln.

483 zumeist farbige Abbildungen und graphische Darstellungen illustrieren die Ereignisse und Entwicklungen des Jahres 1918 und werden damit zu einem historischen Kaleidoskop besonderer Art.

Hinter dem Hauptteil (auf S. 212) geben originalgetreue Abbildungen einen Überblick über alle Postwertzeichen, die 1918 im Deutschen Reich neu ausgegeben wurden.

Übersichtsartikel (ab Seite 18)

18 Übersichtsartikel, am blauen Untergrund zu erkennen, stellen Entwicklungen des Jahres 1918 zusammenfassend dar.

Alle Übersichtsartikel aus den verschiedenen Jahrgangsbänden ergeben – zusammengenommen – eine sehr spezielle Chronik zu den jeweiligen Themenbereichen (z. B. Film von 1900 bis 2000).

Anhang (ab Seite 213)

Der Anhang zeigt das Jahr 1918 in Statistiken und anderen Übersichten. Ausgehend von den offiziellen Daten für das Deutsche Reich, für Österreich und die Schweiz, regen die Zahlen und Fakten zu einem Vergleich mit vorausgegangenen und nachfolgenden Jahren an.

Für alle wichtigen Länder der Erde sind die Staats- und Regierungschefs im Jahr 1918 aufgeführt und werden wichtige Veränderungen aufgezeigt.

Die Zusammenstellungen herausragender Neuerscheinungen auf dem Buchmarkt sowie der Premieren auf Bühne und Leinwand werden zu einem Führer durch das kulturelle Leben des Jahres.

Das Kapitel »Sportereignisse und Rekorde« spiegelt die Höhepunkte des Sportjahres 1918.

Internationale und deutsche Meisterschaften, die Entwicklung der Leichtathletik- und Schwimmrekorde sowie alle Ergebnisse der großen internationalen Wettbewerbe im Automobilsport, Eiskunstlauf, Fußball, Gewichtheben, Pferde-, Rad- und Wintersport sowie im Tennis sind wie die Boxweltmeister im Schwergewicht nachgewiesen.

Der Nekrolog enthält Kurzbiographien von Persönlichkeiten, die 1918 verstorben sind.

Register (ab Seite 233)

Das *Personenregister* nennt – in Verbindung mit der jeweiligen Seitenzahl – alle Personen, deren Namen in diesem Band verzeichnet sind.

Werden Personen abgebildet, so sind die Seitenzahlen kursiv gesetzt. Herrscher und Angehörige regierender Häuser mit selben Namen sind alphabetisch nach den Ländern ihrer Herkunft geordnet.

Wer ein bestimmtes Ereignis des Jahres 1918 nachschlagen möchte, das genaue Datum oder die Namen der beteiligten Personen aber nicht präsent hat, findet über das spezielle *Sachregister* Zugang zu den gesuchten Informationen.

Oberbegriffe und Ländernamen erleichtern das Suchen und machen zugleich deutlich, welche weiteren Artikel und Informationen zu diesem Themenfeld im vorliegenden Band zu finden sind. Querverweise helfen bei der Erschließung der immensen Informationsvielfalt.

Das Jahr 1918

1918 ist ein entscheidendes Jahr für Europa und das Deutsche Reich: Mit dem Ende des Weltkrieges, der 10 Millionen Soldaten das Leben gekostet hat, brechen die österreichisch-ungarische Doppelmonarchie und das Wilhelminische Kaiserreich zusammen; mit der deutschen Novemberrevolution und den neugegründeten Republiken Deutschösterreich und Tschechoslowakei werden Hoffnungen auf ein demokratisches Mitteleuropa wach.

Bis zum Waffenstillstand von Compiègne am 11. November 1918 bestimmt der Kriegsalltag das Geschehen in Europa. Noch einmal versuchen die Hauptverbündeten der Mittelmächte, das Deutsche Reich und Österreich-Ungarn, in zwei letzten Großoffensiven im Westen und an der Italienfront das Blatt zu wenden, aber auch diese Pläne sind in einer aussichtslosen Situation zum Scheitern verurteilt. In den flandrischen Gräben finden allein auf deutscher Seite 250 000 Männer den Tod.

In den kriegsbeteiligten Ländern – mit Ausnahme der USA, die erst im April 1917 in den Krieg gegen das Deutsche Reich und seine Verbündeten eingetreten sind – ist die Bevölkerung kaum noch in der Lage, die ständig größer werdende Hungersnot zu ertragen. An die Stelle patriotischer Kriegsbegeisterung sind 1918 Verzweiflung und Staatsverdrossenheit getreten, auf allen Seiten nehmen Meutereien und Desertionen zu. Auch staatliche Durchhalteparolen können diese Tendenz nicht mehr aufhalten.

Die österreichisch-ungarische Donaumonarchie unter Kaiser Karl I. gerät 1918 in akute Gefahr, als Staatswesen auseinanderzubrechen und damit die Großmachtstellung, die sie in über zwei Jahrhunderten Habsburger Herrschaft innehatte, einzubüßen. Der Vielvölkerstaat – Deutschösterreicher, Ungarn, Böhmen, Slowenen, Tschechen, Serben, Kroaten u. a. sind im Riesenreich der Habsburger-Dynastie vereinigt – bildet einen fruchtbaren Boden für Autonomiebestrebungen. Am Ende des Jahres gibt es keine k. u. k. Monarchie mehr, dafür vier neue Staaten: Deutschösterreich, die Tschechoslowakei, Ungarn und das Königreich der Serben, Kroaten und Slowenen.

Im November 1918 – ein Jahr nach der Beseitigung der russischen Zarenherrschaft durch die Bolschewiki – ist die Welt geprägt vom Umbruch der politischen Systeme. Die Völker der vom Krieg gebeutelten Industriestaaten blikken gespannt nach Rußland. Die kargen Informationen, die von dort nach Westeuropa dringen, animieren bislang macht- und einflußlose Bevölkerungsschichten, an einen Umsturz im eigenen Land zu denken. Im Deutschen Reich zeigt sich das am Erstarken des Spartakusbundes, den Rosa Luxemburg und Karl Liebknecht 1916 als »Gruppe Internationale« ins Leben riefen. Am Ende des Jahres 1918, wesentlich beeinflußt durch die revolutionäre Stimmung, die besonders die Großstädte des Reichs mit Beginn des Novemberaufstands erfaßt hat, ist die Basis für die Gründung einer Kommunistischen Partei im Deutschen Reich geschaffen.

Die provisorische Regierung der ersten deutschen Republik, der am 10. November unter Friedrich Ebert gebildete »Rat der Volksbeauftragten«, setzt sich je zur Hälfte aus Mitgliedern der gemäßigten MSPD und der radikalsozialistischen USPD zusammen. Die schweren Konflikte zwischen beiden Parteien, die später nicht unerheblich zum Untergang der Weimarer Republik beitragen sollen, deuten sich bereits jetzt an.

In Rußland tobt derweil ein erbitterter Machtkampf zwischen den Bolschewisten und Anhängern gemäßigter bzw. reaktionärer politischer Gruppierungen, die vom Deutschen Reich, mehr und mehr auch von britischen und US-amerikanischen Truppen unterstützt werden.

Wirtschaftspolitisch betrachtet setzt das Jahr 1918 entscheidende Wendepunkte: Waren die USA und Japan vor dem Weltkrieg noch wesentlich Schuldner der westeuropäischen Industrienationen, so hat sich die Lage vier Jahre später umgekehrt. Eine entscheidende Marke für die internationale Wirtschaftsentwicklung im 20. Jahrhundert ist gesetzt.

Die Kunst erlebt 1918 viele neue Impulse, nicht zuletzt durch den Wegfall der Zensur Ende des Jahres. So kann etwa im Dezember Heinrich Manns gegen den Wilhelminischen Geist gerichteter Roman »Der Untertan« erstmals in deutscher Sprache erscheinen. Richtungsweisende Werke bringt die russische Kunst hervor, ob in Theater (Mejerchold), Musik (Strawinski), Literatur (Majakowski) oder Malerei (Malewitsch).

◁ *Novemberrevolution im Deutschen Reich: Revolutionäre Soldaten vor dem Brandenburger Tor in Berlin*

Januar 1918

Mo	Di	Mi	Do	Fr	Sa	So
	1	2	3	4	5	6
7	8	9	10	11	12	13
14	15	16	17	18	19	20
21	22	23	24	25	26	27
28	29	30	31			

1. Januar, Neujahr

In Moskau und Petrograd (Leningrad) werden alle Banken bis auf weiteres geschlossen. Die Maßnahme soll der Vorbereitung der Verstaatlichung der Geldinstitute dienen.

In der reichsdeutschen Wirtschaft sind zur Zeit 2,3mal so viele Frauen beschäftigt wie vor dem Krieg (→5. 1./S. 19).

Der deutsche Bodenseedampfer »Kaiser Wilhelm« wird während einer Werkstatt-Probefahrt bei Altnau mit etwa 15 scharfen Schüssen vermutlich vom Schweizer Grenzschutz unter Feuer genommen. Die reichsdeutsche Presse fordert allgemein energische Schritte gegen die Wiederholung eines solchen Vorfalls. Die Schweiz ist im Weltkrieg neutral.

2. Januar, Mittwoch

Die neue russische Regierung unter Wladimir I. Lenin macht den Mittelmächten, also dem Deutschen Reich, Österreich-Ungarn, dem Osmanischen Reich und Bulgarien, den Vorschlag, die Friedensverhandlungen von Brest-Litowsk auf neutralen Boden nach Stockholm zu verlegen, was die Mittelmächte jedoch ablehnen (→9. 1./S. 14).

Japan erkennt die neue bolschewistische Regierung Rußlands an. →S. 15

Die Schwarzmarktpreise im Deutschen Reich erreichen erstmals seit mehreren Monaten einen Tiefststand. Der Preisverfall wird von informierten Kreisen auf die Friedensverhandlungen von Brest-Litowsk zurückgeführt. →S. 19

3. Januar, Donnerstag

Im Deutschen Reich tritt eine Verordnung zur Änderung der praktischen Prüfungs- und Ausbildungsordnung für das Lehramt an den höheren Schulen in Kraft. Die praktische Seite der Ausbildung wird künftig zwei Jahre umfassen. Zuvor war der pädagogisch-didaktischen Seite des Höheren Lehramts kein eigener Ausbildungsabschnitt zugeordnet.

Die Ententestaaten geben bekannt, sie wollten die in Frankreich internierten russischen Soldaten nicht nach Rußland entlassen, wie es die Sowjetregierung gefordert hatte, sondern sie zu gegebener Zeit nach Großbritannien weiterleiten. Die Ententemächte fürchten, die russischen Soldaten könnten die bolschewistischen Revolutionäre unterstützen.

Der Rat der Volkskommissare in Rußland droht der provisorischen ukrainischen Zentralregierung, der Rada, mit »unbarmherzigem Vorgehen«, falls keine Verhandlungen mit der Sowjetregierung aufgenommen würden. Am 30. Dezember 1917 hatte das Zentralexekutivkomitee der ukrainischen Sowjets die »Sowjetrepublik Ukraine« verkündet, gegen die die nationalstaatlich gesonnene Rada kämpft (→9. 2./S. 28).

Infolge der zunehmenden Intensität von Fliegerangriffen auf reichsdeutsche Städte veröffentlicht die Presse detaillierte Verhaltensmaßregeln für den Fall eines Luftangriffes. →S. 17

Der deutsche Industrielle Gustav Krupp von Bohlen und Halbach spendet für den Kongreß- und Bibliothekssaal des Deutschen Museums in München 500 000 Mark. →S. 19

4. Januar, Freitag

Der deutsche Generalissimus Erich Ludendorff kündigt der Leitung des Militärkabinetts aus taktischen Gründen seinen Rücktritt aus der Obersten Heeresleitung an und läßt Gerüchte darüber in die deutsche Presse gelangen (→17. 1./S. 17).

Der spanische König Alfons XIII. unterzeichnet einen Erlaß zur Auflösung des spanischen Kabinetts. Die Neuwahlen werden auf den 17. Februar festgelegt. Das im Krieg neutrale Königreich Spanien hat seit längerem mit internen Auseinandersetzungen zwischen den ethnischen Gruppen zu kämpfen.

Leo D. Trotzki, der Leiter der sowjetischen Delegation bei den Friedensverhandlungen von Brest-Litowsk, bezeichnet in einer Rede vor dem Hauptausschuß der Sowjets in Moskau die Friedensbemühungen des Deutschen Reiches als heuchlerisch. Die deutschen Friedensbedingungen seien unannehmbar (→9. 1./S. 14).

Die Sowjetunion erkennt offiziell die Unabhängigkeit Finnlands an. →S. 15

Vor dem britischen Unterhaus in London werden die Kriegsverluste des Königreichs im Jahr 1917 auf insgesamt 850 000 Soldaten beziffert. Die Gesamtverluste seit Kriegsbeginn im August 1914 werden mit 2 Millionen Toten und Verletzten angegeben.

5. Januar, Sonnabend

Die ukrainische Hafenstadt Odessa am Schwarzen Meer erklärt sich zur Freien Stadt.

Das preußische Eisenbahnministerium weist die königlichen Eisenbahndirektionen an, auf größeren Bahnhöfen Stellen zur Versorgung der Reisenden mit Lebensmitteln einzurichten, da der größte Teil der Speisewagen weggefallen sei.

Die Zahl der in der preußisch-hessischen Staatseisenbahnverwaltung tätigen Frauen ist auf 100 000 angestiegen. Vor dem Krieg waren es nur knapp 10 000. Wie der preußische Eisenbahnminister Paul von Breitenbach mitteilt, hätten sich die Frauen aufs beste bewährt, obwohl sie nur für die Dauer des Krieges eingestellt worden seien. →S. 19

6. Januar, Sonntag

Das Deutsche Reich erkennt die staatliche Eigenständigkeit Finnlands an.

Die deutsche Oberste Heeresleitung weist alle Gerüchte, Generalfeldmarschall Erich Ludendorff wolle als Leiter der OHL zurücktreten, mit Entschiedenheit zurück (→17. 1./S. 17).

Großen Erfolg hat in Düsseldorf eine Veranstaltung der Deutschen Vaterlandspartei, auf der ein »würdevoller Friede« gefordert wird (→20. 1./S. 17).

Der tschechische Generallandtag in Prag erklärt, daß die Tschechen bei Friedensverhandlungen ihre Unabhängigkeit auf internationalem Weg erkämpfen würden. Im November 1915 hatte in Paris der Soziologe Tomáš Garrigue Masaryk einen tschechischen Nationalrat gegründet (→2. 7./S. 108).

Aus einem Großlager in Köln-Nippes werden 2000 kg Leberwurst gestohlen. Zur Ergreifung des Täters sind 3000 Mark Belohnung ausgesetzt.

7. Januar, Montag

In einem Schreiben Generalfeldmarschalls Paul von Hindenburg an den deutschen Kaiser Wilhelm II. wird von der Obersten Heeresleitung des Deutschen Reiches Anspruch auf Mitsprache bei den kommenden Friedensverhandlungen erhoben (→17. 1./S. 17).

Der reichsdeutsche Verein »Landaufenthalt für Stadtkinder« veröffentlicht seinen Jahresbericht über die Kinderlandverschickung im Jahr 1917. →S. 19

8. Januar, Dienstag

Der US-amerikanische Präsident Thomas Woodrow Wilson verliest vor dem US-amerikanischen Kongreß in Washington eine Friedensbotschaft, die in 14 Punkten die Friedensbedingungen der Vereinigten Staaten darlegt. →S. 12

Im gesamten Deutschen Reich finden Möbelsammlungen für die zurückkehrenden Soldaten statt. Besonders den kriegsgetrauten Paaren soll dadurch die Gründung eines eigenen Hausstandes erleichtert werden.

9. Januar, Mittwoch

In Brest-Litowsk werden die Friedensverhandlungen zwischen der russischen Regierung und den Mittelmächten wieder aufgenommen. →S. 14

Die amtlichen Lebensmittelzuteilungsstellen im Deutschen Reich warnen alle Haushaltungen davor, mehr Kartoffeln zu verbrauchen, als ihnen aufgrund der Lebensmittelkarten täglich zukommen. Als Ersatz kämen allenfalls Steckrüben in Betracht. Davon gebe es zur Zeit noch genügend Vorräte.

10. Januar, Donnerstag

Das Tiefdeckerflugzeug der Flugzeugbaufirma Junkers in Dessau, eine Entwicklung des Firmeninhabers Hugo Junkers, wird zum Patent angemeldet.

In den deutschen Schulen ergeht ein Aufruf zur Sammlung von Knochen für die Speisefettgewinnung. 1% des abgelieferten Knochengewichts wird den Schülern in Form von Margarine und Brühwürfeln wieder zugeteilt.

Mit der Frage, was Bier sei, befaßt sich das Schöffengericht Krefeld. Bei einer Routineuntersuchung der Bierqualität in Gaststätten waren die Behörden auf eine Biervariante gestoßen, die nur Spuren von Alkohol und 0,8% Stammwürze enthielt. →S. 19

11. Januar, Freitag

Die deutsche Oberste Heeresleitung dehnt das Seesperrgebiet rund um die Kapverdischen Inseln und den feindlichen Stützpunkt Dakar aus. Auch das Seegebiet um die Insel Madeira wird ab jetzt in die Sperrzone einbezogen sein, in der auch der zivile und neutrale Schiffsverkehr den Angriffen der deutschen U-Boote ausgesetzt ist.

Die Rechte am Abdruck der Klassiker der russischen Dichtung sollen zukünftig in Staatsbesitz überführt werden. Ein Dekret über den Staatsverlag leitet diese Maßnahme ein. →S. 23

12. Januar, Sonnabend

In einer Debatte des preußischen Landtages über die Reform des Wahlrechts führt Innenminister Bill Drews aus, daß bei Aufhebung des Dreiklassenwahlrechts und auf Grundlage der letzten Wahlergebnisse die Sozialdemokraten 101 statt bisher 10, die Konservativen 81 statt 148 Sitze haben würden (→28. 10./S. 143).

Beim finnischen Senat geht eine Massenpetition der Einwohner der Aalandinseln ein, die auf der Vereinigung mit Schweden bestehen.

13. Januar, Sonntag

In China breitet sich eine Pestepidemie aus. Das Pestgebiet hat jetzt bereits einen Durchmesser von 300 km.

Um eine weitere Einsparung von Bahnstrecken für den Güterverkehr zu erreichen, wird ab sofort in der deutschen Rheinprovinz eine erhebliche Anzahl von Personenzügen gestrichen (→S. 92).

14. Januar, Montag

In Brest-Litowsk erklärt der sowjetische Minister des Äußeren, Leo D. Trotzki, die russische Regierung halte am Selbstbestimmungsrecht der Völker Rußlands bis hin zu deren Lostrennung fest, jedoch müßte diese Selbstbestimmung auch von der wirklichen Mehrheit des Volkes ausgeübt werden.

Joseph Caillaux, radikaler französischer Politiker, wird auf Betreiben des Staatspräsidenten Georges Clemenceau verhaftet. Ihm wird Begünstigung der Kriegsunlust zur Last gelegt.

15. Januar, Dienstag

In der südlich von Wien gelegenen Wiener Neustadt bricht ein wilder Streik unter den Fabrikarbeitern aus, in dem nach russischem Rätevorbild ein Frieden ohne Annexionen, ein demokratisches Wahlrecht und bessere Versorgung mit Lebensmitteln gefordert werden. →S. 16

Die 182. Kriegsnummer der in Leipzig erscheinenden »Illustrirten Zeitung« mit einem heroischen Titelbild

Zu neun Monaten Gefängnis wird in Bonn der uneheliche Sohn des polnischen Grafen Stanislaus Tycziwicz, Paul Heller, verurteilt, der sich auf betrügerische Weise einen Kredit in Höhe von einer halben Million Mark zu verschaffen versucht hatte. →S. 21

16. Januar, Mittwoch

Durch plötzlich einsetzendes Tauwetter kommt es besonders an Main und Nahe zu Überschwemmungen, die die Einwohnerschaft zwingen, ihre Häuser zu verlassen. →S. 20

Auf der Strecke Bremen–Osnabrück verunglückt ein Urlauberzug mit Frontsoldaten. Dabei kommen 33 Insassen ums Leben, 48 Personen werden verletzt.

17. Januar, Donnerstag

Der Vorsitzende des Zivilkabinetts des deutschen Kaisers Wilhelm II., der Geheime Kabinettsrat Rudolf von Valentini, tritt zurück. Nachfolger wird Bernhard von Berg.

In Köln wird ein weiblicher Kaufmannslehrling von einer stellenlosen Kontoristin mit dem Revolver bedroht und um 2300 Mark beraubt. →S. 20

Die Bonner und Heidelberger Studentenvertreter distanzieren sich von den pazifistischen Aktivitäten »eines gewissen Ernst Toller« und seiner Münchener Anhänger. →S. 22

18. Januar, Freitag

Die Konstituierende Versammlung als provisorisches Parlament der russischen Länder tritt zusammen und widersetzt sich mehrheitlich dem Willen der bolschewistischen Deputierten, die Staatsgewalt in die Hände der Sowjets zu legen (→25. 1./S. 14).

In Bochum steht eine Bande von Taschendieben, die ihr Handwerk vor allem auf großen Bahnhöfen betrieb, vor Gericht. →S. 21

Infolge des Frischmilchmangels werden in städtisch geprägten Provinzen des Deutschen Reiches bis auf weiteres nur noch Kondensmilch und Milchpulver auf die Lebensmittelkarten ausgegeben.

Am Mannheimer Hoftheater wird Walter Hasenclevers Drama »Der Sohn« mit außerordentlichem Erfolg erstaufgeführt. →S. 22

19. Januar, Sonnabend

Die Konstituierende Versammlung Rußlands wird durch die bolschewistische Regierung mit Gewalt aufgelöst. Das provisorische Parlament steht mehrheitlich nicht auf seiten der Bolschewiki und weigerte sich, ihnen die Staatsmacht zu übertragen (→25. 1./S. 14).

Max Hoffmann, der Chef des reichsdeutschen Generalstabs Ober-Ost, teilt bei den Friedensverhandlungen in Brest-Litowsk der sowjetischen Delegation die deutschen Friedensbedingungen mit (→9. 1./S. 14).

20. Januar, Sonntag

In Österreich-Ungarn werden die Streiks der Industriearbeiterschaft gegen Krieg und Monarchie nach fünftägiger Dauer vorerst eingestellt (→15. 1./S. 16).

In Berlin findet eine nationale Mitgliederversammlung der Deutschen Vaterlandspartei unter Vorsitz von Großadmiral Alfred von Tirpitz statt. →S. 17

21. Januar, Montag

Die größte Briefmarkensammlung der Welt hat der vor kurzem verstorbene französische Adlige Philippe de la Renotière von Ferrary dem deutschen Postmuseum in Berlin vermacht. Der Wert der etwa 200 000 Briefmarken wird auf etwa 400 000 Pfund Sterling geschätzt.

Der jüngst in Düsseldorf gegründete Verein zur Förderung sparsamer Bauweise tritt mit einer programmatischen Erklärung an die Öffentlichkeit (→S. 18).

22. Januar, Dienstag

Zum neuen Chef des britischen Generalstabs wird Divisionsgeneral Herbert F. Lawrence als Nachfolger von General William Robertson ernannt.

23. Januar, Mittwoch

Im Hauptausschuß des Deutschen Reichstages wird über weitere Zensurmaßnahmen – u. a. bezüglich des SPD-Organs »Vorwärts« – diskutiert. Es geht vor allem um die Berichterstattung der reichsdeutschen Presse über die österreichisch-ungarischen Friedensbemühungen (→24. 1./S. 16).

Der Führer der Donkosaken, General Alexei M. Kaledin, proklamiert eine selbständige Don-Republik, die sich gegen die Bolschewiki richtet. Durch den Vormarsch der Deutschen an der russischen Südfront geraten Kaledins Kosakenverbände jedoch kurz darauf zwischen die Linien.

24. Januar, Donnerstag

In Kiew wird durch die antibolschewistische Zentralrada die »Volksrepublik Ukraine« ausgerufen, die sich für unabhängig erklärt (→9. 2./S. 28).

Der österreichische Ministerpräsident Ottokar Graf Czernin von und zu Chudenitz äußert sich in Brest-Litowsk zu den »14 Friedenspunkten« des US-amerikanischen Präsidenten Thomas Woodrow Wilson. →S. 16

Der Ortsverband der SPD in Dortmund spricht sich nachdrücklich dagegen aus, daß Lehrer die Kinder zum Kinobesuch anhalten. Mit Ausnahme der Filme »Graf Dohna und seine Möwe« und »U 35« liefen in den Kinos nur seichte und anstoßerregende Stücke.

25. Januar, Freitag

In Petrograd (Leningrad) wird von den Bolschewiki ein Dekret über die Demokratisierung der Flotte veröffentlicht.

Die Mitglieder des seit dem 23. Januar tagenden III. Allrussischen Kongresses der Arbeiter- und Soldatendeputierten votieren in Petrograd (Leningrad) einstimmig für die von Wladimir I. Lenin konzipierte »Deklaration der Rechte des werktätigen und ausgebeuteten Volkes«. →S. 14

Ein Zugunglück bei Schleißheim in Bayern fordert sechs Tote und 68 Verwundete. →S. 20

26. Januar, Sonnabend

In der deutschen Presse erscheinen erneut Aufrufe an die Hundebesitzer, ihre Tiere kostenlos für den Kriegseinsatz zur Verfügung zu stellen. Ansonsten drohe die Enteignung.

Das Reichsbankdirektorium des Deutschen Reiches ruft die Besitzer entbehrlicher Silbersachen dazu auf, das Metall an die Goldankaufstellen abzugeben, da es zur Stärkung der deutschen Mark auf dem Weltmarkt gebraucht werde.

27. Januar, Sonntag

Die Feierlichkeiten zum 59. Geburtstag des deutschen Kaisers Wilhelm II. stehen unter dem Eindruck der nahezu hoffnungslosen Kriegslage für das Deutsche Reich. →S. 21

In Odessa bricht ein bewaffneter Aufstand der linken Opposition gegen die reaktionäre Ukrainische Zentralrada aus.

In Finnland findet ein bolschewistischer Putschversuch statt, der den finnischen Bürgerkrieg eröffnet. Finnland war Anfang Januar offiziell von der russischen Regierung als unabhängiger Staat anerkannt worden (→4. 1./S. 15).

28. Januar, Montag

In Berlin und danach in allen Industrieregionen des Deutschen Reiches bricht ein Massenstreik aus, an dem sich bis zum 4. Februar insgesamt bis zu eine Million Arbeiter beteiligen. →S. 16

Die gegen die Bolschewiki gerichtete »Ritterschaft« von Estland und Livland erklärt die Loslösung der beiden Länder von Rußland und erklärt die Unabhängigkeit der beiden Länder.

In der finnischen Hauptstadt Helsinki, die von kommunistischen Roten Garden beherrscht wird, wird eine Revolutionsregierung unter Führung des Vorsitzenden des Rates der Volksbeauftragten, Kullervo Manner, errichtet.

29. Januar, Dienstag

Der freigewählte, mit militärischer und ziviler Befehlsgewalt ausgestattete Führer der Donkosaken, Alexei M. Kaledin, der erst am 23. Januar die Don-Republik für unabhängig von Rußland erklärt hatte, begeht Selbstmord. Er war mit seinen Leuten an der russischen Südfront zwischen deutsche und bolschewistische Verbände geraten.

Der Bildungswissenschaftler Gustav Howe zieht eine negative Bilanz der höheren Schule für Frauenbildung im Deutschen Reich, die jetzt 10jähriges Jubiläum feiert. →S. 22

30. Januar, Mittwoch

Der Parteiausschuß der Sozialdemokratischen Partei Deutschlands befaßt sich in einer Resolution mit dem Massenstreik der Munitionsarbeiterschaft. Der Ausschuß stellt darin fest, der Streik richte sich nicht gegen die Landesverteidigung und fördere nicht die Ziele eines feindlichen Imperialismus (→28. 1./S. 16).

Generäle und Staatsoberhäupter der Entente treffen in Versailles bei Paris ein, um über die gemeinsamen Kriegsziele zu beraten. →S. 13

31. Januar, Donnerstag

Bei einem Großangriff der reichsdeutschen Luftwaffe auf die französische Hauptstadt Paris werden rund 14 000 Bomben abgeworfen. Nach deutschen Angaben kommen etwa 20 000 Pariser ums Leben.

Die Kriegsnährmittelgesellschaft in Berlin veröffentlicht Rezepte zur Herstellung spezieller »Kriegssuppen«, die besonders nahrhaft und sparsam in der Herstellung sind.

Der französische Kanalhafen von Calais wird auf 99 Jahre an Großbritannien verpachtet.

Gestorben:

6. Halle/Saale: Georg Cantor (*3. 3. 1845, Petersburg/Leningrad), deutscher Mathematiker, Begründer der Mengenlehre.

14. Berlin: Bernhard Weiß (*20. 6. 1827, Königsberg/Preußen), deutscher evangelischer Theologe.

18. Wien: Amalie Materna (*10. 7. 1845, St. Georgen/Steiermark), österreichische Opernsängerin.

26. Frankfurt am Main: Ludwig Edinger (*13. 4. 1855, Worms), deutscher Neurologe mit Arbeitsschwerpunkt Gehirnanatomie.

Geboren:

8. Salzburg: Sepp (eigentl. Josef) Bradl (†3. 3. 1982, Innsbruck), österreichischer Skispringer.

15. Bani Murr: Gamal Abd el Nasser (†28. 9. 1970, Kairo), ägyptischer Politiker.

24. Bern: Gottfried von Einem, österreichischer Komponist.

26. Scorniceşti: Nicolae Ceauşescu, rumänischer Politiker.

Das Wetter im Monat Januar

Station	Mittlere Lufttemperatur (°C)	Niederschlag (mm)	Sonnenscheindauer (Std.)
Aachen	3,5 (1,8)	94 (72)	– (51)
Berlin	0,5 (–0,4)	– (43)	– (56)
Bremen	2,1 (0,6)	84 (57)	– (47)
München	0,9 (–2,1)	29 (55)	– (56)
Wien	– (–0,9)	– (40)	– (–)
Zürich	0,0 (–1,0)	62 (68)	75 (46)

( ) Langjähriger Mittelwert für diesen Monat
– Wert nicht ermittelt

Die Münchner Zeitschrift »Simplicissimus« vom 29. Januar mit einer Karikatur zur Reaktion der Kriegsgegner des Deutschen Reiches auf den deutsch-russischen Friedensvertrag von Brest-Litowsk

A. g. XIII

München, 29. Januar 1918 | 22. Jahrgang Nr. 44

SIMPLICISSIMUS

Bezugspreis vierteljährlich 6 Mark
Alle Rechte vorbehalten

Begründet von Albert Langen und Th. Th. Heine

Bezugspreis vierteljährlich 6 Mark
Copyright 1918 by Simplicissimus-Verlag G. m. b. H. & Co., München

Friedensverhandlungen

(Zeichnung von Karl Arnold)

Die Entente-Geier warten im neutralen Horst vergeblich auf die Friedenstaube aus Brest-Litowsk.

Friedensprogramm von US-Präsident Woodrow Wilson

8. Januar. Der US-amerikanische Präsident Thomas Woodrow Wilson verliest vor dem US-amerikanischen Kongreß in Washington ein 14-Punkte-Programm über die Kriegsziele und Friedensbedingungen der Entente.

Die 14 Punkte, die auf Grundlage eines Gutachtens des Peace Inquiry Bureaus von Wilson erarbeitet worden waren, nennen als Hauptfriedensbedingung die Räumung aller von deutschen Truppen besetzten russischen, belgischen und französischen Gebiete, insbesondere auch die Übergabe Elsaß-Lothringens an Frankreich. Von Österreich-Ungarn fordert Wilson die Räumung der besetzten Balkan-Gebiete sowie die Übergabe der italienisch-sprachigen Gebiete Südtirols an Italien. Darüber hinaus sollen die Völker Österreich-Ungarns frei darüber entscheiden können, ob sie weiter zu Österreich gehören oder eine autonome Regierung errichten wollen. Polen soll staatliche Autonomie erhalten.

Der weitgehende Forderungskatalog Wilsons beruht auf der Überzeugung des US-Präsidenten, den Mittelmächten sei an einem möglichst schnellen Friedensschluß gelegen. Zumindest die verzweifelte Lage Österreich-Ungarns, der Türkei und Bulgariens als Kriegsgegner der Entente läßt Wilsons Hoffnung auf Annahme seiner Friedensbedingungen wachsen. In der Tat reagiert der österreichisch-ungarische Ministerpräsident Ottokar Graf Czernin schon am 12. Januar positiv auf Wilsons 14 Punkte (→24. 1./S. 16). Die Regierung des Deutschen Reiches ist jedoch zum Weiterkämpfen entschlossen, denn durch das Freiwerden großer Truppenkontingente im Osten durch den geplanten Friedensschluß mit Rußland (→9. 1./S. 14) rechnet die Oberste Heeresleitung unter Erich Ludendorff und Paul von Hindenburg mit der Chance einer letztlich siegreichen Entscheidungsschlacht an der Westfront (→21. 3./S. 48).

Der US-amerikanische Präsident Thomas Woodrow Wilson (sitzend, M.) mit seinen Beratern, darunter Marineminister Joseph Daniels (sitzend, r.)

Die Vereinigten Staaten waren erst am 6. April 1917 auf seiten Frankreichs, Großbritanniens, Italiens und der übrigen Alliierten in den Krieg eingetreten. Die US-amerikanische Regierung antwortete damit unmittelbar auf die Verkündung des unbeschränkten, d.h. auch gegen sämtliche neutrale Schiffe gerichteten U-Boot-Krieges durch das Deutsche Reich am 1. Februar 1917.

Präsident Wilson blieb jedoch auch nach dem Kriegseintritt bemüht, möglichst schnell eine Verständigung über die gegenseitigen Kriegsziele herbeizuführen, um den Krieg im Interesse aller Beteiligten so rasch wie möglich zu beenden.

Wilson für Autonomie und Abrüstung

8. Januar. In der Friedensbotschaft, die US-Präsident Thomas Woodrow Wilson an alle kriegsbeteiligten Mächte richtet, formuliert er neben konkreten Friedensbedingungen an die Mittelmächte auch grundsätzliche Forderungen, die ein friedliches Zusammenleben der Völker ermöglichen sollen:

»I. Öffentliche Friedensverträge, ... nach denen es keine privaten internationalen Abmachungen irgendwelcher Art geben darf ...

II. Absolute Freiheit der Schiffahrt auf der See außerhalb der territorialen Gewässer sowohl im Frieden wie im Kriege ...

III. ... die Aufhebung sämtlicher wirtschaftlicher Schranken ...

IV. Angemessene Garantien, ... daß die nationalen Rüstungen auf den niedrigsten Grad, der mit der inneren Sicherheit vereinbar ist, herabgesetzt werden.

V. Eine ... unparteiische Ordnung aller kolonialen Ansprüche [bei gleicher Gewichtung von Volkssouveränität und Ansprüchen der Kolonialmächte].

VI. Die Räumung des gesamten russischen Gebietes [von deutschen Truppenverbänden] ...

VII. Belgien muß ... geräumt und wiederhergestellt werden ... Ohne eine solche heilsame Handlung bleibt die gesamte Struktur und die Gültigkeit internationaler Gesetze für immer geschädigt.

VIII. Das gesamte französische Gebiet muß befreit ... werden. Ebenso muß das Frankreich durch Preußen 1871 in Sachen Elsaß-Lothringen angetane Unrecht ... berichtigt werden ...

IX. Eine Berichtigung der Grenzen Italiens sollte gemäß der klar erkennbaren Nationalitätenlinien bewirkt werden.

X. Den Völkern Österreich-Ungarns ... sollte die freieste Möglichkeit autonomer Entwicklung gewährt werden.

XI. Rumänien, Serbien und Montenegro sollten geräumt ... werden ...

XII. Dem türkischen Teil des gegenwärtigen ottomanischen Reiches sollte eine gesicherte Souveränität gewährleistet werden ... die Dardanellen sollten dauernd als freier Durchgang für die Schiffe ... aller Nationen ... geöffnet werden.

XIII. Ein unabhängiger polnischer Staat sollte errichtet werden, der die von unstreitbar polnischer Bevölkerung bewohnten Gebiete umfassen soll ...

XIV. Eine allgemeine Gesellschaft der Nationen muß ... gebildet werden zum Zwecke der Gewährung gegenseitiger Garantien für politische Unabhängigkeit ... In bezug auf diese ... Sicherung des Rechtes betrachten wir uns als intime Genossen sämtlicher Regierungen und Völker, die sich gegen die Imperialisten zusammengeschlossen haben. Es gibt für uns keine Sonderinteressen oder andersartigen Ziele ...«

Woodrow Wilson

Der als Kandidat der Demokraten 1912 zum US-amerikanischen Präsidenten gewählte Thomas Woodrow Wilson erlangte schon kurz nach dem Beginn seiner politischen Laufbahn 1906 den Ruf eines liberalen Reformers. Der 1856 geborene Professor für Rechtswissenschaft und Nationalökonomie arbeitete u.a. erfolgreich für die Senkung der Zölle, wirkte entscheidend mit bei der gesetzlichen Bekämpfung von Wirtschaftskartellen und förderte die Einführung der progressiven Einkommensteuer. Unter der Wahlparole, er habe den US-Eintritt in den Krieg verhindert, wurde Wilson 1916 im Präsidentenamt bestätigt.

Entente bespricht gemeinsame Ziele

30. Januar. Generäle und Staatsoberhäupter der Entente treffen sich in Versailles bei Paris zur gemeinsamen Beratung der Kriegslage am Anfang des Jahres 1918.

Versammelt sind im traditionsreichen Versailler Schloß Vertreter aus Frankreich mit Ministerpräsident Georges Clemenceau an ihrer Spitze, aus Großbritannien – die Delegation wird von Premierminister David Lloyd George geleitet –, aus Italien mit Ministerpräsident Vittorio Emanuele Orlando. Zudem nehmen Delegierte einiger kleinerer Länder, die ebenfalls im Krieg mit den Mittelmächten stehen, an den Konferenzen in Versailles teil.

D. Lloyd George

Es geht bei dem Treffen vor allem um die Auseinandersetzung darüber, ob und in welcher Form die Verbündeten ihre Kriegsziele und Friedensbedingungen als gemeinsames Programm veröffentlichen wollen.

US-Präsident Thomas Woodrow Wilson hatte am Ende des Vorjahres infolge der Bekanntgabe von Geheimverträgen durch die bolschewistische Regierung zur Kenntnis nehmen müssen, daß sich die Alliierten untereinander keineswegs einig über die jeweiligen Kriegsziele waren. Wilsons Versuch, die Entente-Staaten noch im Dezember 1917 zu einer Einigung und Veröffentlichung ihrer Friedensbedingungen zu führen, scheiterte.

G. Clemenceau

Mit seinem sog. 14-Punkte-Friedensprogramm, das Wilson am → 8. Januar 1918 (S. 12) verkündete, unternahm er einen Vorstoß, der die rasche Reaktion der Verbündeten erzwang.

Obwohl spontan positive Reaktionen der Entente-Regierungen bei Wilson eintreffen, ist der Weg hin zu einer gemeinsamen Erklärung über die Kriegsziele noch weit.

Die Verhandlungen bringen keine konkreten Ergebnisse.

Anfang 1918 – Zweifel statt Zuversicht

Der Jahresbeginn 1918 steht für das Deutsche Reich und seine Verbündeten ganz im Zeichen des Umsturzes in Rußland, von dem sich die Mittelmächte einen schnellen Friedensschluß im Osten erhoffen. Er würde den Abzug aller noch an der Ostfront stehenden Truppen an die Westfront ermöglichen und einer „letzten, siegreichen Frühjahresoffensive" den Weg ebnen.

Die Generalstäbe der Mittelmächte wissen, daß eine möglichst rasche Großoffensive erforderlich ist, um überhaupt noch den Hauch einer Chance zu haben, den Krieg zu gewinnen. Noch ist nur ein kleiner Teil der aus den USA zu erwartenden Truppenkontingente in Europa eingetroffen. Die Vereinigten Staaten stehen erst seit April des Vorjahres im Krieg gegen das Deutsche Reich.

Auch der im Februar 1917 vom Deutschen Reich erklärte unbeschränkte U-Boot-Krieg hat trotz ständig wiederholten anderslautenden Propaganda-Meldungen insgesamt keineswegs die erhofften Erfolge gebracht.

Die Kriegsverdrossenheit nimmt zu. Bedingt durch Hunger und menschliches Leiden wird es für die Herrschenden immer schwieriger, den angeblichen Sinn dieses Krieges deutlich zu machen. In dieser wenig aussichtsreichen Lage versucht die deutsche Regierung, das Volk moralisch aufzurüsten.

Der deutsche Kaiser Wilhelm II. führt in seiner Antwortnote auf das Neujahrstelegramm Ludwig III., König von Bayern, am 2. Januar aus:

»Herzlichen Dank und wärmste Erwiderung Eurer freundlichen Neujahrswünsche von Viktoria und mir ... Wir können mit Dank zu Gott auf das verflossene Jahr zurückblicken, das uns neben heldenhafter Verteidigung unserer Grenzen im Verein mit unseren treuen Verbündeten glänzende Siege und den Keim eines Sieges gegen Osten gebracht hat. Er wird uns auch im neuen Jahre in unserer gerechten Sache zur Seite stehen und den bösen Willen der Feinde, die noch immer an ihrem frevelhaften Vernichtungsvorsatz festhalten, zu brechen wissen. Mit Dir vertraue ich fest auf Unser Deutsches Volk, daß es auch diese letzte, uns auferlegte Prüfung bestehen und die Palme des Sieges in diesem großen Kampf um Freiheit und Recht erringen wird ... Gott schütze Dich im neuen Jahre!«

Der nationalliberale Reichstagsabgeordnete Gustav Stresemann meint in einem Leitartikel der »Düsseldorfer Nachrichten« vom 1. Januar:

»... Die Entwicklung der russischen Dinge nimmt schließlich auch der Wirkung der amerikanischen Waffenhilfe auf dem westlichen Kriegsschauplatz die Möglichkeit, eine andere militärische Entscheidung des Weltkrieges herbeizuführen, als diejenige, die sich gegenwärtig in dem militärischen Siege Deutschlands und seiner Verbündeten ausdrückt. Denn Deutschland ist heute in der Lage, seine Hauptkraft mehr als bisher auf dem westlichen Kriegsschauplatz zu entfalten ... Sollte jetzt Deutschland, dem bisher ein Arm im Osten gebunden war, diesen Arm frei bekommen, macht Österreich sein Wort wahr, seinen Dank für das befreite Triest durch das Eingreifen in die Kämpfe an der Westfront abzustatten, dann wird keine amerikanische Hilfe den deutschen Sieg auch hier zu hindern vermögen ... Unseren militärischen Sieg kann uns niemand mehr entreißen ...«

In einem Zeitungskommentar in den „Düsseldorfer Nachrichten" vom 1. Januar heißt es skeptischer:

»Was mag diesmal, da der Gott der Zeiten die ›7‹ langsam und sorglich auslöschte und eine runde dicke ›8‹ an ihre Stelle setzte, durch das Gemüt gezogen sein? Wir meinen, daß auch der Krieg hier wohltuender Lehrmeister geworden ist. Nicht, daß er den Menschen den Punsch und das Knallzeug entzogen hat. Das sind Äußerlichkeiten, Belanglosigkeiten, die früher unentbehrlich schienen, heute aber eigentlich schon ganz außer Rechnung von uns gestellt werden ... der Krieg ist Lehrmeister geworden, als er unsere Gedanken bei diesem Jahreswechsel über uns selbst hinaus, über die Kleinheit unseres Ich in das Große, das Gedenken an das deutsche Vaterland, an die Heimstätte unseres Volkes hinausgehoben hat. Wir glauben, daß mit uns es Millionen so gegangen ist, daß sie um die Mitternachtsstunde die Frage stellten: Was wird mit unserem deutschen Vaterlande, das fast 3½ Jahre standhielt gegen eine Welt von Feinden, das noch immer hart bedrängt wird, obwohl vom Osten Frieden winkt? ... Wird das Jahr Kriegs- oder Friedensjahr für das Vaterland werden? Weit und verschleiert liegt der neue Zeitabschnitt da, aber wir alle schreiten hinein mit Zuversicht ...«

Generalfeldmarschall Paul von Hindenburg, deutsche Oberste Heeresleitung, beschwört in einem Neujahrstelegramm an Großadmiral Henning von Holtzendorff den Sieg der deutschen Truppen herauf:

»... Der gemeinsame Waffengang gegen Ösel und Dagö hat das Band zwischen Marine und Heer noch fester geknüpft. Die Wirkungen unseres U-Boot-Krieges haben unserer Westfront eine wesentliche Entlastung gebracht. So werden wir Hand in Hand im kommenden Jahre mit Gottes Hilfe die siegreiche Entscheidung erkämpfen.«

Von Holtzendorff antwortet:

»... Es wird uns ein weiterer Ansporn ... sein, zu wissen, daß der U-Boot-Krieg den unvergleichlichen Kämpfern der hartbestürmten Westfront eine wesentliche Entlastung gebracht hat. Möge das neue Jahr dem deutschen Volke die Früchte der herrlichen Siege ... zur Reife bringen!«

Die sowjetrussische Delegation bei der Friedenskonferenz von Brest-Litowsk (v. l. Lipski, Kamenew, Skutschka, Joffe, Trotzki, Bicenko, Kardchan)

Begrüßung der russischen Delegation in Brest-Litowsk (r. Leo D. Trotzki)

Frieden mit den Bolschewiki ist in Sicht

9. Januar. In Brest-Litowsk werden die Friedensverhandlungen zwischen dem Deutschen Reich und seinen Verbündeten und der neuen russischen Regierung nach 14tägiger Unterbrechung wiederaufgenommen. Leiter der Delegationen sind auf deutscher Seite der Minister für Auswärtiges, Richard von Kühlmann, und auf sowjetrussischer Seite Leo D. Trotzki, Volkskommissar des Äußeren. Österreich-Ungarn wird durch seinen Ministerpräsident Ottokar Graf Czernin von und zu Chudenitz vertreten.

Die Waffenstillstandsverhandlungen mit der bolschewistischen Regierung Rußlands waren bereits Anfang Dezember 1917 von der deutschen Obersten Heeresleitung eingeleitet worden. Am 15. Dezember wurde ein sofortiger Waffenstillstand beschlossen, der vorerst bis zum 14. Januar 1918 dauern sollte. Sieben Tage später, am 22. Dezember, begannen in Brest-Litowsk die konkreten Friedensverhandlungen.

In einer Deklaration vom 9. November 1917 hatten die bolschewistischen Volkskommissare einen Frieden ohne Annexionen und Kontributionen gefordert. Dieses Programm beherrscht die russische Position auch in Brest-Litowsk.

Eine solche Forderung ist für die deutsche Delegation nicht akzeptabel, weil die Regierung in Berlin die Aneignung der besetzten Gebiete nach dem Friedensschluß anstrebt. Im Osten geht es dabei vor allem um Polen, Litauen und Kurland.

Der Friedenswille der Bolschewiki kommt der deutschen Obersten Heeresleitung, den eigentlichen Machthabern im Deutschen Reich, allerdings sehr gelegen. Die Strategen hoffen, über einen Friedensschluß im Osten eine schnelle Verlagerung der deutschen Truppen von der Ost- an die Westfront einleiten zu können (→ 3. 3./S. 46).

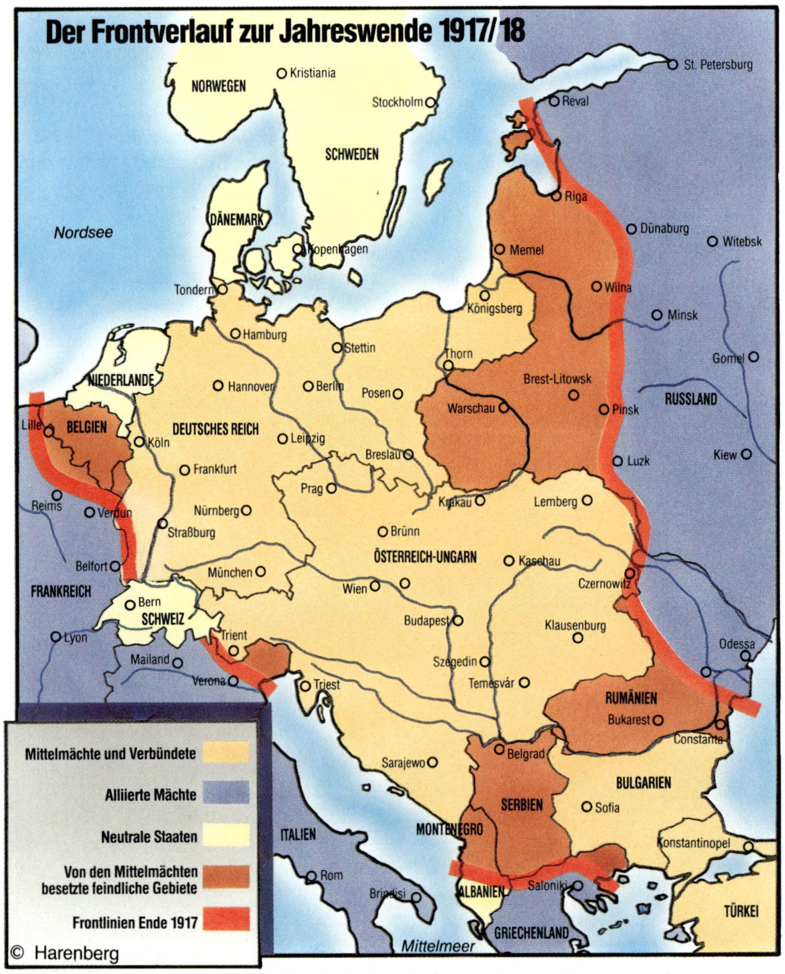

Große Gebiete halten die Mittelmächte Anfang 1918 in Osteuropa besetzt

Verfassung für das neue Rußland

25. Januar. Zwei Tage nach Beginn des III. Allrussischen Rätekongresses der Arbeiter- und Soldatendeputierten in Petrograd (Leningrad) billigen die Sowjets einstimmig die »Deklaration der Rechte des werktätigen und ausgebeuteten Volkes«.

Die vom Führer der Bolschewisten Wladimir I. Lenin selbst konzipierte Deklaration begründet in wesentlichen Punkten die Verfassung des jungen Sowjetstaates. Rußland wird hierin zur Sowjetrepublik erklärt, in der »freie Nationen einen freien Zusammenschluß der Föderation nationaler Sowjetrepubliken« bilden sollen. Alle politische Macht soll in den Händen der Räte der Arbeiter und Soldatendeputierten liegen. Auf Grundlage der Deklaration soll die Klassengesellschaft endgültig beseitigt und damit die notwendige Basis für den erfolgreichen Aufbau des Sozialismus geschaffen werden.

Das Smolni-Institut in Petrograd, Sitz der bolschewistischen Regierung

Grundsätzlich ausgeschlossen wird die Beteiligung der vor der Revolution im Oktober/November 1917 herrschenden Klassen – Aristokratie und Bürgertum – an der Regierung.

Am 5. und 18. Januar hatte die im Dezember gebildete, auch Menschewiken, Sozialrevolutionäre und andere oppositionelle Gruppen umfassende Verfassunggebende Versammlung die Deklaration Lenins mehrheitlich abgelehnt. Daraufhin wurde die Versammlung durch Dekret der Bolschewiki einen Tag später aufgelöst (→ S. 15).

Große Probleme im Sowjetstaat

Die revolutionären Großereignisse des Jahres 1917 in Rußland, die Februarrevolution (15. März), die den Zaren stürzte und eine gemäßigte, sozialistisch-bürgerliche Regierung installierte, sowie die Oktoberrevolution am 7./8. November, die die bürgerliche durch die vom Anspruch her sozialistische Regierung der Bolschewisten unter Wladimir I. Lenin ersetzte, haben zwar das russische Volk von der längst unerträglich gewordenen Zarenherrschaft befreit, doch zeigt sich erst nach Vollendung des Novemberumsturzes langsam der ganze Umfang der inneren Probleme des riesigen Landes.

Rußland, in dem fast 80% der Bevölkerung in der Agrarwirtschaft tätig sind, leidet durch seine großen strukturellen Schwierigkeiten wie kein anderer europäischer Staat unter dem jetzt im vierten Jahr stehenden Weltkrieg. Schon seit langem ist die Militärmacht des Ententeverbündeten erschöpft. Rußland verfügt nicht über eine ausreichende kriegsindustrielle Produktion, die allein es in einem modernen Krieg konkurrenzfähig machen würde. Waffen müssen mit knappen Devisen im Ausland gekauft werden. Das Geld fehlt für die Produktion und die Bereitstellung von Nahrungsmitteln. Eine Folge ist die bereits seit 1916 um sich greifende Hungersnot, die auch die Frontsoldaten nicht verschont und die Kampfdisziplin geschwächt hat.

Diese kritische Situation verschärft zugleich die innenpolitischen Kämpfe zwischen Anhängern der Monarchie, Vertretern des Bürgertums und radikalen Sozialisten. Letztere sehen einzig im Sturz aller machtausübenden Schichten eine Chance für das staatliche Überleben Rußlands. Aber auch die Sozialisten sind in Extreme (Bolschewiki) und Gemäßigte (Menschewiki) gespalten.

Weitere Nahrung erhält der permanente innenpolitische Zwist durch die vielen ethnischen Minderheiten in Rußland.

Reparatur einer Eisenbahnlinie im Süden des unabhängigen Finnland

Unabhängigkeit von Rußland

4. Januar. Die russische bolschewistische Regierung erkennt die staatliche Unabhängigkeit Finnlands offiziell an. Mit diesem Schritt bestätigen die Bolschewiki die Resolution des Rates der Volkskommissare vom 31. Dezember 1917.

Als erstes Randgebiet des nachrevolutionären Russischen Reiches hatte sich Finnland bereits am 4. Dezember 1917 durch Senatspräsident Pehr Evind Svinhufvud für unabhängig erklärt. Die Partei Wladimir I. Lenins befürwortet die politische Selbständigkeit der zahlreichen ethnischen Minderheiten. In Lenins Manifest »An die Völker Rußlands« vom 15. November 1917 wird »das Selbstbestimmungsrecht bis zur Loslösung und völligen Unabhängigkeit von Rußland« erklärt.

Finnland stand de facto bereits seit 1808 unter russischer Herrschaft. Die von dem damaligen Zaren, Alexander I., verfolgte imperialistische Politik wurde durch Zar Nikolaus II. 1899 juristisch festgeschrieben.

Finnische »Weiße Garden« in Wasa

Stationen finnischer Geschichte

Etwa ab 1238: Finnland steht unter starkem schwedischem Einfluß.

1389–1523: Finnland wird durch Machtkämpfe in Schweden relativ autonom.

1523–1560: Die Herrschaft des schwedischen Königs Gustav I. macht Finnland politisch wieder von Schweden abhängig.

1713–1721: Finnland wird erstmals von Russen besetzt, die sich aber nicht gegen die schwedische Besatzung durchsetzen können.

1808: Russische Truppen besetzen ganz Finnland.

1899: Zar Nikolaus II. hebt die Autonomie des Landes per Dekret auf.

1905: Finnland erhält zwar seinen autonomen Status zurück, das Land bleibt aber weiterhin russisches Besatzungsgebiet.

Japaner passen sich westlicher Kultur an

Januar. Europa blickt mit Spannung auf die Entwicklung Japans, das zwar Kriegsverbündeter Großbritanniens ist, doch offenbar nicht vorhat, in den Krieg militärisch einzugreifen. Die Anerkennung des russischen Sowjetstaates durch Japan am →2. Januar (S. 15) regt zu Überlegungen allgemeiner Natur an. Die »Nieuwe Rotterdamsche Courant« berichtet: »... Das erste, was jedem auffällt, der in Japan reist, ist das hohe Maß an Selbstbewußtsein, das das Volk zeigt ... man merkt, daß sie sich den Europäern gleichwertig fühlen ... [die japanischen Geschäftsleute] sprechen Englisch und Deutsch. Dieses Sichanpassen findet man allenthalben ... Auch auf dem platten Lande wächst der westliche Einfluß. Elektrisches Licht und Telefon bei jedem Bauern ...«

Tokio akzeptiert den Staat Lenins

2. Januar. Die Regierung Japans unter Kaiser Joschihito und Ministerpräsident Seiki Graf Terauchi erkennt die neue bolschewistische Regierung Rußlands offiziell an.

Japan, Kriegsverbündeter der Entente gegen das Deutsche Reich und die anderen Mittelmächte, jedoch am europäischen und vorderasiatischen Kriegsschauplatz nicht mit Truppen präsent, erhofft sich durch die Anerkennung der Bolschewisten eine taktische Annäherung an Rußland, um die Basis für ein weiteres japanisches Vordringen in China zu schaffen. Im Frühjahr 1915 hatte Japan den chinesischen Diktator Yüan Shih-k'ai dazu gezwungen, ein Ultimatum anzunehmen, das den Japanern die wirtschaftliche Oberhoheit über weite Teile Chinas einräumte. Einem Eingreifen der Bolschewiki gegen die japanische Invasion in China sucht Japan durch die Anerkennung des Sowjetstaates entgegenzusteuern. Nur wenige Informationen dringen über diese Hintergründe nach Europa. Ein Berichterstatter der niederländischen Presse weist immerhin auf die hohe Bedeutung der japanischen Besatzung in China hin: »... Alles was Japan bei einem Krieg verlieren kann, sind die Besitzungen auf dem Festland Asien und Formosa. Aber es wird stark genug sein, das zu verhüten ...«

Ministerpräsident Graf Czernin von und zu Chudenitz und Ehefrau

Czernin für raschen Frieden

24. Januar. Der österreichische Ministerpräsident Ottokar Graf Czernin von und zu Chudenitz hält vor der österreichischen Delegation der Brest-Litowsker Friedensverhandlungen (→ 9. 1./S. 14) eine Rede über das 14-Punkte-Friedensprogramm, das der US-amerikanische Präsident Thomas Woodrow Wilson am → 8. Januar (S. 12) verkündet hatte.

Czernin äußert hierin, »im wesentlichen« bestehe zwischen Österreich-Ungarn und den Vereinigten Staaten Einigkeit. Eine Aussprache »über die wenigen noch verbleibenden Differenzen« könne zur Klärung und Annäherung führen. Das im Verhältnis zum Deutschen Reich heikle Problem um die Zukunft Elsaß-Lothringens umgeht der k.u.k. Ministerpräsident in seiner Rede. Czernin appelliert an den US-Präsidenten, er möge bei den Alliierten seinen Einfluß geltend machen und ein rasches allgemeines Friedensgespräch herbeiführen.

Der Hintergrund für Czernins positive Reaktion auf Wilsons Rede liegt in der dringenden Friedenshoffnung begründet, die besonders den österreichischen Bevölkerungsteil der Donaumonarchie beherrscht. Mehrfach waren im Jahr 1917 eigenständige Friedensvorstöße von der österreichisch-ungarischen Regierung unternommen worden.

Besonders die Hungersnot in Österreich und die zunehmenden Autonomiebestrebungen einzelner Völkerschaften machen dem Staat schwer zu schaffen. Kaiser Karl I. von Österreich, der die Grundhaltung von Czernins Rede bestimmt hat, entsendet wenige Tage später Heinrich Lammasch zu geheimen Unterhandlungen mit US-Diplomaten in die Schweiz, um den Friedensplan zu konkretisieren.

Amtliche Bekanntmachungen.

Bekanntmachung!

Warnung an die Arbeiter des Bezirks des XIX. A. K.

Flugblätter sind aufgefunden worden, deren verhetzender und der Wahrheit direkt zuwiderlaufender Inhalt darauf schließen läßt, daß feindliche Agenten ihre Hand dabei im Spiele haben. Sie bezwecken, deutsche Arbeiter zu einem Generalstreik zur angeblichen Erringung eines sofortigen allgemeinen Friedens zu veranlassen. Wie allgemein bekannt ist, tut die Reichsleitung selbst alles Mögliche zur Herbeiführung eines baldigen Friedens. Dort, wo es möglich war, sind wir bereits in Friedensverhandlungen eingetreten. Bei den Feinden aber, die sich zu den von uns wiederholt angebotenen Friedensverhandlungen noch nicht bereit erklärt haben, muß die Geneigtheit, mit uns Frieden zu schließen, erst noch auf dem Schlachtfeld erzwungen werden. Ein Streik aber zu jetziger Zeit, besonders in der Rüstungsindustrie, würde gerade die entgegengesetzten Folgen haben, als die, welche von unverantwortlichen Hetzern vorgetäuscht würden. Er würde nur zur Verlängerung des Krieges beitragen, da unsere Feinde hierdurch lediglich in dem Glauben, den Endsieg erringen zu können, bestärkt und deshalb den Krieg unter allen Umständen fortsetzen würden.

Es ergeht daher an alle Arbeiter des Korpsbezirks die eindringlichste Mahnung, irgendwelchen an sie herantretenden Aufforderungen und Aufwiegelungen zum Streik nicht Folge zu leisten, vielmehr diejenigen zur Anzeige zu bringen, welche mit solchem Ansinnen mündlich oder schriftlich an sie herantreten.

Eine Arbeitsniederlegung in allen mit der Rüstungsindustrie zusammenhängenden Betrieben unter den augenblicklichen Verhältnissen würde nichts anderes als Landesverrat bedeuten, denn nur die deutsche Munitionserzeugung würde dadurch gehemmt und die deutsche Kriegsmacht durch einen solchen Streik gefährdet sowie die Ernährung und Lebensführung der eigenen Volksgenossen schwer geschädigt werden, während der Feind alle Vorteile aus diesem Streik ziehen würde. Deshalb würde auch jede Aufforderung zur Arbeitseinstellung, sei es durch Verteilung von Flugblättern und Handzetteln oder durch mündliche Weiterverbreitung der Aufforderung, für die Beteiligten strafrechtliche Folgen haben, da schon der Versuch des Landesverrats mit schweren Strafen bedroht ist.

Ich behalte mir vor, im Falle eines Streiks sämtliche verfügten Befreiungen vom Heeresdienst bei denjenigen, die sich am Streik beteiligen, rückgängig zu machen.

Ich hoffe aber zuversichtlich, daß der gesunde vaterländische Sinn unserer Arbeiter sie von unüberlegten Handlungen abhalten wird.

Leipzig, den 28. 1. 18.

Der Kommandierende General
von Schweinitz.

Amtliche Bekanntmachung der Militärführung Leipzig gegen den Streik

Sozialisten rufen zum Massenstreik

28. Januar. Die radikalsozialistischen Berliner »Revolutionären Obleute«, zumeist Mitglieder der Unabhängigen Sozialdemokratischen Partei Deutschlands (USPD) und des Spartakusbundes, rufen die Industriearbeiterschaft zum Massenstreik gegen Krieg, Hunger und das monarchistische System auf. Dem Streikaufruf folgen rund eine Million Arbeiter. Die Regierung antwortet hierauf mit der Drohung, man werde jeden kriegsgerichtlich zur Verantwortung ziehen, der sich über den 4. Februar hinaus noch im Ausstand befände. Daraufhin bricht die Streikfront zusammen.

15 Staaten im Krieg gegen die Mittelmächte

Der jetzt im vierten Jahr stehende Krieg ist die erste weltgeschichtliche militärische Auseinandersetzung, die alle Kontinente zumindest formal umfaßt. Zu Beginn des Jahres 1918 stehen vier verbündete Mittelmächte (Deutsches Reich, Österreich-Ungarn, Osmanisches Reich und Bulgarien) insgesamt 15 Staaten gegenüber, die erklärte Kriegsgegner des Deutschen Reiches und seiner Verbündeten sind.

Auf seiten der Entente sind zur Zeit jedoch nur Großbritannien, Frankreich, Italien und die USA an den Fronten aktiv, während alle Mittelmächte in der Rangfolge Deutsche Reich, Österreich-Ungarn, Osmanisches Reich, Bulgarien an den Kämpfen beteiligt sind.

Im Januar 1918 wird im wesentlichen an drei Fronten gekämpft. An der Westfront zwischen dem Deutschen Reich und Frankreich verläuft die Kampflinie zur Zeit etwa zwischen Ostende und Dünkirchen über Reims, Verdun, bis westlich von Mülhausen. Hier kämpfen deutsche gegen französische, britische und, in geringem Umfang, US-amerikanische Truppenverbände.

Weitere Zentren des Krieges sind die Südfront zwischen Italien und Österreich-Ungarn sowie die Palästina-Front, wo die geschwächten osmanischen Truppen britischen Verbänden gegenüberstehen.

Eine recht bedeutende Rolle spielte bis Ende 1917 auch der unbeschränkte deutsche U-Boot-Krieg, der sich nicht nur gegen Kriegs-, sondern auch gegen Handelsschiffe richtete, was seit Februar 1917 die Versorgung Großbritanniens mit Lebensmitteln stark gefährdete. Der U-Boot-Einsatz führte im April 1917 zum Kriegseintritt der USA.

Seit dem 15. Dezember 1917 finden an der Ostfront keine Kampfhandlungen mehr statt, da das Deutsche Reich und seine Verbündeten mit den neuen bolschewistischen Führern Rußlands einen Waffenstillstand geschlossen haben, der bis zum 14. Januar 1918 dauern soll (→ 9. 1./S. 14).

Von der deutschen Armee erbeuteter britischer Tank an der Westfront

Österreicher im Streik für Frieden

15. Januar. In der südlich von Wien gelegenen Wiener Neustadt bricht ein wilder Massenstreik der Industriearbeiterschaft aus. Die Arbeiter fordern nach sowjetrussischem Vorbild einen sofortigen Friedensschluß »ohne Annexionen und Kontributionen«, also unter Verzicht auf Aneignung fremder Territorien und ohne die erzwungene Zahlung von Kriegsentschädigungen durch die besiegten Länder.

Hinzu kommt die Forderung nach der Umwandlung der k.u.k. Monarchie in ein demokratisches Staatssystem und der Protest gegen die katastrophale Ernährungssituation. Der Streik breitet sich rasch aus.

Das Zivilkabinett mit neuer Führung

17. Januar. Der Vorsitzende des Zivilkabinetts von Kaiser Wilhelm II., Rudolf von Valentini, tritt aufgrund eines Ultimatums der deutschen Obersten Heeresleitung (OHL) an den Kaiser zurück. Der oberste politische Berater des Kaisers vertritt in der Frage der deutschen Kriegsziele einen gemäßigten Standpunkt, der den Interessen der Militärs widerspricht. Nachfolger im Amt wird Friedrich Wilhelm Bernhard von Berg, ein Günstling der OHL.

Der Rücktritt Valentinis kann als bedeutender Wendepunkt in der Entwicklung des Verhältnisses zwischen dem deutschen Kaiser und der militärischen Leitung angesehen werden. Er zeigt, wie sehr die politische Macht bereits in die Hände der führenden Offiziere der OHL, Paul von Hindenburg und Erich Ludendorff, übergegangen ist.

Machtstrukturen in Deutschland

Seit der Reichsgründung nach dem Deutsch-Französischen Krieg von 1870/71 ist das Oberhaupt des Deutschen Reiches der deutsche Kaiser (seit 18. 1. 1871). Er ist zugleich König von Preußen und Oberbefehlshaber des Heeres. Der Kaiser ernennt den Reichskanzler sowie die Staatssekretäre. Dem Kaiser unterstehen der Reichstag und der Bundesrat. Die Zusammensetzung des Reichstages (397 Reichstagsabgeordnete) beruht auf direkten Wahlen nach dem Dreiklassensystem, bei denen alle Männer über 25 Jahren stimmberechtigt sind. Der Bundesrat setzt sich aus den Vertretern der 22 deutschen Einzelstaaten und der drei freien Städte zusammen.

Vaterlandspartei im Aufwind

20. Januar. In Berlin wird die erste allgemeine Mitgliederversammlung der Deutschen Vaterlandspartei seit ihrer Gründung am 2. September 1917 durch Großadmiral Alfred von Tirpitz eröffnet.

Der Mitbegründer der rechtsradikalen Partei sagt in seiner Eröffnungsansprache, daß sich mittlerweile 1500 Ortsvereine im deutschen Reichsgebiet gebildet hätten, in denen »Hunderttausende« vaterländisch gesonnener Deutscher organisiert seien. Die Vaterlandspartei – so von Tirpitz – kenne nur ein Ziel: »... den Siegeswillen und die Kraft daheim im Ertragen der Entbehrungen zu stärken, damit wir den allein uns frommenden deutschen Frieden erlangen ... es darf kein Wille, kein Muskel schlaff werden, bis das Ziel der Weltstellung Deutschlands erreicht ist ...«. Tirpitz wendet sich in seiner Rede gegen antisemitische Tendenzen innerhalb der Vaterlandspartei, da diese von »zahlreichen jüdischen Mitbürgern unterstützt wird«. Es war seit der Parteigründung immer wieder zu antisemitischen Hetzreden von seiten führender Parteimitglieder gekommen.

Die Deutsch-Vaterländischen werden vor allem massiv von der Großindustrie gestützt, u. a. gehörte Carl Friedrich von Siemens zu den Gründungsmitgliedern der Partei. Vom Grundsatz her will die Gruppierung keine Partei im traditionellen Sinne sein und sich nicht an politischen Wahlen beteiligen. Erklärtes und zeitlich begrenztes Ziel ist vielmehr die Mobilisierung aller Kräfte bis zum Sieg des Deutschen Reiches. Die Kriegsziele der Vaterlandspartei umfassen sowohl im Westen (Belgien, Elsaß-Lothringen) als auch im Osten (Polen, Livland, Lettland) weitgehende Forderungen.

Verhalten bei Luftangriffen

3. Januar. Aufgrund der zunehmenden Intensität der Luftangriffe auf die Westgebiete des Deutschen Reiches veröffentlichen die Regionalzeitungen Verhaltensmaßregeln für den Angriffsfall.

So ist etwa in den »Düsseldorfer Nachrichten« zu lesen:

»Verhaltensmaßregeln bei Fliegerangriffen:

1. Fliegerangriffe werden meist erst kurz vor dem Angriff bekannt (Propellergeräusch, Einschläge herabgeworfener Bomben). Alarmierung der Bevölkerung ist daher nicht immer und überall möglich.
2. Straßen und Plätze sind bei Fliegerangriffen sofort zu verlassen, und es sind die nächsten Häuser oder sonstigen Deckungen (Mauern, Gräben) aufzusuchen.
3. In Gebäuden ist der sicherste Schutz hinter massiven Mauern (Fensterpfeilern). Der Aufenthalt an den Fenstern und Türen ist gefährlich (Verletzung durch Glas- und Holzsplitter).
4. Größere Ansammlungen von Menschen in einzelnen Räumen sind zu vermeiden.
5. Die Oberlichter der Fenster in Räumen, in denen sich Menschen aufhalten, sind zu öffnen.
6. Räume, in denen Bomben zur Entladung gekommen sind, dürfen erst nach Belüftung betreten werden.
7. Die Gasleitungen sind umgehend abzustellen.
8. Wird die Bevölkerung nachts durch Luftangriffe geweckt, so bleibt sie ruhig in ihren Häusern.«

Der Luftkrieg spielt im Verlauf des bislang dreieinhalbjährigen Krieges eine zwar im Verhältnis zum Landkrieg eher geringe Rolle, doch ist eine deutliche Zunahme der Fliegerangriffe von beiden Seiten schon seit 1917 festzustellen. Alle kriegsbeteiligten Länder haben die Entwicklung kampftauglicher Flugmaschinen seit Kriegsbeginn erheblich forciert. Die Reichweite der neuen Kriegswaffe eröffnet neue Perspektiven für die Strategie.

Besichtigung der Zerstörungen in einem Wohnhaus in der badischen Stadt Ludwigshafen nach Bombenabwürfen durch französische Kampfflugzeuge

Einwohner Kaiserslauterns vor den Trümmern eines Hauseingangs

Von Bomben getroffene Klempnerwerkstatt in Kaiserslautern; die nahe der Westfront gelegene Stadt liegt in der Reichweite französischer Flieger

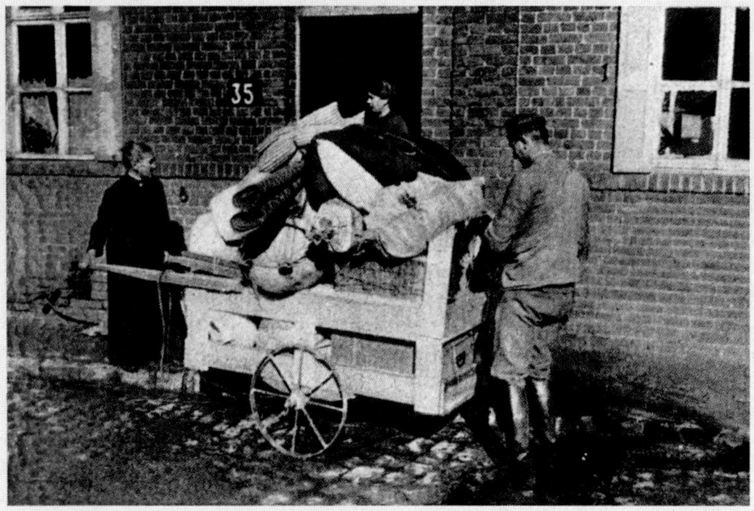

Flüchtende Einwohner einer Ortschaft an der Westfront, die nach dem Rückzug der deutschen Armee in den Feuerbereich der Artillerie geraten ist

Bewohner einer französischen Kleinstadt beim Verlassen ihres Hauses während der großen Frühjahrsoffensive der deutschen Truppen im Westen

Zerstörtes Wohnhaus in Mannheim nach Angriffen alliierter Bomber

Wohnen 1918:

Wohnraum für die Heimkehrer

Im vierten Kriegsjahr ist der Neubau von Wohnhäusern fast völlig zum Erliegen gekommen. Die Knappheit an Baumaterialien ist hierfür ebenso verantwortlich wie die Tatsache, daß niemand da ist, der die Wohnungen bauen könnte. Fast alle wehrtauglichen Männer sind eingezogen, das Gros der verfügbaren Arbeitskräfte arbeitet mittelbar oder unmittelbar für die Rüstungsindustrie.

Der Mangel an neuem Wohnraum ist im letzten Kriegsjahr aber noch nicht das Hauptproblem der Menschen geworden. Die Einziehung der Männer zum Kriegsdienst und der dadurch freiwerdende Wohnraum entspannt die Lage bis zum Jahresende noch. Hinzu kommt der seit Kriegsbeginn anhaltende Geburtenrückgang und die hohe Säuglingssterblichkeit. Im Verhältnis zur Vorkriegszeit ist die durchschnittliche Wohnfläche pro Person sogar bedeutend erhöht. Allerdings stellen schon die kleinsten Instandsetzungsarbeiten vor nahezu unlösbare Probleme, da oft weder Handwerker noch Material zur Ausbesserung vorhanden sind.

Die Wohnungsbaubehörden verstärken 1918 ihre Vorbereitungen für das erwartete nahe Kriegsende, das schlagartig einige Wohnprobleme sichtbar machen wird, die durch den Ausnahmezustand des Krieges nur verdeckt sind. Detaillierte Planungen werden besonders für die Förderung des Kleinwohnungsbaus vorgelegt. Ein- bis Dreizimmerwohnungen werden im Zuge der weiteren Verstädterung in Zukunft von immer größerer Bedeutung sein.

Über das ganze Jahr hinweg erscheinen Aufrufe an die Bevölkerung, alle nicht unbedingt benötigten Möbelstücke heimkehrenden Soldaten zur Verfügung zu stellen, damit diese zumindest das nötige Mobiliar zur Gründung einer Familie haben. Auch soll die Fabrikation preiswerter Einheitsmöbel gefördert werden. Zahlreiche Stadtverwaltungen haben die Möbelindustrie mit der Erstellung sogenannter »Musterzimmer« beauftragt.

Niederländische Mietwohnung mit Einbauschränken in der Küche

Deutsche Soldaten beim Vormarsch zwischen den Häuserresten eines schwer umkämpften französischen Dorfes während der Frühjahrsoffensive

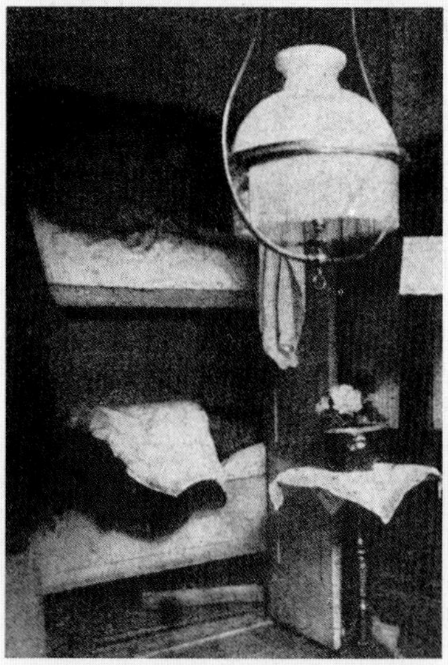

Gegen die Wohnungsnot: Wohnraum mit Einbau-Schlafschrank

Landerholung für Großstadtkinder

7. Januar. Den positiven Jahrestätigkeitsbericht 1917 nimmt der rheinische Verein »Landaufenthalt für Stadtkinder« zum Anlaß, auch für das Jahr 1918 auf eine weitere behördliche Unterstützung der Landverschickungsbewegung zu hoffen. Es seien, so der Vereinsvorstand, im Vorjahr über eine halbe Million Großstadtkinder zu mehrmonatigen Erholungsaufenthalten vor allem in die ländlichen Ostgebiete des deutschen Reiches (Pommern, Ostpreußen) verschickt worden. Es gelte, diese Zahl weiter zu erhöhen.
Die Reichsministerien für Inneres, Kultus und Landwirtschaft hatten bereits kurz zuvor dem Verein ihre Unterstützung zugesagt. In einem diesbezüglichen Erlaß heißt es: »... Die Gesunderhaltung der heranwachsenden Jugend verdient indes auch künftighin ernsteste Beachtung. Die in den Großstädten und Industriebezirken unvermindert fortbestehenden Ernährungsschwierigkeiten zwingen dazu, auch für das kommende Jahr eine umfangreiche Verschickung von Kindern auf das Land in Aussicht zu stellen ... Die Dauer des Aufenthaltes ist auf drei bis vier Monate vorgesehen. Die Unterbringung soll als Werk der Nächstenliebe auch im neuen Jahre möglichst unentgeltlich erfolgen, je nachdem kann ein Beitrag zu den Unkosten von etwa 50 Pfennig gewährt werden ...«.

Das deutsches Volk soll Möbel spenden

11. Januar. Aus Anlaß der im ganzen Reich stattfindenden Möbelsammlungen für heimkehrende Soldaten schreibt der Vorsitzende der rheinischen Handwerkskammer, Josef Wilden, in einem Zeitungskommentar: »Der ›männermordende‹ Krieg heischt gebieterisch, auf den Wiederaufbau des Volkskörpers bedacht zu sein ... Mit Recht wird daher die Eheschließung begünstigt, der Familiensinn gefördert. An sich ganz gut, aber man darf es nicht dabei bewenden lassen ... Zur Begründung einer Familie gehören nicht nur zwei, die sich oft sehr schnell gefunden haben, sondern zugleich eine Wohnung und deren innere Einrichtung. Es ist höchste Zeit, sich dieser Tatsache bewußt zu werden ...«.

Verstärkte Frauenarbeit bei der Eisenbahn und im gesamten Transportwesen: Weibliche Heizer auf einem Dampfer der Hamburg-Amerika-Linie

Frauen bei der Eisenbahn

5. Januar. Auf über 100 000 ist die Zahl der in der preußisch-hessischen Eisenbahnverwaltung tätigen Frauen gestiegen. Das sind 500% mehr als in der Vorkriegszeit. Wie das Eisenbahnministerium mitteilt, hätten sich die Frauen auch in traditionellen Männerberufen gut bewährt. Das Engagement der Frauen sei hervorragend, obwohl ihre Anstellung ausdrücklich bis Kriegsende befristet worden ist.
Infolge der Männerknappheit werden Frauen seit Kriegsbeginn zunehmend auch in Arbeitsbereichen eingesetzt, die zuvor Männern vorbehalten waren, also z. B. als Schaffner, Geleisarbeiter oder in den Reparaturwerkstätten. Während das Ministerium betont, daß die Frauen bei »rein verstandesmäßigen Tätigkeiten« den männlichen Arbeitskräften nach entsprechender Einarbeitung durchaus ebenbürtig seien, wird andererseits doch bemängelt, daß es ihnen für bestimmte Tätigkeiten an Körperkraft mangele. Der preußische Eisenbahnminister Paul von Breitenbach sagt hierzu in einem Interview, Frauen erreichten nur 50 bis 75% der körperlichen Leistungskraft eines Mannes.

Gänse und Pelze jetzt billiger

Die Weltpolitik läßt die Preise fallen; Marktszene auf dem Leipziger Platz in der Reichshauptstadt Berlin

2. Januar. In der deutschen Presse wird ein bedeutsamer Preisverfall auf dem Schwarzmarkt, aber auch ein Preisrückgang auf den offenen Märkten der Großstädte festgestellt. Ein Zusammenhang mit den vielversprechenden Friedensverhandlungen mit Rußland in Brest-Litowsk ist zu vermuten.
Als repräsentatives Beispiel für den Preisverfall sei Hannover genannt: hier kostet Gänsefleisch momentan nur noch etwa vier Mark pro Pfund, während es vor wenigen Tagen noch mit 6 Mark notiert wurde. Tee, der vor kurzem noch 30 Mark pro 500 g kostete, ist jetzt für die Hälfte zu haben. Aber auch die Preise für Pelzwaren gingen in den letzten Wochen im Deutschen Reich drastisch um bis zu 90% zurück.

Bierpanscher muß sich verantworten

10. Januar. Mit einem Freispruch mangels Beweisen endet ein Prozeß vor dem Krefelder Schöffengericht gegen den Sohn eines Brauereibesitzers, der wegen des Verdachts der Bierpanscherei angeklagt war.
Nach Angaben der Ermittlungsbehörden soll der Angeklagte bis 1917 Bier, daß er an Gaststätten ausliefern sollte, aus Gewinnsucht so stark verdünnt haben, daß es kaum noch Alkohol und lediglich eine Stammwürze von 0,8% enthielt (helles Dortmunder Bier z. B. hat normalerweise eine Stammwürze von 13%). Die Anklage konnte die Schuld des Angeklagten jedoch nicht zweifelsfrei nachweisen.

Krupp spendet für Deutsches Museum

3. Januar. Der deutsche Großindustrielle Gustav Krupp von Bohlen und Halbach spendet für Aufbau und Einrichtung von Kongreß- und Bibliothekssaal des Deutschen Museums in München 500 000 Mark.
Das Bauprojekt, das im Jahr 1906 in Angriff genommen wurde, soll einmal die umfangreichste Sammlung naturwissenschaftlich-technischer Objekte im Deutschen Reich beherbergen. Das auf der Isarinsel gelegene Gebäude ist eine Eisen-Beton-Konstruktion nach Entwürfen von Gabriel von Seidl.

Großindustrieller Gustav Krupp von Bohlen und Halbach, Mäzen für eine Bibliothek im Deutschen Museum

Köln: Raubüberfälle mit Waffengewalt

17. Januar. In Köln wird eine Frau des mehrfachen bewaffneten Raubüberfalls überführt, nachdem sie auf frischer Tat ertappt worden ist.

Die Räuberin hatte eine kriminelle Taktik entwickelt, die ihr schon mehrfach zu größeren Geldsummen verhalf. Sie lauerte Lehrlingen auf, die größere Geldsummen für ihre Firmen von der Deutschen Bank in Köln abgeholt hatten, lockte die Opfer in Hauseingänge, Kellerräume oder ähnliche Verstecke, bedrohte sie mit einer Pistole und zwang sie zur Herausgabe des Geldes.

Die Frau wird gefaßt, nachdem sie versucht hat, einen Kaufmannslehrling zur Herausgabe von 2300 Mark zu zwingen. Der Lehrling schlug Alarm, die Frau wurde kurz darauf gestellt. Ihre Gegenüberstellung mit einem Lehrmädchen, dem kurz vorher 5200 Mark geraubt worden waren, ergibt, daß es sich um dieselbe Täterin handelt.

35 Soldaten Opfer von Überschwemmung

16. Januar. *Durch überraschend einsetzendes Tauwetter, das mit ungewöhnlich heftigen Regenfällen einhergeht, steigen alle deutschen Flüsse in der Nacht zum 17. Januar um mehrere Meter. Das Hochwasser führt zu Überschwemmungen, die Tausende von Menschen zur Räumung ihrer Häuser zwingen. In der Nähe von Saarbrücken entgleist ein Zug infolge Dammunterspülung. Mindestens 35 Soldaten ertrinken (Abb.: Bad Kreuznach).*

Schnellzugunglück fordert sechs Tote

25. Januar. Durch die Fahrlässigkeit eines Mitreisenden kommt es auf der Bahnstrecke Berlin–München zwischen Lohhof und Schleißheim zu einem Zugunglück, das sechs Tote und 68 Verwundete fordert.

Ein Fahrgast hatte eine Flasche mit Benzin aus Unachtsamkeit neben die Heizung gestellt, was kurz darauf die Explosion der Flasche zur Folge hatte. Der Eisenbahnwaggon stand sofort in Flammen.

Mit dem unbeschädigten Teil des Berliner Morgenzuges, der eigentlich um 9.48 Uhr in München hätte eintreffen sollen, wurden zunächst die etwa zehn in Lebensgefahr schwebenden Verletzten, unter denen auch der Unfallverursacher war, in Krankenhäuser nach München gebracht. Aus der bayerischen Hauptstadt werden sofort nach Bekanntwerden des Unfalls Sonderzüge mit Ärzten und Sanitätsmannschaften auf den Weg geschickt.

Postkarte von Wilhelm Schulz

Künstlerpostkarte von 1918

Aufruf zur Ludendorff-Spende

Postkarte nach einem Original von Olaf Gulbransson

»Spendet für die Kriegsbeschädigten«

Um den Staat bei der Versorgung von kriegsverletzten Soldaten zu unterstützen, ruft der »Verband wirtschaftlicher Vereinigungen Kriegsbeschädigter« die reichsdeutsche Bevölkerung zu freiwilligen Gaben an die Stiftung »Ludendorff-Spende« auf.

Mit Propagandapostkarten, die an das Mitleid der Empfänger appellieren, indem sie die schrecklichen Verstümmelungen der Soldaten vorführen, soll eine möglichst breite Spendenbewegung initiiert werden. Der Inhalt der meisten Darstellungen bezieht sich auch auf die Schwierigkeiten der Wiedereingliederung der betroffenen Männer in das Arbeitsleben.

Im Aufruf eines Kriegsinvalideninteressenverbandes heißt es: »... Die für das Vaterland und die Allgemeinheit zu Schaden Gekommenen erwarten mit Bestimmtheit, daß das gesamte deutsche Volk für die Verwirklichung ihrer Bestrebungen zur Sicherstellung aller Kriegsbeschädigten rückhaltlos eintritt und den Dankeswillen durch die Tat bewahrheitet ...«

Spendenaufruf auf einer Postkarte nach einem Original von Ludwig Hohlwein

Kleinkriminalität nimmt deutlich zu

18. Januar. In Bochum steht eine Bande von Taschendieben vor Gericht, deren jüngstes Mitglied ein gerade zwölfjähriges Mädchen ist. Das Gericht verhängt Gefängnisstrafen zwischen anderthalb Jahren und sechs Monaten.

Der Bande, die sich aus einem sechsköpfigen Familienclan zusammensetzt und die bis auf den Bandenführer nur aus Frauen besteht, wurde Handtaschenraub in mindestens 138 Fällen zur Last gelegt. Als besonders geschickte Diebin erwies sich das Mädchen, das darauf spezialisiert war, alleinreisenden Damen auf Bahnhöfen im Rhein-Ruhr-Gebiet die Taschen zu entreißen.

Der vereiste Rheinfall bei Schaffhausen; der Wasserfall ist bei den extremen Temperaturen dieses Winters von bis zu –15 °C fast vollständig zugefroren

Minusgrade lassen den Rhein erstarren

Januar. Der in diesem Jahr besonders strenge Winter führt dazu, daß Anfang Januar der größte Wasserfall Mitteleuropas, der Rheinfall bei Schaffhausen, zufriert.

Bei der ungeheuren Wucht der Wassermassen, die sich über eine Breite von rund 150 Metern und aus einer Höhe von 21 m bei Schaffhausen über eine Jurakalkstufe ergießen, ist eine mehrwöchige Periode strengen Frostes unter –15°C erforderlich, um das Wasser zumindest oberflächlich gefrieren zu lassen. Das vergleichsweise milde Klima an der Grenze vom Hoch- zum Oberrhein macht das Vereisen der Fälle zu einem seltenen Naturschauspiel.

Ein dreister Betrug in Bonn mißglückt

15. Januar. Der Versuch eines unehelichen Sohnes des polnischen Grafen Stanislaus Tycziwicz, aus seiner Verwandtschaft betrügerischen Gewinn zu schlagen, mißlingt in Bonn. Der Betrüger wird wegen schwerer Urkundenfälschung zu neun Monaten Gefängnis ohne Bewährung verurteilt.

Paul Heller alias Tycziwicz wollte sich die Tatsache zunutze machen, daß das Königreich Polen am 15. November 1917 mit deutscher Unterstützung erneut ausgerufen wurde. Hellers polnischer Urgroßvater hatte 1831 durch die russischen Annexionen 30000 ha Land in Polen verloren. Diese Ländereien gedachte sich Heller aneignen zu können, indem er (angebliche) Schreiben der deutschen Gesandtschaft in Wien sowie des österreichischen Justizministeriums verfaßte. In diesen scheinbar offiziellen Schreiben wurde vehement versichert, Paul Tycziwicz-Heller werde mit großer Wahrscheinlichkeit demnächst die 1831 annektierten Ländereien seines Urgroßvaters in Polen vollständig zurückerstattet bekommen.

Mit Hilfe der geschickt gefälschten Dokumente gelang es Heller, in Berlin einen Mittelsmann zu gewinnen, der ihm bei einer Bonner Bank einen Kredit in Höhe von 500000 Mark verschaffen wollte.

Die Nachfrage der Bank in Österreich ergab jedoch, daß die Justizbehörden nie von einem Paul Tycziwicz-Heller gehört hatten.

Großer Zapfenstreich der deutschen Truppen in Brest-Litowsk am Vorabend des Geburtstags von Kaiser Wilhelm II.

Kaiser Wilhelm II. (l.) bei einer Parade zu Ehren seines Geburtstags

Kaiser Wilhelms Geburtstag

27. Januar. Mit deutlich verhalteneren Geburtstagsglückwünschen als im Vorjahr und reduzierten öffentlichen Feiern wird der 59. Geburtstag von Kaiser Wilhelm II. im Deutschen Reich begangen.

Am Verhandlungsort der Mittelmächte mit der russischen Sowjetregierung, Brest-Litowsk, finden am Vorabend des Geburtstages ebenso Zapfenstreiche statt wie an der Westfront, die der Kaiser kurz zuvor noch besucht hatte. In Städten und Dörfern sind die Häuser zu Ehren des Kaisers beflaggt. In den Kirchen aller Konfessionen finden Sondergottesdienste statt.

Der Kaiser richtet an den Oberhofprediger Ferdinand Dryander als Repräsentant der evangelischen Kirche ein Dankesschreiben für die ihm übermittelten Glückwünsche:

»... Mit tiefer Dankbarkeit gedenke ich in diesen Tagen der großen Taten Gottes am deutschen Volk, der unseren Fahnen weltgeschichtliche Erfolge geschenkt, manche Sorge gehoben und trotz Not und Entbehrung auch in der Heimat gnädig durchgeholfen hat. Ich vertraue darauf, daß unsere evangelische Kirche ... mit nach siegreich beendetem Krieg helfen wird zu versöhnen und unser Volk über alle Gegensätze hinweg in begeisterter und selbstloser Hingabe an das gemeinsame deutsche Vaterland zu einigen und zu stärken ...«.

Hasenclever-Drama um Generationskonflikt

18. Januar. Die Erstaufführung des Dramas »Der Sohn« von Walter Hasenclever am Mannheimer Hoftheater erregt großes Aufsehen.

Das Stück – es wurde bereits 1913 geschrieben und am 30. September 1916 am Deutschen Landestheater in Prag uraufgeführt – bringt in typisch expressionistischer Manier den Generationskonflikt zwischen revoltierender Jugend und tyrannischem Alter auf die Bühne. Das Stück endet damit, daß der Sohn beabsichtigt, den Vater zu töten, dieser stirbt jedoch schon beim Anblick der Mordwaffe an einem Herzanfall.

Das Drama hat nach Hasenclevers eigener Aussage, »die Absicht, die Welt zu verändern«. Das »Spiel des Sohnes zum Vater« ist die exemplarische Darstellung des »Bürgers zum Staat«. Es ist ein engagiertes Plädoyer gegen die allem Neuen verständnislos gegenüberstehende ältere Generation.

»Der Sohn« fand schon bei der Uraufführung begeisterte Aufnahme. Der Theaterkritiker Fritz Drosp schreibt zu der Mannheimer Aufführung: »Der ewige Konflikt zwischen den Generationen, der durch die Morgenröte einer neuen Zeit geschaffene Gegensatz zwischen Vater und Sohn, das ist auf die kürzeste Formel gebracht der Inhalt des Dramas ... Walter Hasenclever, dem das junge Deutschland diese lodernde Anklage gegen die egoistische Macht eines in alten Vorurteilen allzu fest verwachsenen Vaters verdankt, will die Jugend aus dumpfer Enge in die leuchtende Welt der Schönheit führen, ein Idealist und Schwärmer, dessen Glaube durch die Gefahren des Lebens nur noch größer wird ...«

Freitag, den 18. Januar 1918

Bei aufgehobenem Abonnement

Zum ersten Male:

Der Sohn

Drama in fünf Akten von Walter Hasenclever.

In Szene gesetzt von Richard Weichert

Die Bühnenbilder nach Entwürfen von Ludwig Sievert

Personen:

Der Vater	Robert Garrison
Der Sohn	Fritz Odemar
Der Freund	Max Grünberg
Das Fräulein	Thila Hummel a. G.
Der Hauslehrer	Hans Godeck
Der Kommissar	Fritz Alberti
Adrienne	Else Merbreier
Cherubim	Hermann Kupfer
Herr von Tuchmeyer	Wenzel Hoffmann
Fürst Scheitel	Adalbert Schlettow

Einleitende Worte des Intendanten

Nach dem zweiten Akte findet eine größere Pause statt.

Die Darsteller leisten etwaigen Hervorrufen des Publikums erst nach Schluß des Stückes Folge.

Kasseneröffnung 6½ Uhr Anfang 7 Uhr Ende gegen 9¾ Uhr

Die Zurücknahme von Eintrittskarten findet nur bei Stückänderung statt.

Der Theaterzettel des großherzoglichen Hof- und National-Theaters in Mannheim kündigt die Erstaufführung des Dramas »Der Sohn« von Walter Hasenclever an; die Regie wird von Richard Weichert geführt, das Bühnenbild stammt von Ludwig Sievert; der Theaterzettel betont, daß die Schauspieler auf etwaige Beifallskundgebungen erst nach Ende der Aufführung reagieren

Russische Dichter in Volkseigentum

11. Januar. Als einen der ersten Schritte auf dem Weg zur Demokratisierung auch der Kultur erläßt die junge Sowjetregierung in Petrograd (Leningrad) ein Dekret zur Überführung der russischen Klassiker der Literatur in Staatseigentum.

Damit wird erstmals ermöglicht, literarische Werke von Weltrang wie diejenigen Fjodor M. Dostojewskis, Lew (Leo) N. Tolstois, Alexandr S. Puschkins oder des Dramatikers Alexandr N. Ostrowski einer breiten Öffentlichkeit in Buchform zugänglich zu machen.

Während der Zarenherrschaft wurde die Bildung der unteren Volksschichten kaum gefördert. Dementsprechend gering war auch der Umfang der Buchproduktion. Hinzu kam, daß die Rechte zur Veröffentlichung der Literatur in der Hand der Erben waren, was die Verbreitung der Werke erschwerte.

Es ist ein politisches Hauptanliegen der revolutionären Bolschewiki, die russischen Volksmassen, die allerdings zunächst einmal lesen und schreiben lernen müssen, mit dem Bildungsgut vertraut zu machen, das über Jahrhunderte in der Hand von Aristokratie und Großbürgertum festgehalten wurde.

Politische Kämpfe unter den Studenten

17. Januar. Die Vertreterschaft der Bonner Studenten distanziert sich in einem Manifest ausdrücklich von den »antivaterländischen Bestrebungen eines kleinen Kreises Heidelberger Studenten unter Führung eines gewissen Herrn Toller«.

Der Student Ernst Toller, bekannt als Anhänger der Unabhängigen Sozialdemokratischen Partei Deutschlands (USPD), hatte gemeinsam mit studentischen Gesinnungsgenossen in Heidelberg und München Aufrufe gegen die Unterstützung der reaktionär-militaristischen Deutschen Vaterlandspartei (→20. 1./S. 17) drucken und verteilen lassen.

In dem Aufruf der Bonner Studentenschaft heißt es (Auszug): »Wir Bonner Studenten erklären, in keiner Weise von jenen Umtrieben berührt zu sein. (...) Wir wollen mit allen Kräften solchen unpatriotischen Kundgebungen gewisser Gruppen entgegenarbeiten.«

Neuartige »Wasserfahrräder« vorgestellt

Januar. *In Berlin werden auf einer Präsentation »Kleiner verkehrstechnischer Erfindungen« neben anderen Ideen auch einige Neuentwicklungen auf dem Gebiet des wassertüchtigen Fahrrads vorgeführt.*

Für besonderes Aufsehen sorgt das sogenannte »Draxlersche Fahrrad«, das sowohl land- als auch »see«tüchtig ist: Es kann in wenigen Minuten durch kleine Umbauten zur Fahrt auf dem Wasser hergerichtet werden.

Negatives Urteil über Frauenschulen

29. Januar. Eine eher negative Bilanz der jetzt zehnjährigen staatlichen Bemühungen, eine öffentliche höhere Schule für Mädchen zu etablieren, zieht der deutsche Bildungswissenschaftler Gustav Howe in einem Zeitungsessay.

Howe vertritt die Ansicht, durch ihre Zwitterstellung zwischen wissenschaftlicher Lehranstalt und praktischer Fortbildungsschule für frauenspezifische Tätigkeiten wie Hauswirtschaft und Kinderpflege habe sie keinem der beiden Bildungsideale ganz gerecht werden können. Verderblich habe sich auch ausgewirkt, daß ein großer Teil der Lehrveranstaltungen freiwillig war und daß der Schulabschluß keine Zugangsberechtigung zu irgendeiner qualifizierteren Ausbildung geboten hätte. Eine Veränderung von Konzeption und Organisation dieses Schultyps für Mädchen sei daher dringend erforderlich.

Bildungswesen 1918:

Männermangel zwingt Staat zur Förderung der Frauenbildung

Das Bildungswesen im Deutschen Reich wird im Jahr 1918 noch stärker als in den Vorjahren durch den jetzt im vierten Jahr stehenden Weltkrieg geprägt.
Schulen und Hochschulen haben unter der Tatsache zu leiden, daß ein Großteil des zumeist männlichen Lehrpersonals mittlerweile zum Kriegsdienst eingezogen ist. Die kommunalen Schulbehörden müssen wegen des Lehrermangels dazu übergehen, mehrere Schülerjahrgänge in einem Raum zusammenzufassen. Obwohl viel weibliches, eigentlich nicht für den Lehrberuf ausgebildetes Hilfspersonal eingestellt wird, kommt es doch in steigendem Maße zu Unterrichtsausfällen, denn auch die Frauen werden mit Vorrang als Krankenpflegerinnen für verletzte Frontsoldaten gebraucht.
Die Bildungspolitiker denken 1918 verstärkt darüber nach, wie man durch eine bessere Frauenbildung erreichen könnte, daß in Zukunft mehr Frauen als bisher dazu in der Lage sein werden, Männer im Notfall am Arbeitsplatz zu ersetzen. Besonders wollen die Bildungspolitiker auch das Frauenfachschulwesen fördern. So hat der preußische Kultusminister am 31. Dezember 1917 einen Erlaß zur Reform der Frauenoberschule veröffentlicht, der Frauen, die diese Schulen absolviert haben, den Zugang zur technischen Lehrerbildungsanstalt ermöglichen wird. Die 1908 erstmals eingeführte »Frauenschule«, die an das Lyceum mit einer ein- bis zweijährigen (11. und 12. Klasse) Zusatzausbildung anschloß, hat sich nach den bisher vorliegenden Erfahrungen als unzureichend erwiesen, da sie nach eigenem Anspruch vor allem dazu dienen sollte, »dem Bildungsbedürfnis der heranwachsenden Mädchen nach ihrer Wahl und Neigung entgegenzukommen und ihrem inneren Leben einen würdigen Inhalt zu geben«.
Der Hauptmangel der bisherigen Frauenschule war, daß ihr Abschluß zu keiner qualifizierten weiteren Ausbildung berechtigte und somit eine reine Luxuseinrichtung für Töchter bürgerlicher Familien war. Die neue Konzeption der höheren Schule für Mädchen sieht vor, daß der Abschluß zum Eintritt in eine Schule für technische Lehrerinnen, Kindergärtnerinnen und Hortnerinnen berechtigt.
Zugang zu einem wissenschaftlichen Studium können sich Frauen nach wie vor nur verschaffen, indem sie das Abitur an privaten Internaten im Ausland ablegen. Es versteht sich von selbst, daß dieser Bildungsweg nur für Töchter sehr wohlhabender und zugleich ungewöhnlich aufgeschlossener Familien in Frage kommt. Im Sommersemester 1918 studieren an den Hochschulen des Deutschen Reiches 7573 Studentinnen. Insgesamt gibt es aufgrund der Kriegsverhältnisse nur 25 430 ordentliche Studierende. Der hohe Prozentsatz weiblicher Studierender von 29,8% beruht einzig auf der Tatsache, daß die meisten männlichen Kommilitonen zum Frontdienst eingezogen worden sind. Zum Vergleich: Unmittelbar vor Kriegsausbruch im August 1914 waren 79 511 Studenten an den wissenschaftlichen Hochschulen des deutschen Reiches eingeschrieben, davon waren nur 5,4% Frauen.
Ebenso wie das schulische Bildungswesen steht auch der Bereich der Berufsausbildung 1918 unter dem Zeichen des Krieges. So denken die Bildungsplaner im Hinblick auf den erhofften baldigen Frieden darüber nach, wie die vielen, häufig kriegsbeschädigten Soldaten, die vielfach nicht über eine abgeschlossene Ausbildung verfügen, wieder in das Arbeitsleben eingegliedert werden können. Ein besonders großer Mangel wird nach Kriegsende voraussichtlich in den Handwerksberufen spürbar werden, denn die einschlägigen Ausbildungsbetriebe liegen seit Kriegsbeginn in vielen Fällen still. Eine finanzielle Unterstützung von Fachschulen und speziellen Verwundetenschulen durch staatliche und private Stiftungen läuft schon in den letzten Kriegsmonaten an. Ein großer Teil der von der Front zurückkehrenden jungen Männer wird auch Stipendien benötigen, um die notwendige Ausbildungszeit überbrücken zu können. Einige Industrielle richten deshalb spezielle Ausbildungsfonds ein.

Mädchenklasse während des Haushaltsunterrichts in einer Gemeindeschule – Thema: Heringskartoffeln

Studentinnen des deutsch-akademischen Frauenbundes, die eigene, weibliche Studentenverbindungen bilden

Armbeschädigte Kriegsverletzte in einer Spezialschule in Frankfurt am Main, die von der Ludendorff-Spende für Kriegsopfer eingerichtet wurde

Februar 1918

Mo	Di	Mi	Do	Fr	Sa	So
				1	2	3
4	5	6	7	8	9	10
11	12	13	14	15	16	17
18	19	20	21	22	23	24
25	26	27	28			

1. Februar, Freitag

Leo D. Trotzki (eigentl. Bronschtein), Außenminister Rußlands seit der bolschewistischen Oktoberrevolution im November 1917, beginnt mit dem Aufbau der Roten Armee als Streitmacht der Sowjetregierung (→23. 2./S. 30).

Karl I., Kaiser von Österreich und König von Ungarn, ernennt Konteradmiral Miklós Horthy zum Oberbefehlshaber der k.u.k. Kriegsmarine.

Österreichisch-ungarische Militäreinheiten schlagen eine Meuterei der k.u.k. Kriegsmarine in Cattaro (Süddalmatien) blutig nieder. →S. 31

Der Journalisten-Verein »Berliner Presse«, der älteste und größte Journalistenverband Preußens, richtet an das Preußische Herrenhaus die Eingabe, es möge zulassen, daß in den Sitzungen mindestens drei Vertreter der preußischen Tagespresse zu Mitgliedern im Herrenhaus gemacht werden sollten. →S. 35

Um die Massenstreiks der Industriearbeiterschaft in Berlin zu beenden, unterstellt Generaloberst Joachim von Kessel im Auftrag des Kaisers sieben Berliner Großbetriebe der Militäraufsicht. Falls die Arbeiter bis zum 4. Februar die Arbeit nicht wieder aufgenommen haben, droht ihnen schwere Strafe. →S. 32

2. Februar, Sonnabend

Die Polnischen Legionen, die aus etwa 25 000 Soldaten bestehen, besetzen Mogilev, den Standort der russischen Obersten Heeresleitung, nachdem sie einen Tag zuvor der bolschewistischen Regierung den Krieg erklärt hatten.

Die Reichstagsabgeordneten Friedrich Ebert (SPD), Hugo Haase (USPD), Georg Ledebour (USPD) und Philipp Scheidemann (SPD) besprechen bei einem Treffen mit dem deutschen Reichskanzler Georg Graf von Hertling die Lage, in die der Massenstreik der Industriearbeiterschaft das Deutsche Reich gebracht hat. Während die USPD dem Streik positiv gegenübersteht, halten die SPD-Vertreter den Streik für politisch schädlich.

Gute Erfolge werden von der in Hamburg eingerichteten „Arbeitsgemeinschaft für Berufsberatung" gemeldet, die vor kurzem von William Stern in Anbindung an sein psychologisches Institut eingerichtet wurde. →S. 35

3. Februar, Sonntag

Im finnischen Bürgerkrieg befinden sich die rotgardistischen Truppen auf dem Vormarsch gegen den deutschfreundlichen General Carl Gustaf Emil Freiherr von Mannerheim (→4. 1./S. 15).

Initiiert von deutschfreundlichen Flamen finden in vielen Teilen des von den Deutschen besetzten Flandern Demonstrationen für eine Loslösung des Gebietes von Belgien statt. →S. 31

Zur Linderung der für die Nachkriegszeit erwarteten Wohnungsnot bewilligen die Bochumer Stadtverordneten 7000 Mark für die Errichtung eines Musterhauses, dessen hauptsächlicher Baustoff Lehm ist. →S. 33

Die Versammlung der Obst- und Gemüsehändler Deutschland in Köln befaßt sich mit der Frage, wie die Versorgung der Bevölkerung mit diesen Lebensmitteln in Zukunft zu sichern sei, wenn der Krieg noch länger andauert.

Deutsche Turnvereine verzeichnen einen Mitgliederschwund. In der Regel sind über Dreiviertel der männlichen Turnerschaft im Feld. Vor dem Krieg hatte die allgemeine Turnbewegung stark zunehmende Tendenz.

4. Februar, Montag

Aufgrund der Verhängung des militärischen Ausnahmezustandes über sieben Berliner Großbetriebe bricht die Streikleitung den Ausstand ab und leitet damit den Zusammenbruch der Streikbewegung im gesamten Deutschen Reich ein (→1. 2./S. 32).

Zu fünf Jahren Festungshaft wegen versuchten Landesverrats wird der USPD-Reichstagsabgeordnete Wilhelm Dittmann in Berlin verurteilt. →S. 32

Die Deutsche Fortschrittliche Volkspartei verurteilt einstimmig die derzeitige Streikbewegung als vaterlandsfeindlich (→28. 1./S. 16).

Der preußische Staatskommissar für Ernährungswesen, Wilfried von Eynern, berichtet vor einem Fachgremium über die Schwierigkeiten in der Nahrungsmittelversorgung, die sich durch die nahezu vollständige Einfuhrblockade im Jahr 1918 weiter verschlimmern würden.

Die lokalen Ordnungsämter rufen die Bevölkerung dazu auf, Kaninchen nur für den Eigenbedarf zu züchten, da sie sehr schlechte Futterverwerter seien, also zuviel Futter verbrauchen. →S. 33

5. Februar, Dienstag

Die bolschewistische Regierung Rußlands beschließt die Trennung von Staat und Kirche, die Enteignung der russischen Handelsflotte und die Konfiszierung des Aktienkapitals der russischen Privatbanken.

Die norwegische Regierung unter Ministerpräsident Gunnar Knudsen erklärt, sie wolle bis zum Ende des Krieges in jedem Fall neutral bleiben. Großbritannien hatte kürzlich mit Handelsblockaden gedroht, wenn Norwegen nicht an der Seite der Entente in den Krieg eintrete.

Für die Schreibstuben des deutschen Justizministeriums ergeht ein neuer Erlaß zum Einsparen von Papier. Demnach soll u. a. auf Briefumschläge im internen Verkehr ganz verzichtet werden. →S. 36

In Nauen wird die bislang leistungsfähigste Anlage für drahtlose Telegrafie in Betrieb genommen. →S. 35

6. Februar, Mittwoch

Mit dem Beschluß zur Bildung eines Sowjets der Ärztekollegien ist in Rußland der erste Schritt zu einer zentralen Behörde im Gesundheitsbereich gemacht.

Der US-amerikanische Italien-Berichterstatter Eduard Marshall führt ein Gespräch mit Papst Benedikt XV., in dem dieser sagt, die Kriegsteilnahme der USA könne den Frieden fördern.

7. Februar, Donnerstag

Das österreichische Kabinett unter Ministerpräsident Ernst Ritter Seidler von Feuchtenegg reicht seinen Rücktritt ein. Er wird von Kaiser Karl I. jedoch nicht akzeptiert.

Zu Ehren des 59. Geburtstags von Wilhelm II. am 27. Januar finden an der Front Wehrturnfeste statt. →S. 37

Das Reichsversorgungsamt in Berlin empfiehlt die Verwendung von Holzaschenlauge zum Waschen als vollwertigen Ersatzstoff für Seife. →S. 37

8. Februar, Freitag

In der ukrainischen Hauptstadt Kiew wird die – allerdings labile – Sowjetmacht errichtet (→9. 2./S. 28).

Britische Suffragetten erklären ihre uneingeschränkte Solidarität mit den Siegesbestrebungen der offiziellen britischen Regierung. →S. 29

Das Reichsversorgungsamt bringt neue Reisebrotmarken zur Verteilung, die eine Höchstmenge von 500 g statt bisher 50 g pro Person und Reisetag vorsehen.

9. Februar, Sonnabend

Die Mittelmächte Deutsches Reich, Österreich-Ungarn, Bulgarien und das Osmanische Reich schließen in Brest-Litowsk mit der Ukraine einen Sonderfrieden (sog. Brotfrieden). →S. 28

Infolge des Friedensschlusses der Mittelmächte mit der Ukraine steigt an der Börse in Amsterdam schlagartig die Nachfrage nach deutscher Währung, so daß sie vorerst nicht mehr verfügbar ist (→9. 2./S. 28).

In Brest-Litowsk fordern die Vertreter der Mittelmächte in ultimativer Form die Annahme ihrer Friedensbedingungen durch die sowjetische Regierung. Das Ultimatum wird nicht sofort beantwortet (→10. 2./S. 29).

Der britische Mathematiker und Philosoph Bertrand Russell wird wegen landesverräterischer Äußerungen zu einem halben Jahr Gefängnis verurteilt. Im Jahr 1916 hatte er wegen pazifistischer Aktionen bereits seinen Lehrstuhl für Mathematik in Cambridge verloren. →S. 29

In einem Pressekommentar legt der Düsseldorfer Schulrat Wilhelm Schmitz seine Auffassung zur Rolle des Kinos nach dem Krieg dar. →S. 40

10. Februar, Sonntag

Das rumänische Kabinett unter Ministerpräsident Ion C. Brătianu tritt zurück (→7. 5./S. 77).

Leo D. Trotzki (eigentl. Bronschtein), Volkskommissar des Äußeren in Rußland und seit Dezember 1917 Leiter der sowjetischen Delegation bei den Friedensverhandlungen von Brest-Litowsk, erklärt den Kriegszustand für beendet, ohne jedoch die Friedensbedingungen der deutschen Regierung annehmen zu wollen. Daraufhin werden die Verhandlungen abgebrochen. →S. 29

Die Bolschewiki erklären alle unter zaristischer Herrschaft durch Rußland getätigten Staatsanleihen für ungültig. Damit werden russische Schulden in Milliardenhöhe an das westliche Ausland nicht anerkannt.

Infolge der katastrophalen Ernährungs- und Hygienebedingungen breiten sich besonders in den russischen Großstädten Seuchen aus. Aus Petrograd (Leningrad) wird von bis zu 600 Neuerkrankungen an Pest und Cholera pro Tag berichtet.

Im Königlichen Schauspielhaus in Dresden wird Reinhard Goerings Drama »Seeschlacht« uraufgeführt. →S. 40

11. Februar, Montag

Die Demobilisation der russischen Armee beginnt (→10. 2./S. 29).

Die tschechischen Parteien fordern in Prag die Gründung einer tschechischen staatsrechtlichen Demokratie. Das Land soll auch die deutschsprachigen Randbezirke (Sudetenland) miteinbeziehen.

12. Februar, Dienstag

Deutsche Truppen rücken auf russischem Gebiet vor, nachdem der russische Volkskommissar des Äußeren, Leo D. Trotzki, die Verhandlungen in Brest-Litowsk zwei Tage zuvor abgebrochen hatte (→10. 2./S. 29).

Der US-amerikanische Präsident Thomas Woodrow Wilson antwortet in einer Rede vor dem Senat in Washington auf die deutsch-österreichische Reaktion auf seine 14 Punkte vom →8. Januar (→S. 12). Im Bezug auf die Sonder-Friedensbemühungen Österreich-Ungarns (→14. 4./S. 63) erklärt der US-amerikanische Präsident Thomas Woodrow Wilson, Ministerpräsident Ottokar Graf Czernin von und zu Chudenitz sehe »die Grundlage des Friedens mit klaren Augen«.

In der Presse häufen sich Werbeanzeigen, die Patentlösungen in Buchform für sämtliche Probleme anbieten. →S. 36

13. Februar, Mittwoch

Die sozialdemokratische Zeitschrift »Internationale Korrespondenz« spricht vom Bankrott der bolschewistischen Politik, was von der bürgerlichen Presse Deutschlands mit Genugtuung aufgenommen wird.

Von deutschen U-Booten torpedierter britischer Tanker auf der Titelseite der britischen Wochenzeitschrift »The Graphic« vom 16. Februar

THE GRAPHIC

AN ILLUSTRATED WEEKLY NEWSPAPER

The entire contents of this paper, both Illustrations and Letterpress are copyright.

No. 2516. Vol. XCVII. *Registered as a Newspaper.* | SATURDAY, FEBRUARY 16, 1918 | Price Ninepence *By Post, 10d.*

A German Naval Victory in the Channel!

It is on record that 11,000,000 men have been sent across the Channel without loss—but the U-Boats did torpedo an oil steamer, the crew of which was saved by a tug.

Das deutsche Kriegsministerium wirkt auf die Einführung des Morseunterrichts an den Schulen hin, damit die jungen Männer als Rekruten das Morsealphabet nicht mehr lernen müssen. In allen Schulen werden Lehrtafeln aufgehängt.

14. Februar, Donnerstag

In Rußland wird der Julianische durch den Gregorianischen Kalender, der auch in den Ländern Westeuropas gilt, abgelöst. Damit rückt die Datierung in Rußland um 13 Tage vor.

Die deutschen Militärbehörden warnen die Bevölkerung vor ehemaligen Soldaten, die ihre leichten Verletzungen betteInd dazu ausnutzen, bei den Passanten Mitleid zu erregen. →S. 33

15. Februar, Freitag

Das »Dekret Nr. 2« der russischen Sowjetregierung verfügt die Einrichtung einer »Obersten Gerichtskontrolle« in Petrograd (Leningrad).

Der SPD-Reichstagsabgeordnete Otto Braun schreibt im Parteiorgan der MSPD, dem »Vorwärts«, einen Leitartikel, in dem er sich deutlich vom »Putschismus« oder gar »Anarchismus« der Bolschewiki distanziert.

16. Februar, Sonnabend

Wegen des durch die sowjetische Regierung verursachten Abbruchs der Friedensverhandlungen von Brest-Litowsk erklärt die deutsche Oberste Heeresleitung offiziell die Wiederaufnahme der Kampfhandlungen gegen Rußland. Die deutschen Truppen kommen im Norden Rußlands schnell voran.

Der litauische Landesrat (Lietuvos Taryba) proklamiert einen selbständigen, demokratisch organisierten Staat Litauen mit Wilna als Hauptstadt. Man hofft auf die Unterstützung des Deutschen Reiches gegen die russischen Bolschewisten, von denen befürchtet wird, daß sie Litauen der Union der Sowjetrepubliken gewaltsam eingliedern wollen.

Das Rheinisch-Westfälische Kohlensyndikat feiert in Essen sein 25jähriges Bestehen. →S. 32

In Berlin wird als oberste Interessenvertretung der deutschen Industrie der »Deutsche Industrierat« gegründet.

17. Februar, Sonntag

Die schwedische und die russische Regierung schließen in Stockholm ein Abkommen, in dem Rußland sich verpflichtet, seine Truppen in kürzestmöglicher Frist von den Aaland-Inseln [zwischen schwedischer und finnischer Küste in der Ostsee] abzuziehen.

In allen kriegsbeteiligten Ländern bis auf die Vereinigten Staaten wird das Brot wegen der Mehlknappheit rationiert. Nach eigenen Angaben steht das Deutsche Reich dabei jedoch keineswegs an der »Spitze«.

Aufgrund der Teilreform der Wahlkreiseinteilung erhöht sich die Zahl der Reichstagsmitglieder auf 441. Die Neueinteilung ist wegen der Bevölkerungsverschiebungen notwendig geworden.

18. Februar, Montag

Zur sofortigen Kontrolle und Regelung der Nahrungsmittelversorgung in Rußland wird ein Versorgungsausschuß unter Vorsitz Leo D. Trotzkis (eigentl. Bronschtein) eingesetzt.

Die »Zentralstelle für freiwillige Liebestätigkeit« im Rheinland bietet Lehrgänge im Kunststopfen an, damit die ans Haus gefesselten Frauen sich ihren Lebensunterhalt verdienen können. →S. 33

19. Februar, Dienstag

Die Rückführung großer Teile der russischen Baltikum-Flotte von Reval nach Kronstadt beginnt.

Die französische Luftwaffe fliegt einen Angriff auf Pirmasens und Mannheim, bei dem mehrere Menschen ums Leben kommen (→3. 1./S. 17).

20. Februar, Mittwoch

Vier italienische Flugzeuge, davon ein Großkampfflugzeug, bombardieren den Bahnhof von Innsbruck. Ein Toter und mehrere Verletzte sind zu beklagen, während der Sachschaden nur gering ist.

Wegen der Bedrohung der russischen Hauptstadt durch die neuerliche Offensive der Mittelmächte gegen Rußland wird in Petrograd (Leningrad) eine »Außerordentliche Kommission zur Evakuierung Petrograds« gebildet.

Rote Garden erobern erneut die Hauptstadt der Ukraine, Kiew. Durch das Eingreifen deutscher und österreichisch-ungarischer Verbände zur Unterstützung der unabhängigen ukrainischen Volksrepublik werden die Roten Garden jedoch wieder vertrieben (→9. 2./S. 28).

Der König von Bayern, Ludwig III., feiert goldene Hochzeit. →S. 36

21. Februar, Donnerstag

Die britische Palästina-Armee unter dem Oberbefehl von General Edmund Henry Hynmann Allenby erobert Jericho (→4. 4./S. 62).

Der schwedische Ministerpräsident Nils Eden erklärt vor dem Parlament in Stockholm, an ein militärisches Eingreifen in Finnland auf seiten des deutschfreundlichen Generals Carl Gustaf Emil Freiherr von Mannerheim denke man nur für den Fall, daß schwedische Nationalinteressen unmittelbar berührt würden (→4. 1./ S. 15).

In Berlin und Kattowitz werden umfangreiche Schiebereien mit Edelmetall, vor allem Gold, aufgedeckt. Die deutsche Presse vermutet Sabotageakte.

22. Februar, Freitag

Kaiser Wilhelm II. und Karl I., Kaiser von Österreich, treffen im Hauptquartier der deutschen Obersten Heeresleitung zusammen, um die Kriegslage und das weitere gemeinsame Vorgehen zu besprechen und zu diskutieren.

Bei einem italienischen Luftangriff auf Innsbruck kommen nach deutschen Angaben mehrere Menschen ums Leben, mindestens 40 werden verletzt.

Die deutsche Oberste Heeresleitung betont entgegen anderslautenden Meldungen, daß sie für geisteskrank gewordene Soldaten ausreichend Fürsorge trage.

23. Februar, Sonnabend

Die Regierung des Deutschen Reiches fordert Rußland zur Annahme der deutschen Friedensbedingungen innerhalb von 48 Stunden auf. In der Nacht zum 24. geben das sowjetische Zentralexekutivkomitee und der Rat der Volkskommissare ihre Zustimmung (→3. 3./S. 46).

Der Hilfskreuzer der reichsdeutschen Flotte, »Wolf«, kehrt nach mehrmonatiger Expedition in den Atlantischen und Pazifischen Ozean nach Deutschland zurück. Er versenkte mindestens 35 alliierte Handelsschiffe (→23. 3./S. 55).

In der deutschen Reichshauptstadt Berlin wird der »Reichsausschuß für wirtschaftliche Fertigung« eingerichtet.

In Rußland wird offiziell die Rote Armee gegründet. →S. 30

Das Komitee des Internationalen Roten Kreuzes erläßt in Genf einen Aufruf an alle kriegführenden Länder, von der Verwendung von Kampfgasen abzusehen.

24. Februar, Sonntag

In Estland wird unter Führung von Konstantin Päts eine provisorische Regierung gebildet, die einem »Selbständigen Freistaat Estland« vorstehen soll.

Die Betriebskrankenkassen treffen sich zu ihrer Jahreshauptversammlung in Düsseldorf. Das wichtigste Anliegen der Kassen müsse in Zukunft die gesundheitliche Vorsorge sein.

Als Post- und Telegrafengehilfen werden ab jetzt nur noch kriegsversehrte Soldaten aufgenommen.

Wahrscheinlich Opfer eines Mordes wird Großherzog Adolf Friedrich VI. in Neustrelitz. Er ist der letzte männliche Regent des Großherzogtums Mecklenburg-Strelitz. Das Herzogtum fällt an Mecklenburg-Schwerin.

25. Februar, Montag

Deutsche und österreichisch-ungarische Verbände nehmen Reval ein. Am 18. Februar hatten die beiden Mittelmächte mit einer Großoffensive gegen Rußland als Reaktion auf den Abbruch der Friedensverhandlungen von Brest-Litowsk begonnen.

26. Februar, Dienstag

Der neugebildete polnische Regentschaftsrat, der sich für die Unabhängigkeit des Landes einsetzt, wird von Jaroslaw Ponikowski angeführt (→14. 11./ S. 176).

Laut Erlaß des Reichsernährungsamtes ist zur Deckung des Eigenbedarfs die Haltung von Schweinen weiterhin erlaubt, sofern die Tiere am 1. Februar noch keine 25 kg wogen. →S. 33

In der Galerie Emil Heß in Berlin findet eine Gemäldeauktion statt, auf der etliche Werke holländischer Meister versteigert werden, u.a. Daniel Seghers' »Madonna von Blumen umgeben«.

In Hongkong kommen beim Einsturz der vollbesetzten Tribüne bei einer Veranstaltung des britischen Jockey-Clubs mindestens 600 Menschen ums Leben.

27. Februar, Mittwoch

Viele Stadtverwaltungen im Deutschen Reich setzen auf den Abschuß von Spatzen ein Kopfgeld aus, um die Zahl der unnützen Futterverwerter möglichst stark zu dezimieren. →S. 33

Aus dem Bericht der allgemeinen Arbeitsnachweisstelle für das Deutsche Reich geht hervor, daß es jetzt zweieinhalbmal so viele offene Stellen gibt wie Arbeitsuchende. 1917 war das Verhältnis noch 4:3.

28. Februar, Donnerstag

Österreichisch-ungarische Truppen rükken entsprechend dem Sonderfriedensvertrag vom 9. Februar zur Unterstützung der Ukrainischen Volksrepublik gegen die Bolschewiki in der Ukraine ein (→9. 2./S. 28).

Die antibolschewistische Rada in Estland ruft die unabhängige Republik aus.

Unter Vermittlung von König Alfons XIII. von Spanien richtet Karl I., Kaiser von Österreich, einen Brief an den US-amerikanischen Präsidenten Thomas Woodrow Wilson, in dem er die 14 Punkte von Wilsons Friedensplan vom →8. Januar (S. 12) mit wenigen Einschränkungen akzeptiert.

Gestorben:

6. Wien: Gustav Klimt (*14. Juli 1862, Baumgarten bei Wien), österreichischer Maler und Zeichner. →S. 40

10. Konstantinopel (Istanbul): Abd Al (Abdul) Hamid II. (*22. 9. 1842, Konstantinopel), türkischer Sultan, seit 1876 Herrscher des Osmanischen Reiches; 1909 von der türkischen Nationalversammlung nach Saloniki verbannt.

Geboren:

12. New York: Julian (Seymour) Schwinger, US-amerikanischer Physiker, u.a. Arbeiten auf dem Gebiet der Quantenelektrodynamik, Nobelpreis 1965.

Das Wetter im Monat Februar

Station	Mittlere Lufttemperatur (°C)	Niederschlag (mm)	Sonnenscheindauer (Std.)
Aachen	4,6 (2,1)	40 (59)	– (74)
Berlin	1,7 (0,4)	47 (40)	– (78)
Bremen	3,3 (0,9)	72 (48)	– (68)
München	1,6 (–0,9)	14 (50)	– (72)
Wien	– (0,6)	– (41)	– (–)
Zürich	1,0 (0,2)	33 (61)	84 (79)

( ) Langjähriger Mittelwert für diesen Monat
– Wert nicht ermittelt

Titelblatt der Zeitschrift »Über Land und Meer« zur goldenen Hochzeit des bayerischen Königs Ludwig III. am 20. Februar 1918

Nr. 21 Jahrgang 60

Über Land und Meer

Das bayerische Königspaar. Zur Feier seiner Goldenen Hochzeit am 20. Februar 1918

Nach der neuesten Aufnahme von Hofpho ograph Müller, München

1918 (Bd. 119) 63

A. g. XIII.

Unterzeichnung des Friedensvertrages zwischen den Mittelmächten und der Ukraine in Brest-Litowsk (1. österreichischer Außenminister Graf Czernin, 2. Staatssekretär von Kühlmann, 3. bulgarischer Ministerpräsident Radoslawow, 4. Großwesir Talat Pascha, 5. General Hoffmann, 6. Vertreter der Ukraine Lewytzky)

Sonderfrieden der Ukraine mit den Mittelmächten

9. Februar. In Brest-Litowsk schließen die Vertreter der Mittelmächte Deutsches Reich, Österreich-Ungarn, Osmanisches Reich und Bulgarien einen Separatfrieden mit den Vertretern der antibolschewistischen ukrainischen Zentralrada, die das Land am 24. Januar für unabhängig von Rußland erklärt hatte. Der Sonderfriede ist der erste Friedensschluß des Weltkrieges.

Der Vertrag billigt der Ukraine das bislang zu Polen gehörige Cholmer Land und das ehemals österreichisch-ungarische Ostgalizien als der Ukraine zugeordnetes Kronland zu. Als Gegenleistung verpflichtet sich der ukrainische Vertragspartner zu umfangreichen Rohstofflieferungen an die Mittelmächte. So sollen bis zum 1. August mindestens eine Million Tonnen Getreide an die ehemaligen Kriegsgegner geliefert werden. Aus diesem Grund geht der Friedensschluß mit der Ukraine unter der Bezeichnung »Brotfrieden« in die Geschichte ein.

Vorverhandlungen über einen Sonderfrieden hatten bereits Mitte Dezember 1917 begonnen, als erstmals Vertreter der ukrainischen Zentralrada in Brest-Litowsk aufgetreten waren. Die Ukraine ist durch ihre großen Rohstoffvorkommen und die ausgedehnte Getreideproduktion für die Mittelmächte das bedeutsamste Gebiet innerhalb des russischen Reiches. Durch den Friedensschluß mit der ukrainischen Zentralrada haben die Mittelmächte die eigene Lebensmittelversorgung gesichert. Darüber hinaus ist die Position gegenüber dem bolschewistischen Verhandlungspartner in Brest-Litowsk gestärkt (→10. 2./S. 29), denn wenn sich die Sowjetregierung nicht bald auf einen Friedensschluß mit den Mittelmächten zu deren Bedingungen einläßt, muß sie befürchten, daß die Mittelmächte in der Ukraine auf seiten der konterrevolutionären ukrainischen Zentralrada eingreifen.

Das von den Führern der ukrainischen Nationalbewegung beanspruchte Staatsgebiet umfaßt auf 456 000 km² die Gouvernements Kiew (4,7 Millionen Einwohner), Wolhynien (4 Mio.), Padolien (3,9 Mio.), Cherson (3,6 Mio.), Poltawa (3,7 Mio.), Tschernigow (3,1 Mio.), Jekaterinoslaw (3,3 Mio.), Charkow (3,4 Mio.)

Am Tag nach dem Friedensschluß läßt der deutsche Kaiser Wilhelm II. eine Erklärung in der Presse veröffentlichen, in der es u. a. heißt: »... Wir wollen der Welt den Frieden bringen ... Der Feind, der einsieht, daß es nichts mehr nützt zu fechten, und der uns die Hand entgegenhält, der erhält auch unsere Hand ... Mit den Nachbarvölkern wollen wir in Freundschaft leben, aber vorher muß der Sieg der deutschen Waffen anerkannt werden.«

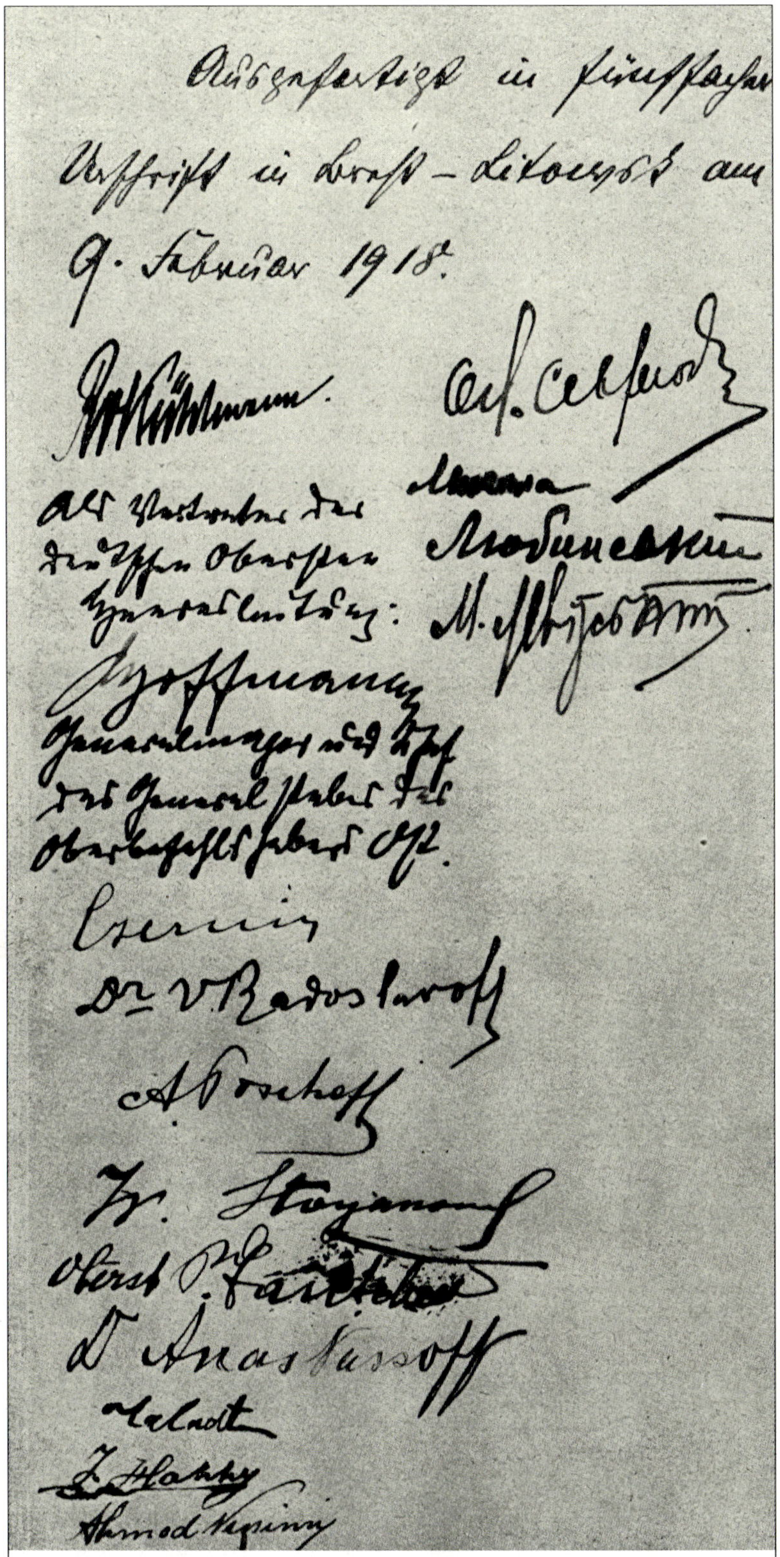
Ausgefertigt in fünffacher Urschrift in Brest-Litowsk am 9. Februar 1918.

Kühlmann

Als Vertreter der deutschen Obersten Heeresleitung:
Hoffmann
Generalmajor und Chef des Generalstabes des Oberbefehlshabers Ost.

Czernin

Dr V. Radoslawoff

Erster Friedensvertrag ist unterzeichnet

9. Februar. *Hauptunterzeichner des zwischen den Mittelmächten einerseits und den Vertretern der ukrainischen Zentralrada andererseits unterzeichneten Sonderfriedens sind, neben Vertretern der ukrainischen Zentralrada, für das Deutsche Reich: Richard von Kühlmann, Staatssekretär des Auswärtigen, sowie Max Hoffmann, Generalleutnant, seit 1916 Chef des Generalstabes des Oberbefehlshabers Ost, für Österreich-Ungarn: Ottokar Graf Czernin von und zu Chudenitz, Minister des k. u. k. Hauses, für das Osmanische Reich: Mehmet Talat Pascha, Großwesir, für Bulgarien: Wassil Radoslawow, Ministerpräsident (Abb.: letzte Seite des Vertrags).*

Trotzki beendet den Krieg

10. Februar. Einseitig erklärt der Leiter der sowjetrussischen Verhandlungsdelegation bei den Friedensverhandlungen von Brest-Litowsk (→ 9. 1./S. 14), Volkskommissar Leo D. Trotzki, den Kriegszustand für beendet, ohne sich jedoch auf die Friedensbedingungen der Mittelmächte eingelassen zu haben.

Trotzkis Entscheidung vorausgegangen waren langwierige und ergebnislose Verhandlungen zwischen der russischen Delegation und den Vertretern der Mittelmächte über die Abtretung umfangreicher Gebiete des Baltikums an das Deutsche Reich. Durch den Friedensschluß mit der Ukraine am Vortag (→ 9. 2./S. 28) hatte man auf seiten der Mittelmächte gehofft, die Sowjetregierung in eine Zwangslage zu bringen und so die sofortige Zustimmung zu den weitgehenden Friedensbedingungen zu erreichen.

Es ruft daher große Überraschung hervor, als Trotzki in der Nachmittagssitzung des 10. Februar in Brest-Litowsk erklärt, die sowjetische Regierung weigere sich, einen »annexionistischen Frieden« zu unterzeichnen, betrachte aber gleichzeitig den Krieg als beendet und erteile ihren Truppeneinheiten den Befehl zur sofortigen Demobilisierung an sämtlichen Frontlinien.

Der deutsche General Max Hoffmann (r.) und der türkische Vertreter Hakki Pascha im Zug in Brest-Litowsk, in dem die langwierigen Friedensverhandlungen stattfinden

Philosoph Russell erneut verhaftet

9. Februar. Der britische Philosoph und Mathematiker Bertrand Russell wird in London zu einem halben Jahr Gefängnis verurteilt. Ihm wird zur Last gelegt, in einem Zeitungsartikel die US-amerikanisch-britischen Beziehungen gefährdet zu haben.

Russell hatte geschrieben, die US-Truppen seien daran gewöhnt, Streikbewegungen im eigenen Land niederzuschlagen, so würden sie dies gegebenenfalls auch bei pazifistischen Streikbewegungen in verbündeten Ländern tun.

Russell war bereits 1916 wegen pazifistischer Aktivitäten verhaftet worden und hatte seinen Lehrstuhl für Mathematik an der Universität in Cambridge verloren.

Suffragetten für Kriegsfortsetzung

8. Februar. Erstmals seit Einführung des Frauenwahlrechts in Großbritannien am 19. Juni 1917 wendet sich die britische Frauenpartei in einem Manifest an alle Frauen der alliierten Länder. Die britischen Frauenrechtlerinnen versichern darin, daß sie alles in ihrer Macht stehende für einen endgültigen Sieg der Alliierten tun würden, der Militarismus des Deutschen Reiches müsse vernichtet werden: »... Die Kriegsziele, die wir britischen Frauen uns zu eigen gemacht haben, enthalten eine Änderung des ganzen Europa, so daß die Nationen, die jetzt unter dem fremden Joch des Deutschen Reiches und seiner Verbündeten schmachten, befreit werden ...«

Bolschewistische Soldaten der Roten Armee, die vom Volkskommissar für Verteidigung, Leo D. Trotzki, gegründet wurde, bei einer Theateraufführung in Petrograd

Trotzki gründet sowjetische Rote Armee

Leo D. Trotzki

Leo D. Trotzki, Außenminister des russischen Sowjetstaates seit der Oktoberrevolution von 1917, wurde am 7. November 1879 im russischen Gouvernement Cherson geboren. Nach der Februarrevolution von 1905 wurde er menschewistischer Sprecher des Petersburger Sowjet. Erst im September 1917 schloß sich Trotzki den radikalen Bolschewiki an.

23. Februar. In Rußland wird offiziell die Rote Armee als Militärmacht der bolschewistischen Sowjetrepubliken gegründet. Oberbefehlshaber und Organisator ist Leo D. Trotzki (eigentl. Bronschtein), der als Volkskommissar für Verteidigung (ab 15. 3. 1918) mit der konkreten Organisationsarbeit beginnt.

Die Rote Armee, die aus der seit September 1917 sich entwickelnden sowjetischen Arbeitermiliz hervorgeht, soll nach dem Willen der Chefideologen der Bolschewiki, Wladimir I. Lenin und Leo D. Trotzki, in erster Linie zur Verteidigung der noch instabilen Sowjetmacht gegen innere wie äußere Feinde dienen.

Die innere Struktur der Roten Armee soll sich jedoch grundlegend von traditionellen, aristokratischen bzw. bürgerlichen Militärhierarchien unterscheiden. Ebenso wie die Bauern und Industriearbeiter sollen sich auch die Soldaten in Soldatenräten organisieren, die ihre Führer selbst aus ihren Reihen wählen. Gemäß dieser basisdemokratischen Struktur wurde bereits Ende 1917 die Abschaffung aller militärischer Ehrenzeichen für die noch zu bildende sozialistische Sowjetarmee Rußlands beschlossen.

Unmittelbare Vorgänger der Roten Armee sind die Anfang Oktober 1917 in Petrograd (Leningrad) gegründeten Militärischen Revolutionskomitees, in deren Hand die Durchführung des Oktober-Aufstands lag. Die militärischen Revolutionskomitees setzten sich im wesentlichen zusammen aus desertierten Soldaten der zaristischen Armee, die sich den Bolschewiki angeschlossen hatten, weil diese ihnen nicht nur einen schnellen Friedensschluß, sondern auch die Enteignung der Großgrundbesitzer und Betriebseigner zugunsten der mittellosen Land- und Industriearbeiterschaft versprochen hatten.

Lenin über Sozialismus und Pazifismus

Bereits im September 1916 legte Wladimir I. Lenin in einem an die linke Sozialdemokratie Westeuropas gerichteten Artikel dar, warum er die pazifistische Forderung, nur durch radikale Entwaffnung könne der Sozialismus erfolgreich aufgebaut werden, ablehnt:

»... Erstens waren die Sozialisten niemals und können niemals Gegner revolutionärer Kriege sein ... Zweitens, Bürgerkriege sind auch Kriege. Wer den Klassenkampf anerkennt, der kann nicht umhin, Bürgerkriege anzuerkennen ...

Drittens schließt der in einem Lande siegreiche Sozialismus keineswegs mit einem Male alle Kriege überhaupt aus. Im Gegenteil, er setzt solche voraus ... Der Sozialismus kann nicht gleichzeitig in allen Ländern siegen ... Das muß nicht nur Reibungen, sondern auch direktes Streben der Bourgeoisie anderer Länder erzeugen, das siegreiche Proletariat des sozialistischen Staates zu zerschmettern. In einem solchen Fall wäre ein Krieg unsererseits legitim und gerecht ...

Wir sagen: Bewaffnung des Proletariats zum Zwecke die Bourgeoisie zu besiegen, zu expropriieren und zu entwaffnen – das ist die einzig mögliche Taktik der revolutionären Klasse ...«

Flottenmeuterei in der k. u. k. Armee

1. Februar. In der süddalmatischen Stadt Cattaro bricht eine Meuterei der österreichisch-ungarischen Kriegsmarine aus, an der weit über tausend Soldaten beteiligt sind. Majestätstreue Verbände schlagen den Aufstand blutig nieder. Über 800 Meuterer werden verhaftet. Zwei als »Rädelsführer« bezeichnete Soldaten werden kurz darauf wegen Hochverrats zum Tode verurteilt und erschossen.

Die Meuterei der Soldaten ist von der Flottenleitung vor Ort schon längere Zeit vorausgesehen worden. Sie ist einesteils darauf zurückzuführen, daß die kaiserlich-königlichen Marinesoldaten während des Krieges kaum einmal zum Einsatz gekommen sind und vielfach den Sinn ihrer Stationierung nicht länger einsehen können. Als demoralisierender Faktor kommt hinzu, daß auch bis zu den Frontsoldaten mittlerweile die Kunde von den österreichisch-ungarischen Friedensfühlern gedrungen ist, die auch gegen die Interessen des verbündeten Deutschen Reiches einen Sonderfrieden mit den Staaten der Entente möglich erscheinen lassen (→ 14. 4./S. 63).

Zum anderen aber sind seit geraumer Zeit auch die Frontsoldaten von den Versorgungsschwierigkeiten betroffen, die vor allem dem österreichischen Teil der Monarchie zu schaffen machen.

In dieser verfahrenen Situation fielen die Nachrichten von der Streikbewegung, die Ende Januar ganz Österreich-Ungarn erfaßt hatte, auf fruchtbaren Boden.

Meuternde Matrosen der k. u. k. Marine unter Arrest in Cattaro

Kundgebung der Flamen in den Straßen von Antwerpen

Demonstration für die Unabhängigkeit Flanderns

Flämische Studenten in der Universität von Gent

Flamen demonstrieren für den eigenen Staat

3. Februar. In Flandern, dem seit Kriegsbeginn von deutschen Truppen besetzten Teil Belgiens, finden große Demonstrationen der flämischen Bevölkerung statt, an denen sich, wie etwa in Gent, bis zu 10 000 Personen beteiligen. Auf Spruchbändern fordern die Demonstranten – allerdings ganz im Sinne der deutschen Besatzer – »Flandern den Flamen«.

Die Massenaufmärsche stehen im Zusammenhang mit den laufenden Volksabstimmungen, die darüber entscheiden sollen, ob Flandern nach Kriegsende ein dem Deutschen Reich assoziierter Staat bleiben, oder ob der flämische Teil des Landes wieder mit Wallonien das ursprüngliche, selbständige Staatswesen Belgien bilden soll.

Wesentlicher Betreiber der Großkundgebungen für ein Deutschland assoziiertes Flandern ist der im Februar 1917 gebildete »Rat von Flandern«, in dem flämische deutschfreundliche Separatisten sich zusammengeschlossen haben, um im Lande die Stimmung gegen die französisch-sprachigen Wallonen zu schüren, die etwa 44% der belgischen Gesamtbevölkerung ausmachen. Das Deutsche Reich hat die Bildung des Rates von Flandern unterstützt, denn die deutsche Großindustrie ist im Verein mit der Regierung, der es um die Großmachtstellung des Deutschen Reiches geht, sowohl an den Bodenschätzen Belgiens interessiert als auch auf einen freien Atlantikzugang angewiesen. Der damalige deutsche Reichskanzler Theobald von Bethmann Hollweg hatte schon am 9. September 1914 formuliert: »... [Zur Lösung der belgischen Frage] gehört in erster Linie die Wiederherstellung Belgiens als eines Tributärstaates, der der Form nach möglichst frei bleiben, faktisch aber uns sowohl in militärischer als wirtschaftlicher Beziehung zur Verfügung stehen muß ...«

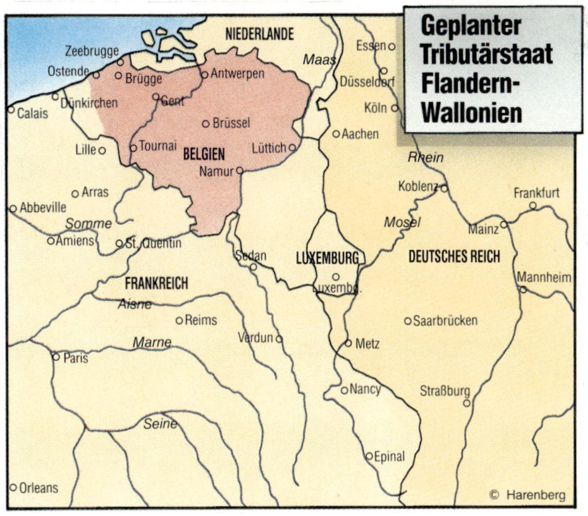

Ebenso wie in Osteuropa plant die reichsdeutsche Führung für die Zeit nach dem Krieg in Belgien die Errichtung eines Tributärstaates; das zukünftige »Flandern-Wallonien« soll einen großen Teil des ursprünglichen belgischen Staatsgebiets einnehmen

Fünf Jahre Haft für Wilhelm Dittmann

4. Februar. Zu fünf Jahren Festungshaft zuzüglich 2 Monate Gefängnis verurteilt das Kriegsgericht im Landgericht II von Berlin den Reichstagsabgeordneten der Unabhängigen Sozialdemokraten (USPD) Wilhelm Dittmann. Laut Urteilsbegründung hat sich Dittmann »des Landesverrats in Tateinheit mit Vergehen gegen § 9b des Gesetzes über den Belagerungszustand und wegen Widerstand gegen die Staatsgewalt« schuldig gemacht.

Dittmann war nur zwei Tage vorher im Treptower Park als angeblicher Rädelsführer der Massenstreiks festgenommen worden, die am → 28. Januar (S. 16) in Berlin begonnen und sich auf alle großen Städte des Reiches ausgedehnt hatten. Die Festnahme stützte sich auf die Tatsache, daß Dittmann dem sechsköpfigen Streikausschuß angehörte, der sich bei Streikbeginn aus SPD- und USPD-Mitgliedern gebildet hatte.

Der wilhelminische Staat bildete als Gegenmaßnahme Sonderkriegsgerichte und verhängte am 1. Februar den verschärften Belagerungszustand über die bestreikten Betriebe in Berlin (→ 1. 2./S. 32).

Gemeinsam mit Dittmann wurden noch 84 weitere Mitglieder der im April 1917 gegründeten USPD wegen landesverräterischer Tätigkeit verhaftet. Wilhelm Dittmann gehörte im März 1916 gemeinsam mit Hugo Haase und Georg Ledebour zum Vorstand der neugebildeten SAG (Sozialistische Arbeitsgemeinschaft), einer Gruppe ehemaliger SPD-Reichstagsabgeordneter, die gegen die Kriegskredite kämpften.

USPD-Abgeordneter Wilhelm Dittmann, wegen Landesverrats verurteilt

Hugo Haase, Parteigenosse von Dittmann und Führer der USPD

Berliner Betriebe unter Belagerung

1. Februar. Per Erlaß werden sieben Berliner Großbetriebe der militärischen Aufsicht unterstellt. Über die ganze Stadt wird der verschärfte Belagerungszustand verhängt. In den betroffenen Betrieben wird seit dem 28. Januar unter der Parole »Frieden und Brot« gestreikt.

Falls die Streikenden bis zum 4. Februar die Arbeit nicht wiederaufgenommen haben sollten, erwarten sie hohe Gefängnis- und Geldstrafen.

In der Proklamation über den Belagerungszustand heißt es:

»Die Aufstandsbewegung, in der ein erheblicher Teil der Arbeiterschaft von Großberlin noch verharrt, beeinträchtigt die Versorgung des Heeres und der Marine mit Waffen und Munition.

Ich habe daher zunächst [sieben Berliner Betriebe] unter militärische Leitung gestellt und den Arbeitern dieser Betriebe aufgegeben, die Arbeit allerspätestens Montag, den 4. Februar 1918, morgens 7 Uhr wiederaufzunehmen . . .«

Kohlensyndikat Rhein-Ruhr feiert sein 25jähriges Jubiläum

16. Februar. Das Rheinisch-Westfälische Kohlensyndikat, der Zusammenschluß aller Kohleproduzenten im Schwerindustriegebiet an Rhein und Ruhr, feiert sein 25jähriges Bestehen in Essen, dem Sitz des Syndikats.

Der Verband, dessen Vorsitzender der Großindustrielle Emil Kirdorf ist, schließt nach Art eines Kartells rechtlich selbständige Unternehmen zusammen, um durch Koordination marktwirksamer Schritte den gemeinsamen wirtschaftlichen Nutzen gegen Außenkonkurrenz weitgehend abzusichern.

Als das Kohlesyndikat 1893 gegründet wurde, geschah dies vor allem im Hinblick auf die wachsende Konkurrenz aus Belgien mit seinen reichen Kohle- und Erzvorkommen. Ein Land, das auf Dauer eine wichtige Rolle im Weltmarktgeschehen spielen wollte, mußte besonders darauf achten, woher seine Rohstoffe kamen, da diese als materielle Grundlage der gesamten industriellen Produktion anzusehen sind. Das Hauptbestreben aller um Weltmachtstellung konkurrierenden Länder ist zu Anfang des 20. Jahrhunderts, sich zur Rohstoffsicherung entweder Kolonien nutzbar zu machen oder, falls dies, wie im Falle des Deutschen Reiches nicht befriedigend gelang, doch die Wirtschaft im eigenen Land weitgehend unabhängig von Auslandsprodukten zu machen. Ein sehr bedeutender Faktor ist hierbei die Kohle, denn sie ist sowohl Energieträger als auch Rohstoff für die chemische Industrie. Das Rheinisch-Westfälische Kohlensyndikat ist aus diesem Grund als eine der wichtigsten wirtschaftlichen Vereinigungen des wilhelminischen Deutschland anzusehen.

Großindustrieller Emil Kirdorf, Vorsitzender des Rheinisch-Westfälischen Kohlensyndikats

»Deutsche Machtstellung durch vereinigten Ruhrkohlebergbau«

Die Leipziger »Illustrirte Zeitung« vom 16. Februar schreibt in einem Rückblick auf 25 Jahre Rheinisch-Westfälisches Kohlensyndikat:

». . . Unter den im Deutschen Reich bestehenden industriellen Organisationen hat keine so große Bedeutung erlangt wie das Kohlensyndikat, das unter dem Wahlspruch ›Einigkeit macht stark‹ neue wirtschaftliche Bahnen eingeschlagen hat und für die gesamte deutsche Volkswirtschaft auf dem Gebiete des Kartellwesens vorbildlich geworden ist.

Das Kohlensyndikat ist, an seinen Umsätzen der Menge und dem Werte nach gemessen, das größte Warengeschäft der Alten Welt. Vom Tage seiner Gründung an bis heute ist das Kohlensyndikat in weit höherem Maße als andere Wirtschaftsformen und Unternehmungen ein Gegenstand des öffentlichen Interesses gewesen . . .

Die glänzende wirtschaftliche Entwicklung des rheinisch-westfälischen Industriegebiets in den letzten Jahrzehnten ist zum großen Teil auf den Erfolg zurückzuführen, den der Ruhrkohlebergbau zu verzeichnen hat. Ohne diesen hochentwickelten Bergbau wäre es dem Deutschen Reich auch nicht möglich, den jetzigen Weltkrieg siegreich zu führen . . .«

Frauen stopfen für das Vaterland

18. Februar. *In allen kriegsbeteiligten Ländern sind Textilien knapp geworden. Dies macht sich besonders in den kalten Wintermonaten bemerkbar. Um dem größten Mangel abzuhelfen, richtet die »Zentralstelle für freiwillige Liebestätigkeit« des Deutschen Reiches kostenlose Sonderkurse im Kunststopfen ein, die später zugleich eine Zuverdienstmöglichkeit bieten. In dem Aufruf, sich an den Kursen zu beteiligen, heißt es: »Jetzt, wo die Stoffknappheit sich täglich fühlbarer macht und jedes alte Läppchen wiederholt auf seine Brauchbarkeit hin geprüft werden muß, . . . werden geschickte Hände gesucht, die sich dieser Sachen annehmen . . .« (Abb.: Britische Frauen beim Stopfen).*

Kriegsbeschädigte als Straßenbettler

14. Februar. Das Generalkommando des 7. Armeekorps des reichsdeutschen Heeres veröffentlicht eine an die Bevölkerung gerichtete Warnung vor bettelnden kriegsbeschädigten Soldaten, die ihre Lage dazu ausnutzten, zu Unrecht Mitleid zu erregen. Die Kriegsinvaliden, so das Generalkommando, hätten es keineswegs nötig, Passanten anzubetteln, da der deutsche Staat sie angemessen unterstütze.

Das massenhafte Auftreten solcher bettelnden oder Waren feilbietenden Soldaten ist jedoch ein Indiz dafür, daß eine ausreichende Fürsorge nicht gewährleistet ist.

In der Veröffentlichung des Generalkommandos heißt es u. a.: ». . . unliebsame Bilder bieten sich dem Auge dar, wenn Leute auf öffentlichen Wegen herumstehen oder -liegen, durch Vorschützen von aufsehenerregenden Gebrechen das Mitleid der Öffentlichkeit hervorzurufen und den Anschein zu erwekken versuchen, als wenn von seiten des Staates nicht genügend für sie getan würde . . . Abgesehen davon, daß es sich oft um arbeitsscheue Leute handelt, die auch vor dem Kriege keiner geregelten Tätigkeit nachgingen, ist bei einer Reihe von Fällen festgestellt worden, daß Kriegsbeschädigte, ohne in einer Notlage zu sein, in Wirtschaften Handel getrieben haben . . .«

Kaninchenzucht nur für den Eigenbedarf

4. Februar. Mit der Begründung, Kaninchen seien schlechte Futterverwerter, rufen Ordnungsämter im Deutschen Reich dazu auf, Kaninchen – wenn überhaupt – nur noch für den Eigenbedarf zu züchten. Die Tatsache, daß für die Kaninchenzucht im großen Maßstab unverhältnismäßig viel Futter gekauft werden müsse, mache Kaninchenfleisch zu einem Luxusprodukt.

Hausschlachtungen bleiben gestattet

26. Februar. Das reichsdeutsche Kriegsernährungsamt weist darauf hin, daß es trotz der allgemeinen Beschlagnahmung von Schlachtschweinen weiterhin möglich ist, pro Haushalt ein Jungschwein aufzuziehen. Allerdings durfte das Tier bis einschließlich 1. Februar ein Gewicht von 25 kg noch nicht überschritten haben. Weiterhin muß genügend Futter vorhanden sein.

Vernichtung der Spatzen.

Die Spatzen richten in Feld und Garten viel Schaden an. Bei der Knappheit der Lebensmittel ist es deshalb nötig, möglichst viele dieser Schädlinge zu vernichten. Für jeden abgelieferten Spatzenkopf zahlt die Stadtverwaltung eine Prämie von 10 Pfg. Wann und wo die Ablieferung der Spatzenköpfe und die Auszahlung der Belohnungen erfolgt, wird in den nächsten Tagen bekannt gemacht.

Beim Fangen der Spatzen ist Vorsicht nötig, damit Unglücke vermieden werden und nicht auch nützliche Singvögel umkommen.

Düsseldorf, den 27. Februar 1918. (b174

Der Oberbürgermeister.

Aufforderung zu allgemeiner Spatzenjagd

27. Februar. *Der Oberbürgermeister von Düsseldorf setzt eine Kopfprämie von zehn Pfennigen für jeden in der Verwaltung abgelieferten Spatzenkopf aus. Die Maßnahme, die auch in vielen anderen Gemeinden des Deutschen Reiches getroffen wird, wird als notwendig angesehen, weil bei der zunehmenden Nahrungsmittelnot jedes einzelne Samenkorn wichtig sei.*

Billige Bauweise mit Lehm gefördert

3. Februar. Wie zuvor schon andere Kommunalverwaltungen, bewilligt jetzt auch die Stadtverwaltung Bochum einen Förderbetrag in Höhe von 7000 Mark für die probeweise Errichtung von kostensparenden Wohnhäusern. Der hauptsächliche Baustoff dieser Häuser soll Lehm sein. Das für eine Familie gedachte, nicht unterkellerte Musterhaus soll eine Grundfläche von 40 m^2 haben; im Erdgeschoß soll es eine große Wohnküche plus Kammer, im Obergeschoß drei Zimmer haben.

In Anbetracht der nach Kriegsende zu erwartenden Wohnungsnot und der bereits jetzt spürbaren Knappheit an Baustoffen erscheint es den Behörden erforderlich, jeden Ansatz einer kostensparenden Bauweise zu unterstützen.

Hierbei wird auch die Gefahr einkalkuliert, daß die »Nothäuser« nicht allzu haltbar sein werden. Dies ist bei den extrem an Eisen und Holz sparenden Lehmhäusern zu erwarten. Da aber auch viele Kommunalpolitiker noch immer mit einem Sieg der Mittelmächte und mit einem schnellen wirtschaftlichen Aufschwung des Reiches nach dem Krieg rechnen, wird der Aspekt der Haltbarkeit als weniger wichtig angesehen. Die Politiker nehmen in ihren Förderprogrammen auch von der teuren Instandsetzung bereits existenter Bausubstanz Abstand.

Städtische Kartoffelabgabestelle in Zürich, speziell für die bedürftige Bevölkerung eingerichtet

Umwandlung eines ungenutzten Ziegeleigeländes in einen Acker in der Nähe der Stadt London

Einkaufsschlangen vor der Ausgabestelle für Bücklinge in der niederländischen Stadt Rotterdam

Essen und Trinken 1918:

Lebensmittel werden knapper – der Schwarzmarkt blüht

Im dritten Jahr der Seeblockade durch die britische Flotte ist die Versorgungssituation des Deutschen Reiches, insbesondere in den Städten, durchweg als katastrophal zu bezeichnen. Auch die zunehmenden Schwierigkeiten, die landwirtschaftliche Produktion im Inland aufrechtzuerhalten – es mangelt extrem an Arbeitskräften –, tragen hierzu nicht unerheblich bei. Das einzige Lebensmittel, woran es zu Anfang des Jahres – nach offiziellen Angaben – noch nicht mangelt, sind Steckrüben. Alle anderen Nahrungsmittel sind im Deutschen Reich seit langem über Lebensmittelkarten streng rationiert.

Brot und Mehl wurden bereits Anfang 1915 der staatlichen Zuteilung unterstellt. Schnell folgten die meisten anderen Eßwaren. Die Grundnahrungsmittel Brot, Mehl, Kartoffeln, Milch, Eier stehen 1918 nicht mehr für alle Bevölkerungsteile in ausreichendem Maße zur Verfügung. Nährwertreiche Lebensmittel wie Milch und Fleisch werden vom eigens eingerichteten Kriegsernährungsamt mit Priorität den Frontsoldaten zugeführt. Selbst für Säuglinge und Kinder steht kaum mehr der Minimalbedarf an Milchprodukten bereit. Die Folge ist in allen Altersgruppen eine erhöhte Infektionsanfälligkeit. Selbst sonst harmlosen Erkältungskrankheiten fallen in diesen Tagen viele allgemein geschwächte Menschen zum Opfer.

Gekoppelt an den wachsenden Mangel ist eine erhöhte Aktivität der Schwarzmarkthändler, Lebensmittelverfälscher und -diebe. Jeden Tag kann man in den Zeitungen neue Meldungen über Festnahmen und Verurteilungen dieser Kriegsgewinnler lesen. Da wird berichtet über den Diebstahl von 4 t Leberwurst, die Verwässerung von Milch und Bier und die Beschlagnahmung großer Fleischmengen unbekannter Herkunft, jedoch eindeutiger Bestimmung. Auch die höchsten Gefängnis- oder Geldstrafen können unter diesen extremen Mangelbedingungen kaum jemanden mehr davon abhalten, sich das Nötigste, wenn auch auf illegalem Wege, zu beschaffen.

Die staatlichen Stellen versuchen das Volk moralisch durch amtliche Rezepturen für »Kriegssuppen« u. ä. aufzurüsten. Solche offiziellen Rezeptvorschläge versuchen zu zeigen, daß aus dem Allzuwenigen mit etwas Phantasie und Geschick doch noch schmackhafte Speisen herzustellen seien. Die »Vereinigung für freiwillige Liebestätigkeit« unterstützt diese Presseveröffentlichungen durch praktische Kochkurse, die Hausfrauen zur sinnvollen Verwendung von Wildkräutern und -gemüsen anleiten sollen.

Werbeanzeige für Cognac, der mit Genehmigung des Generalfeldmarschalls den Namen »Hindenburg« führt

Ersatzstoffe bestimmen den Lebensmittelmarkt im Krieg: Als Fettersatz wird »Kriegsbrot-Aufstrich« angepriesen

Berufsberatungsprobleme als Kriegsfolge

2. Februar. In der Erwartung eines baldigen Kriegsendes noch in diesem Jahr macht sich das Reichsarbeitsamt Gedanken darüber, wie eine wirksame staatliche Vorsorge getroffen werden kann, um nach Kriegsende möglichst viele junge Menschen in den Berufen auszubilden, die ihnen auch wirklich liegen, um einen schnellen, für die Volkswirtschaft unökonomischen Berufswechsel zu vermeiden. Dies soll vor allem über eine gezielte, individuelle Berufsberatung erreicht werden, wie sie in Hamburg von der »Arbeitsgemeinschaft für Berufsberatung« mit Unterstützung des psychologischen Instituts von William Stern bereits erfolgreich durchgeführt wird.

Während bis vor wenigen Jahren lediglich die körperliche Eignung für bestimmte Berufe abgeschätzt werden konnte, spielen neuerdings auch die Ergebnisse der Psychologie eine zunehmende Rolle in den amtlichen Berufsberatungsstellen.

In einem sachbezogenen Zeitungskommentar der »Düsseldorfer Nachrichten« ist zu lesen:

»... Seitdem man aber, besonders in den letzten Jahren, begann, psychologische Methoden auch für Fragen des Wirtschaftslebens zu verwerten, hat man auch dem Kernpunkt der Berufsberatung, der psychologischen Berufsberatung, große Aufmerksamkeit zugewandt. Die praktische Lösung dieser Frage wurde gerade während des Krieges von drei Seiten in Angriff genommen.

Zunächst richtete die Inspektion der Kraftfahrtruppen ein psychologisches Laboratorium ein, in dem die als Kraftwagenführer auszubildenden Ersatzmannschaften auf ihre geistige Berufseignung untersucht wurden ... Die praktische Lösung der Frage der psychologischen Untersuchung wurde in größerem Umfang bei der Berufsberatung der Kriegsbeschädigten versucht. Es handelt sich darum, die Invaliden, insbesondere die zahlreichen Hirnverletzten, unter Vermeidung eines langen Umherprobierens möglichst schnell solchen Berufen zuzuführen, die sich für sie nach ihren körperlichen und psychischen Fähigkeiten eignen, um auch auf diese Weise das bei diesen Kranken leicht hervorbrechende Gefühl der Niedergeschlagenheit zu bannen ... Im Zusammenhang des Aufstiegs der Begabten spielt die Berufseignungsforschung eine große Rolle ...«

Zeitungsmacher als Politiker?

1. Februar. Der Verein »Berliner Presse«, der größte Journalistenverband Preußens, richtet eine Eingabe an das Preußische Herrenhaus, in der er darum bittet, in der nächsten Wahlperiode mindestens drei geeignete Journalistenkollegen als stimmberechtigte Mitglieder in das Regierungsorgan entsenden zu dürfen. In der ausführlichen Begründung des Gesuchs heißt es u. a., daß die Presse neben den Universitäten und der Kirche »eine der Quellen ist, aus denen die geistigen und religiösen Bewegungen des Volkes Nahrung ziehen«. Außerdem seien die »Journalisten als Gesetzgeber besonders prädestiniert.«

Neues Institut für Seeverkehr in Kiel

9. Februar. In Kiel wird der Grundstein zu dem neuen »Königlichen Institut für Seeverkehr und Weltwirtschaft« gelegt. Die neue Einrichtung, für die die Kaiser-Wilhelm-Stiftung 2,5 Millionen Mark bereitgestellt hat, ist der Christian-Albrecht-Universität zu Kiel angegliedert.

Das Gelände für den umfangreichen Baukomplex wurde von Konsul Heinrich Diederichsen zur Verfügung gestellt. Es ist an der Peripherie der Stadt gelegen.

Bei einem Festakt, der am Nachmittag in der Aula der Universität erfolgt, spricht Festredner Direktor Malte Harms über die entscheidende Bedeutung, die eine gut geplante und gut ausgebaute Handelsflotte für eine noch im Aufbau begriffene Weltmacht wie das Deutsche Reich habe. Vor allem die Rolle, die das Deutsche Reich auch in Zukunft nach siegreich beendetem Krieg als Kolonialmacht spielen werde, gebiete eine intensive wissenschaftliche Beschäftigung mit allen Fragen, die den Seeverkehr berühren. Hierzu sei das Institut für Seeverkehr und Weltwirtschaft der geeignete Ort. Es gebe keine geeignetere Stadt für die Erfüllung dieser vaterländischen Aufgaben als die alte Seefahrerstadt Kiel.

Kiel ist zugleich der Hauptmarinestützpunkt (seit 1871 Reichskriegshafen) der deutschen Flotte.

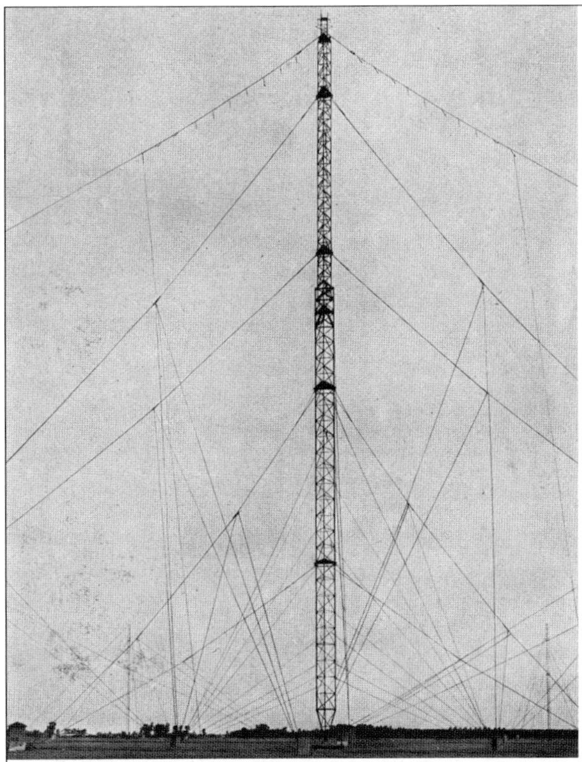

Größte Funkstation der Welt im sächsischen Nauen eingeweiht

5. Februar. *In der sächsischen Stadt Nauen wird die bislang größte Station für drahtlose Telegrafie feierlich eröffnet. Mit einer Höhe der Antennenmasten von bis zu 260 m und einer Reichweite der Funksignale von etwa 10 000 km liefert die Funkstation ein eindrucksvolles Beispiel deutscher Technologie, das seine aktuelle Bedeutung vor allem im militärischen Bereich besitzt. Die drahtlose Übermittlung von Nachrichten hat 1918 bereits eine lange Tradition. Um die Jahrhundertwende begannen u. a. der italienische Ingenieur Guglielmo Marconi und der deutsche Physiker Karl Ferdinand Braun mit der Entwicklung der drahtlosen Nachrichtenübermittlung mittels elektrischer Funksignale. 1899 war auf der Grundlage der Arbeiten Marconis erstmals die Überbrückung des Ärmelkanals gelungen; 1901 gelang die Herstellung der ersten drahtlosen Verbindung über den Atlantik.*

Die Basis der Funktelegrafie sind codierte elektronische Signalsysteme, die auf das Morsealphabet zurückgehen. Es wurde in den 30er Jahren des 19. Jahrhunderts entwickelt und 1844 zur ersten telegrafischen Nachrichtenübermittlung durch den Erfinder Samuel Morse verwendet (Abb. l.: ein Großmast; r.: Die Europa-Antenne Nauen).

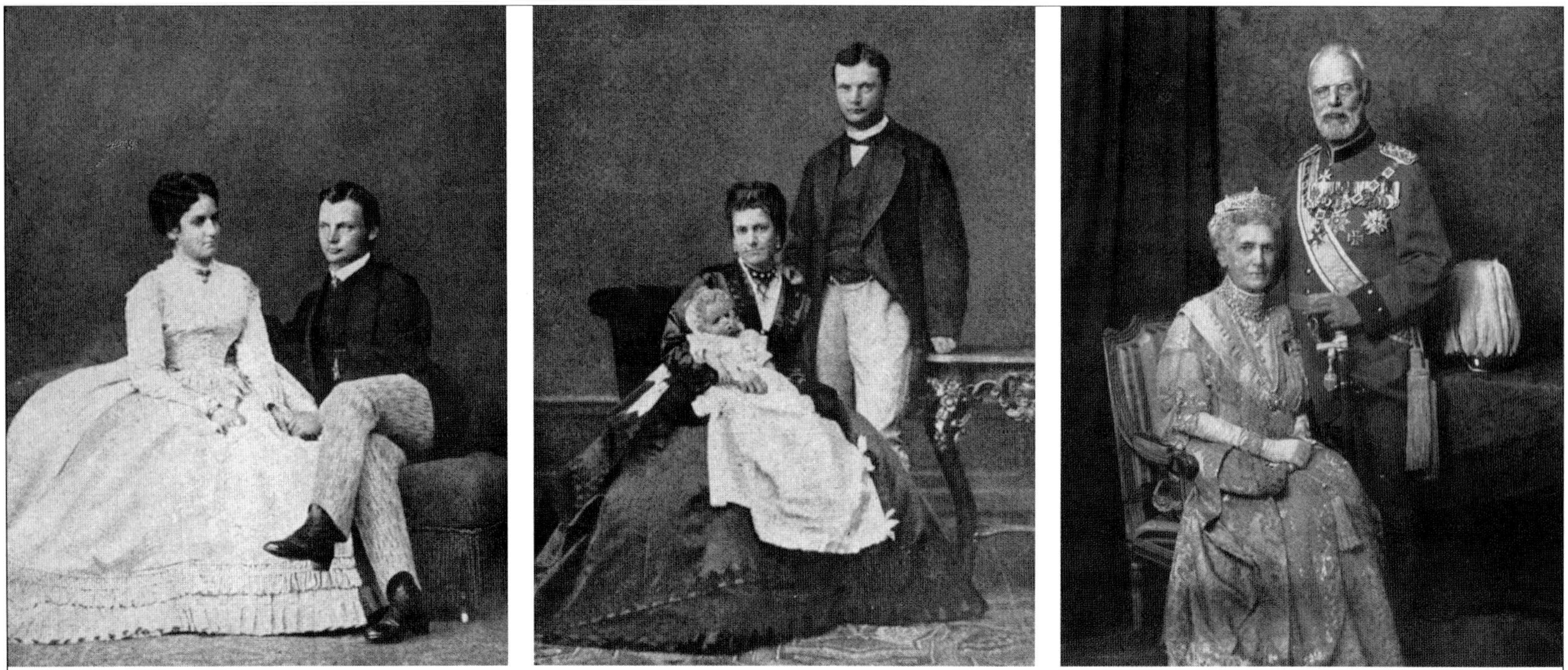

Bayerns König Ludwig III. feiert goldene Hochzeit in außergewöhnlich bescheidenem Rahmen

20. Februar. *In seiner Münchner Residenz feiert Ludwig III., König von Bayern, sein 50jähriges Ehejubiläum (Abb. v. l.: Das Ehepaar 1868, 1870 mit Tochter, 1918). Der 73jährige Wittelsbacher und seine Frau, mit der er seit 1868 verheiratet ist, haben nur wenige Gäste. Außer seinen Kindern, seinem Sohn Kronprinz Rupprecht und seinen drei Töchtern, sind kaum andere Verwandte anwesend. Die Festlichkeit ist den Kriegsumständen entsprechend bescheiden ausgerichtet. Von den nahestehenden Königshäusern, so auch von Wilhelm II., König von Preußen und Deutscher Kaiser, kommen nur Glückwunschtelegramme. Es ist nicht die Zeit für prächtige und kostspielige Festbälle.*

Wenige Tage zuvor verfügte Ludwig III. aus Anlaß seiner goldenen Hochzeit in einem allgemeinen Gnadenerlaß, daß alle Verweise und Geldstrafen bis zu 150 Mark ungültig sein sollen. Auch Festungshaft- und Gefängnisstrafen bis zur Dauer eines Monats einschließlich aller rückständigen Kosten sind durch Ludwigs Erlaß hinfällig. Darüber hinaus spricht der Monarch zahlreiche Einzelbegnadigungen aus, die insbesondere solche Gefangene betreffen, die längere Haftstrafen zum größeren Teil bereits verbüßt haben.

Ludwig III., Sohn des Prinzregenten Luitpold, der 1886 Stellvertreter des geistig erkrankten Ludwig II. geworden war, hatte die Prinzregentschaft im Dezember 1912 übernommen und sich im November 1913 zum König von Bayern proklamieren lassen. Er hatte für die schönen Künste immer weniger übrig als sein Vater, brachte dafür jedoch allen sozialen Fragen großes Interesse entgegen. Als es 1906 um die Wahlreform in Bayern ging, setzte er sich vehement und erfolgreich für die Durchsetzung der Direktwahl ein. Das machte den Monarchen zu einem auch im Volk angesehenen Herrscher.

Zuflucht in utopischen Phantasiewelten

12. Februar. In vielen deutschen Zeitungen und Illustrierten erscheint als groß aufgemachte Anzeige die Ankündigung, das Verbot des bahnbrechenden Werkes »Erlösung von allem heutigen Erdenelend« sei nun endlich aufgehoben.

Das für drei Mark direkt vom Autor in Dresden zu beziehende Werk verspricht ein völlig neues, unfehlbares Staatssystem, in dem kein Platz mehr für Hunger und Not sein werde. Das Werk, das die umfassende Erlösung verspricht, steht in einer langen Reihe ähnlicher Bücher und Broschüren, die im Deutschen Reich in immer größerer Anzahl auftauchen. Der finanzielle Aufwand, der für die Buchwerbung betrieben wird, ist ein Zeichen für die zahlreiche Käuferschaft solcher Bücher.

Das Buch des Dresdner Autors verspricht u. a. Patentrezepte für die Errichtung eines Staatswesens, in dem für jeden Bürger bis zu seinem Lebensende ausreichend gesorgt wird, in dem man nur drei Stunden täglich arbeitet, in dem die freie Liebe praktiziert wird und in dem so gut wie jede Krankheit durch eine entsprechende staatliche Fürsorge vermieden werden kann.

Im Anzeigentext heißt es, das Werk sei für jeden Menschen unentbehrlich, um eine glückliche und zufriedene Zukunft vorzubereiten.

Verbot wieder aufgehoben!

Erlösung von allem heutigen Erdenelend

durch ein neues Staatssystem v. F. E. Bilz.

Inhalt: Der Weltkrieg. — Fürsorge für die heimkehrenden Krieger. Friedensvorschlag und Friedensbedingungen. — Grundzüge einer neuen Staatseinrichtung. — Armut, Nahrungs- und Geschäftssorgen kommen im neuen Staate nicht mehr vor. — Der Staat zahlt jedem Menschen ein ausreichendes Gehalt auf Lebenszeit. — Nur täglich dreistündige Arbeitszeit für alle. — Das Weltparlament. — Mehr Lebensfreude für jung und alt. — Die sozialistische Partei. — Verstaatlichung von Grund und Boden, sowie sämtlicher Betriebe. — Das Naturgesetz verlangt eine internationale Welteinrichtung. —

Großzügige Werbung für das »Erlösungs«-Werk in einer deutschen Zeitung

Papier-Recycling in den Schreibstuben

5. Februar. Papier wird immer knapper. Als weitere Maßnahme zur Einschränkung des Papierverbrauchs erläßt der Justizminister des Deutschen Reiches, Paul von Krause, eine Verordnung, die alle amtlichen Schreibstuben des Landes betrifft.

Im internen Büroverkehr soll hiernach auf die Benutzung von Umschlägen ganz verzichtet werden. Ansonsten sollen Umschläge aus alten, abgelegten Akten zurechtgeschnitten und damit der Wiederverwendung zugeführt werden. Kurzbriefe dürfen grundsätzlich nur noch auf Viertel- bzw. Achtelbogen geschrieben werden.

Sofern nur eine Seite eines Formblattes bedruckt ist, soll die andere für die Anschrift verwendet werden. Wenn eben möglich, soll der schriftliche Behördenverkehr ab jetzt nur noch auf Postkarten erfolgen.

Holzaschenlauge als billiges Waschmittel

7. Februar. Wegen der Knappheit an Seife und Seifenpulver empfiehlt das Kriegsversorgungsamt in Berlin, auf Holzaschenlauge als Ersatzstoff zurückzugreifen. Sie sei einfach selber herzustellen und zeichne sich gegenüber den meisten käuflichen Waschmitteln auch noch dadurch aus, daß sie die Textilfasern weniger stark angreife.

In einem Bericht des »Berliner Tageblatts«, der auf den Ersatzstoff hinweist, heißt es: ». . . es empfiehlt sich, auf ein Waschmittel zurückzugehen, dessen Vortrefflichkeit seit alters her erprobt ist. [Die Holzaschenlauge] wird dadurch hergestellt, daß gesammelte reine Holzasche mit abgekochtem Wasser übergossen wird. Alsdann läßt man sie unter öfterem Umrühren zwölf Stunden abstehen und füllt hierauf mit einem Topf die klare Lauge ab, die man noch durch ein Tuch gießen möge. Durch diese Pottaschenlauge, die man zum Einweichen und Waschen verwendet, wird viel Seife erspart. Infolge der billigen Herstellung von Seife war dieses alte Verfahren in Vergessenheit geraten . . .«

Wehrturnfeste für Kaiser Wilhelm II.

7. Februar. Zu Ehren des deutschen Kaisers Wilhelm II., der am 27. Januar seinen 59. Geburtstag feierte, finden in verschiedenen militärischen Trainingslagern an der Westfront Wehrturnfeste statt.

Die Soldaten tragen Einzelwettkämpfe in den Disziplinen Handgranatenweitwurf, Zielwurf, Weitsprung, Hindernislauf und Mannschaftswettkämpfe im Geschützexerzieren mit Gasmasken und im Stafettenlaufen aus.

Als Preise werden Sachgeschenke und Ehrenurkunden verteilt. Die Beteiligung, die in der Presse als »sehr rege« bezeichnet wird, ist zwar freiwillig, doch wird das unentschuldigte Fernbleiben vom Sportfest in der Regel mit einer verschärften Diensteinteilung geahndet.

Auch wenn keine Wehrturnfeste stattfinden, gehören die genannten Sportdisziplinen zum täglichen Exerzierprogramm der Soldaten, die zur Zeit nicht an der Front kämpfen. So gehen Sport und Krieg eine »zeitgemäße« Verbindung ein.

Deutsche Kriegsgefangene als Teilnehmer bei einem Schlitten-Rennen in einem Schweizer Internierungslager

Winterfreuden auf neuartigen Sportgeräten

Rennen auf lenkbaren dreikufigen Rodelschlitten

Wintersportfreuden abseits vom Weltkrieg

Februar. Trotz der ernsten politischen Lage verlocken der Schneereichtum und die strengen Fröste des Winters 1917/18 nicht nur die Kinder dazu, ihr sportliches Können auf Schlitten, Schiern und Schlittschuhen zu zeigen.

Während Schifahren als Volkssport nur in den Alpenländern und unter einigen wohlhabenden Flachlandbewohnern anfängt, sich durchzusetzen, ist der Rodelschlitten sowohl in seiner zweikufigen Normalform als auch in allen möglichen Variationen ein verbreitetes und bei jung und alt beliebtes Sportgerät. Sogar gesetzte Damen beteiligen sich an Wettrennen mit den neuartigen lenkbaren »Dreikufern«. Diese Schlittenform eignet sich durch ihre Höhe auch für Trägerinnen von Röcken.

Der einkufige, ebenfalls lenkbare Schlitten verlangt dagegen nicht nur eine gute sportliche Kondition, weil er bedeutend schneller ist als der Dreikufer, er ist auch wegen seiner Konstruktion für Damenkleider kaum geeignet.

Selbst Kriegsgefangene höherer Dienstgrade, die in der neutralen Schweiz interniert sind, dürfen sich wintersportlich betätigen.

Werbeanzeige der Hannoverschen Waggonfabrik für die Flugzeuge des Werkes in Hannover-Linden

Zeitungsreklame der Firma Ehrich & Graetz, Berlin, für energiesparende Gasbeleuchtung

Werbung für spezielle militärische Lastkraftwagen und Zubehör der Magirus AG in Ulm

Werbung 1918:

Warenangebote und Präsentationen an den Kriegsbedingungen

Die Produktwerbung im vierten Kriegsjahr ist den verschärften Mangelbedingungen angepaßt. So treten Angebote für knappe und teure Genußmittel wie Alkohol und Schokolade fast ganz zurück hinter Werbeanzeigen für Stärkungsmittel, Prothesen, Brennmaterial und Werkzeug. Für Nahrungsmittel wird kaum geworben, da alle Lebensmittel ohnehin nur rationiert auf Lebensmittelkarten abgegeben werden. Auf dem Dienstleistungssektor werden häufig Leistungen angeboten, die bereits vorhandenes Altmaterial in eine neue Form bringen. So finden sich etwa viele Anzeigen von Schneidern, die die modische Umarbeitung alter Kleidungsstücke versprechen. Große Konjunktur haben auch Kunststopfereien, die zerschlissene Altkleider wieder »in modische Form« zu bringen versprechen.

Ein anderes Großgebiet der Kriegswerbung ist die Anpreisung von Ersatzstoffen für knappe Lebensmittel wie Tabak, Kaffee, Seifenpulver, Textilien, Kartoffeln. Ein Beispiel aus der Tageszeitung:

»Macht Eure Dauerwäsche selbst! Mit dem bewährten Dauerwäsche-Präparat OEKONOM kann jeder seine Kragen, Stulpen, Vorhemden sofort in abwaschbare Dauerwäsche verwandeln.«

Von erheblicher Bedeutung ist neben der Werbung für Ersatzstoffe aller Art auch der Geschäftshinweis auf Produkte, die den Verbrauch knapper Waren sparsamer machen. Dies gilt z. B. für Glühbirnen mit be-

Propagandistische Darstellung auf einem Werbeplakat der Bayerischen Motoren Werke für Motorpflüge von 1918

Krone des Heiligen Römischen Reichs als Werbung für Cognac

Ein deutsches Kriegsschiff im Gefecht als Motiv auf einer Werbeanzeige für den deutschen Cognac »Asbach Uralt«

Werbung für den Sekt »Kupferberg Gold«, der während des Weltkrieges nur beschränkt lieferbar ist

ausgerichtet

sonders niedrigem Stromverbrauch der Firma Osram oder für die als besonders sparsam angepriesenen Gasleuchten von Ehrich & Graetz, Berlin. Von Interesse sind auch Werbeanzeigen, die für kriegsspezifische Versicherungen werben, so etwa eine Versicherung gegen Körperverletzungen durch Fliegerangriffe, die die Frankfurter Allgemeine Versicherungsgesellschaft anbietet: »Fabrikanten und Geschäftsinhaber versichern ihre Angestellten besonders günstig.«

Bei den Werbekleinanzeigen ist die große Zahl derjenigen Anbieter auffällig, die Ölgemälde, Schmuck, antike Möbel, wertvolle Perserteppiche verkaufen wollen. Meistens werden mit solchen Angeboten Geschäfte angestrebt, in denen der Verkäufer nicht Geld, sondern Naturalien für seine Ware haben will: Eier und Fleisch gegen Brillant-Kolliers und Chippendale-Möbel.

In den Illustrierten erscheinen großformatige Anzeigen vor allem von solchen Betrieben, die der Kriegswirtschaft dienen: So wirbt die »Hannoversche Waggonfabrik« für ihre Flugzeugproduktion, die Aktiengesellschaft Magirus, Ulm, für militärische Aufklärungsfahrzeuge und -geräte, die Rheinische Automobil- und Motorenfabrik Mannheim für Flugzeugmotoren. Diese Werbung hat in erster Linie einen propagandistischen Zweck. Sie soll den Leser von der Leistungsfähigkeit der deutschen Kriegswirtschaft überzeugen und seinen Glauben an den Endsieg der Mittelmächte im Weltkrieg stärken.

Zeitungsanzeige der Rheinischen Automobil- und Motorenfabrik-AG

Ebenfalls in großen Formaten erscheinen Werbeanzeigen für Alkoholika. Auch hier wird von Werbefachleuten Wert auf einen vaterländischen Bezug gelegt. So erscheint im Hintergrund der Werbung für den deutschen Cognac »Winkelhausen« überdimensional der Kopf der Göttin Germania. Das Konkurrenzprodukt »Asbach Uralt« wird, so suggeriert die Werbung, besonders gern auf deutschen Kriegsschiffen getrunken, wenn die Schlacht in vollem Gange ist.

Ein eigenes Kapitel ist die Werbung für Lebensratgeber aller Art. Eigenbrötler, die umfängliche Werke über die Rettung der Menschheit – erschienen im Selbstverlag – anpreisen, stehen hier neben großformatiger Werbung für die preisgünstige Neuausgabe der rührend-kitschigen Romane von Hedwig Courths-Mahler oder Emilie Marlitt. Alle Bücher dieser Art wollen die Käufer, wenn auch nur für einige Stunden, aus der Kriegsrealität entführen.

Szene aus der Tragödie »Seeschlacht« des in der Schweiz lebenden Dichters Reinhard Goering bei der Uraufführung im Schauspielhaus zu Dresden

Seeschlacht auf der Bühne

10. Februar. Im Königlichen Schauspielhaus in Dresden wird die Tragödie »Seeschlacht« des 30jährigen Schriftstellers und Arztes Reinhard Goering uraufgeführt.

Das Stück, das bei der Premiere im Publikum je nach politischer Einstellung Begeisterung oder Empörung auslöst, wurde von Goering unter dem Eindruck der Schlacht am Skagerrak (31. Mai 1916) 1917 vollendet und handelt von sieben, im Panzerturm eines Kriegsschiffes zusammengepferchten Matrosen, die je nach Persönlichkeit und Charakter dem Beginn der Schlacht mit unterschiedlichen Gefühlen entgegensehen. Aufeinander treffen der Gläubige, der freigeistige Melancholiker, der Revolutionär, der Realist, der Pragmatiker, der naive Träumer und schließlich, als Spiegelung des Autors, der Skeptiker.

Durch die extremen Typisierungen des Dramas gelingt es Goering, die Beklemmung heraufzubeschwören, die gleichmäßig alle hier Versammelten im Angesicht der unmittelbar bevorstehenden Realität des Kampfes überfällt.

In seiner pathetischen Sprachform und der pazifistischen Haltung ist das Drama exemplarisch für den deutschen Expressionismus.

Für Volkserziehung im Kino

9. Februar. Für die Einrichtung eines »Bilderbühnenbundes deutscher Städte« spricht sich der Düsseldorfer Stadtschulrat Wilhelm Schmitz aus. Er hält eine solche überregionale Kontrollinstanz für die Lichtspielhäuser, besonders was die Zeit nach dem Krieg betrifft, für dringend notwendig, damit das Kino nicht zur Domäne für qualitativ und inhaltlich minderwertige Filme wird. Während zur Zeit, legitimiert durch den Kriegsnotstand, offizielle Filmprüfungsstellen verhindern, daß Filmwerke in die Kinos kommen, deren Inhalt sittenwidrig oder vaterlandsfeindlich ist, könnten diese Zensurstellen – so Schmitz – nach Kriegsende ihre Arbeit nicht in gleicher Weise fortsetzen. Auch werde der deutsche Markt dann voraussichtlich von einer Welle ausländischer Filme überflutet, die den moralisch zur Zeit recht hohen Standard des deutschen Films ernstlich gefährden könne.

Zur »positiven Hebung« der Lichtspiele gehören nach Meinung von Schmitz vor allem bühnentechnische und volkserzieherische Reformen: »Es handelt sich darum, die Bildfolgen von groben Spiel- und Spielleitungsfehlern zu reinigen, einer unkünstlerischen Vergröberung der Darstellung durch Hervorkehrung des Mienen- und Gestenspiels entgegenzuwirken und auf die Ausscheidung von Stilwidrigkeiten, Plattheiten und Geschmacklosigkeiten hinzuwirken.«

Meister des Wiener Jugendstils ist tot

6. Februar. Der Maler Gustav Klimt, einer der originellsten Vertreter des Wiener Jugendstil, erliegt in Wien im Alter von 56 Jahren den Folgen eines Schlaganfalls.

Klimt machte schon früh als Meister der Portrait- und Historienmalerei von sich reden, fand aber erst zu Anfang des 20. Jahrhunderts zu seinem eigenen, unverwechselbaren Stil, der sich vor allem durch seinen stark ornamentalen Charakter und eine Neigung zu symbolistischer Überhöhung der Bildmotive auszeichnet.

Seit 1897, als Klimt zu den Mitbegründern der Wiener Secession, einer Gruppe revolutionärer junger Künstler, gehörte, wurde er immer stärker vom Vorbild byzantinischer Dekorationskunst geprägt. Sie wandelte sich in seinen Bildern, besonders in den Bildhintergründen, zu einer stark ornamentalen Stilisierung natürlicher Formen um. Aus Byzanz erhielt Klimt auch die Anregung, seine Bilder reich mit flächigen Gold- und Silberbelägen zu schmücken.

Klimts Frauendarstellungen, die durch ihre morbide Erotik bei den Zeitgenossen ebensoviel Bewunderung wie Ablehnung hervorriefen, beziehen in ihrer Symbolik erstmals in der Geschichte der bildenden Kunst bewußt die Theorien der Psychoanalyse Sigmund Freuds mit ein.

Gustav Klimt, er leitete von 1897 bis 1905 die Wiener Secession

Die Unterordnung des Figürlichen unter das ornamentale Gesetz rief in den Reihen der Kunstkritik zunehmende Ablehnung hervor. Im Alterswerk Klimts sind voluminöse Körperdarstellungen und Perspektiven fast ganz zugunsten der Ornamentik der Bildhintergründe aufgegeben. Bekleidung der dargestellten Person und Ornament gehen oft unlösbar ineinander über.

Ein typisches Beispiel für das spätere Werk des österreichischen Malers Gustav Klimt ist das Gemälde »Portrait der Fritza Riedler« von 1906 (Österreichische Galerie, Wien); in seinem nach 1905 bevorzugten »goldenen Stil« gehen zumeist mit Goldflächen überzogene Ornamente und körperliche Darstellungen ineinander über; in seinen letzten Werken beginnt die Ornamentik die naturalistischen Formen aufzulösen

Kein Ehrengrab für den Maler Klimt

9. Februar. Auf dem Hietzinger Friedhof der Hauptstadt der Donaumonarchie Wien wird der weit über die Grenzen Österreich-Ungarns hinaus bekannte Maler Gustav Klimt zu Grabe getragen.

Die Grabstätte ist betont einfach gestaltet, der bescheidene Grabstein trägt – in Klimts eigener Signatur – nur seinen Namen. Die zahlreichen, bei der Beerdigung anwesenden Honoratioren verweisen auf die wichtige Rolle, die Klimt auch für das offizielle Kunstleben Wiens gespielt habe. Die Gemeinde hatte Klimt ein Ehrengrab zugewiesen, doch Klimts Familie verzichtete – wohl ganz im Sinne des Verstorbenen.

Schon in den 80er Jahren des 19. Jahrhunderts hatte der junge Meister zahlreiche staatliche Großaufträge. Doch stieß er spätestens seit der Jahrhundertwende künstlerisch immer wieder an die Grenzen dessen, was der Staat für nicht mehr tragbar hielt. So war das Verhältnis der offiziellen, staatskonformen Kunstszene zu Klimt ein durchaus zwiespältiges.

Die von der Stadt Wien in Auftrag gegebenen drei Wandgemälde für den Festsaal der Wiener Universität – »Philosophie« (1900), »Medizin« (1901) und »Jurisprudenz« (1903) – wurden von der Stadt wegen »unsittlicher Darstellungen« zurückgewiesen. Trotzdem bekam Klimt weiterhin lukrative Aufträge wie zum Beispiel die Gestaltung des ornamentalen Frieses für das Palais Stoclet in Brüssel, eines der Hauptbauwerke des Wiener Jugendstil-Architekten Josef Hoffmann. Eine Professur an der Wiener Kunst-Akademie hat Klimt jedoch nie erlangt.

Wenige Tage nach Klimts Tod schreibt ein persönlicher Freund: »... Daß man in Wien, der Stadt der sozusagen grundsätzlichen Mißverständnisse, den Künstler Klimt zu Lebzeiten des Mannes Klimt für einen Hokuspokus-malenden Cagliostro (...) hielt, wird natürlich nicht hindern, ihm ... ein Denkmal zu errichten.

Ein Hauptwerk des Wiener Jugendstils ist das Gemälde »Der Kuß« von 1908 (Österreichische Galerie, Wien) von Gustav Klimt

März 1918

Mo	Di	Mi	Do	Fr	Sa	So
				1	2	3
4	5	6	7	8	9	10
11	12	13	14	15	16	17
18	19	20	21	22	23	24
25	26	27	28	29	30	31

1. März, Freitag

Reichsdeutsche Militärverbände besetzen Kiew. Mit deutscher Unterstützung wird die antibolschewistische »Zentralrada“ wieder eingerichtet. →S. 50

Als erster internationaler Vertrag der Sowjetregierung wird in Petrograd (Leningrad) ein Abkommen über freundschaftliche Handels- und Kulturbeziehungen mit der »Finnischen Sozialistischen Arbeiterrepublik« unterzeichnet.

In London scheitert ein Attentat der irischen Befreiungsbewegung Sinn Fein auf den Ministerpräsidenten des britischen Kabinetts David Lloyd George. →S. 51

In der Straße von Otranto, dem Zugang zum Adriatischen Meer, wird das österreichisch-ungarische Flaggschiff »Szent Istvan« versenkt.

2. März, Sonnabend

In Saloniki kommt es zu einem gegen die ententefreundliche Regierung unter Eleftherios Weniselos gerichteten Offiziersaufstand. Weniselos hatte am 16. Oktober 1916 eine provisorische, gegen Konstantin I., König von Griechenland, gerichtete provisorische Regierung in Saloniki ausgerufen, die bald darauf von den Alliierten anerkannt worden war.

Das Berliner Kaiser-Friedrich-Museum erwirbt das Tizian-Gemälde »Venus mit dem Orgelspieler«. →S. 57

3. März, Sonntag

In Brest-Litowsk wird der Friedensvertrag zwischen der Sowjetregierung und den Mittelmächten Deutsches Reich, Österreich-Ungarn, Bulgarien und Osmanisches Reich geschlossen. Durch die von den Mittelmächten diktierten Vertragsbedingungen verliert Rußland über 25% seiner Bevölkerung und etwa 27% seines wirtschaftlich nutzbaren Landes. →S. 46

Zur Zeit befinden sich ca. 250 000 US-amerikanische Soldaten auf französischem Boden.

In Leipzig öffnet die Frühjahrsmesse mit etwa 3200 Ausstellern zum 650. Mal ihre Tore. Die Messeleitung rechnet mit ca. 50 000 Besuchern. →S. 53

4. März, Montag

Leo D. Trotzki (eigentl. Bronschtein) wird zum Vorsitzenden des neugebildeten Obersten Kriegsrates der russischen Sowjetrepubliken ernannt.

Papst Benedikt XV. antwortet auf eine Note des polnischen Regentschaftsrates, worin er auf die enge Verbindung des polnischen Volkes mit dem Vatikan und der katholischen Kirche hinweist.

Der Ministerpräsident der ukrainischen Republik, Michail Holubowitsch, richtet eine Dankesnote an Reichskanzler Georg Graf von Hertling (→1. 3./S. 50).

5. März, Dienstag

Deutsche Verbände besetzen die finnischen Ålandinseln (→9. 3./S. 47).

In dem sogenannten Vorfrieden der Mittelmächte mit Rumänien wird ein vierzehntägiger Waffenstillstand beschlossen (→7. 5./S. 77).

In Japan werden fünf Jahrgänge der japanischen Marine einberufen. Die Maßnahme steht wahrscheinlich in Zusammenhang mit der erwarteten Intervention gegen die Bolschewiki in Sibirien.

Das preußische Unterrichtsministerium läßt den Verbrauch von Zeichenpapier in den Schulen wegen des Papiermangels im Deutschen Reich weiter beschränken.

6. März, Mittwoch

In Petrograd (heute Leningrad) beginnt der VII. außerordentliche Parteikongreß der Bolschewiki. Auf diesem ersten Parteikongreß nach der siegreichen Oktoberrevolution wird die Umbenennung der »Sozialdemokratischen Arbeiterpartei Rußlands (Bolschewiki)« in »Kommunistische Partei Rußlands (Bolschewiki), KPR (B)« beschlossen. →S. 50

Zu schweren Auseinandersetzungen zwischen Stammesfürsten und französischen Besatzungstruppen kommt es im Innern Marokkos. →S. 51

Die Gesellschaft zur Pflege junger Dichtung zeichnet den Dichter des erfolgreichen Theaterstückes »Seeschlacht«, Reinhard Goering, mit dem Hauptpreis in Höhe von 1000 Mark aus (→10. 2./S. 40).

7. März, Donnerstag

Wladimir I. Lenin, Führer der Bolschewiki, hält auf dem VII. außerordentlichen Parteitag eine programmatische Rede über Krieg und Frieden, in der er gegen den linken Flügel seiner Partei die Billigung des Friedensvertrages von Brest-Litowsk verteidigt (→3. 3./S. 46).

Zwischen dem Deutschen Reich und der finnischen Republik wird ein Friedens- und Freundschaftsvertrag geschlossen (→9. 3./S. 47).

Die Kölner Universität hat für das Frühjahrssemester erstmals eine Veranstaltung über »Geschichte und Gegenwart der Frauenbewegung« im Vorlesungsprogramm.

8. März, Freitag

Die deutsche Oberste Heeresleitung verlegt ihr Hauptquartier von Kreuznach nach Spa in Belgien.

Die Antwort des US-amerikanischen Präsidenten Thomas Woodrow Wilson auf den Brief Kaiser Karls I. wird in politischen Kreisen Österreich-Ungarns für unbefriedigend gehalten. Der Kaiser hatte in seinem Brief an Wilson dessen Friedensprogramm der 14 Punkte vom →8. Januar (S. 12) mit Einschränkungen akzeptiert (→23. 3./S. 51).

Ottokar Graf Czernin von und zu Chudenitz, österreichisch-ungarischer Außenminister, wendet sich gegen den diplomatischen Vorstoß von britischer Seite, die Verhandlungen über einen Sonderfrieden mit Großbritannien, die im Dezember 1917 aufgenommen worden waren, wieder zu beginnen. Grund für Czernins ablehnende Haltung sind taktische Erwägungen (→23. 3./S. 51).

In Belgien wird der von Deutschen dominierte »Rat von Flandern« neu gewählt (→3. 2./S. 31).

Bei einem deutschen Fliegerangriff auf Nancy in Frankreich kommen etwa 20 Menschen ums Leben.

9. März, Sonnabend

Britische Flottenverbände landen mit Zustimmung der bolschewistischen Sowjetregierung in Murmansk, um gegen die in Finnland vordringenden Deutschen vorzugehen. →S. 47

Leo D. Trotzki (eigentl. Bronschtein) tritt als Volkskommissar des Auswärtigen der Sowjetregierung zurück und übernimmt als Volkskommissar für Verteidigung den Aufbau der Roten Armee.

Aus Großbritannien werden Erfolge in der Herstellung von Brennöl durch die Verkokung von Kännelkohle (sehr gasreiche Fettkohle) gemeldet.

10. März, Sonntag

Die sowjetische Regierung siedelt aus strategischen Gründen von Petrograd (Leningrad) nach Moskau über. →S. 50

In Leipzig findet die deutsche Erstaufführung der Oper »Der Stier von Olivera« von Eugen d'Albert statt. Der Brite war im Deutschen Reich bereits durch seine Komposition »Tiefland« (1903) bekannt.

Im Historischen Museum von Düsseldorf findet eine umfangreiche Ausstellung mit Kriegsgegenständen und Beutestücken statt. →S. 53

11. März, Montag

Deutsche Kampfflieger fliegen einen Großangriff auf Paris.

Der finnische Präsident Pehr Evind Svinhufvud, der angeblich aus Gefangenschaft der Roten Garden entflohen ist, trifft mit weiteren Regierungsmitgliedern in Berlin ein (→9. 3./S. 47).

12. März, Dienstag

Zum Oberpräsidenten der preußischen Provinz Pommern wird der ehemalige Reichskanzler Georg Michaelis ernannt. Michaelis war Reichskanzler vom 4. Juli bis 24. Oktober 1917.

Moskau wird offiziell zur Hauptstadt des Sowjetstaates erklärt (→10. 3./S. 50).

Als Auswirkung des gestrigen Luftangriffs auf Paris stehen mehrere Stadtteile in Flammen. Die Zahl der Toten wird auf 150 geschätzt.

Zwischen Wien und der ukrainischen Hauptstadt Kiew wird der zehnte internationale Luftpostdienst errichtet.

Das deutsche Reichsernährungsamt setzt Höchstpreise für Hülsen-, Hack- und Ölfrüchte fest.

13. März, Mittwoch

Der britische Arbeitsminister und Labourpolitiker Georges N. Barnes äußert in einem Zeitungsinterview, das prinzipiell verbürgte Selbstbestimmungsrecht könne für Indien und Ägypten erst dann gewährt werden, wenn Erziehungs- und Erfahrungsstand der Inder und Ägypter dieses zuließen. →S. 51

Die deutsche Reichsstelle für Gemüse und Obst verbietet bis einschließlich 31. Juli das Dörren von Frühgemüse, um die Bevölkerung vor Vitaminmangel zu schützen.

14. März, Donnerstag

Die Führer der deutschen Obersten Heeresleitung, Paul von Hindenburg und Erich Ludendorff, äußern vor einem kleinen Kreis von Regierungspolitikern, der Anschluß der Randstaaten, im Osten vor allem Polen, im Westen Belgien, an das Deutsche Reich sei unverzichtbar (→3. 3./S. 46).

Aus angeblich innenpolitischen Gründen tritt das rumänische Parlament unter Alexandru Avărescu zurück. Es ist ein Zusammenhang mit den Friedensverhandlungen mit den Mittelmächten zu vermuten. Rumänien wäre das bislang einzige Land, das vor den Mittelmächten kapitulieren würde (→7. 5./S. 77).

Zur Förderung der Werbetätigkeit für die 8. Kriegsanleihe werden die Osterferien an den höheren Schulen der Rheinprovinz um eine Woche kürzer sein und nur bis zum 10. April dauern (→18. 3./S. 52).

15. März, Freitag

Die Regierung des Deutschen Reiches erkennt die Selbständigkeit Kurlands als unabhängiges Staatswesen an.

Der VII. außerordentliche Sowjetkongreß in Petrograd (Leningrad) ratifiziert mit 13 gegen 12 Stimmen bei vier Enthaltungen den Friedensvertrag von Brest-Litowsk vom 3. März. Daraufhin tritt der linke Flügel der Bolschewiki geschlossen aus dem Rat der Volkskommissare aus (→3. 3./S. 46).

Bei einem großen Kriegswucherprozeß um die Veräußerung stark überteuerter Seife werden in Berlin über zahlreiche Angeklagte insgesamt 87 200 Mark Geldstrafe verhängt.

16. März, Sonnabend

Nach deutschen Angaben haben im Monat Februar 26 feindliche Luftangriffe auf das Deutsche Reich stattgefunden, bei denen insgesamt 23 Menschen ums Leben kamen.

Eine Reihe von Explosionsunglücken in Paris und Umgebung fordert etwa 100 Todesopfer und über 300 Verletzte.

Karikatur des »Simplicissimus« aus München auf die Ernennung des französischen Generals Ferdinand Foch zum Oberbefehlshaber der alliierten Truppen

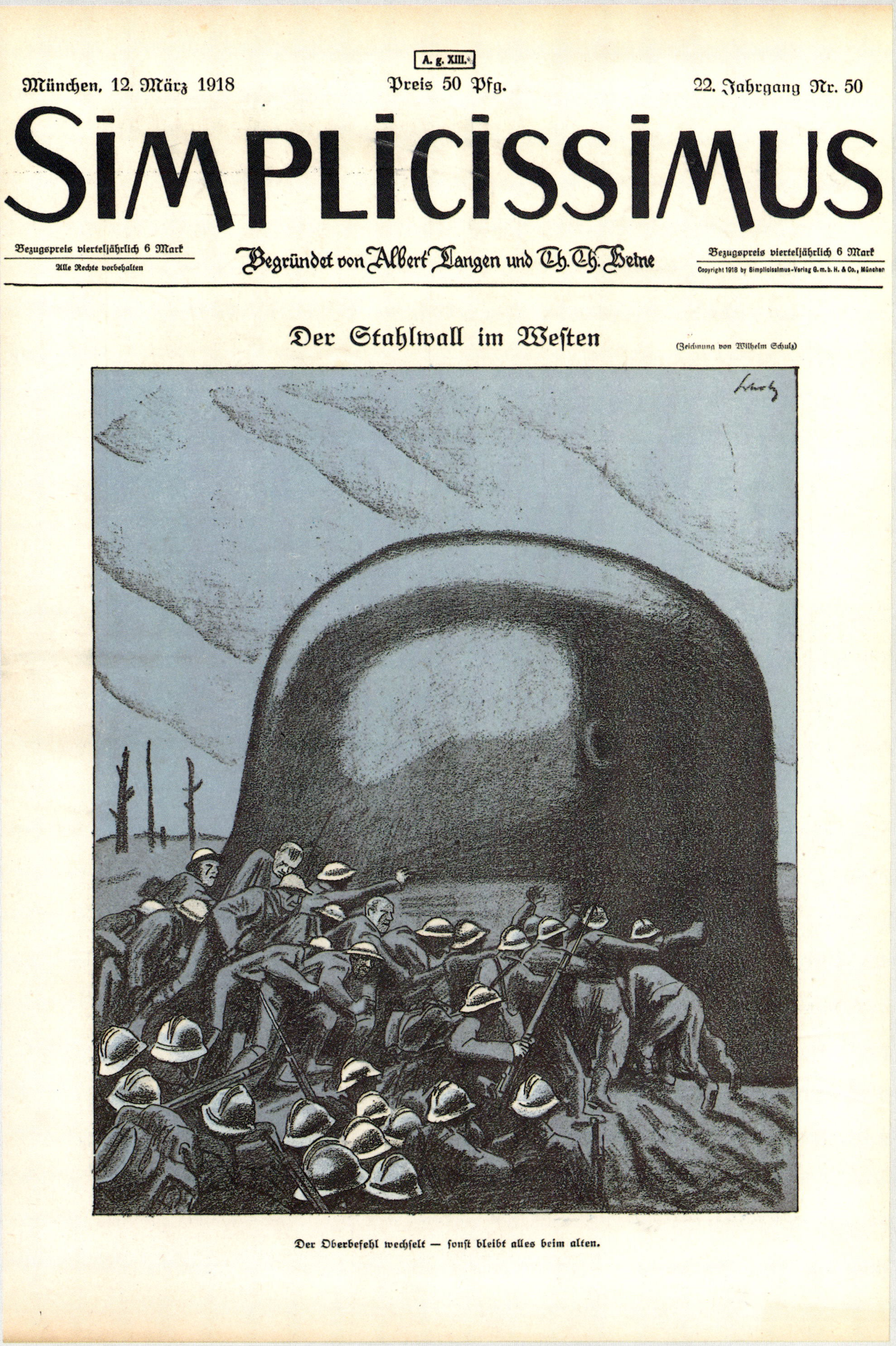

A. g. XIII.

München, 12. März 1918 | Preis 50 Pfg. | 22. Jahrgang Nr. 50

SIMPLICISSIMUS

Bezugspreis vierteljährlich 6 Mark
Alle Rechte vorbehalten

Begründet von Albert Langen und Th. Th. Heine

Bezugspreis vierteljährlich 6 Mark
Copyright 1918 by Simplicissimus-Verlag G. m. b. H. & Co., München

Der Stahlwall im Westen

(Zeichnung von Wilhelm Schulz)

Der Oberbefehl wechselt – sonst bleibt alles beim alten.

Menschenhaare unterstehen im Deutschen Reich ab sofort der Beschlagnahme. Für Personen, die über 1 kg Haare in ihrem Besitz haben, gilt die Verpflichtung zu monatlicher Meldung. Die Veräußerung ist nur mit Sondergenehmigung erlaubt (→31. 3./S. 54).

17. März, Sonntag

In Berlin findet eine große Faserstoff-Ausstellung statt, die von der Reichsbekleidungsstelle zur Demonstration der nahezu ungebrochenen Leistungsfähigkeit der deutschen Textilindustrie veranstaltet wird (→7. 4./S. 66).

Die deutsche Heeresverwaltung ruft die Bevölkerung erneut eindringlich dazu auf, ihre Hunde für den vaterländischen Kriegseinsatz zur Verfügung zu stellen. Besonders größere Rassen sind gefragt.

Wie von amtlicher Seite verlautet, ist die Durchführung der traditionellen Pferderennen in diesem Jahr aufgrund der angespannten Kriegslage in Frage gestellt.

18. März, Montag

Die Zeichnung der achten deutschen Kriegsanleihe, die bis zum 18. April dauern soll, beginnt. →S. 52

Der deutsche Reichskanzler Georg Graf von Hertling hält vor dem Reichstag in Berlin eine aufsehenerregende Rede, in der er anklingen läßt, die deutschen Friedensbedingungen seien in einigen Punkten zu hart (→3. 3./S. 46).

19. März, Dienstag

Das neue Kabinett in Rumänien wird von Alexandru Marghiloman als Ministerpräsident angeführt. Das Ministerium für Inneres übernimmt Konstantin Arion. – Rumänien bricht die Beziehungen zu den Ententestaaten ab (→7. 5./S. 77).

Im Leitartikel der führenden Londoner Zeitung »Daily News« wird der sofortige Friedensschluß mit den Mittelmächten gefordert.

Der Düsseldorfer Tierschutzverein wendet sich gegen die amtlich angeordnete Vernichtung von Spatzen durch Jugendliche, weil so der »Rohheit der Jugend« Vorschub geleistet werde. Von den Behörden wird die Spatzenvernichtung dagegen gefördert (→27. 2./S. 33).

20. März, Mittwoch

Das gegen die Daimler-AG Stuttgart eingeleitete Verfahren wegen Kriegswucher wird vor dem Reichstag diskutiert. Daimler soll überteuerte Autos an das Kriegsamt verkauft haben.

Fotometrische Messungen des US-amerikanischen Astronomen Harlow Shapley ergeben, daß die Sonne etwa 50 000 Lichtjahre vom Zentrum des Milchstraßensystems entfernt sein müsse (heutiger Konsens: etwa 30 000 Lichtjahre).

21. März, Donnerstag

An der Westfront nördlich von St. Quentin beginnt auf 70 km Frontbreite die große deutsche Frühjahrsoffensive. Die erste Schlacht zwischen Scarpe und Oise endet für die deutschen Truppen erfolgreich. →S. 48

In Berlin wird im Auktionshaus Paul Cassirer die berühmte Sammlung Wilhelm Gumprecht versteigert. Darunter befinden sich auch Spätwerke von Frans Hals.

22. März, Freitag

Die kaukasische Landesrepublik bricht die Sonderfriedensverhandlungen mit dem Osmanischen Reich ab, da die Friedensbedingungen unannehmbar seien.

Eine neue, im Deutschen Reich erscheinende Zeitschrift mit dem Titel »Welt und Wissen« wirbt Käufer mit exotischen Themen wie »In den Wäldern Sumatras« und »Ein Stündchen in der Opiumhöhle«.

Bei der Schlacht von Cambrai und La Fère erringen deutsche Verbände einen bedeutenden Durchbruch (→21. 3./S. 48).

23. März, Sonnabend

Die Weigerung des österreichisch-ungarischen Außenministers Ottokar Graf Czernin von und zu Chudenitz, Südtirol und Trentino an Italien abzutreten, führt zum Scheitern der Friedensgespräche zwischen der Donaumonarchie und den USA. →S. 51

Mit einem von Krupp entwickelten neuen Ferngeschütz wird Paris aus einer Entfernung von über 100 km beschossen. →S. 55

In Rußland wird durch das Dekret zur Neuordnung der Eisenbahnverwaltung das Transportsystem unter die Aufsicht staatlicher Kommissare gestellt. Damit ist die am 10. Januar eingeführte Selbstverwaltung der Eisenbahner durch Eisenbahnräte aus organisatorischen Gründen vorerst wieder außer Kraft gesetzt.

Das Deutsche Reich erkennt Litauen als selbständigen Staat an. Ebenso wie Estland und Livland soll auch Litauen nach deutscher Auffassung nach Kriegsende als eigenständiger Staat in den Machtbereich des Deutschen Reiches eingegliedert werden.

24. März, Sonntag

Die Einwohnerschaft Verduns wird wegen des deutschen Vormarsches vorsorglich evakuiert (→21. 3./S. 48).

Die deutschen Lehrerverbände treten für eine qualitative Hebung der Volksschulen ein, u. a. soll die 8jährige Schulpflicht für alle eingeführt werden.

25. März, Montag

Unter dem Schutz der deutschen Militärverbände, die Minsk besetzt halten, wird von nationalen und bürgerlichen Gruppen Weißrußlands gemeinsam mit Sozialrevolutionären und Menschewiken eine antibolschewistische »Weißrussische Volksrepublik« ausgerufen, die jedoch im Ausland auf keiner Seite anerkannt wird.

Nach deutschen Angaben wird das britische Spionagenetz immer dichter. →S. 53

26. März, Dienstag

Der französische Marschall Ferdinand Foch wird Oberbefehlshaber der alliierten Streitkräfte. →S. 49

Die Regierungspräsidenten der deutschen Provinzen legen fest, welche Disziplinen es bei den diesjährigen Wehrturnmeisterschaften der Jugendkompanien geben wird. Als neue Disziplin sollen beispielsweise Übungen im Schnellsehen durchgeführt werden.

27. März, Mittwoch

In Österreich-Ungarn treffen die ersten Lebensmittellieferungen aus der Ukraine ein. Im Deutschen Reich entsteht Unwillen darüber, daß die Donaumonarchie früher beliefert wird, als Deutschland (→9. 2./S. 28).

Wilhelm II., deutscher Kaiser, sendet eine Drahtung an den Chef des Krupp-Konzerns, Gustav Krupp von Bohlen und Halbach, in der er ihm seinen Dank für die Entwicklung des neuen Ferngeschützes ausspricht (→23. 3./S. 55).

Der deutsche Oberbefehlshaber Paul von Hindenburg schickt ein Telegramm an Reichskanzler Georg Graf von Hertling, in dem er versichert, daß angesichts des deutschen Vormarsches an der Westfront jetzt mit Gottes Hilfe der Sieg errungen werde (→21. 3./S. 48).

Die niederländische Regierung beschlagnahmt sämtliche deutschen Steinkohlenvorräte und unterbindet den Güterzugverkehr vom und in das Deutsche Reich. Die niederländische Regierung ist von den Alliierten unter Druck gesetzt worden, diesen Schritt zu tun, da sie sonst nicht mehr mit Rohstoff- und Lebensmittellieferungen aus den alliierten Staaten rechnen könne.

28. März, Donnerstag

Unter der Parole »Arbeit, Disziplin und Ordnung werden die sozialistische Sowjetrepublik retten« ruft Leo D. Trotzki (eigentl. Bronschtein) das russische Volk zu intensiven Anstrengungen zum erfolgreichen Aufbau der sozialistischen Sowjetrepublik auf.

Die US-amerikanische Kriegsbehörde wirbt in Bern junge Schweizer für den Dienst auf US-amerikanischen Kriegsschiffen an. Als Belohnung wird die US-Staatsbürgerschaft in Aussicht gestellt.

Wider Erwarten können in der Saison 1918 doch Pferderennen stattfinden. Es sind allerdings nur insgesamt 60 – gegenüber 149 Rennen 1917 – zugelassen. Nur die traditionsreichen Trabrennen in Berlin-Hoppegarten und Berlin-Grunewald haben wie im Vorjahr 16 Renntage zugeteilt bekommen.

29. März, Karfreitag

Als Vertreter der Deutschen Vaterlandspartei spricht sich General Alfred von Tirpitz gegen die Übertragung antisemitischer Äußerungen einiger Parteimitglieder auf die ideologische Ausrichtung der gesamten Partei aus (→20. 1./S. 17).

Außer der Reihe wird vom Reichsversorgungsamt als »Ostergabe« zuzüglich zu den wöchentlichen 125 g Seife eine weitere Ration von 50 g gewährt. Infolge der Sodaknappheit war die Seifenration schon 1917 drastisch gekürzt worden. →S. 54

30. März, Sonnabend

Das japanische Kabinett unter Ministerpräsident Seiki Terauchi reicht wegen innenpolitischer Differenzen seinen Rücktritt ein.

Ein plötzlicher Kälteeinbruch und schlechtes Wetter werden von der reichsdeutschen Presse für den Stillstand der deutschen Westoffensive verantwortlich gemacht (→21. 3./S. 48).

31. März, Ostersonntag

Durch die Presse weisen die deutschen Behörden darauf hin, daß anonyme Anzeigen im Bezug auf Kriegswucherfälle zwecklos seien, da sie den Ermittlungen nicht dienten.

Das Eröffnungsrennen der diesjährigen Radrennsaison findet in Dortmund/Kaiser-Wilhelm-Tal statt.

Gestorben:

9. München: Frank Wedekind (*24. 7. 1864, Hannover), deutscher Schriftsteller, Kabarettist und Journalist. →S. 57

16. Göggingen: Friedrich von Hessing (*19. 6. 1838, Schönbrunn/Ansbach), deutscher Orthopädiemechaniker.

23. Straßburg: Paul Laband (*24. 5. 1838, Breslau), deutscher Rechtsgelehrter.

25. Paris: Claude Debussy (*22. 8. 1862, Saint-Germain-en-Laye), französischer Komponist.

26. Petrograd (heute Leningrad): Zesar Antonowitsch Kjui (*18. 1. 1835, Wilna), russischer Komponist.

29. Kiel: Timm Kröger (*29. 11. 1844, Haale/Landkreis Rendsburg-Eckernförde), deutscher Schriftsteller.

Geboren:

3. Weddinghusen: Fritz Thiedemann, deutscher Springreiter.

3. Brooklyn: Arthur Kornberg, US-amerikanischer Biochemiker; 1959 Nobelpreis für Medizin/Physiologie.

7. Redlice (Böhmen): Rolf Thiele, deutscher Filmproduzent und -regisseur.

20. Bliesheim: Bernd (Bernhard) Alois Zimmermann (†10. 8. 1970, Königsdorf bei Köln), deutscher Komponist.

Das Wetter im Monat März

Station	Mittlere Lufttemperatur (°C)	Niederschlag (mm)	Sonnenscheindauer (Std.)
Aachen	5,6 (5,5)	28 (49)	– (125)
Berlin	4,4 (3,9)	10 (31)	– (151)
Bremen	4,6 (4,0)	8 (42)	– (117)
München	5,1 (3,3)	15 (46)	– (142)
Wien	– (4,9)	– (42)	– (–)
Zürich	4,7 (4,2)	49 (69)	180 (149)

( ) Langjähriger Mittelwert für diesen Monat
– Wert nicht ermittelt

Sondernummer der Leipziger »Illustrirten Zeitung« zur 650. Eröffnung der Leipziger Messe

Russischer Friedensvertrag mit Mittelmächten perfekt

3. März. Nach über zehnwöchiger Dauer enden in Brest-Litowsk die Friedensverhandlungen zwischen Rußland und den Mittelmächten mit der Unterzeichnung eines Friedensvertrages. Der Frieden von Brest-Litowsk, im Deutschen Reich als »einer der größten Erfolge der Weltgeschichte« (Kaiser Wilhelm II.) gefeiert, bringt Rußland empfindliche Territorialverluste (27% des wirtschaftlich nutzbaren Landes) und wirtschaftliche Auflagen.

Das durch Krieg und Revolution gleichermaßen geschwächte Rußland verpflichtet sich in dem Vertragswerk zur Abtretung von Polen, Litauen und Kurland, die weiterhin von deutschen Truppen besetzt bleiben. Livland und Estland bleiben formal dem russischen Staatenverbund zwar angegliedert, doch muß sich Rußland auf eine deutsche Besetzung dieser Provinzen einlassen, »bis dort die Sicherheit durch eigene Landeseinrichtungen gewährleistet und die staatliche Ordnung hergestellt ist«. Mit diesem Vertragspassus gedachte das Deutsche Reich die Unabhängigkeitsbewegungen in Livland und Estland so weit zu unterstützen, daß diese sich nach gegebener Zeit selbst von Rußland trennen. Darüber hinaus wird Rußland durch die von den Mittelmächten diktierten Vertragsbedingungen gezwungen, den am 9. Februar mit der antibolschewistischen Rada-Regierung der Ukraine abgeschlossenen Sonderfrieden anzuerkennen, womit die Ukraine als selbständiges, von Rußland unabhängiges Staatswesen akzeptiert ist (→9.2/S. 28).

Unter osmanische Verwaltung kommen die armenischen Gebiete Ardhan, Kars und Batum.

Die Friedensverhandlungen zwischen der bolschewistischen Regierung Rußlands einerseits und dem Deutschen Reich, Österreich-Ungarn, Bulgarien und der Türkei andererseits hatten am 22. Dezember 1917 begonnen, nachdem bereits am 5. Dezember ein Waffenstillstand beschlossen worden war.

Die Verhandlungen verliefen äußerst schleppend. Mehrfach waren sie von russischer Seite abgebrochen worden, weil man sich in den Reihen der Bolschewiki nicht einig darüber war, bis zu welchem Maß die Friedensbedingungen der Mittelmächte noch akzeptiert werden sollten. Leo D. Trotzki, der Leiter der russischen Delegation, hatte zuletzt am →10. Februar (S. 29) die Verhandlungen abgebrochen und den Kriegszustand für beendet erklärt, ohne sich auf irgendeine Bedingung der Verhandlungsgegner einzulassen. Der Abbruch war teils Antwort auf den Sonderfrieden mit der Ukraine, teils Ausdruck von Trotzkis Einstellung, Rußland könne sich auf die extremen Forderungen besonders des Deutschen Reiches nicht einlassen, ohne die eigene Glaubwürdigkeit gegenüber dem russischen Volk zu gefährden. Wladimir I. Lenin, der Parteiführer der Bolschewiki, war dagegen der Ansicht, es müsse so schnell wie möglich Frieden geschlossen werden, um das Hauptversprechen der Revolution: »Frieden und Brot« in die Tat umzusetzen.

Am 17. Februar lief der befristete Waffenstillstand zwischen Rußland und den Mittelmächten aus. Bereits am 13. Februar war in Homburg der Kronrat des Deutschen Reiches unter Beteiligung von Kaiser Wilhelm, Regierungsvertretern und der deutschen Obersten Heeresleitung zusammengetreten, um das weitere Vorgehen im Osten zu beraten. Die Folge war die Wiederaufnahme der Kampfhandlungen gegen Rußland am 18. Februar. Die Deutschen rückten auf der gesamten Ostfront vor.

In dieser Notsituation erklärte die russische Regierung am 19. Februar ihre Bereitschaft, auf die Friedensbedingungen der Mittelmächte einzugehen. Dieses Eingeständnis der Schwäche nutzte die deutsche Regierung zu einer weiteren Verschärfung der Bedingungen und forderte die Russen ultimativ auf, diese bis zum 21. Februar zu akzeptieren.

In der Nacht vom 23. auf den 24. Februar fiel im Zentralexekutivkomitee des Sowjetkongresses die knappe Entscheidung für die Annahme der harten Friedensbedingungen: 116 Ja-, 85 Gegenstimmen und 26 Enthaltungen. Am 26. Februar kehrte die russische Delegation nach Brest-Litowsk zurück. Am 3. März unterschreibt sie den Vertrag, ausdrücklich »unter Protest«.

Im Deutschen Reich wird die Unterzeichnung von fast allen politischen Parteien und der Presse enthusiastisch begrüßt. Konservative und Nationalliberale halten die Rußland diktierten Friedensbedingungen sogar für nicht weitgehend genug.

Die Mehrheitssozialdemokraten (MSPD) halten die Abtrennung Polens, Litauens und Kurlands nur nach einer demokratischen Volksabstimmung für rechtens. Dementsprechend sind sie auch gegen die deutsche Militärverwaltung. Weil der Vertrag aber immerhin Frieden im Osten bringt, stimmen sie im Reichstag trotzdem nicht gegen den Brester Vertrag, sondern enthalten sich der Stimme. Einzig die Unabhängigen Sozialdemokraten (USPD) erklären, der Vertrag sei Unrecht gegenüber dem russischen Volk.

»Russischer Rabe wird überlistet«

Die Friedensverhandlungen zwischen dem Deutschen Reich und der sowjetischen Regierung Rußlands in Brest-Litowsk werden von der ausländischen Presse häufig ironisch kommentiert.

Bereits in ihrer Ausgabe vom 19. Januar zeigte die in Amsterdam erscheinende Wochenzeitschrift »De Nieuwe Amsterdammer« eine Karikatur auf die Friedensverhandlungen, bei denen die russische Seite beständig das Selbstbestimmungsrecht der Völker betonte. Dadurch verlieren die Sowjets schließlich die Randstaaten. Der damalige russische Verhandlungsführer, Leo D. Trotzki, wird, in Anlehnung an eine Fabel von Jean de Lafontaine, in der Karikatur als Rabe dargestellt, der Litauen und Kurland in seinem Schnabel hält. Unter ihm sitzt das Deutsche Reich in Gestalt des Fuchses, der versucht, in den Besitz der Staaten zu gelangen. Der Fuchs ruft: »Du hast so eine schöne Stimme, sag doch noch einmal ›Selbstbestimmungsrecht‹.« Beim Aussprechen des Wortes fallen dem Raben Litauen und Kurland aus dem Schnabel.

Titelseite der Zeitschrift »De Nieuwe Amsterdammer« vom 19. Januar 1918

Brester Frieden »Gottes Stunde«?

Der Friedensschluß von Brest-Litowsk am →3. März (S. 46), der dem Deutschen Reich große Gewinne bringt, läßt den mancherorts geschwächten vaterländischen Geist im Deutschen Reich noch einmal aufblühen. Auch die Kirchen sind begeistert. Die »Allgemeine Evangelisch-lutherische Kirchenzeitung« schreibt in einem Kommentar vom 8. März:
»Friede ohne Annexion und Entschädigung, ...so war der Beschluß von den Feinden Deutschlands [gemeint sind die Bolschewisten, Red.] ausgegangen... Ungestraft wollten die Wölfe gehaust haben, deutsches Blut vergossen, deutschen Wohlstand verderbt, Wunden geschlagen haben, die auf lange hinaus nicht heilen. Zurückbleiben sollte ein verarmtes, geringes Reich, an dem auch fernerhin jedermann seinen Mutwillen kühlen konnte...
Aber Gott wollte auch hier anders. Er ließ die Machthaber Rußlands aus dem Taumelkelch trinken, daß sie wie Räuber über die eigenen Völker herfielen, bis diese zuletzt nach deutscher Hilfe riefen. Und aus dem Taumelkelch tranken die russischen Friedensunterhändler, die alle Welt zum Narren halten und zuletzt den klügsten Streich ersannen, die Verhandlungen abzubrechen. Gerade das war Gottes Stunde. Die Heere Deutschlands rückten hinüber, nahmen Stadt um Stadt, Land um Land, überall als Befreier begrüßt. Und Rußland, das keine Entschädigung geben wollte, mußte in letzter Minute unermeßliche Beute hergeben: 800 Lokomotiven, 8000 Eisenbahnwaggons mit allerlei Schätzen und Lebensmitteln; Gott wußte, daß wir es brauchten. Und weiter brauchten wir Geschütze und Munition, zum letzten Schlag gegen den Feind im Westen. Auch das wußte Gott. So schenkte er uns aus freier Hand 2600 Geschütze, 5000 Maschinengewehre, 2 Millionen Schuß für die Artillerie, Gewehre, Flugzeuge, Kraftwagen...«

Vertragsunterzeichnung in Brest-Litowsk ohne Delegationsleiter

3. März. *Ohne die jeweiligen Delegationsspitzen der wichtigsten Vertragspartner, Richard von Kühlmann für das Deutsche Reich, Ottokar Graf Czernin von und zu Chudenitz für Österreich-Ungarn und Leo D. Trotzki für das bolschewistische Rußland, findet in Brest-Litowsk die Unterzeichnung des Friedensvertrages statt.*
Kühlmann und Czernin sind bereits nach Bukarest abgereist, um dort mit der rumänischen Regierung über den nächsten Friedensschluß zu verhandeln (→ 7. 5./S. 77). Trotzki bleibt der Unterzeichnung aus Protest fern, weil er selbst zu der Fraktion innerhalb der Bolschewiki gehört, die die Unterzeichnung unter den von den Mittelmächten diktierten Bedingungen ablehnt.
Die russische Delegation unterzeichnet den Vertrag im Auftrag der Mehrheit der Partei »unter Protest« (Die Abbildung zeigt eine der wenigen Aufnahmen von den Verhandlungen; am Kopfende Mitte der Runde ist der Staatssekretär des Äußeren, von Kühlmann, zu sehen).

Alliierte Truppen landen in Murmansk

9. März. In Murmansk, einer russischen Stadt im Norden der Halbinsel Kola kurz vor der finnischen Grenze, landen mit Billigung des russischen Außenministers Leo D. Trotzki kleine Kontingente britischer Truppenverbände. Die Briten wollen, vor allem im eigenen Interesse, gemeinsam mit russischen Verbänden ein weiteres Vordringen deutscher Truppen auf finnischem Territorium verhindern. Die Deutschen hatten am 5. März die finnischen Ålandinseln besetzt, um von dort aus weiter auf finnischem Festland gegen die finnischen Roten Garden vorzustoßen.
Am 27. Januar war mit dem Aufruf der finnischen Roten Garden, den bürgerlichen Senat gefangenzunehmen, der Bürgerkrieg in seine heiße Phase eingetreten. Am 28. Januar wurde Kullervo Manner zum Führer einer provisorischen Revolutionsregierung Finnlands ernannt, Helsinki von Roten Garden besetzt. Der bürgerliche Reichsverweser Pehr Evind Svinhufvud, der nach Reval hatte fliehen können, bat am 21. Februar offiziell um deutsche Hilfe gegen die Rotgardisten.
Finnlands Selbständigkeit war von der Sowjetregierung am 31. Dezember 1917 anerkannt worden, die Russen hielten jedoch weiterhin russische Besatzungstruppen im Lande stationiert, um zu verhindern, daß deutschfreundliche Gruppen im finnischen Bürgerkrieg die Oberhand gewinnen würden (→4. 1./S. 15). Die Bolschewiki hofften auf den baldigen Ausbruch einer proletarischen Revolution nach russischem Vorbild in Finnland.
Kurz nach der Anerkennung der finnischen Autonomie durch Rußland akzeptierten auch die skandinavischen Staaten, das Deutsche Reich und Frankreich die Souveränität Finnlands. Die Vereinigten Staaten von Amerika und Großbritannien zögerten jedoch. Sie vermuteten, daß eine Anerkennung Finnlands das Land indirekt in die Machtsphäre des deutschen Kriegsgegners einbeziehen würde. Diese Befürchtung wurde belegt durch die Tatsache deutscher Militärunterstützung der konterrevolutionären Kräfte in Finnland.
Ende November 1917 war Pehr Evind Svinhufvud zum Führer einer bürgerlichen Regierungsmehrheit gewählt worden, die insgesamt mehr dazu neigte, mit der reichsdeutschen Regierung zu paktieren als mit den Bolschewiki. Am 7. März hatten Vertreter der finnischen Regierung in Berlin einen Friedens- und Freundschaftsvertrag mit der Regierung des Deutschen Reiches geschlossen. Hinzu kamen ein Handels- und Schiffahrtsabkommen. Diese Verträge besiegeln das Zusammengehen der offiziellen finnischen Regierung mit dem Deutschen Reich, das sich hiermit einen strategischen Standort sichern will.

Deutsche Märzoffensive an der Westfront aufgenommen

21. März. Gegen vier Uhr früh beginnt unter dem Decknamen »Michael« an der Westfront zwischen Croisilles bei Arras und La Fère auf etwa 70 km Frontbreite die große deutsche Frühjahrsoffensive.

In insgesamt 71 Infanteriedivisionen der 2., 7., 17. und 18. deutschen Armee stoßen die Truppen vor. Die Überlegenheit an schweren Geschützen beträgt zu diesem Zeitpunkt 2508 gegenüber 976. Entsprechend schnell kommt die deutsche Offensive in den letzten Märztagen voran. Nur der Vormarsch der im nördlichen Teil der Front stehenden 17. Armee verläuft von Beginn an unbefriedigend. Sie muß hohe Verluste an Menschen und Material hinnehmen. Am 25. März hat die 17. gemeinsam mit der 2. Armee die Linie Bapaume–Combles überschritten. Im Süden kommen auch die 18. und die 7. Armee schnell voran. Am 27. März ist Montdidier genommen; die deutschen Verbände sind im Süden gut 50 km vorgerückt.

Nach heftigen Kämpfen ist die 17. Armee bereits am 28. 3. am Ende ihrer Kraft und kann die 2. Armee nicht entlasten, die gemeinsam mit der 18. Armee das Hauptziel hat, Amiens einzunehmen. Am 30. März kommt die Großoffensive »Michael« zwischen Arras im Norden über Albert, Moreuil, Montdidier, Noyon, Chauny, La Fère, im äußersten Westen etwa 17 km vor der Stadt Amiens zum Stehen.

Generalfeldmarschall Erich Ludendorff, gemeinsam mit Paul von Hindenburg Oberbefehlshaber der deutschen Armee und Hauptbetreiber der Westoffensive, schreibt in seinen Kriegs-Erinnerungen zu der Lage Ende März: »... Ich bemühte mich auch weiterhin, den linken Flügel der 2. Armee zu verstärken und ihn wie die 18. Armee auf Amiens vorzuführen. Gegen den sich nun auch hier verdichtenden und selbst angreifenden Feind reichte die eigene Angriffskraft nicht mehr aus. Der Munitionsnachschub war nicht ergiebig genug, auch Verpflegungsschwierigkeiten traten ein. Die Wiederherstellung der Straßen und Eisenbahnen kostete trotz aller vorausschauenden Vorbereitungen zuviel Zeit ...«

Die Entscheidung zu dieser letzten großen Offensive der deutschen Armee im Weltkrieg fiel am 11. November 1917 auf einer Konferenz der deutschen Obersten Heeresleitung, vertreten durch Erich Ludendorff, nach eingehender Diskussion mit den Generalstäben der Heeresgruppen Deutscher Kronprinz und Kronprinz Rupprecht in der belgischen, von deutschen Truppen besetzten Stadt Mons. Die Strategie bestand darin, die britischen von den französischen Verbänden in der Nähe von St. Quentin zu trennen, um sie sodann einzeln schlagen zu können.

Die militärische Situation des Deutschen Reiches Ende 1917 ließ einen Großangriff im Westen vor dem massiven Eingreifen US-amerikanischer Verbände als unabdingbar erscheinen, um überhaupt noch eine Chance zu haben, den Krieg siegreich zu beenden. Diese Einsicht führte dazu, daß die Friedensverhandlungen mit Rußland nach der Oktoberrevolution von deutscher Seite stark gefördert wurden, denn nur der Friede im Osten würde garantieren, daß im Westen alle zur Verfügung stehenden Kräfte aufgeboten werden könnten. Anfang Januar hatte der deutsche Kaiser Wilhelm II. in seinem Tagebuch siegesgewiß formuliert: »Der Sieg der Deutschen über Rußland war Vorbedingung für die Revolution, diese die Vorbedingung für Lenin, dieser für Brest! [→9. 1./S. 14; 3. 3./S. 46] Dasselbe ist für den Westen maßgebend! Erst Sieg im Westen mit Zusammenbruch der Entente, dann machen wir die Bedingungen, die sie annehmen muß! Und die werden rein nach unserem Interesse zugeschnitten!«

Doch herrschen selbst in militärischen Führungskreisen Zweifel daran, ob die Ludendorff-Offensive erfolgreich sein wird. Die Verhältnisse im Osten erzwingen trotz des Friedensschlusses vom 3. März einen Verbleib umfangreicher Truppenkontingente in den russischen Randstaaten wie Estland, Livland und der Ukraine. Auch ist die allgemeine Verfassung der deutschen Verbände schlecht (→9. 4./S. 62).

△ Der Zeichner der Leipziger »Illustrirten Zeitung«, Felix Schwormstädt, der dem Gefolge des Kaisers zugeteilt war, zeigt mit seinem Aquarell Wilhelm II. in der geliebten Pose des Herrschers im Felde; angesichts der chaotischen Zustände im Deutschen Reich sieht sich der Kaiser immer lieber als Schlachtenlenker bei seinen Soldaten an der Westfront denn als Herrscher über ein hungerndes deutsches Volk; gerade die Erfolge der neuen Offensive bieten Gelegenheit zu weiteren Propagandabildern

◁ Das Gemälde des Kriegsberichterstatters Hans W. Schmidt zeigt Leuchtkugeln, Leuchtraketen und Fackeln in der unmittelbaren Kampflinie, die der Artillerie Zeichen geben; eine Sperrfeuerbatterie richtet daraufhin ihre Geschütze aus

Rast eines Transports französischer Gefangener in Laon während der großen Frühjahrsoffensive der deutschen Armee

General Foch wird Oberbefehlshaber

26. März Angesichts der stärker werdenden Bedrohung durch die seit fünf Tagen andauernde deutsche Frühjahrsoffensive (→S. 48) entschließen sich die Regierungen Frankreichs und Großbritanniens in Doullens, einem kleinen Ort nördlich von Arras, den französischen General Ferdinand Foch zum gemeinsamen Oberbefehlshaber der alliierten Verbände zu ernennen. Er soll den Einsatz der britischen und französischen Streitkräfte vor Amiens koordinieren.

Im Gegensatz zum Oberbefehlshaber der französischen Truppen, General Philippe Pétain, ist Foch der

General Ferdinand Foch, gemeinsamer Oberbefehlshaber sämtlicher alliierter Truppen an der Westfront

Auffassung, es komme im Moment vor allen Dingen darauf an, die Verbindungen zwischen den französischen und den britischen Truppen zu halten. Eines der Hauptziele der Ludendorff-Offensive besteht in der Tat darin, die verbündeten Streitkräfte voneinander zu isolieren. Pétain hatte angesichts des schnellen deutschen Vormarsches erklärt, auch um den Preis eines Auseinanderweichens der Alliierten müsse es jetzt darum gehen, die französische Hauptstadt zu schützen, die seit dem 23. März unter starkem deutschen Beschuß liegt (→23. 3./S. 55). Die Regierungschefs der beteiligten Länder, David Lloyd George für Großbritannien und Georges Clemenceau für Frankreich, haben jedoch eine andere Auffassung.

Die kommunistische Partei gegründet

6. März. Erstmals seit dem Sieg der Oktoberrevolution treffen sich die russischen Bolschewiki zu einem regelrechten Parteitag in Petrograd (Leningrad). Der VII. außerordentliche Parteikongreß beschließt die Umbenennung der »Sozialdemokratischen Arbeiterpartei Rußlands (Bolschewiki)« in »Kommunistische Partei Rußlands (Bolschewiki), KPR (B)«. Gleichzeitig werden Maßnahmen für den Übergang zur sozialistischen Planwirtschaft getroffen.
Die Sozialdemokratische Arbeiterpartei war 1898 gegründet worden. Nach der Spaltung in Bolschewiki und Menschewiki auf dem II. Parteikongreß von 1903 in London konstituierten sich die Bolschewiki (formell 1912) als eigenständige Partei. Zwischen November 1917 und März 1918 kam es zur immer stärkeren Ausschaltung der menschewistischen Bündnispartner in der revolutionären Regierung. Mit der Gründung der KPR (B) übernehmen die Bolschewiki die alleinige Staatsführung in Rußland.
Der wichtigste Diskussionspunkt des II. Parteikongresses ist die Änderung der sowjetischen Industriepolitik. Während die Bolschewiki bislang die Arbeiterschaft immer wieder zu Eigeninitiative und Selbstverwaltung der Betriebe aufgerufen hatten, streben sie jetzt die Einführung einer straffen Arbeitsorganisation an, um die Produktivität zu steigern. In diesem Zusammenhang entwickelt Parteiführer Wladimir I. Lenin seine Theorie der staatskapitalistischen Übergangswirtschaft. Unter staatlicher Kontrolle soll Rußland kurzfristig bislang versäumte industrielle Entwicklungen nachholen.

Parteiführer Wladimir I. Lenin

Der Kreml in Moskau, Zentrum der neuen russischen Hauptstadt und Sitz der revolutionären Sowjetregierung

Moskau ist wieder russische Hauptstadt

10. März. Mit der Übersiedlung der sowjetischen Regierung von Petrograd (heute Leningrad) nach Moskau wird die ehemalige Metropole wieder zur Hauptstadt des russischen Reiches. Die zentrale Lage der Stadt bietet eine bessere Position für die Durchsetzung der Sowjetmacht im ganzen Land.
Moskau war bereits einmal Hauptstadt des russischen Zarenreiches, bis Peter I., der Große, 1703 Petrograd errichten ließ und die Stadt 1712 zu seiner Hauptresidenz machte. Moskau, in dem die Revolution einen Tag nach der Machtübernahme in Petrograd am 6. November 1917 siegreich war, spielt nach Ansicht von Wladimir I. Lenin, dem Führer der Bolschewiki, eine entscheidende Rolle bei der Festigung der bolschewistischen Macht in ganz Rußland. In den riesigen Gebieten Asiens und im moslemischen Süden des Reiches finden noch Kämpfe um die Vorherrschaft statt. Gegen die Beibehaltung Petrograds als Regierungssitz spricht, daß sich die Stadt in nächster Nähe zu den militärischen Stellungen der deutschen Armee in Litauen, Livland, Estland und Lettland befindet. Deutsche Truppen kontrollieren zudem den Seeweg zur alten Hauptstadt. Trotz des Friedensschlusses von Brest-Litowsk (→ 3. 3./S. 46) besteht weiterhin die Gefahr, daß die sowjetische Regierung unter militärischen Druck der deutschen Truppen gerät.

Passanten auf der Hauptstraße Kraschzik in der ukrainischen Hauptstadt Kiew nach dem erfolgreichen Militärputsch gegen die Bolschewiki am 1. März 1918

Putsch der Militärs in Kiew erfolgreich

1. März. Ein rechtsnationalistischer Militärputsch stürzt die sowjetische Volksregierung in der ukrainischen Hauptstadt Kiew. Mit Hilfe der deutschen Obersten Heeresleitung wird die »Zentralrada«, die Vereinigung der antibolschewistischen Nationalisten, wiedereingesetzt.
Truppen unter Führung des deutschen Generals Wilhelm Groener tragen entscheidend zur Errichtung des Militärregimes bei, das vom Führer der ukrainischen Nationalisten (Hetman) Pawel P. Skoropadski geleitet wird. Die Zusammenarbeit der Zentralrada mit dem Deutschen Reich war im sogenannten Brotfrieden vom → 9. Februar (S. 28) definitiv festgelegt worden.

Kein Sonderfrieden mit Österreich-Ungarn

23. März. In seinem Antwortschreiben auf einen Brief des US-amerikanischen Präsidenten Thomas Woodrow Wilson betont der österreichische Außenminister Ottokar Graf Czernin von und zu Chudenitz die prinzipielle Übereinstimmung mit US-amerikanischen Friedensvorstellungen, verweigert jedoch die geforderte Abtretung Südtirols und des Trentino an Italien. Damit enden die diplomatischen Bemühungen um einen Sonderfrieden zwischen Österreich-Ungarn und den alliierten Kriegsgegnern. Die unentschlossene Haltung von Kaiser Karl I. trägt mit zum Abbruch der Korrespondenz mit Wilson bei.

Das widersprüchliche Verhalten des Kaisers und der Regierung macht für die Donaumonarchie endgültig die Chance zunichte, einen separaten Frieden zu schließen. Wilson hatte in seinem Schreiben vom 5. März nach konkreten Angaben über österreichische Friedensvorstellungen gefragt, die Aufnahme mündlicher Verhandlungen durch einen US-amerikanischen Delegierten jedoch abgelehnt.

Hintergrund des gescheiterten Briefwechsels sind die sogenannten 14 Punkte des US-Präsidenten, die er Anfang des Jahres als US-amerikanische Friedensbedingungen verkündet hatte (→ 8. 1./S. 12). Darin wird von der Donaumonarchie das Selbstbestimmungsrecht aller nicht-österreichischen Völker, die Wiederherstellung Serbiens und Montenegros sowie eine neue Festlegung der italienischen Nordgrenze, d. h. die Abtretung von Südtirol, gefordert.

Kaiser Karl I., der den Briefwechsel mit US-Präsident Wilson abbricht

Czernin stimmte den US-amerikanischen Vorstellungen zu, lehnte jedoch jede ausländische Einmischung in die inneren Verhältnisse Österreich-Ungarns ab. Auf Czernins Betreiben verfaßte Karl I. den »Kaiserbrief«, der auf die US-amerikanischen Forderungen eingeht, jedoch betont, daß die Bevölkerung Südtirols für ein Verbleiben in der Monarchie sei.

Zur gleichen Zeit hatte Kaiser Karl den Wiener Völkerrechtslehrer Heinrich Lammasch zu geheimen Verhandlungen mit US-amerikanischen Diplomaten in die Schweiz geschickt. Lammasch erklärte, Österreich-Ungarn wolle sich von der preußischen Bevormundung befreien. Im Gegensatz zu Czernin forderte Lammasch die USA geradezu dazu auf, an der Neugestaltung der Donaumonarchie mitzuwirken. Ziel der Neuordnung war – nach Lammasch – allerdings die Selbständigkeit der Völker in einer weiterbestehenden Gesamtmonarchie.

Trotz aller Widersprüchlichkeit fragte Wilson in seinem Brief vom 5. März noch einmal nach konkreten Friedensvorstellungen. Klar war allerdings die Abtretung Südtirols und des Trentino.

Schüsse in London

1. März. *In London verübt die irische Unabhängigkeitsbewegung Sinn Fein (»Wir selbst«) ein Revolverattentat auf David Lloyd George. Der britische Premierminister bleibt unverletzt.*

Die nationalistische Partei Sinn Fein war 1905 gegründet worden und kämpft gegen die britische Vorherrschaft in Irland. Seit 1917 begann die Partei mit dem Aufbau einer Armee. (Abb.: Sinn-Fein-Demonstration in Belfast).

Aufstand der Berber gegen die Franzosen

6. März. *Im Landesinnern der französischen Kolonie Marokko kommt es zu schweren bewaffneten Auseinandersetzungen zwischen den arabischen Stämmen und französischen Besatzungssoldaten. Marokko ist seit 1912 französisches Protektoratsgebiet. Da insbesondere das Landesinnere von selbständigen Fürsten der Berber beherrscht wird, kommt es immer wieder zu Aufständen gegen die fremden Besatzer. Die französischen Truppen erleiden schwere Verluste (Abb.: Kriegsschiff vor der alten Festung von Agadir).*

Noch keine Autonomie für Ägypten und Indien

13. März. *Die Fachverbände der britischen Arbeiterkonferenz in London (10.–13. März) unterstützen die Kriegsziele des Premierministers David Lloyd George. Zwar fordert die Arbeiterkonferenz das Selbstbestimmungsrecht der Völker, im Falle der britischen Kolonien Indien und Ägypten müsse – so der britische Arbeitsminister George N. Barnes – das Selbstbestimmungsrecht jedoch solange ein Ideal bleiben, bis die Erziehung der jeweiligen Völker fortgeschritten sei (Abb.: Kaffeehaus in Kairo).*

Propaganda für die 8. Kriegsanleihe

18. März. Im Deutschen Reich beginnt die 8. Kriegsanleihe. Wie in jedem Jahr wird auch diese neue Schuldverschreibung mit großem propagandistischen Aufwand als Heldentat gefeiert. Schuldverschreibungen des Reiches können bis zum 18. April gezeichnet werden.

Die deutsche Kriegsfinanzierung konnte nicht auf die sichere Einnahmequelle Einkommensteuer zurückgreifen, da diese den einzelnen Ländern vorbehalten blieb. Zur Deckung der enormen, kurzfristig entstehenden Kosten wurden seit September 1914 jeweils im Frühjahr und im Herbst Kriegsanleihen initiiert. Privatpersonen und Gesellschaften können Schuldverschreibungen des Reiches erwerben, die einen konstanten Zinssatz von etwa 5% aufweisen und vom Reich frühestens 1924 gekündigt werden können. Mit den Anleihen gelingt es den Behörden, Geldmittel aus der Bevölkerung abzuschöpfen; die Begleichung der Schulden,so hofft man, kann nach Kriegsende dem unterlegenen Gegner auferlegt werden.

Bis zur 4. Kriegsanleihe im März 1915 waren die Erlöse jeweils größer als die bis zu diesem Zeitpunkt bestehenden Schulden des Reiches. Mit der 5. Anleihe im September 1916 konnten die Erlöse erstmals nicht mehr mit der schnell wachsenden Staatsverschuldung mithalten. Die Reichsschuld im Kriegsjahr 1918 beträgt 156,1 Milliarden Mark. Die Verschuldung hat damit seit März des Jahres 1914 um 150,7 Milliarden Mark zugenommen.

Während bei den ersten Anleihen rund 20% der Zeichnungen von privaten Personen zu kleinen Beträgen geleistet wurden, ging dieser Anteil bis zur 8. Anleihe bis auf 8% zurück. Statt dessen machen jetzt Beträge von 1 Million Mark und mehr ein Drittel der Zeichnungen aus.

Unternehmen, die bislang riesige Kriegsgewinne erzielten, können aufgrund der allgemeinen Rohstoffknappheit und der Zwangsbewirtschaftung nicht mehr in Anlagen und Produktion investieren. Die Gewinne werden statt dessen zum Erwerb von Schuldverschreibungen für das Reich genutzt. Für die Kleinanleger gingen die Gehälter real zurück, so daß sie sich nicht mehr wie zu Beginn des Krieges an der Zeichnung beteiligen können.

Titelabbildung der in Leipzig erscheinenden »Illustrirten Zeitung« vom 21. März mit einem Aufruf zur 8. Kriegsanleihe

Britische Spionage im Deutschen Reich

23. März. Auf der Seite der Mittelmächte wie der Alliierten werden die militärischen Aktionen durch alle Formen der Spionage unterstützt. Um die deutsche Bevölkerung zu motivieren, den Behörden durch erhöhte Wachsamkeit beim Kampf gegen die feindliche Spionage zu helfen, erscheint der Erfahrungsbericht eines in britische Gefangenschaft geratenen deutschen Luftschiffkommandeurs in der Presse:

»... am vierten Tag erschienen drei Offiziere des Kriegsministeriums, um mich zu verhören... Als ich den Offizieren erklärte, daß ich keinerlei Fragen beantworten würde, warf mir (Major Trench) ein Album mit Photographien, die verstümmelte Leichen zeigten, auf den Tisch und sagte: Das sind Ihre Heldentaten von Hull. Dann las er mir aus einem Heft meinen ganzen Lebenslauf vor, wußte jede Einzelheit über Schiffsübernahme, genaue Zeit jedes Urlaubs, jede Fahrt der Schiffe und Ziel mit der Datumsangabe, auch wann die Schiffe erfolglos umgekehrt und wo sie gelandet waren. Er zeigte mir eine Zeichnung unseres Luftschifftyps und fragte mich, ob ich mein Schiff wiedererkenne. Er nannte mir die geheimen Decknamen unserer Luftschiffe und erklärte, daß sie mit ihren Richtstationen die Orte der einzelnen Schiffe verfolgten...

Hiernach kann der deutschen Bevölkerung abermals nicht dringend genug geraten werden, unsere Behörden bei der Abwehr gegen des Feindes Hinterlist zu unterstützen.«

Leipziger Jubiläum: 650mal Mustermesse

Der Marktplatz in Leipzig während der traditionellen Frühjahrsmesse

3. März. Zum 650. Mal öffnet die Industrie- und Handelsmesse in Leipzig ihre Tore.

Die Mustermesse – sie hat auch seit Kriegsbeginn regelmäßig im Frühjahr und im Herbst stattgefunden – verzeichnet etwa 3200 Aussteller, das sind rund 600 mehr als bei der letzten Herbstmesse 1917. Die Zahl ist gegenüber der Frühjahrsmesse des Vorjahres sogar um 700 gestiegen. Die Geschäftsleitung der Leipziger Messe rechnet bis zum Schluß der Messe am 9. März mit mindestens 50 000 Besuchern.

Wie schon in den Vorjahren dient die Messe in erster Linie der propagandistischen Darstellung der wirtschaftlichen Leistungsfähigkeit des Deutschen Reiches wie der übrigen Staaten der Mittelmächte, trotz der vielfältigen Schwierigkeiten, die der Krieg mit sich bringt.

Die internationale Ausrichtung der Leipziger Messe ist in den Kriegsjahren beschränkt auf die verbündeten Staaten und einige wenige neutrale Länder wie etwa Dänemark und die Niederlande.

Die Messe ist wie üblich in fünf Abteilungen untergliedert:

Die Hauptmesse findet auf dem Messegelände statt. Hier werden von Industriemaschinen über Textilien und Christbaumschmuck bis hin zu Zelluloidwaren und Bilderbüchern etwa 80% der Messeartikel angeboten. An Orten, die über die ganze Stadt verteilt sind, finden sich die anderen vier traditionellen Messeabteilungen:

▷ die Papiermesse
▷ die Kartonagenmesse
▷ die Sportartikelmesse
▷ die Nahrungsmittelmesse.

Propagandaschau in Düsseldorfer Museum

10. März. In Düsseldorf wird eine Ausstellung von Kriegsgegenständen eröffnet. Wie in anderen deutschen Großstädten sind in den Vitrinen des Historischen Museums Dokumente des Krieges aus allen Zeiten ausgestellt: Kriegsgemälde, Propagandaflugblätter, Postkarten von Frontsoldaten, Kriegsspeisekarten (»ohne Fleisch und Fett«), Beutestücke wie feindliche Käppis und Stiefel, Pistolen, Gewehre, Kanonen und andere Waffen.

Damit die Sammlung in Zukunft nicht nur einen Schauwert, sondern auch einen historischen Wert darstellt, soll ihr eine Sammlung von Dokumenten angegliedert werden.

Von den Feinden erbeutete Räder, zu Propagandazwecken ausgestellt

Reklameträgerinnen auf der Messe

Ostern 1918: Optimismus und Sonderration

31. März. Zwar hält Kaiser Wilhelm II. keine Rede an die Nation, wie an sonstigen Feiertagen, doch wird das höchste christliche Fest im vierten Kriegsjahr ausgiebig für die Propaganda genutzt. Ebenso soll die Stimmung der Bevölkerung durch zusätzliche Versorgungsgüter, die sogenannte Ostergabe, gehoben werden. Die Anfangserfolge der deutschen Westoffensive (→ S. 48) werden als Auferstehung des deutschen Siegwillens gefeiert.

Die Ostergabe des Reichsversorgungsamtes in Berlin besteht aus einer weiteren Ration von 50 g Seife, zusätzlich zur Wochenration von 125 g pro Haushalt.

Die seit dem → 18. März (S. 52) laufende 8. Kriegsanleihe, die am 18. April beendet sein wird, bietet die Gelegenheit, das Osterfest für vaterländische Aufrufe zu nutzen. In einem dieser Aufrufe heißt es (Auszug): »Ein verheißungsvolleres Ostern, wie 1918, erlebten wir nicht: Auferstehung und Wiedergeburt deutscher Einigkeit, Kraft und Herrlichkeit. Wem sollte bei so leuchtenden Zielen schwerfallen, Kriegsanleihe zu zeichnen?«

Ostern 1918 wird auch als »Bismarck-Ostern« gefeiert:

»Dein Werk wird nicht zerfallen,
Dein Kaiser-Bau hält stand,
Es weitet seine Hallen
Das heil'ge Vaterland!
Es steht ein Mann am Ruder
Von Eisen durch und durch,
In Mark und Blut dein Bruder,
Der Riese Hindenburg!«

△ Kriegsalltag Ostern 1918: Ein französisches Infanterie-Regiment auf dem Marsch zu einem neuen Einsatzort; das höchste christliche Fest steht auch in diesem Jahr im Zeichen der Kriegsschrecken und der erbärmlichen Situation der Zivilbevölkerung in den meisten europäischen Ländern

◁ Unter dem Eindruck der reichsdeutschen Frühjahrsoffensive wird das Osterfest 1918 zum »glorreichen« »Bismarck-Ostern« hochstilisiert; den deutschen Propagandisten kommt dabei zugute, daß der 103. Geburtstag von Reichskanzler Otto von Bismarck (†1898) am Ostermontag, dem 1. April, gefeiert werden kann; kolorierte Zeichnung aus der Oster-Ausgabe der Zeitschrift »Daheim«

Lagerplatz einer deutschen Infanterie-Einheit bei Roupy während des Vormarsches bei der Frühjahrsoffensive

Rast deutscher Truppen in den Straßen von St. Quentin, dessen Eroberung im Reich besonders gefeiert wird

Osterspaziergang an der Westfront

Bereits in den Wochen vor Ostern wird das bevorstehende Fest von der Obersten Heeresleitung genutzt, um Stimmung für die große Westoffensive zu machen, die am → 21. März (S. 48) begonnen hat.

Zweites Thema der Propaganda in vorösterlicher Zeit ist der Aufruf zur Zeichnung der 8. Kriegsanleihe. So wird das Osterfest von der deutschen Kriegspropaganda für patriotische Zwecke genutzt. In den Veröffentlichungen der Zeitungen erscheinen Lobreden auf Generalfeldmarschall Paul von Hindenburg. Unter seiner Führung, so hoffen die Propagandaredner, werde an der Westfront ein ähnliches Ergebnis zu erzielen sein wie der Friede von Brest-Litowsk im Osten. Aus einem Zeitungskommentar: »Vom heutigen Tage an datiert der Kalendermann den Frühlings-Beginn. Wohl noch nie hat das Deutsche Volk diesen Einschnitt im Kalenderjahr mit solchen Hoffnungen und Erwartungen begrüßt wie den 21. März 1918. Nicht daß wir nun alle suchen gingen, wo das erste Veilchen sich heraus wagt, nicht daß wir alle lauschten, wo der erste Singvogel sein Jubellied anstimmt, nicht daß wir die Nase in die Luft steckten, um den Brodem der auftauenden Erde zu wittern. Mit solchen Gedanken und Dingen begrüßte der Friedens-Deutsche den Lenz, nun aber ist Krieg, schwerer, entscheidungsvoller Krieg, und das deutsche Volk ist auf Härteres gestellt. Nach Westen schauen seine rauschenden Schornsteine. Nach Westen rollen seine Züge mit seinen Söhnen, donnern seine Wagen mit Kanonen und Granaten. Sieg und Entscheidung erwarten und ersehnen wir von diesem Lenz, Blumenkränze und Laubgewind für unsere siegenden Brüder soll diese Frühlingssonne aufzaubern, den deutschen Sieg soll dieser Lenz im Gefolge haben.

Nach dem Osten soll auch im Westen der Feind niedergezwungen werden ...«

»Wolf« beendet erfolgreiche Kaperfahrt – begeisterte Begrüßung in der Reichshauptstadt

23. März. *Nach 15monatiger Kaperfahrt im Atlantik, im Indischen Ozean und dem Pazifik kehrt der deutsche Hilfskreuzer »Wolf« unbeschädigt nach Kiel zurück. Offiziere und Mannschaften werden in Berlin von einer jubelnden Menschenmenge (Abb.) und Kaiserin Auguste Viktoria empfangen.*
An Bord des Kaperschiffs befinden sich 400 Gefangene und erbeutete Rohstoffe im Wert von 7 Millionen Mark. Die »Wolf« hatte auf ihrer Fahrt 35 Handelsschiffe versenkt oder zumindest schwer beschädigt. Außerdem sind ein japanischer und ein britischer Kreuzer nur sehr knapp der Versenkung entgangen. Besondere Dienste bei der Kaperung fremder Schiffe leistete das mitgeführte Wasserflugzeug »Wölfchen«, das zu Aufklärungsflügen eingesetzt wurde. Einziger Verlust während der Reise war der aufgebrachte britische Dampfer »Turritella«, der unter dem Namen »Iltis« als Hilfskreuzer ausgerüstet und im Golf von Aden von der Besatzung selbst versenkt worden war, bevor Mannschaften und Offiziere in britische Gefangenschaft gerieten.

Ferngeschütze vor Paris

23. März. Um acht Uhr morgens wird die französische Hauptstadt Paris durch zahlreiche Detonationen erschüttert. Die einschlagenden Granaten werden von einem deutschen Ferngeschütz aus 120 km Entfernung abgefeuert. Nach der Detonation der ersten Granate wird Fliegeralarm ausgelöst, jedoch kein feindliches Flugzeug entdeckt. Experten weisen darauf hin, daß die Einschläge auf eine schräge Flugbahn der Geschosse hindeuten und es sich deshalb um Granaten aus einem ungewöhnlich großen Geschütz handeln müsse.

Am Ende des Tages, nachdem regelmäßig jede Viertelstunde ein Einschlag stattfand, wird bekannt, daß Paris unter dem Beschuß eines neuartigen, 21-cm-Ferngeschützes der Firma Krupp liegt. Die Pariser Bevölkerung bezeichnet das Riesengeschütz in Anspielung auf die Tochter des Rüstungsindustriellen Gustav Krupp von Bohlen und Halbach, Bertha, als »Dicke Berta«, obwohl dieser Name von den Deutschen bereits Ende 1914 für den Krupp'schen 42-cm-Mörser verwendet worden war, der die Einnahme Lüttichs (13. 8. 1914) ermöglichte.

42-cm-Mörser der Krupp-Werke, die »Dicke Berta«, nach der auch die neuen Ferngeschütze benannt werden, die aus 120 km Entfernung Paris beschießen

Musik 1918:

Expressionismus und Futurismus auch in der modernen Musik

Die entscheidenden musikalischen und musiktheoretischen Entwicklungen im vierten Kriegsjahr stammen aus Frankreich. Gleichzeitig mit dem Tod des Komponisten Claude Debussy wird hier der Höhepunkt impressionistischer Kompositionspraktiken erreicht.

Junge Künstler nähern sich dem in Literatur und bildender Kunst existierenden Expressionismus an. Die Gründung neuer Musikgruppen in Frankreich und die revolutionären Werke russischer Künstler verhelfen dem neuen Expressionismus auch in der ernsten Musik zum Durchbruch.

In Paris konstituiert sich eine Gruppe von sechs Musikern unter dem Namen »Les Six« (Gruppe der Sechs). Unter Leitung von Erik Satie finden sich u. a. Arthur Honegger, Francis Poulenc, Darius Milhaud und Georges Auric zusammen, um gegen die romantische Tradition Richard Wagners wie auch gegen den französischen Impressionismus anzutreten. Der musikalische Impressionismus mit seinem Hauptvertreter Claude Debussy versucht, Naturstimmungen und Empfindungen mit den Mitteln einer besonderen Klangästhetik auszudrücken. Die Gruppe »Les Six« fordert statt dessen Einfachheit und Klarheit der Musik, mehr Rhythmik und Dynamik als subjektiven Ausdruck des Künstlers. Satie selbst entwickelt eine antiromantische Musik, die er ausdrücklich als Ergänzung des Kubismus in der Malerei wie des Futurismus und Dadaismus in der Literatur bezeichnet. Die Verbindung zum Dadaismus wird auch im Auftreten Saties als »Bürgerschreck« deutlich. Entsprechend dieser Querverbindungen wählt die Gruppe den französischen Literaten Jean Cocteau zu ihrem Sprecher.

Auch bei den jungen russischen Künstlern sind die Versuche, Bewegung und Dynamik der modernen Welt, in neuartige künstlerische Formen zu fassen, unübersehbar. Igor Strawinski, der seit 1910 in der Schweiz lebt, hatte bereits mit seiner Komposition »Le sacre du printemps« (1913) der internationalen Musikwelt einen Schock versetzt. Mit der »Geschichte vom Soldaten«, die am 28. September 1918 unter der Leitung von Ernest Ansermet in Lausanne uraufgeführt wird, legt der Komponist ein Werk vor, das er selbst als »Stück für Musik, ohne Oper zu sein«, bezeichnet. Es handelt sich vielmehr um Tanzszenen mit kommentierenden Sprechern. Die Musik enthält verschiedene Formen, Märsche, Choräle und Tänze, die sogar den neuzeitlichen Ragtime und den Tango aufnehmen. Den einzelnen Instrumenten sind komplizierte solistische Aufgaben zugewiesen. Die Aufnahme neuester, auch populärer Tendenzen zeigt sich gleichfalls in Strawinskis Komposition »Rag-Time für elf Instrumente« (1918).

Der russische Komponist und Pianist Sergei S. Prokofjew dirigiert selbst die Uraufführung seiner Sinfonie Nr. 1 D-Dur op. 25, die »Klassische«, in Petrograd (Leningrad) am 21. April 1918.

In Budapest wird am 24. Mai 1918 die Oper »Herzog Blaubarts Burg« von Béla Bartók uraufgeführt. Bartók ist Professor für Klavier an der Musikhochschule Budapest. Diese einzige Oper des ungarischen Komponisten entstand bereits 1911, wurde aber erst sieben Jahre später wegen verschiedener Änderungen in der Partitur uraufgeführt. Zur Zeit arbeitet Bartók an seiner Ballett-Pantomime »Der wunderbare Mandarin«. Auch im Werk Bartóks ist die moderne klangexpressive Tendenz der Vermischung verschiedenster Formen und die Ablösung von festgefügten Ausdrucksnormen ersichtlich.

Ein gewichtiges Ereignis an deutschen Opernhäusern ist die Uraufführung der Oper »Die Gezeichneten« von Franz Schreker am 25. April in Frankfurt am Main. Der österreichische Komponist steht weiterhin in der Tradition spätromantischer und impressionistischer Werke. Inhalt seines Werkes sind, wie schon in »Der ferne Klang« (1912), psychische, Mystik und Erotik betreffende Vorgänge seiner Bühnenfiguren. Kritiker sehen hierin einen Einfluß der neuen, sehr umstrittenen Psychoanalyse Sigmund Freuds. Die Geschichte um Liebe und Rachsucht wird beim Publikum zum großen Erfolg.

Die Oper »Die Gezeichneten« von Franz Schreker wird im Frankfurter Opernhaus uraufgeführt; Robert vom Scheidt (2. v. l.) verkörpert den Grafen Andrea Vitelozza Tamare, Karl Ziegler (3. v. l.) stellt Alviano Salvago dar, Else Gentner-Fischer singt den Part der Carlotta Nardi; die Oper ist sehr erfolgreich

Bühnenbild zur Uraufführung der Oper in einem Akt »Herzog Blaubarts Burg« in Budapest am 24. Mai 1918; das Libretto für die einstündige Oper von Béla Bartók schrieb Béla Balázs nach seinem 1910 veröffentlichten Theaterstück; »Herzog Blaubarts Burg« ist die einzige Oper des Ungarn Bartók

Bühnenbildentwurf von dem schweizerischen Maler René Auberjonois für die »Geschichte vom Soldaten«; die »Tanzszenen« von Igor Strawinski werden 1918 im Théâtre Municipal in Lausanne uraufgeführt; Auberjonois entwarf auch die Kostüme für die Erstaufführung, bei der Ernest Ansermet die Leitung hat

Komponist Claude Debussy, nach einem Portrait von Ivan Thiele

Komponist Debussy stirbt in Paris

25. März. Der französische Komponist Claude Debussy stirbt im Alter von 55 Jahren in Paris. Der Künstler gilt als Schöpfer des musikalischen Impressionismus.

Debussy, der 1862 in Saint-Germain-En-Laye geboren wurde, begann seine Laufbahn als Hauspianist und Musiklehrer. Einen ersten Erfolg erlebte er 1884 mit der Kantate »L'Enfant prodigue«, für die er den angesehenen Rom-Preis erhielt. Während einer Reise nach Italien lernte Debussy Richard Wagner kennen und geriet bald unter den Einfluß der romantischen Kunstauffassung. Erfahrungen mit fernöstlicher und russischer Kunstmusik verdrängten jedoch bald diese romantischen Traditionen und ließen den ihm eigenen Impressionismus entstehen, einen Musikstil, der auf die Wiedergabe und Erzeugung »momentaner« Stimmungswerte hinzielt und mittels spannungsloser Harmonik und Klangfarbennuancen seinen besonderen Reiz enthält.

Zu den bekanntesten Werken Debussys, der Orchesterwerke, Sonaten, Lieder und zahlreiche Klavierkompositionen hinterläßt, zählen die Oper »Pelléas et Mélisande« (1902) sowie das Ballett »Jeux« (Spiele) von 1913.

Debussy trat auch als Autor von Kritiken und musiktheoretischen Abhandlungen hervor. Als »M. Croche« beschäftigte er sich zum Teil auch mit den eigenen Musikwerken.

Frank Wedekind lebt nicht mehr

9. März. In München stirbt der Dramatiker und Kabarettist Frank Wedekind im Alter von 54 Jahren. Der Schriftsteller bekämpfte in seinen Werken satirisch die spießige Moral des wilhelminischen Bürgertums.

Wedekind, der 1864 in Hannover geboren wurde, arbeitete vor seiner Schriftsteller-Karriere als Journalist und kurze Zeit als Reklamechef der Firma Maggi sowie als Zirkussekretär. Ab 1890 lebte er als freier Schriftsteller zumeist in München, u.a. als Mitarbeiter am Simplicissimus. Als Autor mußte er bei seinem satirischen Kampf gegen die doppelte Moral der tonangebenden Gesellschaft und für die Propagierung eines freien sexuellen Lebens Festungshaft und ständige Zensur auf sich nehmen. Nach einjähriger Haft wegen Majestätsbeleidigung trat Wedekind 1901 als Lautensänger im Münchner Kabarett »Die Elf Scharfrichter« und ab 1902 im Berliner »Überbrettl« auf. Weithin berühmt wurde der Dichter nach der Aufführung seiner Tragödie »Frühlings Erwachen« unter der Regie von Max Reinhardt (1904). Gemeinsam mit seiner Frau Mathilde Newes trat Wedekind häufig in seinen eignen Bühnenstücken auf.

Camilla Eibenschütz in »Frühlings Erwachen« von Frank Wedekind

Frank Wedekind und seine Frau Mathilde Newes in »Zensur«

Zentrales Thema der Stücke Wedekinds, aber auch seiner Lieder und des erzählerischen Werkes ist die Erstarrung des Bürgertums, insbesondere dessen Unterdrückung von Gefühl und Sexualität.

Die Aufführung seiner Stücke wird wegen dieser Themen durch Zensurverbote, besonders seit Kriegsbeginn, stark behindert.

Seine bekanntesten Werke sind neben »Frühlings Erwachen« (1891) die beiden »Lulu«-Tragödien »Der Erdgeist« (1895) und »Die Büchse der Pandora« (1904), ferner die Dramen »Der Marquis von Keith« (1901) und »Musik« (1908).

Berliner Museum erwirbt »Venus« von Tizian für 800 000 Mark

März. *Das Kaiser-Friedrich-Museum in Berlin erwirbt das Gemälde »Venus mit dem Orgelspieler« (Abb.) aus Wiener Privatbesitz. Das Werk des italienischen Renaissance-Meisters Tizian (eigentl. Tiziano Vecellio) geht für 800 000 Mark in den Besitz des Museums über.*

Beim Erwerb von Ausstellungsstücken leiden die Museen unter dem immensen Anwachsen der Kunstpreise. Die enormen Kriegsgewinne von Privatpersonen können wegen der Rohstoffknappheit nicht mehr für die Produktion eingesetzt werden. Statt dessen wird der Gewinn beim Erwerb von Kunstgegenständen investiert.

Dadurch steigen die Preise auf ein Vielfaches des Vorkriegswertes, und die öffentlichen Museen haben kaum noch Geldmittel für Erwerbungen. Gleichzeitig stehen immer weniger Werke zum Kauf, da die Beziehungen zum internationalen Kunsthandel abgebrochen sind.

April 1918

Mo	Di	Mi	Do	Fr	Sa	So
1	2	3	4	5	6	7
8	9	10	11	12	13	14
15	16	17	18	19	20	21
22	23	24	25	26	27	28
29	30					

1. April, Ostermontag

Die erste internationale Luftpostlinie der Welt wird auf der Strecke Wien–Aspern–Olmütz–Krakau–Lemberg–Kiew aufgenommen. Vier Probeflüge sind vorausgegangen.

Französische Techniker untersuchen die Reste des neuen deutschen Ferngeschützes, das mit einer einmaligen Reichweite von bis zu 120 km im letzten Monat Paris angegriffen hatte (→23. 3./S. 55).

2. April, Dienstag

Der österreichisch-ungarische Außenminister Ottokar Graf Czernin von und zu Chudenitz teilt vor dem Wiener Gemeinderat mit, der französische Ministerpräsident Georges Clemenceau habe Friedensverhandlungen mit Österreich-Ungarn aufnehmen wollen. Diese seien jedoch an der österreichischen Weigerung, Elsaß-Lothringen als französischen Gebietsanspruch anzuerkennen, gescheitert (→14. 4./S. 63).

Das Zentralexekutivkomitee der russischen Regierungsmacht der Sowjets beschließt die Einsetzung eines Verfassungsausschusses. Er soll dem jungen Sowjetstaat möglichst rasch eine staatsrechtliche Grundlage geben.

Gebrauchte Schuhe und Lederwaren dürfen im Deutschen Reich nur noch an Kommunalbehörden abgegeben werden, um der Lederknappheit entgegenzuwirken. →S. 66

3. April, Mittwoch

Der deutsche Kolonialpolitiker Carl Peters äußert sich zum Wiederaufbau der deutschen Kolonien. Deutschland brauche so viel Land wie möglich. →S. 67

Die britische Palästina-Armee überschreitet von Osten den Jordan und dringt in das nördliche Palästina ein, das bislang noch von türkischen Truppen, den Verbündeten der Mittelmächte, besetzt gehalten wurde. Bei einem britischen Verstoß aus südlicher Richtung war Jerusalem bereits am 9. Dezember 1917 in alliierte Hände gefallen. →S. 62

Zur Steigerung der Arbeitsproduktivität und Arbeitsdisziplin wird in Rußland eine Verordnung über die Arbeitsdisziplin erlassen. Hierin wird u.a. ein Stücklohn- und Prämiensystem verkündet, das als Grundlage der Entlohnung zuvor vom obersten Volkswirtschaftsrat und dem Allrussischen Gesamtrat der Gewerkschaften – wenn auch nicht einhellig – akzeptiert worden war. →S. 64

Die Lieferung von Getreide an die Schweiz ist gefährdet, weil die deutsche Reichsregierung nicht bereit ist, Schiffe unter US-amerikanischer Flagge unbehelligt passieren zu lassen. →S. 65

Deutsche Truppen unter Führung von General Rüdiger Graf von der Goltz landen im finnischen Meerbusen, um die antibolschewistischen Truppen unter General Carl Gustaf Emil Freiherr von Mannerheim zu unterstützen (→13. 4./S. 62).

In Amsterdam kommt es zu gewalttätigen »Brotkrawallen«. Aufgebrachte Frauen ziehen nach der Plünderung von Bäckerläden randalierend durch die Straßen der Stadt. →S. 65

4. April, Donnerstag

Nach mehreren Regentagen beginnt an der Westfront erneut eine Offensive deutscher Truppen (→9. 4./S. 62).

Das Reichsernährungsamt in Berlin gibt bekannt, daß die Weinernte des Jahres 1917 das Ergebnis des Vorjahres bei weitem übertrifft. →S. 151

Eine billige neunbändige Volksausgabe der Romane von Eugenie Marlitt (Pseudonym: E. Marlitt) wird für den sensationell niedrigen Preis von 20 Mark angeboten. →S. 71

5. April, Freitag

Deutsche Offiziere werden als Kriegsgefangene der Franzosen in der Schweiz interniert. Regierungskommissionen aus Frankreich und dem Deutschen Reich hatten entsprechende Vereinbarungen getrofffen. →S. 64

Die US-amerikanische Regierung übernimmt die Bürgschaft für Anleihen in Höhe von 3,5 Milliarden Dollar zum Aufbau der Kriegswirtschaft.

Mit der Landung japanischer Truppen in Wladiwostok beginnt die Intervention der Japaner im russischen Bürgerkrieg gegen die Kommunisten.

In Düsseldorf werden illegale Geschäfte mit Seife in Höhe von 7 Millionen Mark aufgedeckt. →S. 66

6. April, Sonnabend

Teile der deutschen Ostseedivision (deutsches Hilfskorps in Finnland) erobern die Stadt Tampere aus den Händen der finnischen und russischen Roten Garden zurück (→13.4./S. 62).

Der Kriegseintritt der USA jährt sich zum ersten Mal. →S. 62

Japan und die USA schließen einen Vertrag über die Bereitstellung von 400 000 BRT Schiffsraum. →S. 67

Der Kriegsausschuß für Verbraucherinteressen beklagt die zu geringe Zuteilung von Nähgarn an die Haushalte. Besonders kleinere Familien seien bei der Verteilung des knappen Garns stark benachteiligt. →S. 66

7. April, Sonntag

Bei einem Schiffsunglück auf der Donau kommen 20 Menschen ums Leben, 14 werden schwer verletzt.

Im Rahmen der Faserstoff-Ausstellung in der Reichshauptstadt Berlin zeigt die deutsche Textilindustrie neue Verfahren und Produkte. →S. 66

8. April, Montag

Das besonders leistungsfähige neue deutsche Ferngeschütz mit einer Reichweite von 120 km beschießt zum ersten Mal erfolgreich die französische Hauptstadt Paris (→23. 3./S. 55).

In Rußland ergeht der Beschluß über die Einführung sog. Kriegskommissare, die die Sowjetmacht bei allen Teilen der Roten Armee unmittelbar politisch vertreten sollen. Die Kommissare werden im zentralen Führungsorgan des »Allrussischen Büros der Kriegskommissare« zusammengefaßt (→28. 4./S. 64).

In Rußland wird die rote Fahne mit der Aufschrift »Russische Sozialistische Föderative Sowjetrepublik« zur Staatsflagge erklärt.

Vertreter der zionistischen und nationaljüdischen Bewegung in Österreich überreichen der Wiener Regierung eine Denkschrift mit den jüdischen Forderungen für eine neue Verfassung. →S. 65

Trotz der Beschießung von Paris durch deutsche Ferngeschütze verläuft das Leben in der französischen Hauptstadt in relativ normalen Bahnen. →S. 66

9. April, Dienstag

Die am 4. April erneut aufgenommene Westoffensive der deutschen Truppen wird von den alliierten Verbänden der britischen und französischen Armee aufgehalten. →S. 62

Das Getreidelieferungsabkommen zwischen dem Deutschen Reich und Österreich-Ungarn einerseits und der Ukraine andererseits tritt in Kraft. Die Ukraine soll 1 Million t Brot- und Futtergetreide an die beiden Vertragspartner liefern, als Gegenleistung wollen diese die antibolschewistische ukrainische Rada militärisch gegen Sowjetrußland unterstützen (→9. 2./S. 28).

10. April, Mittwoch

Der deutsche Kaiser Wilhelm II. spricht dem Kommandanten des U-Boots »U-35«, Lothar von Arnauld de la Perière, und der gesamten Mannschaft seine höchste Anerkennung aus. Die Mannschaft von »U-35« hatte innerhalb der letzten zwei Jahre insgesamt 196 Schiffe im Mittelmeer versenkt.

In Berlin wird der Rechtshilfevertrag zwischen dem Deutschen Reich und dem Osmanischen Reich ratifiziert.

11. April, Donnerstag

Auf der Hauptversammlung der Deutschen Bunsen-Gesellschaft in Berlin benennen die Chemiker Fritz Haber und Carl Duisberg den Beitrag der chemischen Industrie zum Weltkrieg. Dieser bestünde in Ammoniak für Granaten, Gaskampfstoffen und künstlichem Gummi. →S. 66

Der Kriegsausschuß für Ernährung in Berlin fordert die Bevölkerung zur Selbstversorgung durch Aufzucht eigenen Saatguts auf. →S. 66

12. April, Freitag

Als Antwort auf die Rede des österreichisch-ungarischen Außenminister Ottokar Graf Czernin von und zu Chudenitz, in der dieser das französische Friedensangebot abgelehnt hatte, veröffentlicht der französische Ministerpräsident Georges Clemenceau den sog. Sixtus-Brief vom 24. März 1917. Dies löst eine schwere Verstimmung zwischen Czernin und Kaiser Karl I. aus, da der Außenminister von dem damaligen kaiserlichen Angebot eines Sonderfriedens an Frankreich nichts gewußt hatte (→14. 4./S. 63).

Die 1757 in der russischen Stadt St. Petersburg (1918 Petrograd, heute Leningrad) gegründete Akademie der Künste wird aufgelöst. Ihre Lehranstalten werden in »Freie staatliche Kunstwerkstätten« umgewandelt.

Die Sowjetregierung Rußlands beschließt die Beseitigung aller Denkmäler des Zaren, seiner Familie und seiner politischen Anhänger (→16. 7./S. 105).

Als Vertretung von Großgrundbesitz und Bürgertum erklärt der Gemeinsame Landrat von Estland und Livland die Länder eigenmächtig zu Bestandteilen des Deutschen Reiches. Die Mehrheit der Liv- und Estländer ist jedoch der Meinung, ihre Staaten müßten die Unabhängigkeit gegenüber dem Deutschen Reich aufrechterhalten wie gegenüber dem sowjetischen Rußland (→3. 3./S. 46).

13. April, Sonnabend

Gemeinsam mit Angehörigen des finnischen Schutzkorps »befreien« Truppen der deutschen Ostseedivision Helsinki von der Herrschaft finnischer Bolschewisten. →S. 62

Die Oberste Deutsche Heeresleitung gibt bekannt, daß seit Beginn der Westoffensive am 21. März über 112 000 Gefangene gemacht und etwa 200 Tanks erbeutet worden sind. →S. 48

Nachfolger des kurz zuvor gefallenen Führers der antibolschewistischen »Freiwilligenarmee der Weißrussen«, General Lawr G. Kornilow, wird General Anton I. Denikin. →S. 64

Der argentinische Leutnant Luis C. Candelaria überfliegt erstmals von Ost nach West die Anden.

14. April, Sonntag

Ottokar Graf Czernin von und zu Chudenitz, österreichisch-ungarischer Außenminister, tritt wegen der Aufdeckung der »Sixtus«-Aktion des Kaisers Karl I. im Vorjahr zurück. Nachfolger wird Graf Burián von Rajecz, der damit zum zweiten Mal Außenminister der k. u. k. Monarchie ist. →S. 63

Erstmals gelingt es dem Sender der Funkstation Nauen im Bezirk Potsdam ein Funksignal um die gesamte Erde zu senden (→5. 2./S. 35).

Die französische Wochenzeitschrift »L'Illustration« vom 13. April zeigt den französischen Ministerpräsidenten Georges Clemenceau zusammen mit dem altgedienten General Philippe Pétain

L'ILLUSTRATION

Prix du Numéro : 1 fr. 25. SAMEDI 13 AVRIL 1918 *76e Année. — No 3919.*

M. CLEMENCEAU ET LE GÉNÉRAL PÉTAIN

15. April, Montag

Die deutschen Unternehmerverbände erklären, daß sie die jetzt in den Büros arbeitenden Frauen nach Kriegsende entlassen werden, um die im Feld stehenden Männer wieder einzustellen und das Familienleben zu fördern. →S. 69

In der norwegischen Hauptstadt Christiania (Oslo) wird die norwegische Gesellschaft für Luftverkehr gegründet. Geplant sind zunächst Flüge von Norwegen nach Großbritannien und zwischen Christiania und Kopenhagen.

16. April, Dienstag

Der »Auslandsbund Deutscher Frauen« spricht sich in Düsseldorf für die verstärkte Ausbreitung des Deutschtums im Ausland aus. →S. 69

Die Metallmobilmachungsstelle des Kriegsministeriums in Berlin kündigt harte Strafen für die Nichtablieferung von Kupfer und Messing an. Der Aufruf zur Ablieferung vom 26. März hatte kaum Beachtung gefunden.

17. April, Mittwoch

Das Volkskommissariat für Auswärtige Angelegenheiten in Moskau teilt der deutschen Reichsregierung mit, daß man auf das Eintreffen der deutschen diplomatischen Abordnung vorbereitet sei und ein Haus in Moskau zur Verfügung stellen könne. Leiter der deutschen Delegation wird Wilhelm Graf von Mirbach-Harff sein (→6. 7./S. 106).

Das Reichsbankdirektorium warnt vor falschen 50-Mark-Scheinen, die in Berlin in Umlauf gekommen sind und setzt eine Belohnung von 3000 Mark aus.

18. April, Donnerstag

Mit der Eroberung der russischen Stadt Perekop ist der Weg für die deutschen Truppen zur Krim frei.

Die 8. Kriegsanleihe im Deutschen Reich endet mit einem Gesamtergebnis von 14,5 Milliarden Mark (→18. 3./S. 52).

Das preußische Innenministerium läßt Fußball als Disziplin des Schulsports für Knaben zu. →S. 69

19. April, Freitag

Der Industrielle Bobdan Broniewski wird vom polnischen Regentschaftsrat zum Minister für Handel und Industrie ernannt.

Wegen der unsicheren militärischen Lage in Frankreich kommt es an der New Yorker Börse zu einem Kurseinbruch. Vor allem Privatpersonen hatten Tausende von Aktien auf den Markt geworfen.

20. April, Sonnabend

In Mainz wird die Hochstaplerin Anna Marta Wyler zu 18 Monaten Gefängnis verurteilt. Frau Wyler hatte sich mehrfach als Millionenerbin ausgegeben und sich auf diese Weise etliche tausend Mark erschlichen.

21. April, Sonntag

Adolf Joffe wird als diplomatischer Vertreter der russischen föderativen Sowjetrepublik in Berlin akkredidiert. Deutscher Vertreter in Moskau ist Wilhelm Graf von Mirbach-Harff.

Vor Helgoland kommt es zu einem kurzen Gefecht zwischen leichten deutschen und britischen Seestreitkräften. Dabei wird ein deutsches Torpedoboot schwer beschädigt.

Das US-amerikanische Repräsentantenhaus in Washington verabschiedet das Marinegesetz, das der Flotte 1,3 Milliarden Dollar zur Verfügung stellt.

22. April, Montag

Deutsche Truppen besetzen die russische Stadt Simferopol auf der Krim.

In Transkaukasien etabliert sich eine aus Georgiern, Armeniern und Aserbaidschanern bestehende bürgerlich-nationale Gruppierung, die sich von der Föderation russischer Sowjetrepubliken lossagt. Die Gruppe nennt sich »Transkaukasische Demokratische Föderative Republik« (Auflösung am 26. Mai).

In Rußland wird von der sowjetischen Führung die allgemeine Wehrpflicht für Arbeiter und Bauern zwischen 18. und 40. Lebensjahr eingeführt.

23. April, Dienstag

Die deutsche Reichsregierung plant den Anschluß Litauens an das Deutsche Reich. Vorgeschlagen ist eine Personalunion des russischen Randstaates mit dem Königreich Sachsen, zumindest die Einsetzung eines sächsischen Prinzen als Herrscher von Litauen.

Guatemala erklärt dem Deutschen Reich den Krieg.

Der deutsche Chirurg Ferdinand Sauerbruch nimmt den Ruf an die Universität München an. Sauerbruch hatte sich als Hochschullehrer und Arzt in Marburg und in Zürich um die Entwicklung künstlicher Gliedmaßen verdient gemacht. Durch Sauerbruchs Forschung und seine Erfindung des sogenannten Druckdifferenzverfahrens wurden erstmals chirurgische Eingriffe am offenen Brustkorb möglich.

24. April, Mittwoch

In Rußland veröffentlicht die bolschewistische Sowjetregierung ein Dekret über die zentrale staatliche Versorgung der Landwirtschaft mit landwirtschaftlichen Maschinen und Metallen.

Nach Abschluß der Neuwahlen in Dänemark setzt sich das Folketing (Parlament) aus 71 Anhängern des Ministerpräsidenten Carl Theodor Zahle (32 Radikale, 39 Sozialdemokraten) und 68 Oppositionellen (23 Konservative, 45 Anhänger der Linken) zusammen.

Der deutsche Deserteur Willi Münzenberg wird wegen revolutionärer und antimilitaristischer Tätigkeit aus der Schweiz ausgewiesen. Deserteure gelten in der Schweiz nicht als politische Flüchtlinge.

25. April, Donnerstag

Das Kriegsernährungsamt in Berlin erklärt, Bücher seien Gegenstände des täglichen Bedarfs und daher vor Preiserhöhungen gesetzlich geschützt. Alle bisherigen Preiserhöhungen seien unzulässig.

In Bern wird ein deutsch-französisches Abkommen über den Austausch von 150 000 Kriegsgefangenen unterzeichnet. Betroffen sind Soldaten, die seit über 18 Monaten in Gefangenschaft leben.

Die deutsche Bischofskonferenz weist in einem Memorandum darauf hin, daß die katholischen Geistlichen Eltern darauf hinweisen sollen, ihre Kinder auf deutsche Namen taufen zu lassen.

In Frankfurt am Main wird die Oper in drei Akten »Die Gezeichneten« des österreichischen Komponisten Franz Schreker uraufgeführt.

26. April, Freitag

Das Deutsche Reich nimmt offiziell diplomatische Beziehungen zur russischen Sowjetregierung auf.

Französische Zeitungen veröffentlichen erstmals eine Verlustliste der US-amerikanischen Truppen. Danach sind bis zum 1. April 1461 US-Amerikaner ums Leben gekommen.

Im Deutschen Reich werden geschlossene Holzschuhe, sogenannte »Klumpen«, der Preisbeschränkung unterworfen, da die immensen Preiserhöhungen die Versorgung der Bevölkerung mit Holzschuhen gefährdeten.

Die Oberbürgermeister der deutschen Großstädte ordnen an, daß ab 1. Mai das Heizen von Wohnungen grundsätzlich untersagt ist.

27. April, Sonnabend

Per Dekret wird in Rußland die gesetzliche und testamentarische Erbfolge abgeschafft. Hinterlassenes Vermögen geht in Staatsbesitz über.

Der Hauptausschuß des Deutschen Reichstags beziffert die Anzahl der vermißten deutschen Soldaten für die Zeit bis zum 31. März auf 664 104.

Der österreichische Kriegsminister Rudolf Stöger-Steiner Edler von Steinstätten wird anläßlich seines 40jährigen Dienstjubiläums von Kaiser Karl I. zum Freiherrn ernannt.

28. April, Sonntag

In Portugal wird Sidónio Pais zum Präsidenten der Republik gewählt. Portugal ist Kriegsgegner der Mittelmächte seit 1916.

Die sowjetischen Parteizeitungen »Prawda« und »Iswestija« veröffentlichen Wladimir I. Lenins programmatischen Aufsatz »Die nächsten Aufgaben der Sowjetmacht«, in dem die zentrale Bedeutung des schnellen Aufbaus einer funktionierenden Verwaltung betont wird. Die Produktion müsse in allen Bereichen so schnell wie möglich vergesellschaftet werden. →S. 64

Die Berliner Bevölkerung wird aufgefordert, leicht entbehrliche Metallgegenstände bei den Behörden abzuliefern. Dabei ist besonders an Fenster- und Türgriffe gedacht.

Beim Untergang einer Fähre auf dem Neckar bei Oberreßlingen kommen 30 Personen ums Leben.

29. April, Montag

Kaiser Wilhelm II. erklärt sich bereit, eine Million Mark zum Aufbau einer zentralen Ausbildungsstätte für Krankenpflegerinnen zu spenden. →S. 69

Das deutsche Expeditionskorps unter General Rüdiger Graf von der Goltz und finnische Weißgardisten erobern die Stadt Wiborg aus der Hand der Roten Garden zurück.

Der Reichsverband deutscher Städte fordert, daß bei der Pensionsberechtigung von Bürgermeistern und Magistratsmitgliedern die Kriegsjahre doppelt angerechnet werden sollen. Das deutsche Innenministerium prüft den Vorschlag.

30. April, Dienstag

Als erster Sowjetstaat in Mittelasien wird die »Autonome Sowjetrepublik Turkestan« in Taschkent proklamiert.

Die New Yorker Börse eröffnet mit behaupteten Kursen und zuversichtlicher Stimmung. Besonders mit Stahlanteilen und Eisenbahnwerten entwickelte sich ein lebhaftes Geschäft.

Gestorben:

11. Wien: Otto Wagner (*13. 7. 1841, Penzing bei Wien), österreichischer Architekt des Jugendstil. →S. 70

20. New York: Karl Ferdinand Braun (*6. 6. 1850, Fulda), deutscher Physiker, Nobelpreis 1909, wichtige Arbeiten auf dem Gebiet der Funktechnik.

20. Wien: Paul Gautsch von Frankenthurn (*26. 2. 1851, Döbling/Wien), österreichischer Politiker.

20. Wien: Alexander Girardi (*5. 12. 1850, Graz), österreichischer Volksschauspieler. →S. 71

21. Vaux-sur-Somme (Frankreich, gefallen): Freiherr Manfred von Richthofen (*2. 5. 1892, Breslau), erfolgreichster deutscher Jagdflieger. →S. 63

Geboren:

23. Paris: Maurice Druon, gesellschaftskritischer französischer Schriftsteller.

25. Newport News (USA): Ella Fitzgerald, US-amerikanische Jazzsängerin.

Das Wetter im Monat April

Station	Mittlere Lufttemperatur (°C)	Niederschlag (mm)	Sonnenscheindauer (Std.)
Aachen	8,2 (8,8)	55 (63)	— (178)
Berlin	11,4 (8,3)	34 (41)	— (193)
Bremen	9,2 (8,2)	44 (50)	— (185)
München	9,7 (8,0)	53 (59)	— (173)
Wien	— (9,6)	— (54)	— (—)
Zürich	8,5 (8,0)	63 (88)	85 (173)

( ) Langjähriger Mittelwert für diesen Monat
– Wert nicht ermittelt

Titelseite der Familienzeitschrift »Daheim« vom 20. April 1918; ein beliebtes Motiv: Kaiser Wilhelm II. bei »seinen« Truppen an der Westfront

Daheim

54. Jahrg. Nr. 29. 20. April 1918.

Der Kaiser auf dem Wege durch einen Laufgraben zu einer Stellung im Westen.
Aufnahme des Bild- und Filmamts.

Aufbahrung eines französischen und eines US-amerikanischen Soldaten in einer Kapelle an der Westfront

General J. Pershing (l.), Oberbefehlshaber der US-amerikanischen Streitkräfte in Europa, bei einer Inspektion

USA ist seit einem Jahr am Krieg beteiligt

6. April. Seit einem Jahr befinden sich die USA im Kriegszustand mit dem Deutschen Reich. Obwohl bereits das Eintreffen der ersten US-Amerikaner Siegeszuversicht in Frankreich und Großbritannien ausgelöst hatte, fordern die Verbündeten weiterhin, die USA mögen mehr Truppen an die Front schicken.

Die USA waren am 6. April 1917 in den Krieg eingetreten, nachdem im uneingeschränkten U-Boot-Krieg des Deutschen Reiches acht Schiffe versenkt und 48 US-Amerikaner getötet worden waren. Da die Armee der USA nur 150 000 Mann stark war, begann am 18. Mai die Musterung, bei der drei Millionen US-Amerikaner erfaßt wurden. Unter dem Oberbefehl von General John J. Pershing landeten die ersten Truppen am 7. Juni in Frankreich. Vier Monate danach, am 21. Oktober, kam es zum ersten Fronteinsatz der US-Soldaten. Obwohl am 7. Dezember auch Österreich-Ungarn der Krieg erklärt wurde, bemühte sich US-Präsident Thomas Woodrow Wilson weiter um einen Verständigungsfrieden, zuletzt in den sog. 14 Punkten vom 8. Januar 1918. Seine Vorschläge trafen jedoch nicht auf Zustimmung (→ 8. 1./S. 12.).

Britische Armee erreicht den Jordan

3. April. Britische Truppen überschreiten von Osten her den Jordan und dringen ins nördliche Palästina ein, das bislang noch vom Osmanischen Reich gehalten wurde. Die türkischen Truppen, die außerordentlich schlecht versorgt werden, leisten kaum Widerstand.

Die britische Palästina-Armee unter General Edmund Henry Viscount Allenby hatte die türkischen Truppen von Süden her angegriffen. Am 9. Dezember 1917 war Jerusalem erobert worden. Zu Jahresbeginn standen die Briten auf einer Frontlinie zwischen der Nordspitze des Toten Meeres und der Hafenstadt Jaffa. Im Norden rückten andere britische Einheiten über Mosul und Bagdad auf den Jordan vor. Die türkischen Truppeneinheiten in Mesopotamien waren nach verlustreichen Kämpfen auf etwa 30 000 Mann zusammengeschrumpft.

Ziel der beiden britischen Armeegruppen ist es, in einer Zangenbewegung Nazareth zu umschließen und die Straße nach Damaskus zu kontrollieren. Diesem Ziel ist man jetzt nah (→ 18.9./S. 134).

Deutsche Reserven für die Westoffensive auf dem Weg durch St. Quentin

Stopp für die Westoffensive

9. April. Eine erneute von General Erich Ludendorff am 4. April ausgelöste Offensive an der Westfront verschaffte der deutschen Armee einen geringen Geländegewinn, dieser ist jedoch kaum von strategischem Wert. Sowohl die britische als auch die französische Armee hält den Angriffen der Deutschen stand.

Zwischen dem 21. März und dem 8. April hatte die deutsche Armee einen riesigen Frontbogen erobert. Es war jedoch nicht gelungen, den Zusammenhalt zwischen französischen und britischen Einheiten zu sprengen und den Weg nach Paris zu öffnen. Dies sollte in der zweiten Offensive geschehen. Zwar konnten portugiesische Brigaden überrannt werden, doch die Deutschen scheitern bald am Widerstand französischer Einheiten (→ 21. 3./S. 48).

Deutsche Einheiten besetzen Helsinki

13. April. Gemeinsam mit Truppen des finnischen Schutzkorps erobern deutsche Einheiten Helsinki. Die aufständischen Roten Garden werden aus der Stadt vertrieben.

Unter der Führung von General Rüdiger Graf von der Goltz landete ein deutsches Hilfskorps in Stärke einer Division im Schutz der Seestreitkräfte in Hanko im finnischen Meerbusen. Gemeinsam mit antibolschewistischen Truppen des finnischen Generals Carl Gustaf Emil Freiherr von Mannerheim griffen die Deutschen die Industriestadt Tampere an. Die 25 000 Aufständischen ergaben sich am 6. April. Der Fall von Tampere war für die Roten Garden militärisch ein vernichtender Schlag. Sie verloren 13 000 Mann (2000 Gefallene und 11 000 Gefangene). Folge der Niederlage ist der Zusammenbruch der aufständischen Fronten überall im Land.

General Mannerheim in Helsinki

Zum gleichen Zeitpunkt begann der Vormarsch der Deutschen auf Helsinki. Zusätzlich landete ein weiteres deutsches Hilfskorps, das in Reval eingeschifft worden war, am 7. April in der Nähe der finnischen Hauptstadt und begann mit der Eroberung, die sechs Tage später erfolgreich ist.

Die Hilfe durch ein deutsches Expeditionskorps war am 21. Februar vom finnischen Geschäftsträger in Berlin, Edvard Hjelt, angefordert worden. Mannerheim hatte sich gegen eine deutsche Einmischung ausgesprochen (→ 9. 3./S. 47).

Ottokar Graf Czernin (r.) beim Besuch an der deutschen Westfront

Wien: Außenminister Czernin tritt zurück

14. April. Der österreichisch-ungarische Außenminister Ottokar Graf Czernin von und zu Chudenitz tritt wegen schwerer Meinungsverschiedenheiten mit Kaiser Karl I. von seinem Amt zurück. Nachfolger wird Stephan Graf Burián von Rajecz.

Czernin hatte vor dem Wiener Gemeinderat mitgeteilt, der französische Ministerpräsident Georges Clemenceau habe ein Friedensangebot unterbreitet, das jedoch unannehmbar sei, da Österreich die französischen Gebietsforderungen in Elsaß-Lothringen nicht anerkennen könne. Als Folge dieser Ablehnung veröffentlichte Clemenceau am 12. April den sog. Sixtus-Brief von Kaiser Karl I.

Burián von Rajecz

Karl I. hatte in dem Schreiben vom 24. März 1917 an seinen Schwager Sixtus Prinz von Bourbon-Parma einen Separat-Frieden mit Frankreich angeboten und dessen Gebietsforderungen gegenüber den Deutschen unterstützt.

Czernin, der die alliierten Friedensangebote, zuletzt die 14 Punkte (→ 8. 1./S. 12) von Präsident Wilson, abgelehnt hatte, war vom Inhalt des kaiserlichen Schreibens nicht informiert worden und sieht sich in seinen diplomatischen Bemühungen von Kaiser Karl hintergangen.

»Roter Baron« Richthofen fällt an der Somme

21. April. Zwei Wochen vor seinem 26. Geburtstag fällt bei Vaux-sur-Somme an der Westfront der deutsche Jagdflieger Freiherr Manfred von Richthofen während eines Fronteinsatzes. Sein rotgestrichener Dreidecker vom Typ Fokker, der ihm bei Freund und Feind den Kampfnamen »Der Rote Baron« verschafft hat, wird während eines Luftgefechts beschädigt. Nach der Notlandung stirbt Richthofen durch die Kugel eines kanadischen Offiziers.

Der mit 80 Flugzeugabschüssen erfolgreichste Flieger der reichsdeutschen Luftwaffe wird im In- und Ausland wegen seiner sprichwörtlichen Kühnheit gerühmt. Noch ist der technische Standard der Kampfflugzeuge so schlecht, daß jeder Lufteinsatz allein deswegen ein Risiko für Leib und Leben des Piloten einschließt.

Für seine überragenden militärischen Verdienste zeichnete Kaiser Wilhelm II. den »Roten Baron« im Januar 1917 mit dem Orden »Pour le mérite« aus. Kurz danach wurde er zum Kommandeur des Jagdgeschwaders Nr. 1 ernannt. 1917 erschien auch sein Buch »Der Rote Kampfflieger«, in dem er auf fesselnde Weise seine Biographie darlegt. Das Buch ist ein riesiger Verkaufserfolg im Deutschen Reich.

Der niederländische Flugzeugkonstrukteur Anthony Fokker, der sehr gut mit Richthofen befreundet war, berichtet über das Wesen des kühnen Fliegers, der erst Weihnachten 1915 als 23jähriger sein Schlußexamen als Pilot ablegte: »Richthofen ... lernte nur schwer fliegen ... und meisterte das Flugzeug schließlich allein durch reine Willenskraft.. als Preuße und Sproß eines altadeligen Geschlechts war er der typische junge Edelmann ... Während aber viele junge Piloten mit unbewußtem Mut – der seine besondere Größe hat – flogen, flog Richthofen mit dem Gehirn und nutzte seine Fähigkeiten aus ... Er analysierte jedes einzelne Problem des Luftkampfes und reduzierte den Einfluß des Zufalls auf das geringste Maß. Der Grund, warum Richthofen so lange am Leben blieb, war, daß er beim Angriff nicht die Selbstbeherrschung verlor. Richthofen kämpfte in dicht aufgeschlossener Formation und erst im Höhepunkt des Gefechts, wenn die ganze Luft voll war von durcheinander wirbelnden Flugzeugen, löste er die Formation auf und überließ es jedem, für sich selbst zu sorgen.. Man brachte ihm vielleicht weniger Liebe als Bewunderung entgegen, aber der Respekt, den jeder andere Flieger vor ihm hatte, kannte keine Grenzen ... Obwohl er stolz war, machte es ihm kein Vergnügen, wenn man viel von seinen Taten redete. Er bekam Briefe tonnenweise von allen möglichen Leuten, darunter natürlich auch Liebesbriefe, die er unbeachtet ließ ...«

Der Tod von Richthofen, der erst am 23. April im Deutschen Reich gemeldet wird, löst allgemeine Bestürzung aus. Der »Rote Baron« ist – gemeinsam mit Felix Graf Luckner, dem »Seeteufel«, dem 1916 die Durchbrechung der britischen Seeblockade gelang, – der Held des Weltkrieges schlechthin. In der Todesmeldung, die in der deutschen Presse veröffentlicht wird, heißt es: »Ein Held so recht nach dem Herzen des Volkes ist mit dem Rittmeister Freiherr von Richthofen dahingegangen ...«

Am 22. April wird Richthofen in der Nähe der Front bei Amiens unter allen militärischen Ehren beigesetzt. Sechs britische Fliegeroffiziere legen Kränze mit den deutschen Farben nieder. Einer der Kränze trägt die Inschrift: »Dem tapferen und würdigen Feinde«.

◁ Freiherr Manfred von Richthofen (Abb.) wurde am 2. Mai 1892 in Breslau als Sohn des preußischen Majors Albrecht von Richthofen geboren. Nach dem Besuch von Gymnasium und Kadettenanstalt trat er in das I. Ulanenregiment (Westpreußen) ein und wurde am 9. November 1912 zum Leutnant befördert. In den Krieg ging er zunächst als Offizier der Kavallerie, konnte dann aber Anfang 1915 seinen Wunsch durchsetzen, als Flieger ausgebildet zu werden. Im Juni 1915 trat er in die Fliegerkampfstaffel Hauptmann Oswald Boelckes ein. Nach seinem sechsten Flugzeugabschuß wurde er mit dem Ritterkreuz des Hohenzollern-Hausordens ausgezeichnet, 1917 mit dem »Pour le mérite«.

Die erfolgreichsten Piloten des Jagdgeschwaders von Freiherr Manfred von Richthofen (M.) auf einem Feldflugplatz; zusammen 132 Luftsiege

Krieg forciert die Probleme der Sowjets

28. April. Der Führer der sowjetischen Regierung, Wladimir I. Lenin, veröffentlicht seinen Aufsatz »Die nächsten Aufgaben der Sowjetmacht«. Lenin spricht sich hierin für einen schnellen Ausbau einer funktionierenden Verwaltung und die Vergesellschaftung der Produktion aus. Die Sowjetmacht muß mit einer Reihe einschneidender Maßnahmen während des Bürgerkrieges geschützt werden.

Zu den Hauptaufgaben der neuen Regierung gehört der Wiederaufbau der Landwirtschaft und die Reorganisation der Roten Armee. Als politisches Instrument der Sowjets werden sogenannte Kriegskommissare in alle Truppeneinheiten der Roten Armee entsandt. Die Kommissare stehen unter der zentralen Leitung des »allrussischen Büros der Kriegskommissare«.

Da im April 1918 kaum noch die Hälfte der üblichen Monatsnorm an Getreide zur Verfügung steht, müssen die Landwirtschaft intensiviert und die Transportwege verbessert werden. Die Landreform ist weitgehend abgeschlossen, erbrachte jedoch keinen großen Gewinn, da während der Hungersnot Millionen Menschen aufs Land zogen, denen per Gesetz ein Stück Land zusteht. Auf den kleinen Parzellen beschränken sich die Bauern meist nur auf die Selbstversorgung, weil sie für ihre Produkte nur zur Zeit wertloses Geld eintauschen können. Die Tauschwirtschaft scheitert an fehlenden industriellen Produkten. So greift die Sowjetmacht zum Mittel der Ablieferungspflicht von Getreide, um die Stadtbevölkerung ernähren zu können. Die meisten Bauern, die jetzt zu Kleinunternehmern geworden sind, beschränken sich daher auf die reine Selbstversorgung.

Anton I. Denikin, neuer Oberbefehlshaber der Konterrevolutionäre

Lawr G. Kornilow, Kosakengeneral und antibolschewistischer Führer

Kriegsgefangene in Schweiz interniert

5. April. Französische und deutsche Offiziere werden als Kriegsgefangene in der Schweiz interniert. Zusätzlich finden in Bern deutsch-italienische Verhandlungen über eine ähnliche Regelung statt.

Kriegsgefangene Offiziere im Alter von über 48 Jahren werden aufgrund eines deutsch-französischen Abkommens über Austausch und Internierung von Kriegsgefangenen in Schweizer Lager überführt. Zwar steht die Zahl der Betroffenen noch nicht ganz fest, doch rechnen die Schweizer Behörden nicht mit einer wesentlichen Erhöhung der Gesamtzahl der Internierten, weil viele Gefangene bereits in ihre Heimatländer abtransportiert worden sind.

Deutsche und italienische Regierungsvertreter haben in Bern ebenfalls Verhandlungen aufgenommen, jedoch nicht über die Internierung, sondern über den direkten Austausch von Kriegsgefangenen.

Deutsche internierte Soldaten auf einem schweizerischen Bahnhof

Neuer Führer für Weißrussen

13. April. Der russische General Anton I. Denikin wird zum Oberbefehlshaber der »Freiwilligenarmee« der Weißrussen ernannt. Denikins Vorgänger als General der antibolschewistischen Kräfte im Bürgerkrieg war Lawr G. Kornilow, der bereits vor der Oktoberrevolution von 1917 durch einen Putschversuch bekannt geworden ist.

Kornilow, der bisherige Führer der antibolschewistischen Armeen, war ein Kosake aus Turkestan, der anfänglich die Revolution mit Sympathie verfolgt hatte. So unterstützte er die bürgerliche Februarrevolution gegen die Zarenherrschaft. In der Zeit der provisorischen Regierung von März bis November 1917 befehligte Kornilow die »Wilde Division«, ein Kosakenheer. Kornilow war im August 1917 Oberbefehlshaber der russischen Truppen geworden. Nach einem erfolglosen Putschversuch im September, bei dem er mit seiner Kosakenarmee gegen die Hauptstadt Petrograd (Leningrad) marschierte, um Alexandr F. Kerenski zu stürzen, mußte er zurücktreten.

Sein Nachfolger als Führer der konterrevolutionären Armeen, Denikin, war während des Krieges Oberbefehlshaber an der Westfront.

Rußland gleicht derzeit einer belagerten Festung. Die Sowjetmacht weiß zu keiner Zeit, über welche Gebiete sie am folgenden Tag noch verfügen wird. Die »Weißen«, unterstützt von den westlichen Ländern, zerschlagen die Aufbauarbeit der sowjetischen Führung. Die Wirtschaft ist weitgehend zerstört.

»Höhere Produktion durch mehr Anreiz«

3. April. Zur Steigerung der Arbeitsproduktivität erläßt die Sowjetregierung in Moskau eine Verordnung, die ein Stücklohn- und Prämiensystem in den Betrieben einführt. Die Maßnahme gehört zu einer Reihe von Schritten, die Wladimir I. Lenin in seinen »Sechs Thesen über die nächsten Aufgaben der Sowjetmacht« für die Reorganisation der Industrie vorgeschlagen hat.

W. I. Lenin

Nach der Revolution hatten Betriebskomitees zunächst die Leitung der Fabriken übernommen. In einer Welle spontaner Enteignungen war es gelungen, die Macht der Unternehmer zu brechen und eine Arbeiterselbstverwaltung in den einzelnen Betrieben durchzusetzen. Die Betriebskomitees waren jedoch nicht in der Lage, einen das ganze Land umspannenden wirtschaftlichen Verwaltungsapparat aufzubauen. Statt dessen wurden sie zu Nachfolgern der kapitalistischen Unternehmer, die ausschließlich auf die Konkurrenzfähigkeit und das Wohl der eigenen Firma achteten. Die Sowjetführung sieht sich daher zu einer Änderung der Industriepolitik veranlaßt und beginnt mit Enteignungen auch kollektiver Betriebe. Statt der Konkurrenz einzelner Betriebe untereinander soll jetzt ein sozialistischer Wettbewerb unter zentraler Führung stattfinden. Anreiz für den Wettbewerb sind u. a. Lohnerhöhungen und Verkürzungen der Arbeitszeit.

Industrieanlagen in einer russischen Stadt; direkte Kontrolle aus Moskau

Verhaftung des Attentäters Gavrilo Princip nach den tödlichen Schüssen auf den österreichischen Thronfolger am 28. Juni 1914 in Sarajevo

Gratis! 3. Extra-Blatt. Gratis!

Vossische Zeitung

Königlich privilegirte Berlinische Zeitung von Staats- und gelehrten Sachen.

Haupt-Geschäftsstelle Breite Str. 8, 9, Berlin C.

Der österreichische Thronfolger und seine Gattin ermordet.

Einer grauenvollen Bluttat sind der Erzherzog-Thronfolger Franz Ferdinand von Oesterreich-Ungarn, und seine Gattin, die Herzogin von Hohenberg, zum Opfer gefallen. Durch Schüsse serbischer Fanatiker wurden sie ermordet, nachdem sie einem Bombenattentat, durch das einige Offiziere aus ihrem Gefolge und einige Personen aus dem Publikum verwundet wurden, entgangen waren. Ueber das furchtbare Ereignis wird uns telegraphiert:

Sarajewo, 28. Juni. (Telegramm unseres Korrespondenten.) Als der Erzherzog-Thronfolger Franz Ferdinand und seine Gattin, die Herzogin von Hohenberg, sich heute Vormittag zum Empfange in das hiesige Rathaus begaben, wurde gegen das erzherzogliche Automobil eine Bombe geschleudert, die jedoch explodierte, als das Automobil des Thronfolgers die Stelle bereits passiert hatte. In dem darauffolgenden Wagen wurde der Major Graf Boos-Waldeck von der Militärkanzlei des Thronfolgers und Oberstleutnant Merizzi, der Personaladjutant des Landeshauptmanns von Bosnien, erheblich verwundet. Sechs Personen aus dem Publikum wurden schwer verletzt. Die Bombe war von einem Typographen namens Cabrinowitsch geschleudert worden. Der Täter wurde sofort verhaftet. Nach dem festlichen Empfang im Rathause setzte das Thronfolgerpaar die Rundfahrt durch die Straßen der Stadt fort. Unweit des Regierungsgebäudes schoß ein Gymnasiast der achten Klasse (Primaner) namens Prinzip aus Grabow aus einem Browning mehrere Schüsse gegen das Thronfolgerpaar ab. Der Erzherzog wurde im Gesicht, die Herzogin im Unterleib getroffen. Beide verschieden, kurz nachdem sie in dem Regierungskonak gebracht worden waren, an den erlittenen Wunden. Auch der zweite Attentäter wurde verhaftet, die erbitterte Menge hat die beiden Attentäter nahezu gelyncht.

Die Extraausgabe der »Vossischen Zeitung« vom 29. Juni 1914

Sarajevo-Attentäter stirbt im Krankenhaus

28. April. Im Krankenhaus des Gefängnisses Theresienstadt stirbt der serbische Nationalist Gavrilo Princip an den Folgen einer Tuberkulose und einer Arm-Amputation. Der erst 23jährige hatte mit dem Attentat auf den österreichischen Thronfolger Franz Ferdinand in Sarajevo am 28. Juni 1914 das Signal zum Ausbruch des Weltkrieges gegeben.

Princip hatte zusammen mit dem 19jährigen Schriftsetzer Nedeljko Cabrinovic die Ermordung von Franz Ferdinand geplant. Beide hatten Kontakte zur serbischen Geheimorganisation »Schwarze Hand« und standen dem Anarchosyndikalismus nahe. Am serbischen Nationalfeiertag warf Cabrinovic eine Bombe auf das Auto des Thronfolgers, die jedoch abprallte und erst unter dem nachfolgenden Fahrzeug explodierte. Trotz dieses Attentats setzten Franz Ferdinand und seine Frau Sophie die Fahrt fort. Eine Stunde nach dem ersten Anschlag fielen sie den Revolverschüssen des damals 19jährigen Princip zum Opfer, der seine Tat als Rache für die Unterdrückung Serbiens durch Österreich-Ungarn ansah.

Nach einem abgelehnten österreichischen Ultimatum an Serbien erklärte Wien den Krieg. Das komplizierte europäische Bündnissystem verhinderte die Begrenzung des Konflikts auf den Balkan. Alle nicht neutralen Länder Europas traten in den Krieg ein.

Princips Revolverschüsse gaben nur das Signal zu einem Krieg, der bereits seit langem im Bündnissystem der Staaten angelegt war.

Verzweifelte Frauen plündern Brotläden

3. April. In Amsterdam stürmt eine große Anzahl von Frauen die Bäkkerläden im Hafenviertel und bemächtigt sich sämtlicher ausliegender Backwaren.

Auch in den Niederlanden werden wegen des Getreidemangels Brotmarken an die Bevölkerung ausgegeben. Die Versorgung mit Backwaren bleibt jedoch unzureichend. Hungernde, unzufriedene Frauen stürmen deshalb die Läden und nehmen sich, was ihnen zusteht. Sie bezahlen die Brote zwar, hinterlassen aber keine Zuteilungsmarken. Während einer anschließenden Demonstration durch die niederländische Hauptstadt kündigen die Frauen weitere Plünderungen an. Die Polizei ist in einigen Bezirken machtlos.

Juden stellen Forderungen

8. April. Zu einem Gespräch über die nationalen und religiösen Forderungen der Juden in der k.u.k. Monarchie trifft sich in Wien eine jüdische Delegation von Abgeordneten des Reichsrates mit dem österreichischen Ministerpräsidenten Ernst Ritter Seidler von Feuchtenegg.

Seidler

Eine dem Ministerpräsidenten überreichte Denkschrift verzeichnet die jüdischen Forderungen für eine neue Verfassung.

Die Abordnung vertritt die zionistische und national-jüdische Bewegung in Österreich. Die Besprechungen in bezug auf die zu erwartende Reform der österreichischen Verfassung werden mit der Zusage des Ministerpräsidenten beschlossen, er werde, soweit möglich, die jüdischen Wünsche unterstützen. In der Denkschrift wird im einzelnen gefordert:

- ▷ Anerkennung der jüdischen Nationalität und Gewährleistung des freien Bekenntnisses zu ihr
- ▷ Das Recht der Juden auf ihre eigene, jüdische Schule
- ▷ Vertretung der Juden entsprechend ihrer Zahl und ihrer Leistungen im Reichsrate, in den politischen Gremien
- ▷ Vertretung der Juden in der Reichsregierung
- ▷ Konstituierung der jüdischen Nation in Österreich.

Brotversorgung der Schweiz gefährdet

3. April. Die Schweizer Behörden melden, daß die Lieferung von Getreide aus den USA auf neutralen Schiffen noch nicht gewährleistet sei. Das Deutsche Reich habe die freie Passage der Schiffe noch nicht zugesichert. Die Getreidevorräte der Schweiz reichen voraussichtlich nur noch bis Ende Mai.

Die Schweiz und die USA haben ein Abkommen geschlossen, nach dem 240 000 t Brotgetreide von den USA geliefert würden. Der Mangel an geeignetem Schiffsraum ließ jedoch bislang nur die Lieferung einer geringen Menge zu. Die Niederlande – ebenso wie die Schweiz im Weltkrieg neutral – schlugen daraufhin vor, niederländische Schiffe, die in US-amerikanischen Häfen liegen, für die Transporte zu nutzen.

Die Vereinigten Staaten haben jedoch aus kriegsstrategischen Gründen auch neutrale Schiffe beschlagnahmt, so daß die Transporte nur unter US-amerikanischer Flagge stattfinden könnten. Diese Schiffe würden jedoch mit Sicherheit von der deutschen Kriegsmarine angegriffen werden.

Die Schweiz hat in dieser Situation Verhandlungen mit der deutschen Regierung aufgenommen, um auch auf der Grundlage der Verwendung feindlicher Schiffe zu einer Verständigung zu gelangen. Das Deutsche Reich ist jedoch bislang nicht zu einer konstruktiven Antwort bereit. Statt dessen verlangt die deutsche Reichsregierung weiterhin den Transport des Getreides auf Schiffen mit neutraler Flagge.

Wartende Schweizer Bürger vor der Ausgabestelle für Brotkarten in Basel

Zwölf Waggons mit Seife unterschlagen

5. April. Drei Direktoren einer Düsseldorfer Seifenfabrik werden unter der Anklage, Seife illegal verkauft zu haben, verhaftet. Der Gesamtwert der unterschlagenen Ware beträgt rund 7 Millionen Mark.

Der Kriegsausschuß für Öle und Fette hatte im neutralen Ausland Seife im Wert von 30 Millionen Mark aufgekauft. Da der Fettgehalt der Seife sehr stark zwischen 30 und 70% schwankte, sollte die Hamburger Konsumgesellschaft in ihrer Düsseldorfer Fabrik eine Einheitsseife herstellen.

Die jetzt verhafteten Direktoren zweigten insgesamt zwölf Eisenbahnwaggons von der Lieferung ab und verkauften die Seife an die Großindustrie. Bei den Verhafteten werden große Geldmengen sichergestellt, die zusammen mit dem übrigen Besitz der ehemaligen Direktoren zur Deckung des entstandenen Schadens benutzt werden.

Handel mit Leder in Zukunft verboten

2. April. Die Reichsstelle für Schuhversorgung in Berlin untersagt den Handel mit getragenen Schuhen, Altleder und sonstigen Lederprodukten zwischen Privatpersonen. Die Lederwaren fallen unter die Beschlagnahme und sind nur noch bei besonderem Bedarf an den kommunalen Ausgabestellen erhältlich.

Zur Behebung des Ledermangels hat die Reichsstelle für Schuhversorgung Ankaufsstellen eingerichtet, denen allein das Recht zusteht, mit dem knappen Material zu handeln. Die Preise werden jeweils durch Sachverständige festgesetzt. Waren, die Heereseigentum sind, fallen nicht unter diese Verordnung, sondern verbleiben unter der Kontrolle der Heeresverwaltung.

Die Verurteilung eines Mannes, der vier lederne Treibriemen gestohlen hatte, zu vier Jahren Gefängnis verdeutlicht den außerordentlichen Wert des Rohstoffes Leder.

Nähgarnzuteilung bleibt unzureichend

6. April. Der Kriegsausschuß für Verbraucherinteressen in Berlin beklagt die unzureichende Versorgung der Bevölkerung mit Nähgarn. Der Mangel führt im Deutschen Reich zu extremen Höchstpreisen für nichtbeschlagnahmtes Garn.

Die Reichsbekleidungsstelle hatte bereits vor sechs Monaten mitgeteilt, daß die geringe Menge des vorhandenen Nähgarns nun gerecht verteilt werden solle. Eine neue Verordnung läßt jetzt die Versorgung von Haushalten mit vier bis fünf Familienmitgliedern zu. Die Bezugsberechtigten erhalten einmalig 40 m Garn pro Person. Kleinere Familien gehen leer aus.

Neben dem Mangel an Nähgarn wird besonders die Schwierigkeit der Ermittlung des Kaufpreises beklagt. Eine beschlagnahmte 200-m-Nähgarnrolle kostet derzeit 33 Pfennig. Frei erhältliches Garn oder Seide kostet dagegen ein Vielfaches.

Eigenanzucht von Saatgut gefordert

11. April. Der Kriegsausschuß für Ernährung in Berlin veröffentlicht Aufrufe zur Selbstversorgung. Wer aus eigenem Saatgut neues Gemüse ziehe, leiste einen kriegswichtigen Beitrag zur Volkswirtschaft.

Bei der günstigen Frühjahrswitterung der letzten Wochen hat nach Ansicht des Ernährungsamtes die Bestellung der Gärten große Fortschrittte gemacht. Trotzdem weist das Amt darauf hin, daß die Beschaffung von Sämereien und Saatgut äußerst schwierig und kostspielig gewesen sei. Die deutschen Gartenbesitzer sollen deshalb Samen von gesunden Pflanzen aus der vorjährigen Ernte aussäen.

Die private Gewinnung von Gemüsesamen ist nach Ansicht des Amtes ein entscheidender Beitrag zum Sieg im gegenwärtigen Wirtschaftskrieg. Zudem könnten die Gartenbesitzer zu einer gerechteren Verteilung der vorhandenen Sämereien beitragen.

Mit Flachs und Hanf in die Autarkie

7. April. In Berlin endet die deutsche Faserstoff-Ausstellung mit Produkten aus der Bekleidungsindustrie. Die Wanderausstellung, die demnächst nach Düsseldorf übersiedelt, soll die Unabhängigkeit der reichsdeutschen Gewebehersteller von ausländischen Rohstoffimporten demonstrieren.

Die Berliner Ausstellung findet auf dem Gelände des Botanischen Gartens im Bezirk Dahlem statt. Sie zeigt im Auftrag der Kriegsflachsbaugesellschaft die Techniken und die Bedeutung des Flachsbaus sowie die Produkte der 78 Spinnerei- und Weberei-Betriebe im Deutschen Reich. Ziel der Ausstellung ist es, den Flachs- und Hanfanbau im Deutschen Reich zu fördern, um unabhängig von ausländischen Produzenten selbst Edelgewebe herstellen zu können. Damit soll insbesondere die flandrische und französische Leinwand aus dem deutschen Markt verdrängt werden.

Der gegenwärtige Zwang zur autarken Textilwirtschaft wird vom Flachsbauamt als günstige Situation angesehen, eine unabhängige deutsche Industrie aufzubauen, die auch nach dem Krieg ohne ausländische Zulieferer leistungsfähig sein soll.

Normales Geschäftsleben vor einem Pariser Kaufhaus; die Fensterscheiben sind zum Schutz vor splitterndem Glas mit Papierstreifen dekorativ beklebt

Pariser Frühling im Krieg

8. April. Trotz des regelmäßigen Beschusses der französischen Hauptstadt durch die deutschen Ferngeschütze verläuft das Pariser Alltagsleben in nahezu friedlichen Bahnen. Die Beschießung hat nicht die von den deutschen Militärs erhoffte Wirkung (→ 23 3./S. 55).

Die deutsche Presse beschreibt Paris als eine Stadt in größter Furcht, in der eine Hälfte der Bevölkerung ständig in Luftschutzunterkünften und Metroschächten lebt, während die andere Hälfte die Stadt bereits fluchtartig verlassen hat. Korrespondenten der neutralen Presse widerlegen diese Propaganda. Die großen Pariser Avenuen sind belebt wie in Friedenszeiten.

Auf den Straßen des Bois de Boulogne finden sogar Modenschauen statt. Die Kleidermode ist in diesem Jahr ebenso kürzer geworden wie die von den Coiffeuren empfohlene Haartracht. Insgesamt zeigen sich die Menschen optimistisch.

Chemiker verteidigt Einsatz von Giftgas

11. April. Auf der Berliner Hauptversammlung der Deutschen Bunsen-Gesellschaft für angewandte physikalische Chemie wird in verschiedenen Vorträgen das Verhältnis zwischen Heereswesen und exakten Naturwissenschaften diskutiert. Im Mittelpunkt stehen der Gaskrieg und die künstlichen Ersatzstoffe für Kautschuk.

Den ersten Vortrag hält der Chemiker Dr. Fritz Haber, der das nach ihm und Carl Bosch benannte Verfahren der Ammoniak-Synthese entwickelte. Die Bedeutung des Gasangriffs besteht nach Ansicht von Haber darin, daß die Wirkung nicht nach Einschlag der Granate beendet sei, sondern längere Zeit vorhalte, so daß der Gegner sich nicht mehr in seinen Unterständen halten könne. Haber betont, der Einsatz von Gaskampfstoffen sei angesichts des unbeweglichen Stellungskriegs dem deutschen Heer aufgezwungen worden. Der Gaseinsatz sei keine größere Grausamkeit als irgendeine andere Waffe.

Der Chemiker Carl Duisberg erläutert in seinem Vortrag die besondere Bedeutung der Herstellung von künstlichem Gummi zur Ausrüstung von Militärfahrzeugen.

Soldat der Askari-Eingeborenenarmee in der deutschen Schutztruppe für Deutsch-Ostafrika auf Wachposten

Peters will »soviel Land wie nur möglich«

3. April. Der deutsche Kolonialpolitiker und ehemalige Reichskommissar Carl Peters hält in Berlin einen Vortrag über die zukünfige Kolonialpolitik des Deutschen Reiches. Ungebrochen hält Peters an der hemmungslosen imperialistischen Landannexion fest.

Peters hatte 1884 während einer Expedition nach Ostafrika durch Verträge das Kerngebiet des späteren Deutsch-Ostafrika erworben. 1889 schloß er zusätzlich mit Uganda einen Schutzvertrag ab. Peters, der damals Reichskommissar für die Kolonien war, wurde 1897 entlassen, weil Vorwürfe wegen unwürdiger Behandlung der Eingeborenen gegen ihn erhoben wurden. In seinem Vortrag begründete Peters den Kolonialismus als eine wirtschaftliche Notwendigkeit für das Deutsche Reich. Er sagt: »Die Tatsache ist auch heute, wie immer: der Umfang der Erde ist beschränkt, der Bedarf unter den Menschen nach Land aber unbegrenzt. Es empfiehlt sich demnach, so viel davon zu nehmen, wie man irgend bekommen kann.« Peters spricht sich für eine relative Selbstverwaltung zukünftiger Kolonien aus, dies jedoch unter der militärischen Kontrolle des Deutschen Reiches: »Ich möchte darauf aufmerksam machen, daß keine Kolonie in Zukunft eine Flotte und moderne Flugzeuge wird entbehren können.«

◁ Der deutsche Kolonialpolitiker Carl Peters wurde am 27. September 1856 in Neuhaus geboren; 1884 gründete er die Deutsche Gesellschaft für Kolonisation und unternahm gleichzeitig eine Expedition nach Ostafrika, wo er das Kerngebiet von Deutsch-Ostafrika erwarb; in den folgenden Jahren schloß Peters weitere Schutzverträge, u. a. mit Uganda, zugunsten des Deutschen Reiches ab

▽ Kolonialismus von seiner »guten« Seite in einer zeitgenössischen Darstellung: Die Sanitätssoldaten der deutschen Schutztruppe in Ostafrika kümmern sich um die medizinische Versorgung der Einheimischen

USA versorgt sich mit Frachtschiffen

6. April. Der Mangel an Schiffsraum ist das größte Hindernis der USA für einen endlich massiven Kriegseinsatz in Europa. Die Vereinigten Staaten schließen deshalb einen Vertrag mit Japan, das Transportkapazität für Kriegsmaterial in großem Umfang zur Verfügung stellen soll.

Mit dem in Washington geschlossenen Vertrag vereinbaren die beiden Staaten, daß Japan insgesamt 400 000 t Schiffsraum zur Verfügung stellt. 150 000 t im Besitz privater japanischer Reeder können sofort von den USA genutzt werden. Dabei zahlen die USA die bei den Alliierten üblichen Charterkosten, Japan übernimmt den Kostenausgleich zur Erstattung der in Fernost geltenden Chartersätze. Weitere 100 000 t Schiffsneubau wird Japan zwischen Mai und September zur Verfügung stellen. Der Vertrag sieht vor, daß die USA als Gegenleistung pro Tonne Schiffsraum 1 t Stahl an Japan liefert. Die restlichen 150 000 t sollen durch den gemeinsamen Neubau von Frachtschiffen erreicht werden. Auch diese Schiffe sollen von den USA nur gechartert werden.

Tod des Physikers Braun in New York

20. April. In New York stirbt der deutsche Physiker und Industrielle Karl Ferdinand Braun im Alter von 68 Jahren. Der Nobelpreisträger lebte als Zivilinternierter in den USA.

Neben bahnbrechenden Entwicklungsarbeiten auf dem Gebiet der Funktechnik, für die er 1909 gemeinsam mit dem italienischen Physiker Guglielmo Marconi den Nobelpreis erhielt, trat Braun vor allem durch die Erfindung der nach ihm benannten Elektronenstrahlröhre hervor. Die Braunsche Röhre, die der Physiker 1898 entwickelte, zeichnet mit einem lenkbaren Elektronenstrahl Lichtpunkte auf eine geeignete fluoreszierende Glaswand. Bei schneller Bewegung des Strahls wirken diese Punkte wegen des Nachleuchtens wie Linien.

Karl F. Braun

Unterhaltung 1918:

Propagandafilme und Spottlieder

Sackhüpfen beim Sportfest einer deutschen Truppeneinheit an der Westfront während der knappen Ruhetage

Eingang zum Soldatenzirkus, der neben Kino und Theateraufführungen hinter der Front für Abwechslung sorgt

Musikabend in einer Unterkunft für kanadische Truppenangehörige

Vorderseite eines Panzerwagens als Zeichenbrett für Soldaten genutzt

Boxkampf in einem Lager der kanadischen Armee bei Zeebrügge

Fronttheateraufführung der Schauspielergruppe »Bunte Bühne« von Erich Elken im besetzten Frankreich

Mitglieder eines Fronttheaters; häufig sorgen beurlaubte »Kameraden« für die Unterhaltung der Soldaten

Größten Anteil am typischen städtischen Unterhaltungsprogramm im Deutschen Reich haben Kino-Veranstaltungen. Zwar werden auch weiterhin besonders die klassischen Wiener Operetten in den Theatern aufgeführt, doch übertrifft die Werbung der Lichtspielhäuser alle anderen Vergnügungsangebote im Reich.

Das große Angebot von Filmvorführungen beruht auf der Propagandastrategie der Universum-Film-AG, UFA. Die zentrale Filmgesellschaft war auf Betreiben von General Erich Ludendorff am 18. Dezember 1917 mit dem Zweck gegründet worden, möglichst viele Propagandafilme zur Zerstreuung der Bevölkerung herzustellen.

Bezeichnend für die Unterhaltung im Jahr 1918 sind aber auch die parodistisch-sarkastischen Lieder, in denen sich der Unmut der Bevölkerung über den nicht enden wollenden Krieg Ausdruck verschafft. Und während die Fronttheater Stücke mit vaterländischem Inhalt spielen, veröffentlichen selbst Zeitungen, die von den deutschen Zensurstellen nicht verboten wurden, Karikaturen über die katastrophale Kriegslage, Versorgungsengpässe und Kriegsgewinnler.

Sehr viel deutlicher zeigt sich die Kriegsmüdigkeit noch in den Spottliedern, die von der notleidenden Bevölkerung zu Melodien heroischer Lieder erfunden werden. So singt man zur Melodie von »Heil Dir im Siegerkranz«:

»Heil Dir im Siegerkranz
Pellkartoffeln mit Heringsschwanz
Heil Kaiser Dir.
Friß in des Thrones Glanz
Die fette Weihnachtsgans
Uns bleibt der Heringsschwanz
In Packpapier!«

Die immensen Kriegsgewinne weniger Industrieller werden im Lied »Hinaus in die Ferne« kolportiert:

»Wir kämpfen nicht fürs Vaterland,
Wir kämpfen nicht für Gott.
Wir kämpfen für die Reichen,
Die Armen gehn kapott.«

Höhepunkt dieser satirischen Lieder, mit denen die Bevölkerung versucht, sich über die schweren Zeiten hinwegzutrösten, ist das Weihnachtslied »O Tannenbaum«, das nach dem Ende des Krieges und der Flucht von Kaiser Wilhelm II. ins niederländische Exil populär wird:

»O Tannenbaum, o Tannenbaum,
Der Kaiser hat in' Sack gehaun.
Er kauft sich einen Henkelmann
Und fängt bei Krupp in Essen an.
Er selber muß jetzt hamstern gehn
Und seine Frau Granaten drehn.
O Tannenbaum, o Tannenbaum,
Der Kaiser hat in' Sack gehaun.«

Die Lage in der deutschen Hauptstadt kommt in ironischen Gedichten der humoristischen Zeitung »Lustige Blätter« zum Ausdruck:

»Wie lebt man heute in Berlin?
Nur durch Beziehungen kann man beziehn.
Meine Cousine in Schmaleningken
Schickt mir ab und zu etwas Schinken,
Echten russischen Friedenstee
Liefert ein Schieber aus Plötzensee.«

Frauen arbeitslos nach Kriegsende?

15. April. Die Unternehmerverbände des Deutschen Reiches erklären, daß die männlichen kaufmännischen Angestellten nach Kriegsende wieder eingestellt würden. Frauen, die jetzt ersatzweise in den Büros tätig sind, müßten schon aus bevölkerungspolitischen Gründen entlassen werden.
Das Reichswirtschaftsamt hatte die Stellungnahme zur Wiedereinstellung von Frontsoldaten von den Unternehmerverbänden verlangt. Die im Feld stehenden Angestellten würden sich fragen, ob sie wieder in ihre ehemaligen Positionen zurückkehren könnten, die jetzt mit Frauen besetzt seien. Das Amt schreibt: »... Schließlich ist zu prüfen, auf welchem Wege es erreichbar erscheint, die während des Krieges eingetretene ... Verschiebung des Zahlenverhältnisses zwischen männlichen und weiblichen Angestellten ..., die für die zum Heeresdienst Eingezogenen einen Gegenstand ernster Sorge bildet und deren Beibehaltung aus bevölkerungspolitischen Gründen unerwünscht wäre, rückgängig zu machen.«

Nur Ersatz für die männlichen Kollegen: Kaufmännische Angestellte

Auslandsbund: Kritik an Reichsregierung

16. April. In Düsseldorf treffen sich die Mitglieder des »Auslandsbunds Deutscher Frauen«, um über die Aufgaben ihres Vereins zu diskutieren. Ziel der Frauenvereinigung ist es, die Verbindung von im Ausland lebenden Deutschen und dem Heimatland aufrechtzuerhalten. Auf der Düsseldorfer Tagung wird vor allem das fehlende Bemühen der Reichsregierung um diese Personengruppe beklagt. Daß viele Auslandsdeutsche trotzdem den Weg an die Front gefunden hätten, sei nicht das Verdienst der offiziellen Reichsstellen. In einem Schlußkommuniqué hebt der Auslandsbund die Bedeutung des Auslands-Deutschtums hervor: »Auch nach dem Kriege werden wir jene tapferen Pioniere wieder brauchen, die allen Wellen des Hasses zum Trotz, die ihnen entgegenschlagen werden, wieder hinausgehen... Sie werden das nicht können, ohne den stärksten Rückhalt am Mutterlande zu haben... Die Frauen sind berufen, wertvolle Mitarbeit zu leisten ...«

Kartoffeln statt Fußball

18. April. Das preußische Ministerium für geistigen Unterricht und Gesundheit läßt das Fußballspiel als Bereich des Schulturnens ab Obersekunda (11. Schulklasse) zu.
Gleichzeitig wird jedoch bekanntgegeben, daß Fußballplätze zur Versorgung der Bevölkerung in Gemüse- und Kartoffeläcker umgewandelt werden müssen.
Fußballschuhe werden ohnehin nur noch über Bezugsscheine an die Landesverbände des Deutschen Fußballbundes (DFB) ausgegeben.

Nur noch auserwählten Fußballmannschaften soll es möglich sein, in richtigen Fußballschuhen auf einem regulären Platz zu spielen; hier eine Torszene aus dem Entscheidungsspiel um den Kronprinzen-Pokal in Berlin-Mariendorf

Kaiser Wilhelm II. will Million spenden

29. April. Der deutsche Kaiser Wilhelm II. unterstützt eine Throneingabe des Vaterländischen Frauenvereins mit voraussichtlich einer Million Mark. Die vaterländischen Frauen hatten um die Errichtung einer zentralen Ausbildungsstätte für Krankenpflegerinnen gebeten.
In seiner Antwort sagt Wilhelm II. den Aufbau einer solchen Ausbildungsanstalt in Berlin zu und stellt eine finanzielle Beihilfe in Aussicht. Der Kaiser schreibt: »Die Throneingabe vom 3. Januar des Jahres bietet Mir willkommenen Anlaß, Meinem Kaiserlichen Dank und Meiner besonderen Anerkennung Ausdruck zu geben für die aufopfernde Hingabe, mit der das weibliche Krankenpflegepersonal sich in den schweren Kriegsjahren bewährt hat. Ich weiß, daß Diakonissen, Ordensschwestern, Schwestern vom Roten Kreuz und freie Pflegerinnen im Verwundetendienst, in der Krankenpflege, in den mannigfachen Aufgaben sozialer Fürsorge in aller Stille Taten vollbracht haben, die sich den Heldentaten dieser großen Zeit ebenbürtig anschließen. Daß der Dank der Nächstenliebe unter der unermüdlichen Förderung Ihrer Majestät der Kaiserin und Königin, Meiner Gemahlin, und der hohen Gemahlinnen der Deutschen Bundesfürsten, Frauen aller Stände und Konfessionen zur Mitarbeit an zahlreichen großen Aufgaben der Zeit herangezogen hat, begrüße Ich mit besonderem Dank und mit großen Hoffnungen für die Zukunft.
Den Plan, die Krankenpflegerinnen in einer großzügig angelegten Zentralanstalt, der Kaiser-Wilhelm-Schule Deutscher Krankenpflegerinnen, für die mannigfachen Aufgaben der Gemeindepflege, der Kriegsbeschädigten-Fürsorge, des Mutter- und Säuglingsschutzes ..., wie die nächsten Jahrzehnte sie in bisher ungeahntem Umfange stellen werden, auszubilden und mit dieser Unterrichtsanstalt ein Krankenhaus zum Gedächtnis der Gefallenen zu verbinden, findet Meine volle Billigung. Ich freue Mich, dem Vorschlag des Ministers des Inneren gemäß, seine Verwirklichung dadurch fördern zu können, daß Ich Mich bereit erkläre, eine Beihilfe von einer Million Mark aus der Kaiser-Wilhelm-Spende Deutscher Frauen für diesen Zweck in Aussicht zu stellen.«

Innenraum des Gebäudes der Wiener Postsparkasse, das der österreichische Architekt Otto Wagner zwischen 1904 und 1906 errichtet hat

Rekonstruierter Eingang des Telegrafenbüros der »Zeit« von Wagner

Architekt des Jugendstils stirbt in Wien

11. April. Der österreichische Architekt Otto Wagner stirbt im Alter von 76 Jahren in Wien. Wagner gilt als bedeutendster Baumeister des Jugendstils.

Die frühen Werke des Architekten, so verschiedene Mietshäuser in Wien, zeichnen sich durch einen gemäßigten Historismus aus. 1885 erbaute er seine erste Villa in einem Stil, den er selbst als »Freie Renaissance« bezeichnete. Wagner entfernte sich jedoch bald vom dekorativ-ornamentalen historischen Stil und näherte sich dem Funktionalismus an. Er gelangte so zu einem von Funktion und Material bestimmten »Nutzstil«.

1892/93 leitete Wagner den Generalplan einer umfassenden Stadtsanierung in Wien ein. Während dieser Umgestaltung entstanden Wagners Bauten der Wiener Stadtbahn. Wagner errichtete zwischen 1892 und 1901 30 Stationen sowie sämtliche Brücken und Galerien. Gleichzeitig entstanden unter seiner Leitung die Kai-Anlagen des Donaukanals und des Wienflusses. 1907 erbaute Wagner, der 1894 bis 1912 Professor an der Wiener Kunstakademie war, die Kirche Am Steinhof. Die Kirche bildet das Zentrum für die von Wagner entworfene Anlage der Heil- und Pflegeanstalt der Stadt Wien, die aus insgesamt 60 Pavillons besteht. Auffällig ist die Verkleidung des monumentalen Kuppelbaus mit angenieteten Marmorplatten.

»Portrait von Otto Wagner« (Aquarell von Egon Schiele, 1910)

Zwischen 1904 und 1906 entstand das Hauptwerk des Architekten, das Postsparkassenamt in Wien, das als ein Höhepunkt des österreichischen Jugendstils gewertet wird. Besonders bemerkenswert ist der große Kassensaal, der von einem gläsernen Tonnengewölbe überdacht wird. Der Innenraum zeichnet sich durch die Betonung von Sachlichkeit und strengem Funktionalismus aus. Diese Gestaltung entspricht den Grundsätzen der Wiener Jugendstil-Künstlervereinigung »Secession«, die 1897 u. a. von dem Maler Gustav Klimt gegründet worden war.

Wagners Bauten lassen ihn als einen Wegbereiter des modernen Städtebaus erscheinen, der größten Einfluß auf seine Schüler Adolf Loos, Josef Maria Olbrich und Josef Hoffmann ausübte.

Innenraum der 1907 erbauten Kirche Am Steinhof; das Gotteshaus steht im Zentrum der von Otto Wagner entworfenen Heil- und Pflegeanstalt Wien

Geburtstagsfeiern für Helene Lange

9. April. Helene Lange, die bedeutendste Vertreterin der bürgerlichen Frauenbewegung, begeht ihren 70. Geburtstag. Der Leiterin des Allgemeinen Deutschen Frauenvereins werden in allen größeren Zeitschriften des Reiches Artikel oder Glückwunschadressen gewidmet.

Helene Lange, die 1871 nach autodidaktischen Studien in Berlin das Lehrerinnen-Examen abgelegt hatte, machte sich besonders um die Verbesserung der Mädchenbildung verdient. 1887 forderte sie vom preußischen Abgeordnetenhaus die gleichberechtigte Beteiligung von Frauen am wissenschaftlichen Unterricht an höheren Mädchenschulen sowie eine dementsprechende Zulassung der Lehrerinnen zu einer akademischen Ausbildung. Seit 1889 leitete Helene Lange Realschulkurse für Frauen, die 1893 in Gymnasialkurse übergingen. Bereits drei Jahre später konnte sie die ersten sechs Abiturientinnen in Preußen stellen. Größter Erfolg ihrer Bildungsarbeit war die preußische Mädchenschulreform von 1894, der

Helene Lange, Vorsitzende des Allgemeinen Deutschen Frauenvereins

1908 die Reformen in Sachsen, Bayern und Hessen folgten.

1890 begründete die Pädagogin den »Allgemeinen Deutschen Lehrerinnen-Verein«. Zwei Jahre später trat sie dem Vorstand des Allgemeinen Deutschen Frauenvereins bei, der unter Luise Otto-Peters und Auguste Schmidt 1865 gegründet worden war. Seit 1902 ist Helene Lange Vorsitzende dieses Vereins, der als Ausgangspunkt aller Richtungen der deutschen Frauenbewegung gilt.

Tucholsky nach Rumänien versetzt

April. Der deutsche Schriftsteller und Satiriker Kurt Tucholsky wird nach seiner Beförderung zum Vizefeldwebel nach Rumänien versetzt, tritt jedoch zunächst einen längeren Urlaub in Berlin an.
Tucholsky war, kurz nach seiner Promotion zum Dr. jur. im April 1915 eingezogen worden. Nach einer ersten Zeit als Schipper (Grabenausheber) wurde der Schriftsteller Ende 1917 zum Unteroffizier befördert und leitete die Bibliothek der Fliegerschule Ost im kurländischen Autz. In dieser Position ist Tucholsky außerdem zuständig für die Redaktion der örtlichen Soldatenzeitung »Der Flieger«.
Tucholsky erhielt durch diese Tätigkeit Gelegenheit wieder häufiger für die Berliner Kulturzeitschrift »Die Schaubühne« zu arbeiten. Seit 1913 war der Schriftsteller ein wichtiger Mitarbeiter des Schaubühnen-Herausgebers Siegfried Jacobsohn. Die Artikel erschienen sowohl unter seinem Namen als auch unter seinen Pseudonymen Ignaz Wrobel, Theobald Tiger und Peter Panter. Während die Texte von »Ignaz Wrobel« wegen ihrer radikalen Haltung der Zensur verfallen, erscheinen die Artikel der Autoren »Panter« und »Tiger« immer häufiger und prägen die politische Richtung der »Schaubühne« im Jahr 1918 nachhaltig. Tucholsky ist zu diesem Zeitpunkt Anhänger eines Verständigungsfriedens zwischen den kriegführenden Staaten.
Die Versetzung zur Besatzungsarmee in die rumänische Stadt Turn-Severin befördert den Schriftsteller auf einen ruhigen Posten außerhalb der Kampftätigkeiten. Tucholsky hat Gelegenheit, seine schriftstellerische Tätigkeit weiterzuführen.

Der 28jährige deutsche Satiriker und Schriftsteller Kurt Tucholsky (l.) als Soldat mit dem Komponisten Wilhelm L. Gruner (M.) und Ludwig Pinner (r.)

Alexander Girardi, beliebter Volksschauspieler am Wiener Theater

Marlitt-Romane im Dutzend billiger

4. April. Die Pestalozzi-Buchhandlung in Halle wirbt für eine neunbändige Ausgabe der Werke von Eugenie Marlitt. Die bekannten Liebesromane der Autorin, die unter dem Pseudonym »E. Marlitt« veröffentlicht, sind für den sensationell niedrigen Preis von 20 Mark erhältlich. Die Buchhandlung preist die billige Volksausgabe der Romane mit einem dreitägigen Rückgaberecht an. Ebenso ist eine Ratenzahlung mit drei Mark monatlich möglich.
Die Volksausgabe versammelt acht Romane und einen Band mit Erzählungen der äußerst beliebten Schriftstellerin, die mit bürgerlichem Namen Eugenie John hieß.
Marlitt begann um 1860 mit dem Verfassen von Unterhaltungsromanen, die zumeist in adligem Milieu spielen und in der »Gartenlaube« erschienen. Die Spannung der Romane wird immer von einer Liebesgeschichte zwischen Angehörigen unterschiedlicher sozialer Klassen getragen. Die Hauptperson erlebt zum Schluß einen sozialen Aufstieg und eine erfüllte Liebe.

△ Illustration aus dem 1890 in zweiter Auflage in Stuttgart erschienenen Marlitt-Roman »Reichsgräfin Gisela«
◁ Die deutsche Schriftstellerin E(ugenie) Marlitt (1825–1887), von deren Romanen 1918 eine Volksausgabe erscheint, in einer Darstellung aus der »Gartenlaube« von 1875; Marlitt war ursprünglich Sängerin und veröffentlichte erste Romane in der »Gartenlaube«; zu ihren bekannteren Büchern gehören »Das Geheimnis der alten Mamsell« (1868), »Die zweite Frau« (1874) und »Im Haus des Commerzienrathes« (1877)

Volksschauspieler A. Girardi stirbt

20. April. In Wien stirbt der österreichische Schauspieler und Sänger Alexander Girardi im Alter von 67 Jahren. Girardi zählte zu den bedeutendsten und populärsten Volksschauspielern der Wiener Bühnen. Er erlebte gleichzeitig eine Karriere als Operettensänger.
Girardi, der am 5. Dezember 1850 in Graz geboren wurde, kam im Alter von 21 Jahren nach Wien. Dort wirkte er zunächst als Charakterkomiker zwischen 1874 und 1896 im Theater an der Wien. In den Jahren 1908 und 1909 verließ Girardi seine österreichische Heimat, um am Thalia-Theater in Berlin zu arbeiten. Größte Anerkennung erfuhr der Schauspieler durch das Engagement am berühmten Wiener Burgtheater im Jahr 1918.
Am populärsten wurde Girardi als Volksschauspieler mit typisch österreichischem Humor in den Theaterstücken und Schwänken des österreichischen Dramatikers Ferdinand Raimund. Die Stücke Raimunds gelten als Vollendung des Alt-Wiener-Volksstücks.
Neben dieser Karriere wurde Girardi zu einem der bedeutendsten Interpreten der klassischen Wiener Operette. Als Operettenbuffo trat Girardi in den Werken von Johann Strauß (Sohn), Richard Heuberger und Karl Millöcker auf. Ein flacher Strohhut, den der Schauspieler mit Vorliebe trug, wird nach ihm als »Girardi-Hut« bezeichnet.

Mai 1918

Mo	Di	Mi	Do	Fr	Sa	So
		1	2	3	4	5
6	7	8	9	10	11	12
13	14	15	16	17	18	19
20	21	22	23	24	25	26
27	28	29	30	31		

1. Mai, Mittwoch

Drei Rheinbrücken, bei Engers, Rüdesheim und Remagen, werden zu Ehren deutscher Heerführer nach Kronprinz Wilhelm, General Paul von Hindenburg und General Erich Ludendorff benannt. Die Benennung erfolgt auf Veranlassung von Kaiser Wilhelm II.

In Wien findet eine Versammlung der Deutsch-Österreicher statt. Die Versammelten schwören, am Bündnis mit dem Deutschen Reich festzuhalten und vor allem »keinen Zoll deutschen Bodens preiszugeben«.

2. Mai, Donnerstag

Deutsche Truppenverbände dringen in das Donez-Gebiet, südöstlich der ukrainischen Grenze, vor (→25. 5./S. 79).

Als erste Verstaatlichungsmaßnahme, die einen ganzen Industriezweig betrifft, wird in Rußland die Zuckerindustrie von der bolschewistischen Regierung in Staatseigentum überführt.

Der Süden Finnlands wird mit Hilfe deutscher Truppen von finnischen und russischen Roten Garden befreit.

Das Londoner Unterhaus verabschiedet den diesjährigen britischen Staatshaushalt in Höhe von 842 Millionen Pfund Sterling.

3. Mai, Freitag

Im indischen Delhi findet eine britisch-indische Konferenz über die weitere Entwicklung der britischen Kolonie und die Frage eines freiwilligen Heeresdienstes statt. →S. 80

Vor der US-amerikanischen Küste bei Delaware kommt es zu einem Zusammenstoß zwischen einem US-amerikanischen Kreuzer und einem Handelsschiff. 74 Menschen ertrinken.

Der Besitz des deutschen Admirals Alfred von Tirpitz in Alghero auf Sardinien und in Nuova auf Sizilien wird von der italienischen Regierung enteignet. Tirpitz hatte die Ländereien auf den Mittelmeerinseln 1870 erworben.

4. Mai, Sonnabend

Die tschechisch-slowakischen Gefangenen in Rußland werden von den Bolschewiki ausgerüstet und bewaffnet und sollen über den Hafen Wladiwostok in die USA gebracht werden. Von dort soll die »Tschechische Legion« nach Frankreich transportiert werden, um an der Seite der Entente zu kämpfen. Unter den Tschechoslowaken befindet sich auch Tomáš Garrigue Masaryk, der für einen unabhängigen Staat der Tschechen eintritt (→25. 5./S. 79).

Das bayerische Ministerium des Innern kürzt die Fleischration im gesamten Königreich von 250 g auf 200 g. Die Maßnahme wird damit begründet, daß nicht genügend Reserven für den kommenden Winter vorhanden seien.

5. Mai, Sonntag

Die deutsche Reichsstelle für Schuhversorgung übernimmt die Produktion und den Vertrieb von Holzschuhen. Bislang war durch die Produktion verschiedener Modelle wertvoller Rohstoff verschwendet worden.

Die deutsche Reichsstelle für Gemüse und Obst warnt vor dem Genuß von Rhabarberblättern. Marmelade solle nur aus Rhabarber-Stielen, nicht aber aus Blättern hergestellt werden. Die Verarbeitung von Rhabarberblättern als »Spinat« sei ebenfalls zu vermeiden, weil es bereits durch die in den Blättern vorkommende Oxalsäure zu Todesfällen gekommen sei.

6. Mai, Montag

Die Truppen der chinesischen Zentralregierung sind nicht in der Lage, sich gegen die Privatarmeen einzelner Provinzführer durchzusetzen. Mehrere südliche Provinzen des Landes befinden sich vollständig in der Hand von einzelnen Kriegsherren (→15. 5./S. 76).

Das Kriegsernährungsamt in Berlin legt die Höchstpreise für Gänse fest. Lebende, sog. Magergänse, die zur Mast veräußert werden, kosten 12 Mark das Stück, geschlachtete Gänse bringen einen Kleinhandelspreis von 4,50 Mark das Pfund.

7. Mai, Dienstag

Die Mittelmächte schließen einen Friedensvertrag mit Rumänien, der unter dem Namen »Friede von Bukarest« in die Geschichte eingeht. Rumänien, das seit 1916 von den Mittelmächten besetzt ist, erhält Bessarabien, alle anderen umstrittenen Gebiete werden unter dem Deutschen Reich, Österreich-Ungarn und Bulgarien aufgeteilt. →S. 77

Anläßlich des »Friedens von Bukarest« verleiht der deutsche Kaiser Wilhelm II. Reichskanzler Georg Graf von Hertling das Eiserne Kreuz 1. Klasse.

8. Mai, Mittwoch

Der mittelamerikanische Staat Nicaragua erklärt dem Deutschen Reich und Österreich-Ungarn den Krieg.

Durch ein Dekret der französischen Regierung in Paris wird die Höchstsumme der Banknoten, die von der Bank von Frankreich ausgegeben werden darf, auf 80 Milliarden Francs festgesetzt. Die bisherige Höchstgrenze betrug 27 Milliarden Francs.

9. Mai, Donnerstag

Nach einer von David Lloyd George, dem britischen Premierminister und Führer der Liberalen, gestellten Vertrauensfrage vor dem britischen Parlament in London stimmen 106 Liberale unter Führung von Herbert H. Asquith gegen die Regierung und damit gegen ihren eigenen Parteiführer. Dies hat die Spaltung der Liberal Party zur Folge. →S. 80

In Großbritannien wird für alle Männer nach dem vollendeten 21. und alle Frauen ab dem 30. Lebensjahr das Wahlrecht eingeführt, wenn bestimmte Besitzvoraussetzungen gegeben sind.

Die deutschen Zeitschriften weisen darauf hin, daß die Reichsregierung nicht an eine Beschlagnahme von Schultornistern denke. Personen, die zur Abgabe der Tornister auffordern, werden als Betrüger verfolgt. →S. 83

10. Mai, Freitag

Das erste Handelsschiff unter finnischer Flagge läuft in den Lübecker Hafen ein. Finnland befindet sich seit Ausbruch des Bürgerkriegs im Januar (→4. 1./S. 15) weitgehend unter deutscher Militärkontrolle.

Papst Benedikt XV. teilt in Rom mit, daß er keine weitere Friedensinitiative unternehmen werde, man erwarte nunmehr »von Gott allein das Ende des schrecklichen Krieges«. Der Papst hatte im Vorjahr mehrfach vergebliche Friedensappelle und -vorschläge an die Kriegsgegner gerichtet.

11. Mai, Sonnabend

Zu ihrem neuen Führer, dem Ataman, wählen die Donkosaken Petr N. Krasnow (→25. 5./S. 79).

Die Diäten der deutschen Reichstagsabgeordneten werden von 3000 auf 5000 Mark erhöht. Die allgemeine Teuerung habe die Erhöhung notwendig gemacht. Die neuen Diäten gelten rückwirkend ab 1. Dezember 1917.

Die diesjährige »Große Düsseldorf-Berliner Kunstausstellung« wird im Kunstpalast der Rheinmetropole eröffnet. Die alljährliche Ausstellung war im Vorjahr wegen der angespannten Kriegssituation aus der Reichshauptstadt nach Düsseldorf verlagert worden.

12. Mai, Sonntag

Der österreichische Kaiser Karl I. trifft zu einem Besuch in Berlin ein. Bei den politischen Gesprächen mit dem deutschen Kaiser Wilhelm II. geht es besonders um die »Austropolnische Frage«, die von Österreich angestrebte Oberhoheit über Polen.

Die USA richten auf den Azoren einen Flottenstützpunkt ein. Die Atlantik-Inseln sollen als Zwischenstation für U-Boote und Flugzeuge dienen.

Die Zahl der Studenten der Universität Münster beläuft sich im Sommersemester auf 3067. Neu eingeschrieben haben sich 338 Studierende, darunter 95 Frauen. Der ungewöhnlich hohe Frauenanteil betrifft vor allem die philologischen Fachbereiche.

13. Mai, Montag

Aufgrund der immer größer werdenden Schwierigkeiten der Getreidebeschaffung wird in Rußland die »Ernährungsdiktatur« eingeführt. Das Volkskommissariat für Ernährungswesen wird mit Sondervollmachten gegen ablieferungsunwillige Bauern ausgestattet. Von den Zwangsmaßnahmen sind vor allem die reichen Bauern, die Kulaken, in Zentralrußland und dem Wolgagebiet betroffen.

Die »Agenten der Schuhwarenbranche« befassen sich bei ihrer Tagung in Berlin mit der Ausschaltung ihres Gewerbes. Die Agenten sind durch die Tätigkeit der zentralen Kriegs-Ledergesellschaft arbeitslos geworden. Sie fordern eine Entschädigung in Höhe von 1 % der Herstellungskosten (→2. 4./S. 66).

Der Beschluß des Kriegsversorgungsamtes zur Beschlagnahme von Tür- und Fenstergriffen sowie deren Ersatz durch minderwertiges Material bringt privaten Unternehmern zusätzlich etwa 1,5 Milliarden Mark. Der Austausch von Tür- und Fensterriegeln bringt einen Gewinn von 1 Mark pro Stück.

14. Mai, Dienstag

Erster Erfolg der wirtschaftlichen Vereinbarungen im »Frieden von Bukarest« ist die Lieferung von 150 000 Schafen und 50 000 Schweinen aus Rumänien ins Deutsche Reich. Aus der neuen Ernte Rumäniens sollen noch 400 000 Weizen importiert werden (→7. 5./S. 77).

In Petrograd (heute Leningrad) kommt es zu schweren Kämpfen zwischen den Bolschewiki und anarchistischen Föderalisten. Nach einem Feuergefecht werden die Anarchisten überwältigt.

15. Mai, Mittwoch

Die japanische Regierung in Tokio kündigt die Einsendung von Truppen nach China an, um die Kontrolle der chinesischen Finanzen und die Anerkennung japanischer Gebietsforderungen durchzusetzen. →S. 76

Der US-amerikanische Staatssekretär im Finanzministerium, William G. McAdoo, genehmigt eine weitere Kriegsanleihe von 200 Millionen Dollar (ca. 840 Millionen Mark) an Großbritannien sowie je 100 Millionen Dollar (etwa 420 Millionen Mark) nach Frankreich und Italien. Der Gesamtbetrag der Anleihen an die Verbündeten beträgt 5764 Millionen Dollar (rund 24 208 Millionen Mark).

Zwischen New York und der US-amerikanischen Hauptstadt Washington wird ein regelmäßiger Luftpostverkehr aufgenommen. Die Beförderung eines Luftpostbriefes kostet 24 Cent (rund 1 Mark).

16. Mai, Donnerstag

Die Verhandlungen über das deutsch-schweizerische Handelsabkommen sind vorläufig gescheitert. Frankreich droht mit dem Abbruch der wirtschaftlichen Beziehungen zur Schweiz, falls die Berner Regierung den Vertragsentwurf unterzeichnet (→22. 5./S. 83).

Der Deutsche Reichstag beschließt die Kürzung der Brotration auf 150 g pro Person pro Tag; das sind etwa anderthalb Scheiben Brot. →S. 81

Die Titelseite der in Leipzig erscheinenden »Illustrirten Zeitung« verherrlicht den Vierbund der Mittelmächte Deutsches Reich, Österreich-Ungarn, Bulgarien und Osmanisches Reich

Die Nutztierbestände im Deutschen Reich sind extrem zurückgegangen. Die Fleischversorgung ist gefährdet. →S. 81

17. Mai, Freitag

Zwischen Rumänien und den Mittelmächten kommt es zu einem Wirtschaftsabkommen. Rumänien verpflichtet sich dazu, überschüssiges Getreide an das Deutsche Reich und Österreich-Ungarn abzutreten, und überträgt den beiden Ländern das Monopolrecht auf Förderung und Nutzung des rumänischen Erdöls (→7. 5./S. 77).

Die gesamte norwegische Ortschaft Frederikstadt, etwa 90 km östlich von Christiania (heute Oslo), ist in Brand geraten. Mehr als 1000 Menschen werden obdachlos.

18. Mai, Sonnabend

In Moskau beginnt der II. Allrussische Kongreß der Arbeitskommissare (18. 5.–25. 5.). Er beschließt die Verstaatlichung aller Arbeitsbörsen, damit die extrem hohe Arbeitslosigkeit besser bekämpft werden kann.

Das preußische Kultusministerium in Berlin beschließt, daß Primaner, die vor dem Abitur zum Kriegsdienst einberufen wurden, nach Friedensschluß ohne Reifeprüfung zum Studium an den Hochschulen zugelassen werden sollen. Sie müssen jedoch eine Kriegsreifeprüfung ablegen, wobei die Art der Vorbereitung ihnen selbst überlassen ist.

19. Mai, Pfingstsonntag

Die deutsche Luftwaffe fliegt einen Großangriff auf London.

Das erzbischöfliche Ordinariat in Köln sagt alle Fronleichnamsprozessionen ab, weil wegen der ständigen Fliegergefahr die Sicherheit der Gläubigen nicht gewährleistet werden könne. →S. 83

Die Industriemesse im französischen Lyon geht nach fünftägiger Dauer zu Ende. Von den insgesamt 3175 Firmen, die in Lyon ausstellten, entfielen 2293 auf französische Aussteller. Aus dem Ausland kamen 114 Schweizer, 107 britische, 40 italienische, 33 spanische und 22 niederländische Firmen. Die USA waren mit 543 Ausstellern vertreten.

20. Mai, Pfingstmontag

Die britische Regierung in Irland läßt sämtliche Parlamentsabgeordnete der irischen nationalistischen Partei Sinn Fein in Dublin verhaften. Die Sinn Fein kämpft, zum Teil mit bewaffneten Einheiten, für die Unabhängigkeit Irlands.

Im Grunewald eröffnet der Berliner Rennverein seine diesjährigen Galopprennveranstaltungen. →S. 85

21. Mai, Dienstag

Das sowjetische Volkskommissariat für Justizangelegenheiten beschließt, das Gerichtsverfahren gegen den ehemaligen Zaren Nikolaus II., seine Familie und Angehörige des Hauses Romanow einzustellen (→16. 7./S. 105).

Die deutsche Reichsregierung in Berlin erläßt Aufrufe zum richtigen Verhalten bei Fliegerangriffen. Der Regierung war aufgefallen, daß sich die städtische Bevölkerung kaum an die Verhaltensmaßregeln hält. Statt dessen wird das Auftauchen feindlicher Flieger als Sensation bestaunt (→S. 79).

22. Mai, Mittwoch

Das Deutsche Reich und die Schweiz schließen ein Abkommen über die Lieferung von Kohle gegen Lebensmittel. Der Vertrag war wegen des Widerstands der Ententestaaten nur unter größten Schwierigkeiten zustande gekommen. →S. 83

Der Verband deutscher Schuhwarenhändler in Berlin protestiert gegen die Beschaffenheit der Kriegsstiefel. Wegen der Holzsohlen und des verwendeten Papierstoffs sowie einer unzureichenden Paßform empfinden Verbraucher die Schuhe als minderwertig und sehen vom Kauf ab. Die Händler seien jedoch gezwungen, die ihnen gelieferte Ware abzunehmen, so daß sich in den Läden große Mengen unverkäuflicher Waren häuften.

Wein wird im Deutschen Reich zum Luxusartikel. Eine Flasche aus besserer Lage wird demnächst um die 40 Mark kosten. Bei den derzeitigen Wein-Versteigerungen kostet das Fuder (= 1000 l) Wein zwischen 7000 und 20 000 Mark.

23. Mai, Donnerstag

Costa Rica erklärt dem Deutschen Reich und den anderen Mittelmächten den Krieg.

Senat und Kongreß in Washington beschließen, daß alle Männer zwischen 18 und 50 Jahren den Nachweis führen müssen, daß sie eine für den Staat wichtige Tätigkeit ausüben. Damit wird ein großer Teil der männlichen Bevölkerung für den militärischen Hilfsdienst verpflichtet.

Der »Bund deutscher Gelehrter« setzt sich bei seiner diesjährigen Tagung in Berlin für die Stärkung des deutschen Nationalbewußtseins und den möglichst baldigen Sieg über die Entente ein.

24. Mai, Freitag

In Murmansk trifft der Oberbefehlshaber der alliierten Truppen in Nordrußland, Generalmajor Frederic C. Poole, ein (→28. 6./S. 90).

In Ingolstadt kommt es zu schweren Auseinandersetzungen zwischen Polizei und Bevölkerung. Nach der Verhaftung eines angeblichen Deserteurs stürmt eine Gruppe Jugendlicher das Rathaus, zerschlägt das Mobiliar und setzt das im Erdgeschoß befindliche Gasthaus in Brand. Nachdem die Menge vom Militär zerstreut wurde, zerstören kleine Gruppen von Randalierern Fensterscheiben und Ladeneinrichtungen.

Zur Beseitigung der Wohnungsknappheit in den deutschen Städten sieht eine Polizeiverordnung die An- und Abmeldung von Mietwohnungen vor. Leerstehende Wohnungen müssen innerhalb von drei Tagen gemeldet werden.

25. Mai, Sonnabend

Deutsche Truppenverbände landen in Georgien und unterstützen die dort wirkenden antibolschewistischen Kräfte. →S. 79

Die etwa 150 000 Mann starke tschechische Legion, die ursprünglich über Wladiwostok evakuiert werden sollte, greift auf seiten der Antibolschewisten in den russischen Bürgerkrieg ein. →S. 79

Niederländische Frauen verfassen eine Friedenspetition, die sie an die Frauen der Staatsoberhäupter kriegführender Länder verschicken.

26. Mai, Sonntag

In Georgien konstituiert sich unter menschewistischer Führung eine unabhängige Republik Georgien, die sich deutschem bzw. türkischem Protektorat unterstellt (→25. 5./S. 79).

Die transkaukasische Demokratische Föderative Republik löst sich zugunsten der Schaffung nationaler Einzelstaaten auf (→25. 5./S. 79).

Der deutsche Verein »Landaufenthalt für Stadtkinder« kann 200 000 Kinder nach Ostpreußen und Pommern verschicken. Trotz geringer Aufnahmefähigkeit und -bereitschaft der Landbevölkerung wird demnächst mit noch mehr Unterbringungsmöglichkeiten gerechnet (→7. 1./S. 19).

27. Mai, Montag

Zwischen Soissons und Reims beginnt eine Großoffensive deutscher Verbände, bei der es zu Anfangserfolgen kommt (→30. 5./S. 77).

Per Gesetz wird in Rußland jeder private Waldbesitz untersagt. Die Forstwirtschaft wird verstaatlicht.

In Tiflis proklamiert der Muslimische Nationalrat die Bildung einer »Aserbeidschanischen Republik«.

In der königlichen Residenz von München finden die Feiern anläßlich des hundertjährigen Bestehens der bayerischen Verfassung statt. König Ludwig III. betont in seiner Festrede die Verbundenheit des Königreichs Bayern mit dem Deutschen Reich.

28. Mai, Dienstag

Der Armenische Nationalrat proklamiert in Tiflis die Gründung einer »Armenischen Republik«.

Portugiesische und britische Truppen haben in Portugiesisch-Ostafrika die Reste der deutschen Schutztruppe unter General Paul von Lettow-Vorbeck umzingelt. Vorbeck hatte sich bislang durch geschickte Manöver und große Beweglichkeit aus der Umschließung befreien können (→19. 7./S. 105).

Bei der Explosion einer Wasserstoffflasche im deutschen Rüstungsbetrieb Griesheim-Elektron bei Bitterfeld werden neun Arbeiter getötet und sieben schwer verletzt.

29. Mai, Mittwoch

Die französische Stadt Soissons wird im Zuge der Westoffensive (Beginn am 27. Mai) von deutschen Truppen eingenommen (→30. 5./S. 77).

Die bolschewistische Regierung Rußlands bildet ein übergeordnetes Revolutionstribunal, dem die gesamte Gerichtsbarkeit im neuen Staat untersteht.

In Spanien breitet sich mit beängstigender Geschwindigkeit eine zunächst unbekannte Epidemie aus. Allein in Madrid sind etwa 100 000 Personen erkrankt. Nach weiteren Krankheits- und Todesfällen wird die Epidemie als »Malta-Fieber« erkannt.

30. Mai, Donnerstag

Die russische Regierung erkennt die Genfer und andere internationale Konventionen, die das Rote Kreuz betreffen, an.

Die seit April 1918 bestehende Sowjetrepublik Kusan und die am 16. Dezember 1917 ausgerufene Schwarzmeer-Republik werden als Kusan-Schwarzmeer-Sowjetrepublik zusammengeschlossen. Der Zusammenschluß der autonomen Republiken soll eine größere Einigkeit der Sowjetmacht gegen eine drohende Besetzung der Region durch deutsche Truppen bewirken.

Das preußische Herrenhaus lehnt ebenso wie schon das Abgeordnetenhaus (am 14. 5.) die Vorlage zur Abschaffung des Dreiklassenwahlrechts ab. Sie war im November 1917 eingereicht worden. →S. 81

31. Mai, Freitag

In Rußland werden alle Zensuren zur Beurteilung von Kenntnissen und Verhalten von Schülern abgeschafft. Außerdem wird der Gemeinschaftsunterricht obligatorisch.

Der Wahlrechtsausschuß der Regierung in Budapest lehnt das Frauenstimmrecht mit 11 gegen 9 Stimmen ab.

Gestorben:

19. Genf: Ferdinand Hodler (* 14. 3. 1853, Bern), Schweizer Maler, dem Jugendstil und dem Symbolismus verpflichtet. →S. 85

30. Terijoki: Georgi W. Plechanow (* 11. 12. 1856, Gudalowka), russischer Revolutionär, als Menschewik Gegner Wladimir I. Lenins.

Geboren:

4. Präfektur Niigata: Kakuei Tanaka, japanischer liberal-demokratischer Politiker.

Das Wetter im Monat Mai

Station	Mittlere Lufttemperatur (°C)	Niederschlag (mm)	Sonnenscheindauer (Std.)
Aachen	14,6 (12,8)	45 (67)	– (205)
Berlin	15,3 (13,7)	10 (46)	– (239)
Bremen	14,5 (12,8)	31 (56)	– (231)
München	14,7 (12,5)	55 (103)	– (217)
Wien	– (14,6)	– (71)	– (–)
Zürich	14,4 (12,5)	42 (107)	232 (207)

( ) Langjähriger Mittelwert für diesen Monat
– Wert nicht ermittelt

Die 198. Kriegsnummer der Frankfurter Zeitung »Das Illustrierte Blatt« mit einer Abbildung vom Flugpostdienst der deutschen Armee in der Ukraine

Einzelpreis 10 Pfg.

Nr. 20. VI. Jahrgang, 1918. **198. Kriegsnummer** (18) Frankfurt a. M., 12. Mai.

Das Illustrierte Blatt

Der erste deutsche Flugpostdienst in der Ukraine.

Führer und Begleiter des Postflugzeuges bei der Besprechung vor dem Flug.

Bild oben: **Vor dem Hause des Kurierdienstes in Brest-Litowsk, in dem sich die Luftpost-Annahmestelle befindet.**

Japaner wollen Einfluß in China ausüben

15. Mai. Die japanische Regierung in Tokio schlägt die Entsendung einer japanischen Armee von 200 000 Mann nach China vor. Japan versucht mit dieser Drohung, seine wirtschaftlichen Interessen in den bereits beherrschten Provinzen Schantung und Fukien zu sichern und seine Einflußsphäre auf dem Festland zu erweitern.

Nach dem Tod des Präsidenten Yüan Shih-k'ai befindet sich China wieder im Bürgerkrieg. Die einzelnen Regionen werden von regionalen Militärführern mit ihren Privatarmeen beherrscht.

Japan benutzt die Bürgerkriegswirren als Vorwand, die eigenen Truppen in China zu verstärken, um angeblich die Ruhe wieder herzustellen. Tatsächlich sieht die Regierung in Tokio jedoch eine günstige Gelegenheit, ihre Kontrolle über Teile Chinas auszuweiten, weil die anderen Großmächte im europäischen Krieg gebunden sind und den seit langem währenden Konflikt um die Macht in China aus den Augen verloren haben.

Japan stellt ein Ultimatum an die Pekinger Zentralregierung unter Feng Kuo-chang. Gefordert wird die vollständige Kontrolle über die chinesischen Finanzen, die alleinige Ausnutzung der Schiffswerften und Eisenwerke und die Unterstützung der japanischen Gebietsinteressen in der Mongolei. Hinzu kommt die Aufforderung, mindestens 50% aller chinesischen Munitionskäufe in Japan zu tätigen. China war auf Drängen der USA am 14. August 1917 in den Krieg gegen Österreich-Ungarn und das Deutsche Reich eingetreten. Bereits vorher hatten die Vereinigten Staaten die besonderen Interessen Japans in China anerkannt, um Auseinandersetzungen über das Gebiet des neuen Verbündeten zu vermeiden.

Die japanische Armee hatte Ende 1914 nach fünfwöchiger Belagerung die deutsche Festung Tsingtau eingenommen und sich in Schantung und der Mandschurei festgesetzt. Die derzeitige Kriegslage und die neue bolschewistische Regierung in Rußland bieten jetzt Gelegenheit, die japanische Präsenz in China vertraglich abzusichern. Der mit der Invasionsdrohung erzwungene Vertrag verpflichtet beide Staaten auf ein Bündnis gegen ein mögliches Auftreten deutscher Truppen in Ostasien. Ebenso wird ein gemeinsames Vorgehen gegen die Sowjetregierung vereinbart. Japan garantiert für diese Unterstützung die Souveränität Chinas, verpflichtet sich jedoch nur, in den besetzten Gebieten die chinesische Kultur zu achten.

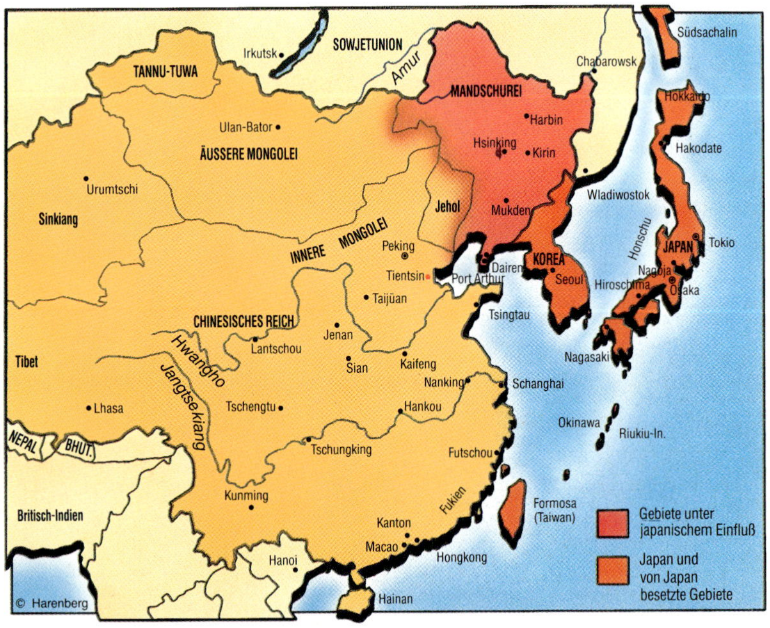

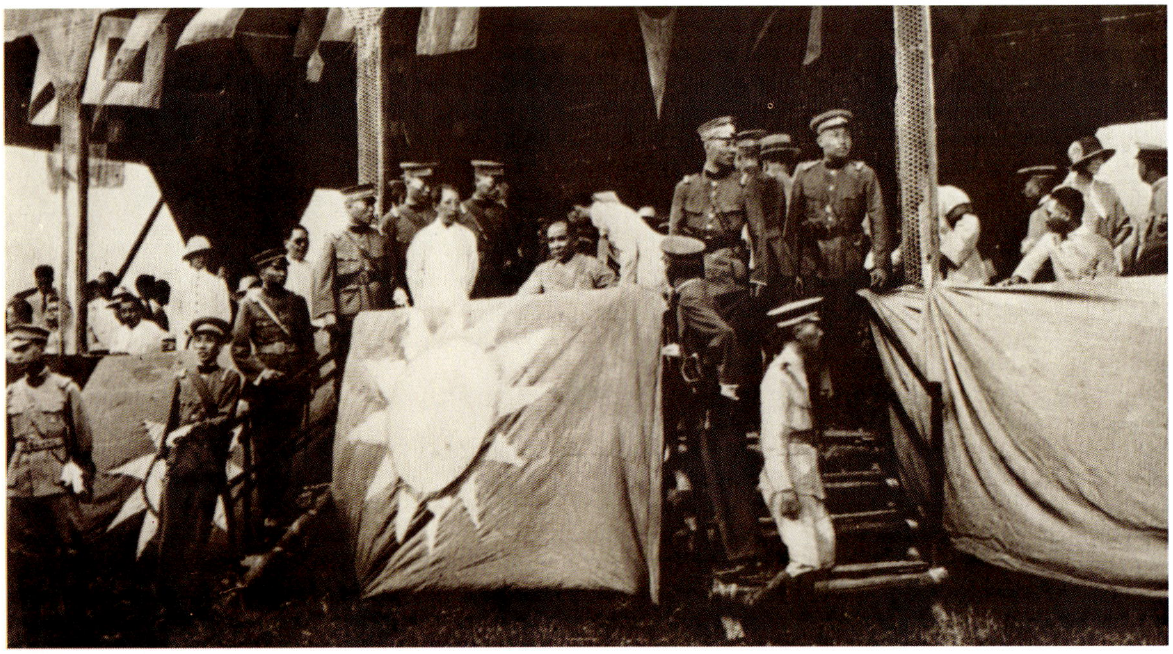

Sun Yat-sen (M.), 1912 Präsident Chinas, mit seinen Offizieren; 1918 führt er eine Gegenregierung in Kanton an

Chinesen unter ständigem Druck

Die japanisch-chinesischen Beziehungen im Weltkrieg waren stets durch den Versuch Japans geprägt, seinen Einflußbereich und seine wirtschaftlichen Interessen durch Drohungen auszuweiten. Der Krieg, der für Japan einen ungeheuren Wirtschaftsaufschwung brachte, bot Gelegenheit, die Kontrolle über ganz China zu verlangen.

Japan hatte am 7. November 1914 die deutsche Kolonie Tsingtau erobert, und sicherte sich alle deutschen Rechte in der Provinz Schantung. Trotz chinesischer Proteste ließen die Japaner das gesamte Eisenbahnnetz durch eigene Truppen kontrollieren. Schon vorher galt das besondere Interesse Japans den Kohlen- und Eisenbergwerken und den Eisenhütten der Hanyehp'ing Company in Zentralchina. Bereits im November 1914 ließ der neue Diktator Chinas, Yüan Shih-k'ai, die Werke verstaatlichen. Das inzwischen wirtschaftlich gestärkte Japan antwortet darauf mit dem Ultimatum der »21 Forderungen«.

Bislang hatte Japan versucht, eine Aufteilung Chinas unter die Großmächte zu verhindern, weil es selbst nicht stark genug war, sich seinen Teil zu sichern.

In den »21 Forderungen« verlangte Japan nun u. a. die Kontrolle der Mandschurei und der inneren Mongolei, die Kontrolle über die Eisenbergwerke und -hütten, das Verbot, chinesische Häfen oder Inseln an irgendeine dritte Macht abzutreten und die ausschließliche Zulassung von Japanern als politische und finanzielle Ratgeber. Darüber hinaus wurden die Polizeigewalt in allen großen Städten, sämtliche Eisenbahnkonzessionen und das Monopol an Bergwerken und Häfen gefordert. Größte Empörung in China und der übrigen Welt sorgte dafür, daß Japan seine Wünsche zurückstellen mußte. Im Vertrag vom 25. Mai 1915 erreichte Tokio trotzdem erhebliche Zugeständnisse, die durch den neuen, mit Drohung erreichten Vertrag noch ausgeweitet werden (→ 15. 5./S. 76).

Dritte Westoffensive beginnt erfolgreich

30. Mai. Erste deutsche Truppenverbände erreichen bei Château Thierry, etwa 80 km östlich von Paris, die Marne. Die dritte Westoffensive, die General Erich Ludendorff am 27. Mai begonnen hatte, zeigt erhebliche Erfolge. Die deutsche Infanterie rückt mit atemberaubendem Tempo vor. Französische Einheiten befinden sich auf dem Rückmarsch; die französische Regierung verläßt Paris und zieht sich an die Loire zurück.

Nachdem die zweite Offensive im Westen am 9. April (→ S. 62) zum Stehen gekommen war, ohne daß ein strategischer Erfolg zu verzeichnen war, entschloß sich Ludendorff zu einer neuen Strategie. Der General wollte zunächst die britische Armee im Norden Frankreichs schlagen, um danach die geschwächten französischen Truppen zu überrennen. Dazu mußten die französischen Einheiten durch eine Teiloffensive zunächst gebunden werden. Ludendorff versammelte im Norden 30 unverbrauchte Divisionen und begann seine Offensive am Chemin des Dames, nordöstlich von Soissons an der Aisne.

Am 27. Mai setzte ein Trommelfeuer bislang nicht bekannten Ausmaßes ein. Der deutsche Oberstleutnant Georg Bruchmüller ließ eine Mischung von Explosivgeschossen und Gasgranaten verschießen. Der Beschuß konzentrierte sich auf die französischen Artilleriestellungen und vernichtete deren Geschütze. Nach dem darauffolgenden Beschuß der vordersten französischen Linien wurde das Artilleriefeuer abschnittweise ins Hinterland verlegt, so daß die deutschen Sturmabteilungen weiter vorrücken konnten.

Ziel des großen Aufgebots war die unmittelbare Bedrohung der französischen Hauptstadt. Ludendorff wollte Frankreich zwingen, in Flandern, bei der britischen Armee stehende Einheiten nach Süden zu verlegen, um dann mit den bereitgestellten Truppen den entscheidenden Stoß gegen die britischen Kampfeinheiten zu führen.

Der rasche Sieg, am 28. Mai stand die Heeresgruppe »Deutscher Kronprinz« kurz vor Soissons, änderte jedoch die strategischen Überlegungen. Die Deutschen hatten nun die Möglichkeit, bis auf Epernay und Dormans, also bis zur Marne vorzustoßen. Diese Position war seit den Anfangserfolgen von 1914 nicht mehr erreicht worden. General Ludendorff gab den Befehl zum weiteren Vormarsch.

Die französische Front zwischen Reims und Compiègne brach zusammen. Neu herangeführte Truppenverbände wurden in der allgemeinen Flucht mitgerissen. Einzig der alliierte Oberkommandant General Ferdinand Foch (→ 26. 3./S. 49) sah keine unmittelbare Bedrohung. Der deutsche Vormarsch fand nur in einem schmalen Gebiet zwischen den beiden französischen Eckpfeilern Reims und Compiègne statt. Beide Städte sollten unter allen Umständen gehalten werden. Foch, der die Absicht Ludendorffs, den Hauptangriff im Norden gegen die britische Armee zu führen, erkannte, weigerte sich, im Norden stehende Einheiten zur Verteidigung der Hauptstadt Paris heranzuziehen. Er setzte darauf, daß der außerordentlich schnelle Vormarsch der Deutschen selbst zum Erliegen kommen würde.

In Paris herrschte dagegen Panik-Stimmung. Der schnelle deutsche Sieg am Chemin des Dames, wo die Franzosen viele erfolgreiche Schlachten erlebt hatten, löste eine Fluchtbewegung unter der Einwohnerschaft aus.

Die deutsche Offensive verliert jedoch schnell ihren Schwung. Beim raschen Vormarsch machen die Deutschen zwar große Geländegewinne, die Artillerie hat jedoch den Anschluß an die vorstürmenden Einheiten verloren (→ 15. 6./S. 90).

Französische Nachrichtentruppen beim Verlegen einer Telefonleitung

Rumäniens Frieden mit Mittelmächten

7. Mai. Nach Ende der Verhandlungen über wirtschaftliche Detailfragen wird endgültig der »Friede von Bukarest« zwischen den Mittelmächten und Rumänien geschlossen. Rumänien hatte durch den Friedensschluß von Brest-Litowsk seinen russischen Verbündeten verloren und befindet sich in einer aussichtslosen Lage.

Der Friedensschluß mit Rumänien, das seit 1916 von deutschen und österreichisch-ungarischen Truppen besetzt ist, ist auf Betreiben von General Erich Ludendorff zustande gekommen, der die im Osten stehenden Truppen für seine am → 21. März (S. 48) begonnene Westoffensive benötigt. Außerdem braucht das Deutsche Reich den Frieden, da die Lebensmittellieferungen aus der Ukraine, wie sie im sog. Brotfrieden vereinbart wurden (→ 9. 2./S. 28), nur über die Donau transportiert werden können.

Der Friede von Bukarest ist, im Gegensatz zu dem von Brest-Litowsk, ein Verständigungsfriede. Die Monarchie bleibt erhalten; wirtschaftliche Zusatzabkommen sichern den Mittelmächten Lebensmittel- und vor allem Erdöllieferungen.

Unterzeichnung des Friedensvertrages mit Rumänien in Bukarest

Von Mackensen (l.), von Kühlmann, deutsche Delegation in Bukarest

Montagehalle einer deutschen Flugzeugfabrik; Einbau der Motoren

Lackieren der mit Stoff bespannten, farbig bemalten Tragflächen

Anbringen der Tragflächen und der Versteifung am Flugzeugrumpf

Tragfähigkeitsprüfung für das Höhensteuer mit einer Sandkiste

Zu den Hauptaufgaben der immer besser ausgestatteten Doppeldeckerjagdflugzeuge gehört im Weltkrieg der Angriff auf feindliche Fesselballons, um die darin postierten Artilleriebeobachter zu töten oder zum Absprung zu zwingen

Vom Aufklärer zum schnellen Bomber

Im Zuge ihres Einsatzes im Kriegsgeschehen kommt es zu einer immer stärkeren Differenzierung der Flugzeugtypen. Flugzeuge werden nicht nur wie zu Beginn des Krieges als Aufklärer eingesetzt, sondern finden ebenso Verwendung als Bombenflugzeug oder Jäger.
Neuestes Modell der deutschen Flugzeugindustrie ist die »Fokker D-VII«, die mit einer Höchstgeschwindigkeit von 200 km/h zum erfolgreichsten Jagdflugzeug der Luftwaffe aufsteigt.
Bei den Bombenflugzeugen ist ebenfalls ein deutsches Modell führend. Der Doppeldecker »Gotha« ist ein Langstreckenbomber, der zwar nur 140 km/h schnell ist, jedoch bis zu 600 kg Bomben tragen kann. Mit diesem Flugzeug wagen es die Deutschen, London auch am hellen Tag anzugreifen.
Die französische Armee verfügt über die »Bréguet XNB 2«, ebenfalls ein Doppeldecker, der bis auf 6000 m Höhe steigen kann und über 200 km/h schnell ist. Die Bewaffnung besteht aus einem Maschinengewehr, die Bomben werden mit einer automatischen Auslösevorrichtung abgeworfen. Sowohl mit der »Gotha« als auch mit der »Bréguet« kann das feindliche Hinterland erreicht werden. Bislang waren die großen Bombenflugzeuge zu langsam für weite Vorstöße in den feindlichen Luftraum, so daß sie leicht von den schnelleren Jägern abgeschossen werden konnten.
Die zunehmende Bedeutung des Flugzeugs als Kriegswaffe ist an den Produktionszahlen abzulesen. Frankreich baute 1914 nur 541 Maschinen, 1918 sind es 24 652. Die Gesamtproduktion des deutschen Flugzeugbaus in den vier Jahren des Weltkrieges beträgt 48 000 Maschinen.
Weltweit werden zwischen 1914 und 1918 insgesamt etwa 210 000 Flugzeuge aller Art gebaut.
Frankreich und Großbritannien stellten 1912 eigene Luftstreitkräfte auf. Bereits 1910 wurde im Deutschen Reich die erste Militärfliegerschule gegründet. Zu Beginn des Weltkriegs wurden die Flugzeuge ausschließlich als Aufklärer eingesetzt. Bereits 1915 gelang es jedoch der deutschen Fliegertruppe, mit Hilfe des neuartigen Funkverkehrs das Artilleriefeuer einer Einheit zu lenken. Am 5. Oktober 1916 fand dann über dem Schlachtfeld an der Marne der erste Luftkampf der Geschichte statt. Ein französischer Aufklärer schoß mit einem Maschinengewehr ein deutsches Flugzeug ab. Seither begann die Entwicklung unterschiedlicher Flugzeugtypen bis hin zu schweren Bombern. Besonders erfolgreich wurden die Fokker-Jagdflugzeuge von 1916 und die ab 1917 gebauten Maschinen »Albatros« und »Halberstadt«.

Mit diesem einsitzigen Jagdflugzeug vom Typ Fokker D-I flog der berühmte deutsche Flieger Freiherr Manfred von Richthofen seine letzten Einsätze

Soldaten der Ersten Petrograder Partisanenabteilung, die gegen die antibolschewistischen »weißen« Armeen und die alliierten Eindringlinge kämpfen

Sowjets verlieren an Boden

25. Mai. Die sowjetische Regierung in Rußland verliert die Kontrolle über weite Teile des Landes. Antibolschewistische »weiße« Armeen, unterstützt von alliierten Truppen, organisieren überall in Rußland den bewaffneten Widerstand.
Im südlichen Ural kommt es zu einem Aufstand der »Tschechischen Legion«, einem Heer von 50 000 gutbewaffneten, ehemaligen österreichischen Kriegsgefangenen. Aufgrund des Versprechens, nach dem Zusammenbruch der Donaumonarchie einen eigenen tschechischen Staat bilden zu können, kämpfte die Legion ursprünglich auf seiten der Sowjets. Die Aufständischen verbünden sich mit der antibolschewistischen »weißen« Gegenregierung in Samara (heute Kubyschew). Bei der Machtübernahme in Samara fällt den Konterrevolutionären der gesamte Goldschatz der russischen Reichsbank in die Hände.
In den nordrussischen Häfen Murmansk und Archangelsk sind seit April 15 000 britische Soldaten gelandet (→ 9. 3./S. 47), die ursprünglich die Sowjetmacht gegen die deutsche Armee unterstützen sollten. Die Briten wenden sich jedoch wegen des Aufstands der tschechischen Legion von den Sowjets ab und verbünden sich mit den »weißen« Truppen des Generals Jewgeni Miller auf der Halbinsel Kola.
Im Süden beherrscht der neue Führer der Donkosaken, Petr N. Krasnow, gemeinsam mit dem konterrevolutionären General Anton I. Denikin (→ 13. 4./S. 64) das Gebiet zwischen der deutschen Frontlinie und der Wolga und schneidet Moskau von der Getreideversorgung ab. Ein weiterer General der »Weißen«, Alexandr Koltschak, bildet in Omsk eine konterrevolutionäre Regierung.

Beerdigung von Gefallenen der Roten Armee in Mirgorod in der Ukraine

Truppenbesichtigung durch Alexandr Koltschak (M.), Führer der »Weißen«

Briten mobilisieren die indische Kolonie

3. Mai. In Delhi endet eine britisch-indische Konferenz, die am 27. April begonnen hatte. Die Versammlung beriet über den Beitrag Indiens zur Unterstützung der britischen Kriegsanstrengungen im Weltkrieg.

Unter dem Vorsitz des britischen Vizekönigs von Indien, Frederick John Napier Thesiger Viscount Chelmsford, trafen sich 16 indische Fürsten sowie etwa 100 Vertreter der Parteien. Die Befürworter der indischen Unabhängigkeit von Großbritannien waren nicht geladen.

Die Konferenz beschließt, daß die Anwerbung zusätzlicher Soldaten ebenso gefördert werden soll wie der Aufbau von Munitionsfabriken. Die Konferenz ruft die indische Bevölkerung dazu auf, äußerst sparsam mit allen Lebensmitteln umzugehen, die für Großbritannien wichtig sein könnten.

Die Vertreter der britischen Krone glauben, durch die vorgeschlagenen Maßnahmen zur Förderung des freiwilligen Dienstes in der Armee weitere indische Einheiten aufstellen zu können. Man hofft, innerhalb eines halben Jahres mehr als eine halbe Million Inder zu mobilisieren.

Bereits im April hatte König Georg V. mehrere Aufrufe an das britische Dominion Indien gerichtet, vor allem durch die Lieferung von Nahrungsmitteln den Kampf des Mutterlandes Großbritannien gegen die Mittelmächte zu unterstützen.

Der Maharadscha von Patiala in Nordindien, einer der vielen kleinen Fürsten, mit einem britischen Verwaltungsbeamten im Kreise seines Hofstaats

London: Spaltung in der Liberal Party

9. Mai. Das britische Unterhaus in London spricht dem Premierminister David Lloyd George das Vertrauen aus. Bei der Debatte stimmen jedoch 106 Abgeordnete, die wie der Premierminister der Liberal Party angehören, gegen ihn.

Lloyd George

Die Ministerkrise war durch General Frederik Maurice ausgelöst worden, der dem Premier Falschaussagen über die militärische Lage unterstellt hatte. Auf Betreiben des ebenfalls liberalen Abgeordneten und ehemaligen Premierministers Herbert H. Asquith sollte ein Ausschuß die Vorwürfe untersuchen, der Premierminister stellte daraufhin die Vertrauensfrage.

Kriegshetze und Heldenverehrung auf Feldpostkarten

Allen kriegführenden Ländern dient die Feldpostkarte als geeignetes Propagandamittel zur Verunglimpfung des Feindes und zur Stärkung der eigenen Kampfmoral. Gegen Kriegsende mehren sich im Deutschen Reich die Aufrufe für Verwundetenunterstützung und Kriegsanleihen.

Die Kriegshetze auf den Propagandakarten hatte zunächst ihre Grundlage in der allgemeinen Begeisterung. Die Karten des Deutschen Reiches zeigten zumeist den Kaiser, die Kaiserin, aber auch verbündete Monarchen und Angehörige der Generalstäbe. Der Kriegsbeginn wurde mit rührseligen Szenen von Abschied und Wiedersehen gewürdigt.

Im Verlauf des Krieges häuften sich Postkarten, die herausragende Kriegshelden wie den Flieger Freiherr Manfred von Richthofen (→ 24. 4./S. 63) oder den General August von Mackensen zeigen. Hinzu kamen Faksimiles von Aussprüchen und Teilen markiger Reden des Kaisers. Gegen Ende des Krieges, wo die Verluste, die nahezu jede Familie erleben mußte, nicht mehr durch die Verherrlichung heldischer Taten überdeckt werden können, nimmt das Thema der Witwen- und Verwundetenhilfe stark zu. Immer öfter werden auch Aufrufe für die Kriegsanleihen und die Ludendorff-Spende abgedruckt, mit denen das Reich Kriegskosten bestreiten will.

Das hauptsächliche Thema der Propagandakarten, das über die gesamte Dauer des Krieges unverändert bleibt, ist jedoch die Hetze gegen den »Feind«. Da werden fremde Soldaten als Kindermörder und Frauenschänder, die Regierungsoberhäupter als grausige Totenschädel und menschenverschlingende Moloche dargestellt.

Flugblätter mit defätistischem Inhalt werden von Flugzeugen über den feindlichen Stellungen abgeworfen. Darin rufen Zeichnungen und scharf formulierte Propaganda gewöhnlich zur Desertion auf.

Deutsche Propagandapostkarten: Der Kriegsgegner wird als unbarmherzige Bestie dargestellt, der deutsche Soldat ist der bessere Mensch an sich

Preußischer Landtag in Berlin: Sitzungssaal des Herrenhauses; die Mitgliedschaft wird geerbt oder vom König verliehen

Freie Wahlen in Preußen erneut abgelehnt

30. Mai. Das preußische Herrenhaus lehnt die Vorlage zur Abschaffung des Dreiklassenwahlrechts, die im November 1917 eingereicht worden ist, ab. Zuvor war die Wahlrechtsvorlage vom preußischen Abgeordnetenhaus am 14. Mai ebenfalls abgelehnt worden.

Nach fünfmonatiger Debatte endet die Diskussion um die Reform des Wahlrechts wiederum mit unterschiedlichen Vorschlägen, die jeweils keine Mehrheit im Parlament finden können. Das seit 1849 in Preußen bestehende Dreiklassenwahlrecht bleibt damit zunächst erhalten. Die Einführung des allgemeinen, gleichen und freien Wahlrechts war als Regierungsvorlage ins Parlament eingebracht worden. Dagegen gab es einen Kompromißvorschlag, der vorsah, daß unter gewissen Umständen zur jeweiligen Grundstimme eines Wählers zwei Zusatzstimmen kommen könnten.

Die Einführung des allgemeinen Wahlrechts, insbesondere § 3, das Mehrstimmenwahlrecht, wird mit 236 gegen 185 Stimmen abgelehnt. Der Kompromißvorschlag wird mit 338 gegen 73 Stimmen ebenfalls zurückgewiesen. Über § 3 wurde einzeln abgestimmt; das Ergebnis lautet: 220 Gegenstimmen, 191 Ja-Stimmen und 4 Stimmenthaltungen.

Die preußische Staatsregierung kündigt wegen der Ablehnung und der daraus folgenden unklaren Situation die Auflösung des Abgeordnetenhauses und Neuwahlen an. In seiner Erklärung über das zukünftige Vorgehen der Regierung sagt der Vizepräsident des Staatsministeriums Robert Friedberg:

»Die Staatsregierung hält nach wie vor an dem gleichen Wahlrecht unverrückbar fest und ist entschlossen, zu seiner Durchführung alle verfassungsmäßigen Mittel in Anwendung zu bringen. Sie ist jedoch ebenso der Auffassung, daß das Herrenhaus als gleichberechtigter Faktor der Gesetzgebung zu dieser grundlegenden Frage Stellung nehmen muß. Sollte dieses Verfahren entgegen der Erwartung der Staatsregierung innerhalb gemessener Frist nicht zur endgültigen Annahme des gleichen Wahlrechts führen, so wird die Auflösung des Hauses zu dem ersten Zeitpunkt erfolgen, zu dem diese nach pflichtmäßigem Ermessen der Staatsregierung mit der Kriegslage verträglich ist.«

Robert Friedberg, Vizepräsident des preußischen Staatsministeriums

Je größer das Vermögen, desto größer der politische Einfluß in Preußen

Das zur Zeit in Preußen bestehende Wahlrecht ist das im Jahr 1849 eingeführte indirekte Dreiklassenwahlrecht. Diese Regelung ist eine nach Einkommen und Steuerleistung abgestufte Sonderform des allgemeinen Wahlrechts.

Zwar ist die Mehrheit aller Männer wahlberechtigt, doch wird durch eine Aufgliederung der Wähler in Wahlklassen die große Mehrheit der Bevölkerung von politischen Entscheidungen ausgeschlossen. Im Dreiklassenwahlrecht werden die Wähler eines Wahlkreises in drei Gruppen aufgeteilt, die jeweils ein Drittel des gesamten Steueraufkommens zahlen. Es existiert also eine sehr kleine Gruppe von Spitzenverdienern, eine mittlere Gruppe mit höherem Einkommen und eine sehr große Gruppe – etwa 80% der Wahlberechtigten – mit niedrigem Einkommen. Jede Gruppe wählt die gleiche Anzahl von Wahlmännern. Diese wiederum wählen die Abgeordneten des preußischen Landtages. Eine sehr große Anzahl von Wahlberechtigten verfügt damit über genau die gleiche Stimmenanzahl bei Wahlmännern wie die kleine Gruppe der reichen Bürger.

Tägliche Brotration wird weiter gekürzt

16. Mai. Das Kriegsernährungsamt in Berlin gibt die Kürzung der täglichen Brotration auf 130 g bekannt. Das entspricht etwa 1½ Scheiben. Die Kürzung ist notwendig geworden, weil die geplanten Getreidelieferungen aus der Ukraine nicht eingetroffen sind. Im sog. Brotfrieden (→9. 2./S. 28) mit der Ukraine waren Getreidelieferungen in großem Umfang vereinbart worden.

Die mit der Ukraine vereinbarten Getreidelieferungen entwickeln sich für das Kriegsernährungsamt bislang enttäuschend. Vorgesehen war die Lieferung von etwa 100 000 t Getreide im April. Im Deutschen Reich sind jedoch nur 1852 t angekommen. Die größte Menge des überaus teuren Weizens ist in Österreich-Ungarn verblieben.

Das Kriegsernährungsamt rechnet jedoch mit einer Lieferung von etwa 900 000 t bis Ende Mai. Aber auch diese Menge wäre für die Versorgung der Bevölkerung unzureichend. Die tägliche Mehlmenge pro Person wird deshalb ebenfalls herabgesetzt: von 200 auf 160 g.

Für den Ausfall von Mehl und Brot wird es keinen Ersatz durch Fleisch geben. Die Schweine- und Rinderbestände sind zu sehr angegriffen.

Das Amt kündigt jedoch an, daß größere Mengen Zucker und Einmachzucker zur Verfügung stehen. Diese werden in der Zeit der Brotkürzungen ausgegeben. Das gleiche gilt für Kartoffeln, die nach längerer Unterbrechung wieder lieferbar sind.

Kein Schlachtvieh für die Deutschen

16. Mai. Die gegenwärtig herrschende Nahrungsmittelknappheit, insbesondere die Brotkürzungen, können nach Mitteilung des Kriegsernährungsamtes durch Fleisch nicht ausgeglichen werden.

Die Nutztierbestände sind im Deutschen Reich extrem zurückgegangen. Es existieren nur noch 5,7 Millionen Schweine. Der Bestand an Rindern beträgt 19 Millionen. Das durchschnittliche Schlachtgewicht der Rinder ist jedoch um etwa die Hälfte von 210 kg im vorigen Jahr auf 136 kg 1918 gesunken, so daß jetzt erheblich mehr Tiere geschlachtet werden müßten, um auf den gleichen Ertrag zu kommen.

Ihre heute vollzogene Kriegstrauung zeigen an
Dr. med. August Zorn
Stabsarzt a. K.
Leonie Zorn, geb. Ophoven
z. Zt. im Felde. 23. 5. 1918. Düsseldorf.

Statt besonderer Anzeige.
Alois Ketteler, Stabs-Apotheker,
Auguste Ketteler, geb. Müller
Kriegsgetraut.
Düsseldorf, den 8. Mai 1918.
Münsterstr. 36, I.

Statt Karten.
Theo Loeb
Grete Loeb, geb. Strauß
Kriegsgetraut.
Frankfurt a. Main, Düsseldorf (Deichstr. 10),
19. Mai 1918.

Heiratsanzeigen aus den »Düsseldorfer Nachrichten«; die Gestaltung der Anzeigen erscheint fast zeitlos; mit dem Vermerk »kriegsgetraut« werden sie jedoch zu einem Ausdruck des Bemühens, sich trotz des Elends im Reich und des Grauens an der Front eine Nische privaten Glücks zu schaffen

Albert Windscheid,
Leutn. d. Res.,
Henny Windscheid,
geb. Jossen
Kriegsgetraut.
Düsseldorf (Fürstenwall 198), 2. Mai 1918.

Alfred Fischer
Anny Fischer, geb. Heid
Kriegsgetraut
im Mai 1918.
Düsseldorf (Adersstrasse 58).

Ihre heute vollzogene Kriegstrauung beehren sich anzuzeigen
Rudolf Boetzelen
Irmgard Boetzelen,
geb. Everling.
M.Gladbach, den 7. Mai 1918.

Artur Ewersbach
Sophie Ewersbach geb. Brendtner
Kriegsgetraut
im Mai 1918.
B.-Gladbach, Hotel Alt-Heidelberg. Düsseldorf, Kölnerstrasse 332.

Propaganda und Wirklichkeit der deutschen Kriegsehen

Die privaten Kleinanzeigen der wenigen Zeitungen im Deutschen Reich geben einen Spiegel der aktuellen Notlage. In der Rubrik »Heiratswünsche« ist das Elend des Krieges deutlich abzulesen.

Zunehmend annoncieren junge Witwen, häufig mit Kindern, in den Heiratsrubriken. Meist sind die Frauen um die 30 Jahre alt. Wie sich die offizielle Propaganda das Leben und Empfinden der zumeist durch Nottrauung verehelichten »Patrioten« vorstellt, zeigt das Buch »Frauenleben im Weltkriege« von 1915. Vom Kriegsehepaar »Hedwig« und »Günther« wird da berichtet:

»Er zog sie wieder auf den Stuhl an seiner Seite. Sie lehnte wieder den Kopf an seine Schulter, ihre beiden Herzen jauchzten still vor Glück, und die Heroen schaffender Geisteskraft, die weißen Büsten von Goethe und Schiller, strahlten allein durch das Dunkel, als ob sie sich freuten über dieses im Herzen und Geist verbundene Ehepaar. (...) Er aber dachte: Hätte doch jeder deutsche Soldat daheim ein Weib, das ihn mit sanfter Hand aus der Barbarei des Krieges wieder emporführt. (...) Er begann wieder zu träumen. Er war im russischen Walde. (...) Sie erlebte im Geiste alles mit, und wenn dabei ihr Herz zuweilen sich zuckend zusammenkrampfte, mahnte sie sich selbst: Tapfer! Ich bin doch sein Kamerad.«

Die Wirklichkeit vieler Ehen beschreibt Leonhard Frank dagegen 1917 in seinem Buch »Der Mensch ist gut«. Er schildert den Alltag: Die junge Frau, die die Nachricht vom »Heldentod« ihres Ehemannes erhielt und ihre Reaktion: »Es ist ganz gleichgültig, ob das Auge, die Brust, die Lunge, das Gehirn, der Unterleib zerfetzt wird. Tot ist tot.«

»Kriegsgetraut«, Plastik von Gustav Schmidt-Cassel; der in Berlin lebende Kasseler Bildhauer hält sich bei dieser Statue mit pathetischen Posen sehr zurück; dennoch hat die Figur als Hauptakzent den Habitus der zwar besorgten aber geduldig wartenden jungen Ehefrau; so entspricht Schmidt-Cassels »Kriegsgetraute« genau dem propagandistischen Bild, das im wilhelminischen Deutschen Reich von den auf ihre Männer wartenden Frauen gezeichnet wird, um sie an ihre Pflichten zu erinnern

»Kriegsgetraut« neben »Gefallen«

Statt besonderer Anzeige.

Die Verlobung ihrer Tochter Ella mit Herrn Dr. med. Fritz Haastert Ass.-Arzt d. R., zeigen an San.-Rat Dr. Mauk und Frau Mathilde, geb. Bittner. Düsseldorf, i. Mai 1918 Hindenburgwall 24.

Meine Verlobung mit Frl. Ella Mauk, Tochter des Herrn San.-Rat Dr. Mauk und seiner Frau Gemahlin Mathilde, geb. Bittner, zeige ich hiermit an. Dr. med. Fritz Haastert Ass.-Arzt d. Res., z. Zt. im Felde.

Der Zeit entsprechend kein Empfang.

Kurt Thomas
Hilde Thomas, geb. van Endert
Vermählte.
Düsseldorf, den 15. Mai 1918.

Verlobungsanzeigen von 1918

Berühmte Werke der Weltkunst in Gefahr

Mai. Die französische Regierung beschließt die Auslagerung zahlreicher Kunstobjekte aus dem Louvre-Museum. Paris liegt unter dem Beschuß von deutschen Ferngeschützen, die über 100 km weit schießen können. Zudem rücken deutsche Verbände zügig gegen die Hauptstadt vor.
Seit März begann die deutsche Armee, mit neuartigen Geschützen die französische Hauptstadt direkt anzugreifen. Ferngeschütze der Firma Krupp, die von der Pariser Bevölkerung in Anlehnung an eine Tochter des Kanonenproduzenten »Dicke Berta« genannt wurden, lösen für einige Zeit Verwirrung in Paris aus. Man hatte zunächst an Flugzeuge gedacht, die ihre Bomben abwerfen, bevor man Kenntnis von den neuen Waffen erhielt (→ 23. 3./S. 55).
Obwohl bislang nur fünf Granaten in der Nähe des Louvre im Zentrum von Paris eingeschlagen sind – die Mehrheit der Treffer liegt im Norden und im Süden der Stadt –, sorgt man sich um die weltberühmte Kunstsammlung des Palastes.
Der Louvre ist das ehemalige königliche Schloß in Paris. Es wurde von König Franz I. ab 1546 errichtet. Seit 1793 dient das Gebäude auf der rechten Seite der Seine als Museum. Zu den bedeutendsten Stücken der Kunstsammlung zählt die Antikensammlung mit der weltberühmten Venus von Milo und Leonardo da Vincis Gemälde »Mona Lisa«.
Die Sicherstellung der Kunstwerke hat ihren Grund auch in der unsicheren Lage. Bei ihrer dritten Westoffensive hat die deutsche Armee die französische Frontlinie östlich von Paris durchbrochen (→ 30. 5./S. 77).

Sicherstellung und Abtransport der Statue der »Jeanne d'Arc« von Paul Dubois durch französische Infanterie-Soldaten in der zerstörten Stadt Reims

Schutzmaßnahmen für die Gemälde des 19. Jahrhunderts im Pariser Louvre

Deutsche Kohlen gegen Schweizer Milch

22. Mai. In Bern wird ein deutsch-schweizerisches Abkommen über die Lieferung von Kohlen, Stahl und Chemieprodukten gegen Lebensmittel abgeschlossen. Der Vertrag ist unter erheblichen diplomatischen Schwierigkeiten zustande gekommen, weil auch Frankreich der Schweiz Kohlelieferungen in Aussicht gestellt hat und gegen das Handelsabkommen mit dem Deutschen Reich intervenierte.
Nach den ersten Verhandlungen zwischen deutschen und schweizerischen Delegationen über die Lieferung von Kohle und Stahl in die Schweiz sowie von Milchprodukten und Schlachtvieh ins Deutsche Reich hatte Frankreich gedroht, seine Rohstofflieferungen in die Schweiz einzustellen. Streitpunkt war die Verwendung der Kohle in Schweizer Fabriken, die für die Entente produzieren. Das Deutsche Reich verlangte die Kontrolle über die Verwendung der deutschen Kohlelieferungen.
Nach zahlreichen Gesprächen zwischen der Schweiz und Frankreich in Paris einerseits sowie Verhandlungen der deutschen Delegation mit den Schweizern in Bern sichert Frankreich den Eidgenossen weiterhin die Lieferung von 85 000 t Kohle monatlich zu. Das Deutsche Reich verzichtet auf die Kontrolle der Verwendung von deutscher Kohle.
Der Vertrag sieht folgende deutsche Exporte vor:
- 200 000 t Kohle monatlich
- 19 000 t Stahl monatlich
- 3 000 Eisenbahnwaggons Kunstdünger und Kalisalz
- Benzin, Zink, Kupfervitriol, Arzneimittel

Die Schweiz verpflichtet sich zur Lieferung von Milchprodukten, Schokolade und 17 000 Rindern.

Keine Prozession zu Fronleichnam

19. Mai. Das erzbischöfliche Ordinariat von Köln teilt mit, daß in diesem Jahr keine Fronleichnamsprozessionen stattfinden werden. Wegen der Fliegerangriffe sei die Sicherheit der Gläubigen nicht gewährleistet.
In der Anordnung heißt es (Auszug): »Wegen der drohenden Fliegergefahr sehe ich mich zu meinem schmerzlichen Bedauern genötigt anzuordnen, daß bis auf weiteres alle Prozessionen, sowohl innerhalb, wie außerhalb der Gotteshäuser zu unterbleiben haben.
Erfolgt während des Gottesdienstes Fliegeralarm, so hat der betreffende Geistliche tunlichst von der Kanzel die Gläubigen nach Möglichkeit zu beruhigen und sie aufzufordern, langsam und ohne Gedränge die Kirche zu verlassen, oder aber unter der Turmhalle oder in den Krypten der Kirchen selbst Schutz zu suchen. Der Geistliche muß jedenfalls die Kirche verlassen.
Wir ermahnen die Gläubigen, zum Ersatz für die Prozessionen am Fronleichnamsfest recht zahlreich zum Tische des Herrn zu gehen.«

Kinder behalten ihre Schulranzen

9. Mai. Trotz der allgemeinen Lederknappheit denkt die deutsche Reichsregierung nicht an die Beschlagnahme von Schultornistern. Diesbezügliche Gerüchte hatten erhebliche Unruhe unter Schülern und Eltern ausgelöst.
In den Schulen zahlreicher deutscher Großstädte sind in letzter Zeit vermehrt Personen erschienen, die Schulranzen der Kinder beschlagnahmten oder unter Hinweis auf eine entsprechende Verordnung diese zum Preis von 50 Pfennig aufkauften. Besonders dreist gingen zwei Soldaten und ein Schutzmann in Köln vor, die sich in einer Volksschule als Beschlagnahmekommission vorstellten und die eingesammelten Tornister der gesamten Schule mit einer Schubkarre fortschafften. Einzelne Schüler wurden auch auf der Straße von Betrügern angesprochen, die ihnen die begehrten Lederranzen abnehmen wollten.
Das zuständige Reichsamt teilt daher mit: »An dem Gerücht ist kein wahres Wort, eine Beschlagnahme der Tornister ist nicht erfolgt.«

Architektur 1918:

Konstruktivismus und Kubismus beleben die Architektur

Während im Deutschen Reich die Möglichkeiten des praktischen Bauens immer geringer werden, kommen aus den Niederlanden und Frankreich die entscheidenden Anstöße einer neuen Linie der Architektur. Die niederländische Künstlervereinigung »De Stijl« neigt ebenso zu gradlinigen, vom Kubismus beeinflußten Konstruktionen wie die Entwürfe des schweizerischen Baumeisters Charles-Edouard Jeanneret-Gris (nennt sich ab 1920 Le Corbusier). Im Weltkrieg scheinen zunächst die architektonischen Entwicklungen zu stagnieren. Die Konzentration der gesamten Wirtschaftskraft auf die Produktion von Rüstungsgütern verhinderten die Fortführung praktischer Bauarbeiten. Trotzdem zeigen sich gegen Kriegsende neue Ansätze. Bislang hatte sich die Architektur auf industrielle Großbauten und die Konstruktion freistehender Einzelhäuser beschränkt. Jetzt beginnen einige Architekten, Wohnungen für breite Bevölkerungsschichten zu planen. Führende Rolle in dieser Entwicklung übernimmt die am 1. Oktober 1917 gegründete Künstler- und Architekten-Vereinigung »De Stijl«. Theo van Doesburg (eigentl. Christian Emil Marie Küppers), niederländischer Maler und eine der führenden Figuren von »De Stijl«, versucht, mit würfelförmigen Objekten das Bauwerk auf elementare Formen zu beschränken und jedes Ornament zu vermeiden. Jacobus Johannes Pieter Oud entwirft mit seiner bereits 1917 geplanten »Häuserreihe am Meer« ein charakteristisches Beispiel für kubistisches Bauen. Hier werden würfelförmige Gebäudeteile so ineinander verzahnt und gegeneinander versetzt, daß in einer langen Häuserzeile eine aufgelockerte Front mit zahlreichen Hohlräumen entsteht. Die gesamte Architektur wird auf waagerechte und senkrechte Flächen reduziert, die sich stets im rechten Winkel treffen.

Café und Restaurant »De Dubbele Sleutel« in Woerden (Niederlande) von Jan Wils, Mitglied der »De Stijl«-Gruppe

Landhaus von Frank Lloyd Wright; der US-Amerikaner ist Verfechter einer »organischen« Architektur, die er besonders in den Landhäusern verwirklicht

Haus Strasser in Wien (Umbauten und Erweiterung) von dem österreichischen Architekten Adolf Loos; Sachlichkeit kennzeichnet seine Entwürfe

Jacobus Johannes P. Oud: Arbeiterinnen-Ferienzentrum, Noordwijkerhout

Landhaus in Oostvoorne in den Niederlanden von Vorkink und Wormser

Wohnblock »Eigen Haard« in Amsterdam; Entwurf Michel de Klerk

Siebengeschossiges Kaufhaus »Hallidie Building« in San Francisco; der Entwurf für diesen Stahlbetonbau stammt von dem US-Amerikaner Willis J. Polk

Maler Hodler stirbt in Genf

19. Mai. Der schweizerische Maler Ferdinand Hodler stirbt im Alter von 65 Jahren in Genf. Hodler gilt als bedeutendster Maler des Schweizer Jugendstils.

Hodlers Frühwerk ist bestimmt durch die Darstellung von Schweizer Berg- und Waldlandschaften, die er in naturalistischer Wirklichkeitstreue darstellte. »Die Nacht«, ein Gemälde aus dem Jahre 1889, das mehrfach preisgekrönt wurde, brachte den ersten Erfolg für den Künstler. Das Werk markiert den Übergang Hodlers zum symbolistischen Stil. Zunehmend schuf Hodler monumentale Historienbilder und mit allegorischen Motiven ausgestattete typische Jugendstilbilder. Gegen Ende seines Schaffens kam Hodler wieder auf die Landschaftsmalerei zurück.

Zu den herausragendsten Gemälden des Schweizers zählen: »Der Schwingerkönig« (1886/87), »Der Traum« (1897–1903) sowie »Eiger, Mönch und Jungfrau« (1908).

Ferdinand Hodler, Schweizer Meister des Jugendstil sowie Historien- und Landschaftsmaler, in seinem Atelier

Berlin: Rennsaison beginnt

20. Mai. Der Berliner Rennverein eröffnet im Grunewald sein diesjähriges Galopprennprogramm. An den ersten zehn Renntagen sind 948 600 Mark Preisgeld ausgeschrieben.

Die Ausrichtung von Pferderennen war in diesem Jahr gefährdet, da die deutsche Reichsregierung noch bis Mitte April keine Genehmigung erteilt hatte. Die Verbesserung der militärischen Lage läßt jedoch die Ausrichtung des Grunewaldrennens zu.

Am ersten Renntag finden acht Galopprennen statt. Höchstdotiert ist das »Tiergarten-Rennen« mit 27 000 Mark für den Sieger. Im Abschlußrennen des ersten Renntages über 1600 m siegt der Außenseiter »Onkel Maure«, so daß eine Wettquote von 323:10 ausgezahlt wird.

Herausragender Jockei auf der Grunewaldbahn ist der erst 21jährige Otto Schmidt, der auf »Landstürmer« das »Fels-Rennen« und auf »Macht« das »Amalie-von-Edelreich-Rennen« gewinnt. Schmidt machte sich als Jockei einen Namen, als er am 25. Juni 1916 auf dem Hengst »Amorino« sensationell das Deutsche Galopp-Derby in Hamburg-Horn gewann.

Opernsängerin Claire Dux und Schauspieler Hans Albers beim Besuch der Frühjahrsrennen

Juni 1918

Mo	Di	Mi	Do	Fr	Sa	So
					1	2
3	4	5	6	7	8	9
10	11	12	13	14	15	16
17	18	19	20	21	22	23
24	25	26	27	28	29	30

1. Juni, Sonnabend

Die Regierungen Großbritanniens und des Deutschen Reichs einigen sich über Verhandlungen bezüglich der Kriegsgefangenenfrage. Im niederländischen Den Haag werden Gespräche über den Austausch von Gefangenen stattfinden.

In Rußland erscheint ein Dekret über die Abschaffung der Dienstränge im diplomatischen Dienst.

2. Juni, Sonntag

Bei einem Brand in Konstantinopel (Istanbul), der Hauptstadt des Osmanischen Reiches, wird ein ganzes Stadtviertel in Asche gelegt. Das Sultan-Selim-Viertel war vorwiegend mit Holzhäusern bebaut, die bei dem heftigen Westwind rasch Feuer fingen.

3. Juni, Montag

Der finnische Landtag stimmt dem deutsch-finnischen Friedensvertrag zu. →S. 90

Eine dänische Schiffahrtskommission und das Kriegshandelsamt der USA schließen in Washington ein Abkommen. Es betrifft die Überlassung von Schiffsraum dänischer Eigner für die Entente.

Das US-amerikanische Rote Kreuz teilt mit, daß der Briefverkehr zwischen Deutschen, die in den USA leben, und dem Deutschen Reich verboten sei. Eine Ausnahme bildet nur die Korrespondenz zwischen Kriegsgefangenen und deren Angehörigen.

4. Juni, Dienstag

Im Vertrag zu Batum zwischen dem Osmanischen Reich (heute Türkei) und der Republik Georgien wird dieses zu umfangreichen Gebietsabtretungen gezwungen. Außerdem muß Georgien den türkischen Truppen alle strategisch wichtigen Punkte überlassen.

Die neugegründete Republik Armenien wird von Rußland gezwungen, ihr Territorium auf die Bezirke Eriwan und Etschmiadzin einzuschränken.

Der I. Allrussische Kongreß der Volkswirtschaftsräte endet nach zehntägiger Dauer in Moskau. Das Leistungslohnsystem wird gebilligt (→3. 4./S. 64).

Im Königreich Preußen kommt es immer häufiger zu gefährlichen Trichinose-Erkrankungen. Der Verzehr von Schwarzmarkt-Fleisch, das nicht amtlich untersucht wurde, fördert die Infektionen.

5. Juni, Mittwoch

Der deutsche Botschafter in Moskau, Wilhelm Graf von Mirbach-Harff, zahlt rund 3 Millionen Mark an russische Bolschewisten in der Regierung, damit sie sich gegen ein Überlaufen der Bolschewiki auf die Seite der Alliierten einsetzen. Die Bestechungssummen werden im Laufe des Monats durch das Reichsschatzamt noch auf 40 Millionen Mark erhöht (→30. 6./S. 91).

Die bayerische Regierung in München plant die Errichtung einer Ruhmeshalle auf dem Flugplatz Schleißheim bei München. In der Halle, für die erste Entwürfe schon ausgearbeitet sind, sollen die Büsten gefallener bayerischer Flieger aufgestellt werden.

6. Juni, Donnerstag

Im niederländischen Den Haag beginnt eine internationale Konferenz über Kriegsgefangenenangelegenheiten. Britische und deutsche Delegationen diskutieren sechs Punkte über die Behandlung von Kriegsgefangenen.

Der erste Güterzug mit Lebensmittel aus der Ukraine trifft in Dresden ein. 15 Waggons sind mit Speck, Getreide und Zucker beladen. Die Lebensmittellieferungen waren im Brotfrieden mit der Ukraine (→9. 2./S. 28) beschlossen worden.

Die katholischen Frauenorganisationen des Deutschen Reiches schließen sich zusammen, um die Geldmittel für den Bau einer katholischen Frauen-Friedenskirche aufzubringen. Die Kirche, die man in der Frankfurter Vorstadt-West errichten will, soll den Charakter eines deutschen Nationalheiligtums tragen. →S. 94

Wegen des Tabakmangels im Deutschen Reich wird Jugendlichen unter 16 Jahren das Rauchen verboten. Zuwiderhandlungen können mit einer Geldstrafe bis zu 60 Mark belegt werden. →S. 98

7. Juni, Freitag

Die chinesische Zentralregierung in Peking weist alle im Lande lebenden Deutschen aus. Die etwa 10 000 Betroffenen sollen in Australien interniert werden (→15. 5./S. 76).

Mit einem großangelegten Minenfeld sperren britische Marineeinheiten das Kattegat. Die Meerenge zwischen Dänemark und Schweden bildet die Verbindung von Nord- und Ostsee.

In der Provinz Ostpreußen fällt die Temperatur bis auf 0° C. Stellenweise herrscht dichtes Schneetreiben. In den südlichen Landesteilen wird die Roggenernte schwer geschädigt.

8. Juni, Sonnabend

Konstantin Fehrenbach, Abgeordneter des Zentrums, wird zum neuen Präsidenten des Deutschen Reichstags gewählt. Fehrenbach war bereits Vorsitzender im Hauptausschuß.

In Samara, das kurz zuvor von Weißgardisten gemeinsam mit Mitgliedern der antibolschewistischen tschechischen Legion erobert worden war, wird als Regierungsorgan ein »Komitee der Mitglieder der Konstituierenden Versammlung« gegründet, das Menschewiken und Sozialrevolutionäre gemeinsam bilden (→30. 6./S. 91).

Die Reichsbekleidungsstelle in Berlin verbietet den Gebrauch von Tischwäsche im Gaststätten- und Hotelgewerbe. Bislang konnten Tischdecken noch benutzt werden, wenn die Tischplatten unansehnlich waren. Das jetzt erlassene Verbot soll den »unnötigen« Verbrauch von Textilien im zivilen Bereich weiter eindämmen.

9. Juni, Sonntag

Die sowjetische Regierung in Moskau beauftragt das Kriegskommissariat zur zwangsweisen Mobilisierung von Bauern und Arbeitern. Angesichts der Werbetätigkeit der konterrevolutionären Armeen versuchen die Sowjets selbst ihr Heer auszubauen.

Der Verein deutscher Zeitungsverleger trifft sich im Berliner Hotel »Prinz Albrecht« zur diesjährigen ordentlichen Hauptversammlung. Der Jahresbericht bemängelt Papierknappheit und mißbräuchliche staatliche Handhabung der Zensur. →S. 94

Die Zentrale für Heeresbedarf in Berlin verbietet den Gebrauch von Buchenlaub zur Streckung von Rohtabakvorräten. Bislang machte Buchenlaub einen Anteil von bis zu 80% bei Tabakerzeugnissen aus (→6. 6./S. 98).

Europameister Arthur Stellbrink gewinnt den Großen Preis von Düsseldorf, ein Radrennen mit Motorschrittmacher über 75 km. →S. 98

10. Juni, Montag

Nach Ablauf der Feldzeichnungsfrist, einer Verlängerung der Frist für die achte Kriegsanleihe, beläuft sich deren Endergebnis auf nahezu 15 Milliarden Mark (→18. 3./S. 52).

In ganz Irland unterzeichnen Frauen ein Gelöbnis, in dem sie sich verpflichten, keine Arbeiten von Männern zu verrichten, die gewaltsam rekrutiert wurden. Das Gelöbnis soll den Protest gegen die Dienstpflicht unterstützen.

Der deutsche Guttemplerorden bedauert bei seiner diesjährigen Hauptversammlung in Bochum die Abgabe von ohnehin knappem Brotgetreide an Brauereien. Der Guttemplerorden wurde im Jahr 1852 zur Bekämpfung des Alkoholismus gegründet.

11. Juni, Dienstag

Eine 150 Mann starke Gruppe US-amerikanischer Marinesoldaten wird in Murmansk an Land gesetzt. Erstmals seit Kriegsbeginn befinden sich damit US-Soldaten auf russischem Staatsgebiet (→28. 6./S. 90).

Der Rat der Volkskommissare in Moskau verabschiedet das Dekret über die Organisation der »Dorfarmut«-Komitees. Zur Beseitigung der katastrophalen Versorgungslage sollen die Komitees die Lieferung von Getreide, landwirtschaftlichen Geräten und anderen lebensnotwendigen Dingen in die Dörfer überwachen.

In Düsseldorf beginnt die diesjährige große Kunstausstellung des Vereins Berliner Künstler. Die Berliner Ausstellungshallen werden zur Zeit als Lazarett benutzt. →S. 97

12. Juni, Mittwoch

Generalfeldmarschall Erich Ludendorff gibt den Befehl zur Einstellung der Westoffensive. Der Angriff der deutschen Armee hatte am 27. Mai begonnen. →S. 90

Unter General Charles Mangin unternimmt die französische Armee erstmals seit 1917 wieder eine Offensive. →S. 91

Haiti erklärt dem Deutschen Reich den Krieg. Der von den USA seit 1915 besetzte Inselstaat vollzieht diesen eher symbolischen Schritt nach Aufforderung aus Washington.

Die diesjährige Kaffee-Ernte in Brasilien umfaßt 18 Millionen Sack. Wegen mangelndem Schiffsraum kann die Ernte nur unzureichend verschifft werden und stapelt sich in den Ausfuhrhäfen. Der brasilianische Kaffeepflanzerverband hofft das Gros der Ernte in den USA absetzen zu können, weil der deutsche Markt versperrt ist.

Die im November 1910 in Neuengamme bei Hamburg gebohrte Erdgasquelle ist versiegt. Schneller als erwartet ist die Versorgung Hamburgs jetzt nur noch durch Gaswerke möglich.

Eine Explosion in einem Mainzer Rüstungsbetrieb fordert vier Tote und 70 Verletzte.

13. Juni, Donnerstag

Die antibolschewistische Regierung der Ukraine schließt einen Waffenstillstand mit Rußland (→30. 6./S. 91).

Wegen der U-Boot-Gefahr im Mittelmeer werden alle ägyptischen Häfen geschlossen.

Deutsche Kriegsgefangene, die aus russischer Gefangenschaft zurückkehren, werden auf Beschluß der deutschen Reichsregierung ohne Einschränkung wieder an der Front eingesetzt.

Die Gute Hoffnungshütte AG für Bergbau und Hüttenbetrieb in Oberhausen, die Allgemeine Elektrizitätsgesellschaft in Berlin und die Hamburg-Amerika-Linie schließen sich zum Bau einer großen Schiffswerft in Hamburg-Finkenwaerder zusammen. Das neue Unternehmen unter dem Namen Deutsche Werft AG soll die dezimierte Handelsflotte wieder aufbauen. 10 Millionen Mark Aktienkapital stehen zunächst zur Verfügung.

14. Juni, Freitag

Am Tonalepaß in Italien beginnt die letzte erfolglose Offensive der österreichisch-ungarischen Armee gegen Venetien (→25. 6./S. 90).

Das Zentralexekutivkomitee der Sowjets beschließt die Ausgliederung aller Menschewisten und Sozialrevolutionäre aus den Sowjetorganen. Als Begründung wird ihre konterrevolutionäre Tätigkeit angegeben.

Die britische Wochenzeitschrift »The Graphic« zeigt die Fotografie einer einschlagenden Granate an der Front bei Ypern; das Foto stammt aus einer australischen Kriegsbilderausstellung, die für die britische Sammlung von Kriegsbildern erworben wurde

THE GRAPHIC

AN ILLUSTRATED WEEKLY NEWSPAPER

The entire contents of this paper, both Illustrations and Letterpress are copyright.

No. 2531. Vol. XCVII. Registered as a Newspaper. | SATURDAY, JUNE 1, 1918 | PRICE NINEPENCE By Post, 10d.

"Death the Reaper"

The Australian Battle Pictures Exhibition at the Grafton Galleries, which will be incorporated in a National Collection of War Pictures for future generations of the great Commonwealth, contains many fine sketches and photographs—none more striking than the above taken by Captain Hurley, of Mawson Expedition fame, in front of Ypres during a heavy Boche barrage.

15. Juni, Sonnabend

In Moskau wird die »Akademie zum Studium der Gesellschaftswissenschaften«, die sich das Studium der marxistischen Theorie und die Ausbildung leitender kommunistischer Kader zum Ziel gesetzt hat, gegründet.

Trotz Hochwassers gelingt den österreichisch-ungarischen Truppen im Abschnitt von Asiago im Grappagebiet und an der unteren Piave die Überschreitung des Flusses von Montello bis zur Adria (→25. 6./S. 90).

Wegen der zunehmenden Bruchteilrechnung des Pfennigs beschließt die deutsche Reichsfinanzverwaltung die Ausgabe von Zweieinhalb Pfennig-Stücken, die wegen der Metallknappheit jedoch nicht geprägt werden können.

16. Juni, Sonntag

Anläßlich des 30jährigen Regierungsjubiläums von Kaiser Wilhelm II. finden im Deutschen Reich Feierlichkeiten statt. →S. 94

Die Frauen des Deutschen Reichs werden von der Regierung aufgerufen, Schmuck und Gold abzugeben. Mit dem Erlös sollen die Getreidelieferungen der Ukraine bezahlt werden. →S. 95

Der Handel an der New Yorker Börse ist äußerst belebt. Rege Kauflust besteht bei Kriegswerten, weil wegen umfangreicher Bestellung von Rüstungsgütern verschiedene Gesellschaften die Erhöhung der Dividende in Aussicht gestellt haben.

Der Vulkan Ätna auf der italienischen Insel Sizilien ist aktiv. Die Ortschaften am Fuß des Berges werden von den Behörden evakuiert.

Die Kriegstragödie »Ein Geschlecht« von Fritz von Unruh wird im Schauspielhaus in Frankfurt am Main uraufgeführt. →S. 97

17. Juni, Montag

In Wien muß wegen fast völliger Erschöpfung der Vorräte die Brotration auf die Hälfte reduziert werden. Das entspricht 90 g pro Tag.

Der ungarische Ministerpräsident und Minister des Innern, Alexander Wekerle, legt ein Gesetz zur Neuregelung des Kinogewerbes vor. Die Konzessionen sämtlicher Kinotheater verfallen. Das Kino soll nur noch von Gemeinden und Städten betrieben werden.

18. Juni, Dienstag

In einem Rundschreiben an die Standesbeamten betont die deutsche Reichsregierung die vaterländische Pflicht, daß Eltern ihren Kindern deutsche Taufnamen geben. Als Information sei das Verzeichnis des allgemeinen deutschen Sprachvereins von 1910 geeignet.

Die Forstverwaltungen im Deutschen Reich sperren ihre Wälder bis zum Ende des Monats. Wegen des Mangels an Gartenbeeren werden überall von der Bevölkerung Waldbeeren gesammelt, die zur Zeit jedoch noch unreif sind.

19. Juni, Mittwoch

Der Dampfer, mit dem der australische Premierminister William Morris Hughes in die USA reist, wird im Pazifik von einem deutschen Hilfskriegsschiff angegriffen und schwer beschädigt. Es handelt sich vermutlich um einen ehemaligen französischen Schoner, der mit Leuten des »Seeadler« bemannt ist. Der »Seeadler« unter Felix Graf Luckner war im August 1917 zerstört worden.

Die Universität Erlangen erhält von einer privaten Firma eine Stiftung in Höhe von 400 000 Mark. Die Summe wird zur Errichtung eines Instituts für Röntgenforschung eingesetzt.

20. Juni, Donnerstag

Die russische Erdölindustrie wird auf Anordnung der Regierung in Moskau in Staatsbesitz überführt.

Wegen des steigenden Hochwassers an der Piave sowie der starken Artillerie- und Fliegertätigkeit der Italiener wird an der österreichisch-ungarischen Offensivfront der Befehl zum Rückzug gegeben (→25. 6./S. 90).

21. Juni, Freitag

Der US-amerikanische Senat in Washington fordert zur Unterstützung der Unabhängigkeitsbemühungen österreichischer Randvölker auf. Österreich-Ungarn selbst habe keine Daseinsberechtigung mehr.

Lehrerinnen im Deutschen Reich können sich an den Universitäten Königsberg, Greifswald, Göttingen und Münster auf die Oberlehrerinnenprüfung vorbereiten. Die Kurse führen zur Prüfung für das Lehramt an höheren Schulen.

Eine Explosion zerstört die Räumlichkeiten der nationalen Filmgesellschaft in der deutschen Reichshauptstadt Berlin. Dem anschließenden Brand fallen 15 Menschen zum Opfer.

22. Juni, Sonnabend

In allen spanischen Städten finden Versammlungen statt, auf denen die Rückgabe von Gibraltar gefordert wird. Der Felsen an der Südspitze der Iberischen Halbinsel ist zur Zeit unter britischer Verwaltung.

Die Temperatur auf dem Feldberg im Taunus fällt auf minus 6° C. Die Schneegrenze sinkt auf 600 m.

23. Juni, Sonntag

In Eisenach findet der außerordentliche deutsche Ärztetag statt. Die Standesvertreter sprechen sich gegen Bemühungen der Regierung aus, den Kreis der Pflichtversicherten zu erweitern. Wegen zu niedriger Honorare aus der Krankenversicherung sei der ärztliche Stand bei einer Verringerung der Zahl der Privatversicherten nicht mehr lebensfähig.

Das Kabinett des österreichischen Ministerpräsidenten Ernst Ritter Seidler von Feuchtenegg reicht seinen Rücktritt ein. Hintergrund sind Streitigkeiten über die Frage der Annexion Polens.

In Omsk bildet sich eine antibolschewistische sibirische Regierung.

Erstmals seit Menschengedenken fällt im argentinischen Buenos Aires und anderen Orten des Landes Schnee.

24. Juni, Montag

Der deutsche Außenminister Richard von Kühlmann hält vor dem Reichstag in Berlin eine Rede zur Lage an der Westfront, in der er u. a. feststellt, daß die deutsche Westoffensive die alliierten Gegner nicht friedensbereit gemacht habe (→12. 6./S. 90).

Bei Haussuchungen in Wiener Hotels werden illegale Mehllager in einer Gesamtmenge von 10 000 kg aufgefunden.

25. Juni, Dienstag

Die österreichisch-ungarische Armee zieht sich in ihre Ausgangsstellungen nördlich der Piave zurück. Damit endet die letzte Großoffensive gegen Italien. →S. 90

In Moskau legt der Rat der Volkskommissare die Bestimmungen über die Betriebskollektivverträge vor. Die Verträge stellen Tarifvereinbarungen dar, nach denen die Arbeitsbedingungen und die unterschiedlichen Lohnsätze in den Betrieben geregelt werden.

Der Vorsitzende des Sowjetischen Rates der Volksbeauftragten, Wladimir I. Lenin, überweist der Familie von Karl Marx in London eine Million Rubel zur Errichtung eines Monuments auf dem Grab des sozialistischen Philosophen auf dem Friedhof Highgate.

26. Juni, Mittwoch

Deutsche Verbände fliegen zum wiederholten Mal einen Luftangriff auf Frankreichs Hauptstadt Paris.

Als Folge des »Friedens von Bukarest« begnadigt der rumänische König Ferdinand I. alle deutschen Staatsbürger, die infolge des Kriegszustands zwischen Rumänien und dem Deutschen Reich verurteilt worden waren (→7. 5./S. 77).

Die deutsche Reichsregierung stellt eine mangelnde Rücksichtnahme gegenüber Kriegsverletzten fest. →S. 98

27. Juni, Donnerstag

Die älteste deutschsprachige Zeitung in den USA, die New Yorker »Staatszeitung« wird wegen finanzieller Schwierigkeiten eingestellt. Die Zeitung war 1833 von Jakob Uhl, einem Wiener Auswanderer, gegründet worden.

Über der niederländischen Insel Terschelling findet ein Luftkampf zwischen neun deutschen und fünf britischen Wasserflugzeugen statt. Dabei werden drei deutsche Flugzeuge abgeschossen, eine britische Maschine muß notlanden.

28. Juni, Freitag

Die sowjetische Rote Armee eröffnet die Kämpfe gegen alliierte Truppen nahe Murmansk. →S. 90

Die US-amerikanische Regierung veröffentlicht eine Erklärung, welche die Befreiung aller slawischen Völker von deutscher und österreichischer Herrschaft fordert (→30. 6./S. 90).

In Rußland erscheint ein Dekret zur Verstaatlichung des Eisenbahnverkehrs, der städtischen Betriebe und der Dampfmühlen, was praktisch einer Verstaatlichung der Großindustrie gleichkommt.

Die Berliner Polizei und die Staatsanwaltschaft führen Haussuchungen im Warenhaus Wertheim durch. →S. 94

29. Juni, Sonnabend

Die französische Regierung erklärt in Paris den tschechoslowakischen Nationalrat (Vorsitzender: Eduard Beneš) als erste Stufe zur tschechoslowakischen Selbständigkeit (→30. 6./S. 90).

Der Rat der Kommissare des Petrograder Sowjet beschließt, das Gebäude des Winterpalastes, den ehemaligen Zarensitz, künftig zur Veranstaltung von Maifeiern und ähnlichen Festen zu nutzen.

30. Juni, Sonntag

Der Gründer des tschechischen Nationalrats (November 1915) und Organisator der tschechischen Legion in Rußland, Tomáš Garrigue Masaryk, schließt mit den US-amerikanischen Slowakenführern ein Abkommen darüber, daß die Slowaken im Rahmen des zukünftigen tschechoslowakischen Staates volle Autonomie erhalten sollen. →S. 90

Die aufständischen Kosaken im Süden Rußlands werden unter entscheidender Mitwirkung der Sowjetkommissare Josef W. Stalin und Kliment J. Woroschilow geschlagen. Dadurch gerät die Eisenbahnverbindung Zaryzin (Wolgograd)–Moskau wieder in bolschewistische Hand. →S. 91

In Düsseldorf finden die vierten »Vaterländischen Kampfspiele« des deutschen »Verbandes der Vereine für Leibesübungen« statt. →S. 98

Gestorben:

10. Mailand: Arrigo Boito (*24. 2. 1842, Padua), italienischer Komponist und Dichter.

26. Krieglach (Steiermark): Peter Rosegger (eigentl. Roßegger; *31. 7. 1843, Alpl), österreichischer Schriftsteller. →S. 97

Geboren:

22. Wien: Kurt Moldovan (†16. 9. 1977), österreichischer Maler und Grafiker.

Das Wetter im Monat Juni

Station	Mittlere Lufttemperatur (°C)	Niederschlag (mm)	Sonnenscheindauer (Std.)
Aachen	13,2 (15,9)	45 (77)	– (200)
Berlin	13,9 (16,5)	62 (62)	– (244)
Bremen	13,5 (16,0)	85 (59)	– (218)
München	13,4 (15,8)	104 (121)	– (201)
Wien	– (17,6)	– (68)	– (–)
Zürich	13,5 (15,5)	170 (138)	220 (220)

( ) Langjähriger Mittelwert für diesen Monat
– Wert nicht ermittelt

Nur indirekt erscheint der Schrecken des Krieges in einer Zeichnung der in München erscheinenden Zeitschrift »Jugend« durch die Darstellung eines von Frauen betrauerten Toten

Friedensvertrag mit Deutschen bestätigt

3. Juni. Der finnische Reichstag in Helsinki stimmt dem deutsch-finnischen Friedensvertrag vom 7. März zu, der dem Deutschen Reich die Verfügungsgewalt über Finnland garantiert.

Nach dem Sturz des russischen Zaren, der auch über Finnland bestimmte, im März 1917 und dem Beginn der Sowjetherrschaft Ende 1917 begann im Januar 1918 der Bürgerkrieg. »Weiße« Truppen unter General Carl Gustaf Emil Freiherr von Mannerheim besiegten mit deutscher Unterstützung die Roten Garden. Der Preis für die deutsche Hilfe ist der Friedensvertrag, durch den Finnland politisch und wirtschaftlich vom Deutschen Reich abhängig wird. Mannerheim war aus diesem Grund gegen eine deutsche Beteiligung im Bürgerkrieg gewesen, konnte sich jedoch nicht gegen den Führer der konterrevolutionären finnischen Regierung, Pehr Evind Svinhufvud, durchsetzen.

Svinhufvud versucht die finnische Selbständigkeit mit Hilfe der deutschen Armee zu sichern.

Letzte Offensive in Italien gescheitert

25. Juni. Die österreichisch-ungarische Armee muß über den Fluß Piave bei Venedig zurückweichen. Mit dem Rückzug in die Ausgangsstellungen scheitert die letzte Großoffensive gegen Italien.

Der Angriff der Österreicher begann am 15. Juni. Die schlecht ausgerüsteten Soldaten, die vor allem unter Proviantmangel leiden, sind den italienischen Truppen zahlenmäßig nicht mehr überlegen. Feldmarschall Franz Freiherr Conrad von Hötzendorf, der die Südtiroler Front befehligt, hat 47 Divisionen zur Verfügung, die mit 6833 Geschützen ausgerüstet sind. Auf italienischer Seite stehen dagegen 56 Divisionen, darunter vier britische und zwei französische, mit zusammen 7750 Geschützen. Zudem wird der Angriff vorzeitig bekannt.

Ein österreichischer Deserteur informiert das italienische Oberkommando und überbringt den Tagesbefehl, in dem Conrad von Hötzendorf schreibt: »Soldaten! ... Ich werde euch in die reichsten Ebenen der Welt führen. In allen Stürmen des Winters habt ihr hinabgeblickt auf die sonnigen Ebenen Italiens. Der ersehnte Moment ist nun da. Im festen Vertrauen auf euch rufe ich euch zu: Jetzt vorwärts!«

Die k.u.k. Monarchie verliert in ihrer letzten Schlacht 30 000 Mann. Da Österreich keine Angriffe im Süden mehr durchführen will, fordert die deutsche Heeresleitung die Verlegung der Truppen zur Westfront.

General Diaz, Oberbefehlshaber der erfolgreichen italienischen Armee

Französische Armee wieder offensiv

12. Juni. Der deutsche Generalfeldmarschall Erich Ludendorff gibt den Befehl zur Einstellung der am 27. Mai begonnenen dritten Westoffensive. Zuvor hatten erstmals seit 1917 Einheiten der französischen Armee deutsche Truppen zum Rückzug zwingen können.

Trotz des schnellen Vormarsches der Deutschen seit dem 27. Mai war der Angriff an der Marne zum Stehen gekommen (→ 30. 5./S. 77). Ludendorff versuchte, durch einen Angriff zwischen Noyon und Compiègne erneut große französische Truppenverbände zu binden, um seinem eigentlichen Ziel, dem Angriff gegen die Briten im Norden, näher zu kommen. Die französische Armee war jedoch vorbereitet. Bei Beginn der Offensive, die von einem Trommelfeuer eingeleitet wurde, zogen sich die Franzosen aus den vordersten Stellungen zurück und erlitten kaum Verluste. Die nachfolgende Infanterie wurde sofort zum Stehen gebracht. Im Gegenzug greift General Charles Mangin die deutsche Armee erfolgreich an.

Alliierte Truppen gegen die Sowjetarmee

28. Juni. Die Rote Armee eröffnet die Kämpfe gegen alliierte Truppen, die im Hafen von Murmansk gelandet waren. Zusammen mit den bereits im russischen Norden stehenden 2000 britischen Soldaten unternehmen die Alliierten erste Versuche zur Wiedererrichtung der Ostfront gegen die Mittelmächte und die bolschewistische Regierung.

Auf Drängen der britischen Regierung, die bereits im März eine Einheit in Murmansk stationiert hatte, setzen auch die USA eine Gruppe von 150 Marinesoldaten an Land.

Die Entsendung von Entente-Truppen nach Rußland verstehen die Alliierten als Teil ihrer Kriegführung gegen das Deutsche Reich. Der damalige russische Volkskommissar für auswärtige Angelegenheiten, Leo D. Trotzki, hatte im Frühjahr 1918 selbst um Unterstützung gegen deutsche und konterrevolutionäre finnische Armeen gebeten (→ 9. 3./S. 47). Nach Unterzeichnung des deutsch-russischen Friedensvertrages von Brest-Litowsk am → 3. März (→ S. 46) forderte das Deutsche Reich den Abzug der Alliierten, die sich jedoch entschieden weigerten, Murmansk zu verlassen.

Die Sowjetregierung begann daraufhin mit militärischen Aktionen gegen die Entente-Truppen.

Zuvor hatten sich die Alliierten mit den »weißen« konterrevolutionären Bürgerkriegsarmeen verbündet (→ 25. 5./S. 79). Hintergrund der Intervention in den russischen Bürgerkrieg ist der Versuch der Entente, neben dem Kampf gegen die Bolschewiki auch Truppen der Mittelmächte in Osteuropa zu binden.

Soldaten der Roten Armee auf einem Panzerzug, der zum Angriff auf die in Rußland eingedrungenen alliierten Streitkräfte nach Murmansk geschickt wird

Tschechen schließen Bund mit Slowaken

30. Juni. Der Vertrag von Pittsburgh, der auf Betreiben der national-tschechischen Opposition in den USA geschlossen wird, bekräftigt die Einheit von Tschechen und Slowaken. Den Slowaken wird vom Führer der tschechischen Nationalisten, Tomáš Garrigue Masaryk, die volle Autonomie in dem nach dem Krieg zu gründenden Staat Tschechoslowakei zugesichert.

Exilgruppen der nationalen Minderheiten aus dem österreichisch-ungarischen Vielvölkerstaat gewinnen immer stärkeren politischen Einfluß. Masaryk, der Gründer des tschechischen Nationalrates, versammelte in den USA eine nationaltschechische Gruppe, die unermüdlich für die Auflösung der Habsburger Monarchie und die Errichtung eines selbständigen tschechischen Staates eintritt. Die Forderungen Masaryks werden von US-Präsident Thomas Woodrow Wilson unterstützt. Der Vertrag von Pittsburgh sichert die Zusammenarbeit von Tschechen und Slowaken beim Aufbau des zukünftigen neuen Staates.

Massiver Einsatz von gepanzerten Wagen bringt Vorteile für die alliierten Truppen

12. Juni. *Beim erstmaligen Vormarsch der französischen Armee seit 1917 setzt General Charles Mangin auch vier Tank-Bataillone ein. Die gepanzerten Wagen sichern den Vormarsch der Franzosen. Das Deutsche Reich hat auf den Bau der neuen Angriffswaffe fast völlig verzichtet. Im Sommer 1918 stehen den insgesamt 2895 Tanks der britischen und französischen Armee nur etwa 20 deutsche Panzerwagen gegenüber. Die Idee, gepanzerte Wagen als Angriffswaffe einzusetzen, stammt aus Großbritannien. Besonders Winston Churchill setzte sich für den Ausbau der Panzerwaffe ein.*

Vorläufer des Tanks ist der von Daimler 1905 gebaute »Austro-Daimler-Panzerkraftwagen«. Er setzte sich aber weder in Österreich noch im Deutschen Reich durch. Churchill griff 1915 die Idee eines »Panzerkreuzers zu Lande« wieder auf und ließ einen Wagen bauen, der auf Raupenketten lief. Im Januar 1916 wurde das Fahrzeug erstmals vorgeführt. Zur Täuschung der deutschen Spione und Luftaufklärer streute man das Gerücht aus, es handle sich um große fahrbare Treibstoffbehälter, also Tanks. Ihre erste Bewährungsprobe bestanden die Tanks in der Somme-Schlacht am 15. September 1916. Zwar blieben viele Fahrzeuge wegen technischer Mängel liegen, doch erzielten die restlichen erhebliche Geländegewinne, weil sie problemlos auch über tiefe Schützengräben hinwegfahren konnten. Die erste große Panzerschlacht fand am 20. November 1917 in Cambrai statt, wo 400 britische Tanks die deutsche Front innerhalb weniger Stunden überrollten. Beträchtlich ist vor allem die psychologische Wirkung der Stahl-Ungetüme, die alles niederwalzen.

Freiwillige vor!

Mit einer großangelegten Plakataktion versucht die Regierung der Bolschewiki, Freiwillige für den Dienst in der Roten Armee zu gewinnen. Die revolutionäre Herrschaft im neuen Rußland wird sowohl von »Weißen«, konterrevolutionären Truppen, als auch von britischen und US-amerikanischen Armeen bedroht.

Kosakenarmee bedroht Sowjetregierung

30. Juni. Einheiten der antibolschewistischen Kosakenarmee im Süden Rußlands erleiden eine vernichtende Niederlage gegen die Rote Armee. Unter Führung von Josef W. Stalin erobert die Rote Armee die Eisenbahnlinie zwischen Zaryzin (heute Wolgograd) und der Hauptstadt Moskau wieder zurück.

Die Kosaken unter General Petr N. Krasnow stellen mit ihrer Armee die stärkste konterrevolutionäre Streitkraft. Gemeinsam mit dem »weißen« General Anton I. Denikin kontrollieren sie das Gebiet von der deutschen Frontlinie in der Ukraine bis zur Wolga. Durch die Eroberung der Eisenbahnlinie war Moskau von der Nahrungsmittelversorgung aus dem Süden abgeschnitten worden.

Krasnow, dessen Armee etwa 9000 Mann umfaßte, versuchte die Stadt Zaryzin zu erobern, deren Rote Garden von Stalin befehligt werden. Der junge Revolutionär ist der Beauftragte des Zentralkomitees der Bolschewiki für die Südfront. Den Kosaken gelang es, die Stadt Nowotscherkassk einzunehmen. An der Seite der Kosaken kämpfen die »weißen« Konterrevolutionäre von General Denikin.

Die Truppen der Roten Armee werden von Kliment J. Woroschilow befehligt, der von deutschen und ukrainischen Truppen aus Kiew vertrieben worden war. Im Juni gelang es Woroschilow, die Stadt Zaryzin zu erreichen, die gegen die Kosaken erfolgreich verteidigt wurde.

Gemeinsam mit Stalin erobert Woroschilow die Kontrolle über die Eisenbahnlinie nach Moskau von den Kosaken zurück.

Während in allen Teilen Rußlands Bürgerkrieg herrscht und die im Lande stehenden Alliiertentruppen sich mit den konterrevolutionären »Weißen« verbünden, versucht die deutsche Reichsregierung ein taktisches Arrangement zwischen der sowjetischen Regierung und den Alliierten zu verhindern. Der deutsche Botschafter in Moskau, Wilhelm Graf von Mirbach-Harff, zahlt 3 Millionen Mark an die sowjetische Regierung, um sie vom Überlaufen zu den Alliierten abzuhalten.

J. W. Stalin, Führer der Roten Armee/Südfront

General Woroschilow, Sieger bei Zarzyn

Anton I. Denikin, General der »Weißen«

Gaskampfstoffe töten Mensch und Tier

Zu den grausamsten Waffen des Weltkriegs gehören die verschiedenen Gaskampfstoffe, die von der deutschen Armee eingesetzt werden. Die Kampfstoffe, die entweder mit dem Wind in die feindlichen Stellungen getrieben oder mit Hilfe von Granaten in die feindlichen Stellungen geschickt werden, töten durch Ersticken oder großflächige Verätzungen der Haut.

Der Einsatz von Gaskampfstoffen ist nach der Haager Landkriegsordnung von 1899 und 1907 ausdrücklich verboten. Trotzdem entwickeln deutsche Chemiker (→ 11. 4./S. 66) vier Kampfgase mit verschiedener, meist tödlicher Wirkung:

- ▷ Chlorgas verätzt die Atemwege
- ▷ Grünkreuz (Phosgen) ist ein tödlich wirkendes Atemgift
- ▷ Gelbkreuz (Senfgas) ist ein Hautkontaktgift, das durch großflächige Verätzungen der Oberflächenhaut tötet
- ▷ Blaukreuz (Diphenylarsinchlorid) ist ein Atemgift, das über Kreislaufversagen und Lähmungen zum Tode führt

Kampfgas wurde erstmals von der deutschen Armee am 22. April 1915 an der Westfront bei Ypern eingesetzt. Man verwendete die sog. Blastechnik: Aus Behältern wurde Gas abgelassen, das mit dem Wind in die feindlichen Stellungen trieb. Zunehmend entwickelte die deutsche Armee Gasgranaten, die erstmals 1916 bei Verdun eingesetzt wurden.

Schon 1916 kamen Gasmasken an die Front, die zwar luftdicht abschlossen, aber die Bewegungsfreiheit der Soldaten stark hemmten. Ungeschützt sind die Soldaten jedoch bei gleichzeitigem Beschuß mit Grünkreuz und Gelbkreuz, weil sie wegen der ätzenden Wirkung von Gelbkreuz die Masken abnehmen müssen und dann das tödliche Grünkreuz einatmen. Auch für Tiere, die an der Front eingesetzt werden, besonders Pferde, wurden Gasmasken entwickelt.

Mit Atemschutzmasken ausgerüstet: deutscher Soldat und sein Pferd

Ankunft eines Hunde-Kranken-Transports in einem österreichisch-ungarischen Frontlazarett für verletzte Melde- und Sanitätshunde der k. u. k. Armee

Gasblinde britische Soldaten auf dem Hauptverbandplatz hinter der Front; sie müssen sich aneinander festhalten, um die Orientierung nicht zu verlieren

US-amerikanische Infanterieabteilung bei einem Angriff durch gasverseuchtes Gelände; die Aufnahme entstand während der Sommeroffensive der Alliierten

Straßen und Verkehr 1918:

Zuwenig Schiffe, Autos und Bahnen

Mangel, so lautet international das Stichwort in sämtlichen Bereichen des Verkehrswesens. Es gibt zuwenig funktionsfähige Eisenbahnen für den Transport von Nahrungsmitteln und von Rüstungsgütern; es mangelt an Automobilen, um den technischen Erfordernissen des Bewegungskrieges nachkommen zu können; den alliierten Kriegsgegnern des Deutschen Reiches, insbesondere den USA, fehlt es an ausreichendem Transportkapazitäten auf Schiffen, um die gesamte Wirtschaftskraft zur Unterstützung der in Europa kämpfenden Einheiten umfassend einsetzen zu können.

Das Deutsche Reich hat sowohl mit der Ukraine als auch mit Rumänien Friedensverträge abgeschlossen, die umfangreiche wirtschaftliche Abkommen beinhalten. Beide Länder verpflichten sich, große Mengen Nahrungsmittel ins Reich zu liefern. Dafür benötigt das Deutsche Reich Eisenbahnlinien, die jedoch kaum funktionsfähig sind. Trotz des Versuchs, die Lebensmittellieferungen per Schiff auf der Donau zu transportieren, kommen die Wirtschaftsvereinbarungen dem deutschen Volk kaum zugute, weil die vereinbarten Mengen nicht befördert werden können.

Im revolutionären Rußland, das unter dem Bürgerkrieg zu leiden hat, besteht das gleiche Problem. Konterrevolutionäre Einheiten kontrollieren die transsibirische Eisenbahn und die Eisenbahnlinie Moskau–Zaryzin (Wolgograd), so daß die Hauptstadt vom größten Getreideanbaugebiet Rußlands, dem Wolga-Becken, abgeschnitten ist. Erst im Sommer gelingt es den Bolschewiki, die Eisenbahnlinie zurückzuerobern.

Auch im Bereich der Automobile machen sich kriegsbedingte Mangelerscheinungen immer stärker bemerkbar. Die Kraftfahrzeuge des deutschen Heeres sind wegen des Kautschukmangels fast durchweg eisenbereift. Der Artillerie fehlen PS-starke Zugmaschinen. Der Mangel an ausreichenden Transportmitteln ist ein Grund für den Zusammenbruch

Nachschub für die in Europa kämpfenden US-amerikanischen Armeen in den Eisenbahnwaggons der »New York Central Lines« auf dem riesigen Verladebahnhof der West Shore-Eisenbahn-Gesellschaft an den New Yorker Docks

der zunächst erfolgreichen Westoffensive (→ 21. 3./S. 48; 8. 8./S. 118). Die rasch vorrückenden Armeen leiden schnell unter Kraftstoffmangel, sind zu unbeweglich und zu weit von den Versorgungsstationen entfernt.
Fast alle deutschen Automobil-Hersteller produzieren ausschließlich für das Militär. Zu den bedeutenden Firmen zählen Daimler und Benz, die sowohl Automobile als auch Flugzeugmotoren herstellen. Einige Firmen wenden sich mit ihren Neuentwicklungen auch noch an den kleinen Kreis privater Abnehmer. Zu den technisch wegweisenden Modellen des Jahres zählt ein Wagen der »Horchwerke AG Zwikkau«, bei dem eine Karosserie, die wie ein Schiffsbug gestaltet ist, den Luftwiderstand erheblich verringert. Das gleiche Ziel hat die Firma »Carrosserie Schebera, Berlin«, die ein Kabriolett vorstellt, das ein langgezogenes Heck in Torpedoform besitzt. Ebenfalls eine neue Entwicklung im Deutschen Reich ist das »Phänomobil«, ein Dreirad der »Phänomen-Werke«, Zittau.
Weniger fortschrittlich ist das neue Modell der »Audi-Werke AG, Zwikkau«, deren Luxus-Automobile immer noch an Pferdekutschen erinnern. Die Werbung richtet sich daher ausschließlich an sehr reiche Herrschaften, die nur mit Chauffeur unterwegs sind.
Die »Bayerischen Motoren Werke München« stellen im Jahr 1918 ihre Produktion hauptsächlich auf Motorpflüge für die deutsche Landwirtschaft um.
Das Verkehrsmittel, das sich als kriegsentscheidend erweist, ist das Handelsschiff. Zur Versorgung der alliierten Truppen und der Zivilbevölkerung müssen vor allem von den USA ungeheure Mengen Rüstungsmaterial und Lebensmittel sowie Truppenverbände auf dem Seeweg an die europäische Front befördert werden. Obwohl die US-amerikanischen Schiffe nur noch im staatlichen Auftrag fahren, reicht der vorhandene Schiffsraum nicht aus. Die USA requirieren deshalb Schiffe neutraler Länder, die in den US-amerikanischen Häfen liegen. Zusätzlich werden Abkommen mit neutralen Ländern über die Benutzung der gesamten jeweiligen Handelsflotten und die Schiffsneubauten geschlossen. So verpflichtet sich Japan im neuesten Vertrag mit den USA zur Lieferung von 400 000 BRT Schiffsraum, teilweise als Neubau (→ 6. 4./S. 67). Die so entstehende Überlegenheit der alliierten Handelsflotte führt zur besseren Materialversorgung der Armeen und damit letztlich zur Niederlage der Mittelmächte.
Auch die außereuropäischen neutralen Länder leiden unter mangelndem Frachtraum. Besonders die Ernten in Südamerika können nur unzureichend verschifft werden.
Wegen der Wirtschaftsblockade ist das Deutsche Reich weniger auf Schiffsverkehrswege angewiesen. Einzig mit Finnland findet nach der Friedensvereinbarung vom März ein Handelsverkehr über See statt (→ 3. 6./S. 90). Statt dessen versucht die deutsche Kriegsmarine – vergeblich – den alliierten Seeverkehr bis kurz vor Kriegsende im November mit U-Booten lahmzulegen.

Ukraine: Deutscher Flugpostdienst

Binnenhafen Straßburg; die Rheinschiffahrt hat nach der Eisenbahn für den Gütertransport eine große Bedeutung

Frauenverein plant Nationalheiligtum

6. Juni. Die katholischen Frauenorganisationen im Deutschen Reich planen die Errichtung einer Frauen-Friedens-Kirche in Frankfurt am Main. Die Kirche soll als ein Nationalheiligtum dienen.

Die geplante Kirche soll in der katholischen Gemeinde der Vorstadt-West in Frankfurt errichtet werden. Die beteiligten Frauenorganisationen rufen zu Spenden für den Bau auf, den die katholischen deutschen »Frauen und Jungfrauen« dem Gedächtnis der Gefallenen des Krieges weihen sollen. Im Spendenaufruf der katholischen Frauenorganisationen heißt es: »Katholische Mütter, die ihr den geliebten Sohn dahin geben mußtet, Gattinnen, die ihr jetzt mit den Kindern Eurer Helden verlassen dasteht, ihr trauernden Schwestern, die ihr Brüder in fernen Gräbern beklagt, ihr Bräute, die ihr den Geliebten und damit das Glück eurer Zukunft verloren habt! Es ist Eure Kirche, die wir errichten wollen. Ob ihr im stillen Kreise der Familie schafft, ob ihr im Lärm des Tages draußen Euren Pflichten nachgeht, ihr alle dürft nur deshalb Friedenswerke verrichten, weil die Männer für uns geblutet haben. Ihr alle habt eine Schuld abzutragen.«

Verkaufsstelle für Zeitungen und Zeitschriften in Lodz; trotz der scharfen Zensurbestimmungen finden die Presseprodukte immer noch Leser

Zeitungsverleger in Berlin gegen Zensur

9. Juni. In Berlin findet die diesjährige ordentliche Hauptversammlung des Vereins deutscher Zeitungsverleger statt. Im Jahresbericht der Versammlung, die sich im Hotel »Prinz Albrecht« trifft, werden die Praxis der Zeitungszensur und die Papierknappheit beklagt.

Der Verein deutscher Zeitungsverleger hatte zwei Themen als Hauptdiskussionspunkte auf die Tagesordnung gesetzt, die Papierknappheit und die Zensur. In der Aussprache wird die ungeheure Erhöhung der Papierpreise als zusätzliches Problem zur allgemeinen Verknappung angesprochen. Da der gesamte Berufsstand bedroht sei, hoffe man auf ein Eingreifen des Reiches, um den Zusammenbruch des deutschen Pressewesens zu verhüten.

Die Verleger beklagen daneben die in ihren Augen mißbräuchliche Anwendung der Zensurbestimmungen, die das Überleben vor allem kleinerer Zeitungen fast unmöglich machen. Nach den neuesten Zensurbestimmungen kann das Erscheinen einer Tageszeitung über einen längeren Zeitraum verboten werden, falls die zuständige Zensurbehörde nur eine einzige Nachricht als staatsfeindlich bemängelt.

Markige Reden zum Regierungsjubiläum

16. Juni. Der deutsche Kaiser Wilhelm II. begeht sein 30jähriges Regierungsjubiläum. Wilhelm war im Jahr 1888 seinem frühverstorbenen Vater Friedrich auf den Hohenzollern-Thron gefolgt.

Wilhelm II. (l.) im Gespräch mit General Paul von Hindenburg (r.)

Unter Wilhelm II. entwickelte sich Deutschland zu einem pompösen Reich, das aufgrund der Maßlosigkeit seiner Führung von einer außenpolitischen Krise in die nächste schlingerte. Wilhelms Großmachtpläne trugen nicht unwesentlich zum Ausbruch des Weltkrieges bei.

Kronprinz Friedrich Wilhelm (r.) und Hindenburg beim Jubiläumsfest

Anläßlich des Regierungsjubiläums findet in Berlin ein Empfang statt, bei dem Generalfeldmarschall Paul von Hindenburg eine Ansprache hält, deren pathetische Worte eine Fortsetzung der bombastischen Tradition des Hauses Hohenzollern heraufbeschwören:

». . . Eure Majestät bitte ich meinen und des Feldheeres ehrfurchtsvollsten Glück- und Segenswünsche zu dem heutigen dreißigjährigen Jahrestage des Regierungsantritts alleruntertänigst zu Füßen legen zu dürfen. Möge der alte Wahlspruch: ›Vorwärts mit Gott, für König und Vaterland, für Kaiser und Reich‹ dahin führen, daß Eurer Majestät nach sieggekrönter Heimkehr eine lange Reihe gesegneter Friedensjahre beschieden seien, umgeben von der Liebe und dem Vertrauen eines in schwerer, aber auch großer Zeit bewährten Volkes . . .«

Schwarzmarkt in großem Warenhaus

28. Juni. Bei Hausdurchsuchungen im Berliner Warenhaus Wertheim findet die Staatsanwaltschaft große Mengen Lebensmittel, die dort zu überhöhten Preisen weiterverkauft wurden. Der Haupteinkäufer von Lebensmitteln, Karl Müller, wird festgenommen.

Bei der Durchsuchung wurden große Mengen Butter, Käse, Schinken, Schweinefleisch und Eier sichergestellt. Der Haupteinkäufer hatte gemeinsam mit einer Abteilungsleiterin die Lebensmittel auf dem Schwarzmarkt erworben und zu höchsten Preisen an die Angestellten des Warenhauses verkauft. Die Butter wurde zu 26 Mark das Pfund, Schinken zu 22 Mark, Schweinefleisch zu 15 Mark und Käse zu 8 Mark gehandelt.

Die Berliner Staatsanwaltschaft stellt fest, daß die Firmenleitung von Wertheim nicht in das Schwarzmarktgeschäft verwickelt ist.

Aufruf!

...eutschland ringt um seine Zukunft!

...e Erhaltung unserer wirtschaftlichen Kraft ist die Voraussetzung für einen endgültigen Sieg unseres Heeres.

Die Reichsbank kann aber ihre gewaltig gewachsenen Aufgaben nur erfüllen, wenn ihr Goldbestand ständig gestärkt wird und möglichst viele Forderungen an das Ausland erworben werden.

...er hilft zur Erreichung dieses Zieles, wenn er seinen Besitz an Gold und Juwelen der Reichsbank verkauft. ... Veräußerung bedeutet kein Opfer. Auch die Hingabe liebgewonnener Stücke kann nicht als solches angesehen werden, wenn es gilt, eine ernste vaterländische Pflicht zu erfüllen!

... der Provinz Hessen-Nassau findet, unter dem Schutze des Herrn Oberpräsidenten, Staatsminister von Trott zu Solz, vom 16. bis 23. Juni eine besondere

Juwelen- und Goldankaufswoche

...t. Wir fordern alle Mitbürger und Mitbürgerinnen auf, sich weitherzig alles entbehrlichen Schmuckes an Gold ... Juwelen zu entäußern und ihn der hiesigen Goldankaufsstelle für den angegebenen Zweck zur Verfügung zu stellen.

Frankfurt a. M., im Juni 1918.
Steinweg 12.

Der Ehren- und Arbeitsausschuß der Gold- und Silberankaufsstelle:

...lenz Riedel, General d. Inf. – Voigt, Oberbürgermeister. Geh. Justizrat Dr. Friedleben, Vorsitzender der Stadtverordneten-Versammlung. ...ß von Scheurnschloß, Polizeipräsident. Geh. Kommerzienrat von Passavant, Präsident der Handelskammer. Georg Buck, Vorsitzender ... Handwerksamtes Dr. Walter vom Rath, Vorsitzender der Zentralsammlung der Kriegsfürsorge. Geh. Regierungsrat Beling, Reichs-...direktor. Konsul Loewenthal, Leiter der Gold- und Silber-Ankaufsstelle. Stadtrat Prof. Dr. Bleicher. Dr. Dubois, Direktor der Gold- und Silberscheideanstalt. Redakteur Alexander Giesen. Direktor Dr. Karl Horn. Rektor Wilh. Schwarzhaupt.

Frauen Frankfurts!

...erkauft Gold und Juwelen Eurem Vaterland!

Steht nicht zurück hinter den Frauen anderer Städte, die durch ihren Schmuck dem Staate große Summen opferten.

...r sollt nichts schenken! Der Staat bietet Euch ein Geschäft an!

Jedes Schmuckstück, das die Goldankaufsstelle im neutralen Ausland für Euch verkauft, wird Euch vom Staate bar bezahlt.

Ihr opfert nicht! Ihr tauscht Wert gegen Wert!

...ebt Alle! Ausreden dürfen nicht erhoben werden, wenn es gilt, dem Staate in einer Sache zu helfen, die unser Aller Angelegenheit sein muß. Ihr opfert nicht, Ihr verkauft vom Ueberfluß!

... Gold- und Silberankaufsstelle, Steinweg 12, übernimmt Schmuckstücke mit einzelnen Steinen im Wert von mindestens 200 Mk. und zusammengesetzte Schmuckstücke von 500 Mk. an, bis zu den kostbarsten.

Ihre Exzellenz Frau Riedel, Frau Rieß von Scheurnschloß,
Frau Oberbürgermeister Voigt, Frau Geheimrat Beling.

Gold für Brot und Fleisch

16. Juni. *Spendenaufrufe in den deutschen Zeitungen fordern die Frauen zur Abgabe von Schmuck, insbesondere von Gold und Edelsteinen auf. Das Reich benötigt große Goldmengen, um die Getreidelieferungen aus der Ukraine bezahlen zu können.*

Die ungeheuren Kriegskosten werden im Deutschen Reich nicht über die normalen Steuern finanziert. Statt dessen veranstaltet das Reich regelmäßig Kriegsanleihen und Spendenaktionen aller Art wie die Ludendorff-Spende. Die Einnahmen reichen jedoch nicht aus, um Kriegslasten und Versorgung der Bevölkerung tragen zu können. Zur Begleichung der ausstehenden Rechnungen wird vor allem Gold benötigt. Zu diesem Zweck werden überall im Reich »Opfertage« verkündet. In großangelegten Anzeigen-Kampagnen rufen die staatlichen Behörden zu vaterländischen Gemeinschaftsaktionen auf, bei denen möglichst große Geldsummen, vor allem aber das äußerst begehrte Edelmetall gespendet werden sollen. Die Opfertage werden in den Propaganda-Aufrufen als notwendiges Abtragen einer Dankesschuld gegenüber den Frontsoldaten dargestellt. Ihnen habe es die Zivilbevölkerung zu verdanken, daß der Krieg nicht bis auf deutschen Boden vordringe und ein relativ normales Leben gewährleistet sei. Nun sei aber auch die Heimatfront aufgerufen, ihren Wehrbeitrag in Form von Spenden zu erbringen. Bessergestellte Kreise veranstalten private Gesellschaftsabende, an denen patriotisch gesinnte Frauen ihren Schmuck abliefern. Zudem sind natürliche staatliche Sammelstellen eingerichtet.

Neuer Empfänger für drahtlosen Funk

Juni. Der deutsche Physiker Walter Schottky meldet für seinen Überlagerungs-Funkempfänger ein Patent an. Das Gerät verbessert die Empfangsqualität durch genauere Trennung der Frequenzen verschiedener Sendestationen.

Der Funk arbeitet mit den 1888 von Heinrich Hertz entdeckten elektromagnetischen Schwingungen. Töne

Der Physiker Heinrich Hertz erzeugte erstmals elektromagnetische Wellen

werden mit Mikrofonen in elektrische Wechselspannungen umgewandelt und können von einem Sender als elektromagnetische Welle ausgestrahlt werden. Schwingungsstärke und -häufigkeit elektromagnetischer Wellen bestimmen die Frequenz eines Funksenders. Ein Empfänger muß verschiedene Schwingungen voneinander trennen können, um einen klaren Empfang zu gewährleisten.

Der Überlagerungsempfänger gibt nicht direkt die Frequenz eines Senders wieder, sondern wählt die Empfangsfrequenz nur grob aus, ohne sie genau von anderen Frequenzen zu differenzieren. Ein zusätzliches Gerät im Empfänger selber, der Oszillator, erzeugt eine zweite, sogenannte »Hilfsschwingung«, die gemeinsam mit der empfangenen Senderfrequenz zu einer neuen Schwingung überlagert wird. Diese unterscheidet sich grundsätzlich von jeder anderen, grob empfangenen Senderfrequenz, so daß eine hohe Trennschärfe von verschiedenen Sendern erreicht wird.

Malerei 1918:

Neue Formen in Kubismus, Konstruktivismus und Proletkult

Die neuesten Stilrichtungen der Malerei bewegen sich immer stärker auf die abstrakte Darstellung zu. Eine Reduktion des Sichtbaren auf mathematische Formen, auf Quadrate, Kreise und Würfel, betreiben der Kubismus, der sich in Frankreich weiterentwickelt, und der beginnende Konstruktivismus in Rußland. Bedeutendste Tendenz zum Ende des Weltkrieges ist die Annäherung avantgardistischer Künstler an politische Massenbewegungen. In Rußland beginnt die »proletarische Kultur«, im Deutschen Reich konstituiert sich die »Novembergruppe«, eine Künstlervereinigung, die für die revolutionären Ziele der jungen Republik eintritt.
In Frankreich arbeiten Georges Braque und Pablo Picasso an der Weiterentwicklung des Kubismus, der sich als neue Stilrichtung bereits vor dem Krieg herauskristallisiert hatte. Der Kubismus versucht, die Natur auf geometrische Formen zu reduzieren. Hinzu kommt die Integration von Realitätsfragmenten, z. B. Zeitungsausschnitten, in die Gemälde. Braque vollendet 1918 das Werk »Musikalische Formen«, Picassos Beitrag ist sein Gemälde »Sitzender Pierrot«.
In Rußland breitete sich bereits vor der Revolution als noch abstraktere Sonderform des Konstruktivismus der sog. Suprematismus vor allem durch Kasimir S. Malewitsch und El Lissitzky (eigentl. Lasar M. Lissizki) aus. Auf dieser Grundlage entsteht die neue sowjetische Kunst. Nach der erfolgreichen Oktoberrevolution beginnen die meisten russischen Künstler, ihre Kreativität in den Dienst der Revolution zu stellen. Die Sowjets errichten staatliche Kunstschulen in Petrograd (heute Leningrad), Moskau und Witebsk. Zum Leiter der Schule von Witebsk wird Marc Chagall berufen. Chagall, Vertreter einer fast schon surrealistisch-traumhaften Malweise, vollendet 1918 das Werk »Der grüne Violinist«.
Die bestimmende Stilrichtung der neuen Zeit ist der Konstruktivismus, als dessen Begründer Wladimir J. Tatlin gilt. Dieser Stil versucht abstrakte Werke auf der Grundlage von rein mathematisch-technischen Gesichtspunkten herzustellen. Unter dem Stichwort »Proletkult« (Proletarskaja kultura, proletarische Kultur) versuchen die Künstler eine eigenständige proletarische Massenkultur, eine enge Verschmelzung von Kunst und industriellem Aufbau herzustellen. Die künstlerischen Werke werden zu Agitationsmitteln für den Aufbau des Sozialismus. Dabei entwickelt sich als neueste Ausdrucksform die revolutionäre Plakatkunst, deren Gestaltungsmittel auf dem Konstruktivismus beruhen. Der russische Volkskommissar für Bildung, Anatoli W. Lunatscharski, benennt den Zusammenhang von Kunst und Revolution: »Wenn die Revolution der Kunst die Seele geben kann, so kann die Kunst zum Mund der Revolution werden.«
Die enge Verbindung von Kunst und Politik versucht im Deutschen Reich die »Novembergruppe«, die sich nach der Republikgründung vom 9. November (→S. 168/169) am →3. Dezember zusammenschließt (S. 207). Die Novembergruppe, die u. a. von Max Pechstein und Erich Mendelsohn initiiert wird, versteht sich als Zusammenschluß radikaler Künstler, die sich an der kulturellen Neuordnung der jungen Republik beteiligen wollen. Ihr Programm sieht eine »Revolution des Geistes« vor. Die Gründer kommen überwiegend aus der Bewegung des Expressionismus und haben Verbindung zu den avantgardistischen Künstlergruppen des gerade beginnenden »Bauhauses« und der niederländischen Gruppierung »De Stijl«, die am 1. Oktober 1917 gegründet wurde.
Zu den bedeutenden Gemälden des Jahres im Deutschen Reich zählen »Die Nacht« von Max Beckmann und »Leichenbegängnis« von George Grosz, beides Verarbeitungen der grauenvollen Fronterlebnisse der Maler im Weltkrieg.

»Die Nacht« (Gemälde, M. Beckmann, August 1918–März 1919; Kunstsammlung Nordrhein-Westfalen, Düsseldorf)

»Signalscheiben« (F. Léger, 1918; Musée d'Art Moderne, Paris)

»Harlekin mit Violine« (P. Picasso, 1918; Cleveland Museum of Art)

Altman: Straßenkunst, Petrograd

Theatervision gegen Krieg und Monarchie

16. Juni. Im Schauspielhaus von Frankfurt am Main wird die Tragödie »Ein Geschlecht« des deutschen Schriftstellers Fritz von Unruh uraufgeführt. Das Stück zeigt in greller expressionistischer Gestaltung die Entmenschlichung durch den Krieg und die Vision einer besseren Welt.

Unruh hatte als Offizier zahlreiche Schlachten des Krieges selbst miterlebt und war durch die schreckliche Anschauung zum radikalen Pazifisten geworden.

Sein Theaterstück ist eine Anklage gegen den Militarismus und die monarchistische Ordnung. Das Stück spielt auf einem Friedhof: Eine Mutter steht mit Tochter und jüngstem Sohn am Grab eines ihrer vier Söhne, der von Soldaten umgebracht worden ist. Währenddessen binden Soldaten die anderen beiden Söhne an das Friedhofsgitter. Sie sollen ebenfalls hingerichtet werden. Der jüngste Sohn ist zur Vollstreckung des Urteils ausersehen, er weigert sich jedoch und wird daraufhin gezwungen, mit in die Schlacht zu ziehen. Die Mutter erlebt im folgenden, wie ein »Weltvernichtungsgeist« Moral und Menschlichkeit zertrümmert. Ältester Sohn und Tochter planen den Mord an der Mutter, die sie für das Elend verantwortlich machen. Der Sohn reißt Kreuze von den Gräbern und stürzt sich von der Kirchhofmauer in die Tiefe. Die Mutter wechselt in ihrer Rede von der Verzweiflung über die chaotischen Zustände in die Vision einer neuen Zeit und eines neuen Geschlechtes. Zum Abschluß ruft der jüngste Sohn die Soldaten der jungen Generation zum Aufstand gegen Krieg und Monarchie auf.

Szenenbild aus der Frankfurter Uraufführung der Tragödie »Ein Geschlecht« von Fritz von Unruh mit Rose Bertens (2. v. r.) und Karl Ebert (r.)

Tod des »Waldbauernbuben«

26. Juni. In Krieglach (Steiermark) stirbt der österreichische Volksschriftsteller Peter Rosegger (eigentl. P. Roßegger) im Alter von 74 Jahren. Er veröffentlichte seit etwa 1880 Romane und Erzählungen, die das Leben in seiner steirischen Heimat in der Sprache des einfachen Menschen darstellen. Die autobiographischen Erzählungen »Als ich noch der Waldbauernbub war« (1902) ist ein vielgelesenes Jugendbuch.

Rosegger, der am 31. Juli 1843 in Alpl bei Krieglach geboren wurde, verlebte seine Jugend als Hütejunge in den Bergen. Der Bauernsohn lernte bei einem pensionierten Dorflehrer Lesen und Schreiben und schickte im Alter von 16 Jahren erstmals literarische Versuche an eine Grazer Zeitung. Ein Stipendium ermöglichte ihm ab 1870 ein Studium und mehrere Reisen.

Die Schriften Roseggers, die häufig unter dem Pseudonym »P. K.« (Petri Kettenfeier) veröffentlicht wurden, basieren auf einer fortschrittsfeindlichen, religiös konservativen Verherrlichung der Heimat. Bewahrung alter Sitten, einfaches Leben in der »Waldheimat« und »Stammesverbundenheit« sind die Schwerpunkte seines literarischen Schaffens, das sich gegen »moderne Sittenlosigkeit« wendet. Zu seinen bekanntesten Werken zählen »Die Schriften des Waldschulmeisters« (1875), »Waldheimat« (1877), »Idyllen aus einer untergehenden Welt« (1899).

Der österreichische Schriftsteller der »Waldheimat«, Peter Rosegger

Kunstverein feiert 25jähriges Jubiläum

11. Juni. Wie bereits im Vorjahr findet die große Kunstausstellung des Vereins Berliner Künstler in Düsseldorf statt (11. 6.–28. 7.). Die Ausstellungsräume in Berlin werden derzeit als Lazarett genutzt. In seiner jetzigen Verfassung unter Beteiligung der Stadt Düsseldorf existiert der Verein seit 25 Jahren.

Die »Große Düsseldorf-Berliner Kunstausstellung« wird in der Kuppelhalle des Kunstpalastes eröffnet. Die Festredner betonen besonders, daß die Sammlung und Weiterentwicklung von Kulturgütern eine »Dankespflicht« zugunsten der Frontsoldaten sei. Professor Max Schlichting, Vorsitzender des Vereins, hebt den Zusammenhang von Front und Kunst hervor: »Draußen an den Fronten donnern die Kanonen, hier geschützt durch den ehernen Wall schaffen wir Kunst und Kultur. Das ist kein Widerspruch, denn das Volk hat die starken Wurzeln seiner Kraft in der Heimat. Mit den Waffen in Feindesland, mit Kunst und Wissenschaft daheim – ringen wir um unsere staatliche und geistige Freiheit.«

Galgenhumor in Schützengräben

Juni. Der Schriftsteller und Soldat Walter Hammer schildert in einem Beitrag für die Leipziger »Moderne Illustrierte Wochenschrift« soldatische Sprachschöpfungen, die, wie er meint, auf einen erstaunlichen Galgenhumor der »Vaterlandsverteidiger« hinweisen:

».. . Angesichts des Todes, mit einem Fuß schon auf dem anderen Ufer, im Reich der Ewigkeit stehend, aus dem es kein Zurück mehr gibt, haben deutsche Feldgraue das Lachen nicht verlernt... Der Soldat nennt die karierte Divisions-Gesundheitsmatratze seine ›Kuscheh‹, er ›haut sich in seine herrschaftliche Falle‹... ›kraucht in seine Flohkiste‹. Und quälen ihn dann ›Kavaliermücken‹ oder auch ›leichte Infanterie‹ (Flöhe), ›schwere Kavallerie‹ (Wanzen), dann sagt er: ›Bei mir ist eine Patrouille unterwegs.‹ Dann seufzt er: ›Oh, diese Viecherei!‹ und veranstaltet hierauf eine ›Viehzählung‹ mit anschließendem ›Massenmord‹...

Oder er geht ins ›Lausoleum‹... Ist einem Pferdeburschen das Pferd ›gestaucht, gemaust, futsch, perdüh‹, dann sagt er, man habe ihm sein Pferd ›verkauft‹. Wenn nötig, besorgt er ›Pferd und Wagen‹, um ›die Stellung zu halten‹...

Muß der Soldat nach vorne ›fechten gehen‹, dann packt er seinen ganzen ›Klumpatsch‹ in seinen ›Verdrußkoffer‹, seinen ›Affen‹, seinen ›Rückenwärmer‹, und ›stürzt sich‹ in seinen ›Zylinder‹, wie er seinen ›Geländehut‹, seinen ›Panzerturm‹ nennt, und folgt dem ›Instanzenweg‹, auf dem alle Karren stundenlang im Dreck steckenbleiben... Schickt der Feind ›Gifttöpfe‹, dann geht's zum ›Gasmaskenball‹, auf dem die ›Haremsdame‹ gemimt werden muß. Man nimmt schleunigst seinen ›Gasometer‹ aus der ›Botanisierbüchse‹ und hängt sich die ›Schweineschnauze‹ (Gasmaske) vor.

›Landregen‹ heißt das Trommelfeuer, und ergreift man darauf die Offensive, dann ›geht's rin in den Gulasch‹. Früher warf man dann ›Nürnberger Lebkuchen‹ (Diskus-Handgranaten), heute wirft man mit ›Wichsbürsten‹ (Stielhandgranaten).«

»Unser Spiel ist Dienst fürs Vaterland«

30. Juni. Der deutsche »Verband der Vereine für Leibesübungen« veranstaltet zum vierten Mal die »Vaterländischen Kampfspiele«. Der sportliche Wettkampf, der neben den klassischen Disziplinen auch Handgranatenweitwerfen und Militärschwimmen in voller Montur umfaßt, wird auf den Düsseldorfer Rheinwiesen ausgetragen.

Die Veranstaltung, die unter dem Motto »Unser Spiel ist Dienst fürs Vaterland« steht, wird von Militärsportfunktionären eröffnet. In Ansprachen wird betont, es gälte ein gesundes und kräftiges Geschlecht zu erziehen, das nötig sei für Industrie und Handel sowie den Wiederaufbau der deutschen Volkskraft.

Die ersten Vaterländischen Kampfspiele im Jahr 1914 standen unter dem patriotischen Motto »Die Spiele sind ernst, das Fest ist Arbeit, das Ganze für das Vaterland«.

Die diesjährigen Kampfspiele beginnen mit dem turnerischen Fünfkampf, gefolgt von den Vorkämpfen und dem Vierkampf der Turnerinnen. Über 60 Kampfrichter kontrollieren die Leistungen von etwa 600 Wettkämpfern. Parallel dazu werden Leichtathletik- und Schwimmveranstaltung ausgetragen. Wegen der ungünstigen Witterungsverhältnisse und der niedrigen Wassertemperatur können die Schwimmwettbewerbe nicht im Rhein abgehalten werden, sondern müssen in einer Badeanstalt ausgetragen werden. Zum Abschluß finden allgemeine Freiübungen von insgesamt 1000 Knaben statt.

Von besonderem sportlichem Interesse ist das Fußballspiel Düsseldorf-Süd–Düsseldorf-Nord, das 3:1 endet. Fußball ist zum ersten Mal in die Vaterländischen Kampfspiele aufgenommen worden.

Die sportlichen Veranstaltungen werden durch ein Schaufliegen begleitet, das vom deutschen Fliegerbund ausgerichtet wird.

Im Rahmen der vierten »Vaterländischen Kampfspiele« wird neben anderen Schwimmwettbewerben auch ein Wasserballturnier ausgetragen (Szene)

Jugendliche dürfen keinen Tabak kaufen

6. Juni. Das Kriegsversorgungsamt in Berlin erläßt eine Verordnung, die Jugendlichen unter 16 Jahren den Tabakkonsum in jeder Form verbietet. Wegen des extremen Tabakmangels im Deutschen Reich ist die Versorgung der Frontsoldaten mit Tabak gefährdet.

Die Verordnung verbietet es Personen unter 16 Jahren, Tabak, Zigarren und Zigaretten sowie Tabakspfeifen zu kaufen. Eltern sind verpflichtet, auf die Einhaltung der Bestimmung zu achten.

Um den Mangel an Rohtabakvorräten zu beheben, war es bislang gestattet, Buchenlaub in sehr hohem Anteil (bis zu 80%) zur Streckung von Tabak zu benutzen. Die Verwendung des Laubes hat sich jedoch als problematisch erwiesen und wird daher am 9. Juni von der Zentrale für Heeresbedarf verboten.

Mehr Rücksicht auf Kriegsverletzte

26. Juni. Die deutsche Reichsregierung veröffentlicht Aufrufe, die zu mehr Rücksichtnahme auf Kriegsbeschädigte ermahnen. Mangelnde Unterstützung der Invaliden im öffentlichen Verkehr und im Arbeitsleben verkenne deren Leistungen.

Die Aufrufe weisen darauf hin, daß es sich um eine Dankesschuld handele, weil die Kriegsbeschädigten dafür gesorgt hätten, daß die Heimat vom Schrecken des Krieges verschont geblieben sei. Im Aufruf heißt es (Auszug):

»Der Größe der Dankesschuld müssen auch die Opfer entsprechen. Ein jeder muß es doch für seine Ehrenpflicht halten, den in ihrer Bewegung behinderten, vielfach sichtlich schwer verletzten Kriegsbeschädigten unter Zurückziehung des eigenen Ichs hilfreiche Hand zu leisten.«

Europameister siegt im Steher-Rennen

9. Juni. Im Großen Preis von Düsseldorf, einem Radrennen mit Motorschrittmacher über 75 km, siegt der Europameister Arthur Stellbrink in zwei von drei Läufen.

Der Berliner Radrennfahrer Stellbrink siegt sowohl im ersten als auch im dritten Lauf vor seinem Lokalrivalen Franz Krupkat, der allerdings den zweiten Lauf für sich entscheiden kann. Stellbrink wird im zweiten Lauf nur dritter. Bei seinen beiden Siegen legt Stellbrink die jeweils 25 km in 21 min 10 sec und 20 min 43 sec zurück. Sein Hauptkonkurrent Krupkat liegt beim Zieleinlauf jeweils nur 100 m zurück.

Der ebenfalls angereiste ehemalige Welt- und Europameister Peter Günther aus Köln, der als Favorit eingestuft worden war, spielt bei der Ausscheidung keine Rolle und erreicht dreimal den vierten Platz.

Gewaltiger Andrang von Zuschauermassen hinter der Tribüne der Grunewaldrennbahn in Berlin trotz der Einschränkungen des vierten Kriegsjahres

Der Hengst Pergolese, der haushohe Favorit und sein Jockei, Otto Schmidt, auf dem Sattelplatz

Anfahrt zum Rennen auf dem Reichskanzlerplatz in Berlin

Wunderpferd Pergolese auf der Grunewald-Galopprennbahn

Juni. Star der diesjährigen Galopp-Rennsaison ist Pergolese, das Wunderpferd aus dem Stall Weinberg. Allein der Start des Hengstes unter seinem Jockei Otto Schmidt lockt Sonntag für Sonntag Tausende von Besuchern auf die Grunewaldbahn von Berlin, die nach der Schließung des Hoppegartens zum Zentrum des Pferdesports geworden ist.

Die alte Bahn des Hoppegartens, die in diesem Frühjahr ihr 50jähriges Bestehen hätte feiern können, mußte wegen Verkehrsschwierigkeiten geschlossen bleiben. So konzentriert sich das Interesse am Pferdesport auf die prunkvolle Grunewaldbahn. Pergolese konnte zwar bislang nicht alle Rennen, in denen er eingesetzt wurde, gewinnen, doch übt das Pferd eine solche Faszination aus, daß die Besucherzahlen rasant ansteigen. Einnahmen an Eintrittsgeldern in Höhe von 200 000 Mark und Millionenumsätze an den Wettannahmestellen an einem einzigen Sonntag sind keine Ausnahmen in der diesjährigen Saison.

Hindernis- und Trabrennen sind jedoch wegen des Hafermangels bislang verboten geblieben.

Juli 1918

Mo	Di	Mi	Do	Fr	Sa	So
1	2	3	4	5	6	7
8	9	10	11	12	13	14
15	16	17	18	19	20	21
22	23	24	25	26	27	28
29	30	31				

1. Juli, Montag

Der brasilianische Ackerbauminister Pereira Lima setzt sich in einer Denkschrift an den Präsidenten, Wenceslao B. P. Gomez, für den Aufbau einer eigenen Juteindustrie ein, da das Material dringend für die Herstellung von Säcken für Kaffee und Getreide, den Hauptexportgütern Brasiliens, benötigt werde.

2. Juli, Dienstag

Die Vereinigten Staaten von Amerika erkennen die Tschechoslowakische Legion bzw. den Tschechoslowakischen Nationalrat unter Führung von Tomáš Garrigue Masaryk in Paris als rechtmäßige provisorische Regierung der Tschechoslowakei an. →S. 108

Der Postverkehr zwischen dem Deutschen Reich und den Vereinigten Staaten von Amerika wird vollständig eingestellt. Ausnahmen werden in beschränktem Maß nur beim Kriegsgefangenenpostverkehr gemacht. →S. 108

3. Juli, Mittwoch

In die zweite Kammer des niederländischen Parlaments zieht erstmals eine Frau ein. Es ist eine Abgeordnete der sozialdemokratischen Arbeiterpartei, Anna Groeneweg.

Durch Regierungsdekret wird die Tretjakow-Gemäldegalerie in Moskau in Staatsbesitz überführt.

Erst jetzt wird im Deutschen Reich in der Presse bekanntgegeben, daß am 27. Juni das britische Hospitalschiff »Llandovery Castle« versenkt worden ist. Mindestens 230 Personen sind dabei ums Leben gekommen. Die deutsche Heeresleitung dementiert die britische Behauptung, ein deutsches U-Boot habe die »Llandovery Castle« versenkt, vielmehr müsse es auf eine britische Mine gelaufen sein.

Die US-amerikanische Regierung beschließt die Verstaatlichung aller Telegraphie- und Telefongesellschaften, um in diesem kriegsrelevanten Bereich Streikaktionen zu verhindern.

4. Juli, Donnerstag

In Berlin findet der Austausch der Ratifikationsurkunden zum Friedensvertrag zwischen Österreich-Ungarn und der russischen Sowjetrepublik statt (→3. 3./S. 46).

In Moskau beginnt der V. Allrussische Sowjetkongreß (→10. 7./S. 104).

Der US-amerikanische Präsident Thomas Woodrow Wilson fordert in seiner Rede zum Nationalfeiertag der Vereinigten Staaten die Demokratisierung aller staatlichen Regierungen.

Laut »Leipziger Volkszeitung« hebt Franz Mehring, Sozialdemokrat und das »geistige Haupt der Deutschewiki«, in einem Brief an die russischen Bolschewiki hervor, die Gruppe »Spartakus«, eine linke Abspaltung der Mehrheitssozialdemokratie, seit 1917 organisiert in der USPD, wolle nach den gleichen Prinzipien den Umsturz betreiben wie die Bolschewiki in Rußland.

5. Juli, Freitag

Die in ganz Europa grassierende »Spanische Krankheit«, eine schwere Form der Grippe, erreicht das Deutsche Reich. Bereits 1888/89 waren dieser Infektion mehrere tausend Europäer zum Opfer gefallen. →S. 109

Die Internationale Handelskonferenz in London unterstützt den Baubeginn eines Kanaltunnels zwischen der britischen und der französischen Küste für die nächste Zeit nach Kriegsende. Expreßzüge könnten durch eine solche Verbindung innerhalb von sechs Stunden von London nach Paris gelangen.

6. Juli, Sonnabend

In Moskau bricht ein gegen die bolschewistische Regierung gerichteter Aufstand der linken Sozialrevolutionäre aus, in dessen Verlauf der deutsche Botschafter Wilhelm Graf von Mirbach-Harff ermordet wird. →S. 106

Die Landung US-amerikanischer Truppen in Panama wird von US-amerikanischer Seite damit begründet, daß die Regierung von Panama entgegen einem Abkommen von 1907 die ausreichende Lebensmittelversorgung der Soldaten in der Kanalzone nicht gewährleiste.

Die Regierung Großbritanniens legt ein Programm vor, durch das Indien autonomer werden soll.

In den Vereinigten Staaten werden laut Regierungsdekret 58 Namen von Ortschaften geändert, weil sie das Wort »German« enthalten.

Der Verband der südwestdeutschen Eisenindustrie fordert auf seiner Jahreshauptversammlung dringend eine Kanalisierung der Mosel. Dies sei eine Überlebensfrage für die deutsche Eisen- und Stahlindustrie.

7. Juli, Sonntag

Auf dem I. Kongreß der Sowjets des Nordkaukasus wird eine »Nordkaukasische Sowjetrepublik« proklamiert, die Teil der »Russischen Sozialistischen Föderativen Sowjetrepublik/RSFSR« werden soll.

Im nördlichen Bessarabien (Ukraine) bricht eine Choleraepidemie aus. Mit einer Kampagne für die Einhaltung einfacher Hygienevorschriften sucht die Regierung der Ausbreitung Herr zu werden.

8. Juli, Montag

Gemeinsam mit französischen Truppenverbänden greifen die Italiener österreichisch-ungarische Truppen an der albanischen Front an.

13 Rädelsführer des von den linken Sozialrevolutionären am 6. Juli angezettelten Aufstandes in Moskau werden nach dessen Niederschlagung erschossen. Die Unruhen, die sich gegen die Regierung der Bolschewiki richten, greifen auf 23 mittelrussische Städte über.

9. Juli, Dienstag

Der deutsche Außenminister Richard von Kühlmann tritt zurück. Nachfolger im Amt wird Konteradmiral Paul von Hintze. →S. 106

In Berlin werden von der deutschen Reichsregierung Gerüchte über die beabsichtigte Heraufsetzung des Militärpflicht-Alters auf 50 Jahre dementiert.

Das Reichsversorgungsamt stellt für die geplanten »fleischlosen Wochen« im August, September und Oktober den Ersatz des Fleisches durch andere Lebensmittel in Aussicht. Pro Monat soll jeweils eine Woche kein Fleisch abgegeben werden.

10. Juli, Mittwoch

Der V. Allrussische Sowjetkongreß billigt den Text der Verfassung der »Russischen Sozialistischen Föderativen Sowjetrepublik (RSFSR)«. Es wird hier unter anderem das Rätesystem als Staatsform der Diktatur des Proletariats festgeschrieben. →S. 104

In Südafrika kommt es zu Aufständen der burischen Bevölkerung, die gegenüber Großbritannien ebenso große Selbständigkeit fordert, wie sie Australien bereits habe.

11. Juli, Donnerstag

Reichskanzler Georg Graf von Hertling hält vor dem Hauptausschuß des Deutschen Reichstages in Berlin eine programmatische Rede, in der er erklärt, der Wechsel in der Leitung des Auswärtigen Amtes ändere nichts am Gesamtkurs der reichsdeutschen Politik. →S. 104

In Aschabad bricht ein antibolschewistischer Aufstand aus, in dessen Verlauf eine »Transkaspische Provisorische Regierung« unter Fedor A. Funtikov gebildet wird, die von britischen Militärverbänden gestützt wird.

12. Juli, Freitag

Das Gemüseangebot auf den reichsdeutschen Wochenmärkten ist im Vergleich zum Vormonat größer, reicht jedoch bei weitem nicht aus; dementsprechend sind die Preise sehr hoch.

13. Juli, Sonnabend

Die russische Sowjetregierung verabschiedet ein Dekret über die Enteignung des Vermögens des Zaren und der Familie Romanow.

Der Deutsche Reichstag beschließt gegen die Stimmen der Unabhängigen Sozialdemokraten einen weiteren Kriegskredit in Höhe von 15 Milliarden Mark.

In Prag konstituiert sich der tschechoslowakische Nationalrat (→2. 7./S. 108).

Wegen Brothehlerei wird ein Mann aus Wuppertal-Elberfeld zu sechs Monaten Gefängnis verurteilt.

Mit sofortiger Wirkung sind alle Papier- und Garnabfälle im Deutschen Reich beschlagnahmt und dürfen nur noch an staatliche Stellen veräußert werden. Damit soll die gezielte Verteilung der knappen Rohstoffe erreicht werden.

14. Juli, Sonntag

Britische und US-amerikanische Truppen besetzen die gesamte Eisenbahnlinie in Murmansk.

Mit neueingeführten »Post-Kreditbriefen« ist es ab heute im Deutschen Reich möglich, auf Reisen an beliebigen Postämtern Geld abzuheben.

An allen Fronten erscheinen Aufrufe der Militärführung zur Wiederverwertung von Kriegsbeute durch die Soldaten: »Laßt nicht das Geringste auf dem Schlachtfeld verderben!«

Der Deutsche Reichstag lehnt den Gesetzentwurf zur Beseitigung der Portofreiheit für Fürsten ab. Die maßlose Ausnutzung dieses Privilegs – so gab ein Fürst an einem Tag 600 gleichlautende Telegramme portofrei auf – führt jedoch zu neuen Beratungen. →S. 109

15. Juli, Montag

Karl I., Kaiser von Österreich und König von Ungarn entläßt den Militärführer der Junioffensive, Feldmarschall Franz Graf (ab Juli) Conrad von Hötzendorf. →S. 105

Auf 80 km Breite dringt die deutsche Westoffensive an der Marne und in der Champagne vor (→12. 6./S. 90).

Die alldeutsch-reaktionär ausgerichtete, in Berlin erscheinende »Deutsche Zeitung« betont, daß der neue Staatssekretär des Äußeren, Konteradmiral Paul von Hintze, nicht der Alldeutschen Partei zuzurechnen sei, jedoch sei er »unzweifelhaft von rein vaterländischer Gesinnung« (→9. 7./S. 106).

In Konstanz treffen etwa 800 deutschstämmige Elsaß-Lothringer ein. Das Gefangenenaustausch-Abkommen zwischen dem Deutschen Reich und Frankreich hatte diese Übersiedlung möglich gemacht.

16. Juli, Dienstag

Der letzte russische Zar Nikolaus II. wird mit seiner Familie in seinem Verbannungsort Jekaterinburg (Swerdlowsk) von Bolschewisten erschossen. →S. 105

17. Juli, Mittwoch

Der italienische Wissenschaftler und Arzt Lo Monaco legt Untersuchungen darüber vor, daß die Tuberkulose durch Injektionen von Saccharose heilbar sei. Die Ergebnisse werden auf internationaler Expertenebene jedoch angezweifelt.

Im Münchener Glaspalast findet die diesjährige Ausstellung der Münchener Secession statt. →S. 112

Das Titelblatt der Leipziger »Illustrirten Zeitung« zeigt einen Soldaten der nahezu geschlagenen Kolonialtruppen des Deutschen Reiches in heldenhafter Pose

Wegen der Lebensmittelknappheit wird es in 40 Erholungsorten der Rheinprovinz untersagt, daß sich Kurgäste länger als vier Wochen hier aufhalten. Ausnahmen können nur durch ausdrückliche amtsärztliche Anweisung zugelassen werden.

18. Juli, Donnerstag

Bei der an Aisne und Marne beginnenden Gegenoffensive der Alliierten werden die Deutschen auf einer Frontbreite von 45 km in der Champagne rasch zurückgeschlagen. Den gemeinsamen Oberbefehl über die alliierten Truppen führt General Ferdinand Foch (→ 8. 8./S. 118).

In Solingen wird eine Versammlung der Sozialdemokraten, auf der der Reichstagsabgeordnete Philipp Scheidemann eine Rede hält, von einer Gruppe unabhängiger Sozialdemokraten gesprengt. Mit ihrer Forderung nach sofortigem Friedensschluß gewinnt die linke Opposition auch in den Reihen der Mehrheitssozialdemokraten immer mehr Anhänger.

In den »Düsseldorfer Nachrichten« beklagt der Literaturwissenschaftler Herbert Eulenberg die »Büchernot«, die durch den Krieg entstanden ist. → S. 113

19. Juli, Freitag

Honduras erklärt dem Deutschen Reich den Krieg.

Die britische Nachrichtenagentur Reuter meldet, obwohl die in Südostafrika kämpfende Armee des deutschen Generals Paul von Lettow-Vorbeck mittlerweile auf 700 bis 800 Leute zusammengeschrumpft sei, kämpfe die Truppe weiter. → S. 107

20. Juli, Sonnabend

Die japanische Regierung beschließt den von US-amerikanischer Seite immer wieder geforderten Einmarsch in Sibirien, um sich im russischen Bürgerkrieg auf die Seite der konterrevolutionären, antibolschewistischen Kräfte zu schlagen.

Beim Lufteinsatz über der Marne wird der von allen Seiten vielgerühmte US-amerikanische Flieger Quentin Roosevelt von einem deutschen Flieger abgeschossen. Er wird, wie es in der deutschen Presse ausdrücklich heißt, »mit kriegerischen Ehren« in seinem Absturzort Chambry beigesetzt.

21. Juli, Sonntag

Der US-amerikanische Präsident Thomas Woodrow Wilson ordnet den Stopp der Ölausfuhr nach Chile an. Chile, das für seine Nitrat-Industrie unbedingt Öl braucht, soll damit nach deutscher Meinung zum Kriegseintritt an der Seite der USA gezwungen werden. Wahrscheinlicher jedoch ist, daß die Vereinigten Staaten das Öl zur Unterhaltung der eigenen Kriegsindustrie benötigen.

Einen psychologischen Test, mit dem die Eignung für den Beruf des Bürobeamten festgestellt werden soll, veröffentlicht der Wirtschaftswissenschaftler Johannes Dück aus Innsbruck. → S. 113.

In der Pressekritik viel gerühmt wird eine Ausstellung mit österreichisch-ungarischer »Kriegsgraphik«, die in Köln zu sehen ist. → S. 112

Die Versorgungsämter des Reiches weisen erneut darauf hin, daß Frischmilch nach dem Erwerb sofort abzukochen sei, da ein vorzeitiges Verderben des knappen Lebensmittels unbedingt verhindert werden müsse.

22. Juli, Montag

In Wien nimmt Kaiser Karl I. das Rücktrittsgesuch des österreichischen Ministerpräsidenten Ernst Ritter Seidler von Feuchtenegg und seines Kabinetts an.

Bei blutigen Auseinandersetzungen in den Moskauer Putilov-Werken gewinnen sozialdemokratische Arbeiter die Oberhand über die Bolschewiki. Die Rückeroberung des strategisch wichtigen Parskin-Arsenals gelingt ihnen jedoch nicht.

Erstmals treffen sich in der deutschen Reichshauptstadt Berlin Großmeister und Abgeordnete der Freimaurerlogen des Deutschen Reiches, Ungarns, der Türkei und Bulgariens zu einer gemeinsamen Tagung. → S. 109

23. Juli, Dienstag

Karl Helfferich, Vizekanzler im Deutschen Reich in den Jahren 1916/17, wird zum Nachfolger des ermordeten Wilhelm Graf von Mirbach-Harff als diplomatischer Vertreter des Deutschen Reiches in Moskau ernannt.

An den Schulen des Deutschen Reiches werden umfangreiche Laubheusammlungen veranstaltet, um die Versorgung der noch im Einsatz befindlichen Militärpferde zu garantieren.

Dem Verlangen der Soldaten, Heimaturlaub auch in mehrere Orte gleichzeitig gestattet zu bekommen, soll nach Auskunft der Militärbehörden bald stattgegeben werden. Bislang durften die Soldaten jeweils immer nur einen Ort pro Heimaturlaub ansteuern.

24. Juli, Mittwoch

Simbirsk und Jekaterinburg (Swerdlowsk) fallen in die Hände der antibolschewistischen tschechischen Legion bzw. der Weißgardisten, die im Bürgerkrieg gemeinsam gegen die Bolschewiki kämpfen.

Im Deutschen Reich wurden seit Kriegsbeginn bislang über 80 000 Angehörige der kämpfenden Truppe mit dem Eisernen Kreuz I. Klasse ausgezeichnet.

Der Verlag Gustav Langenscheidt, Berlin, wirbt in deutschen Zeitungen für die Erlernung von Fremdsprachen nach einer neuen, vom Verlagsinhaber begründeten Methode.

25. Juli, Donnerstag

Die sowjetische Regierung gibt die Ermordung der Zarenfamilie am 16. Juli in Jekaterinburg (Swerdlowsk) offiziell bekannt (→ 16. 7./S. 105).

Admiral Paul von Hintze, neuer Staatssekretär des Äußeren, sendet an die Deutsch-Irische Gesellschaft ein Dankestelegramm für den Glückwunsch zu seiner Ernennung als Nachfolger von Richard von Kühlmann. Hintze betont darin, daß das Deutsche Reich die Unabhängigkeitsbestrebungen des irischen Volkes unterstütze.

Der Rat der oberbayerischen Gemeinde Oberammergau gibt bekannt, daß die nächsten Passionsspiele frühestens 1920 stattfinden werden, wenn die politischen Verhältnisse es gestatten. → S. 113

26. Juli, Freitag

In seiner Antrittsrede vor dem österreichischen Senat in Wien betont der Nachfolger Ernst Ritter Seidler von Feuchteneggs im Amt des Ministerpräsidenten, Max Freiherr Hussarek von Heinlein, die unerschütterliche Freundschaft Österreichs mit dem Deutschen Reich.

Der ägyptische Sultan Fuad, der Khedive, besucht Berlin und spricht anläßlich eines Essens, das der neue Staatssekretär des Äußeren, Admiral Paul von Hintze, ihm zu Ehren gibt, von der Freundschaft, die Ägypten traditionell mit dem Deutschen Reich verbinde. Ägypten, das vor 1914 unter osmanischer Oberhoheit stand, ist seit Kriegsausbruch britisches Protektorat.

Der Rat der Stadt Augsburg gibt bekannt, daß eine Erhebung ergeben habe, daß derzeit nur drei Wohnungen in der Stadt zu vermieten sind. Dieser eklatante Mangel an Wohnraum ist exemplarisch für das ganze Reich und wird nach Kriegsende durch die Rückkehr der Soldaten eine weitere Verschärfung erfahren.

27. Juli, Sonnabend

Die niederrheinische Brennessel-Sammelstelle setzt die Belohnung für ein kg gesammelten Brennesselsamen auf 20 Mark herauf.

Zu einem Monat Gefängnis wird eine Düsseldorferin verurteilt, weil sie den Aufenthalt ihres fahnenflüchtigen Sohnes, den sie nachweislich kannte, nicht den Behörden gemeldet hat. Als mildernder Umstand wird in der Revision gewertet, daß die Frau im kaum lösbaren Konflikt zwischen Mutterliebe und vaterländischer Pflicht handelte.

28. Juli, Sonntag

Der Streik der Munitionsarbeiter in weiten Teilen Großbritanniens findet vorerst ein Ende. Mit einem baldigen Wiederaufflammen der Arbeitsniederlegungen wird jedoch gerechnet.

In einer Bittschrift fordern 600 000 US-Amerikaner irischer Abstammung Präsident Thomas Woodrow Wilson auf, die Unabhängigkeit Irlands von Großbritannien anzuerkennen.

Im Deutschen Reich tritt eine Verordnung über die Beschlagnahme von Vorhängen zur Umarbeitung in Leibwäsche in Kraft. Die Beschlagnahme erstreckt sich vorerst nicht auf Gardinen in Privatwohnungen.

29. Juli, Montag

Die deutsche Presse gibt die Rückverlegung der Westfront offiziell bekannt. Sie erfolge jedoch nur »nach gründlicher Zerstörung aller dem Feind nutzbringenden Anlagen«, wie die Oberste Heeresleitung in ihren Propagandameldungen aus dem Hauptquartier im belgischen Spa betont (→ 8. 8./S. 118).

In der Ukraine wird der deutsche Oberbefehlshaber in der Ukraine, Generaloberst Hermann von Eichhorn, von einem Sozialrevolutionär ermordet. → S. 106

Frauenvereinigungen in Großbritannien fordern bei Großdemonstrationen die Zulassung zu Gerichts- und Regierungsämtern.

30. Juli, Dienstag

In Leipzig findet eine Ausstellung mit aus Kaninchenwolle gewirkten Waren statt. Diese böten, so die Ausstellungsleitung, einen nahezu gleichwertigen Ersatz für Wirkwaren aus Kaschmir- oder Angorawolle.

31. Juli, Mittwoch

Am Ende des vierten Kriegsjahres befinden sich rund 3,5 Millionen britische, französische und US-amerikanische Soldaten in deutscher Kriegsgefangenschaft. → S. 107

Die Jahreshauptversammlung der Friseurinnung in Gotha warnt vor den Gefahren der Bartflechte. Die Hautkrankheit – sie kann auch Frauen und Kinder befallen – macht heute etwa 30% aller Hauterkrankungen aus, während es wegen besserer hygienischer Bedingungen zu Kriegsbeginn nur 2% waren.

Gestorben:

3. Konstantinopel (Istanbul): Muhammad V. (* 3. 5. 1844, Konstantinopel), Sultan des Osmanischen Reiches seit 1909. → S. 108

16. Jekaterinburg (Swerdlowsk; erschossen): Nikolaus II. (* 18. 5. 1868, Zarskoje Selo/Puschkin), letzter russischer Zar 1894 bis 1917. → S. 107

Geboren:

23. Frankfurt am Main: Janheinz Jahn († 20. 10. 1973, Messel), deutscher Schriftsteller, Übersetzer bes. afrikanischer Literatur.

29. Kupjansk (Gebiet Charkov): Wladimir D. Dudinzew, russisch-sowjetischer Schriftsteller (u. a. »Der Mensch lebt nicht vom Brot allein«, 1956).

Das Wetter im Monat Juli

Station	Mittlere Lufttemperatur (°C)	Niederschlag (mm)	Sonnenscheindauer (Std.)
Aachen	16,7 (17,5)	99 (75)	— (190)
Berlin	17,7 (18,3)	70 (70)	— (242)
Bremen	17,0 (17,4)	77 (92)	— (207)
München	17,5 (17,5)	124 (137)	— (226)
Wien	— (19,5)	— (84)	— (—)
Zürich	17,4 (17,2)	78 (139)	255 (238)

( ) Langjähriger Mittelwert für diesen Monat
– Wert nicht ermittelt

Die französische Zeitschrift »L'Illustration« mit Bildern aus der Stadt Chateau-Thierry nach der Befreiung von der deutschen Besatzung

L'ILLUSTRATION

Prix du Numéro : 1 fr. 40. SAMEDI 27 JUILLET 1918 76e Année. — N° 3934.

Dans les rues obstruées par les décombres et coupées de barricades : femmes et enfants qui étaient restés dans la ville pendant l'occupation allemande.

Une partie du butin entassé par les Allemands dans l'église Saint-Crépin et que les pillards n'ont pas eu le temps d'emporter.

Des ornements sacerdotaux dans les caisses; à droite, un amoncellement d'objets de cuivre, récoltés chez les particuliers : bassines, casseroles, chandeliers, suspensions, robinets, tuyauteries, etc., jusqu'à un casque de pompier...

LA DÉLIVRANCE DE CHATEAU-THIERRY

Phot. prises le 22 juillet. — *Voir l'article, page 87.*

»Sowjetrepublik« wird offiziell gegründet

10. Juli. Auf dem V. Allrussischen Sowjetkongreß, der seit dem 4. Juli in Moskau stattfindet, billigt das Plenum die Verfassung der »Russischen Sozialistischen Föderativen Sowjetrepublik (RSFSR)«. Damit ist die Sowjetunion offiziell gegründet. Festgelegt wird in der Verfassung vor allem die Staatsform des Rätesystems, in dem eine »Diktatur des Proletariats« einstweilen Innen- und Außenpolitik bestimmen soll.

Die seit der Oktoberrevolution von 1917 regierenden Bolschewiki vertreten die Anschauung, daß es zur Festigung des neuen sozialistischen Staates notwendig sei, zunächst die Macht allein denen in die Hand zu geben, die im zaristischen Rußland von ihr ausgeschlossen waren: den Arbeitern, Soldaten und armen Bauern. Die Organisationsform dieser »Diktatur des Proletariats« sollen die Räte (Sowjets) sein, sowohl auf der Ebene der Klein- und Großbetriebe wie in allen Bereichen des öffentlichen Lebens.

Die Idee des Rätesystems, die schon von den Vätern der sozialistischen Theorie, Karl Marx und Friedrich Engels, entwickelt wurde, stützt sich auf die Vorstellung, daß jedes Mitglied einer Gemeinschaft gleichberechtigt an allen gesellschaftlichen Entscheidungen beteiligt sein soll. Dies soll in einem System von Gemeinde-, Bezirks-, Gouvernements- und Gebietssowjets bis hin zum obersten Gremium, dem »Allrussischen Sowjetkongreß«, geschehen. Aus den Untereinheiten werden in direkter Wahl Vertreter bestimmt, die im nächsthöheren Gremium die Interessen der einzelnen Untereinheiten vertreten sollen.

Die unbestrittene Führungspersönlichkeit der neuen russischen Sowjetrepublik, Wladimir I. Uljanow, genannt »Lenin«, wurde am 22. April 1870 in Simbirsk (heute: Uljanowsk) geboren; bereits während seines Studiums wandte sich Lenin um 1890 revolutionären Bewegungen zu; in der Emigration nach 1900 entwickelte er sein Konzept einer revolutionären Kaderpartei

Lenin: »Kämpft für den Sowjetstaat!«

29. Juli. Der junge sowjetische Staat, dessen revolutionäre Räte-Verfassung am 10. Juli offiziell durch den Allrussischen Sowjetkongreß angenommen wurde, ist bedroht durch die Angriffe innerer wie äußerer Feinde (→ 30. 6./S. 91).

Der Führer der Bolschewiki, Wladimir I. Lenin, ruft in einer Rede, die er vor dem Zentralexekutivkomitee und anderen Räte-Gremien in Moskau hält, dazu auf, diese schwierige Phase gemeinsam zu überwinden. Lenin sagt u. a.:

»... Wir sind wieder in einen Krieg hinein geraten, wir befinden uns im Krieg, und dieser Krieg ist nicht nur ein Bürgerkrieg gegen die Kulaken [Mittel- und Großbauern], die Gutsbesitzer und Kapitalisten, die sich nun gegen uns vereinigt haben –, nein, jetzt tritt uns schon der englisch-französische Imperialismus entgegen ... Die ganze Frage des Fortbestehens der Russischen Sozialistischen Förderativen Sowjetrepublik, die ganze sozialistische Revolution in Rußland läuft auf die militärische Frage hinaus ... Rußland bleibt nach wie vor das einzige Land, das alle Bindungen mit den Imperialisten zerrissen hat ... Durch unsere sozialistische Arbeit stellten wir uns gegen den Weltimperialismus, und dieser Kampf wird den Arbeitern der ganzen Welt immer mehr verständlich, und ihre wachsende Empörung läßt die künftige Revolution immer näher und näher rücken. Darum eben geht der Kampf, denn unsere Republik ist das einzige Land in der Welt, das nicht mit dem Imperialismus zusammenging, das nicht zuließ, daß Millionen Menschen um der Weltherrschaft der Franzosen oder der Deutschen willen erschlagen wurden. Unsere Republik ist das einzige Land, das auf gewaltsamen und revolutionärem Wege aus dem imperialistischen Weltkrieg ausgeschieden ist, das das Banner der sozialistischen Revolution entrollt hat; aber von neuem zerrt man unser Land in den imperialistischen Krieg, von neuem will man es an die Front werfen ... Wir aber erklären, daß wir bereit sein müssen, unser Leben hinzugeben, denn es geht um die Rettung der ganzen sozialistischen Revolution ... das Proletariat wird sowohl die englisch-französische (→ 28. 6./S. 90) als auch die tschechoslowakische Offensive (→ 30. 6./S. 90) zurückschlagen, im Interesse der sozialistischen Revolution!«

Wachen der Roten Garden vor dem Arbeitszimmer von Wladimir I. Lenin

Vom Zarenreich zur Sowjetunion

Bis zur russischen Februarrevolution von 1917 (nach westeuropäischer Zeitrechnung am 11. März) wurde das Russische Reich über 300 Jahre lang von der Dynastie der Romanows beherrscht. Ihr letzter Vertreter, Zar Nikolaus II., wurde durch die bürgerliche Februarrevolution gestürzt.

Nikolaus II. hatte das Land seit seiner Ausrufung zum »Kaiser aller Reußen« im Jahr 1894 in Verkennung der kritischen innenpolitischen Situation auf dem reaktionär-autokratischen Kurs seines Vorgängers Alexander III. fortgeführt. Die beispiellose Ausbeutung der Leibeigenen und armen Bauern durch die Aristokratie hatte den Groll der unteren Volksschichten immer mehr wachsen lassen. Hinzu kam die Wut der Minderheiten im russischen Vielvölkerstaat über ihre Unterdrückung und Benachteiligung gegenüber der russischen Bevölkerung.

All diese Faktoren führten im Jahr 1905 zu einem ersten gegen die Zarenherrschaft gerichteten revolutionären Aufstand in Petersburg, der jedoch einstweilen durch ein taktisch geschicktes Agieren des Zaren und seiner Berater nicht zum revolutionären Umsturz führte.

Die Revolution vom Februar 1917 machte zwar der Zarenherrschaft ein Ende, doch setzte sich die am 15. März gebildete Provisorische Regierung fast ausschließlich aus Vertretern des Großbürgertums zusammen. Die innere Zerrüttung des Landes, dem besonders der lang dauernde Krieg schwer zu schaffen machte, führte zu immer neuen Aufständen, Meutereien im Heer und einer weiteren Verschlechterung der Lebensverhältnisse. Bis zur Oktoberrevolution, die am 6. November (europäischer Zeitrechnung) ausbrach und den Bolschewiki unter der Führung Wladimir I. Lenins die Regierungsmacht brachte, rissen die inneren politischen Kämpfe nicht ab. Aber auch der Sowjetstaat hat sich gegen viele Feinde zu behaupten.

Nikolaus II. (M.), der letzte Zar von Rußland, mit seinem Sohn (2. v. r.) und seinen vier Töchtern während der Internierungszeit in Tobolsk (Sibirien)

Zar Nikolaus II., neben ihm Zarin Alexandra Fjodorowna, vorn Zarewitsch Alexei, die Töchter (v. l.) Maria, Tatjana, Olga und Anastasia

Zarenfamilie von Bolschewiki erschossen

16. Juli. Der ehemalige Zar von Rußland, Nikolaus II., wird zusammen mit den Angehörigen der Herrscherfamilie in Jekaterinburg (Swerdlowsk) erschossen. Angesichts der Bedrohung der Stadt durch aufständische »weiße« Armeen beschlossen Mitglieder der Geheimpolizei »Tscheka« die Hinrichtung der letzten Romanows.

Nikolaus II. war unmittelbar nach der bürgerlichen Februarrevolution am 21. März gefangengenommen und in Zarskoje Selo nahe Petrograd (Leningrad) interniert worden. Nach einem kurzem Aufenthalt in der Stadt Tobolsk (Sibirien) wurde die gesamte Zarenfamilie in Jekaterinburg festgehalten.

Die Ermordung der Zarenfamilie war von den Bolschewiki nicht geplant, der Volkskommissar für Verteidigung, Leo D. Trotzki, hatte jedoch den Bewachern die Entscheidungsbefugnis überlassen, falls sie von konterrevolutionären Truppen angegriffen würden. Die tschechische Legion, eine Truppe von 40 000 Mann, die am 26. Mai zum Kampf gegen die Bolschewiki aufgerufen hatte, näherte sich bereits seit Juni bedrohlich der Stadt. Gemeinsam mit den antibolschewistischen Armeen von Alexandr W. Koltschak kontrollierten die Aufständischen die gesamte Region. In dieser für die Stellung der Bolschewiki gefährlichen Situation kommt es zur Hinrichtung der gesamten Zarenfamilie durch ein Kommando unter Führung von zwei Mitgliedern der Geheimpolizei. Die Konterrevolutionäre zeigen sich vom Tod des Zaren nicht getroffen, setzen ihre Aktionen fort und erobern nur sechs Tage später die Stadt.

Ein in der Schweiz eintreffender privater Bericht schildert die Erschießung wie folgt:

»Der Zar war bei der Verkündung des Beschlusses vollkommen gefaßt und ruhig. Die Hinrichtung war auf 9 Uhr angesetzt. Nach einigen Minuten verlangte der Zar nach einem Geistlichen, der auch sofort erschien. Nachdem der Zar Abschied genommen, blieb er mit dem Geistlichen allein im Gebet zusammen. Dann schrieb er einige Briefe.

Um 9 Uhr wurde er zum Richtplatz geholt. Der Zar versuchte, noch etwas zu sagen oder etwas zu rufen. Er hob beide Hände, da krachte die Salve, und zum Tode getroffen sank er zusammen.«

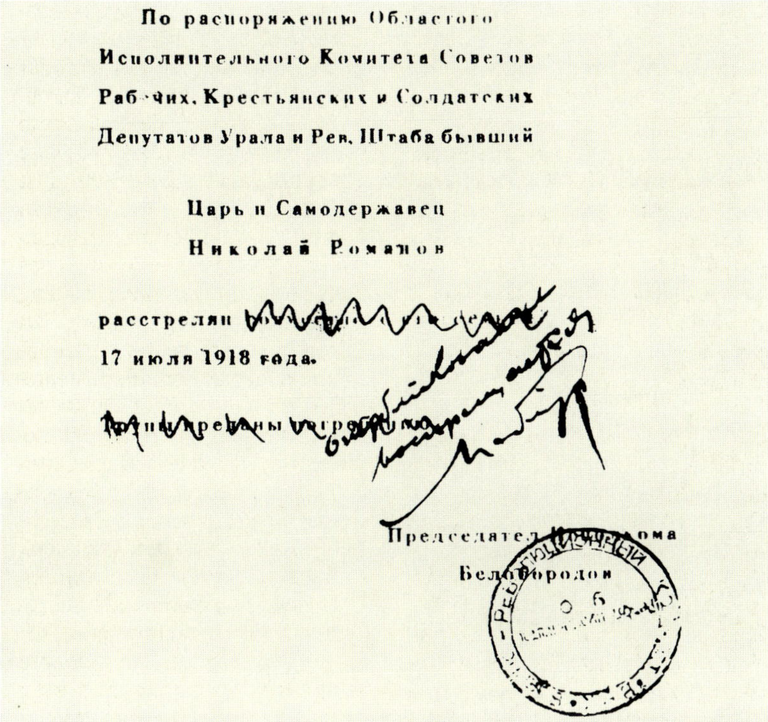

По распоряжению Областого
Исполнительного Комитета Советов
Рабочих, Крестьянских и Солдатских
Депутатов Урала и Рев. Штаба бывший

Царь и Самодержавец
Николай Романов

расстрелян [illegible]
17 июля 1918 года.

[illegible] преданы [illegible]

Председател[illegible]ома
Белобородов

Offizielle Bekanntmachung der bolschewistischen Regierung über die Erschießung des ehemaligen Zaren Nikolaus II. und seiner Familie in Jekaterinburg

Geschichte der Dynastie Romanow

Die russische Herrscherdynastie der Romanows, deren Mitglieder als Kaiser oder Zaren das Reich seit 1613 in ununterbrochener Linie autokratisch regierten, endet im Juli 1918 mit der Auslöschung der gesamten Familie Nikolaus II.

Der Aufstieg der Romanows begann mit der Heirat des »Ersten Zaren von ganz Rußland«, Iwan IV. Wassiljewitsch, des Schrecklichen. Im Jahr 1574 ehelichte er Anastasia Romanowna, die hiermit an der Herrschaft beteiligt wurde.

Aus der vierten Generation dieser Verbindung stammt der 1613 zum Zaren gewählte Michail Fjodorowitsch, der heute als eigentlicher Begründer der Dynastie gilt.

Erst der fünfte Herrscher der Romanows, Peter I., der Große, machte das Russische Reich zwischen 1682 und 1721 zur europäischen Großmacht.

Die 1672 zur Kaiserin gekrönte Katharina II., die Große, Gattin des von ihr selbst gestürzten Peter III. von Romanow-Holstein-Gottorf ist eine weitere, wenn auch angeheiratete Vertreterin der Linie Romanow.

Weitere wichtige Persönlichkeiten der Dynastie sind Alexander I. (1801–1825) und Alexander II. (1855–1881), der 1861 die Leibeigenschaft aufhob.

Staatssekretär von Kühlmann muß gehen

9. Juli. Der Staatssekretär des Äußeren, Richard von Kühlmann, tritt auf Druck der deutschen Obersten Heeresleitung (OHL) von seinem Amt zurück. Konteradmiral Paul von Hintze wird sein Nachfolger.

Die OHL, Paul von Hindenburg und Erich Ludendorff, werfen dem altgedienten Diplomaten schon seit seiner Ernennung im August 1917 vor, sich nicht ausreichend für die annektionistischen Kriegsziele der Militärs einzusetzen. Kühlmann gilt als Vertreter eines Verständigungsfriedens. In seinem Rücktritt manifestieren sich die innenpolitischen Auseinandersetzungen im Deutschen Reich über die Aussicht, den Krieg trotz der scheiternden Westoffensive (→21. 3./S. 48) dennoch als Sieger beenden zu können.

Der 45jährige Staatssekretär des Äußeren, Richard von Kühlmann

Äußerer Anlaß für den Rücktritt Kühlmanns, der sich bereits bei der Großindustrie und den Alldeutschen durch seine »schwächliche« Haltung bei Abschluß des Friedens von Brest-Litowsk mit Rußland am →3. März (S. 46) unbeliebt gemacht hatte, war eine Rede, die der Staatssekretär des Äußeren am 24. Juni vor dem Reichstag in Berlin hielt. Kühlmann äußerte hierin die Ansicht, der Krieg sei durch »rein militärische Entscheidungen für Deutschland nicht mehr zu gewinnen«. Seine Vermutung, man müsse sich nach Lage der Dinge, zu der auch die öffentliche Meinung gehöre, eventuell mit einem Vergleichsfrieden begnügen, brachte Kühlmann in Gegensatz zur militärischen Leitung wie zur parlamentarischen Mehrheit. Der Führer der Nationalliberalen, Gustav Stresemann, brachte die Meinung der im Reichstag herrschenden Mehrheit zum Ausdruck: »... Nie hatten wir weniger Anlaß, an dem deutschen Sieg zu zweifeln als jetzt ...«

Staatssekretär Richard von Kühlmann bei der Unterzeichnung des Friedensvertrages mit Rumänien in Bukarest

Den letzten Ausschlag für den Sturz Kühlmanns gab eine von der OHL am 25. Juni inszenierte Pressekonferenz, die die Kampagne gegen den Staatssekretär ins Rollen brachte. Versuche des Reichskanzlers Georg Graf von Hertling, Kühlmann zu verteidigen, fruchteten nicht, und Kühlmann mußte schließlich um seinen Rücktritt bitten.

Fraglich ist, ob Kühlmanns Appell, auf diplomatischem Wege einen Verständigungsfrieden herbeizuführen, Ende Juni überhaupt noch realistisch war, denn auch die Gegner der Mittelmächte sahen, daß die Zeit im weiteren Verlauf des Krieges auf ihrer Seite war. Die Entente hatte kaum noch Interesse an einem Verständigungsfrieden.

Wilhelm Graf von Mirbach-Harff, deutscher Gesandter in Moskau

Deutscher Diplomat in Moskau ermordet

6. Juli. Im deutschen Botschaftsgebäude erschießen zwei Mitglieder der antibolschewistischen »Linken Sozialrevolutionäre« den deutschen Gesandten Wilhelm Graf von Mirbach-Harff. Offizielle Stellen im Deutschen Reich halten den Mord für eine von Entente-Agenten geförderte Tat. Die deutschen Kriegsgegner sollen angeblich auf diese Weise versuchen, das Deutsche Reich zu einem erneuten Krieg gegen die Bolschewiki zu provozieren.

Paul von Hintze

Obwohl es auch einige deutsche Stimmen gibt, die auf Abbruch der diplomatischen Beziehungen zu Rußland drängen, ist doch der Nachfolger des am →9. Juli (S. 106) gestürzten Staatssekretärs des Äußeren, Richard von Kühlmann, Konteradmiral Paul von Hintze, ebensowenig wie Kaiser Wilhelm II. bereit, den Kontakt zur bolschewistischen Regierung abzubrechen.

Bei der späteren Gerichtsverhandlung gibt einer der nachweislichen Drahtzieher des Attentats, der Sozialrevolutionär Boris Sawinkow, zu, 2,5 Millionen Francs vom französischen Botschafter erhalten zu haben, um einen Keil zwischen das Deutsche Reich und die Sowjetregierung zu treiben.

General Eichhorn in der Ukraine umgebracht

29. Juli. Der deutsche Oberbefehlshaber in der besetzten Ukraine seit März 1918, Generalfeldmarschall Hermann von Eichhorn, wird gemeinsam mit seinem Adjutanten in Kiew niedergeschossen. Beide erliegen kurz darauf ihren Verletzungen.

Für die Tat sind die antibolschewistischen Sozialrevolutionäre verantwortlich. Unterstützt durch Agenten der deutschen Entente-Kriegsgegner wollen sie das Deutsche Reich gegen die Bolschewiki aufbringen und einen neuen Krieg gegen Rußland provozieren. In der Ukraine, die nach einem von Deutschen unterstützten Putsch seit Ende April von General Pawel P. Skoropadski regiert wird, herrscht eine stark deutschfeindliche Stimmung (→25. 5./S. 79).

Generalfeldmarschall Hermann von Eichhorn bei der Einnahme von Minsk

Lettow-Vorbeck weiterhin ungeschlagen

19. Juli. Der deutsche General Paul von Lettow-Vorbeck, seit 1913 Kommandeur der Schutztruppe der deutschen Kolonie Kamerun in Zentralafrika und seit Kriegsbeginn Oberbefehlshaber der deutschen Truppen in Afrika, gibt trotz der großen Übermacht der gegnerischen Streitmächte den Kampf nicht auf.
Über das wirkliche Ausmaß der noch erhaltenen Kampfkraft des legendären Generals, der bereits zwischen 1904 und 1907 Hauptmann in Deutsch-Südwestafrika gewesen war und über eine ausgezeichnete Landeskenntnis verfügt, ist jedoch in der reichsdeutschen Öffentlichkeit ebensowenig bekannt wie im feindlichen Ausland. Allgemeines Erstaunen erregt jedoch bei allen die Tatsache, daß Lettow-Vorbeck noch immer durchhält. Typisch ist folgende Zeitungsmeldung, die am 19. Juli gleichzeitig in mehreren deutschen wie britischen Zeitungen erscheint: »Reuter meldet, der Bürgermeister von Kapstadt habe auf einem Essen, das zu Ehren des Oberbefehlshabers von Ostafrika, Northey, gegeben wurde, gesagt: Die Streitmacht des Generals von Lettow besteht jetzt nur noch aus 100 Europäern und 700 bis 800 Askari [schwarzafrikanische Soldaten der deutschen Schutztruppe]... Daß der Feldzug noch nicht beendet ist, muß der riesigen Ausdehnung des Landes und der dichten Bewaldung zugeschrieben werden, die es dem Feinde ermöglichen, immer wieder zu entkommen... Der Feind kann jeden Tag gefaßt werden... Es können aber auch Monate vergehen.«
Am gleichen Tag meldet dieselbe Nachrichtenagentur:
»Bei einem Frühstück im [Londoner] Unterhaus zu Ehren der südafrikanischen Minister für Eisenbahnen und Häfen wies Abgeordneter Asquith darauf hin, daß der Feldzug gegen Südwestafrika und Rhodesien ohne Hilfe des Mutterlandes durchgeführt werde, und daß auch der Erfolg in Ostafrika größtenteils südafrikanischen Truppen unter Smuths und Deventer zu danken sei; außerdem habe der südafrikanische Bundesstaat noch 60 000 Mann auf andere Kriegsschauplätze entsendet...«

Geschützstellung der deutschen Schutztruppe an der Küste von Deutsch-Ostafrika beim Feuer auf britische Landungstruppen bei Kriegsbeginn

Generalmajor Paul von Lettow-Vorbeck, Kommandeur in Ostafrika

Karl I. entläßt den Oberbefehlshaber

15. Juli. Der österreichische Kaiser Karl I. nimmt das Rücktrittsgesuch seines militärischen Oberbefehlshabers, Feldmarschall Franz Graf (ab Juli) Conrad von Hötzendorf, an.
Der Hintergrund der Demission ist die letzte gescheiterte Italienoffensive der österreichisch-ungarischen Armee, die am 15. Juni unter dem Oberbefehl Conrad von Hötzendorfs stand und bereits zehn Tage später als verloren beendet werden mußte (→25. 6./S. 90).
Conrad von Hötzendorf zog die Konsequenzen und bat um seinen Rücktritt, der jedoch nicht sofort vom österreichischen Kaiser akzeptiert wurde.
In einem Handschreiben Kaiser Karls I. an seinen Generalissimus heißt es: »... Schwer konnte ich mich entschließen, Ihrer erneuten Bitte um Enthebung Folge zu geben... Ihre Tätigkeit während des Krieges... sichert Ihnen für alle Zeit einen Ehrenplatz in der Geschichte.... Für Ihre durch ein Menschenalter erfolgreich und opferungsvoll geleistete Arbeit gebührt Ihnen mein und des Vaterlandes Dank. Ich ernenne Sie zum Obersten aller Leibgarden und erhebe Sie in den erblichen Grafenstand.«

General Conrad

Millionen von Kriegsgefangenen in Europa

Zum Ende des Monat Juli befinden sich rund 3,5 Millionen Kriegsgefangene aus den Ententestaaten – vorwiegend Briten und Franzosen – auf deutschem Boden. Dem entspricht eine noch höhere Zahl von Gefangenen aus dem Deutschen Reich und den verbündeten Staaten in Lagern der Entente.
Eine große Gruppe von Kriegsgefangenen wird zu landwirtschaftlicher Arbeit auf Bauernhöfe abkommandiert. Die in der Nähe von Industriebezirken internierten Gefangenen werden zur Arbeit in der Rüstungsindustrie herangezogen, um den eklatanten Mangel an männlichen Arbeitskräften etwas auszugleichen.
Ein kleiner Teil der Kriegsgefangenen, zumeist höhere militärische Dienstgrade, erhält durch Absprachen und Verträge zwischen den Kriegsgegnern das Privileg, die Gefangenschaft in Lagern auf neutralem Boden, vor allem in der Schweiz oder in den Niederlanden, verbringen zu können.
Am 15. Juli wurden zwischen Frankreich und dem Deutschen Reich mehrere hundert Zivilpersonen ausgetauscht. Im Rahmen dieser Aktion durften etwa 600 Deutsch-Elsaß-Lothringer nach Konstanz ausreisen, während zur gleichen Zeit etwa 1000 französische Gefangene in ihre Heimat zurückkehren konnten.

Erschöpfte deutsche Soldaten in einem provisorischen französischen Kriegsgefangenenlager kurz nach ihrer Gefangennahme während einer Gegenoffensive

Kunstvolle Graffiti als Tarnung gegen feindliche Flugzeugangriffe

Selbst der Krieg und der mit ihm verbundene Ausnahmezustand kann das Kunstbedürfnis der Menschen nicht ganz verdrängen. So entstehen im ganzen Deutschen Reich mit zunehmender Häufigkeit von Luftangriffen auch immer mehr anspruchsvolle Bemalungen besonders gefährdeter oder kriegswichtiger Gebäude. Der farbige Schmuck dient der Tarnung. Ein besonders gelungenes Beispiel ist in der Abbildung zu sehen. Sie zeigt die Stirnwand einer Zeppelin-Halle, die mit einem riesigen naturalistisch gemalten Landschaftsgemälde einen Übergang von wirklicher zu fiktiver Landschaft herstellt. Lediglich die Seitenwände des Hangar sind nur mit einfachen Streifen in Tarnfarben ausgestattet.

Der militärische Auftraggeber hat sich bei den notwendigen Maßnahmen gegen feindliche Angriffe offenbar nicht nur von pragmatischem Empfinden leiten lassen.

USA für Masaryks Autonomiestreben

2. Juli. Die USA erkennen den Tschechoslowakischen Nationalrat in Paris, der von den Exiltschechen Tomáš Garrigue Masaryk und Eduard Beneš geleitet wird, als rechtmäßige provisorische Regierung einer noch zu gründenden, von Österreich-Ungarn unabhängigen tschechischen Republik an.

Damit hat Masaryk gegen die Festschreibung der Oberherrschaft der Habsburger Doppelmonarchie über Tschechen und Slowaken seinen bislang größten taktischen Erfolg erzielt, nicht zuletzt auch gegenüber Tschechen und Slowaken, die nicht für eine radikale staatliche Abtrennung der Tschechoslowakei von Österreich eintreten.

T. G. Masaryk

1914 hatte Masaryk begonnen, die Alliierten um Unterstützung im Kampf für einen unabhängigen Staat zu bitten, und 1915 im Pariser Exil den Nationalrat gegründet (→ 26. 9./S. 134; 28. 10./S. 147).

Machtloser Sultan Muhammad V. gestorben

3. Juli. In Konstantinopel (Istanbul) stirbt der 35. Sultan der Osmanen, Muhammad (Mehmed) V., im Alter von 74 Jahren.

Muhammad, der den Thron am 27. April 1909 als Nachfolger des gestürzten Sultans Abd Al Hamid II. bestiegen hatte, war praktisch machtlos. Die eigentliche Macht im Staat haben seit der Sommerrevolution von 1908 die reformerischen »Jungtürken« unter Enwer Pascha und Mehmet Talat Pascha. Unter ihrer Führung wurde das Reich der Osmanen in eine konstitutionelle Monarchie umgewandelt.

Die Ausdehnung des Osmanischen Reiches, das um 1300 unter dem ersten Sultan Osman I. Ghasi begann, erreichte 1683 einen Höhepunkt und erstreckte sich im Norden bis nach Ungarn, im Osten bis ans Kaspische Meer und im Süden bis nach Ägypten. Als Muhammad V. den Thron bestieg, war das Weltreich bereits erheblich zusammengeschrumpft (→ 3. 4./S. 62).

Muhammad (Mehmed) V., 35. Herrscher der Osmanen, der am 3. Juli unerwartet in Konstantinopel stirbt, besaß während seiner über neunjährigen Regierungszeit nie eigentliche Macht; Muhammad verdankte sein Sultanat als Nachfolger seines gestürzten Bruders Abd Al Hamid II. nur den oppositionellen Jungtürken; er galt als ein schwacher Monarch, der sich gegen die Interessen der Jungtürken nicht durchsetzen konnte

Briefe in die USA nicht mehr erlaubt

2. Juli. Im Auftrag der US-amerikanischen Regierung gibt das nationale Rote Kreuz bekannt, daß ab sofort grundsätzlich jeder Briefverkehr aus den USA in das Deutsche Reich und nach Österreich-Ungarn untersagt ist. Ausgenommen davon ist nur Kriegsgefangenenpost, die ohnehin von den US-amerikanischen Militärbehörden streng kontrolliert wird. Der umgekehrte Postweg ist noch beschränkt zugelassen. Es heißt in der entsprechenden Zeitungsmeldung in den »Düsseldorfer Nachrichten« weiter: »... Die Zentralauskunftsstelle für Auswanderer in Berlin, Am Karlsbad 10, nimmt kurzgefaßte nicht in Briefform gehaltene Angaben, die den betreffenden Angehörigen in den Vereinigten Staaten gleichwie in Kanada und in Südamerika persönliche, nicht geschäftliche Nachrichten mitteilen oder über deren Aufenthalt oder deren Befinden Auskunft erbitten, zur Weiterleitung entgegen.«

Freimaurer wollen Neutralität wahren

22. Juli. Bei einer gemeinsamen Tagung der Freimaurergroßlogen aus dem Deutschen Reich, Ungarn, Bulgarien und der Türkei in Berlin verabschieden die Delegierten eine Resolution, die an die Oberhäupter der verbündeten Staaten gerichtet ist. Es heißt darin, daß die Freimaurer sich bislang »von aller politischen, zum Krieg führenden verhetzenden Propaganda« ferngehalten hätten. Als »geistige Tempelbauer der Menschheit« seien sie der Überzeugung, wahre Humanität könne allein aus der »Befolgung des höchsten Sittengesetzes« erwachsen.

Spanische Krankheit erfaßt ganz Europa

Anfang Juli. Die sogenannte spanische Krankheit, eine schwere Form der Grippe, die im europäischen Ausland bereits mehrere tausend Todesopfer gefordert hat, greift jetzt auch auf das Deutsche Reich über.
Da die Krankheitserreger auf zumeist schlechternährte und daher geschwächte Opfer treffen, ist der Krankheitsverlauf oft sehr ernst und führt besonders bei Kindern und alten Menschen zum Tod. Die Gesundheitsämter versuchen durch Aufklärung, eine weitere Ausbreitung der Krankheit zu verhindern. Um einer Panik vorzubeugen, wird die zweifelhafte Nachricht verbreitet, daß auf 500 Grippe-Kranke nur ein Todesfall komme.

Portofreiheit für Fürsten bestätigt

14. Juli. Der zuständige Ausschuß des Deutschen Reichstages in Berlin lehnt den Antrag auf Beseitigung des Portoprivilegs für Angehörige des Adels ab. Der Antrag war von Mitgliedern der USPD und MSPD gestellt worden.
Seine Ablehnung ruft besonders bei den ärmeren Gruppen der Bevölkerung Empörung hervor, denn in letzter Zeit ist mehrfach eine mißbräuchliche Ausnutzung des Portoprivilegs durch Angehörige des Adels bekannt geworden. So seien etwa aus einem fürstlichen Büro vor kurzem an einem Abend 600 gleichlautende Telegramme kostenfrei aufgegeben worden.

Tiefdruck-Rotationsmaschine in der eigenen Druckerei der in Leipzig erscheinenden »Illustrirten Zeitung«

Presse: Wenig Information – viel Propaganda

Die Zeitungslandschaft in den kriegführenden Ländern im Jahr 1918 zeichnet sich vor allem durch ihre Eintönigkeit aus. Im Lauf des Krieges und der mit ihm einhergehenden immer schärfer werdenden Zensur gleichen sich die Blätter den offiziellen Verlautbarungen an. Informationen aus dem feindlichen Ausland sind kaum mehr zu erhalten, und auch die von Regierungsstellen stammenden Veröffentlichungen werden immer ärmer an wirklicher Information. Hierüber wacht im Deutschen Reich die Oberzensurstelle im Kriegspresseamt, die schon im Sommer 1915 gebildet worden war. Seit Anfang 1917 existiert ein »Zensurbuch für die deutsche Presse«, aus dem die Journalisten entnehmen können bzw. entnehmen müssen, was in welcher Form verlautbart werden darf. Die meisten Chefredakteure entziehen sich einem völligen Verbot ihrer Zeitungen dadurch, daß sie sich strikt an diese Vorschriften halten. Hin und wieder kommt es vor, daß bereits gesetzte Artikel der Vorzensur zum Opfer fallen, was sich in weißen Spalten in der erschienenen Zeitung niederschlägt; sehr selten werden Zeitungen ganz verboten, und wenn, dann immer nur für kurze Zeit.

Max Wolf, Chefredakteur des Boulevardblattes »Berliner Zeitung«

Seit 1900 Chefredakteur der »Vossischen Zeitung«: H. Bachmann

Versandabteilung einer österreichisch-ungarischen Feldbuchhandlung, die von einem Eisenbahnwaggon aus die Armee mit Zeitschriften versorgt

Arbeit und Soziales 1918:

Reallöhne sinken – die Preise steigen

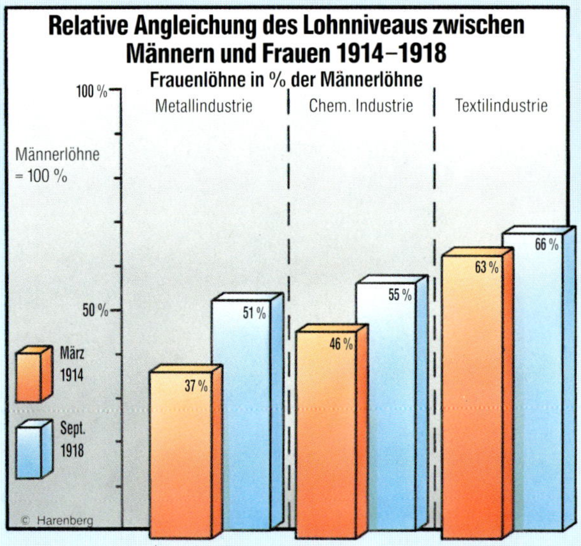

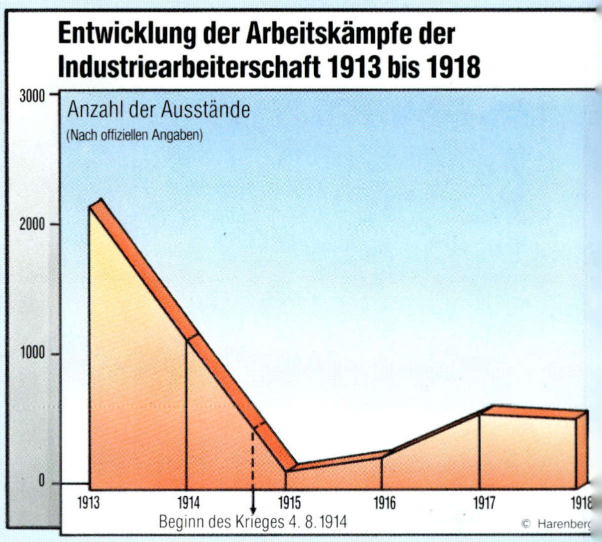

Das Jahr 1918 ist bis zur Novemberrevolution von Vollbeschäftigung in praktisch allen Industriesparten geprägt. Gleichzeitig garantiert ein regelmäßiges Familieneinkommen aber nicht, daß die Bevölkerung auch ausreichend mit Lebensmitteln und Gegenständen des täglichen Bedarfs versorgt wäre. Vielmehr ist die Überzahl der immer knapper werdenden Lebensmittel nur noch auf dem Schwarzmarkt zu bekommen – zu Wucherpreisen. So kostet etwa nach einem Polizeibericht aus Berlin ein Pfund Butter 24 Mark. Für ein Ei verlangen die Schwarzhändler 1,50 Mark.

Bemerkenswert ist, daß sich im Lauf des Krieges die Löhne der Frauen prozentual den Einkommen der Männer genähert haben. Frauen verdienen 1918 mit durchschnittlich 5,41 Mark pro Tag 138% mehr als noch 1914. Männer haben nur eine Einkommensteigerung von 112% zu verzeichnen, doch verdienen sie im Schnitt immer noch fast das Doppelte wie die Frauen, nämlich 10,26 Mark pro Tag.

Die größere Einkommensteigerung der Frauen ist auf ihre neuen Einsatzgebiete in der Industrie zurückzuführen. Durch den Abzug der Männer an die Front sind Frauen in alle Arbeitsbereiche eingedrungen, die zuvor ausschließlich Männern vorbehalten waren. Sie profitieren so von dem hier herrschenden höheren Lohnniveau. So ist die gesamte Rüstungsindustrie im Produktionsbereich ohne Frauen nicht mehr denkbar.

Die Politiker versäumen jedoch nicht, die Frauen immer wieder darauf hinzuweisen, daß ihre eigentliche Rolle die der Hausfrau und Mutter ist und daß sie diese nach der Rückkehr der Männer im Interesse des Volkswohls auch wieder einzunehmen haben. Besonders die staatlichen Betriebe versichern, daß zurückkehrende Soldaten anstelle der Frauen eingestellt würden.

Wie schon im Vorjahr wird auch 1918 durch eine Zunahme wilder Streiks immer deutlicher, daß die Industriearbeiterschaft die Politik des »Burgfriedens« kaum noch unterstützt (→ 28. 1./S. 16).

Urlaub 1918:

Urlaubsreisen nur noch für Kinder

Im vierten Kriegsjahr ist in allen beteiligten Ländern noch weniger als in den Vorjahren an Urlaubsreisen und Freizeitvergnügungen zu denken. Auch wenn Illustrierte, etwa im Deutschen Reich, durch Fotografien ausgelassener Urlauber in Badeorten etwas anderes zu suggerieren versuchen, so hat doch die Bevölkerung ganz andere Sorgen, als sich über das Ziel der nächsten Ausflugsreise Gedanken zu machen. Einen einklagbaren Urlaubsanspruch gibt es im Kriegsnotstand ohnehin nicht, da jede Hand für die industrielle und landwirtschaftliche Produktion dringend gebraucht wird. Entsprechend ist auch der Heimaturlaub für die Frontsoldaten knapp bemessen, wenn er überhaupt genehmigt wird. Die für die erneute Einsatzfähigkeit notwendige Erholung findet im Normalfall in den Etappenlagern, nur wenige Kilometer von der unmittelbaren Frontlinie entfernt statt.

Werbeplakat für den Besuch des mondänen Thermalkurortes Baden im Kanton Aargau in der neutralen Schweiz

Nur wenige, wohlhabende Persönlichkeiten wie die Filmschauspielerin Asta Nielsen können Urlaub machen

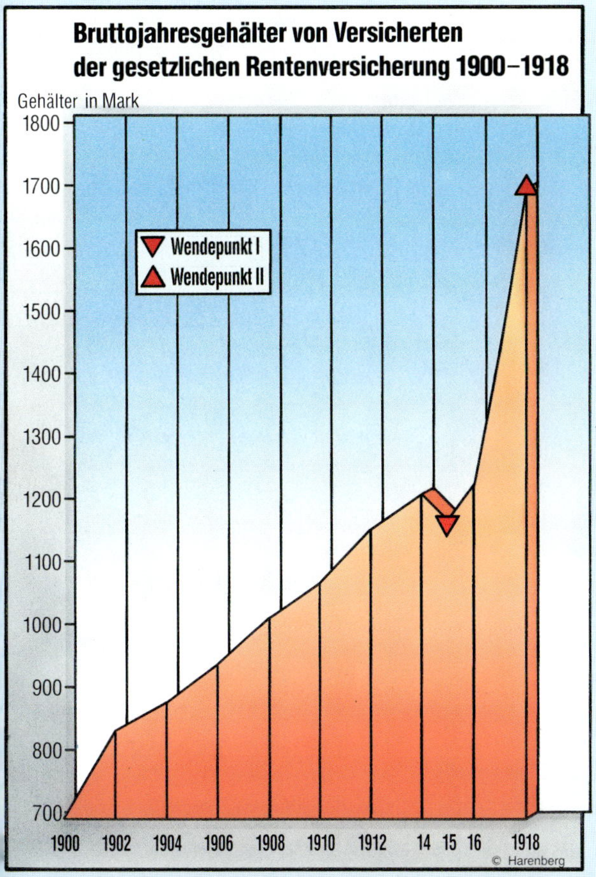

Die in der Grafik verdeutlichte nominelle Einkommenssteigerung im Verlauf der Kriegsjahre im Deutschen Reich geht einher mit einer enormen Steigerung der Lebenshaltungskosten; für viele Arbeitnehmer sinkt das reale Einkommen von 1914 bis 1918; so müssen Hauer und Schlepper im Ruhrgebietsbergbau, die 1914 real 37,80 Mark in der Woche nach Hause brachten, 1918 mit 25,80 Mark zufrieden sein; für Buchdrucker sinkt der Realwochenlohn gar von 30,76 Mark auf 17,11 Mark

Die kurzen Pausen während des im Durchschnitt neuneinhalbstündigen Arbeitstages werden – zumindest bei gutem Wetter – soviel wie möglich zu einem Aufenthalt im Freien genutzt; das Privileg, die Erholungspausen auf einem parkähnlichen ausgestatteten Dachgarten zu verbringen, wie hier Angestellte eines großen Berliner Warenhauses, genießen indes nur wenige; die Sommeridylle, die das Foto suggeriert, lenkt ein wenig von der Tatsache ab, daß die Erholungspausen selten länger als eine Viertelstunde währen und die Arbeitnehmer wohl kaum Muße dazu haben, die knappe Zeit auch noch für ein kleines Schläfchen im Liegestuhl zu nutzen; 56 Wochenstunden bei sechs Arbeitstagen machen es jedoch für alle Arbeitnehmer erforderlich, jede freie Minute zur Erholung auszunutzen

Der neue Besitz des deutschen Theaterregisseurs Max Reinhardt, Schloß Leopoldskron bei Salzburg, vor der Silhouette der Festung Hohensalzburg

Reinhardts Traum erfüllt

Juli. Der berühmte deutsche Theaterregisseur Max Reinhardt verbringt erstmals einen kurzen Sommererholungsurlaub auf seinem neu erworbenen Schloß Leopoldskron bei Salzburg.

Der wohlhabende Theatermann, seit 1915 Direktor der Berliner Volksbühne am Bülowplatz, seit 1905 bereits Chefdramaturg des deutschen Theaters in Berlin, erfüllte sich mit dem Ankauf des 40-Zimmer-Barockschlosses einen langgehegten Traum. Gemeinsam mit der Schauspielerin Helene Thimig, die er 1917 für einen Vertrag mit dem Deutschen Theater in Berlin gewinnen konnte und zu der sich rasch eine Liebesbeziehung entwickelte, wollte er auf Schloß Leopoldskron seinen Traum von einer idealen Lebens- und Arbeitsatmosphäre verwirklichen. Er wollte hier, entweder im Gartentheater oder im Marmorsaal des Schlosses, Theatervorstellungen inszenieren und Kammermusikabende ausrichten.

Auch die Nähe des Barockschlosses zu Salzburg paßte perfekt in die Wunschvorstellungen Reinhardts, denn er liebt die österreichische Stadt seit seiner Jugend besonders. Auch hatte er im Vorjahr die Salzburger Festspielhausgemeinde gegründet. Der Kaufvertrag für Leopoldskron wurde Mitte April unterzeichnet. In dem Telegramm, das Reinhardt am 16. April an Helene Thimig schickte, heißt es:

»Leopoldvertrag unterzeichnet. Gott schenke uns für dieses köstliche Gehäuse die glücklichsten Inhalte. Bin froh, gut dankbar, erkenne, wie wundervoll notwendig der Feiertag für den Menschen gespenstische Hindernisse einschrumpfen, den Glauben an Erfüllung des Naturnotwendigen wachsen läßt. Ich liebe Dich.«

Das »Gehäuse«, das Reinhardt infolge der Geldentwertung relativ günstig kaufen konnte, war jedoch bei der Übernahme noch keineswegs in einem wohnlichen Zustand. Es fehlte an Einrichtungsgegenständen, so gut wie alle Räume mußten restauriert, der Schloßpark neu kultiviert werden.

Der 44jährige österreichische Schauspieler und Regisseur Max Reinhardt und Lebensgefährtin Helene Thimig

»Secession« stellt im Glaspalast aus

17. Juli. *Die Ausstellung der Münchener Künstlergruppe »Secession« findet auch dieses Jahr, wie schon in den beiden Vorjahren im Glaspalast statt. Der Ausstellungsort ist ein Notbehelf, denn die angestammten Ausstellungsräume werden von den Militärbehörden benötigt. Bereits seit Mai des Jahres ist die Ausstellung 1918 der Berliner Secession auf dem Kurfürstendamm geöffnet (Abb.: Ausstellungsplakat).*

In der Ausstellungskritik einer Münchener Zeitung heißt es: »Der Eindruck, den wir erhalten, ist nicht der beste . . . Wir vermissen das jugendliche Feuer, das früher von [den Secessionisten] auszugehen pflegte . . . Der Akademismus, den die Secessionisten von dereinst bekämpft haben, hat sich nun auch in ihre Reihe eingeschlichen . . .«

Die »Münchener Secession« wurde 1892 u. a. von Lovis Corinth gegründet und bemühte sich um neue künstlerische Ausdrucksformen.

Patriotische österreichische Kriegsgraphik jetzt in Köln

15. Juli. Im Kölner Kunstverein wird eine umfangreiche Ausstellung österreichisch-ungarischer Kriegsmalerei und -graphik eröffnet, die zuvor schon in Basel, Leipzig und Frankfurt am Main zu sehen war. Es handelt sich um Ankäufe, welche die österreichisch-ungarische Heeresverwaltung für das Kriegsmuseum in Wien und das k.u.k. Kriegsarchiv aus einer Auswahl von über 10 000 Werken, die von Frontsoldaten geschaffen wurden, gemacht hat.

In der Pressebesprechung zur Eröffnung der Ausstellung heißt es: ». . . Die Technik des modernen Krieges schließt es aus, daß eigentliche Kampfszenen zu den bevorzugten Motiven gehören. Geschweige denn, daß der Theatereffekt einer dominierenden Heldengruppe auf dem Feldherrnhügel uns heute noch aufgetischt werden könnte. Der Held ist das ganze Volk in Waffen, und dieses zu zeigen in seiner schlichten Treue und rührenden Pflichterfüllung . . . das ist die Aufgabe. Sachliches Schauen und ernste gemütvolle Vertiefung in das wunderbare, unerhörte Geschehen erscheinen als die Grundprinzipien dieser Kunst . . .«

Französische Kampfflieger im Einsatz; Gemälde eines Kriegsmalers für die Zeitschrift »L'Illustration«

Beliebtes Motiv ist aufgrund der Technisierung des Krieges der machtvolle Aufmarsch imposanter Kriegsmaschinen geworden (Bildtitel: »Dampf auf in allen Kesseln!«)

Viele Gemälde für die europäischen Zeitschriften stellen den Durchhaltewillen der eigenen Soldaten in den Vordergrund (Titel des Bildes »Vogesenwacht«)

Passionsspiele wieder im Jahr 1920

25. Juli. Der Magistrat des oberbayerischen Ortes Oberammergau teilt mit, daß die seit 1634 normalerweise in 10jährigem Turnus stattfindenden »Oberammergauer Passionsspiele« voraussichtlich erstmals wieder im Jahr 1920 stattfinden würden, sofern es die politischen Verhältnisse zuließen.
Auch wenn ein Ausbleiben ausländischer Gäste zu befürchten sei, wäre das kein Grund, die Spiele nicht stattfinden zu lassen.
Die Oberammergauer hatten im Pestjahr 1633 ein Gelübde abgelegt, daß sie die Spiele regelmäßig alle 10 Jahre aufführen wollten.

Einstellungstests für Büroangestellte

21. Juli. Einen Vorschlag zur geistigen und psychologischen Prüfung zukünftiger Bürobeamter des mittleren Dienstes macht der Innsbrukker Professor Johannes Dück.
Sein Testverfahren beruht auf der Erkenntnis, daß die Schnelligkeit der Lösung von Suchaufgaben in Lexika oder Adreßbüchern Aufschluß darüber geben kann, wie gut der zukünftige Büroangestellte seinen Aufgaben gewachsen sein wird.
Der Test hat sechs Aufgaben, die im Auffinden bestimmter Namen, Berufe oder Begriffe aus verschiedenen Adreßbüchern, Lexika und Wörterbüchern bestehen.

Europas Intelligenz fehlen die Bücher

18. Juli. In der Tageszeitung »Düsseldorfer Nachrichten« beklagt der Literaturwissenschaftler Herbert Eulenburg den spürbaren Mangel an neuer schöner wie wissenschaftlicher Literatur, unter dem besonders die Studenten und Intellektuellen zu leiden hätten.
Infolge der großen Papierknappheit erscheinen immer weniger und immer teurere Bücher. So ist etwa der Preis der Reclam-Bändchen, die besonders von Schülern gern als preiswerte Klassikerausgabe gekauft werden, seit Kriegsbeginn von 20 auf 40 Pfennig pro Stück gestiegen. Das gleiche gilt für die Bände der »Insel-Bücherei«, die jetzt 1 Mark pro Stück kosten.

Literatur 1918:

Politische Polbildung bei den Literaten

Die Literatur im letzten Kriegsjahr erweist sich als ebenso widersprüchlich wie die politischen Ereignisse des Jahres selbst. Die Zäsur ist gesetzt mit dem Kriegsende, dem Zusammenbruch des Wilhelminischen und des Habsburger Reiches und der Revolution im Deutschen Reich und in Österreich-Ungarn.
Sind bis zum November 1918 die Schriftsteller bis auf wenige Ausnahmen, z.B. Thomas Mann, im Kriegsdienst an der Front oder – zumeist in die neutrale Schweiz – emigriert, entsteht nach diesem Einschnitt eine wahre Flut von Neuerscheinungen.
1918 gibt es in der deutschen Literatur keinen politisch neutralen Autor mehr. Man ist entweder für oder gegen den Krieg, Patriot oder Sozialist und/oder Pazifist. Auch wenn der als Schriftsteller bereits hoch angesehene Thomas Mann seine 1918 vollendete Essay-Sammlung »Betrachtungen eines Unpolitischen« betitelt, so nimmt das seit 1911 entstandene Werk doch deutlich Stellung für die Erhaltung des Obrigkeitsstaates. Im Gegensatz zu seinem Bruder Heinrich Mann, der bereits Anfang 1914 seinen Roman »Der Untertan« in der Münchener Zeitschrift »Zeit im Bild« teilweise veröffentlicht hatte bis der Abdruck bei Kriegsausbruch im August verboten wurde, äußert Thomas Mann keine grundsätzliche Kritik an den politischen Verhältnissen des Wilhelminischen Staates. Im Gegenteil legt er dar, warum ihm die westlichen Demokratien nach französichem oder britischem Vorbild als geist- und kulturfeindlich erscheinen: Der Künstler sei in diesen Ländern gezwungen, sich in seinem Werk einem politischen Zweck unterzuordnen, und dies führe notwendig zu einer Zerstörung der Kunst. Heinrich Mann, der sich in seinem Roman »Der Untertan« explizit gegen den Wilhelminischen Staat richtet – Ende 1918 erscheint das Buch erstmals in einer fast sofort vergriffenen Auflage von 100 000 Stück –, ist im entschiedenen Gegensatz dazu der Meinung, der Schriftsteller müsse in seinem Werk politisch Stellung beziehen. In dem Streit zwischen den Brüdern zeigt sich exemplarisch eine entscheidende zukunftsweisende literaturtheoretische Differenz.

Der deutsche Kultur- und Geschichtsphilosoph Oswald Spengler

Die literarische Stilrichtung des Expressionismus wird in den Kriegsjahren außer in den Bühnenwerken – etwa von Georg Kaiser oder Walter Hasenclever – vor allem von der Lyrik geprägt, deren Möglichkeiten am ehesten geeignet sind, dem Schrecken des Krieges sprachlich Ausdruck zu geben. Zu nennen sind die Dichter Heinrich Lersch (Gedichtsammlung »Deutschland«, 1918), Theodor Däubler oder Else Lasker-Schüler.
Von ganz anderer Art sind Schriftstellercharaktere wie Ernst Jünger, der, als kriegsbegeisterter Offizier an der Westfront stehend, seine Erfahrungen sammelt, um sie später, etwa in dem Kriegstagebuch »In Stahlgewittern« oder in der Schrift »Der Kampf als inneres Erlebnis« literarisch zu verarbeiten. Jünger begreift den Krieg als »die Äußerung eines Elementaren«, als »ein prächtiges, blutiges Spiel«, ein »wildes Auffluten des Lebens«; er ist der absolute Gegenpol zum literarischen und politischen Pazifismus.
Ebenfalls zur Welt-Literaturgeschichte zählt das umfangreiche kulturgeschichtliche Werk »Der Untergang des Abendlandes« von Oswald Spengler, dessen erster Band Ende 1918 erscheint. Das Buch befaßt sich mit dem Schicksal Deutschlands nach dem von Spengler als sicher angenommenen Endsieg des Deutschen Reiches.
Zur gleichen Zeit beginnt im nachrevolutionären Österreich der staatskritische Journalist Karl Kraus mit der Herausgabe seines Großwerks »Die letzten Tage der Menschheit«.
In der Schweiz sammelt sich weiter die Gruppe der Dadaisten um ihren theoretischen Anführer Tristan Tzara, der 1918 das »Dada-Manifest« veröffentlicht.

»L'inconnu« (Das Unbekannte), ein typographisches Gedicht von Raoul Hausmann aus dem Jahr 1918; der 1886 in Wien geborene bildende Künstler und Texter ist Mitglied des Berliner Dada; in diesem Jahr tritt er besonders an einem der Dada-Abende, am 6. Juni im Berliner Café Austria mit seinen eigenwilligen Klanggedichten hervor

August 1918

Mo	Di	Mi	Do	Fr	Sa	So
			1	2	3	4
5	6	7	8	9	10	11
12	13	14	15	16	17	18
19	20	21	22	23	24	25
26	27	28	29	30	31	

1. August, Donnerstag

Zum fünften Jahrestag des Krieges erscheinen in allen Zeitungen des Deutschen Reiches Reden, Rückblicke und Durchhalteparolen. →S. 122

In den USA arbeiten zur Zeit etwa eine Million Frauen in den Industriebetrieben. Durch den Kriegseintritt der USA im April 1917 sind auch in den Vereinigten Staaten Arbeitskräfte in männlich dominierten Industriezweigen knapp geworden. Die Zahl der weiblichen Arbeitskräfte nimmt daher besonders in diesen Sparten zu. →S. 123

In der russischen Exilpresse in der Schweiz häufen sich Gerüchte über den angeblichen Rücktritt Wladimir I. Lenins als Vorsitzender des Rates der Volkskommissare der Sowjetunion und Führer der Partei der Bolschewiki.

Das Deutsche Reich schließt mit den Niederlanden ein Abkommen, das den Niederlanden regelmäßige deutsche Steinkohlelieferungen sichert. Als Gegenleistung sollen die Niederlande Lebensmittel an das Deutsche Reich liefern.

Die Beamtengehälter werden im Deutschen Reich je nach Familienstand neu festgesetzt. Die Verheirateten bekommen jetzt einen höheren Sold.

2. August, Freitag

Die Sowjetregierung erläßt ein Dekret über den Hochschulzugang auch ohne das bisher übliche Zulassungszeugnis. Damit soll den unteren Schichten des Volkes mit niedrigem Bildungsniveau die Chance zu beruflicher Qualifizierung gegeben werden.

Archangelsk wird von Marine- und Landstreitkräften der Entente besetzt. Es wird eine provisorische, antibolschewistische »Oberste Verwaltung der Nordregion« gebildet, die von dem russischen ehemaligen Sozialrevolutionär Nikolai V. Cajkovski geleitet wird.

Admiral Reinhard Scheer, seit Januar 1916 Chef der reichsdeutschen Hochseestreitkräfte, wird zum Nachfolger von Admiral Henning von Holtzendorff als Chef des Admiralstabes und der Seekriegsleitung ernannt. Scheer war am 31. Juli aufgrund von Unstimmigkeiten mit Generalissimus Erich Ludendorff zurückgetreten.

Der deutsche Metallarbeiterverband veröffentlicht eine Statistik über die Löhne der etwa 500 000 männlichen und 300 000 weiblichen Arbeiter der Branche. Während die Löhne der Frauen zwischen 0,20 Mark und 1,25 Mark liegen, verdienen männliche Arbeiter zwischen 0,40 Mark und 3 Mark pro Stunde. →S. 123

3. August, Sonnabend

Die reichsdeutsche Presse gibt erstmals zu, daß der Vormarsch der deutschen Truppen an der Westfront »vorerst zum Stillstand gekommen« sei (→8. 8./S. 118).

Meldungen über die in weiten Teilen der Sowjetunion herrschende grauenhafte Hungersnot häufen sich in der gesamten europäischen Presse. →S. 125

Vaterländisch gesonnene Germanisten rufen im Deutschen Reich dazu auf, Fremdwörter in Alltags- wie Kunstsprache zum Zeichen »völkischen Bewußtseins« tunlichst zu vermeiden.

4. August, Sonntag

Nach jetzt im Deutschen Reich veröffentlichten internationalen Statistiken sollen die Gesamtverluste der kriegsbeteiligten Länder in den vier Kriegsjahren (bis zum 15. 7. 1918) etwa 11 Millionen Tote und 19 Millionen Verwundete betragen.

In der Sowjetunion erscheint ein Dekret über das Verbot aller bürgerlichen Presseerzeugnisse.

Mehrere tausend Menschen sind in China bis heute einer Lungenpestepidemie zum Opfer gefallen.

5. August, Montag

Ein deutsches U-Boot versenkt den US-amerikanischen 10 000-t-Tanker »O. B. Jennings« rund 100 sm (etwa 185 km) vor der Küste Virginias.

Die Regierung der RSFSR (Russische Sozialistische Föderative Sowjetrepublik, offiziell gegründet am 10. 7. →S. 104) gibt die Internierung aller sich in Moskau aufhaltenden Franzosen und Engländer bekannt. Die Internierung sei eine Vergeltungsmaßnahme für die alliierte Intervention gegen die russische Revolution.

Die Vereinigten Staaten brechen die diplomatischen Beziehungen zur Sowjetunion »wegen der unübersichtlichen politischen Lage« in Rußland ab. Zuvor hatte der Volkskommissar für Auswärtiges, Georgi W. Tschitscherin, erfolglos ein Friedensangebot unterbreitet.

Die deutsche Reichsregierung ruft die Bevölkerung dazu auf, in der Ferienzeit barfuß zu gehen. Dies sei gesund, und außerdem spare man so fürs Vaterland an knappem Leder. →S. 125

6. August, Dienstag

Der neue Oberbefehlshaber der deutschen Streitkräfte in der Ukraine, Generaloberst Günther Graf von Kirbach, trifft in Kiew ein. Sein Vorgänger, Hermann von Eichhorn, war im Juli ermordet worden (→29. 7./S. 106).

Die Militärbehörden in den westlichen Regionen des Deutschen Reiches rufen die Bevölkerung nochmals nachdrücklich zu Befolgung der Vorsichtsmaßregeln bei Fliegerangriffen auf. Die Sorglosigkeit der Bevölkerung führe immer wieder zu unnötigen Personenschäden.

Im Kaisersaal des zoologischen Gartens in Berlin wird feierlich die »Berliner Modewoche« eröffnet. Besonders stolz ist der Ausrichter, der Verband der deutschen Modeindustrie, darauf, daß auch viele neutrale Staaten der Einladung nach Berlin gefolgt sind.

7. August, Mittwoch

Die Verschickung von Ansichtskarten vom Deutschen Reich ins Ausland ist aus Gründen der Spionageabwehr ab sofort verboten.

Die Kinos in Düsseldorf weisen ihre jugendlichen Gäste in Zeitungen und auf Plakaten darauf hin, daß nur der Zutritt zu den Vorstellungen erhält, der nachweisen kann, daß er mindestens 16 Jahre alt ist. Diese Vorschrift gilt im gesamten Deutschen Reich.

Der Verband der Hotelbesitzervereine des Deutschen Reiches macht eine Eingabe an die Reichsbekleidungsstelle, in der um eine Milderung des zur Zeit absolut geltenden Tischwäscheverbots ersucht wird.

Mit der Frage, was deutscher Tee sei, beschäftigt sich ein Zeitungskommentar in der Berliner »Vossischen Zeitung«. Es geht um Tee-Ersatzstoffe wie Brennesseln. →S. 126

8. August, Donnerstag

In der Nähe der französischen Stadt Amiens an der Somme beginnt die Gegenoffensive britischer Verbände. Den Briten gelingt sofort der rasche Einbruch in den deutschen Frontbogen zwischen Amiens und St. Quentin. →S. 118

Die von Leo D. Trotzki (eigentl. Bronschtein), dem sowjetischen Volkskommissar für Verteidigung, aufgebaute Rote Armee erobert Kazan aus den Händen der Weißgardisten zurück (→25. 5./S. 79).

Die Firma Hugo Stinnes, Mülheim/Ruhr, erwirbt das Kohle- und Kokswerk »Hansa« in Bremerhaven als Grundlage für die Errichtung einer Fischdampfer-Reederei.

9. August, Freitag

Den propagandistischen Schlagzeilen aller großen deutschen Tageszeitungen zufolge ist der »britische Angriff (an der Westfront) durch Gegenstoß zum Stehen gebracht« (→8. 8./S. 118).

Großbritannien erkennt die Tschechoslowakei als eigenständige kriegführende Nation an. Damit gelten die drei tschechischen Legionen (gegründet am 2. Juli 1917) als Verbündete der alliierten Streitkräfte (→2. 7./S. 108).

Der italienische Dichter Gabriele D'Annunzio wirft aus einem von ihm selbst gesteuerten Flugzeug Flugblätter über Wien ab. →S. 127

Das preußische Reichsversorgungsamt gibt bekannt, daß ab sofort alle Schulkinder Fahrscheine für Busse und Bahnen zum halben Preis erhalten, sofern sie nachweisen, daß sie zum Brennesselsuchen fahren. Die Brennesseln werden zur Herstellung von Ersatztextilien dringend benötigt.

10. August, Sonnabend

Das Reichsernährungsamt in Berlin ruft die Bevölkerung dazu auf, jetzt vorwiegend Weißkohl und Mohrrüben als Frischgemüse zu verwenden, und die selteneren Gemüse wie Bohnen und Erbsen lieber einzukochen.

11. August, Sonntag

Im Rahmen der allgemeinen Lohnverhandlungen im Deutschen Reich beschließt die Solinger Arbeitgeberschaft auf Drängen der Industriearbeiter eine Senkung der Arbeitszeit von 57 ½ auf 54 Stunden bei vollem Lohnausgleich.

12. August, Montag

Zehn Tote und elf Verletzte kostet ein Angriff feindlicher Flugzeuge auf Frankfurt/Main. Zwei der Flugzeuge werden durch deutsche Verbände abgeschossen.

Die neuen, ab 1. Oktober geltenden Postgebühren werden bekanntgegeben. Ein normaler Brief bis 20 g kostet danach im Inlandverkehr 15 Pfennige.

Wegen der erneut zunehmenden Kohlweißlingsplage – die Raupen fressen die Kohlfelder kahl – setzt das Reichsernährungsamt eine Fangprämie von 10 Pfennigen pro 100 Stück aus.

13. August, Dienstag

Im Deutschen Reich werden die Schwarzbrotpreise von 20 auf 25 Pfennig pro Pfund erhöht. Das entspricht einer Steigerung von 25%.

14. August, Mittwoch

Kaiser Karl I. von Österreich und sein Außenminister, Stephan Graf Burián von Rajecz, treffen zur Besprechung der Kriegslage im Hauptquartier der deutschen Obersten Heeresleitung in Spa (südl. von Lüttich) ein. Auch der deutsche Kaiser Wilhelm II. und Reichskanzler Georg Graf von Hertling nehmen an den Beratungen teil. →S. 122

Der König von Preußen, Wilhelm II. bestätigt die Ausgliederung des deutschen Diplomaten Karl Max Fürst von Lichnowsky aus dem preußischen Herrenhaus. Lichnowsky hatte sich vor dem Krieg als Botschafter des Deutschen Reiches in London stark für eine Verständigung zwischen Großbritannien und dem Deutschen Reich eingesetzt, um den Krieg zu verhindern.

15. August, Donnerstag

In Wladiwostok landen US-amerikanische Truppen.

Mit mehr als 5000 angemeldeten Ausstellerfirmen zur Leipziger Herbstmesse liegen die Zahlen um rund 1300 höher als bei der Frühjahrsmesse (→30. 8./S. 123).

Im Elberfelder Steuerhinterziehungsprozeß fällt das Urteil gegen den angeklagten Industriellen Anton Karl Adels. Er wird schuldig gesprochen, mehr als eine Million Mark Steuern hinterzogen zu haben, und muß 1,5 Millionen Mark Strafe bezahlen.

Generäle der deutschen Obersten Heeresleitung, unter ihnen Paul von Hindenburg (2. v. l.) und Erich Ludendorff (3. v. l.), auf dem Marktplatz des besetzten Brüssel als Titelbild der 212. Kriegsnummer der Zeitung »Das Illustrierte Blatt« aus Frankfurt

Nr. 34. VI. Jahrgang, 1918.
Frankfurt a. M., 18. August.

212. Kriegsnummer (18)

Einzelpreis 15 Pfg.
einschließl. Teuerungszuschlag.

Das Illustrierte Blatt

Generalfeldmarschall v. Hindenburg und Generalquartiermeister Ludendorff
auf dem historischen Marktplatz in Brüssel.

Phot. Bild- u. Film-Amt

Wegen des steigenden Alkoholmißbrauchs unter den meist militärischen Urlaubern, die die Rhein-Ausflugsdampfer bevölkern, wird der Bowleausschank ganz verboten und der Weinausschank stark eingeschränkt. →S. 126

Der deutsche Bundesrat gibt bekannt, daß ab sofort auch Birnen-, Apfel-, Walnuß- und Haselnußblätter als Tabakersatzstoffe zugelassen sind. Echter Tabak ist schon lange fast ganz vom legalen Markt verschwunden. →S. 126

16. August, Freitag

Beim Treffen von Kaiser Wilhelm II. und Karl I., Kaiser von Österreich und König von Ungarn, im großen Hauptquartier herrscht laut deutschen Presseberichten vollkommene Einigkeit. Von den wirklichen Konflikten im Bereich der Kriegsziele erfährt die Bevölkerung nichts (→14. 8./S. 122).

Zu je 10 000 Mark Geldstrafe werden die drei Direktoren einer bayerischen Wolldeckenfabrik in Brückmühl verurteilt, weil sie aus dem illegalen Verkauf von 35 000 kg Kunstwolle insgesamt 173 000 Mark Gewinn gezogen haben.

17. August, Sonnabend

Türkischen Truppenverbänden gelingt die Besetzung Armeniens. Der Vormarsch im Kaukasus beginnt.

Karl Helfferich, der vor kurzem zum Nachfolger des im Juli ermordeten deutschen Gesandten in Moskau, Wilhelm Graf von Mirbach-Harff (→6. 7./S. 106) ernannt worden ist, tritt von seinem Amt zurück. Vorläufiger Nachfolger wird Legationsrat Kurt Riezler. Aus Sicherheitsgründen wird die Botschaft wegen des Bürgerkriegs in Rußland einstweilen nach Reval verlegt.

18. August, Sonntag

Aus Anlaß der Erinnerungsfeier des dritten Garderegiments zu Fuß an den Sturm auf St. Privat im deutsch-französischen Krieg von 1870 hält Wilhelm II. eine Rede, die voller Siegesgewißheit ist: »Unsere Lage ist eine günstige, obwohl wir, das dürfen wir ruhig gestehen, in der letzten Zeit auch einen Mißerfolg erlitten haben. Der Erfolg ist mit uns . . .«

Der spanischen Ministerrat unter Vorsitz von König Alfons XIII. betont erneut die absolute Neutralität des Landes.

Das Kriegsversorgungsamt in Berlin gibt die näheren Bestimmungen über die »fleischlosen Wochen«, die am 19. August beginnen sollen, bekannt. →S. 125

Aus Japan wird großer Reismangel verbunden mit entsprechend überhöhten Preisen gemeldet. Es ist auch schon zu Plünderungen gekommen. In Japan ist Reis das Hauptnahrungsmittel.

10 Deutsche Meister werden bei den Schwimm- und Kunstspringmeisterschaften in Berlin ermittelt. →S. 127

19. August, Montag

Zum Führer der tschechoslowakischen Legion in Sibirien wird der frühere Direktor des Observatoriums auf dem Schweizer Mont Blanc, Professor Anatoli Stefanowitsch, benannt. Er war bei Kriegsbeginn in die tschechische Exil-Armee eingetreten (→30. 6./S. 90).

Per Erlaß des Bauamtes soll der Bau von landwirtschaftlichen Betriebsgebäuden mehr als bisher durch Sonderzuteilungen von Baustoffen begünstigt werden. Der Grund ist die dringende Notwendigkeit einer Effektivierung der Landwirtschaft.

20. August, Dienstag

Die Sowjetregierung in Moskau beschließt die Abschaffung privater Eigentumsrechte an Immobilien.

Die Ordensstatistik des Deutschen Reiches wird veröffentlicht. Danach wurden seit Kriegsbeginn bis zum 1. August 135 000 Eiserne Kreuze I. Klasse vergeben. Das Eiserne Kreuz II. Klasse wurde über 4,5 millionenmal verliehen. Für besondere vaterländische Verdienste in der Heimat wurden 6500 Personen ausgezeichnet.

21. August, Mittwoch

Durch einen britischen Großangriff bei Arras wird die deutsche Front erheblich zurückgedrängt.

Das britische Omnibus- und Straßenbahnpersonal streikt weiter. In dem seit über einer Woche andauernden Arbeitskampf geht es vor allem um gleiche Löhne für Frauen wie für Männer. Die U-Bahnen sind hoffnungslos überfüllt.

Immer häufiger werden im westdeutschen Raum rumänische Büffel als Zugtiere für Militärfahrzeuge verwendet. Die »fremdartigen Zugtiere«, so die Presse, gelten als besonders stark.

22. August, Donnerstag

Französische Verbände fliegen einen Großangriff auf Karlsruhe, bei dem erheblicher Sach- und Personenschaden entsteht.

In der Gemeinde Zernez im Unterengadin wird ein neuer ausgedehnter Nationalpark gegründet. →S. 126

23. August, Freitag

Die deutsche Kaiserin Auguste Viktoria ist, wie es in Zeitungsmeldungen heißt, aufgrund »ihres unermüdlichen Liebesdienstes in der Kriegsfürsorge« schwer erkrankt. Die als »Erschöpfungszustand« deklarierte Erkrankung soll auf Schloß Wilhelmshöhe bei Kassel auskuriert werden.

Das Kriegsversorgungsamt ruft die deutschen Haushaltungen dazu auf, auch Kaffeesatz zu sammeln und den Behörden zur Verfügung zu stellen, da hieraus hochwertiges Viehfutter hergestellt werden könne.

24. August, Sonnabend

Der Oberbefehlshaber der deutschen Streitkräfte, Paul von Hindenburg, nimmt die Ehrenbürgerschaft der Stadt Lüneburg an. Seine Tochter ist in der alten Hansestadt verheiratet.

25. August, Sonntag

Aus Schlesien wird eine Massenflucht bisher noch nicht zum Kriegsdienst einberufenen junger deutscher Männer gemeldet. Der Glaube an einen deutschen Sieg ist allgemein zerrüttet. →S. 121

Die deutsche Oberste Heeresleitung ruft dazu auf, sich allen »defaitistischen Gerüchten« über die angeblich verzweifelte Lage an der Front mit aller Schärfe entgegenzustellen.

Das Reichsdenkmalamt weist darauf hin, daß wegen der schwierigen Kriegssituation sämtliche Denkmäler eingeschmolzen werden müßten, sofern sie nicht künstlerisch besonders wertvoll seien. Das gelte auch für Darstellungen von Volkshelden wie Kaiser Wilhelm I., »dem Bescheidenen«.

Die vierten deutschen Kriegsmeisterschaften der Leichtathleten finden mit 263 Teilnehmern im Deutschen Stadion zu Berlin statt. →S. 127

26. August, Montag

Gerüchte über die Ermordung des russischen Zarensohnes gelangen in die deutsche Presse. Man geht fälschlich davon aus, daß die Zarin und ihre vier Töchter noch am Leben sind (→16. 7./S. 105).

Im Rahmen der »fleischlosen Wochen«, die am 19. August begannen, ist die Fleischausgabe einschließlich Wild und Geflügel auch in Gastwirtschaften verboten. Ausgenommen ist nur Ziegenfleisch (→18. 8./S. 125).

Auf einer Pressekonferenz weist die »Vollbrot-Verwertungs-GmbH« darauf hin, daß das neuartige, aus ganzem Korn – also ohne Mehl – gebackene Brot zur Getreideersparnis beitragen könne.

27. August, Dienstag

Durch einen Zusatzvertrag zum Friedensabkommen von Brest-Litowsk (→16. 3./S. 46) verzichtet die sowjetischen Regierung endgültig auf Estland und Livland. Während das Deutsche Reich sich in dem Zusatzabkommen u. a. dazu verpflichtet, die weißrussischen Garden nicht mehr zu unterstützen, muß die Sowjetunion sich zu Entschädigungszahlungen in Höhe von sechs Milliarden Mark und großen Öllieferungen bereit erklären. →S. 125

Die niederländischen Banken kündigen ihren Kunden mit Einlagen ausländischer Währung die Konten, sofern sie sich nicht bereit erklären, daß Risiko einer eventuellen Geldentwertung bzw. Währungsreform selbst zu tragen.

28. August, Mittwoch

Auf breiter Frontlinie beginnt der deutsche Rückzug bei Ypern und entlang der Somme (→8. 8./S. 118).

Das Kartell westdeutscher Pferderennvereine protestiert gegen das Ansinnen einiger Reichstagsabgeordneter, alle Pferderennen bis zum Kriegsende zu untersagen. Das Kartell hält dagegen, ein solches Verbot würde die Pferdezucht im Deutschen Reich gefährden. →S. 127

29. August, Donnerstag

In Moskau beginnt der Gründungskongreß der kommunistischen Partei Finnlands.

In Anbetracht der zunehmenden Zahl von Ruhrerkrankungen im Deutschen Reich warnen die Behörden vor unvorsichtigem Kontakt mit infizierten Personen etwa durch Benutzung des gleichen Eßgeschirrs.

30. August, Freitag

In Moskau verübt eine sozialrevolutionäre Agentin, Fanija Kaplan, ein Attentat auf den Führer der Bolschewiki, Wladimir I. Lenin, der dabei schwer verwundet wird. →S. 125

In Petrograd (Leningrad) verübt ein Sozialrevolutionär, der Student Leonid Kannegiesser, ein tödliches Attentat auf den Führer der Petrograder Geheimpolizei (Tscheka), Moise S. Uricki.

Die sowjetische Regierung in Moskau gibt eine Instruktion zur Anwendung des Dekrets über die Trennung von Staat und Kirche heraus.

31. August, Sonnabend

In Moskau wird der britische Generalkonsul Bruce Lockhart verhaftet. Er soll gegen die Sowjetregierung konspiriert haben.

In Forest Hills finden die diesjährigen US-amerikanischen Tennismeisterschaften statt. Die Veranstaltung wird seit 1881 regelmäßig einmal im Jahr im Sommer ausgetragen.

Gestorben:

29. Malang (Java): Max Dauthendey (*25. 7. 1867, Würzburg), deutscher Dichter impressionistischer Richtung und Kunstmaler.

Geboren:

6. Köln: Otto Wolff von Amerongen, deutscher Industrieller.

13. Rendcomb (Gloucestershire): Frederick Sanger, britischer Biochemiker.

18. Woronesch: Alexandr N. Schelepin, sowjetischer Politiker.

25. Lawrence (Massachusetts): Leonard Bernstein, US-amerikanischer Komponist und Dirigent.

Das Wetter im Monat August

Station	Mittlere Lufttemperatur (°C)	Niederschlag (mm)	Sonnenscheindauer (Std.)
Aachen	16,8 (17,2)	89 (82)	— (188)
Berlin	16,2 (17,2)	85 (68)	— (212)
Bremen	16,2 (17,1)	96 (79)	— (182)
München	16,8 (16,6)	96 (96)	— (211)
Wien	— (16,8)	— (68)	— (—)
Zürich	17,0 (16,6)	80 (132)	226 (219)

( ) Langjähriger Mittelwert für diesen Monat
– Wert nicht ermittelt

Betont unpolitisch: Die Zeichnungen der in München erscheinenden »Jugend«

Westfront zusammengebrochen – Deutsche auf der Flucht

8. August. In einem Sturmangriff gelingt es britischen und französischen Truppenverbänden – unterstützt durch US-amerikanische und kanadische Soldaten –, einen tiefen Keil in die deutsche Westfront zwischen Albert und Montdidier zu schlagen. Die nur vier Stunden dauernde Aktion trifft die deutschen Verbände unter General Hermann von Kuhl völlig überraschend und zwingt sie auf der ganzen Frontbreite zum schnellen Rückzug.
Dieser »schwarze Tag der deutschen Armee«, wie Generalfeldmarschall Erich Ludendorff das Datum später in seinen Memoiren bezeichnet, ist der endgültige Wendepunkt des Weltkrieges zugunsten der Alliierten. Die vernichtende Niederlage der deutschen Truppen überzeugt die Oberste Heeresleitung davon, daß der Krieg mit militärischen Mitteln nicht mehr zu gewinnen ist. Allein über den diplomatischen Weg sieht Ludendorff noch eine Chance, wenigstens die Kriegsgewinne im Osten zu retten.
Begonnen hatte das Debakel bereits Mitte Juli, als die Gegenoffensive der alliierten Verbände unter dem Oberbefehl von General Ferdinand Foch die deutschen Truppen auf einer Breite von 45 km südwestlich von Soissons zurückdrängte. Der sogenannte Marnebogen westlich von Reims, der durch die deutsche Offensive im Mai gewonnen worden war, mußte bereits im Juli fast vollständig geräumt werden. Da immerhin noch ein geordneter Rückzug gelang, war dem Feind einstweilen ein nachhaltiger Durchbruch verwehrt. Ludendorff weigerte sich nach wie vor, an eine endgültige Niederlage der deutschen Westoffenisve zu glauben. Noch am 2. August sprach er in einem an das Oberkommando gerichteten Befehl davon, daß in den darauffolgenden Tagen die Offensive im Westen wieder aufgenommen werden solle.
In der strategischen Planung der alliierten Großoffensive, die am 24. Juli beschlossen wurde, sollte es eigentlich nur um die Rückeroberung der Eisenbahnlinie Paris–Amiens und Paris–Nancy gehen. Bestenfalls war an eine Wiedereinnahme der Kohlereviere im Norden Frankreichs gedacht. Aus Protokollen geht hervor, daß die Alliierten nicht damit rechneten, den Sieg vor 1919 erringen zu können.
Insgesamt 35 alliierte Divisionen sind am 8. August im Einsatz. Der Angriff der 20 unter britischem Oberbefehl stehenden Divisionen ist mit 456 Panzern besonders effektiv. 96 leichte Panzerwagen vom Typ »Whippet«, die hohe Geschwindigkeiten von 12,5 km/h erreichen können, und 360 schwere Tanks, Typ »Mark V Star«, wurden auf das III. britische, das kanadische und das australische Korps verteilt.
Die Stärke der 15 französischen Divisionen, die allerdings nur über 90 Tanks verfügen, ist ihre Ausstattung mit über 1000 Kampfflugzeugen, vorwiegend vom Typ »Spad-Jäger« und »Bréguet«.
Der Angriff ist so erfolgreich, daß Tausende von deutschen Soldaten sich sofort ergeben. Die Disziplin der Truppen ist endgültig gebrochen.
Generalfeldmarschall Erich Ludendorff beschreibt in seinen Memoiren den 8. August wie folgt:
»Am 8. August früh, bei dichtem Nebel, der noch durch künstlichen verstärkt wurde, griffen Engländer, vornehmlich mit australischen und kanadischen Divisionen und Franzosen zwischen Albert und Moreuil mit starken Tank-Geschwadern, im übrigen aber mit keiner großen Überlegenheit, an... Ich gewann bereits in den Vormittagsstunden des 8. August ein vollständiges Bild der Lage. Es war sehr trübe... Sechs bis sieben deutsche Divisionen waren vollständig zerschlagen... Die Lage war ungemein ernst. Falls der Feind weiterhin nur einigermaßen scharf angriff, konnten wir uns westlich der Somme nicht mehr behaupten... Ich hörte von Taten glänzender Tapferkeit, aber auch von Handlungen, die ich, ich muß es offen aussprechen, in der deutschen Armee nicht für möglich gehalten habe: wie sich unsere Mannschaften einzelnen Reitern, geschlossene Abteilungen Tanks ergaben! Einer frisch und tapfer angreifenden Division wurde von zurückgehenden Truppen »Streikbrecher« und »Kriegsverlängerer« zugerufen... Die Offiziere hatten an vielen Stellen keinen Einfluß mehr, sie ließen sich mitreißen... Das Kriegführen nahm den Charakter eines unverantwortlichen Hazardspieles an... Der Krieg war zu beendigen.«

Nach der Wiedereinnahme von Chateau-Thierry durch die französische Armee begrüßt Präsident Poincaré die Einwohner

Bei ihrer Großoffensive überrennen die alliierten Truppen (britischer Soldat, r.) die deutschen Linien und machen zahlreiche Gefangene ▷

Flucht vor Tod und Gefangenschaft

25. August. Aus Schlesien wird die Desertion mehrerer tausend frisch zum Kriegsdienst einberufener junger Deutscher gemeldet.

Die Verweigerung des Kriegsdienstes ist in den letzten Monaten kein Einzelfall. Der Zusammenbruch der deutschen Frontlinie im Westen zu Beginn des Monats (→8. 8./S. 118) ließ sich vor der Bevölkerung nicht mehr geheimhalten. Die neu Rekrutierten müssen damit rechnen, sehr schnell getötet oder gefangengenommen zu werden. Welche Möglichkeit die bessere ist, läßt sich für die jungen Männer kaum ausmachen, denn auch in Gefangenschaft zu geraten, ist nach den Nachrichten, die aus den Lagern ins Deutsche Reich dringen, eine wahre Schrekkensvision. Besonders beunruhigend wirken Meldungen aus Rußland: Hier stellt sich die politische Lage derzeit als so unübersichtlich dar, daß viele Beobachter sogar vermuten, eine antibolschewistische Gegenmacht könne schon bald wieder in den Krieg eintreten. Im Deutschen Reich verdichten sich die Gerüchte, mit Hilfe der Entente-Streitkräfte seien die russischen Konterrevolutionäre bereits wieder in den aktiven Kampf gegen die deutschen Verbände eingetreten.

Dies wäre auch eine mögliche Erklärung dafür, daß die mit der bolschewistischen Regierung vereinbarten Rücktransporte von Kriegsgefangenen sich stark verzögern. Drei Fürsorgekommissionen, die im Zusammenhang des im März geschlossenen Friedensvertrages mit Rußland in Brest-Litowsk gebildet worden waren, um in Sibirien für die Rückführung der deutschen Gefangenen Sorge zu tragen, sind gar nicht erst bis dorthin vorgedrungen. Die Kommissionen, die aus neutralen schwedischen und russischen Mitgliedern neu zusammengesetzt sind, sollen es noch einmal versuchen, aber, so verlautbarte offiziell das preußische Kriegsministerium in Berlin Anfang August: »Wann es diesen Kommissionen möglich sein wird, den Abtransport der Gefangenen durchzuführen, ist bei den gegenwärtigen Verhältnissen in Sibirien nicht zu überblicken . . .«

◁ *Deutsche Soldaten, die während der Großoffensive von der britischen Armee gefangengenommen wurden*

Nach vier Jahren Krieg ersehnt ganz Europa den Frieden

1. August. Der Ausbruch des Krieges jährt sich zum vierten Mal. Was am 28. Juni 1914 durch die Ermordung des österreichisch-ungarischen Thronfolgers Erzherzog Franz Ferdinand und seiner Frau in Sarajevo ausgelöst worden war und am Abend des 31. Juli mit der offiziellen Verkündung des allgemeinen Kriegszustandes zwischen dem Deutschen Reich und Frankreich begann, kostete im Laufe von vier Jahren mindestens 7,5 Millionen Menschen das Leben. Haben die Schrecken des Krieges in Rußland bereits im November 1917 entscheidend zum politischen Umsturz beigetragen, so ist auch in den anderen von Beginn an am Krieg beteiligten Ländern der Durchhaltewille weitgehend zerstört. Aus allen Truppen werden Disziplinlosigkeit und Desertionen gemeldet. In der Heimat zermürben die Trauer um gefallene Angehörige, Hungersnöte und der Mangel die Moral.

Obwohl sich die Situation an der Westfront für die Deutschen Anfang August – vor den großen Erfolgen der alliierten Truppen am →8. August (S. 118) – stabilisiert zu haben scheint, machen sich im Deutschen Reich verstärkt Zweifel an der Gewinnbarkeit des Krieges breit.

Das Deutsche Reich steht praktisch ohne Bundesgenossen da: Der österreichisch-ungarische Bündnispartner ist am Ende seiner Kraft, schon im Februar 1917 versuchte Kaiser Karl I., geheime Friedensfühler in Richtung Entente auszustrecken (→14. 4./S. 63). Die beiden anderen Verbündeten, Bulgarien und die Türkei, sind am westlichen Kriegsschauplatz ohnehin nie eine Hilfe gewesen; die Truppen beider Länder befinden sich in desolatem Zustand.

Der Friedensschluß mit Rußland im März (→3. 3./S. 46) brachte für das Deutsche Reich nicht die erhoffte Entlastung, denn wegen des in Rußland tobenden Machtkampfes (→10. 7./S. 104) und der Lage in Finnland (→4. 1./S. 15) war die Oberste Heeresleitung gezwungen, erhebliche Truppenkontingente an der ehemaligen Ostfront zu belassen, die somit nicht für den erhofften Sieg im Westen frei wurden.

Die gescheiterte Frühjahrsoffensive (→12. 6./S. 90) führt dazu, daß immer mehr deutsche Frontsoldaten auf Heimaturlaub mit ihrer Meinung über die militärische Lage nicht mehr zurückhalten. Die Angst um das eigene Leben beginnt angesichts der aussichtslos erscheinenden Situation alle vaterländische Gesinnung beiseite zu drängen.

Hilflos wirken Versuche der politischen Führung, diese »defaitistischen Tendenzen« zu bekämpfen; beispielhaft ist die »Festrede« Wilhelms II. zum Jahrestag des Kriegsbeginns: »... Dankbar die gnädige Hand verehrend, die gnädig über Deutschland waltete, dürfen wir stolz bekennen, daß wir nicht unwert der gewaltigen Aufgabe befunden wurden, vor die uns die Vorsehung gestellt hat ... was auch kommen mag, wir wissen, daß das Härteste hinter uns liegt ...«

Luftaufnahme der Trümmerlandschaft in der während des Krieges heftig umkämpften belgischen Stadt Ypern

Deutsche Kriegsziele bleiben

14. August. Aufgrund der katastrophalen militärischen Lage an der Westfront beruft der deutsche Kaiser Wilhelm II. eine Staatskonferenz ins Hauptquartier der deutschen Obersten Heeresleitung in Spa ein. Beteiligt ist außer der deutschen Führungsspitze der österreichische Kaiser Karl I. mit seinem Außenminister Stephan Graf Burián von Rajecz. Zum ersten Mal gesteht die deutsche Seite gegenüber dem Bündnispartner ein, man sei »am Ende der Leistungsfähigkeit«. Dennoch will die deutsche Führung an ihren Kriegszielen festhalten.

Die Operationsabteilung des Großen Generalstabs in Spa (vorn M. Generalfeldmarschall Paul von Hindenburg, 2. v. r. General Erich Ludendorff)

Paul von Hindenburg kein »Astralleib«

3. August. Generalfeldmarschall Paul von Hindenburg widerspricht Gerüchten über eine angeblich ernste Erkrankung energisch und stellt sie als Propagandalüge hin.

In letzter Zeit war immer wieder zu hören gewesen, Hindenburg täusche aufgrund seiner Uneinigkeit mit General Erich Ludendorff möglicherweise ein Unwohlsein vor. Die Gerüchte nähren sich aus Hinweisen darauf, daß in der militärpolitischen Führung schwere Kontroversen über das weitere militärische Vorgehen schwelen.

Hindenburg sagt in einem Zeitungsinterview: »Erzählen Sie nur, daß sie mich gesund gesehen haben. Mir fehlt nichts, ich habe nicht einmal den Schnupfen. Ich bin auch kein Astralleib. Wer es nicht glaubt, kann mich ja mal anfassen. Man neigt leider in der Heimat so arg dazu, beunruhigenden Gerüchten Gehör zu schenken. Das kostet Nerven, die wir jetzt so nötig haben.«

Frauen verdienen nur das halbe Geld

2. August. Der deutsche Metallarbeiter-Verband veröffentlicht eine Statistik, aus der hervorgeht, daß die in der metallverarbeitenden Industrie beschäftigten Frauen nur etwa halb so viel verdienen wie ihre männlichen Kollegen.
Die ungefähr 300 000 erfaßten Arbeiterinnen müssen mit Stundenlöhnen zwischen 20 Pfennigen und 1,25 Mark auskommen. Die rund 500 000 befragten Männer erhalten dagegen zwischen 40 Pfennig und 3 Mark. In der Woche entspricht das einem durchschnittlichen Verdienst um 35 Mark bei Frauen und 65 Mark bei den Männern. Die Löhne betreffen ausnahmslos Rüstungsarbeiter.

Die Petersstraße am Eröffnungstag der Messe im Zentrum von Leipzig

Messe Leipzig mit 5300 Ausstellern

30. August. Die Leipziger Herbstmesse schließt nach fünftägiger Dauer ihre Tore. Mit etwa 5300 Ausstellern und fast 80 000 Besuchern war sie die bislang erfolgreichste Messe der Kriegsjahre.
Auf der Messe waren lediglich Produzenten mit ihren Artikeln vertreten, die entweder aus dem Deutschen Reich selbst oder aus den verbündeten Ländern kamen. Die neutralen Länder haben sich ganz von der Messe zurückgezogen. Dies hat vor allem transporttechnische Gründe. Wegen des Krieges können Eisenbahnwaggons kaum noch für zivile Fahrten gestellt werden.

Arbeiterinnen der Grobblech-Zurichterei des Walzwerks Oberhausen beim Verladen von Granatenrohlingen

Fertigungs- und Montagehalle einer Munitionsfabrik; ein großer Teil der Arbeitsplätze ist mit Frauen besetzt

Eine Million Frauen in der US-Industrie tätig

1. August. Durch die Rekrutierung junger Männer für den Weltkrieg ist auch die US-Industrie gezwungen, immer mehr Arbeitsplätze, die traditionell von Männern belegt waren, mit Frauen zu besetzen. Ebenso wie in den schon länger kriegsbeteiligten Ländern arbeiten US-amerikanische Frauen jetzt massenhaft in der Industrie.
Die Berufstätigkeit der Frau ist in den USA ein Phänomen, das vergleichsweise eher akzeptiert wird als in den westeuropäischen Ländern. Die Frauenbewegung hat hier schon im 19. Jahrhundert propagiert, nur durch die Berufstätigkeit könne die Emanzipation verwirklicht werden.

Frauen werden während des Krieges nicht nur in der Industrie, sondern auch als Ordnungskräfte verwendet: Hilfspolizistin regelt den Straßenverkehr

Munitionsarbeiterinnen einer deutschen Fabrik während der Mittagspause

»Für jeden Kämpfer eine Arbeiterin«

Wirtschaft 1918:

Europas Bilanzen am Boden

Die Auswirkungen des Weltkrieges auf Handelsbilanzen und wirtschaftliche Entwicklung sowohl der kriegführenden als auch der nicht militärisch in den Krieg verwickelten Staaten erreichen im Jahr 1918 einen Höhepunkt.
Was industrielle und landwirtschaftliche Produktivkräfte der Kriegsbeteiligten nicht mehr leisten können, kommt der Industrie und Landwirtschaft derjenigen Länder zugute, die bislang im Schatten der wirtschaftlichen Führungsnationen Großbritannien, Deutsches Reich und Frankreich standen.

Die offizielle Darstellung
Ein offizielles Berliner Wirtschaftskorrespondentenbüro berichtet: »Trotzdem alle nur möglichen ungünstigen Umstände eingetreten sind, die unsere Getreideversorgung infrage stellen konnten, kann heute gesagt werden, daß wir über den Berg sind und daß eine von vielen Seiten vorausgesagte Stockung in der Brotbelieferung nicht mehr eintreten wird. Die Hoffnung, die auf die Ukraine gesetzt wurde, ist völlig fehlgeschlagen. An Österreich-Ungarn mußte aus militärischen Beständen Getreide geliefert werden und zu alledem kam noch die ungünstige Witterung, die die neue Ernte verzögerte und die im Frühjahr rege werdende Hoffnung auf eine frühzeitige Bergung des Getreides zuschanden machte. Trotzdem aber sind wir nunmehr so weit, daß täglich größer werdende Getreidetransporte in den Lagern der Reichsgetreidestelle eintreffen und jede Gefahr beseitigen. Man kann überhaupt sagen, daß die Versorgung der Bevölkerung im vergangenen Wirtschaftsjahre wesentlich besser war als im Jahre 1916/17, und es steht zu hoffen, daß auch im kommenden Wirtschaftsjahre die Versorgung mindestens dieselbe bleiben wird ...«

Dieser Effekt macht sich am deutlichsten in den USA bemerkbar. Die Vereinigten Staaten waren erst im April 1917 auf seiten der Entente in den Krieg eingetreten, und auch im Sommer 1918 kämpften in Europa erst relativ wenige US-amerikanische Soldaten.
Belegten die Vereinigten Staaten vor dem Krieg nur die vierte Stelle auf der Rangliste der Wirtschafts-Weltmächte, so steigerten sie sich bis 1918 auf Platz eins.
Bereits 1915 waren die Nettogewinne der US-amerikanischen Industrie auf 20% über Vorkriegsniveau geklettert, 1918 liegt die Marke bei 120%. Eindrucksvoll sind auch die Profite der Farmer, die sich zwischen 1913 und 1918 ebenfalls mehr als verdoppelten.
Auch Japan profitierte wirtschaftlich vom europäischen Krieg. Obwohl schon 1914 in den Krieg eingetreten, beteiligten sich japanische Truppen naturgemäß wenig am europäischen Kampfgeschehen. Besonders der Schiffbau und die Stahlindustrie florieren.
Eine, wenn auch nur kurzfristige Kriegshochkonjunktur erleben auch die Länder Mittel- und Südamerikas, deren Rohstoffe (vor allem Baumwolle, Metalle, Erdöl) in den kriegführenden Staaten jetzt besonders knapp sind.
Während die Transporte über See an die Alliierten in Europa lediglich durch die deutschen U-Boote behindert werden, deren Schlagkraft jedoch nicht ausreicht, um die Lieferungen ernsthaft zu gefährden, sind die Mittelmächte durch die britische Seeblockade bereits seit 1915 weitgehend von Lebensmittel- und Rohstofflieferungen abgeschnitten. Durch die Gründung des »Allied Blockade Committee« im März 1918 ist das Blockadesystem der alliierten Staaten noch weiter perfektioniert worden.
Die Bindung der neutralen Staaten, vor allem der Niederlande und Dänemarks, an Verträge, die den Ländern den Waren- und Rohstofftransport in das Deutsche Reich in immer stärkerem Maße untersagten, brachte das Deutsche Reich mit seinem Verbündeten Österreich-Ungarn in eine außerordentlich schwierige Versorgungssituation. Auch der schon frühzeitig in Angriff genommene Ausbau der Ersatzmittelindustrie kann den Mangel 1918 – entgegen offiziellen Darstellungen (siehe Zitat) – nicht mehr im entferntesten abfangen.

Hochofen des Hüttenwerks Hayingen in Lothringen, in dem maximal 783 000 t Rohstahl und 830 600 t Roheisen im Jahr produziert werden können

Um den Gebrauch von Ersatzmitteln anstelle üblicher Versorgungsgüter populärer zu machen, veranstalten die Reichsämter in Österreich-Ungarn und ebenso im Deutschen Reich zahlreiche Ausstellungen; die Abbildung zeigt ein Plakat zur Ausstellung des österreichischen Wirtschaftsverbandes der lederverarbeitenden Gewerbes vom Mai bis zum August

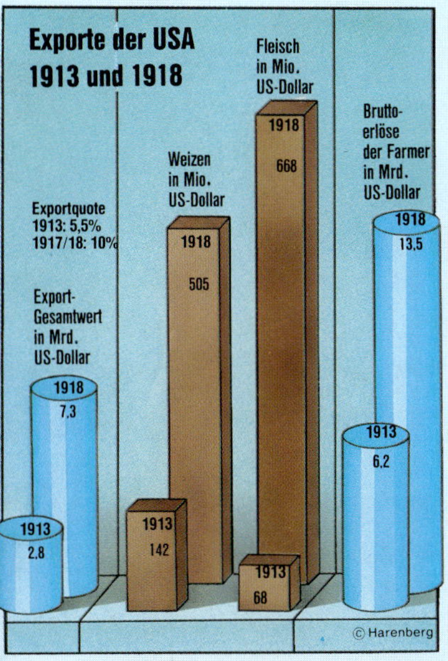

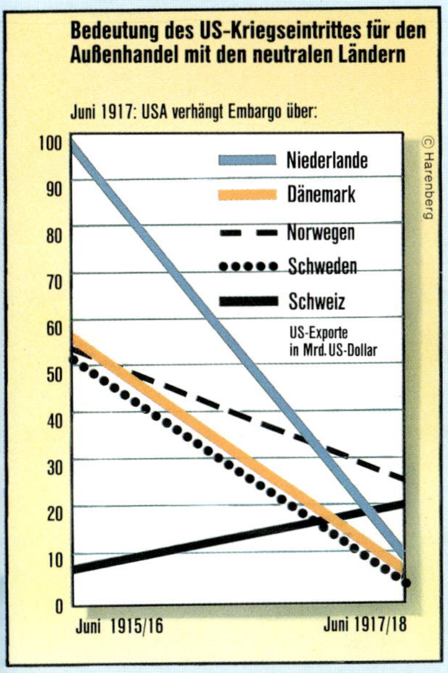

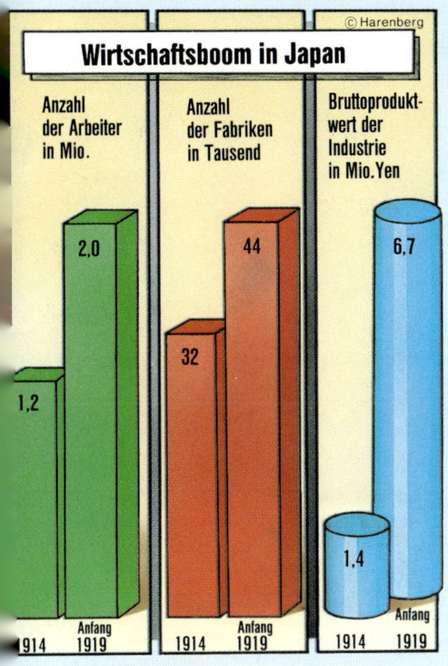

Deutsche Währung angeblich stabil

27. August. Die deutsche Presse reagiert ablehnend auf die Kündigung deutscher Konten in den Niederlanden, die vor kurzem bekanntgegeben wurde. Die »Norddeutsche Allgemeine« schreibt, es bestehe überhaupt kein Grund, an der Stabilität der deutschen Währung zu zweifeln: »Demgegenüber darf . . . erwartet werden, daß unsere Valuta nach dem Friedensschluß und im Verlaufe einer Übergangszeit . . . den alten Paristand wieder erreicht.«
Die niederländischen Banken hatten wegen der Geldentwertung alle auf fremde Währung lautenden Konten gekündigt.

Barfußgehen ist deutsche Pflicht

5. August. Das Reichsversorgungsamt ruft die Bevölkerung dazu auf, in den Sommermonaten nach Möglichkeit auf jegliches Schuhwerk zu verzichten. Einerseits sei Barfußgehen gesund, zum anderen spare man damit Leder, einen äußerst knappen Rohstoff. Es heißt in dem Aufruf u. a.: »Barfußgehen ist weder eine Schande noch ungesund, es ist vielmehr vaterländische Pflicht. . . . Die innige Berührung unseres Körpers mit der Mutter Erde verschafft ein eigenartiges Wohlbehaben, das man sofort beim ersten Versuch feststellen kann. Wir müssen Leder sparen.«

Auch auf Marken kein Fleisch mehr

18. August. Das Reichsversorgungsamt in Berlin veröffentlicht die näheren Bestimmungen über die am 19. August einsetzenden »fleischlosen Wochen«.
Die Bestimmungen geben genaue Auskunft, welche Fleischarten in der vorgegebenen Frist nicht verkauft bzw. in Gaststätten zum Verzehr angeboten werden dürfen. Die Aktion dient einer noch stärkeren Fleischersparnis und nicht zuletzt einer Eindämmung des Schwarzmarktes.
Auch in den Zeiträumen mit Fleischabgabe liegt die zulässige Menge für Erwachsene bei höchstens 200 g pro Woche.

Hungersnot im Sowjetstaat

3. August. Nicht nur die innenpolitischen Wirren halten die Sowjetunion in diesen Tagen in Atem, sondern auch die Nahrungsmittelknappheit, die zu einer grauenhaften Hungersnot führt. Ein polnischer Augenzeuge berichtet in der »Neuen Zürcher Zeitung«: ». . . Die Hungersnot, die schon seit Monaten sowohl in Moskau als auch in Petersburg und in zahlreichen Provinzen herrscht, hat in den letzten Wochen ihren Höhepunkt erreicht. Namentlich in Petersburg, wo man Menschen in den Straßen umfallen sieht, Menschen, die oft seit zwei oder mehr Tagen kein Stückchen Brot im Munde hatten. Als ich Anfang dieses Monats von Moskau nach Petersburg kam, da klammerten sich im Zug zahlreiche Menschen an die Waggons unseres Zuges und baten jammernd um Brot. Die bisherige Tagesration in Petersburg betrug 52 g, selbst sie ist nun nicht mehr gewährleistet. Neuerdings gibt es eine Klasseneinteilung der Brotration, danach erhalten Angehörige der Bourgeoisie nur noch 26 g Brot pro Tag. . . . In den Fußstapfen des Hungers folgt die Cholera. Für die Ausbreitung der Epidemie sind heute in Rußland und namentlich in Petersburg die besten Bedingungen vorhanden. Am 11. Juli wurden in Petersburg bereits 998 Fälle gezählt, mindestens 45% der Erkrankten sterben.«

Wladimir I. Lenin umgeben von besorgten Arbeitern; pathetische Darstellung des Attentats auf den Führer der Bolschewisten von P. P. Balajoesov

Lenin bei Attentat schwer verletzt

30. August. In Moskau verübt die Sozialrevolutionärin Fanija Kaplan ein Revolverattentat auf den sowjetischen Parteichef Wladimir I. Lenin, bei dem dieser schwer verwundet wird.
Am gleichen Tag wird in Petrograd (Leningrad) der Chef der bolschewistischen Geheimpolizei (Tscheka), Moise S. Uricki, ebenfalls von einem Sozialrevolutionär ermordet.
Die Attentate stehen in einer Reihe politischer Anschläge auf führende Persönlichkeiten der Bolschewiki. Die Anschläge lösen willkürliche Verhaftungen von Personen aus, die für Konterrevolutionäre gehalten werden (→ 30. 6./S. 91; 6. 7./S. 104).

Rußland verzichtet auf Livland/Estland

27. August. In einer Zusatzvereinbarung zum Friedensvertrag von Brest-Litowsk (→ 3. 3./S. 46) erklärt sich die sowjetische Regierung gegenüber dem Deutschen Reich bereit, Estland und Livland endgültig die staatliche Autonomie zuzugestehen. Darüber hinaus muß sich Rußland zu Reparationszahlungen in Höhe von 6 Milliarden Mark und Öllieferungen verpflichten.
Einzige Gegenleistung des Deutschen Reiches ist das Versprechen, die weißrussischen Garden im Bürgerkrieg künftig nicht mehr zu unterstützen. Das Zusatzabkommen zeigt die zunehmende Schwäche der Sowjetregierung (→ 30. 6./S. 91).

Brombeerblätter für »deutschen Tee«

7. August. Von der allgemeinen Knappheit an Nahrungs- und Genußmitteln sind auch Kaffee und schwarzer Tee betroffen. Beides gelangt nur noch über den Schwarzmarkt an die Verbraucher.

Die Situation wird von manchem Händler skrupellos ausgenutzt. So erscheinen in den Kaufläden und auf den Märkten immer wieder obskure Kräutermischungen zur Teezubereitung, die sich bei näherem Hinsehen einfach als getrocknetes Wiesenheu erweisen. Angesichts dieser mißlichen Situation erscheinen in den Zeitungen Hinweise, wie der Verbraucher sich qualitativ hochwertige Kräuter für die Zubereitung von Tee-Ersatz selbst sammeln und wie er die Kräuter zur Haltbarmachung behandeln muß: »Die Mehrzahl der teetrinkenden Bevölkerung ist jetzt auf den deutschen Tee, den Tee-Ersatz angewiesen ... wurden doch auch schon in Friedenszeiten dem ausländischen Tee die Blätter unseres heimischen Weidenröschens beigemischt ... Vor allem sind nur die jungen, zarten Blätter zu pflücken. Zum Aufguß für den täglichen Hausbedarf sind besonders geeignet: Blätter der Erdbeere, Brombeere, Himbeere, der Stechpalme und des Weidenröschens, der schwarzen Johannisbeere und die Blüten des Heidekrautes ... Am besten sammelt man an trockenen Tagen am Morgen, wenn der Tau verschwunden ist ...«

Werbeplakat der Köln-Düsseldorfer Dampfschiffahrts-Gesellschaft

Unberührte Alpenlandschaft im bisher einzigen schweizerischen Nationalpark, der in dem kleinen Ort Zernez im Unterengadin offiziell eröffnet wird

Bowleverbot auf den Rheindampfern

15. August. Die Köln-Düsseldorfer Dampfschiffahrts-Gesellschaft verbietet auf allen Rhein-Ausflugsdampfern den Bowlekonsum.

Die Maßnahme ist eine Reaktion auf wiederholte Beschwerden von erholungssuchenden Fahrgästen über randalierende betrunkene Soldaten auf den Schiffen.

Die Restaurateure auf den Rheindampfern sind angewiesen, grundsätzlich keine Bowlenweine mehr abzugeben, selbst der Verkauf von Bowlezutaten ist untersagt. An angetrunkene Gäste soll auch kein Wein mehr ausgeschenkt werden.

Birnenblätter als Tabakersatzstoff

15. August. Der Bundesrat des Deutschen Reiches in Berlin läßt jetzt offiziell auch die Blätter folgender Pflanzen als Beimischungen zu Tabakersatzstoffen zu: Birnbaum, Apfelbaum, Haselnußstrauch, Walnußbaum, Topinambur (eine Sonnenblumenart).

Damit antwortet der Bundesrat auf den Unmut, der vor allem unter den Soldaten wegen der bestehenden Einschränkungen bei der Verwendung von Blättern für die Tabakersatzherstellung aufgekommen war. Die kämpfende Truppe soll nicht weiter Anlaß zu Klagen haben.

Ein Refugium für Tiere und Pflanzen

22. August. In der schweizerischen Gemeinde Zernez im Unterengadin wird eine neuer Nationalpark feierlich eröffnet.

Der von der »Schweizerischen naturforschenden Gesellschaft« initiierte Park soll nicht nur Tieren und Pflanzen eine Entfaltung frei von menschlichem Eingriff ermöglichen, sondern auch wissenschaftlichen Forschungszwecken dienen.

Die Gesellschaft, vertreten durch ihr leitendes Mitglied Paul Sarasin schreibt über das 139 km^2 große Areal: »Es soll sich hier alles, was die Natur selber gepflanzt hat und was sie von selbst wachsen läßt, frei und ungehindert entwickeln. Die zukünftigen Geschlechter sollen hier einen Urwald finden und ihn bewundern. Die lebendige Natur soll zu einem Museum werden. Nach dem schon ausgearbeiteten Plan zur wissenschaftlichen Erforschung des Nationalparks soll eine vollständige Aufstellung der gesamten Pflanzen- und Tierwelt, eingeschlossen das mikroskopische Kleinleben, aufgenommen werden: eine Aufgabe, die noch nirgends auf der ganzen Erde gelöst ist.

Es soll namentlich durch wiederholte Aufnahmen desselben Standorts die allmähliche Wiederherstellung der gesamten Flora und Fauna gegenüber der durch Menschen beeinflußten studiert werden. Es soll die natürliche Wechselwirtschaft der Pflanzen- und Tiergemeinschaften studiert werden.«

Arbeiterinnen beim Sortieren in der Berliner Gemüse-Trocknungsanstalt

Schweizer Zigarettenwerbung; während in der Schweiz noch richtiger Tabak geraucht werden kann, müssen sich die Deutschen mit Ersatzstoffen begnügen

Kriegsmeisterschaften der Leichtathleten in Berlin ohne Rekorde

25. August. *Im Deutschen Stadion zu Berlin (Abb.) werden die diesjährigen deutschen Leichtathletik-Kriegsmeisterschaften ausgetragen.*

Die Sieger unter den 263 Teilnehmern bekommen als Auszeichnung die »Eiserne Plakette« und den Titel »Meister im Kriegsjahr 1918«. Teilnahmeberechtigt sind alle Deutschen, die einem Sportverein angehören. Wenn die Meisterschaften erwartungsgemäß auch keine deutschen Rekorde erbringen, so gibt es dennoch Überraschungen in den insgesamt 13 ausgetragenen Wettbewerben. Am spannendsten sind die Weitsprung-Wettbewerbe. Während im Vorkampf der Berliner Harry Bormann mit 6,65 m den Düsseldorfer Willi Düncker (6,50 m) und die anderen Athleten weit hinter sich läßt, siegt dann doch Düncker im Endkampf mit 6,41 m vor dem Münchener Josef Schmidt (6,38 m) und dem Berliner Carl Schelenz (6,37 m). Die Vorkampfleistungen finden keine Berücksichtigung. Der Olympiazweite im Hochsprung 1912, Hans Liesche aus Eimsbüttel, wird dieses Mal von Carl Schelenz besiegt, der 1,75 m springt.

Die Schwimmer ermitteln Meister

18. August. Im Deutschen Stadion in der Reichshauptstadt Berlin werden die deutschen Kriegs-Schwimmeisterschaften ausgetragen.

Die Ergebnisse der Meisterschaften bestätigen zum größten Teil die bereits bekannten Favoriten.

Im Mehrkampf und im Kriegskürspringen der Männer gewinnt, wie bereits vor einer Woche, Hans Luber, Club Poseidon Berlin. Über 100 m Rücken holt sich das erst 17jährige Talent Erich Rademacher, ebenfalls aus Berlin, den Titel. Er bewältigt die Strecke in 1:26 min.

Erna Murray vom Sportclub Germania Berlin, die ebenfalls zum Kreis der Favoriten unter den Schwimmerinnen zählt, siegt bei den Meisterschaften in den beiden Stilarten Rükken- und Brustschwimmen. Die 20jährige wird von Sportexperten als eine der besten Schwimmerinnen der Welt angesehen.

Pferderennen umstritten

28. August. Das Kartell westdeutscher Rennvereine tritt allen Regierungsvorhaben, Pferderennen bis Kriegsende zu verbieten, energisch entgegen. Die Argumentation der Befürworter eines Verbotes geht dahin, daß von den Pferdewetten eine große Versuchung zu disziplinlosem Verhalten ausgehe, das den Kriegserfolg des Deutschen Reichs entscheidend gefährden könne.

Der Interessenverband sieht vor allem seine Haupteinnahmequelle zur Finanzierung der Pferdezucht durch einen solchen Schritt stark gefährdet. Das Kartell argumentiert mit den großen Pferdeverlusten, die durch den »Russeneinfall« im Osten verursacht worden seien. Allein 237 000 Pferde seien auf dem östlichen Kriegsschauplatz verlorengegangen: »Wo soll die Armee ihren Pferdeersatz herholen, den sie zu ihrer Schlagfertigkeit braucht, wo nimmt die Landwirtschaft, nehmen die gewerblichen Betriebe ihre Pferde her, wenn die Gestüte in ihrem Bestande erschüttert, der Edel- und Halbedelzucht die Möglichkeit zur Aufbesserung ihrer Produkte genommen werden?«

Außerdem meint der Verband, die öffentlich stattfindenden Rennen könnten keinesfalls der Ort des Lasters sein:

»... die Maßlosigkeit macht sich aber, von Ausnahmen abgesehen, nicht in der Öffentlichkeit breit, sie sucht heimlich Orte ... Wie es beim Alkohol die geheimen Kneipen sind, ... so sind es beim Spiel die geheimen Klubs, bei der Wette die Winkelbuchmacher mit ihren Schleppern, die bei der bequemeren Art der Geldanbringung zur Maßlosigkeit verleiten.... Mit der Ablenkung der Gelder auf die öffentlichen, gesetzlich genehmigten Stellen würde dem Staat eine weitere erhebliche Einnahmequelle erweitert ...«

Dichter D'Annunzio als Propagandist

9. August. Während der schon seit Tagen andauernden massiven Propagandaaktion der Italiener mit Flugzeugen über der österreichisch-ungarischen Hauptstadt Wien wird auch der namhafte italienische Dichter Gabriele D'Annunzio als Anführer eines aus acht Flugzeugen bestehenden Propagandageschwaders über der Donaumetropole eingesetzt. Jeder Flieger hat etwa 20 kg Propagandamaterial an Bord.

Die in den italienischen Nationalfarben gehaltenen Flugblätter, die das Geschwader abwirft, verkünden, dies sei »ein Gruß der Trikolore der Freiheit«, und die Donaumonarchie sei durch ihr Bündnis mit dem Deutschen Reich »auf das Niveau eines Berliner Grobians« herabgesunken. Weiter heißt es: »Wir führen Krieg nicht mit Bürgern, Kindern, Greisen und Frauen, sondern mit Eurer Regierung, dem Feinde der nationalen Freiheit, mit Eurer blinden, starrköpfigen und grausamen Regierung, die Euch weder Brot noch Freiheit zu geben vermag und Euch nur mit Haß und trügerischen Hoffnungen füttert«.

Der 1863 geborene, politisch weit rechts stehende D'Annunzio hatte sich nach dem Kriegseintritt Italiens am 23. Mai 1915 sofort als Freiwilliger gemeldet.

D'Annunzio (r.) mit Pilot

September 1918

Mo	Di	Mi	Do	Fr	Sa	So
						1
2	3	4	5	6	7	8
9	10	11	12	13	14	15
16	17	18	19	20	21	22
23	24	25	26	27	28	29
30						

1. September, Sonntag

In der Sowjetunion wird die Umsatzsteuer für alle nicht nationalisierten Unternehmen eingeführt, um den privaten Unternehmern einen Anreiz zu geben, ihre Betriebe und Geschäfte verstaatlichen zu lassen.

Zur Erinnerung an die siegreiche Schlacht bei Sedan am 2. September 1870, in der es den preußischen Verbänden gelang, den französischen Kaiser Napoleon III. gefangenzunehmen und somit die positive Wende des Deutsch-Französischen Krieges herbeizuführen, findet im Berliner Abgeordnetenhaus eine Feier statt, auf der Kaiser Wilhelm II. eine Festrede hält, in der er den Siegeswillen der deutschen Truppen im Weltkrieg hervorhebt.

Die deutschen Zeitschriften veröffentlichen Statistiken über die zunehmende Kriminalität. →S. 136

2. September, Montag

Nach ihrer erfolglosen Frühjahrsoffensive befinden sich jetzt alle deutschen Truppenverbände an der Westfront auf dem Rückzug. Die Frontlinie wird zunächst bis auf die sog. Siegfriedstellung (Kampflinie von Arras über St. Quentin bis Reims) zurückgenommen, im weiteren Verlauf dann noch bis über diese Linie hinaus (→8. 8./S. 118).

Ein Eisenbahnunglück auf dem Hauptbahnhof Mannheim, bei dem ein Personen- auf einen Güterzug auffährt, fordert sieben Schwerverletzte.

In der britischen Stadt Derby findet der 50. Gewerkschaftskongreß in Großbritannien statt. Die Vertreter von über vier-einhalb Millionen Industriearbeitern sprechen sich gegen Friedensverhandlungen mit dem Deutschen Reich und Österreich-Ungarn aus.

3. September, Dienstag

Als geheimes Zusatzabkommen zum Vertrag vom 9. August, der die Tschechoslowakei als assoziierte Macht mit gleichem Status wie Serbien und Griechenland anerkannt hatte, wird jetzt der tschechische Nationalrat als kriegsführende Macht von den Vereinigten Staaten anerkannt (→26. 9./S. 134).

Die in Washington erscheinende Zeitung »Public Ledger« stellt vier Hauptkriegsziele gegenüber dem Deutschen Reich vor, die vom US-amerikanischen Senat ausdrücklich unterstützt werden; es sind die Verhaftung von Kaiser Wilhelm II. sowie die Einleitung internationaler Gerichtsverfahren gegen die Initiatoren des U-Bootkrieges, der Städtebombardierung und des Giftgaseinsatzes.

4. September, Mittwoch

Die sowjetische Regierung in Moskau gibt ein Dekret zur Verstaatlichung aller Eisenbahnen heraus.

Die Postüberwachungsstelle der 6. Deutschen Armee veröffentlicht für militärische Kreise einen Bericht über die Kriegsmüdigkeit im Heer. Darin klingt auch an, daß die Mutlosigkeit auf die Offiziere übergegriffen hat (→1. 8./S. 122).

Die russische Sozialrevolutionärin Dora Kaplan, die am →30. August (S. 125) den Führer der Bolschewiki, Wladimir I. Lenin, zu ermorden versucht hatte, wird in Moskau hingerichtet.

5. September, Donnerstag

Wegen der mageren Ernte ist die gewerbsmäßige Herstellung von Pflaumenmus laut Erlaß des deutschen Reichsernährungsamtes ab sofort verboten. Lediglich die Deckung des Eigenbedarfs ist noch erlaubt.

Die in Moskau erscheinende Zeitung der Bolschewiki, die »Prawda«, gibt die Vereinigung der Petrograder Telegrafen-Agentur und des offiziellen Pressebüros zur »Zentralbehörde der russischen Telegraphen-Agentur« bekannt. Alle Mitteilungen erscheinen von nun an unter dem Namen »Rosta«.

6. September, Freitag

In der Sowjetunion konstituiert sich unter dem Vorsitz von Leo D. Trotzki der »Revolutionäre Kriegsrat der Republik«, der in Zukunft das orberste Führungsorgan der bolschewistischen Streitkräfte sein wird.

Das Berliner Reichswirtschaftsamt gibt bekannt, daß Personen aus Erwerbszweigen, in denen ein angemessen-seriöses Äußeres zur Ausübung des Berufes unabdingbar ist, bei den behördlichen Bezugsstellen einen zusätzlichen Anzug beantragen können.

7. September, Sonnabend

Der Hetman der Ukraine, Pawel P. Skoropadski, sucht den deutschen Kaiser Wilhelm II. zu einem Besuch auf Schloß Wilhelmshöhe bei Kassel auf. Beide betonen gegenüber der Presse, daß sie auch in Zukunft die enge Verbundenheit zwischen dem Deutschen Reich und der Ukrainischen Volksrepublik, die am 19. November 1917 gegen die Bolschewiki gegründet wurde, weiter aufrechterhalten wollen.

Das Berliner Reichswirtschaftsamt gibt bekannt, daß in diesem Herbst kaum mit Frischobst auf den Märkten zu rechnen sei. Wegen der dringend notwendigen Bevorratung für den kommenden Winter soll das noch vorhandene Obst durchgängig zu Marmelade verarbeitet werden. →S. 136

8. September, Sonntag

In Ufa beginnt die Allrussische Reichskonferenz mit 170 Repräsentanten verschiedenster antibolschewistischer Gruppierungen. Eine Einigung auf ein gemeinsames Vorgehen gegen die Bolschewiki kann bis zum Ende der Konferenz am 23. September nicht erreicht werden.

Im Deutschen Reich beginnt erneut eine von den Kirchen gestützte »Gott-Opfer-Woche«. Mit den privaten Spenden soll die Kriegskostenfinanzierung der Reichsregierung unterstützt werden.

Die britische Standard Bank of South Africa Ltd. gründet eine Filiale in Rotterdam. Die Niederlassung der 1863 gegründeten Bank ist die erste britische Bankniederlassung in den Niederlanden.

9. September, Montag

Der 10. Nordische Interparlamentarische Kongreß beschließt in Kopenhagen, sich dafür auszusprechen, daß nach Kriegsende ein Völkerbund aller Völker und Nationen gegründet werden soll, der die freie Entfaltung aller Völker gewährleisten und weitere Kriege nach Möglichkeit verhindern soll.

Auf Beschluß der zuständigen Regierungspräsidenten werden französische Ortsnamen im Deutschen Reich durch deutsche Namen ersetzt. Die Orte Montjoie, Sourbrodt und Oudler heißen jetzt Monschau, Surbrodt und Odler.

10. September, Dienstag

Die Rote Armee erobert Kazan und Simbirsk aus den Händen weißrussischer Verbände zurück.

Schwere Kämpfe beginnen in Norditalien um den Monte Asolone. Gegen eine überwältigende Übermacht der Italiener halten die österreichisch-ungarischen Verbände dem Ansturm stand.

11. September, Mittwoch

Der deutsche Kaiser Wilhelm II. hält eine Rede vor Krupparbeitern in Essen. Er fordert die Arbeiter zum bedingungslosen Durchhalten auf. →S. 133

In Berlin findet die »Allgemeine Zeitungsverleger-Versammlung« statt. Über hundert Chefredakteure, die dem Verein Deutscher Zeitungsverleger angehören, sind vertreten. Um der ernsten Krise des Zeitungswesens zu begegnen, die durch die steigenden Herstellungskosten und die Papierknappheit verursacht ist, kann, so die Zeitungsleute, der redaktionelle Teil nur dann im bisherigen Umfang erscheinen, wenn der Staat umgehend höhere finanzielle Unterstützung gewährt.

Die französische Schauspielerin Sarah Bernardt macht eine Gastspielreise durch die USA. →S. 137

12. September, Donnerstag

Auf der Eisenbahnstrecke Bromberg-Schneidemühl kommen bei der Entgleisung eines Personenzuges nach dem Zusammenprall mit einem Güterzug 40 Kinder ums Leben, Hunderte werden verletzt. Der Zug war im wesentlichen mit etwa 1000 Kindern besetzt, die von einem Ferien-Landaufenthalt in das heimische Rheinland zurückkehrten.

Vizekanzler Friedrich von Payer hält vor dem Deutschen Reichstag eine Rede, in der er noch einmal die deutschen Friedensbedingungen unterstreicht, die u. a. eine Annexion Elsaß-Lothringens und ferner die Umwandlung Belgiens in einen dem Deutschen Reich verpflichteten Staat fordert.

Der politische Salon der Gräfin Margarethe von Fischler-Treuberg in Berlin wird durch die Polizei aufgelöst. Der Gräfin wird vorgeworfen, sie habe in ihren Räumlichkeiten zersetzende Unterhaltungen über die mangelhaften Siegesaussichten der Mittelmächte geduldet. Sie wird einstweilen in einer märkischen Kleinstadt interniert.

13. September, Freitag

In Berlin erklärt Prinz Friedrich Karl von Hessen seine Bereitschaft, König von Finnland zu werden (→13. 4./S. 62).

In Wreschen (Bezirk Posen) sterben 26 Ferienkinder an den Folgen einer Pilzvergiftung. Sieben der aus Dortmund stammenden Kinder können trotz des Pilzgenusses gerettet werden.

14. September, Sonnabend

Kaiser Karl I. von Österreich veröffentlicht eine Friedensnote »An alle!«. Er schlägt hierin Verhandlungen zur Herbeiführung eines Verständigungsfriedens vor. Die Alliierten weisen die Note scharf zurück. Wilhelm II., deutscher Kaiser, fühlt sich übergangen und spricht von einer »ernsthaften Gefährdung des Bündnisses«. →S. 134

In der →am 10. Juli (S. 104) gegründeten »Russischen Sozialistischen Föderativen Sowjetrepublik (RSFSR)« wird per Dekret das metrische System für alle Maße und Gewichte eingeführt.

15. September, Sonntag

Die Orientarmee der alliierten Streitkräfte beginnt in Makedonien eine erfolgreiche Durchbruchsoffensive gegen Bulgarien (→28. 9./S. 134).

Nach dem Abzug der britischen Besatzung besetzen osmanische Truppen die Stadt Baku. Die Sowjetregierung in Moskau erhebt scharfen Protest. →S. 134

16. September, Montag

Der britische Außenminister Arthur James Earl of Balfour lehnt die österreichische Friedensnote Kaiser Karls I. in scharfer Form ab (→14. 9./S. 134).

Französische Verbände fliegen Angriffe auf Mainz und Stuttgart.

Die Sowjetregierung gibt ihr erstes Familiengesetzbuch heraus.

Als erste sowjetische Auszeichnung für besondere militärische Verdienste wird der »Orden der Roten Fahne« eingeführt. Dadurch wird das Dekret über die völlige Abschaffung aller Ehrenzeichen vom 10. November 1917 de facto wieder aufgehoben.

Die Sommerzeit geht im Deutschen Reich zu Ende. Um 3.00 Uhr morgens werden die Uhren auf 2.00 Uhr zurückgestellt.

Die erste Septembernummer der »Zeitbilder«, einer Beilage der »Vossischen Zeitung«, zeigt ein noch fliegendes britisches Flugzeug, dessen Besatzung beim vorhergehenden Luftkampf tödlich getroffen worden war

Nummer 34
1. September 1918

Zeitbilder

Beilage zur Vossischen Zeitung

Ein englischer Augenzeuge schreibt: Nach einem Kampf mit 6 Albatros-Flugzeugen setzte die englische Maschine scheinbar ganz gefechtsfähig ihren Flug fort und landete schließlich in der nächsten Nacht auf einem Felde, 50 Meilen vom Kampfplatz entfernt, mit totem Führer und Beobachter, die sich noch festgeschnallt in ihren Sitzen befanden.

Ein seltsames Ereignis im Flugwesen:
Ein im Luftkampf besiegtes englisches Flugzeug, das mit totem Führer und Beobachter noch stundenlang weiterflog und glatt landete. (Aus einer englischen Zeitschrift.)

TRAGIKOMÖDIE.

Skizze von Erwin H. Rainalter.

Alois Binder war seit zwölf Jahren Beamter in einer Bank, als durch einen Theaterbesuch etwas Neues und Ungekanntes in sein Leben trat. Dieser Theaterabend — man gab den „Othello" — hatte ihn seltsam erregt und aufgewühlt; er fühlte plötzlich einen Feuerstrom durch seine Adern rinnen, und sein Herz pochte schneller in unregelmäßigem Takt. Als er dann nach Hause kam, trieb ihn eine dunkle Macht an seinen Schreibtisch, und beim trüben Schein seiner Petroleumlampe saß er drei geschlagene Stunden und füllte unermüdlich Bogen auf Bogen mit seiner hübschen, leichten Beamtenschrift. Am nächsten Tage war er in seinem Dienst zerstreut und unaufmerksam, fast verträumt, was man sonst nie an ihm wahrgenommen hatte, und am Nachmittag saß er wieder über die weißen Bogen gebeugt und schrieb bis in den tiefen Abend. So trieb er es eine Woche, unermüdlich, ohne Rast. Am neunten Tage lag ein kleiner Stoß von Blättern vor ihm aufgeschichtet, und auf dem ersten dieser Blätter stand schön verschnörkelt: „Das ewige Licht, Drama von Alois Binder."

Nach aller Schöpferqual genoß er nun alles Schöpferglück, er fühlte sich namenlos erleichtert und gehoben, und seine wirr erregte Phantasie malte ihm die Zukunft so licht und rosig, daß er sich jetzt schon von der Bank und ihrer Fron befreit schien und den Ruhm, der ihm fraglos zufallen würde, in vollen Zügen im voraus kostete. Vorerst freilich gab es noch mancherlei zu tun, um diesem Ruhm auf die Beine zu helfen, und so verpackte denn Alois Binder das Manuskript sein säuberlich in braunes Packpapier, schrieb die Adresse des Residenztheaters darauf und trug es zur Post. Dabei war er so sehr von der dumpfen Ueberzeugung erfüllt, daß sich die Vorzüge des Stückes überall Geltung verschaffen müßten, daß er nicht ohne tiefe Ueberraschung sein Werk mit einem höflich ablehnenden Begleitschreiben nach wenigen Tagen zurückempfing. In seiner Zuversicht allerding-

17. September, Dienstag

Das Kriegsernährungsamt in Berlin gibt bekannt, daß Brot ab sofort um 10 % mit Trockenkartoffeln gestreckt wird. Damit kann die wöchentliche Brotration für bezugsberechtigte Erwachsene wieder auf 220 g erhöht werden.

Unter deutschen Soldaten an der Westfront kursieren Hefte unbekannter Herkunft, die in der Einbandgestaltung den Heften des Verlages Philipp Reclam jr., Leipzig, nachempfunden sind. Die deutschen Militärbehörden vermuten, daß sie von britischen Flugzeugen abgeworfen werden. Die Hefte enthalten Propagandamaterial über den verzweifelten Stand der deutschen Kriegsfront. →S. 137

18. September, Mittwoch

Die britische Palästina-Truppe erobert Haifa, Akka und im weiteren Verlauf auch Nazareth (→19. 9./S. 134).

Die französische Regierung in Paris setzt einen Ausschuß ein, der die wirtschaftlichen Schäden in den von deutschen Truppen besetzten nördlichen Departements ermitteln soll. Schadensersatzzahlungen sollen zu einer Hauptforderung bei späteren Friedensverhandlungen mit dem Deutschen Reich werden.

Der russische Dichter Maxim Gorki vereinbart in Moskau mit dem Kommissar für Volksaufklärung, Anatoli W. Lunatscharski, die Gründung eines Verlages mit Namen »Die Weltliteratur«. Werke aus dem 18. und 19. Jahrhundert, die Gorki auswählen wird, sollen in 2000 illustrierten Bänden herausgegeben werden. →S. 137

19. September, Donnerstag

Britische Einheiten durchbrechen unter Führung General Edmund Henry Hynmann Allenbys bei Jaffa die durch deutsche Truppenverbände verstärkte osmanische Palästinafront (»Palästina-Schlacht«). →S. 134

Ein Dekret der Sowjetregierung verbietet die Ausfuhr von Kunstgegenständen und Altertümern.

Nach einer Parteiversammlung der Unabhängigen Sozialdemokraten (USPD) in Berlin wird der Abgeordnete Adolf Hoffmann verhaftet. Ein Polizeioffizier hatte die Versammlung aufgelöst, als der Reichstagsabgeordnete Hugo Haase sprechen wollte. Daraufhin soll die Polizei von Versammlungsteilnehmern tätlich angegriffen worden sein.

20. September, Freitag

In Baku, das am 15. September von osmanischen Truppen besetzt wurde, werden 26 bolschewistische Revolutionäre, die als sogenannte Bakuer Kommissare an der Errichtung der Bakuer Kommune beteiligt waren, standrechtlich erschossen (→15. 9./S. 134).

Die Leiche des Ex-Zaren Nikolaus II., die an der Erschießungsstelle in der Nähe Jekaterinburgs (Swerdlowsk) verscharrt worden war, wird in Gegenwart zahlreicher geistlicher Würdenträger und konterrevolutionärer Soldaten exhumiert und zur feierlichen Beisetzung nach Omsk überführt (→16. 7./S. 105).

21. September, Sonnabend

In der sowjetischen Hauptstadt Moskau tritt ein Parteitag der »Volkskommunisten« zusammen. Die Partei wurde von ehemaligen linken Sozialrevolutionären gegründet, die jetzt politisch mehr auf der Seite der Bolschewiki stehen.

In Essen werden 30 Posthelferinnen verhaftet. Sie haben von auswärts eintreffende Pakete unterschlagen und geplündert. Der Schaden wird auf mindestens 25 000 Mark Warenwert beziffert.

Aus dem Prado in Madrid entwenden Unbekannte zwei wertvolle goldene Abendmahlskelche. Obwohl das Museum sofort geschlossen wird und die Polizei alle Anwesenden eingehend verhört, sind die Täter nicht zu ermitteln.

22. September, Sonntag

Die deutsche Oberste Heeresleitung gibt bekannt, daß für Frontsoldaten nicht mehr Urlaub gewährt werden könne, obwohl sehr viele Soldaten ihre Familien seit über einem Jahr nicht gesehen haben. Neben der schwierigen militärischen Lage sei das Hauptproblem die Transportkapazität. Zur Zeit führen bereits etwa 25 000 kampfunfähige Soldaten von der Westfront in die Heimat, da sei für gesunde Heeresangehörige kaum noch Platz.

Deutsche Soldaten finden in einer verlassenen französischen Stellung das bislang unbekannte Grab von Hermann Löns. Der Schriftsteller war am 26. September 1914 bei Reims gefallen. Die deutsche Hermann-Löns-Gesellschaft will sich um eine angemessene Herrichtung der Grabstätte kümmern. →S. 317

23. September, Montag

Im Deutschen Reich beginnt die Zeichnung der 9. Kriegsanleihe. Die neueste Aktion zur Finanzierung der ungeheuren Kriegsausgaben wird bis zum 23. Oktober durchgeführt.

Der deutsche Fürst Wilhelm Prinz zu Wied betont seinen Anspruch auf den Thron Albaniens. Albanien sei trotz der italienischen Besetzung ein neutraler und souveräner Staat. Italien hatte, nachdem der Prinz das Land verlassen hatte, am 3. Juni 1917 das Protektorat über das Land verkündet. Die deutsche Reichsregierung äußert an den Ansprüchen des Prinzen zu Wied kein Interesse.

Die französische Nationalversammlung bewilligt in Paris mit 467 gegen 4 Stimmen einen neuen Kriegskredit in Höhe von 12 Milliarden Francs.

Ein Erdbeben verwüstet zahlreiche Inseln der Ägäis. Allein auf Milos werden 300 Menschen getötet und 2000 verletzt. Alle größeren Gebäude sind eingestürzt.

24. September, Dienstag

Der rumänische König Ferdinand I. läßt seinen Sohn und Thronfolger Prinz Karl mit 75 Tagen strengem Arrest belegen. Die formale Begründung lautet auf »militärische Vergehen«. Gegen den Willen des Königshauses hatte sich Karl mit der Bürgerlichen Cäcilie Lambrino vermählt und ohne weiteres auf die Thronfolge verzichtet. Damit rückt sein jüngerer Bruder in diese Position. →S. 134

In Elsaß-Lothringen werden auf Anweisung der Obersten Heeresleitung zahlreiche Ortschaften evakuiert. Die Orte liegen im Schußbereich von Ferngeschützen der französischen Festung Metz.

25. September, Mittwoch

Die russische Sowjetregierung führt das Dezimalsystem ein.

Wegen des Kohlenmangels werden im Deutschen Reich die Züge und Triebwagen nicht mehr geheizt. Reisende sind angewiesen, sich mit Mänteln und Decken zu versorgen.

26. September, Donnerstag

Unter Führung von Tomáš Garrigue Masaryk wird in Paris durch den tschechischen Nationalrat eine provisorische Regierung gebildet. →S. 134

27. September, Freitag

Die österreichische Friedensnote, die Karl I. am →14. September (S. 134) »An alle« gerichtet hatte, wird vom US-amerikanischen Präsidenten Thomas Woodrow Wilson und von seinem französischen Amtskollegen Raymond Poincaré offiziell abgelehnt.

Die Berliner Universum-Film-Gesellschaft (UFA) führt mit der bolschewistischen Regierung in Moskau Verhandlungen über die Belieferung des Sowjetstaates mit deutschen Filmen. Die UFA ist die erste ausländische Filmgesellschaft, die mit den bolschewistischen Kulturbehörden Kontakt aufnimmt.

Untersuchungen des Berliner Kriegswucheramtes ergeben, daß mehrere, vom Amt beschlagnahmte Eisenbahnwaggons samt Inhalt verschwunden sind. Das Material wurde offenkundig von höheren Beamten der Behörde illegal verkauft bzw. gegen Bestechungsgelder an die Besitzer zurückgegeben.

28. September, Sonnabend

Paul von Hintze, deutscher Staatssekretär des Äußeren, spricht sich in einer Denkschrift für eine Demokratisierung im Deutschen Reich durch eine »Revolution von oben« aus, um der Gefahr einer wirklichen Revolution zu begegnen. →S. 133

Sämtliche Materialbestände der AG für Anilinfabrikation (Agfa) in Leverkusen, die als einzige Firma im Deutschen Reich Rohfilm herstellt, werden beschlagnahmt. Nur noch ein Drittel der Filmproduktion wird der Filmindustrie zur Verfügung gestellt, zwei Drittel sind staatlichen Propaganda-Filmen vorbehalten.

Die deutsche Reichsregierung ruft alle Schulkinder auf, Bucheckern zu sammeln. Die zentralen Sammelstellen zahlen 1,65 Mark pro Kilo. →S. 136

In Lausanne wird Igor Strawinskis Musiktheater »Die Geschichte vom Soldaten« uraufgeführt.

29. September, Sonntag

Großbritannien und Frankreich unterzeichnen in Saloniki einen Waffenstillstandsvertrag mit Bulgarien. →S. 134

Die deutsche Oberste Heeresleitung in Spa fordert die Herausgabe eines Friedensangebots an die Alliierten und außerdem den Rücktritt der Regierung unter Reichskanzler Georg Graf von Hertling. →S. 132

Die deutsche Westfront in Frankreich weicht hinter die Linie Oise-Aisne-Kanal und Cambrai zurück.

Die Vertreter von 94 Vereinen und Verbänden der deutschen Wirtschaft sprechen sich in Berlin für den sofortigen Abbau der Zwangsbewirtschaftung aus, nachdem Frieden geschlossen worden sei. Anstelle der Kriegswirtschaft solle sich nach ihrem Wunsch nun ungehindert die Individualwirtschaft entwickeln können. →S. 136

30. September, Montag

Durch Erlaß verfügt der deutsche Kaiser Wilhelm II. die Einführung des seit langem diskutierten und von der Linken geforderten parlamentarischen Systems im Deutschen Reich (→28. 9./S. 133).

Der deutsche Reichskanzler Georg Graf von Hertling überreicht Kaiser Wilhelm II. sein Rücktrittsgesuch. →S. 133

Das sowjetische Zentralexekutivkomitee billigt das von einer eigenen Kommission unter Führung Anatoli W. Lunatscharskis ausgearbeitete Konzept einer »Einheits-Arbeits-Schule«, einer zweistufigen Einheitsschule, die insgesamt neun Pflichtschuljahre umfaßt.

Gestorben:

10. Woltorf (Peine): Carl Peters (*27. 9. 1856, Neuhaus), deutscher Kolonialpolitiker.

26. Straßburg: Georg Simmel (*1. 3. 1856, Berlin), deutscher Philosoph und Soziologe.

Geboren:

11. Deutmannsdorf bei Liegnitz: Peter Palitzsch, deutscher Regisseur.

22. Ingersheim: Hans Scholl (†22. 2. 1943, hingerichtet in München), deutscher Widerstandskämpfer gegen den Faschismus (»Weiße Rose«).

Das Wetter im Monat September

Station	Mittlere Lufttemperatur (°C)	Niederschlag (mm)	Sonnenscheindauer (Std.)
Aachen	13,4 (14,5)	138 (68)	— (160)
Berlin	13,4 (13,8)	54 (46)	— (194)
Bremen	13,0 (14,0)	83 (60)	— (164)
München	14,5 (13,4)	73 (84)	— (176)
Wien	— (15,0)	— (56)	— (—)
Zürich	14,0 (13,5)	176 (101)	143 (166)

( ) Langjähriger Mittelwert für diesen Monat
– Wert nicht ermittelt

Propagandabilder von der angeblichen Not in der französischen Hauptstadt Paris auf der Titelseite der »Berliner Illustrirten Zeitung« sollen die Moral der notleidenden deutschen Bevölkerung heben

8. September 1918
Nr. 36
27. Jahrgang

Einzelpreis einschließlich Teuerungszuschlag 15 Pfg oder 24 Heller

Berliner Illustrirte Zeitung

Verlag Ullstein & Co, Berlin SW 68

Paris in der Kriegszeit:
Eine von den tausenden nach der Hauptstadt geflüchteten Frauen mit ihrer kostbaren Milchkuh, ihrer einzigen Erwerbsquelle, im Pariser „Bois".
(Nach einer Photographie in einer englischen Zeitschrift.)

Deutsche Generäle fordern Waffenstillstand

29. September. Die deutsche Oberste Heeresleitung (OHL), Generalfeldmarschall Paul von Hindenburg und Generalquartiermeister Erich Ludendorff, teilen dem deutschen Kaiser Wilhelm II. offiziell mit, sie seien der Ansicht ein sofortiges Bemühen um einen Waffenstillstand auf der Grundlage der 14 Friedenspunkte des US-amerikanischen Präsidenten Thomas Woodrow Wilson sei jetzt unabdingbar (→8.1./S.12).

Das Eingeständnis der militärischen Niederlage durch die OHL steht in unmittelbarem Zusammenhang mit dem Waffenstillstand, den Bulgarien kurz zuvor mit den Alliierten aushandelte (→29.9./S. 132).

Für Politiker wie Militärs kommt die Waffenstillstandsforderung trotzdem sehr überraschend. Denn Ludendorff, der eigentliche führende Kopf im Zweiergespann der OHL, hatte noch am 25. des Monats den Befehl an die Heeresgruppen ausgegeben, an ein Zurückweichen in die hinteren Stellungen sei nicht zu denken, also werde weiter um jeden Fußbreit Boden gekämpft.

Insgesamt verhielt sich die OHL in ihrer Informationspolitik gegenüber der politischen Führung im September durchaus widersprüchlich. Zwar gestand Paul von Hindenburg dem Staatssekretär des Äußeren, Paul von Hintze (→9. 7./S. 106), zu, die politische Führung möge Kontakt zur niederländischen Königin Wilhelmina aufnehmen, um sie als Vermittlerin von Friedensgesprächen zu gewinnen. Gleichzeitig jedoch demonstrierte zumindest General Ludendorff weiterhin einen eisernen Durchhaltewillen.

Am 26. September setzten sich Hermann Mertz von Quirnheim, Abteilungschef in der Operationsabteilung der OHL, General Paul von Bartenwerffer, Chef der politischen Abteilung der OHL, und Generaloberst Wilhelm Heye, Chef der Operationsabteilung der OHL, zusammen, um zu beraten, wie sie Ludendorff von der Notwendigkeit eines schnellen Waffenstillstands überzeugen könnten. Diese Besprechung, die als Ergebnis die Bitte an von Hintze, sofort zu einer Besprechung ins Hauptquartier nach Spa zu kommen, hatte, überschnitt sich zeitlich mit dem Eintreffen der Nachricht von der endgültigen Kapitulation Bulgariens.

Die Aufgabe des Verbündeten Bulgarien war für den Meinungswechsel in der OHL der ausschlaggebende Punkt. An eine endgültige Kapitulation denkt die OHL allerdings immer noch nicht. Vielmehr sollen die deutschen »Friedensbemühungen« nur einen taktischen Waffenstillstand bringen.

Pionier-Kompanie der 1. US-amerikanischen Armee beim Vormarsch

US-amerikanische Soldaten in einer zurückeroberten französischen Stadt

Ein britischer Tank, der beim Sprengen einer Brücke über die Schelde bei Masnières in den Fluß stürzte, dient jetzt als Fundament für eine Brücke, über die sich die deutsche Armee auf eine neue Verteidigungslinie zurückzieht

Bulgarien gesteht die Niederlage ein

29. September. In Saloniki unterzeichnen bulgarische Regierungsvertreter das Waffenstillstandsabkommen mit den Alliierten, dessen Bedingungen allein von den Siegermächten bestimmt werden. Mit diesem Schritt hat der erste zum Verband der Mittelmächte gehörende Staat im Weltkrieg kapituliert.

Zur endgültigen militärischen Niederlage der Bulgaren führte die große Offensive der Alliierten, die am 18. September begonnen hatte. Mit einer militärischen Übermacht von 574 000 Mann, die sich im wesentlichen aus serbischen, griechischen, britischen sowie französischen Truppen zusammensetzte, bezwang das alliierte Heer unter dem Oberbefehl von General Franchet D'Esperey die drei bulgarischen Armeen in einer Großoffensive innerhalb weniger Tage.

General Franchet D'Esperey, alliierter Oberbefehlshaber gegen Bulgarien

Die geschwächten bulgarischen Truppen standen dem alliierten Angriff hilflos gegenüber, denn die nominell noch anwesende deutsche 11. Armee war weitgehend an die Westfront abgezogen worden, um dort den Widerstand gegen die alliierte Westfront zu stützen. Der bulgarische Hilferuf an die verbündeten Mächte Österreich-Ungarn und das Deutsche Reich kam zu spät.

Bulgarien erklärt sich mit dem Waffenstillstand bereit, alle besetzten Gebiete zu räumen und die Staatsgrenzen für die Alliierten zum beliebigen Ein- und Durchmarsch zu öffnen. Die Kapitulation ist für die deutsche Oberste Heeresleitung der letzte Anstoß, ebenfalls einen Waffenstillstand zu fordern.

Wilhelm II. wettert gegen »Flaumacherei«

11. September. Vor der Belegschaft der Krupp-Werke in Essen hält der deutsche Kaiser Wilhelm II. seine letzte große Rede »an das gesamte deutsche Volk«. Unter dem Titel »Der Kaiser gegen falsche Gerüchte und Flaumacherei« drucken die meisten deutschen Zeitungen die Rede in vollem Wortlaut ab. Sie ist ein Gipfelpunkt der Propaganda-Großaktion, die zu Beginn des Monats von der politischen und militärischen Führung im Deutschen Reich beschlossen wurde, um einem weiteren Verfall der »Kampfmoral« in Volk und Heer entgegenzuwirken (→ 1. 8./S. 122). Der deutsche Kaiser Wilhelm II. sagt u. a.:

»... Ich kann mir wohl vorstellen, daß mancher unter euch in dieser langen Kriegszeit sich wiederholt die Frage vorgelegt hat: wie hat das kommen können, und warum mußte uns das passieren, die wir doch 40 Jahre Frieden hatten? ... Ich habe auch lange darüber nachgedacht und bin dann zu folgender Antwort gekommen: Wir wissen alle aus unserer Jugend, aus unserem heutigen Leben, aus unserer Beobachtung: Auf der Welt ficht das Gute mit dem Bösen; das ist einmal von oben so eingerichtet, das Ja und das Nein, das Nein des Zweiflers und das Ja des Erfinders ... Ihr werdet mir darin recht geben, wenn man diesen Krieg bezeichnet als hervorgegangen aus einer großen Verneinung, der Verneinung der Existenzberechtigung des deutschen Volkes, es ist die Verneinung aller unserer Kultur ... Das deutsche Volk war fleißig in sich gekehrt, strebsam erfinderisch auf allen Gebieten ... Der Neid veranlaßte unsere Gegner zum Kampf, und so kam der Krieg über uns, die wir ahnungslos waren. Und jetzt, da die Gegner sehen, daß all ihre Hoffnungen trügerisch gewesen sind, da unsere gewaltigen Heerführer ... Schlag auf Schlag ihnen versetzt haben, nun erhebt sich auch noch der Haß dazu ...
Jetzt kommt es auf die letzten Anstrengungen an; es geht ums Ganze. [Weil unsere Feinde] einsehen, daß sie unser Heer und unsere Marine nicht niederringen können, deshalb versuchen sie es mit der Zersetzung im Innern, um uns mürbe zu machen durch falsche Gerüchte und Flaumacherei ... Aber ein jeder, der auf solche Gerüchte hört, ein jeder, der unverbürgte Nachrichten in Eisenbahn, Werkstatt oder anderswo weitergibt, versündigt sich am Vaterland; der ist ein Verräter und herber Strafe verfallen, ganz gleich, ob er Graf sei oder Arbeiter. ... Der deutsche Volksblock, zu Stahl zusammengeschweißt, der soll dem Feinde seine Kraft zeigen. (...) Deutsche, die Schwerter hoch ... zum Kampfe gegen alles, was gegen uns steht, und wenn es noch so lange dauert. Dazu helfe uns Gott. Und nun lebt wohl, Leute.«

Kaiser Wilhelm II. redet vor den Arbeitern der Krupp-Werke in Essen

Der Präsident des Deutschen Reichstages, Konstantin Fehrenbach (3. v. l.), und die Vizepräsidenten (v. l.) Dove, Philipp Scheidemann und Paasche

Hintze für Demokratisierung

28. September. In einer Denkschrift legt der deutsche Staatssekretär des Äußeren, Paul von Hintze, dar, daß eine Demokratisierung des deutschen Staatswesens jetzt dringend notwendig sei.
Die in der Denkschrift verkündete »Revolution von oben«, hat den Sinn, die von den Herrschenden gefürchteter Revolution von unten zu verhindern. Das überraschende an Hintzes Schrift ist seine Forderung, zunächst habe Reichskanzler Georg Graf von Hertling zurückzutreten, um die Demokratisierungsaktion überhaupt glaubwürdig zu machen. Darüber hinaus soll auch die gesamte übrige Regierung umgebildet werden. Die Bildung der neuen Regierung soll »im engsten Einvernehmen mit der Volksvertretung«, also den Abgeordneten des Reichstages, geschehen. Zwar wird betont, der Kaiser sei der eigentliche Initiator der Regierungsumbildung, doch wird dem Reichstag erstmals ein Mitspracherecht eingeräumt. Auch die Sozialdemokraten sind von diesem eingeschränkten Mitspracherecht nicht ausgenommen.

Kanzler Hertling tritt zurück

30. September. Der deutsche Reichskanzler Georg Graf von Hertling bittet Kaiser Wilhelm II. um seine Entlassung. Er entspricht damit dem Wunsch der deutschen Obersten Heeresleitung (OHL) nach Regierungsneubildung. Bereits am 28. September hatte der Staatssekretär des Äußeren, Paul von Hintze, in einer von ihm vorgelegten Denkschrift ebenfalls den Rücktritt Hertlings und die Regierungsneubildung gefordert (→ 28. 9./S. 133).
Während Kanzler Hertling gegen die Forderung der OHL nach Waffenstillstandsgesprächen eingestellt ist (→ 29. 9./S. 132), meint Staatssekretär von Hintze, daß nur eine Neubildung der Regierung und eine, wenn auch sehr gemäßigte Demokratisierung das Deutsche Reich bei Waffenstillstandsverhandlungen noch glaubwürdig erscheinen lassen würde (→ 3. 10./S. 144).

Der deutsche Reichskanzler Georg Graf von Hertling, nachdem er von seinem Amt zurückgetreten ist

Die österreichische Friedensnote »An Alle«

14. September. Kaiser Karl I. von Österreich richtet seinen Friedensappell »An Alle« vor allem an die Staaten der Entente, die er um sofortige Einleitung von Waffenstillstandsgesprächen auf Grundlage der US-amerikanischen »14-Punkte« vom →8. Januar (S. 12) ersucht. Im Deutschen Reich löst der Schritt Karls I. Empörung aus, obwohl er nicht überraschend kommt. Wilhelm II. spricht in seinem Antworttelegramm, das insgesamt in ungewöhnlich scharfem Ton gehalten ist, von einer »ernsthaften Gefährdung des Bündnisses«.
Bereits anläßlich des Herrschertreffens am 14. August im deutschen Hauptquartier in Spa hatten Karl I., sein Generalstabschef, Arthur Freiherr Arz von Straußenburg, und Außenminister Stephan Graf Burián von Rajecz angekündigt, sie würden in allernächster Zeit einen Friedensaufruf an die Alliierten richten. Eine Woche später, am 23. August, lag der reichsdeutschen Führung ein detaillierter Entwurf des geplanten Appells vor. Das Deutsche Reich war aufgerufen, sich diesem Appell innerhalb von zehn Tagen anzuschließen, andernfalls werde er auch ohne Zustimmung der Deutschen herausgeben. Auf dieses Ultimatum konnten sich die Deutschen natürlich nicht einlassen, weil sie selbst die

Kaiser Karl I. von Österreich mit seinem Sohn, Kronprinz Otto, und seiner Frau Zita im ungarischen Königsornat; der Friedensappell »An Alle« von Kaiser Karl I. löst große Empörung im Deutschen Reich aus

Möglichkeit von Sondierungsgesprächen mit dem Kriegsgegner, vermittelt über eine neutrale Macht, seit einiger Zeit ernsthaft diskutierten.
Der deutsche Außenminister Paul von Hintze war gemeinsam mit Wilhelm II. der Auffassung, der österreichische Appell müßte in den Ohren der Alliierten angesichts der prekären militärischen Situation der Donaumonarchie klingen wie ein verzweifelter Hilferuf und entsprechend wirkungslos verhallen. Um jeden Anschein einer bedingungslosen Kapitulation im Ansatz zu verhindern, müßte unbedingt ein neutrales Land als diplomatischer Vermittler eingeschaltet werden. Erfolgversprechende Kontakte zur niederländischen Königin Wilhelmina sind auch bereits geknüpft, als die österreichisch-ungarische Führung unter Karl I. den eigenmächtigen Friedensschritt unternimmt.

Rumänischer Prinz mit Arrest belegt

24. September. Kronprinz Karl von Rumänien tritt eine 75 Tage dauernde Arreststrafe an. Grund für die Verhängung der Strafe ist die heimliche Verehelichung des Kronprinzen mit der bürgerlichen und damit nicht standesgemäßen Rumänin Cäcilie Lambrino in Odessa. Der Kronprinz gefährdet damit seinen Thronanspruch.

Kronprinz Karl

Ein Korrespondent der Berliner »Vossischen Zeitung« berichtet: »Ein General, der abgesandt wurde, um den Kronprinzen zur Trennung seiner Ehe zu veranlassen, mußte unverrichteter Sache zurückkehren... Die Antwort des Kronprinzen soll dahin gelautet haben, daß die angesichts der Unsicherheit der Dynastie fragliche Aussicht, jemals auf den Thron zu gelangen, ihm keinen Ersatz für einen Verzicht auf diese Ehe bieten könne... Da die ... Verfassung keine Bestimmung kennt, wonach eine unebenbürtige Heirat von der Thronfolge ausschließt, würde ein ... Konflikt gegeben sein, falls ... [Karl] nicht verzichtet.«

Osmanen besetzen russisches Baku

15. September. Osmanische Armee-Einheiten dringen in die südrussische Stadt Baku ein, kurz nachdem diese von den britischen Besatzern geräumt wurde. Die bolschewistische Regierung in Moskau erhebt schärfsten Protest und droht der osmanischen Regierung mit der Annullierung des Friedensvertrages von Brest-Litowsk (→3. 3./S. 46).
Baku, seit dem 19. Jahrhundert eines der wichtigsten Industriezentren des Russischen Reiches, war bis 1806, als es endgültig an Rußland fiel, ständiger Zankapfel zwischen Russen und Osmanen gewesen. Ende Dezember 1917 gelang den Bolschewisten die Errichtung der sog. Bakuer Kommune, die jedoch am 31. Juli 1918 mit Hilfe des britischen Militärs wieder gestürzt wurde. Seitdem stand die Stadt Baku unter britischer Besatzung.

Letzte Schlacht in Palästina

19. September. Unter dem Oberbefehl von General Edmund Henry Hynmann Allenby gelingt der britischen Armee gemeinsam mit arabischen Verbänden die Verdrängung der osmanischen Gegner aus entscheidenden strategischen Positionen in Palästina.
Bis zum 21. September fallen Haifa, Akka, Tiberias und Nazareth in die Hände der Briten und Araber. Die Briten beginnen nach diesem vernichtenden Schlag gegen das Osmanische Reich umgehend mit den Vorarbeiten zum Aufbau eines eigenen jüdischen Nationalstaates, wie ihn der britische Außenminister, Arthur James Earl of Balfour, in der nach ihm benannten Deklaration am 2. November 1917 dargelegt hatte.
Frankreich, das an der letzten großen Palästina-Schlacht dieses Krieges ebenfalls mit einer Militärabteilung beteiligt war, sucht seine Interessen in Syrien zu sichern. Schon jetzt kündigen sich die ersten Konflikte zwischen den Alliierten um die Vorrechte in diesem Gebiet an (→30. 10./S. 149).

Edmund H. H. Allenby, britischer Oberbefehlshaber in Palästina

Tschecho-Slowakei beschlossene Sache

26. September. Der im November 1915 im französischen Exil von Tomáš Garrigue Masaryk gegründete tschechoslowakische Nationalrat verkündet in Paris die Errichtung eines autonomen Staates der Tschechen und Slowaken.
Als Ministerpräsident des neuen Staates, der nach Kriegsende mit Hilfe der Alliierten realisiert werden soll, ist Karel Kramar vorgesehen. Der tschechische Politiker ist eher an Moskau orientiert, während Masaryk und Eduard Beneš ihre Politik an den alliierten Westmächten ausrichten wollen. Der vom Nationalrat gewählte Zeitpunkt für die Proklamation ist günstig, da die Friedensnote des österreichisch-ungarischen Kaisers Karl I. und der Zusammenbruch der Balkanfront ein Ende des Weltkrieges andeuten (→14. 9./S. 134; 29.9./S. 132; 29.9./S. 134).

Gesundheit 1918:

Grippe, Syphilis, Pest und Cholera fordern Millionen Tote

Die erzwungene Mißachtung einfachster Regeln der Hygiene an der Kriegsfront, wo Hunderttausende in den Schützengräben zusammengepfercht sind, katastrophale Ernährungsbedingungen durch die Hungerblockade der Alliierten gegen die Mittelmächte und das Versagen gesellschaftlicher Ordnungssysteme nach dem vierjährigen Krieg in Mitteleuropa begünstigen die Entstehung und Ausbreitung von epidemischen Erkrankungen. Seuchen fordern weltweit mehr Opfer als das Morden auf den Schlachtfeldern.

Das kriegsbedingte Zusammentreffen vieler Rassen und Nationalitäten (amerikanische, afrikanische, australische und europäische Truppen) in Nordfrankreich und Rußland stellt das geeignete Milieu für Epidemien dar.

Mit dem Zusammenbruch der militärischen Organisation steigt die Zahl der Todesfälle aufgrund von Seuchenerkrankungen wieder extrem an. In Rußland verbreitet sich Fleckfieber und Cholera, in der britischen Armee erreicht in erster Linie die Infektion mit Syphilis epidemische Ausmaße.

In der Zivilbevölkerung aller europäischen Länder wird die Ausbreitung der Tuberkulose durch den Hunger begünstigt. Die Zahl der Tuberkulosekranken im Deutschen Reich hat sich beispielsweise gegenüber dem letzten Vorkriegsjahr verdreifacht.

Es werden aber auch ständig mehr Sterbefälle infolge von Unterernährung durch die Hungerblokkade registriert. Im Deutschen Reich sind es bislang annähernd 300 000. Bei einer durchschnittlichen Kalorienmenge von 1 000 Kilokalorien pro Person und Tag, rund 40% des wirklichen Bedarfs, steigt vor allem die Zahl von Infektionskrankheiten in erheblichem Maße an.

Die absolut höchsten Sterberaten werden von der »spanischen Grippe« hervorgerufen, die sich seit Anfang des Jahres weltweit auszubreiten beginnt (→S. 109). Zwar geht die akute Phase der Seuche wegen der Kurzlebigkeit des Erregers bereits nach wenigen Wochen vorüber, doch sterben weltweit rund 20 Millionen Menschen.

Um die katastrophalen hygienischen Bedingungen an der Front, die für die Ausbreitung epidemischer Krankheiten verantwortlich sind, behelfsmäßig zu bekämpfen, werden regelmäßige Badetage für die Soldaten eingeführt

Tod durch »spanische Grippe«

Deutsches Reich	: 187 000
Frankreich	: 200 000
Großbritannien	: 112 000
Italien	: 270 000
USA	: 550 000
Afrika/Asien	: 13–20 Mio. (geschätzt)

Soldaten werden in Feldlazaretten notdürftig versorgt

Deutsches Lazarett unter britischem Feuer; die medizinische Betreuung ist kaum noch möglich

Zahl der Verbrechen wächst bedenklich

1. September. Das Reichsamt für Statistik in Berlin veröffentlicht die neuesten Zahlen über die Entwicklung der Kriminalität im Reichsgebiet. Danach haben sich in letzter Zeit besonders Schwarzmarktdelikte und kleinere Raubüberfälle auf offener Straße gehäuft. Auch wenn die Zeiten schlecht seien, dürfe es gegenüber solchen Verbrechern kein Erbarmen geben.

Ein Zeitungskommentator schreibt: »Es scheint, als ob der Geist der Raffsucht in diesen langen Kriegszeiten auch die bösen Triebe der Verbrecherwelt in besonderem Maße angeheizt hat. Auch dort will man die Konjunktur nutzen, kommt doch aus den Städten, die häufig von fremden Fliegern heimgesucht werden, die bittere Klage, daß die Diebe sich während solcher Angriffe die Zeit der allgemeinen Angst und Verwirrung mit einer Kaltblütigkeit, die besserer Dinge wert wäre, zunutze machen, um Diebstähle und Einbrüche zu Dutzenden zu begehen. Wollen wir unser Kriegsinstrument scharf erhalten – und vor dieser Notwendigkeit müssen alle anderen Rücksichten schweigen –, so ist die Aufrechterhaltung der öffentlichen Sicherheit erstes Erfordernis. Der Zustand, daß die Bürgerschaft, die alle unvermeidbaren Opfer willig bringt, durch eine kleine Schar von Feinden der menschlichen Gesellschaft in Furcht und Schrecken gehalten wird ... kann nicht aufrechterhalten bleiben ...

Für einen schweren Fehler halten wir es, daß man die sogenannten Heeresunfähigen, d. h. die mit Zuchthaus vorbestraften Personen jahrelang ... sich selbst überließ, bis man sich endlich entschloß, Arbeitskolonnen für sie zu bilden.

Wenn diese Leute auch nicht der militärischen Ehren würdig sind, so hätte man sie doch von vornherein der allerhärtesten Arbeit ... würdig befinden müssen. Arbeit kann durch den, der sie ausführt, nicht unadelig werden ...«

Auf zahlreichen Schwarzmärkten wird Diebesgut zum Verkauf angeboten

Sammelstelle eines Reichsamtes für wiederverwendbare Eisenteile

Bucheckernöl statt Butter und Speck

28. September. Auf Anweisung des Reichswirtschaftsamtes in Berlin sollen Schülerinnen und Schüler aller Schularten auch in diesem Jahr wieder Bucheckern in den Wäldern sammeln. Die Maßnahme dient der zusätzlichen Fettgewinnung.

Als größter Mangel der kriegswirtschaftlichen Nahrungsmittelversorgung wird das fehlende Fett empfunden. Das Wirtschaftsamt ist nicht in der Lage, die Haushalte ausreichend mit Butter, Schmalz, Speck und Öl zu versorgen. Bucheckern bieten sich zwar als möglicher Ersatzstoff an, doch fehlt es an Arbeitskräften, die die Baumfrucht ernten.

Aus diesem Grund will das Amt Kinder für das Sammeln einsetzen. Sie verdienen pro Kilogramm Bucheckern 1,65 M. Darüber hinaus erhält die Familie jedes beteiligten Kindes 6% der gesammelten Menge in Öl.

Die Zuteilung von Bucheckernöl stellt für die Familien den größten Anreiz zur Beteiligung an der Sammelaktion dar.

Kein Obst auf den Märkten

7. September. Wegen der äußerst geringen Obsternte wird in diesem Jahr kein Frischobst auf den deutschen Märkten verkauft. Die Reichsstelle für Obst in Berlin nutzt die letzten Vorräte zur Herstellung von Marmelade. Aber auch dafür reicht die Erntemenge jedoch nicht aus.

Während im Jahr 1917 eine sehr gute Obsternte die Versorgung der Bevölkerung sichergestellt hatte, ist die diesjährige Ernte so gering, daß sie beschlagnahmt wird. Obstbauern und Kaufleute unterlaufen die Verfügung des Amtes und erzielen auf dem schwarzen Markt absolute Höchstpreise für Obst, das aus den wenigen Überschußgebieten in die Großstädte geschafft wird. Auf dem schwarzen Markt kostet z. B. 1 kg Äpfel bis zu 1,50 M. Gelegentlich bemühen sich sogar Sonderbeauftragte der Großstädte, Obst auf dem schwarzen Markt zu kaufen, sind jedoch kaum in der Lage, die Preise zu zahlen, die illegale Händler für ihre Ware verlangen. Um die Bevölkerung im bevorstehenden Winter ausreichend mit Brotaufstrich versorgen zu können, werden die staatlichen Bestände von der Reichsstelle für Obst zu gestreckter »Kriegsmarmelade« verarbeitet.

Aus Abfallobst werden die verwertbaren Früchte aussortiert

Wirtschaft fordert freiere Entfaltung

29. September. Auf einer Kundgebung in Berlin fordern die Vertreter von 94 deutschen Wirtschaftsverbänden den sofortigen Abbau der Kriegswirtschaft nach dem Friedensschluß und freie Entfaltungsmöglichkeiten für die Unternehmen. Insbesondere das Übermaß an staatlichen Organisationen der Zwangsbewirtschaftung wird kritisiert.

In Anwesenheit von Vertretern der deutschen Reichsregierung verabschiedet die Versammlung eine Entschließung, die Umstrukturierungen nach Kriegsende als notwendig bezeichnet. Die Unternehmer erheben Einspruch gegen die Häufung von Regierungsstellen und weisen Pläne zur Bildung neuer Gesellschaften für wirtschaftliche Maßnahmen entschieden zurück. Staatliche Monopolgesellschaften, wie sie in Form der Reichswirtschaftsämter existieren, schränkten nach Meinung der Wirtschaftsverbände die freie Initiative des Unternehmers unzulässig ein. Sie fordern einen Handel ohne staatliche Beschränkungen.

Eine staatlich gelenkte Wirtschaftsordnung mit Verteilungsmaßstäben, Produktionsvorschriften, Preisbindung und amtlichen Kartellen sei kein Mittel zur Aufrichtung und Weiterentwicklung der Wirtschaft. Besser als jede staatliche Monopolgesellschaft würde ein freies Unternehmertum die Beschaffung von Rohstoffen, Industrieprodukten und Nahrungsmitteln zur Versorgung der Bevölkerung garantieren.

Gorki als Verleger der »Weltliteratur«

18. September. Der bedeutendste lebende Dichter Rußlands, Maxim Gorki, vereinbart in Moskau mit dem sowjetischen Volkskommissariat für Volksaufklärung die Herausgabe einer Buchreihe »Die Weltliteratur«. Das reichlich illustrierte Werk soll in der ersten Auflage 2 000 Bände umfassen.

Die Durchführung des großangelegten literarischen Editionsplans verabredet Gorki mit dem Volkskommissar für Volksaufklärung, Anatoli W. Lunatscharski. Der Vertrag bestimmt, daß Gorki im Auftrag des Kommissariats die Organisation eines Verlages mit dem Namen »Weltliteratur« in die Hand nimmt. Hauptaufgabe des Verlages wird die Auswahl und Übersetzung von Werken aus der Zeit des 18. und 19. Jahrhunderts für die zunächst geplanten 2 000 Bände sein. Die Auswahl der Werke und die gesamte Redaktion ist Gorki überlassen.

Lunatscharski und Gorki verabreden ebenfalls die Herausgabe einer Halbmonatsschrift, die aktuell über die Verhältnisse im Ausland unterrichten soll.

Igor Strawinskis neues Musiktheater

28. September. In Lausanne wird »Die Geschichte vom Soldaten« des russischen Komponisten Igor Strawinski uraufgeführt. Das Stück, das laut Untertitel »gelesen, gespielt und getanzt« wird, ist mehr ein Musiktheater als eine traditionelle Oper. Inhalt der Aufführung sind die Erlebnisse eines Soldaten mit dem Teufel, der zunächst ständig überlistet wird. Zum Abschluß des Stückes mißachtet der reich und glücklich gewordene Soldat jedoch eine Warnung des Teufels und muß schließlich doch zur Hölle fahren.

Igor Strawinski

Angesichts der schwierigen Kriegszeiten hat Strawinski, der seit 1910 in der Schweiz lebt, seine Komposition für eine kleine Orchesterbesetzung und für vier Darsteller geschrieben. Der Text orientiert sich an einem Schweizer Märchen von Charles Ferdinand Ramuz.

Kulturphilosoph Simmel gestorben

26. September. In Straßburg stirbt der deutsche Philosoph Georg Simmel im Alter von 60 Jahren. Simmel der auch als Soziologe tätig war, erschloß mit seinem Denken der traditionellen Philosophie die Bereiche der gesellschaftlichen Wirklichkeit. Er gilt zudem als Schöpfer des philosophischen Essays.

Im Gegensatz zur traditionellen Philosophie griff der Gesellschaftswissenschaftler Simmel die konkreten Erscheinungen des modernen Alltags auf. So veröffentlichte er im Jahr 1900 eine »Philosophie des Geldes« und 1901 den großen Essay »Die Großstädte und das moderne Geistesleben«. Damit erweiterte Simmel die Philosophie um Inhalte, die bislang nur von Fachwissenschaften behandelt wurden. Aus der neuartigen Verbindung von neuzeitlicher Wissenschaft und klassischer Philosophie entstand die charakteristische Schreibweise des philosophischen Essay.

Simmel wurde am 1. März 1858 in Berlin geboren. Seine erste Professur übernahm der Philosoph 1901 in seiner Heimatstadt.

Hermann Löns, gefallen als Kriegsfreiwilliger am 26. September 1914

Hermann Löns' Grab bei Reims gefunden

22. September. In einer verlassenen französischen Stellung an der Westfront finden deutsche Soldaten das Grab des gefallenen Heimatschriftstellers Hermann Löns.

In einem Feldpostbrief an die Bremer Zeitschrift »Niedersachsen« wird berichtet, daß eine deutsche Kompanie ein Grab mit der Aufschrift »Schriftsteller H. Löns« in verwahrlostem Zustand aufgefunden habe. Löns war am 26. September 1914 bei Reims gefallen.

»Reclam-Hefte« als Propagandamaterial

17. September. An der Westfront sind angebliche Reclam-Hefte unter den deutschen Soldaten in Umlauf, die aber in Wirklichkeit nicht aus dem Verlagshaus Philipp Reclam in Leipzig stammen. Die Hefte – sie haben die übliche Aufmachung der Reclam-Produkte – enthalten Propagandamaterial.

Unter den Titeln »Lexikon deutscher Zitate« und »Zwei Fragen« rufen die Entente-Staaten in den Heften zu Meuterei und Desertion auf. Während ein Titel zwar den bekannten Reclam-Umschlag zeigt, jedoch am falschen Format kenntlich ist, entspricht der zweite Titel exakt den Verlagsprodukten, die seit Januar 1917 als »Feldausgabe« neu eingeführt wurden. Der Reclam-Verlag protestiert öffentlich gegen den Mißbrauch deutschen Kulturgutes.

Sarah Bernhardt als Hermione in dem Drama »Andromaque« von Racine

S. Bernhardt spielt die Tisbé

Sarah Bernhardt auf Tournee in den USA

11. September. Die weltberühmte, französische Schauspielerin Sarah Bernhardt befindet sich auf einer Tournee in den Vereinigten Staaten von Amerika. Mit ihrem Stück über das Sterben eines jungen Soldaten veranschaulicht die 74jährige dem US-amerikanischen Publikum die Kriegssituation an der Westfront.

Sarah Bernhardt erlangte als große Tragödin Weltruhm. Seit 1899 leitet sie das Pariser „Théâtre des Nations«. Für ihre diesjährige USA-Tournee schrieb ein französischer Offizier ein Solo-Stück, in dem die Bernhardt den Infanteristen Marc Bertrand darstellt.

Der Soldat ist von einer deutschen Granate verletzt worden und liegt im Sterben.

Oktober 1918

Mo	Di	Mi	Do	Fr	Sa	So
	1	2	3	4	5	6
7	8	9	10	11	12	13
14	15	16	17	18	19	20
21	22	23	24	25	26	27
28	29	30	31			

1. Oktober, Dienstag

Mit der dringenden Bitte um Herausgabe des Friedensangebotes an die Entente wendet sich die deutsche Oberste Heeresleitung an die Regierung des Deutschen Reiches. Die ernste Lage an den Fronten erfordere rasches Handeln. Bis zu Bildung der neuen Regierung könne nicht gewartet werden (→3. 10./S. 143).

Statt Vizekanzler Friedrich von Payer, der die Kandidatur ablehnt, soll nun Max, Prinz von Baden, zum Reichskanzler ernannt werden (→3. 10./S. 142).

2. Oktober, Mittwoch

Damaskus, die Hauptstadt Syriens, wird von britischen Truppen im Sturm erobert (→30. 10./S. 149).

Vor den Parteiführern des Deutschen Reichstages hält der Major im Generalstab Erich Freiherr von dem Bussche-Ippenburg einen Vortrag über die nach Ansicht der OHL verzweifelte militärische Lage. Einen sehr großen Anteil an den auf Null gesunkenen Aussichten, den Krieg zu gewinnen, trügen die eingesetzten britischen Tanks (Panzer).

Bei einem Pistolen-Attentat wird Leo D. Trotzki, bolschewistischer Volkskommissar für Verteidigung, an der Schulter getroffen, jedoch nicht schwer verletzt. Trotzki hält sich in der russischen Stadt Bajansk auf.

Auf der Eisenbahnlinie Malmö–Stockholm kommt es infolge der Unterspülung eines Schienenstranges zu einem schweren Eisenbahnunglück. Es kommen etwa 300 Menschen ums Leben. →S. 153

Das deutsche Kriegsministerium will dem freiwillig im Heeressanitätsdienst arbeitenden Personal weitere großzügige Mittel zum »Durchhalten« zur Verfügung stellen. →S. 149

3. Oktober, Donnerstag

Prinz Max von Baden wird von Kaiser Wilhelm II. zum neuen deutschen Reichskanzler ernannt. →S. 142 – Max von Baden richtet noch am gleichen Tag ein Waffenstillstandsangebot an den US-amerikanischen Präsidenten Thomas Woodrow Wilson, das auf dessen Friedensprogramm der 14 Punkte vom →8. Januar (S. 12) fußt. →S. 143

Zar Ferdinand I. von Bulgarien dankt zugunsten seines Sohnes Boris III. ab.

Die SPD veröffentlicht eine Erklärung, wonach sie das Selbstbestimmungsrecht der slawischen und romanischen Nationen anerkennt und eine Umwandlung Österreich-Ungarns in eine Föderation freier nationaler Gemeinwesen gutheißt (→28. 10./S. 147).

4. Oktober, Freitag

Im Deutschen Reich wird nach der Ernennung Max von Badens zum neuen Reichskanzler erstmals eine Regierung gebildet, die dem Deutschen Reichstag verantwortlich ist (→28. 10./S. 143).

Österreich-Ungarn tritt dem deutschen Waffenstillstandsangebot bei. In einer gemeinsamen Note an den US-amerikanischen Präsidenten Thomas Woodrow Wilson erklären die Mittelmächte ihre Zustimmung zu den »14 Punkten«, in denen Wilson im Januar seine Friedensvorstellungen unterbreitet hatte (→8. 1./ S. 12; 3. 10./S. 143; 27. 10./S. 143).

Die kirchlichen Behörden in Köln ordnen an, daß das reguläre Läuten der Kirchenglocken aus Rücksicht auf die zahlreichen in der Stadt befindlichen Kriegsverletzten vorläufig eingestellt werden soll.

Philipp Scheidemann (SPD), Matthias Erzberger (Zentrum) und Adolf Gröber (Zentrum) werden zu Ministern ohne bestimmten Aufgabenbereich ernannt. Neuer Staatssekretär des Auswärtigen Amtes ist Wilhelm Solf, der seit 1911 Leiter des Reichskolonialamtes gewesen war (→28. 10./S. 143).

5. Oktober, Sonnabend

Im Deutschen Reich wird zur Zeichnung der neunten Kriegsanleihe aufgerufen, die bis zum 23. Oktober laufen soll. →S. 146

Im gesamten Deutschen Reich ergeht ein Aufruf an die Schüler, jetzt die zweite Brennesselernte »restlos unter Dach und Fach zu bringen«.

6. Oktober, Sonntag

Obwohl selbst die Oberste Heeresleitung nicht mehr an den Sieg des Deutschen Reiches glaubt, erscheinen weiter Zeitungsartikel, die vor der »gefährlichen Wühlarbeit feindlicher Agenten« warnen, die »Falschmeldungen« über den katastrophalen Einbruch der deutschen Westfront verbreiten würden. →S. 149

Österreichische Kroaten, Serben und Slowenen bilden in Agram (Zagreb) einen eigenen Nationalrat (→1. 12./S. 205).

Durch die Notwendigkeit, zunehmend Anleihen für die Aufbringung der Kriegskosten aufzunehmen, geraten auch die Entente-Staaten – insbesondere die USA – in Zahlungsschwierigkeiten. Vor allem die US-amerikanischen Goldreserven sind stark in Anspruch genommen. →S. 148

Bei einem Postraub in Berlin fallen den Räubern mehrere Millionen Mark in die Hände. Bei diesem in der Kriminalgeschichte beispiellosen Fall gelingt es nicht, die Täter zu fassen.

7. Oktober, Montag

Sowjetischen Truppenverbänden gelingt die Rückeroberung des Wolga-Gebietes.

In Moskau wird auf Anweisung Wladimir I. Lenins eine Militärakademie gegründet, die die Ausbildung des Offizierskorps für die Rote Armee übernehmen soll (Eröffnung 8. 12.).

In Kiew findet die Eröffnung der ersten ukrainischen Universität statt. Der gegen die Bolschewiki kämpfende ukrainische Hetman Pawel P. Skoropadski hält die Eröffnungsrede. Vertreter des Deutschen Reiches und Österreich-Ungarn sind anwesend.

Erstmals im Kriege – so die deutsche Presse – wird ein schweizerischer Fesselballon versehentlich von einem deutschen Kampfflugzeug abgeschossen. Die deutsche Regierung »bedauert aufrichtig«.

8. Oktober, Dienstag

Der US-amerikanische Präsident Thomas Woodrow Wilson antwortet zurückhaltend auf das Waffenstillstandsangebot der Mittelmächte (→27. 10./S. 143).

Nach offiziellen Angaben gibt es in Berlin zur Zeit 17 akut an Cholera erkrankte Personen. 13 Patienten sind der Seuche bereits erlegen.

Als eine der ersten Stadtverwaltungen im Deutschen Reich erlaubt die Verwaltung der Stadt Düsseldorf Jugendlichen zwischen 8 und 14 Jahren den Zutritt zu den städtischen Bibliotheken. Die Erlaubnis soll der weiteren Verwahrlosung der Jugendlichen entgegenwirken. →S. 152

9. Oktober, Mittwoch

In Helsingfors (Helsinki) wird Prinz Friedrich Karl von Hessen zum neuen König von Finnland gewählt.

Die Christlich-Soziale Partei Österreichs bekennt sich in einer Erklärung zu den wesentlichen Programmpunkten der Sozialistischen Partei.

Der abgedankte Zar von Bulgarien, Ferdinand I., nimmt Stellung zu den Gründen seines Rücktritts: »Dem verzweifelten Friedensdrang, der sich überall kundtat, habe ich schließlich weichen müssen . . .« (→29. 9./S. 134).

10. Oktober, Donnerstag

Rosa Luxemburg, führendes Mitglied der USPD, die 1917 als linke Abspaltung der SPD gegründet wurde, wird aus der politischen »Schutzhaft« entlassen.

Das Kriegsversorgungsamt gibt bekannt, daß die vorgeschriebenen Höchstpreise für Schuhe ab sofort in Sohle oder Schaft eingeprägt sein müssen, um dem Kriegswucher entgegenzuwirken. Herrenstiefel dürfen danach 48 Mark, Damenstiefel 44 Mark und Damenhalbschuhe höchstens 38 Mark kosten.

Die christlich-soziale Vereinigung der deutschen Abgeordneten im österreichischen Abgeordnetenhaus vertritt die Auffassung, daß nach Kriegsende sämtliche deutschstämmigen Gebiete zu einem deutsch-österreichischen Staat vereinigt werden sollen (→16. 10./S. 146).

11. Oktober, Freitag

In Berlin versammeln sich etwa 1000 Anhänger der Alldeutschen am Hindenburg-Denkmal, um vor der »Verstümmelung Deutschlands« durch einen »ungerechten« Friedensvertrag zu warnen.

Der Wahlrechtsausschuß des preußischen Herrenhauses beschließt, daß in Zukunft 16 Arbeiter und 8 Angestellte als Vertreter ihres Standes in das Herrenhaus eintreten sollen.

12. Oktober, Sonnabend

Die Regierung des Deutschen Reiches erkärt sich bereit, zur Herbeiführung des Waffenstillstands die besetzten Gebiete an der Westfront zu räumen.

Kaiser Wilhelm II. verkündet eine Amnestie für alle politischen Gefangenen im Deutschen Reich.

Die 10 000. Lokomotive verläßt das Borsig-Werk in Berlin Tegel. →S. 151

13. Oktober, Sonntag

Im Zusammenhang mit den Aufrufen zur Zeichnung der neunten Kriegsanleihe im Deutschen Reich veröffentlichen die Zeitungen Warnungen, Erspartes zu Hause aufzubewahren. Besser sei es, zinsbringend anzulegen (→5. 10./S. 146).

14. Oktober, Montag

In seiner dritten Antwortnote an die deutsche Regierung betont der US-amerikanische Präsident Thomas Woodrow Wilson, Vorbedingung für einen Friedensschluß sei die Umwandlung der deutschen Regierungsform in eine Demokratie (→27. 10./S. 143).

Auf Antrag des Reichsversorgungsamtes beschließt der Reichstag die Durchführung fleischloser Wochen auch für November, Dezember und Januar 1919. Jeweils eine Woche pro Monat wird dann kein Fleisch im Handel sein.

15. Oktober, Dienstag

Die osmanische Regierung entsendet eine Waffenstillstandsnote an den US-amerikanischen Präsidenten Thomas Woodrow Wilson (→30. 10./S. 149).

Frankreich bricht die diplomatischen Beziehungen zu Finnland ab. Grund ist die Wahl von Friedrich Karl, Prinz von Hessen, zum finnischen König.

16. Oktober, Mittwoch

Karl I., Kaiser von Österreich und König von Ungarn, veröffentlicht ein »Völkermanifest« zur Neugliederung der österreichisch-ungarischen Monarchie. Österreich soll demnach in einen Bundesstaat umgewandelt werden, in dem jeder Volksstamm ein eigenes staatliches Gemeinwesen bildet. →S. 146

In Moskau wird ein Dekret über die Schulordnung der sozialistischen Einheits-Arbeits-Schule in den Sowjetrepubliken erlassen. Mit Ausnahme der Hochschulen tragen von nun an alle Schulen der Sowjetrepubliken diesen Namen.

17. Oktober, Donnerstag

Mehrere hundert Munitionsarbeiter in Berlin legen die Arbeit nieder und demonstrieren auf dem Boulevard Unter den Linden für die Ziele der Unabhängigen Sozialdemokraten.

Die französische Zeitschrift »L'Illustration« zeigt mit Plakatanschlägen die zentralen Forderungen der Entente, Rückgabe von Elsaß-Lothringen und Ende des deutschen Militarismus als Antwort auf das Verhandlungsangebot des Deutschen Reiches an den US-amerikanischen Präsidenten Thomas Woodrow Wilson

Ce numéro contient quatre pages en couleurs de CROQUIS DE GUERRE, par François Flameng.

L'ILLUSTRATION

Prix du Numéro : 1 fr. 40. SAMEDI 12 OCTOBRE 1918 *76e Année. — No 3945.*

LA RÉPONSE EST SUR LES MURS

Au moment où les puissances centrales adressaient au président Wilson leur demande d'armistice, les murs de toutes les villes de France se couvraient d'images illustrant deux des conditions formelles de paix de la France et de ses alliés : le retour de l'Alsace-Lorraine à la France et la fin du militarisme allemand... C'étaient les premières affiches de l'emprunt de la Libération du territoire.

In einer nächtlichen Rückzugsaktion räumen deutsche Truppen die französische Stadt Lille.

Nach zweijähriger Pause wird die Budapester Effektenbörse wieder eröffnet. Die Tendenz der Kurse ist steigend.

18. Oktober, Freitag

Der Vorstand der deutschen Sozialdemokraten (Mehrheits-SPD) veröffentlicht im Parteiorgan »Vorwärts« einen Aufruf an das deutsche Volk. Die SPD fordert darin zum Durchhalten bis zum Friedensschluß auf, um danach auf friedlichem Wege eine demokratische Ordnung zu schaffen. Alle Gebietsforderungen der Kriegsgegner werden zurückgewiesen.

19. Oktober, Sonnabend

Angesichts der hoffnungslosen militärischen Lage zweifelt die deutsche Bevölkerung am Sinn der neunten Kriegsanleihe. Die Reichsregierung sieht sich gezwungen, mit großen Zeitungsannoncen die Sicherheit der Verzinsung zu betonen (→5. 10./S. 146).

20. Oktober, Sonntag

In der dritten Antwortnote der deutschen Regierung auf den Friedensappell von US-Präsident Thomas Woodrow Wilson wird betont, das Deutsche Reich sei bereits eine Demokratie. Damit sei Wilsons grundlegende Bedingung für den Abschluß eines Waffenstillstandes erfüllt (→27. 10./S. 143).

Die deutsche Oberste Heeresleitung stellt den unbeschränkten U-Bootkrieg, der am 1. Februar 1917 verkündet worden war und zum Kriegseintritt der USA geführt hatte, ein. →S. 144

Die Reichsstelle für Gemüse und Obst in Berlin teilt mit, daß die Versorgung der Bevölkerung mit »Reichsmarmelade« gesichert sei. Die Marmelade wird um etwa 50% mit Mohrrüben gestreckt.

21. Oktober, Montag

In Wien wird die konstituierende Sitzung der deutschsprachigen Mitglieder des cisleithanischen Abgeordnetenhauses als »provisorische Nationalversammlung für Deutsch-Österreich« eröffnet. Es wird die Errichtung eines deutsch-österreichischen Staates proklamiert. Zum ersten Präsidenten wird der Deutschnationale Franz Dinghofer gewählt.

Bei einer Explosion in der Berlin-Dessauischen Maschinen-Fabrik in Dessau werden mehr als 70 Menschen getötet und etwa 50 schwer verletzt.

22. Oktober, Dienstag

Der österreichische Ministerpräsident Max Freiherr Hussarek von Heinlein tritt mit seiner gesamten Regierung zurück (→16. 10./S. 146).

In Wilhelmshaven wird dem Chef der Hochseeflotte, Admiral Franz Ritter von Hipper, durch Kapitän zur See Magnus von Levetzow der Befehl zur Einleitung des Endkampfes der deutschen Hochseeflotte überbracht. Die Flotte sei durch das Ende des U-Boot-Krieges wieder frei in ihrer operativen Verwendung. Das Unternehmen soll am 29. Oktober beginnen (→4. 11./S. 160).

23. Oktober, Mittwoch

Karl Liebknecht, Mitbegründer der USPD, wird nach fast zweieinhalb Jahren aus der Haft entlassen. →S. 146

US-Präsident Thomas Woodrow Wilson bestreitet in seiner Antwortnote an die deutsche Regierung, daß Deutschland durch die Regierungsumbildung am 3. Oktober eine Demokratie geworden sei. Im Deutschen Reich herrsche nach wie vor die gleiche, nicht demokratisch gewählte Macht (→28. 10./S. 143).

24. Oktober, Donnerstag

Das preußische Herrenhaus billigt in erster Lesung die Wahlrechtsvorlage, die das allgemeine, gleiche und direkte Wahlrecht für Preußen vorsieht.

Der Ministerpräsident des kaiserlichen und königlichen Hauses Österreich-Ungarn, Stephan Graf Burián von Rajecz, tritt zurück. Nachfolger wird Julius Graf Andrássy der Jüngere als letzter k.u.k.-Außenminister.

An der Norditalien-Front beginnt die italienische Offensive gegen den Monte Grappa, den Monte Asolone und an der Piave.

In der ungarischen Stadt Fiume (Rijeka) meutert das 79. Infanterie-Regiment gegen die österreichische Militärführung und erklärt die Revolution. Der Nationalrat der Slowenen, Kroaten und Serben, der sich am 6. Oktober konstituiert hatte, übernimmt die Herrschaft.

25. Oktober, Freitag

Die österreichische Hauptstadt Wien steht vor einer Hungerkatastrophe. Die Nahrungsvorräte reichen auch bei äußerster Sparsamkeit nur noch bis Mitte November. Aus den nicht-österreichischen Gebieten der Monarchie werden wegen der politischen Entwicklung keine weiteren Lebensmittel mehr in die Hauptstadt geschickt.

Das britische Unterhaus in London beschließt mit 274 gegen 25 Stimmen die Wählbarkeit von Frauen als Parlamentsabgeordnete.

26. Oktober, Sonnabend

Erich Ludendorff, Generalquartiermeister und mit Paul von Hindenburg Leiter der deutschen Obersten Heeresleitung, tritt zurück. Nachfolger wird General Wilhelm Groener. →S. 142

Karl I., Kaiser von Österreich, teilt Kaiser Wilhelm II. in einem Telegramm die Auflösung des Bündnisses zwischen Österreich-Ungarn und dem Deutschen Reich mit (→11. 11./S. 174).

Nach einer Unterbrechung von vier Jahren wird der Zugverkehr Paris–Lille wieder aufgenommen. Lille war am 18. Oktober von den deutschen Belagerern geräumt worden.

27. Oktober, Sonntag

In der vierten Note der deutschen Regierung an US-Präsident Thomas Woodrow Wilson beharren die Deutschen auf der Behauptung, es handele sich bei der Regierung des Deutschen Reiches um eine Volksvertretung. →S. 143

In Österreich bildet Heinrich Lammasch als Ministerpräsident die letzte kaiserliche Regierung (→11. 11./S. 174).

Österreich-Ungarn und die Türkei ersuchen beim US-amerikanischen Präsidenten Thomas Woodrow Wilson um einen Sonderfrieden (→11. 11./S. 174).

28. Oktober, Montag

In Prag wird die Tschechoslowakische Republik durch Vertreter des tschechischen Nationalrates ausgerufen. →S. 147

Der Deutsche Reichstag beschließt das Gesetz zur Parlamentarisierung. Danach soll in Zukunft die Reichsregierung vom Vertrauen des Reichstages abhängig sein. →S. 143

Der deutsche Kunsthändler Paul Cassirer klagt gegen verschiedene deutsche Zeitschriften. Die Zeitungen hatten behauptet, Cassirer habe französische Gemälde illegal in die Schweiz gebracht, dort ausgestellt und zum Verkauf angeboten. →S. 154

29. Oktober, Dienstag

Kaiser Wilhelm II. begibt sich überraschend in das Quartier der deutschen Obersten Heeresleitung nach Spa. Er will dort die beginnende Meuterei der Flotte an der Nordsee besprechen. In Wilhelmshaven verweigern die Matrosen den Dienst für die Großoffensive der Flotte →S. 145

In Moskau beginnt der I. Allrussische Kongreß der Arbeiter-, Bauern- und Jugendverbände, auf dem der »Russische kommunistische Bund der Jugend« (RKSM) gegründet wird.

Die kroatische Volksgruppe der Sabor (Jugoslawen) erklärt in Agram (Zagreb), die südslawischen Gebiete der Monarchie müßten so schnell wie möglich zu einem unabhängigen Staat mit Anschluß an Serbien zusammengeschlossen werden (→1. 12./S. 205).

Im Rahmen der italienischen Offensive an der Piave müssen k.u.k.-Truppen den Ort Vittorio Veneto räumen. Die ungarischen Truppenteile werden von der Front abgezogen.

30. Oktober, Mittwoch

Die »Provisorische Nationalversammlung für Deutsch-Österreich« nimmt die von Karl Renner ausgearbeitete Provisorische Verfassung an. Danach soll Deutsch-Österreich ein Bestandteil der Deutschen Republik werden. Der neugewählte Staatsrat hat 22 Mitglieder mit drei Präsidenten. In der Nacht zum 31. 10. wird die erste deutsch-österreichische Regierung mit dem 47jährigen Sozialdemokraten Karl Renner als Leiter der Staatskanzlei berufen.

Zwischen dem Osmanischen Reich und den Staaten der Entente wird der Waffenstillstand von Mudros geschlossen. →S. 149

31. Oktober, Donnerstag

Das Organ der deutschen Sozialdemokratie »Vorwärts« fordert den Rücktritt von Kaiser Wilhelm II.

In Wien kommt es zu großen antimonarchistischen Demonstrationen.

Die provisorische deutsch-österreichische Regierung erklärt die Farben Rot-Weiß-Rot zu den Staatsfarben.

Im Kriegshafen Pula wird die k.u.k.-Kriegsflotte an Jugoslawien übergeben.

Revolutionäre Soldaten erschießen den ehemaligen ungarischen Ministerpräsidenten István Graf Tisza in seiner Wohnung in Budapest. →S. 146

Zum neuen Ministerpräsidenten Ungarns wird durch den Vertreter Kaiser Karl I., Erzherzog Josef, Mihály Graf Károlyi von Nagykárolyi bestimmt. Alexander Graf Wekerle, seit Mai 1917 im Amt, war kurz zuvor zurückgetreten.

Gestorben:

7. Cannes: Raymond Duchamp-Villon (*5. 11. 1876, Damville Eure), französischer Maler und Bildhauer.

13. französische Front: Gerrit Engelke (eigentl. Gerriet E.; *21. 10. 1890, Hannover), deutscher Dichter.

18. Wien: Kolo (Koloman) Moser (*30. 3. 1868, Wien), österreichischer Maler und Graphiker, Erneuerer des Kunstgewerbes. →S. 154

20. Küsnacht: César Ritz (*23. 2. 1850, Niederwald Wallis), schweizerischer Hotelier, Begründer der Hotelkette »Ritz«. →S. 153

31. Wien: Egon Schiele (*12. 6. 1890, Tulln), österreichischer Maler und Zeichner der Stilrichtung Jugendstil-Expressionismus. →S. 153

31. Budapest: István (Stephan) Graf Tisza (*22. 4. 1861, Pest/Budapest), ungarischer Politiker, Ministerpräsident von 1903 bis 1905 und von 1913 bis 1917. →S. 146

Geboren:

10. Neustadt an der Aisch: Werner Dollinger, deutscher Politiker (CSU).

11. New York: Jerome Robbins, US-amerikanischer Tänzer und Choreograph.

Das Wetter im Monat Oktober

Station	Mittlere Lufttemperatur (°C)	Niederschlag (mm)	Sonnenscheindauer (Std.)
Aachen	9,0 (10,0)	118 (64)	– (123)
Berlin	8,8 (8,8)	37 (58)	– (123)
Bremen	9,7 (9,4)	36 (47)	– (104)
München	7,2 (7,9)	35 (62)	– (130)
Wien	– (9,6)	– (57)	(–)
Zürich	7,3 (8,4)	49 (80)	82 (108)

( ) Langjähriger Mittelwert für diesen Monat
– Wert nicht ermittelt

Die Titelzeichnung des Münchner »Simplicissimus« verdeutlicht die Hoffnungen des deutschen Volkes in den neuen Reichskanzler Max Prinz von Baden, der mit dem Ziel, Frieden zu schließen, angetreten ist

A. g. XIII

München, 29. Oktober 1918 | 23. Jahrgang Nr. 31

SIMPLICISSIMUS

Bezugspreis vierteljährlich 6 Mark
Alle Rechte vorbehalten

Begründet von Albert Langen und Th. Th. Heine

Bezugspreis vierteljährlich 6 Mark
Copyright 1918 by Simplicissimus-Verlag G. m. b. H. & Co., München

Der neue Kanzler

(Zeichnung von O. Gulbransson)

„Was ich will, ist ein ehrlicher, dauernder Friede für die gesamte Menschheit."

Max von Baden, Nachfolger von Georg von Hertling als Reichskanzler

Max von Baden ist neuer Reichskanzler

3. Oktober. Max, Prinz von Baden, nimmt das Amt des deutschen Reichskanzlers an, für das ihn die Mehrheit des Reichstages und die Oberste Heeresleitung vorgeschlagen hatten. Mit dem Nachfolger des am → 30. September (S. 133) zurückgetretenen Georg Graf von Hertling hat der deutsche Reichstag erstmals selbst einen Kandidaten vorgeschlagen und ihm mehrheitlich das Vertrauen ausgesprochen. Damit ist das Deutsche Reich de facto eine parlamentarische Demokratie.

Die militärische Führung verspricht sich vom neuen Kanzler die sofortige Einleitung von Waffenstillstandsverhandlungen bei noch nicht völlig hoffnungsloser Lage an den Fronten. Es ist zudem besonderes Interesse der OHL, gegenüber dem US-amerikanischen Präsidenten Thomas Woodrow Wilson den Eindruck zu erwecken, das Deutsche Reich befinde sich auf direktem Weg zur Demokratie.

Erste Amtshandlung des Kanzlers ist die Forderung nach »sofortigem Abschluß eines Waffenstillstands«. Max von Baden ist im Gegensatz zu seinem Vorgänger Vertreter eines Verständigungsfriedens und gilt als Befürworter der am 30. September verkündeten gemäßigten Demokratisierung. Insofern findet er auch die Unterstützung der SPD, die keinen eigenen Kandidaten aufstellen will, um nicht in der Phase des Zusammenbruchs die kaiserliche Politik mitverantworten zu müssen.

Ludendorffs »Doppelregierung« gestürzt

26. Oktober. Nach einer heftigen Auseinandersetzung mit Kaiser Wilhelm II. nimmt Generalquartiermeister Erich Ludendorff seinen Abschied. Ludendorff scheitert an seinen Differenzen mit der neuen Reichsregierung, deren Einsetzung er selbst betrieben hatte. Hintergrund des Rücktritts sind konträre Auffassungen über die Beendigung des Krieges nach der zweiten Note des US-amerikanischen Präsidenten Thomas Woodrow Wilson vom 14. Oktober (→ 27. 10/S. 143).

Mit dem Ersten Generalquartiermeister Ludendorff tritt der militärische Führer zurück, der seit Juli 1916 die politischen Entwicklungen im Deutschen Reich entscheidend bestimmte. Seit Ludendorff gemeinsam mit Paul von Hindenburg 1916 die Führung der Obersten Heeresleitung übernommen hatte, existierten im Deutschen Reich faktisch zwei Regierungen nebeneinander.

Nachdem Ludendorff zunächst die Bemühungen um einen schnellen Waffenstillstand vorangetrieben hatte (→ 29. 9./S. 132), änderte sich seine Meinung nach dem Eintreffen der zweiten Wilson-Note, in der die Einstellung des U-Boot-Krieges und der Sturz der Monarchie gefordert wurden. Ludendorff verlangte jetzt den Abbruch der Gespräch mit Wilson und die bedingungslose Fortsetzung des Krieges, während die Reichsregierung die Friedensbedingungen anerkennen wollte. Eigenmächtig schickte Ludendorff am 24. Oktober einen Heeresbefehl an alle Truppen, der zum weiteren Kampf aufforderte und die »Kapitulation« vor Wilson entschieden zurückwies. Damit stellte sich die Heeresleitung offen gegen die Regierung.

Die »Führer des Reiches im Krieg« im Großen Hauptquartier einträchtig beieinander (v. l.): Paul von Hindenburg, Kaiser Wilhelm II., Erich Ludendorff

Reichskanzler Max von Baden schickte daraufhin eine Eingabe an den Kaiser, in der er bat, der ständigen »Doppelregierung« ein Ende zu machen, Ludendorff zu entlassen, Hindenburg jedoch zum Bleiben zu bewegen. Auch in militärischen Kreisen hatte sich die Meinung durchgesetzt, daß Ludendorff den Ernst der Lage nicht erkenne und daß die Armee seine Entlassung begrüßen würde. Die Reichsregierung verwies darauf, daß in der Wilson-Note ebenso die Absetzung der »militärischen Beherrscher Deutschlands« gefordert sei.

Unterdessen bemühten sich Hindenburg und Ludendorff ihrerseits, den Abbruch der Verhandlungen mit Wilson herbeizuführen. In einem Gespräch mit dem Kaiser am 25. Oktober drohten beide Generäle mit ihrem Rücktritt, falls die Verhandlungen nicht abgebrochen würden. Wilhelm II. verwies beide an den Reichskanzler, der sie jedoch nicht empfing, sondern sie an Vizekanzler Friedrich von Payer weiterverwies.

Am folgenden Tag überreicht Ludendorff dem Kaiser sein Abschiedsgesuch. Hindenburg bittet ebenfalls um die Entlassung, erhält jedoch die Antwort: »Sie bleiben!«

Befehl: »Zur Bekanntgabe an alle Truppen«

24. Oktober. Mit einem Tagesbefehl stellen sich Erich Ludendorff und Paul von Hindenburg offen gegen die Meinung der deutschen Reichsregierung. Der Befehl ist Gipfelpunkt der Auseinandersetzung zwischen OHL und politischer Führung, die am 26. Oktober zur Entlassung Ludendorffs führt. In dem Heeresbefehl, der ohne Kenntnis der Reichsregierung verbreitet wird, heißt es u. a.:

»Wilson sagt in seiner Antwort, er wolle seinen Bundesgenossen vorschlagen, in Waffenstillstandsverhandlungen einzutreten. Der Waffenstillstand müsse aber Deutschland militärisch so wehrlos machen, daß es die Waffen nicht mehr aufnehmen könne. Über einen Frieden würde er mit Deutschland nur verhandeln, wenn dieses sich den Forderungen der Verbündeten in Bezug auf seine innere Gestaltung völlig füge; ... Die Antwort Wilsons fordert die militärische Kapitulation. Sie ist deshalb für uns Soldaten unannehmbar. Sie ist der Beweis, daß der Vernichtungswille unserer Feinde, der 1914 den Krieg entfesselte, unvermindert fortbesteht. Wilsons Antwort kann daher für uns Soldaten nur die Aufforderung sein, den Widerstand mit äußersten Kräften fortzusetzen. Wenn die Feinde erkennen werden, daß die deutsche Front mit allen Opfern nicht zu durchbrechen ist, werden sie zu einem Frieden bereit sein, der Deutschlands Zukunft gerade für die breiten Schichten des Volkes sichert.«

Paul von Hindenburg, der im Gegensatz zu Erich Ludendorff in der Obersten Heeresleitung verbleibt

Verfassungsänderung im Deutschen Reich

28. Oktober. Unter der neuen Regierung des Reichskanzlers Max von Baden treten neue Verfassungsbestimmungen in Kraft, durch die das Deutsche Reich zu einer parlamentarischen Monarchie wird. Die politische Macht liegt nunmehr mit Billigung des Kaisers ausschließlich beim Deutschen Reichstag.

Die Regierung des Prinzen Max von Baden stützt sich auf drei Parteien. Die Sozialdemokraten sind durch den Staatssekretär des Arbeitsamtes, Gustav Adolf Bauer, und den Staatssekretär ohne Geschäftsbereich Philipp Scheidemann vertreten. Die Zentrumspartei stellt den Staatssekretär des Innern, Karl Trimborn, und die Staatssekretäre ohne Geschäftsbereich Adolf Gröber und Matthias Erzberger. Von der Fortschrittspartei kommen der Vizekanzler, Friedrich von Payer, und Conrad Haußmann, Staatssekretär ohne Geschäftsbereich.

Zunächst ohne Änderung der Reichsverfassung vollzieht sich der Übergang von der Monarchie zu einer bürgerlichen, parlamentarischen Demokratie. In der alten, von Otto von Bismarck erarbeiteten Verfassung gab es keine Reichsminister, sondern nur Staatssekretäre als technische Gehilfen der Reichskanzler, die wiederum ausschließlich vom Kaiser eingesetzt wurden. Die neue Regierung überwindet die Bismarcksche Verfassung dadurch, daß sie die Staatssekretäre von der Bevormundung durch den Reichskanzler und diesen von der Befehlsgewalt des Kaisers befreit.

Die entscheidende Abstimmung am 26. Oktober fügt dem alten Artikel 15 der Reichsverfassung folgende Bestimmung zu:

»Der Reichskanzler bedarf zu seiner Amtsführung des Vertrauens des Reichstags. Der Reichskanzler trägt die Verantwortung für alle Handlungen von politischer Bedeutung, die der Kaiser in Ausübung der ihm nach der Reichsverfassung zustehenden Befugnisse vornimmt. Der Reichskanzler und seine Stellvertreter sind für ihre Amtsführung dem Bundesrat und dem Reichstag verantwortlich.«

In Zusammenhang mit dieser Änderung wird die Kriegserklärung und der Friedensschluß an die Entscheidung des Reichstages gebunden. Damit gewinnt das Parlament die oberste Befehlsgewalt über die Armee, die bislang beim Kaiser und de facto bei der Obersten Heeresleitung lag.

Nach diesen Entscheidungen wandelt sich die Stellung des Kaisers zu der eines bloßen Staatsrepräsentanten ohne politische Rechte. Neben dem Reichstag, der jetzt volle politische Handlungsgewalt innehat, existiert die Vertretung der Einzelstaaten, der Bundesrat, als zweite Kammer.

Für das Zentrum in der neuen Regierung: Matthias Erzberger

Der SPD-Politiker Philipp Scheidemann, neuer Staatssekretär

Erste Friedensnote an Wilson

3. Oktober. Als erste Amtshandlung unterschreibt der neue Reichskanzler, Max, Prinz von Baden, eine Note an den US-amerikanischen Präsidenten Thomas Woodrow Wilson, die um die Einberufung einer Friedenskonferenz ersucht. Damit wird erstmals von offizieller Seite die Niederlage des Deutschen Reiches im Weltkrieg eingestanden.

Max von Baden akzeptiert in seiner Note als Grundlage für Friedensverhandlungen sämtliche von Wilson aufgestellten Friedensprogramme, insbesondere die »14 Punkte« vom →8. Januar (S. 12). Max von Baden hatte sich zunächst geweigert, das Waffenstillstandsangebot zu unterschreiben. Statt dessen schwebte ihm vor, in einer großangelegten Rede vor dem Reichstag auf die Demokratisierung im Deutschen Reich und neue, gemäßigte Kriegsziele hinzuweisen. Auf dieser Grundlage sollten Friedensverhandlungen ohne Waffenstillstandsangebot eingeleitet werden. Mit der Verzögerung der Note an Wilson verkennt von Baden jedoch die verzweifelte militärische Lage.

In seinem Brief vom 3. Oktober legt Generalfeldmarschall Paul von Hindenburg dar, daß keine Chance mehr bestehe, »dem Feinde den Frieden aufzuzwingen«. Es sei geboten, »den Kampf abzubrechen«, ohne jedoch unzumutbare Friedensbedingungen zu akzeptieren.

Vorbedingungen für Frieden anerkannt

27. Oktober. In ihrer vierten Note an den US-amerikanischen Präsidenten Thomas Woodrow Wilson, der als Vermittler für Friedensverhandlungen tätig ist, akzeptiert die deutsche Reichsregierung alle Vorbedingungen für einen Waffenstillstand, die der Präsident seit dem Januar 1918 gestellt hatte. Vorausgegangen war ein umfangreicher Notenwechsel, in dessen Verlauf schwere Differenzen zwischen der deutschen Obersten Heeresleitung und der Reichsregierung auftraten. Generalquartiermeister Erich Ludendorff ist aufgrund dieser Entwicklung bereits am Vortag zurückgetreten (→26. 10./S. 142).

Auf das deutsche Ersuchen um Waffenstillstand (→3. 10./S. 143) antwortete Wilson in seiner ersten Note vom 8. Oktober, das 14-Punkte-Programm vom →8. Januar (S. 12) müsse angenommen und die deutschen Truppen müßten bis an die Reichsgrenzen zurückgezogen werden. Wilson fragte gleichzeitig, ob die neue Regierung im Namen des Volkes oder der alten Herrscher sprechen würde.

In ihrer Antwortnote vom 12. Oktober erklärten sich Reichsregierung und Militärführung mit den Bedingungen einverstanden und betonten, die Regierung sei von den Volksvertretern direkt gewählt worden. Das Deutsche Reich forderte zudem, daß sich alle Entente-Staaten auf den Boden des 14-Punkte-Programms stellen sollten.

Demonstration für Wilsons Friedensprogramm der 14 Punkte

Die zunächst günstige Entwicklung wurde durch die zweite Note Wilsons vom 14. Oktober abgebrochen. Die Torpedierung eines alliierten Passagierdampfers und die Forderung Großbritanniens und Frankreichs nach bedingungsloser Kapitulation hatten die Meinung des US-Präsidenten gewandelt. Er forderte jetzt das Ende des U-Boot-Krieges sowie die Sicherung der militärischen Überlegenheit der Alliierten und implizit den Sturz der Hohenzollern-Monarchie. Da die deutsche Reichsregierung in ihrer Antwort vom 20. Oktober das Ende des U-Boot-Krieges verkündet, tritt Ludendorff in der Folge (→26. 10./S. 142) zurück. Mit Schreiben vom 23. Oktober fordert Wilson den Sturz der Monarchie (→9. 11./S. 166).

Sinkendes Minensuchboot nach der Torpedierung durch ein deutsches U-Boot

Verladen von Torpedos auf ein deutsches U-Boot vor der belgischen Küste

Unbeschränkter U-Boot-Krieg abgebrochen

20. Oktober. Während des Notenwechsels über Vorbedingungen für Waffenstillstandsverhandlungen mit dem US-amerikanischen Präsidenten Thomas Woodrow Wilson verkündet die deutsche Reichsregierung in ihrem dritten Antwortschreiben das Ende des unbeschränkten U-Boot-Krieges. Die Entscheidung, die zu einem schweren Konflikt zwischen Militär und Reichsregierung führt (→ 26. 10./S. 142), beendet die rücksichtslosen Angriffe auf alle Schiffe – ob der feindlichen Flotte zugehörig oder neutral –, die am 1. Februar 1917 begonnen hatten.

Nach dem zweiten Schreiben der deutschen Reichsregierung, das auf die bislang gemäßigten Forderungen Wilsons reagiert hatte, versenkte ein deutsches U-Boot am 12. Oktober in der Irischen See ein japanisches und ein irisches Passagierschiff. Etwa 900 Zivilisten kamen ums Leben.

Wilson änderte daraufhin seine Haltung und verlangte die sofortige Einstellung des U-Boot-Krieges als zusätzliche Vorbedingung für jegliche Verhandlungen.

Die deutsche Oberste Heeresleitung und die Admiralität hatten jedoch die Absicht, den U-Boot-Krieg mit allen Mitteln fortzusetzen. Noch am 1. Oktober war der »Scheer-Plan«, benannt nach Admiral Reinhard Scheer, verabschiedet worden, der eine Steigerung der Zahl der U-Boot-Neubauten vorsah. Der Plan, monatlich 36 neue U-Boote in Dienst zu stellen, scheiterte jedoch schon daran, daß Generalquartiermeister Erich Ludendorff nicht in der Lage war, die benötigten 20 000 Facharbeiter in der angespannten militärischen Situation von der Front abzuziehen.

Zudem gelingt es Reichskanzler Max von Baden, sich gegen die Militärs durchzusetzen und die Torpedierung von Passagierdampfern sofort zu beenden.

Die Reichsregierung will nicht riskieren, daß der praktisch sinnlos gewordene U-Boot-Krieg die demnächst beginnenden Waffenstillstandsverhandlungen gefährdet.

Nach dem Befehl zur Beendigung des U-Boot-Krieges sucht die Marine-Leitung schnell nach Ersatz für die ihr entgangenen Einsatzmöglichkeiten. Um die Schlagkraft der Flotte zu beweisen und in einem letzten Gefecht die »Ehre der Flotte« aufrechtzuerhalten, sollen jetzt die Großkampfschiffe in Aktion treten (→ 29. 10./S. 145).

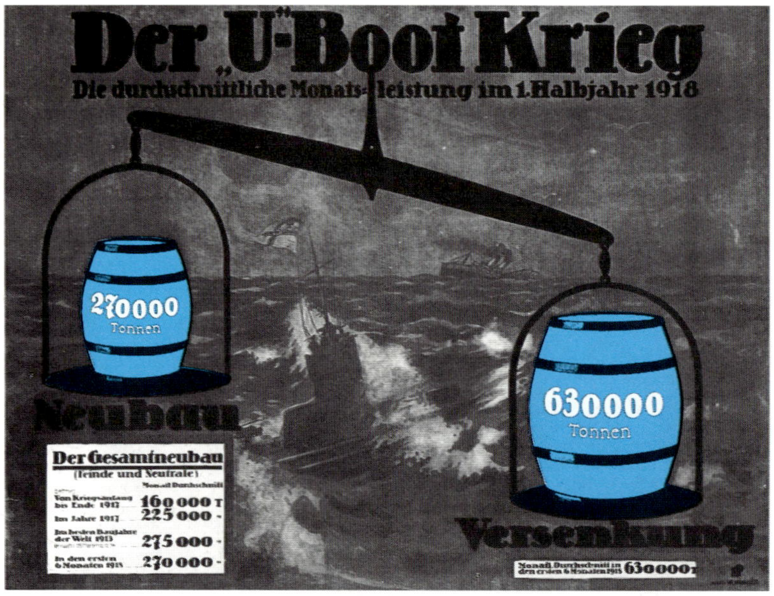

Propaganda der deutschen Marineleitung über die angeblichen Erfolge des uneingeschränkten U-Boot-Krieges in der »Berliner Illustrirten Zeitung«

»Große Erfolge« deutscher U-Boote

Die Bedeutung des U-Boot-Krieges wurde von der Deutschen Admiralität völlig überschätzt. Die vereinzelten Erfolge führten letztlich nur zum Kriegseintritt der USA und damit zur endgültigen Niederlage des Deutschen Reiches. Die folgenden Daten verdeutlichen die Eskalation des Krieges durch den U-Boot-Einsatz:

22. 9. 1914: U 9 versenkt vor der holländischen Küste drei britische Kreuzer.

2. 11. 1914: Großbritannien erklärt die gesamte Nordsee zum Kriegsgebiet.

4. 2. 1915: Das Deutsche Reich erklärt die Gewässer um Großbritannien zum Kriegsgebiet.

22. 7. 1915: Die USA drohen wegen der »Lusitania«-Versenkung mit dem Kriegseintritt.

8. 2. 1916: Die deutsche Reichsregierung erklärt, auch feindliche Handelsschiffe ohne Vorwarnung angreifen zu wollen.

20. 4. 1916: Die USA drohen wegen der »Sussex«-Versenkung, eines französischen Schiffes, erneut mit Kriegseintritt.

4. 4. 1917: Die USA treten in den Krieg ein, nachdem das Deutsche Reich am 1. 2. 1917 den unbeschränkten U-Boot-Krieg erklärt hatte.

Meuterei unter den Matrosen der deutschen Kriegsflotte

29. Oktober. Matrosen und Heizer der deutschen Linienschiffe »Thüringen« und »Helgoland« – und bald auch vieler anderer deutscher Kriegsschiffe – verweigern den Gehorsam. Die in Wilhelmshaven und Kiel liegende Hochseeflotte hatte den Befehl erhalten, zu einem letzten Kampf gegen die britische Flotte auszulaufen. Wegen der Weigerung der Mannschaften muß das Unternehmen abgebrochen werden. 600 Matrosen werden verhaftet.

Die führenden Offiziere der deutschen Kriegsflotte, die Admiräle Reinhard Scheer, Adolf von Trotha und Magnus von Levetzow, planten eine großangelegte militärische Aktion der Flotte, die seit der Skagerrak-Schlacht vom 1. Juni 1916 kaum noch zum Einsatz gekommen war. Nachdem die neue Reichsregierung unter Prinz Max von Baden (→3. 10./S. 142) ein Waffenstillstandsangebot ausgesprochen hatte, der uneingeschränkte U-Boot-Krieg beendet worden war (→20. 10./S. 144) und Generalquartiermeister Erich Ludendorff zurückgetreten war (→27. 10./S. 142), wollte die Admiralität einen letzten Beweis für die militärische Kraft der deutschen Kriegsflotte erbringen. Auch auf die Gefahr hin, »mit Ehren unterzugehen«, so von Levetzow, müßte die Aktion durchgeführt werden, damit »aus einem ehrenvollen Kampf der Flotte, auch wenn er ein Todeskampf wird, eine neue deutsche Zukunftsflotte« hervorginge. Neben der Verteidigung der Offiziersehre sollte der Vorstoß der Flotte in den englischen Kanal eine Entlastung an der Westfront erzwingen.

Die Mannschaften der deutschen Kriegsschiffe weigern sich, den Befehl zum Auslaufen auszuführen. Die Matrosen sind nicht bereit, um der »Ehre« der Flotte willen auf eine sichere Todesfahrt zu gehen. Die Aktion der Admiralität würde in den Augen der Matrosen die Friedensverhandlungen mit den Alliierten zum Scheitern bringen.

Da das Auslaufen weder mit der Reichsregierung noch mit dem Kaiser verabredet ist, verstehen die Matrosen den Befehl als Meuterei gegen die neue Regierung, deren Vertreter Matthias Erzberger und Philipp Scheidemann ihnen als Garanten für den Frieden erscheinen.

Besuch des deutschen Kaisers Wilhelm II. (vorn M.) in Kiel zur Inspektion der zur Überholung und Reparatur im Dock liegenden Großkampfschiffe

Matrosen der kaiserlichen Hochseeflotte in Wilhelmshaven nach der Meuterei beim Ausladen von Munition aus den Kriegsschiffen »Moltke«, »Nassau«, »Derfflinger«, »Von der Tann« und »Prinzregent Luitpold«

Marinesoldaten verlieren Geduld

In einem Brief an seinen Vater beschreibt ein Matrose der deutschen Hochseeflotte die Gehorsamsverweigerung gegen den Befehl der Admiralität, der den sicheren Untergang von 80000 Marineangehörigen bedeutet hätte:

»Am Montagnachmittag [28. 10.] ging die gesamte Hochseeflotte aus dem Hafen, alles, was dazu gehört, wie Torpedoboote, kleine Kreuzer und sämtliche Linienschiffe... Bei uns stieg nachmittags der gesamte Flottenstab über und quartierte sich für mehrere Tage ein. Uns wurde nun am Montagabend bekannt, daß ein großer Vorstoß geplant war, der, falls er zur Ausführung gelangt wäre, uns alle das Leben gekostet hätte. Aber es kam anders. Wir erfuhren, daß andere Schiffe bei Helgoland die Feuer herausreißen wollten. Unsere Besatzung hat sich dem einmütig und solidarisch angeschlossen... Nachts 3 Uhr sollte die gesamte Flotte auslaufen, aber die einzelnen Schiffskommandanten meldeten ihrem Geschwaderchef und dieser dem Flottenchef, Admiral Hipper, daß die Besatzungen gemeinschaftlich den Gehorsam verweigern wollten. Daraufhin wurde das Unternehmen um 4 Stunden verschoben... Am Donnerstag früh [31. 10.] sollte es aber unbedingt rausgehen...

8 Uhr 15 Minuten sollte die Fahrt auf Nimmerwiedersehen angetreten werden, aber es kamen ungefähr eine Stunde vorher Geheimsignale: Vorhaben kann unmöglich ausgeführt werden. Wir fuhren zurück nach Wilhelmshaven, und der Stab mußte unverrichteter Sache wieder von Bord gehen. Da konnte man süßsaure Mienen beobachten, aber wir haben nur alle uns herzlichst die Hand geschüttelt mit den Worten: Sieg auf der ganzen Linie...

Ich will Dir noch mitteilen, daß wenn nicht bald der Waffenstillstand kommt, hier die schönste Militärrevolte ausbricht und man gezwungen ist, den Weg nach der Heimat mit dem Gewehr zu ebnen.«

Letzter Aufruf zur 9. Kriegsanleihe

5. Oktober. Ein letztes Mal rufen Heeresleitung und Regierung das deutsche Volk zur Zeichnung einer Kriegsanleihe auf. Es ist die neunte dieses Krieges.

Obwohl selbst die militärische Führung nicht mehr vom Sieg der Mittelmächte überzeugt ist – wenn davon auch einstweilen nichts an die Öffentlichkeit dringt –, klingen die Aufrufe patriotisch und pathetisch wie eh und je. Da die Menschen angesichts der militärischen Situation an der Sicherheit ihrer Anleihen zu zweifeln beginnen, sind die Zeitungen gefüllt mit offiziellen Versicherungen, daß derlei Bedenken völlig unberechtigt seien.

Karl Liebknecht als Soldat bei den Armierungstruppen an der Westfront

Liebknecht ist wieder frei

23. Oktober. Hunderte von Anhängern der unabhängigen Sozialdemokraten begrüßen in Berlin einen der ideologischen Köpfe der USPD, Karl Liebknecht, der soeben durch eine Amnestie Wilhelms II. in Verbindung mit der Bildung der neuen Regierung (→ 3. 10./S. 142) aus politischer Haft entlassen wurde.

Liebknecht, der im Dezember 1914 als einziges Mitglied des Reichstages die Kriegskredite abgelehnt und im Januar 1916 gemeinsam mit Rosa Luxemburg den Spartakusbund gegründet hatte, aus dem im April 1917 die »Unabhängige Sozialdemokratische Partei Deutschlands«, USPD, hervorging, war anläßlich einer Antikriegskundgebung am 1. Mai 1916 festgenommen und am 28. Juni 1916 zu zweieinhalb Jahren Zuchthaus verurteilt worden. Als er gegen das Urteil Berufung einlegte, hatte dies sogar noch eine Strafverschärfung auf vier Jahre und einen Monat Haft zur Folge. Liebknechts Verurteilung hatte schon damals zu Demonstrationen in Berlin geführt.

Über den Einzug Liebknechts in Berlin berichtet das Berliner Tageblatt: »Aus Anlaß der Ankunft des begnadigten Dr. Liebknecht fanden am Anhalter Bahnhof unter Hochrufen auf die Internationale Kundgebungen statt ... Beim Hotel Adlon stellte sich dem Zug berittene Polizei entgegen. Sie trieb die Menge auseinander ...«

Donaumonarchie soll Bundesstaat werden

16. Oktober. Angesichts der sich zuspitzenden politischen Lage innerhalb der Donaumonarchie veröffentlicht Kaiser Karl I. das sog. Völkermanifest, in dem er sich zur Umwandlung Österreich-Ungarns in einen Bundesstaat bereit erklärt, in dem jede ethnische Gruppe staatliche Autonomie erlangen soll.

Die zentrale Schlußpassage des kaiserlichen Manifestes lautet: »... So möge unser Vaterland, gefestigt durch die Einigkeit der Nationen, die es umschließt, als Bund freier Völker aus den Stürmen des Krieges hervorgehen ...« Karls Zugeständnis kommt indes zu spät. Die Unabhängigkeitsbewegungen der Tschechen und Slowaken, der Serben, Kroaten und Slowenen sind bereits so mächtig, daß ein Zerfall des Vielvölkerstaats, ob mit oder ohne Zustimmung des Kaisers, nicht mehr zu verhindern ist (→ 28. 10./S. 147). Die desolate militärische Situation der Habsburger Monarchie tut ein übriges und veranlaßt Kaiser Karl, dem US-Präsidenten Thomas Woodrow Wilson am 27. Oktober ein Sonderfriedensangebot zu unterbreiten, das die völlige staatliche Souveränität für die Völker Österreichs-Ungarns mit einschließt.

Bereits am → 26. September (S. 134) proklamierte der tschechische Nationalrat in Paris die Errichtung eines selbständigen tschechoslowakischen Staates; einen Tag nach der Veröffentlichung des Völkermanifests des Kaisers erklärt das ungarische Parlament die zukünftige Unabhängigkeit Ungarns von Österreich; am 21. Oktober findet in Wien die konstituierende Sitzung der deutschsprachigen Mitglieder des Abgeordnetenhauses statt, die einen deutsch-österreichischen Staat proklamieren. Der am 6. Oktober gebildete Nationalrat der Kroaten, Serben und Slowenen ruft am 29. Oktober einen eigenen Nationalstaat aus, der an Serbien angeschlossen sein soll (→ 1. 12./S. 205).

Seine kaiserliche und königlich Apostolische Majestät haben das nachfolgende Allerhöchste Manifest Allergnädigst zu erlassen geruht:

An Meine getreuen österreichischen Völker!

Seitdem Ich den Thron bestiegen habe, ist es Mein unentwegtes Bestreben, allen Meinen Völkern den ersehnten Frieden zu erringen, sowie den Völkern Österreichs die Bahnen zu weisen, auf denen sie die Kraft ihres Volkstums, unbehindert durch Hemmnisse und Reibungen, zur segensreichen Entfaltung bringen und für ihre geistige und wirtschaftliche Wohlfahrt erfolgreich verwerten können.

Das furchtbare Ringen des Weltkrieges hat das Friedenswerk bisher gehemmt. Heldenmut und Treue — opferwilliges Ertragen von Not und Entbehrungen haben in dieser schweren Zeit das Vaterland ruhmvoll verteidigt. Die harten Opfer des Krieges mußten uns den ehrenvollen Frieden sichern, an dessen Schwelle wir heute, mit Gottes Hilfe, stehen.

Nunmehr muß ohne Säumnis der Neuaufbau des Vaterlandes auf seinen natürlichen und daher zuverlässigsten Grundlagen in Angriff genommen werden. Die Wünsche der österreichischen Völker sind hiebei sorgfältig miteinander in Einklang zu bringen und der Erfüllung zuzuführen. Ich bin entschlossen, dieses Werk unter freier Mitwirkung Meiner Völker im Geiste jener Grundsätze durchzuführen, die sich die verbündeten Monarchen in ihrem Friedensanbote zu eigen gemacht haben. Österreich soll, dem Willen seiner Völker gemäß, zu einem Bundesstaate werden, in dem jeder Volksstamm auf seinem Siedlungsgebiete sein eigenes staatliches Gemeinwesen bildet. Der Vereinigung der polnischen Gebiete Österreichs mit dem unabhängigen polnischen Staate wird hiedurch in keiner Weise vorgegriffen. Die Stadt Triest samt ihrem Gebiete erhält, den Wünschen ihrer Bevölkerung entsprechend, eine Sonderstellung.

Diese Neugestaltung, durch die die Integrität der Länder der ungarischen heiligen Krone in keiner Weise berührt wird, soll jedem nationalen Einzelstaate seine Selbständigkeit gewährleisten; sie wird aber auch gemeinsame Interessen wirksam schützen und überall dort zur Geltung bringen, wo die Gemeinsamkeit ein Lebensbedürfnis der einzelnen Staatswesen ist. Insbesondere wird die Vereinigung aller Kräfte geboten sein, um die großen Aufgaben, die sich aus den Rückwirkungen des Krieges ergeben, nach Recht und Billigkeit erfolgreich zu lösen.

Bis diese Umgestaltung auf gesetzlichem Wege vollendet ist, bleiben die bestehenden Einrichtungen zur Wahrung der allgemeinen Interessen unverändert aufrecht. Meine Regierung ist beauftragt, zum Neuaufbaue Österreichs ohne Verzug alle Arbeiten vorzubereiten. An die Völker, auf deren Selbstbestimmung das neue Reich sich gründen wird, ergeht Mein Ruf, an dem großen Werke durch Nationalräte mitzuwirken, die — gebildet aus den Reichsratsabgeordneten jeder Nation — die Interessen der Völker zueinander sowie im Verkehre mit Meiner Regierung zur Geltung bringen sollen.

So möge unser Vaterland, gefestigt durch die Eintracht der Nationen, die es umschließt, als Bund freier Völker aus den Stürmen des Krieges hervorgehen. Der Segen des Allmächtigen sei über unserer Arbeit, damit das große Friedenswerk, das wir errichten, das Glück aller Meiner Völker bedeute.

Wien, am 16. Oktober 1918.

Karl m. p.

Hussarek m. p.

Dies wird hiemit zur allgemeinen Kenntnis gebracht.
Wien, am 17. Oktober 1918.

Das »Völkermanifest« Kaiser Karls I.; ebenso wie der deutsche Kaiser versucht Karl das überkommene monarchistische System durch Zugeständnisse zu retten

István Graf Tisza, ehemaliger Ministerpräsident von Ungarn

Graf Tisza Opfer der Revolutionäre

31. Oktober. Von revolutionären Soldaten wird der ehemalige Ministerpräsident von Ungarn, István Graf Tisza in seiner Budapester Wohnung erschossen.

Tisza, der von 1903 bis 1905 und zwischen 1913 und 1917 ungarischer Ministerpräsident war, mußte im Mai 1917 von seinem Amt zurücktreten, weil es zwischen ihm und Kaiser Karl I. zu schweren Unstimmigkeiten gekommen war. Tisza hatte sich einer von Karl gewünschten Wahlrechtsreform widersetzt, die bedeutend mehr Ungarn als früher – bislang etwa 5% – das Wahlrecht zugestehen sollte.

Staatspräsident Tomáš Garrigue Masaryk (am Tisch, hinten) mit tschechoslowakischen Repräsentanten in den USA

US-amerikanisches Plakat über die Gründung der Tschechoslowakei

Tschechoslowakei gegründet

28. Oktober. In Prag wird die Tschechoslowakische Republik ausgerufen. An ihrer Spitze stehen die Tschechen Tomáš Garrigue Masaryk als Staatspräsident – er hält sich zur Zeit noch im Pariser Exil auf –, Eduard Beneš im Amt des Außenministers, Karel Kramář als Ministerpräsident. Einziger Slowake in der Regierungsmannschaft ist Milan R. Stefanik, der den Posten des Kriegsministers bekleiden soll. Die Errichtung eines unabhängigen tschechoslowakischen Staates war bereits einen Monat zuvor (→ 26. 9./S. 134) vom tschechoslowakischen Nationalrat in Paris proklamiert worden. Eine Loslösung der Tschechen und Slowaken aus dem Staatenverband der Donaumonarchie betrieb Masaryk bereits seit 1914, nachdem er in die Vereinigten Staaten ins Exil gegangen war. Besonders den US-amerikanischen Präsidenten Thomas Woodrow Wilson konnte er mit dem Ruf nach Autonomie schnell auf seine Seite bringen. Wilson legte in seinem 14-Punkte-Friedensprogramm vom → 8. Januar (S. 12) besonderen Wert darauf, daß alle Völker die Möglichkeit erhalten sollten, ihre politischen Geschicke selbst zu bestimmen. Am 28. Juni forderte Wilson in Abänderung des 10. seiner 14 Punkte explizit die Befreiung aller slawischen Volksgruppen von österreichischer bzw. deutscher Herrschaft (→ 25. 6./S. 90).

Bestrebungen zur politischen Verselbständigung der vielen Völker, die in die Grenzen der Donaumonarchie eingeschlossen sind, gab es seit Mitte des 19. Jahrhunderts. Am 23. Januar 1849 schlug der tschechische Politiker František Palacký auf dem österreichischen Parteitag in Kremsier ohne Erfolg vor, das Reich in acht autonome Staaten aufzugliedern, den »Dachverband« Österreich-Ungarn jedoch weiterhin bestehen zu lassen.

Der am 28. 6. 1914 ermordete Thronfolger Erzherzog Franz Ferdinand stand der Umwandlung der Habsburger Monarchie nicht völlig ablehnend gegenüber, im Gegensatz zu seinem Nachfolger Karl I., der den Völkern erst am 14. Oktober 1918 politische Selbständigkeit zugestehen wollte (→ 2. 7./S. 108).

Tschechische Nationalisten verbrennen die Embleme der österreichisch-ungarischen Monarchie, die bislang Tschechen und Slowaken beherrscht hat

Masaryk fordert Freiheit Böhmens

Im Oktober 1918 kommt das grundlegende Werk »Das neue Europa« des ersten tschechoslowakischen Staatspräsidenten, Tomáš Garrigue Masaryk in Prag heraus. Masaryk begründet in dieser Abhandlung unter anderem, warum er die staatliche Emanzipation der einzelnen Völkerschaften Mitteleuropas für die Entwicklung eines friedlichen Zusammenlebens der Völker für erforderlich hält. Er schreibt u. a.:

»Der ... tschechoslowakische Staat wird voraussichtlich eine Republik werden. Durch diesen Krieg ist der kontinentale Monarchismus, dessen reaktionäres Wesen und Gefahr enthüllt worden ...

Die Selbständigkeit des tschechoslowakischen Staates ist ein Postulat der politischen Gerechtigkeit; kraft seiner geographischen Lage im Herzen Europas und wegen seines jahrhundertealten Kampfes gegen die nach Osten gerichtete Expansion Deutschlands ist das tschechische und slowakische Volk ein Vorposten aller osteuropäischen Völker gegen das Deutschtum geworden. Würde das tschechoslowakische Volk von Deutschland und den mit ihm alliierten Asiaten (Magyaren und Türken) auch in der Zukunft weiter geknechtet oder sogar von ihnen besiegt werden, dann würde das pangermanische Europa ... zur Tat werden.

Die tschechoslowakische Frage ist ein Weltproblem, sie ist ein Problem des Krieges; entweder die freien Länder Böhmens oder das reaktionäre Österreich, entweder das freie tschechoslowakische Volk oder die degenerierten Habsburger – das ist die Wahl für das denkende Europa und Amerika. ... Es liegt im Interesse der Verbündeten selbst, die Tschechen zu befreien, soll der preußische Militarismus und die deutsche Herrschsucht gebrochen werden. Der Krieg und seine Folgen sind das größte Ereignis der Menschengeschichte: die Napoleonischen Kriege, der 30jährige Krieg, die Kreuzzüge – das alles verschwindet im Vergleich mit dem gegenwärtigen Krieg ...

... Ich kann behaupten, daß die von den Verbündeten gesteckten Ziele ohne die Befreiung Böhmens nicht erreicht werden können ...«

Geldgeber USA in Bedrängnis

6. Oktober. Aus den Vereinigten Staaten von Amerika kommt die Nachricht, daß die Goldreserven des Landes so gut wie aufgebraucht seien. Damit ist auch die finanzielle Situation der letzten Großmacht, die in den Weltkrieg eingetreten ist, erstmals ernsthaft durch den Krieg in Mitleidenschaft gezogen. Der Aufschwung, den die US-amerikanische Wirtschaft durch stark steigende Exporte vor allem an die Länder der Entente nahm, wird jetzt durch die Währungsknappheit gebremst; die Warenempfänger sind meist nicht mehr zahlungsfähig.

Seit Beginn des Jahres wird die Finanznot der Verbündeten immer deutlicher. Bereits im April 1918, so offizielle Berichte, wurden mindestens Zweidrittel der Außenhandelsgeschäfte auf Kredit- bzw. Obligationsgrundlage abgewickelt.

Dem Außenhandelsvolumen von etwa sechs Milliarden Dollar stehen notwendige Rohstoffimporte aus Südamerika und Ostasien von gut 1,6 Milliarden Dollar gegenüber. Diese Rechnung, nach der nur etwa zwei Milliarden Dollar in Bar- oder Warenwerten in die Vereinigten Staaten zurückfließen, macht deutlich, daß die USA zunehmend ihre eigenen Goldreserven angreifen müssen, um ihren Verpflichtungen nachzukommen. Dies aber schwächt die Position der USA als Kreditgeber.

Die US-amerikanischen Industriellen sehen eine Ausfuhrerleichterung in diejenigen Staaten als sinnvoll an, die zur Zeit noch annähernd zahlungsfähig sind: Ostasien (Japan und China) und die südamerikanischen Staaten. Dies, so die US-amerikanische Industrie, würde auch entscheidend zur Sicherung und vor allem zum Ausbau der Handelsbeziehungen und Märkte für die Zeit nach dem Krieg beitragen und den Vereinigten Staaten auf dem Weltmarkt auf Dauer eine Spitzenposition sichern (→S. 124).

Die Vereinigten Staaten profitieren wirtschaftlich erheblich von der Kriegssituation, weil sie die finanzkräftigsten Geldgeber sind. Durch die um ein vielfaches erhöhten Staatsausgaben aller kriegsbeteiligten Länder ist die Aufnahme von Auslandskrediten unerläßlich. Auch die Beschaffung von Geldern aus privater Hand über Steuern und Kriegsanleihen deckt nur einen sehr kleinen Teil der real entstehenden Kosten, zumal die Güter, die besteuert werden könnten, in allen kriegführenden Ländern ständig knapper wurden. Eine Kriegsgewinnsteuer wurde in Großbritannien, Frankreich oder dem Deutschen Reich erst vergleichsweise spät eingeführt, weil die Staaten von den zu besteuernden Kapitalgesellschaften abhängig sind.

Werbung für Kriegsanleihen mit Mary Pickford (hinten l.) in New York

Douglas Fairbanks (mit Megaphon) wirbt für Kriegsanleihen in New York

US-Werbeplakat für Schuldverschreibungen zur Finanzierung des Krieges

Nach dem Zurückweichen der reichsdeutschen Armee an der Westfront ziehen d

OHL: »Reserven sind am Ende«

Anfang Oktober. Weit auseinander weichen im Deutschen Reich die offiziellen und die inoffiziellen Darstellungen darüber, wie die Lage an den Fronten ist. Die offizielle Presseberichterstattung betont, trotz verstärkter feindlicher Anstrengungen, besonders an der Westfront, und des deutlichen Zurückweichens der deutschen Verbände in den letzten Wochen, sei die Sache jedoch keinesfalls verloren.

Die Sprache, die die Oberste Heeresleitung (OHL) gegenüber den Parteiführern des deutschen Reichstages spricht, ist dagegen offener. Am 2. Oktober äußert als Vertreter der OHL Major Erich Freiherr Bussche-Ippenburg gegenüber den Parteiführern: »... mußte die Oberste Heeresleitung den ungeheuer schweren Entschluß fassen, daß nach menschlichem Ermessen keine Aussicht mehr besteht, dem Feinde den Frieden abzuzwingen. Entscheidend für diesen Ausgang sind vor allem zwei Tatsachen: Die Tanks – der Gegner setzt sie in unerwartet großer Menge ein –, restlos entscheidend ist [aber] die Ersatzlage geworden ... Trotz aller Maßnahmen sanken die Stärken unserer Betaillone von rund 800 im April auf rund 540 Ende September. Auch diese Zahl ließ sich nur durch Auflösung von 22 Infanterie-Divisionen halten. Die bulgarische Niederlage fraß weitere sieben Divisionen [29. 9./S. 132] ... Nun gehen unsere Reserven zu Ende, wir können auf diese Art den Krieg noch auf absehbare Zeit weiterführen, gewinnen können wir damit nicht mehr ... Jeder Tag weiter bringt den Gegner seinem Ziel näher und wird ihn weniger geneigt machen, mit uns einen für uns erträglichen Frieden zu schließen. Deshalb darf keine Zeit verlorengehen. Jede 24 Stunden können die Lage verschlechtern ...«

iegreichen britischen Truppen unter dem Jubel der Bevölkerung in Lille ein

Osmanisches Reich gibt auf

30. Oktober. Auf dem Flaggschiff des britischen Mittelmeergeschwaders wird vor der griechischen Stadt Mudros auf der Insel Limnos der Waffenstillstandsvertrag zwischen dem Osmanischen Reich und der Entente unterzeichnet. Diese Kapitulation, durch die die Dardanellen sowie das gesamte Staatsgebiet zum Durchmarsch für die Entente frei werden, bedeutet praktisch das Ende des Osmanischen Reiches. Die Unterzeichner des Vertrages sind für die Alliierten nur die Briten, die übrigen werden von dem Waffenstillstand erst nachträglich informiert. Eingeleitet wurden die Verhandlungen von der türkischen Führung bereits kurz nach der letzten großen Niederlage, die das türkische Heer am → 18. September (S. 134) in der sog. Palästina-Schlacht erlitten hatte. Dem Briten Thomas Edward Lawrence (genannt Lawrence of Arabia) gelang schließlich Anfang Oktober mit seinen arabischen Truppen die Eroberung von Damaskus, der Hauptstadt Syriens.

Thomas Edward Lawrence, genannt Lawrence of Arabia, organisierte den Aufstand der Araber gegen die Türken

Kriegsniederlage als Propagandalüge

6. Oktober. Obwohl selbst die Oberste Heeresleitung inzwischen zu der Überzeugung gelangt ist, daß der Krieg nun endgültig nicht mehr gewonnen werden kann, ist davon in der offiziellen Presseberichterstattung noch nichts zu spüren. Ganz im Gegenteil wird massiv versucht, alle Gerüchte über die schlimme Lage an den Fronten als feindliche und damit lächerliche Propagandalügen hinzustellen. So veröffentlichen die »Düsseldorfer Nachrichten« etwa folgenden Bericht:

»In der Wohnung eines Lünener, im Felde stehenden Arztes erschien vor einigen Tagen ein Soldat und erzählte dessen Gattin, daß ihr Mann verwundet sei. Der Feind habe unsere Siegfried-Stellung durchbrochen und stehe bereits 18 bis 20 km hinter dieser . . . Das Volk würde belogen und betrogen. Die Stimmung im Felde sei eine unbeschreiblich schlechte. Unser Kaiser sowie unser bewährter Heerführer Hindenburg würden ausgepfiffen . . . Ein Telegramm . . . klärte die Frau auf, daß sie einem feindlichen Agenten in die Hände gefallen war . . .«

Mehr Geld für das Lazarettpersonal

2. Oktober. Das reichsdeutsche Kriegsministerium gibt eine Lohnerhöhung für das im Kriegsdienst beschäftigte Pflegepersonal bekannt, die rückwirkend vom 21. September gültig sein soll. Die Entscheidung, die insbesondere solche Pflegerinnen bevorzugt, die unmittelbar am Kriegsschauplatz tätig sind, ist notwendig geworden, weil eine bedenkliche Zahl von Krankenschwestern den Dienst in den letzten Monaten quittiert hat.

Die schnell vorrückenden feindlichen Truppen an der Westfront zwingen zur häufigen Verlagerung der Lazarettstandorte. Die Transporte kosten sehr viele Schwerverletzte das Leben. Die psychische Belastung der Pflegerinnen wird verschärft durch den extremen Mangel von Betäubungsmitteln, Medikamenten und Verbandmaterial.

Durch Neufestlegung der Löhne auf 135 Mark monatlich für alle Pfleger, die am Kampfschauplatz tätig sind, erhofft sich das Kriegsministerium, die Fluchtbewegung zu stoppen. Schwestern in den Heimatlazaretten erhalten nur 120 Mark.

Auto 1918:

Amerikanische Fabrikationsmethoden für die Nachkriegszeit

Trotz Kriegswirtschaft, Materialbeschlagnahme und kaum vorhandenem Exportmarkt hat sich die Automobilfabrikation außerordentlich stark entwickelt. In den europäischen Unternehmen wächst die Tendenz, Autotypen und -fabrikation nach US-amerikanischem Muster zu vereinheitlichen. In der deutschen Autoindustrie beginnen im Herbst des Jahres Überlegungen zur Situation nach einem verlorenen Krieg. Auch hier wird eine strikte Rationalisierung der Produktion als einzige Rettung des gesamten Industriezweigs angesehen. Der große Bedarf der Heere an Automobilen hat sowohl die Typenvielfalt als auch die Produktionszahlen in die Höhe getrieben. So existieren im Deutschen Reich 86 Automobilfirmen, die insgesamt 144 verschiedene Modelle produzieren.

Während bei Kriegsausbruch etwa 3500 Lastkraftwagen über 2,5 t Nutzlast im Reich existierten, ist allein die Produktion inzwischen auf 15 000 jährlich angewachsen. Der Gesamtbestand im deutschen Heer wird auf etwa 40 000 geschätzt.

Bereits kurz vor, besonders aber nach Kriegsende besinnen sich die europäischen Fabrikanten auf die rationellen Produktionsmethoden der Ford-Motor-Company aus Detroit, die seit 1913 mit dem Fließband arbeitet. Die italienischen Fiat-Werke in Turin beginnen Ende des Jahres mit der Massenproduktion von nur noch zwei Modellen. Dabei werden erstmals elektrische Schweißverfahren am Fließband eingesetzt. Fiat führt auch genormte Fertigersatzteile ein.

Die deutschen Automobilindustriellen, die den Kriegsverlauf mittlerweile pessimistisch beurteilen, sind über den hohen Bestand an Militärfahrzeugen und die teuren Produktionsverfahren im Deutschen Reich beunruhigt.

Am 14. Oktober legt der Besitzer der Bremer »Hansa-Lloyd«-Werke, Robert Allmers, eine Denkschrift vor, die er mit Wilhelm von Opel (Opel-Werke), Ernst Sachs (Fichtel & Sachs) und Willy Tischbein (Continental-Gummi-Werke) besprochen hatte. Die Denkschrift mit dem Titel »Was der deutschen Automobilindustrie nottut« stellt Maßnahmen zur Sicherung der Konkurrenzfähigkeit nach dem Krieg vor. Allmers weist zunächst darauf hin, daß die Armee ihren hohen Fahrzeugbestand auf dem freien Markt veräußern werde, die zukünftigen Siegermächte Europa als Exportmarkt betrachteten und die deutschen Produktionsmethoden hoffnungslos unterlegen seien. Er schlägt daher vor, daß der Verein Deutscher Motor-Fahrzeug-Industrieller ein Syndikat bilden sollte, in dem jede beteiligte Firma in jeder einzelnen Fabrik nur einen Fahrzeugtyp herstellen soll, dies jedoch in möglichst großer Menge. Die extreme Verringerung der Typenzahl würde die Vereinheitlichung der Fabrikation erlauben und so zu preisgünstigen Fahrzeugen führen. Die einzelnen Firmen sollen ihre Handelsvertretungen zugunsten einheitlicher Syndikats-Verkaufsstellen aufgeben, in denen alle Typen angeboten werden. Nur auf diesem Wege sieht Allmers eine Chance, der drohenden Invasion billiger, US-amerikanischer Automobile zu begegnen.

Die Neuentwicklung von PKWs ist fast vollständig zum Erliegen gekommen. In den USA verlegt sich »Cadillac« auf die Produktion von Luxusfahrzeugen mit 8-Zylinder-V-Motoren. Diese sind mit elektrischen Anlassern ausgestattet, während in Europa noch die Handkurbel gebräuchlich ist. Das Design auch deutscher Typen nähert sich der sog. Bootform an.

Deutsche Soldaten mit einem requirierten Personenkraftwagen; im Laufe des Krieges werden zunehmend Kraftfahrzeuge – dabei vorwiegend LKW – anstatt der traditionellen Pferdegespanne für den Transport benutzt

Werbeplakat für den dreisitzigen 10-PS-Citroën aus Frankreich

Plakat der Berliner Karosseriebau-Firma Schebera (Bootformauto)

Reklame der Bayerischen Motorenwerke in der Zeitschrift »Jugend«

Borsig liefert seine 10 000. Dampflokomotive an die preußische Eisenbahnverwaltung aus

12. Oktober. *Die Firma A. Borsig in Berlin übergibt der Königlich-Preußischen Eisenbahnverwaltung die 10 000. Lokomotive. Die Übergabe findet auf dem Gelände des Unternehmens in Berlin-Tegel statt (Abb.).*

Der Name Borsig ist aufs engste mit der Eisenbahn-Entwicklung im Deutschen Reich verknüpft. Bereits 1837 hatte August Borsig im Norden Berlins eine Maschinen-Bau-Anstalt und Eisengießerei gegründet.

Seit 1841 begann der Unternehmer, sich dem Lokomotivenbau zu widmen. Im ersten Jahr wurde zwar nur eine einzige Lokomotive hergestellt, 1847 waren es jedoch bereits 67 pro Jahr. Borsigs Unternehmen war dadurch zu einem der größten Industriebetriebe Berlins geworden.

Borsigs Firma belieferte die zahlreichen privaten Eisenbahn-Unternehmen, die seit 1838 in Berlin existierten. Diese waren durch das »Gesetz über die Eisenbahnunternehmungen« möglich geworden.

Trotz anfänglicher Bedenken der preußischen Könige entstand neben den privaten Unternehmungen auch die Königlich-Preußische Eisenbahnverwaltung, die sich schnell zum größten Auftraggeber der Borsig-Werke entwickelte.

Die Anzahl der im Deutschen Reich eingesetzten Lokomotiven ist jedoch für das hohe Transportaufkommen des Weltkrieges noch bei weitem nicht ausreichend. Auch wird das Transport-System durch den schlechten Erhaltungszustand des Schienennetzes stark behindert.

Rekordernte bei Blauem Spätburgunder

Oktober. Die Weinernte im Deutschen Reich und auch in Frankreich ist, gemessen an den Vorjahren, außerordentlich gut. Eine qualitativ hervorragende Ernte erzielen die Winzer in Baden und im französischen Burgund mit der Blauen Spätburgunder-Traube.

Der Krieg verhindert, daß sowohl im Deutschen Reich als auch in Frankreich das 600jährige Jubiläum der Burgundertraube gefeiert wird. Blauer Spätburgunder, der in Frankreich Pinot noir genannt wird, ist die weltweit bekannteste Rotweinrebe. Sie wurde erstmals im Zusammenhang mit dem deutschen Kloster Salem im Jahr 1318 urkundlich erwähnt. 1394 findet sich die erste Erwähnung der Rebsorte im badischen Affental, wo sie hauptsächlich angebaut wird.

Hauptanbaugebiet in Frankreich ist die Cote d'Or in Burgund. Wegen ihrer Qualität bildet die Traubensorte den Hauptbestandteil herausragender Champagner-Marken.

Zu den Weinen, die im Jahr 1918 eine besondere Qualität aufweisen, gehört der Bordeaux-Wein »Château Montrose«; der Wein des Winzers Jean-Louis Charmolüe wurde 1855 in der Klassifikation der Weingüter des Haut-Médoc als »Deuxièmes Grands Crus classés« eingestuft, was soviel wie »Wein bester Sorte« bedeutet; auf dem Etikett findet sich auch die Bezeichnung »Appellation Contrôlée«, ein Gütesiegel

Kinder sammeln Heu und Brennesseln

5. Oktober. Wegen der trockenen Witterung in den letzten Tagen werden die Kinder im Deutschen Reich aufgefordert, mit der Brennesselernte zu beginnen. Heu- und Laubsammlungen sind bereits abgeschlossen.

Für die Ernte von Brennesselstengeln erhalten die Kinder für je 10 kg 4 Mark und ein Wickel Nähgarn. Den Ankauf organisiert die »Deutche Nesselgesellschaft«. Um die Versorgung mit Brotaufstrich und Kaffee-Ersatz sicherzustellen, werden auch Hagebutten, Schlehen und Mehlbeeren gesucht, aus denen besonders haltbare Marmeladesorten hergestellt werden können. Die Früchte der Eberesche werden ebenfalls zu »Kriegsmarmelade« verarbeitet, oder aber sie dienen getrocknet als Viehfutter.

Von großer Bedeutung ist auch das Sammeln von Heilpflanzen. Die Schulen weisen im Unterricht auf die vielseitige Verwendbarkeit hin.

Große Abendrobe von Worth, Paris

Cape aus dem Hause Paquin, Paris

Abendkleid aus dem Hause Worth

Mode 1918:

Krieg und Korsett bestimmen Damenmode

Im letzten Kriegsjahr bzw. in der ersten Nachkriegszeit werden im Deutschen Reich neue Textilien sogar auf den Schwarzmärkten kaum angeboten. Die Menschen sind schon froh, wenn die nach Meinung des Kriegsversorgungsamtes überzähligen Kleidungsstücke aus Privatbesitz nicht beschlagnahmt werden – Verordnungen in dieser Richtung sind seit 1916 an der Tagesordnung. Dennoch ist das Interesse der Damenwelt an der Verschönerung des eigenen Erscheinungsbildes noch nicht ganz erloschen, wie man an Zeitungsanzeigen und Illustrierten sehen kann. Besonders viel Phantasie wird auf Umarbeitungsmöglichkeiten bei getragener Kleidung und auf Accessoires wie Hüte und Gürtel verwendet, während Schmuck aus Edelmetall ebenso wie die in der Kriegsmangelwirtschaft besonders wertvollen Lederschuhe der Beschlagnahme verfallen sind.

Im Deutschen Reich gibt es seit 1916 eine »Vereinigung für Deutsche Mode«, die sich zum Ziel gesetzt hat, gegenüber der bisher bestimmenden französischen Haute Couture eine völlig eigenständige, eben deutsche Mode zu entwikkeln und zu propagieren. So kommt es, daß sich die in Frankreich und Italien durchsetzende insgesamt weich fallende, ungezwungen wirkende Linie und die Befreiung der Frau vom einzwängenden Korsett im Deutschen Reich schon aus ideologischen Gründen nicht so recht durchzusetzen vermag. Die Kleider bedekken zwar schon seit der Vorkriegszeit nurmehr knapp den Köchel, doch bleibt die Gesamtlinie streng. Die schmale Taille, auf die im deutschsprachigen Raum immer noch Wert gelegt wird, ist durch enge Mieder, die in der Regel knapp unterhalb der Büste ansetzen, gekennzeichnet. Sehr aktuell sind Volants in Kniehöhe.

Karikatur von Karl Arnold im »Simplicissimus«: »Die Pariser Mode hat sich im Keller aufgehängt, weil sie nicht in die Welt hinaus kann.«

Armenpflege-Verein fordert Jugendamt

3. Oktober. In Berlin findet der sog. Deutsche Jugend-Fürsorge-Tag statt. Der Veranstalter, der »Deutsche Verein für Armenpflege«, fordert die Einrichtung von Jugendämtern in allen größeren Stadtgemeinden und in den Landkreisen. Bislang gibt es nur in Berlin ein Jugendamt.

Der deutsche Jugend-Fürsorge-Tag verlangt von den Reichsbehörden, Jugendämter errichten zu lassen, die als selbständige Behörden geführt, aber von der Armenverwaltung kontrolliert werden.

Die zu errichtenden Ämter hätten die Aufsicht über uneheliche Kinder, Berufsvormundschaft, Fürsorge für Waisen, Mutterschutz, Säuglingsfürsorge, Jugendgerichtshilfe und Anstaltsfürsorge zu organisieren.

Die Versammlung verabschiedet folgende Resolution: »Der Deutsche Jugend-Fürsorge-Tag beauftragt seinen Vorstand dahin zu wirken, daß eine solche verwaltungsmäßige Organisation der öffentlichen Jugendfürsorge sobald wie möglich in die Wege geleitet, und die Errichtung von Jugendämtern in Stadt und Land den Bundesstaaten durch Reichsgesetz zur Pflicht gemacht wird …«

Bibliotheken für Jugendliche offen

8. Oktober. Die Verwaltungen der deutsche Großstädte geben die Öffnung der Bibliotheken für Jugendliche im Alter von 8 bis 14 Jahren bekannt. Damit soll der zunehmenden Verwahrlosung der Kinder entgegengewirkt werden.

Die Verwaltungen beklagen, daß Jugendliche ihre Zeit unbeaufsichtigt auf der Straße verbringen, weil sich ihre Eltern wegen anderer Verpflichtungen nicht um sie kümmern können. Mit der Öffnung der Leihbüchereien sollen Kinder und Jugendliche mit »guten Büchern« bekannt gemacht werden:

»Hierdurch sollen die Kinder nicht nur von der Straße ferngehalten werden, sondern es ist auch beabsichtigt, in ihnen schon frühzeitig Sinn und Verständnis für gute Bücher zu wecken, um sie hierdurch von der Schundliteratur fernzuhalten. Die Eltern seien auf diese Einrichtung der städtischen Bücherhallen aufmerksam gemacht …«

Schweizer Hotelier Ritz verstorben

20. Oktober. In Küsnacht stirbt der Schweizer Hotelbesitzer César Ritz. Der Hotelier machte sich besonders durch sein luxuriöses Haus in Paris einen Namen.
César Ritz, der am 23. Februar 1850 im schweizerischen Niederwald (Kanton Wallis) geboren wurde, begann seine Karriere als Weinkellner. Schnell arbeitete er sich zum Geschäftsführer des Grand Hotels in Monte Carlo empor. Im Jahr 1898 gründete Ritz sein berühmtes Hotel in der französischen Hauptstadt. Dem Hotelier, der sein neues Haus mit einer ausgezeichneten Küche und luxuriöser Atmosphäre ausstattete, gelang es, das »Hotel Ritz« an der Place Vendôme zum Treffpunkt der obersten Gesellschaftsschichten zu machen. 1905 folgte nach Gründungen in anderen Städten das »Ritz« in London, das den Namen endgültig berühmt machte.

Die Innenausstattung des »Hotel Ritz« an der Place Vendôme in Paris zeichnet sich wie die anderen Ritz-Häuser durch großen Komfort und Luxus aus

Über 300 Tote bei Eisenbahnunglück

2. Oktober. In der Nähe der schwedischen Stadt Norrköping ereignet sich ein schweres Eisenbahnunglück. Bei dem Unfall auf der Linie von Malmö nach Stockholm kommen mehr als 300 Menschen nach einer Explosion ums Leben.
Der nordwärts fahrende Personenzug fuhr auf einem Bahndamm, der an einer steilen Bergwand verläuft und auf der gegenüberliegenden Seite von einem See begrenzt wird. Durch langanhaltenden Regen waren die Geleise unterspült worden, so daß der Zug von den Geleisen sprang. Nach der Explosion des Dampfkessels geriet der gesamte Zug in Brand.
Obwohl die Feuerwehr aus der nahegelegenen Ortschaft Norrköping schnell zur Stelle ist, kann der Brand nicht gelöscht werden. Es gelingt gleichfalls nicht, die Reisenden aus den Waggons zu befreien.

Expressionist Egon Schiele stirbt an spanischer Grippe

31. Oktober. In Wien stirbt der österreichische Maler und Zeichner Egon Schiele im Alter von 28 Jahren. Schiele, der bedeutendste Vertreter des Expressionismus in der österreichischen Malerei, erliegt der in Europa grassierenden spanischen Grippe (→ S. 109).
Schiele, der am 12. Juni 1890 in Tulln geboren wurde, verließ 1909 die Wiener Akademie der Bildenden Künste und gründete gemeinsam mit anderen avantgardistischen Künstlern die Gruppe »Neukunst«. Beeinflußt und gefördert durch seinen Freund Gustav Klimt (→ 6. 2./S. 40), schuf er am Jugendstil orientierte Werke, wandte sich dann jedoch den expressiven Formen Oskar Kokoschkas zu.
Die bekanntesten Werke Schieles zeigen stark verzerrte, deformiert wirkende Aktdarstellungen mit manchmal ekstatischer Gestik. Publikum und Gerichtsbehörden empfanden seine Kunst als pornographisch, Schiele wurde unter diesem Vorwurf 1912 zu einer 24tägigen Gefängnisstrafe verurteilt.
Schiele hinterläßt ein umfangreiches Gesamtwerk von 245 Gemälden und etwa 2000 Zeichnungen.

»Sitzende Frau«, Kreidezeichnung und Gouache aus dem Jahr 1917

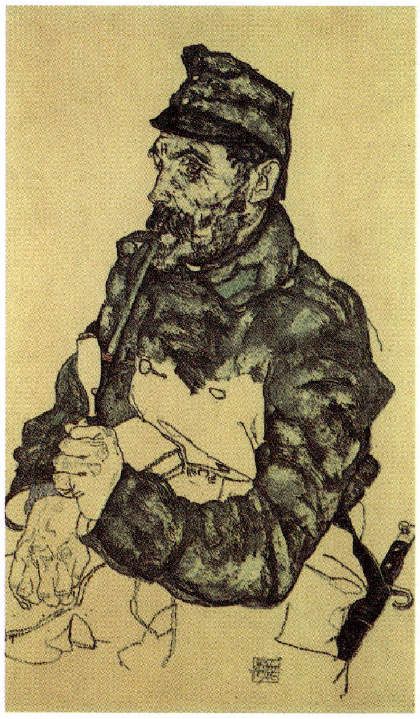

»Österreichischer Soldat mit Pfeife«, Kreide und Gouache 1916

»Die Bäume« (Ölgemälde von Egon Schiele aus dem Jahr 1917; Österreichische Galerie, Wien); eines von zahlreichen Landschaftsbildern des Malers

Schauspieler gegen Berufs-Beleidigung

12. Oktober. Die Angehörigen des Berliner Schauspielhauses protestieren gegen den Antrag, dem Theater jegliche staatliche Unterstützung zu entziehen. Der Antrag war in der Stadtverordnetenversammlung mit beleidigenden Formulierungen eingebracht worden.

Am 8. Oktober wurde der Stadtverordnetenversammlung vorgeschlagen, der »vergiftenden Scheinkunst des Schauspielhauses« die staatliche Unterstützung zu streichen. Die Genossenschaft deutscher Bühnenangehöriger veröffentlicht daraufhin eine Stellungnahme in den überregionalen Zeitungen:

»Befremdete uns schon die Art und Weise, in der ein Teil der Presse und der Einspruch der Geistlichkeit die Wirkung der künstlerischen Arbeit des Schauspielhauses behandelte, so können wir an den in der Stadtverordnetenversammlung gefallenen Äußerungen und an dem gegen das Schauspielhaus gerichteten Antrag nicht achtlos vorübergehen. Wir sehen darin eine Verunglimpfung unseres künstlerischen Rufes, in der die Gefahr einer schweren . . . sozialen Schädigung für uns liegt.«

Kunsthändler als Verräter?

28. Oktober. Ein Berliner Schöffengericht weist die Klage des Kunsthändlers Paul Cassirer gegen beleidigende Äußerungen in der Presse zurück. Verschiedene Zeitungen hatten Cassirer vorgeworfen, mit der Ausstellung französischer Bilder in der Schweiz »unpatriotisch« und »kulturbolschewistisch« gehandelt zu haben. Außerdem halte Cassirer sich als angeblich Kranker illegal in der Schweiz auf.

Der Berliner Kunsthändler Paul Cassirer, Aufnahme um 1910

Cassirer hatte als Reichskommissar die »Deutsche Kunstausstellung« in Zürich organisiert und französische Bilder aus seinem Privatbesitz in die Schweiz transportiert. Die Zeitungen behaupten, der Kunsthändler habe diese Bilder ausgestellt und versucht, sie zu verkaufen. Außerdem sei Cassirer, der in einem Züricher Hotel lebe, nicht krank, sondern wolle sich nur dem Militärdienst entziehen.

Der Rechtsanwalt des Kunsthändlers betont, die französischen Bilder dienten nur der Ausschmückung von Cassirers Hotelzimmer, zudem sei er nach sechsmaliger Untersuchung durch deutsche Generalärzte als schwer nervenkrank aus der Armee entlassen worden.

Das Gericht schließt sich der Meinung der beklagten Zeitungen an. Mit dem Transport französischer Bilder in die Schweiz und dem Verkauf von drei Gemälden habe Cassirer unpatriotisch gehandelt und müsse sich die Vorwürfe gefallen lassen. Er habe als Reichskommissar seine Stellung mißbraucht.

Jugendstilkünstler Kolo Moser stirbt

18. Oktober. *Im Alter von 50 Jahren stirbt der österreichische Innenarchitekt, Maler und Graphiker Koloman, genannt »Kolo«, Moser in Wien. Moser zählt zu den vielseitigsten Vertretern des Wiener Jugendstil.*

Moser war Gründungsmitglied der Künstlervereinigungen »Secession« und »Wiener Werkstätte« sowie deren Kunstzeitschrift »Ver Sacrum« (Abb. Illustration von Kolo Moser). Moser schuf eine Vielzahl von kunsthandwerklichen Arbeiten, darunter Stoff- und Teppichmuster, Schmuck, Leder-Accessoires und Spielzeug. Besonders seine Bucheinbände und Bühnendekorationen beeinflußten nachhaltig den Jugendstil in Österreich. Sein bekanntestes Werk ist »Die Kunst«, ein Glasfenster im Gebäude der Wiener Secession.

Kolo Moser

Film 1918:

Kino unter Staatskontrolle

Noch mehr als in den Vorjahren wird der Film 1918 in den kriegführenden Ländern in den Dienst der politischen Propaganda gestellt. Im Deutschen Reich werden die Filmproduktion, die Vorführstellen und die Nutzung von Rohfilmmaterial von staatlichen Behörden kontrolliert. Als Folge des Weltkriegs gewinnt die US-amerikanische Film-Metropole Hollywood ihre beherrschende Stellung auch auf dem europäischen Markt.

Im Deutschen Reich werden in diesem Jahr 376 Filme produziert. Seit dem 21. Januar ist die gesamte Filmindustrie der Nachrichtenabteilung des Kriegsministeriums unterstellt, die das Recht der künstlerischen und politischen Beurteilung der Filmproduktionen ausübt. Die Behörde richtet 900 Feldkinos ein, die von Filmstellen in der Heimat und an der Front versorgt werden. Die Produktion konzentriert sich auf Filme, die das soldatische Front- und Liebesleben in feldgrauem Kitsch darstellen. Die Kulturfilm-Abteilung der am 18. Dezember 1917 gegründeten Universum-Film-AG (UFA) beginnt mit der Produktion von Dokumentarfilmen und Wochenschauen, die durch vielfach gestellte Szenarien das tatsächliche Weltkriegsgeschehen beschönigen.

Herausragende deutsche Produktionen des Jahres sind »Die Augen der Mumie Ma« von Ernst Lubitsch mit der berühmten Pola Negri sowie der Streifen »Carmen« – ebenfalls von Lubitsch und mit Pola Negri in der Hauptrolle.

Auch in den USA dienen die Filme größtenteils der Kriegspropaganda. Zuschauer des Films »The Beast of Berlin« (Die Bestie von Berlin), in dessen Zentrum Kaiser Wilhelm II. steht, werden an den Kinoeingängen dazu aufgerufen, nicht auf die Leinwand zu schießen.

Der bekannte Komiker Charlie Chaplin produziert die ersten beiden Filme bei seiner neuen Gesellschaft »First National«. In »A Dog's Life« (Ein Hundeleben) spielt Chaplin erstmals mit dem Hund Scraps als Partner. Der Film attackiert die sozialen Mißstände bei Arbeitslosigkeit. Der zweite Film, »Shoulder Arms« (Gewehr über), dient als Propagandafilm. Soldat Charlie nimmt darin sogar den deutschen Kaiser gefangen. Chaplins Komik überzieht jedoch die patriotische Propaganda, seine Darstellung des militärischen Drills ist Protest gegen den Krieg.

Unmenschlichkeit und Tod im Weltkrieg sind auch die Themen des Films »J'accuse« (Ich klage an) des französischen Regisseurs Abel Gance. Das »Drama von der Sinnlosigkeit des Krieges« richtet sich gegen die Barbarei der deutschen Truppen, läßt jedoch zum Schluß alle Toten, einschließlich der Deutschen, wiederauferstehen.

Dreharbeiten zu dem deutschen Spielfilm »Veritas vincit« (Die Wahrheit siegt) in Weißensee bei Berlin; Löwen und Tiger von Hagenbecks Tierpark

Charlie Chaplin und »Filmpartner« Scraps in dem Streifen »A Dog's Life«

Chaplin in »Shoulder Arms« (1918)

Porten, Jannings in »Rose Bernd«

Ernst Lubitsch und Trude Hesterberg in der Parodie »Der Fall Rosentopf«

November 1918

Mo	Di	Mi	Do	Fr	Sa	So
				1	2	3
4	5	6	7	8	9	10
11	12	13	14	15	16	17
18	19	20	21	22	23	24
25	26	27	28	29	30	

1. November, Freitag

In Wilhelmshaven bricht eine Meuterei der Soldaten der deutschen Hochseeflotte aus. Vor wenigen Tagen war in Zusammenhang mit der Aufgabe des unbeschränkten U-Boot-Krieges der Befehl zu einer Großoffensive der deutschen Flotte ergangen, nach dem diese über zwei Jahre nicht in den Krieg involviert war (→4. 11./S. 160).

Der Parteitag der Sozialdemokraten in Wien fordert die Errichtung einer parlamentarischen Demokratie.

Karl I., Kaiser von Österreich und König von Ungarn, entbindet die ungarische Regierung ihres Treueeids (→16. 11./S. 177).

Während einer Massenversammlung vor dem Deutschmeisterdenkmal in Wien gründen der Journalist Egon Erwin Kisch und der Linksradikale Leo Rothziegel die Rote Garde. Auch der Dichter Franz Werfel bekennt sich in einer Rede zu den Rotgardisten (→12. 11./S. 175).

Im Kriegshafen Pula gelingt italienischen Offizieren die Versenkung des k. u. k.-Schlachtschiffes »Viribus Unitis«. Die ehemalige k. u. k.-Flotte wird daraufhin nach Korfu verlegt und unter den Alliierten aufgeteilt.

2. November, Sonnabend

Der linke Flügel der unabhängigen Sozialdemokraten, die »Revolutionären Obleute«, beschließt die Vorbereitung eines Generalstreiks, der am 11. November beginnen soll (→9. 11./S. 163).

Der österreichisch-ungarische Außenminister, Julius Graf Andrássy d. Jüngere, tritt zurück.

3. November, Sonntag

In der Villa Giusti bei Padua wird der Waffenstillstand zwischen Österreich-Ungarn und der Entente unterzeichnet (→16. 11./S. 177).

Der polnische Nationalrat proklamiert in Warschau die unabhängige Republik Polen (→14. 11./S. 176).

Die Kommunistische Partei Deutsch-Österreichs wird in Wien gegründet (→12. 11./S.175).

4. November, Montag

In Kiel übernimmt der Arbeiter- und Soldatenrat die Macht. →S. 160

Der Vorstand der SPD fordert die Arbeiter auf, keinesfalls den anonymen Streikaufrufen Folge zu leisten, die zur Zeit massenhaft in den Betrieben kursieren. →S. 161

Drei Tage nach Erscheinen ist das Buch des Publizisten Maximilian Harden »Das Recht soll siegen« mit 20 000 Exemplaren vergriffen.

5. November, Dienstag

Das Deutsche Reich bricht die diplomatischen Beziehungen zu Sowjetrußland ab. Alle russischen Diplomaten werden ausgewiesen. Anlaß ist der Fund von antideutschem Propagandamaterial beim Berliner Kurier der sowjetrussischen Botschaft.

In seiner letzten Antwortnote an die Regierung des Deutschen Reiches stimmt US-Präsident Thomas Woodrow Wilson Gesprächen zwischen einer deutschen Waffenstillstandskommission und General Ferdinand Foch zu.

Hamburger Soldaten und Arbeiter rufen auf einer gemeinsamen Veranstaltung den Generalstreik aus. →S. 162

6. November, Mittwoch

Rumänische Truppen rücken in die Bukowina ein, die bislang von russischen Verbänden besetzt gehalten wurde.

Die Bremer Bürgerschaft beschließt, das allgemeine gleiche, direkte und geheime Wahlrecht einzuführen. Frauen dürfen nach wie vor allerdings nicht wählen.

7. November, Donnerstag

In München wird die Wittelsbacher Monarchie gestürzt. Kurt Eisner ruft die bayerische Volksrepublik aus (→7. 11./S. 162).

Die Sozialdemokratische Partei Deutschlands stellt ein Ultimatum an Reichskanzler Prinz Max von Baden. Es wird mit Austritt der SPD-Fraktion aus der Regierung gedroht, falls nicht Kaiser Wilhelm II. bis zum 8. November abdankt, sein Nachfolger auf den Thron verzichtet und die preußische Regierung im Sinne der Reichstagsmehrheit umgestaltet wird (→9. 11./S. 166).

Die Arbeiter- und Soldatenräte bilden in Kiel paritätisch je zur Hälfte mit Arbeitern und Unternehmern besetzte Demobilisierungsausschüsse, die eine wirtschaftliche Umgestaltung für die Zeit nach dem Friedensschluß vorbereiten sollen.

Im musikdramatischen Theater von Petrograd (Leningrad) wird das Drama »Mysterium Buffo« von Wladimir W. Majakowski uraufgeführt. →S. 191

8. November, Freitag

Rumänien erklärt dem Deutschen Reich den Krieg.

Die Regierung der Schweiz bricht die diplomatischen Beziehungen zur Sowjetrepublik ab.

Die von dem Zentrumsabgeordneten Matthias Erzberger geführte deutsche Kommission nimmt in Compiègne Friedensverhandlungen mit dem Beauftragten der Entente, General Ferdinand Foch, auf (→11. 11./S. 178).

König Ludwig III. von Bayern erklärt seinen Thronverzicht. →S. 172

Ernst August, Herzog von Braunschweig, erklärt seinen Thronverzicht. →S. 172

In Berlin wird der Stummfilm »Jettchen Gebert« unter der Regie von Richard Oswald uraufgeführt.

Pola Negri spielt in dem Film »Mania« ihre erste Rolle bei der Union Berlin.

9. November, Sonnabend

In Berlin wird vom Reichstag aus die deutsche Republik durch den Sozialdemokraten Philipp Scheidemann proklamiert. →S. 168

Karl Liebknecht ruft in Berlin vor dem königlichen Schloß die Räterepublik aus. →S. 169

In Berlin wird der Generalstreik ausgerufen, dem sich rasch auch Truppenteile anschließen. →S. 163

Wilhelm II. erklärt seine Abdankung als deutscher Kaiser, nicht aber als König von Preußen. →S. 166

Der ehemalige »Berliner Lokalanzeiger« erscheint erstmals unter dem Titel »Die Rote Fahne« als Zentralorgan des Spartakusbundes.

Das 450. Tausend erscheint von Johanna Spyris Kinderbüchern »Heidis Lehr- und Wanderjahre« und »Heidi kann brauchen, was es gelernt hat«. →S. 191

10. November, Sonntag

Wilhelm II. verläßt das Deutsche Reich und geht ins Exil in die Niederlande (→9. 11./S. 166).

Die deutsche Oberste Heeresleitung nimmt Stellung zu den Auswirkungen der Revolution auf das deutsche Heer. Die OHL will den Reichskanzler Friedrich Ebert unterstützen, um »die Ausbreitung des terroristischen Bolschewismus in Deutschland« zu verhindern. →S. 172

Die USPD gibt in ihrer Antwortnote an den Vorstand der SPD ihre Bedingungen für einen Eintritt in die neuzubildende Regierung bekannt. Sie werden noch am gleichen Tag vom SPD-Vorstand anerkannt. Ein sechsköpfiger »Rat der Volksbeauftragten« aus je drei SPD- und USPD-Mitgliedern übernimmt daraufhin die Regierung. →S. 171

Unter Vorsitz von Emil Barth (Mitglied der Revolutionären Obleute) versammeln sich im Berliner Zirkus Busch die Berliner Arbeiter- und Soldatenräte. Als Kontrollorgan der revolutionären Regierung konstituiert sich ein Vollzugsrat aus Arbeitern, Soldaten, SPD- und USPD-Mitgliedern. →S. 170

In Berlin bildet sich der Rat geistiger Arbeiter, der für die politischen Ideale der sozialistischen Republik eintreten will.

11. November, Montag

Zwischen den alliierten Mächten und dem Deutschen Reich wird der Waffenstillstandsvertrag im Wald von Compiègne von dem Franzosen Marschall Ferdinand Foch und dem Zentrumsabgeordneten Matthias Erzberger unterzeichnet. →S. 178

Kaiser Karl I. von Österreich verzichtet offiziell auf die Regierungsgewalt. Gleichzeitig tritt die letzte kaiserliche Regierung unter Ministerpräsident Heinrich Lammasch zurück. →S. 174

Der Staatsrat von Deutsch-Österreich erklärt die Republik Österreich zum Bestandteil der deutschen Republik (→12. 11./S. 175).

12. November, Dienstag

In Wien wird die Errichtung der Republik »Deutsch-Österreich« durch Franz Dinghofer verkündet. →S. 175

In Berlin tritt erstmals die revolutionäre preußische Regierung unter der Kontrolle der Arbeiter- und Soldatenräte zusammen. Einer der ersten Beschlüsse ist die Beschlagnahmung des gesamten Vermögens des Königshauses.

Die Volksbeauftragten der deutschen Republik verkünden ihr Regierungsprogramm. Erstmals sollen sich Frauen auch an Wahlen zur Nationalversammlung beteiligen können.

In allen Betrieben Groß-Berlins wird der Generalstreik beendet.

In Regensburg wird die Bayerische Volkspartei gegründet.

13. November, Mittwoch

Die Sowjetregierung annulliert den Vertrag von Brest-Litowsk und läßt die Rote Armee in von Deutschen besetzte Gebiete einmarschieren.

König Ludwig III. von Bayern legt die Regierung nieder und entbindet alle Offiziere und Beamte von ihrem Treueeid (→8. 11./S. 172).

In Magdeburg entwirft der Fabrikant Franz Seldte den Organisationsplan des reaktionären Frontkämpferbundes »Der Stahlhelm« (→S. 173).

In Preußen tritt die Verordnung über die Erwerbslosenfürsorge in Kraft, die erstmals das Recht auf Arbeit festschreibt.

14. November, Donnerstag

In Prag wird die Tschechoslowakische Republik ausgerufen. Erster Präsident wird Tomáš Garrigue Masaryk (→28. 10./S. 174).

Der Anfang November aus deutscher Festungshaft entlassene Józef Klemens Pilsudski übernimmt in Warschau aus den Händen des Regentschaftsrates die politische Macht. →S. 176

Die britische Regierung in London beschließt die Anerkennung der antibolschewistischen Regierung des weißgardistischen Generals Alexandr W. Koltschak und die Unterstützung des ebenfalls gegen die sowjetische Regierung kämpfenden Generals Anton I. Denikin.

Das große Interesse der Berliner Bevölkerung an den ersten Bekanntmachungen der am 10. November gegründeten neuen Regierung des Rates der Volksbeauftragten ist Thema des Titelblattes der »Berliner Illustrirten Zeitung«

Die Berliner Theater eröffnen wieder. Gegeben werden »Nathan der Weise« von Gotthold E. Lessing und die »Meistersinger von Nürnberg« von Richard Wagner.

15. November, Freitag

Britisch-französische Truppenverbände laufen im Schwarzen Meer ein, um die weißrussischen Garden gegen die Bolschewiki zu unterstützen.

Als Parteiorgan der USPD erscheint in Berlin erstmals »Die Freiheit«. Leitender Redakteur ist Rudolf Hilferding.

Deutsche Gewerkschaften und Arbeitgeberverbände beschließen die Gründung einer Zentralen Arbeitsgemeinschaft, in der sofort die Einführung des Achtstundentages beschlossen wird.

In einer Verordnung über die Neuordnung des Geschichtsunterrichtes schreibt die preußische Regierung vor, daß in Zukunft »keine abfälligen Bemerkungen über Entstehung und Folgen der Revolution gemacht werden dürfen«.

16. November, Sonnabend

Der neue ungarische Ministerpräsident Mihály Graf Károlyi von Nagykárolyi ruft in Budapest die ungarische Republik aus. → S. 177

Ein Aufruf zur Gründung der Deutschen Demokratischen Partei (DDP) als Sammelbecken für den deutschen Liberalismus erscheint.

Im Stadttheater Nürnberg wird das Drama »Der Brand im Opernhaus« von Georg Kaiser uraufgeführt.

Der naturalistische deutsche Schriftsteller Gerhart Hauptmann veröffentlicht ein politisches »Manifest der Künstler und Dichter«, in dem er sich positiv zur demokratischen Revolution äußert.

17. November, Sonntag

Einen Skandal löst in Berlin der selbsternannte »Oberdada« Johannes Baader aus, als er während des Gottesdienstes im Dom auf die rhetorische Predigerfrage »Was ist uns Jesus Christus?« ruft: »Christus ist Euch wurscht!« → S. 189

18. November, Montag

Der weißrussische Admiral Alexandr W. Koltschak stürzt die am 23. September gebildete antibolschewistische Regierung und erklärt sich in Omsk zum Oberkommandierenden und zum Reichsverweser für ganz Rußland.

Der Staatssekretär des Äußeren, Wilhelm Heinrich Solf, richtet einen Appell an den US-Staatssekretär des Äußeren, Robert Lansing, die Behinderung der Transportwege nach Deutschland wegen der bedrohlichen Lebensmittelknappheit zu beenden.

19. November, Dienstag

Französische Truppenverbände ziehen unter Führung von General Philippe Pétain in Metz ein.

Im Berliner Lessing-Theater findet die deutsche Erstaufführung des Schauspiels »Der Schöpfer« des österreichischen Autors Albert Bassermann statt.

20. November, Buß- und Bettag

In Berlin und anderen deutschen Großstädten finden unter großer Volksbeteiligung Beisetzungsfeiern für die Opfer der Revolution statt.

Als politisches Gegengewicht zu den sog. freien (sozialistischen) Gewerkschaften bilden die christlichen Gewerkschaften, die liberalen Gewerkschaften (Hirsch-Duncker) und der Deutsch-Nationale Handlungsgehilfen-Verein gemeinsam den »Deutsch-Demokratischen Gewerkschaftsbund«.

21. November, Donnerstag

Die letzten deutschen Truppen verlassen Elsaß-Lothringen, das von französischen Truppen besetzt wird.

Das Zentrum gibt ein neues Programm heraus, in dem es sich gegen jede Form von Klassenherrschaft ausspricht. Gleichzeitig wird die christlich-konservative Partei in »Christliche Volkspartei« umbenannt.

Per Dekret wird vom Rat der Volksbeauftragten in Berlin die Entschädigung für Arbeiter bei vorübergehendem Stilliegen des Betriebes verkündet.

In Berlin wird der erste Film des Regisseurs Viktor Janson »Der gelbe Schein« mit Pola Negri und Harry Liedtke in den Hauptrollen uraufgeführt.

22. November, Freitag

Französische Truppenverbände besetzen Straßburg.

Die »Deutsch-Nationale Volkspartei (DNVP)« wird gegründet. Sie faßt konservative, antisemitische und nationalistische Gruppierungen zusammen.

Der Vollzugsrat des Groß-Berliner Arbeiter- und Soldatenrats und die Volksbeauftragten treffen eine Vereinbarung über die vorläufige Ausübung der Regierungsgewalt. → S. 173

Neue Karten der deutschen Kolonien erscheinen im Dietrich-Reimer-Verlag, Berlin (→ 25. 11./S. 177).

23. November, Sonnabend

Die hessischen Räte bestehen auf einer möglichst umgehenden Einberufung eines Nationalrates, da sie jede Form von Diktatur ausdrücklich ablehnen.

Unter maßgeblicher Beteiligung des Reichstagsabgeordneten und Industriellen Gustav Stresemann wird die konservative Deutsche Volkspartei (DVP) gegründet.

In der Neuinszenierung von Friedrich von Schillers »Wilhelm Tell« durch den Direktor der Berliner Volksbühne, Friedrich Kayssler, spielen u. a. Jürgen Fehling, Adele Sandrock und Mary Dietrich (später Marlene Dietrich, eigentlich Maria Magdalena von der Losch).

24. November, Sonntag

Kroaten, Slowenen und Serben erklären in Agram (Zagreb) ihre Unabhängigkeit (→ 11. 11./S. 174).

Zweifel an der organisatorischen Durchführbarkeit einer Nationalversammlung im Februar 1919 werden in der deutschen Presse laut. Auch befürchten die Zeitungen, die radikalen Sozialisten würden alles tun, um Wahlen so lange wie möglich hinauszuzögern (→ 22. 12./S. 173).

25. November, Montag

Die deutschen Truppen in Ostafrika kapitulieren endgültig. → S. 177

Die Reichskonferenz der deutschen Republiken in Berlin beschließt, in jedem Fall an der Reichseinheit festzuhalten und möglichst bald eine Nationalversammlung einzuberufen.

26. November, Dienstag

Der bayerische Ministerpräsident Kurt Eisner (USPD) wirft dem Auswärtigen Amt vor, da es von Vertretern des alten Systems geleitet werde, betrüge es mit seiner Politik das deutsche Volk. Diese Auffassung teilt der Arbeiter-, Soldaten- und Bauernrat in München. Er fordert den Arbeiter- und Soldatenrat in Berlin vergeblich auf, die Regierung zu stürzen.

27. November, Mittwoch

In Deutsch-Österreich wird das Gesetz über die neue Wahlordnung verabschiedet. Sie gewährt Männern und Frauen Wahlrecht ab dem 20. Lebensjahr.

In Preußen werden statt der bisherigen geistlichen Schulaufsicht staatliche Schulinspektoren eingesetzt.

In einer neuen Prosa- und Lyrik-Reihe des Roland-Verlages, München, erscheinen u.a. Werke von Hermann Kasack und Arnold Zweig.

28. November, Donnerstag

Kaiser Wilhelm II. dankt formell ab. Die ehemalige Kaiserin Auguste Viktoria begibt sich ebenso wie Wilhelm II. ins niederländische Exil nach Doorn.

Im Frankfurter und im Düsseldorfer Schauspielhaus wird Georg Kaisers neues Drama »Gas« uraufgeführt.

Das Auktionshaus Paul Cassirer, Berlin, präsentiert 70 bisher unveröffentlichte Werke des Malers und Zeichners Max Liebermann, die zu einem Stückpreis von rund 1000 Mark verkauft werden.

29. November, Freitag

Die Rote Armee erobert die estnische Stadt Narwa. Daraufhin findet die Proklamation der Estnischen Sowjetrepublik unter dem Titel »Estnische Arbeitskommune« statt.

Die Volksbeauftragten der provisorischen deutschen Regierung beschließen in Berlin das Reichswahlgesetz für die zukünftige Nationalversammlung.

Die deutsche Regierung schlägt den Siegermächten die Bildung einer neutralen Kommission zur Klärung der Kriegsschuldfrage vor.

Laut Erlaß des neuen deutschen Kultusministers Adolf Hoffmann (USPD) soll die Teilnahme am Religionsunterricht in den Schulen von nun an freiwillig sein.

Beim Verlag S. Fischer in Berlin erscheint Arthur Schnitzlers Novelle »Casanovas Heimkehr«.

30. November, Sonnabend

Island wird durch die Unionsakte in Personalunion mit Dänemark als selbständiger Staat anerkannt.

Wilhelm II., König von Württemberg, dankt ab.

Der erste Band »Der Untertan« von Heinrich Manns gesellschaftskritischer Romantrilogie »Das Kaiserreich« erscheint infolge der Zensur im Wilhelminischen Reich erst jetzt beim Verlag Kurt Wolff in Darmstadt. Bereits 1916 war die erste Ausgabe in russischer Sprache in Rußland verlegt worden. → S. 189

Im Kölner Schauspielhaus wird das Stück »Die Nachtseite« von Herbert Eulenberg uraufgeführt.

Diesjährige Preisträger der Kleist-Stiftung sind die Schriftsteller Leonhard Frank und Paul Zech. Der Preis ist mit 1000 Mark dotiert.

Gestorben:

9. Paris: Guillaume Apollinaire (*26. 8. 1880, Rom), französischer Dichter, Schöpfer des Begriffes »Surrealismus«.

9. Hamburg (Selbstmord): Albert Ballin (*18. 5. 1857, Hamburg), deutscher Reeder, Generaldirektor der Hapag.

11. Wien: Victor Adler (*24. 6. 1852, Prag), Parteiführer der österreichischen Sozialisten, Vertreter des Austromarxismus.

Geboren:

7. Charlotte (North Carolina): William Franklin (»Billy«) Graham, US-amerikanischer baptistischer Prediger.

9. Baltimore: Spiro T. Agnew, US-amerikanischer Politiker.

Das Wetter im Monat November

Station	Mittlere Lufttemperatur (°C)	Niederschlag (mm)	Sonnenscheindauer (Std.)
Aachen	5,1 (6,0)	46 (67)	— (62)
Berlin	3,2 (3,9)	13 (46)	— (50)
Bremen	4,3 (5,3)	16 (60)	— (50)
München	2,3 (3,0)	33 (53)	— (54)
Wien	— (4,5)	— (53)	— (—)
Zürich	3,5 (3,3)	29 (72)	49 (51)

( ) Langjähriger Mittelwert für diesen Monat
– Kein Wert ermittelt

Die Titelzeichnung des Münchner »Simplicissimus« begrüßt den Waffenstillstand vom 9. November und gibt der Hoffnung Ausdruck, daß der Friedensschluß keinen Anlaß zu neuem Haß und Krieg geben werde

München, 26. November 1918 — 23. Jahrgang Nr. 35

SIMPLICISSIMUS

Bezugspreis vierteljährlich 6 Mark
Alle Rechte vorbehalten

Begründet von Albert Langen und Th. Th. Heine

Bezugspreis vierteljährlich 6 Mark

Völkersehnsucht

(Zeichnung von O. Lendecke †)

Nur ein Friede, der keinen Haß zurückläßt, kann zum Segen werden!

Meuternde Matrosen und Heizer der kaiserlichen Kriegsflotte versammeln sich am Abend des 4. November zu einer Demonstration auf dem Marktplatz von Kiel

Aufständische Matrosen bilden in Kiel einen Soldatenrat

4. November. Aufständische Matrosen des 3. Geschwaders der kaiserlichen Flotte wählen in Kiel einen Soldatenrat, der die Macht in der Stadt übernimmt. Die Aufständischen verfügen über 40 000 bewaffnete Soldaten, mit denen sie die Inhaftierten des Matrosenaufstands vom → 29. Oktober (S. 145) befreien. Die Forderungen des Soldatenrats, die von der SPD und USPD unterstützt werden, leiten die Revolution im Deutschen Reich ein.

Die Meuterei der Matrosen gegen eine letzte selbstmörderische Aktion der Kriegsflotte hatte in Wilhelmshaven begonnen und sich rasch auf die anderen Flottenstützpunkte ausgedehnt. Nach der Verhaftung von 1000 Aufständischen, denen die standrechtliche Erschießung droht, kommt es zur Erhebung nahezu aller Schiffsbesatzungen, der Dockarbeiter und der Heeressoldaten in den Küstenstädten.

In Kiel versammeln sich am 3. November Tausende von Arbeitern und Soldaten zu einem Demonstrationszug, um die Freilassung der Verhafteten zu fordern. Der Kommandant der örtlichen Marinestation gibt Schießbefehl, woraufhin sich die Soldaten der örtlichen Garnison dem Aufstand anschließen.

Protestversammlung aufständischer Matrosen vor der Marinestation des Reichskriegshafens Wilhelmshaven

Revolutionäre deutsche Matrosen nach der erfolgreichen Erstürmung des Militärgefängnisses von Wilhelmshaven

Nach einem ersten gescheiterten Versuch, die Meuterei durch Heranführung auswärtiger Truppen militärisch niederzuschlagen, entsendet die Reichsregierung den sozialdemokratischen Abgeordneten Gustav Noske nach Kiel, um Verhandlungen zu führen. Der Soldatenrat legt ein 14 Punkte umfassendes Programm vor (→ 4. 11./S. 161). Da es in der gesamten Küstenregion keine kaisertreuen Armee-Einheiten mehr gibt, schließt sich Noske dem Programm an und übernimmt den Vorsitz des Kieler Arbeiter- und Soldatenrats. Die Reichsregierung in Berlin stimmt seiner Ernennung zu und legalisiert so die Machtübernahme der Matrosen.

Offiziere und Militärführung stehen fassungslos vor der Meuterei von etwa 100 000 Soldaten einer kaiserlichen Elitetruppe.

SPD will Kontrolle über den Aufstand

4. November. Mit der Entsendung des Sozialdemokraten Gustav Noske ins aufständische Kiel versucht die Mehrheits-SPD, die Kontrolle über die beginnende Revolution zu gewinnen und sich zum Verhandlungsführer der Aufständischen zu machen. Die Matrosen hatten eine spontane Meuterei begonnen und sind jetzt unerwartet zum Träger der revolutionären Bewegung geworden. Ihre Forderungen sind jedoch politisch wenig durchdacht und daher für die Regierenden leicht zu akzeptieren.

Die Forderungen des Kieler Soldatenrates lauten:

»1. Freilassung sämtlicher Inhaftierten und politischen Gefangenen.

2. Vollständige Rede- und Pressefreiheit.

3. Aufhebung der Briefzensur.

4. Sachgemäße Behandlung der Mannschaften durch Vorgesetzte.

5. Straffreie Rückkehr sämtlicher Kameraden an Bord und in die Kasernen.

6. Die Ausfahrt der Flotte hat unter allen Umständen zu unterbleiben.

8. Zurückziehung sämtlicher nicht zur Garnison gehöriger Truppen.

9. Alle Maßnahmen zum Schutze des Privateigentums werden sofort vom Soldatenrat festgesetzt.

10. Es gibt außer Dienst keine Vorgesetzten mehr.

11. Unbeschränkte persönliche Freiheit jedes Mannes von Beendigung des Dienstes bis zum Beginn des nächsten Dienstes.

12. Offiziere, die sich mit den Maßnahmen des jetzt bestehenden Soldatenrates einverstanden erklären, begrüßen wir in unserer Mitte. Alles übrige hat ohne Anspruch auf Versorgung den Dienst zu quittieren.

13. Jeder Angehörige des Soldatenrates ist von jeglichem Dienste zu befreien.

14. Sämtliche in Zukunft zu treffenden Maßnahmen sind nur mit Zustimmung des Soldatenrates zu treffen.«

Die 14 Punkte der meuternden Soldaten beziehen sich ausschließlich auf eine Milderung der Militärdisziplin und auf die Rücknahme des Befehls zum Auslaufen. Von einem revolutionären politischen Ziel, wie der Umwandlung des Deutschen Reichs in eine demokratische Republik, ist jedoch in dem Forderungskatalog nicht die Rede (→ S. 162).

Gustav Noske, MSPD-Mitglied und Beauftragter der Regierung in Kiel

Rede des Beauftragten der Reichsregierung und Vorsitzenden des Kieler Arbeiter- und Soldatenrates Gustav Noske vor den meuternden Matrosen

Trauerzug der meuternden Matrosen in Kiel mit den Särgen der Opfer des Aufstands vom 3. und 4. November, der mit einer Demonstration der Matrosen begann und infolge des Schießbefehls des örtlichen Kommandanten blutig endete

Aufständische Marinesoldaten und Werftarbeiter bei einer Massenversammlung in der Stadt Wilhelmshaven

Revolutionäre Matrosen nach dem endgültigen Sieg des Aufstands in Wilhelmshaven (am 10. November)

Arbeiter- und Soldatenräte übernehmen die Staatsmacht

5. November. Auf einer Versammlung in Hamburg solidarisieren sich Soldaten und Arbeiter und rufen den Generalstreik aus. Von hier aus greift die Bewegung auf Bremen und Lübeck über. Einen Tag später kontrollieren Arbeiter- und Soldatenräte die Städte Wilhelmshaven, Bremerhaven, Oldenburg, Schleswig, Lüneburg, Hannover sowie die gesamte mecklenburgische Küste. Trotz des Versuchs der SPD, die Kieler Matrosenerhebung (→4. 11./S. 160) auf die wesentlichen unpolitischen Forderungen zu beschränken, läßt sich der Aufstand nicht unter Kontrolle halten. Die Kieler Ereignisse wirken wie ein Fanal, das unmittelbar revolutionäre Aktionen auslöst. Hatte die Erhebung zunächst den Charakter einer Militärrevolte, so wird sie mit ihrer Ausbreitung von Norden nach Süden zu einer revolutionären Bewegung, die weite Teile der Bevölkerung erfaßt.
Am 7. November greift die Revolution auf die Städte des Ruhrgebiets, der sächsisch-thüringischen Industrieregion und den Großteil Süddeutschlands über.
Der Zusammenbruch der militärischen Disziplin führt zur Bildung von Soldatenräten, die von den Garnisonssoldaten unterstützt werden. Die Arbeiterschaft der Industriebetriebe orientiert sich an diesem Beispiel und gründet Arbeiterräte, die sich mit den Soldaten vereinigen. Arbeiter- und Soldatenräte übernehmen die Exekutivgewalt, d. h. sie treten an die Stelle der örtlichen militärischen Generalkommandos. Die kommunalen und zivilen Behörden bleiben in der Regel unangetastet.
Die Räte verstehen sich als eigenständige Organisation unabhängig von Parteien und Gewerkschaften. Sie besitzen kein einheitliches politisches Konzept für die Umgestaltung des Staates, befürworten jedoch die Zusammenarbeit mit MSPD und USPD. Die politische Führung in den von den Räten beherrschten Orten liegt bei den Parteiorganisationen beider sozialdemokratischer Partei-Gruppierungen.
Damit befindet sich die Mehrheits-SPD in einer zwiespältigen Lage. Als politische Führung der Räte bei gleichzeitiger Beteiligung an der Reichsregierung macht sie Revolution gegen sich selbst.
Um aus diesem Zwiespalt herauszukommen, richtet Philipp Scheidemann, Staatssekretär in der Regierung, am 7. November ein Ultimatum an Reichskanzler Max von Baden, das den Rücktritt des Kaisers und den Thronverzicht des Kronprinzen fordert. Geschehe dies nicht, werde die MSPD aus der Regierung austreten. Die MSPD versucht sich mit diesem Ultimatum als Sprecher der revolutionären Bewegung zu etablieren und durch die Opferung der Hohenzollern-Herrscher die parlamentarische Ordnung zu erhalten, die sie selbst mit der Oktoberverfassung durchgesetzt hatte (→28. 10./S. 143).

P. Scheidemann, führender Politiker der MSPD

Flugblatt der Mehrheits-SPD

4. November. Der Vorstand der sozialdemokratischen Partei versucht, mit Flugblättern Einfluß auf die revolutionären Entwicklungen zu nehmen:

»Arbeiter! Parteigenossen!
Durch unterschriftlose Flugblätter und durch Agitation von Mund zu Mund ist an Euch die Aufforderung ergangen, in den nächsten Tagen die Betriebe zu verlassen und auf die Straße zu gehen.
Wir raten Euch dringend, dieser Aufforderung nicht zu folgen. Wie ihr alle wißt, befindet sich die sozialdemokratische Partei im Zuge einer sehr wichtigen Aktion. Sie hat einige Genossen in die Regierung entsandt, damit diese schleunigst Frieden schließe, und im Innern alle bürgerlichen Freiheiten herstelle, deren die Arbeiterklasse zu ihrer weiteren Entwicklung bedarf . . .
Wir fordern Euch auf, die Verhandlungen nicht durch unbesonnenes Dazwischentreten zu durchkreuzen. Jetzt gilt es, ruhig Blut und Disziplin zu wahren und sich von keinerlei Verwirrungsparolen einfangen zu lassen . . .«

Revolutionäre Matrosen im Hamburger Hafen

Solidarisierung in Hamburg

7. November. Die Zeitung »Hamburger Echo« beschreibt die Verbrüderung von Soldaten und Arbeitern mit den aufständischen Kieler Matrosen:

»Das gellende Signal von Kiel hat auch die Hamburger Arbeiter und die Matrosen und Soldaten aufgerufen. Am Mittwochmorgen wurde auf den Werften und sehr vielen anderen Betrieben die Arbeit niedergelegt. Auf den im Hafen liegenden Kriegsfahrzeugen wurde die Rote Flagge gehißt als Zeichen, daß auch hier die Matrosen dem Beispiel ihrer Kieler Kameraden gefolgt sind.
Überall sah man bewaffnete Gruppen mit roten Schleifen geschmückter Matrosen und Soldaten. Jeder Offizier wurde verhaftet und nach Abnahme seiner Waffen einige Stunden im Gewerkschaftshaus festgehalten . . .
Gegen 12 Uhr hatten sich in langen Zügen die Proletarier Hamburgs, durchsetzt mit großen Massen bewaffneter Matrosen und Soldaten, auf dem Heiligengeistfeld eingefunden. Die Arbeiter und Soldaten haben die politische Macht in die Hand genommen . . .«

Streikaufruf aus Köln, Anfang November

Aufruf der Kölner Räte

8. November. Der Arbeiter- und Soldatenrat in Köln konstituiert sich und veröffentlicht eine Proklamation an die Kölner Bürgerschaft:

»Die Arbeiter und Soldaten Kölns haben einen Arbeiter- und Soldatenrat gebildet. Er hat die Aufgabe, die Revolution, die auch unsere Stadt erfaßt hat, in geordneten Bahnen zum Siege des Volkes durchführen zu helfen. Die Ziele der Bewegung sind: 1. Sofortiger Friede. 2. Vereidigung des Heeres auf die Verfassung. 3. Freilassung sämtlicher politischen Gefangenen. 4. Abschaffung aller Dynastien im Deutschen Reiche. 5. Einstellung aller militärischen Einberufungen. 6. Annullierung der Kriegsanleihen.
Arbeiter, Soldaten, Bürger Kölns! Helft uns, die Ordnung aufrecht zu erhalten. Keine Angriffe auf das Leben und die Ehre! Keine Plünderungen! Wer sich gegen die öffentliche Ordnung vergeht, wird von unsern Streifwachen sofort festgenommen. . . .
Vorwärts für Freiheit und Ordnung! Es lebe die sozialistische Republik!«

Kurt Eisner proklamiert in München die Republik Bayern

7. November. Der Vorsitzende der Münchener Unabhängigen Sozialdemokraten (USPD), Kurt Eisner, ruft in der Nacht im bayerischen Landtagsgebäude in der Prannerstraße den republikanischen »Freien Volksstaat Bayern« aus. Zur gleichen Zeit verläßt der bayerische König Ludwig III. mit seiner Familie überstürzt die bisherige Residenzstadt München.

Begonnen hatte die bayerische Revolution mit einer für den Nachmittag des 7. November angesetzten Demonstration der Mehrheitssozialisten (MSPD) auf der Münchener Theresienwiese, der sich die USPD anschloß. Geplant war die Forderung nach Beendigung des Krieges, Abdankung des Kaisers und allgemeiner Demokratisierung, nicht aber die Revolution. Schnell gewannen die Redner der USPD auf der Theresienwiese jedoch mehr Zuspruch als ihre gemäßigten Genossen von der MSPD. Auch die zahlreichen Soldaten, die der Kundgebung beiwohnten, liefen ohne Zögern zu den Leuten der USPD über. Nach der sich anschließenden, noch von der MSPD mitgetragenen Demonstration zogen die Anhänger der USPD zunächst zu einer Schule, in der die Soldaten des Landsturms untergebracht waren. Diese schlossen sich ohne Zögern an. Im weiteren Verlauf wurden auch alle anderen Kasernen Münchens einschließlich der Militärarrestanstalt gestürmt. Die Revolution fand ohne jedes Blutvergießen statt.

Im Saal der Gaststätte »Mathäserbräu« wird am späten Abend der Arbeiter- und Soldatenrat gewählt.

Kurt Eisner (l.), Führer des Münchner Arbeiter-, Bauern- und Soldatenrats

Großer Jubel bei den republikanischen Truppen und bei der Bevölkerung von München nach der Proklamation der bayerischen Republik

Revolution in der Hauptstadt des Deutschen Reiches

9. November. Mit einem spontanen Streik der Berliner Arbeiter bricht der bewaffnete Aufstand in der Reichshauptstadt aus. Die Arbeiter- und Soldatenräte stellen ihre bewaffnete Macht in Berlin den Sozialdemokraten zur Verfügung. Damit ist der Machtkampf zwischen Sozialdemokraten und dem äußersten linken Flügel der USPD über die Führung der revolutionären Erhebung und die zukünftige Gestaltung des Staates entschieden.

Während in anderen deutschen Städten die Macht bereits in den Händen der Arbeiter- und Soldatenräte lag, blieb es in der Hauptstadt wegen der Zersplitterung der politischen Linken zunächst ruhig.

Bereits seit den Januarstreiks (→ 28. 1./S. 16) hatte sich in Berlin eine illegale Organisation der »Revolutionären Obleute« in den Betrieben gebildet. Diese werden vom linksradikalen Flügel der USPD, der Spartakusgruppe, gestützt. Die Gruppe steht in scharfem Widerspruch zur Mehrheits-SPD und auch zu den unabhängigen Sozialdemokraten. Angesichts der revolutionären Stimmung ist es zu einer Wiederannäherung der beiden Parteien gekommen, die jedoch von den Spartakisten um Karl Liebknecht abgelehnt wird.

Am 2. November beschlossen die Revolutionären Obleute, zwei Tage später eine bewaffnete Erhebung durchzuführen. Die Vertreter der Betriebe verlangten jedoch eine Vertagung der Aktion auf den 11. November. Am 8. November wurden die führenden Köpfe der Obleute verhaftet, so daß die Organisation praktisch arbeitsunfähig wurde.

Der SPD gelang es dagegen, am 8. November einen Aktionsausschuß der Betriebs-Vertrauensleute zu gründen. So waren SPD und USPD auf die spontane Massenerhebung, die von keiner Gruppierung erwartet wurde, besser vorbereitet.

Die Machtübernahme der Arbeiter- und Soldatenräte in Berlin vollzieht sich trotz einzelner Gefechte mit kaisertreuen Offizieren problemlos.

Heeresoffizier in Berlin, der sich mit seiner Kompanie dem bewaffneten Aufstand in der Stadt angeschlossen hat

Soldaten des deutschen Heeres, jetzt Mitglieder des Arbeiter- und Soldatenrates; Aufmarsch mit roter Fahne

Nach dem spontanen Ausbruch der bewaffneten Erhebung in Berlin kontrollieren die Einheiten der Arbeiter- und Soldatenräte die gesamte Stadt; den revolutionären Soldaten (Abb.) gelingt die Machtübernahme ohne größere Auseinandersetzungen; nur vereinzelt kommt es zu Schießereien mit wenigen kaisertreuen Offizieren, die Mehrheit der Truppen schließt sich der Erhebung an

Um die Mittagsstunde des 9. November sind in der Reichshauptstadt Berlin die revolutionären Arbeiter und Soldaten siegreich; die Bevölkerung versammelt sich zu Großdemonstrationen in den Straßen und fordert die deutsche Republik

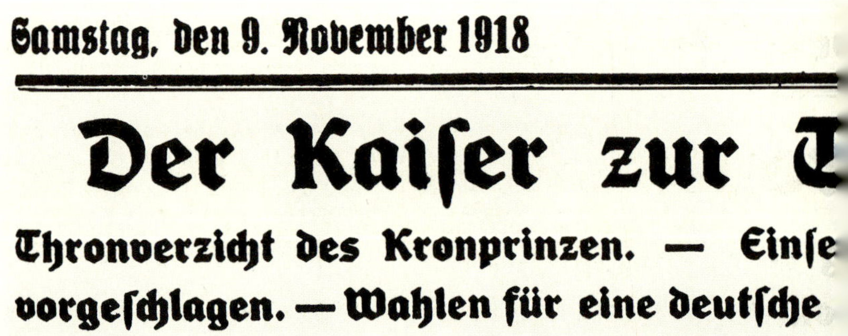

Samstag, den 9. November 1918

Der Kaiser zur T

Thronverzicht des Kronprinzen. — Einse

vorgeschlagen. — Wahlen für eine deutsche

Die Soldaten der Gardepionierkaserne unterstützen den Aufstand und schließen sich den Einheiten der Arbeiter- und Soldatenräte an; die Soldaten verteilen Waffen an die republikanischen Kräfte und tragen so zum schnellen militärischen Erfolg der Revolution bei

Nach der Machtübernahme in Berlin stellt der Arbeiter- und Soldatenrat mit seinen bewaffneten Einheiten die ersten Ordnungskräfte der Revolution; die Einheiten werden nach dem Beschluß der Räte den Sozialdemokraten zur Verfügung gestellt

In den Wirren der ersten Stunden nach der Revolution kommt es zu heftigen Debatten; auf Demonstrationen bemühen sich MSPD-Sprecher, den parlamentarischen Weg zu propagieren, während der linke Flügel der USPD die Räte-Demokratie fordert

Die Soldaten der Garde-Ulanen-Kaserne übergeben ihr Gebäude und vor allem ihre Waffen den Mitgliedern des Arbeiter- und Soldatenrates; die Truppen waren durch die Agitation der sozialdemokratischen Parteien auf einen bevorstehenden Aufstand vorbereitet worden und folgen daher dem Aufruf der Räte »Brüder nicht schießen«

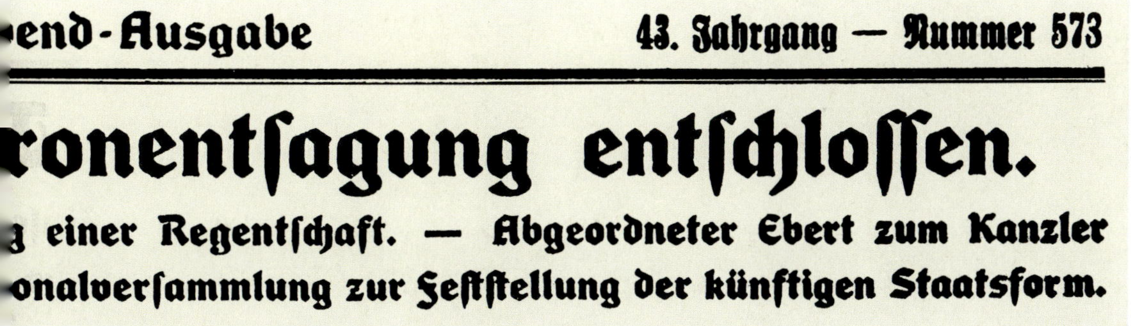

·end-Ausgabe 43. Jahrgang — Nummer 573

ronentsagung entschlossen.

g einer Regentschaft. — Abgeordneter Ebert zum Kanzler
onalversammlung zur Feststellung der künftigen Staatsform.

Überall in Berlin finden in den ersten Tagen nach der erfolgreichen Revolution Massenkundgebungen statt, die noch gemeinsam von den SPD-Splittergruppen MSPD, USPD und Spartakusgruppe veranstaltet werden

Die aufständischen Arbeiter und Soldaten in der Reichshauptstadt Berlin vertreten mit ihren Aktionen vor allem politische Ziele; Hauptforderungen sind die Absetzung des deutschen Kaisers Wilhelm II., Friedensverhandlungen mit den Alliierten und die Gründung einer deutschen Republik; die Abbildung zeigt Soldaten und Matrosen bei einer Patrouillenfahrt in einem Panzerauto

Obwohl es den bewaffneten Arbeitern und Soldaten ohne größere Gegenwehr gelungen war, die Macht zu erobern, gab es doch einige Todesopfer; am 20. November findet die Beerdigung statt; auf der Abbildung ist der Trauerzug mit den Revolutionsopfern vor dem Berliner Schloß zu sehen, 100 000 Berliner nehmen an der Trauerfeier auf dem Tempelhofer Feld teil

Kaiser Wilhelm will »Ordnung schaffen« und muß gehen

Kaiser Wilhelm II. (4. v. l.) verläßt am 10. November deutsches Staatsgebiet und geht ins Exil in die Niederlande

9. November. Im Deutschen Reichstag in Berlin geht um etwa 14 Uhr die Meldung ein, Wilhelm II. sei bereit, als deutscher Kaiser abzudanken, nicht aber als König von Preußen.
Bereits gegen 12 Uhr hatte Reichskanzler Max von Baden dem Wolffschen Telegrafenbureau eigenmächtig die Nachricht zugehen lassen, der Kaiser habe sich entschlossen, »dem Throne zu entsagen«.
Bereits am 7. November hatte die SPD ein Ultimatum an den Reichskanzler gerichtet, in welchem mit dem Austritt der sozialdemokratischen Minister gedroht wurde, falls nicht der Kaiser innerhalb eines Tages auf den Thron verzichte. Am 9. November hat sich die revolutionäre Situation so stark zugespitzt, daß die SPD-Minister nicht länger mit ihren Entlassungsgesuchen zögern. Max von Baden ist spätestens seit dem Morgen des 9. November selbst davon überzeugt, daß an der Abdankung des Kaisers kein Weg mehr vorbeiführt, denn die Oberste Heeresleitung hat bekanntgegeben, im Falle eines Bürgerkrieges werde die deutsche Armee mit Zustimmung der Heeresleitung nicht mehr hinter dem Kaiser stehen. Im Verlaufe des Vormittags häufen sich die Meldungen über meuternde Truppen.
Um den in seinen Augen schmachvollen Sturz des Kaisers im letzten Moment doch noch zu verhindern, entschließt sich der Kanzler, eigenmächtig die Abdankung des Kaisers zu verkünden, außerdem selber zurückzutreten und statt dessen den Sozialdemokraten Friedrich Ebert als Kanzler vorzuschlagen, dem die Vorbereitung baldiger allgemeiner Wahlen zur verfassunggebenden Versammlung obliegen soll (→9. 11./S. 163; 10. 11./S. 171).
Der Kaiser hatte noch am Vortag die Absicht geäußert, an der Spitze seines Heeres »die Ordnung in der Heimat wieder herzustellen«.

Die Katastrophe des Kaisers Wilhelm II.

Anfang November ist über die endgültige Kriegsniederlage des Deutschen Reiches kein Zweifel mehr möglich. Auch die konservativbürgerlichen Zeitungen sprechen zunehmend davon, daß eine Umstrukturierung des Staates nicht ohne eine Abdankung des Kaisers denkbar sei. Die »Frankfurter Zeitung« schreibt am 5. November in einem Kommentar zum Thema:

»... was in diesen fünf Wochen vor sich gegangen ist, das ist, nach innen und nach außen, die Liquidation der 30jährigen Regierungszeit Kaiser Wilhelms II., oder dessen, was von ihr noch übrig geblieben ist in der fürchterlichen Katastrophe dieses Krieges, die eben auch die Katastrophe des Kaisers ist. Was wir jetzt erleben, ist Ende und Abschluß; unmöglich schien der Gedanke, daß der Anfang des Neuen, das nun kommen muß, unter demselben Zeichen der Regierung Wilhelms II. (oder seines Sohnes) begonnen werden könnte. Nicht um die schwere Frage der Schuld handelt es sich dabei in erster Reihe; denn ebenso schuldig wie der Kaiser waren die Jämmerlichen, die ihm knechtisch dienten, statt ihn mannhaft in die Grenzen seiner Rechte und seiner Fähigkeiten zu verweisen. Aber der Kaiser selbst hat sich vor der ganzen Welt zum Symbol der Politik gemacht, die Deutschland in den Abgrund geführt hat; als sein System hatte diese immer in der Ich-Form geführte Politik vor der Zeit und vor der Geschichte gelten sollen; so gebietet es die Würde, daß er verzichte, wenn diese furchtbare Politik zusammenbricht ... Kann der Sechzigjährige wirklich glauben, daß er nochmals berufen sei, uns herrlichen Zeiten entgegen zu führen?«

Hohenzollern am Ende angekommen

Mit der Abdankung von Wilhelm II. nimmt das deutsche Kaiserreich am 9. November ein unrühmliches Ende. Der dritte Monarch der Dynastie der Hohenzollern muß zu diesem Schritt gezwungen werden; seine Abdankung als König von Preußen gibt Wilhelm sogar erst am 28. November bekannt, als er sich bereits seit über zwei Wochen im niederländischen Exil im Haus Doorn befindet.
Erster deutscher Kaiser aus dem Geschlecht der Hohenzollern wurde am 18. Januar 1871 Wilhelm I., König von Preußen. Nach dem Tod Wilhelm I. am 9. März 1888 wurde zunächst sein Sohn Friedrich (III.) deutscher Kaiser; er verstarb jedoch bereits am 15. Juni des gleichen Jahres, und sein Sohn Wilhelm (II.) bestieg im Alter von 29 Jahren den Thron.
Wilhelm II. ist Mitglied eines über 750 Jahre alten deutschen Adelsgeschlechts. Erstmals im Jahre 1061 erscheint ein Graf von Zollern in schwäbischen Urkunden. Etwa 1214 teilte sich das Haus Zollern in eine schwäbische und eine fränkische (später: brandenburgisch-preußische) Linie. Die brandenburgische Kurwürde erhielt die fränkische Linie des Hauses Hohenzollern 1417. Die brandenburgischen Hohenzollern gewannen 1614 Kleve, Mark und Ravensberg und zwei Jahre darauf das Herzogtum Preußen als polnisches Lehen.
Die ersten bedeutenden Schritte auf dem Weg Brandenburg-Preußens zur Großmachtstellung gelangen Friedrich Wilhelm, dem Großen Kurfürsten, der zwischen 1640 und 1688 regierte, dem ersten König von Preußen, Friedrich Wilhelm I., dem Soldatenkönig, der durch seine Kriegführung u. a. Schlesien hinzugewinnen konnte, und Friedrich II., dem Großen, der während seiner Regentschaft zwischen 1740 und 1786 ganz Westpreußen und Ostfriesland eroberte.

2. Extraausgabe Sonnabend, den 9. November 1918.

Vorwärts

Berliner Volksblatt.

Zentralorgan der sozialdemokratischen Partei Deutschlands.

Der Kaiser hat abgedankt!

Der Reichskanzler hat folgenden Erlaß herausgegeben:

Seine Majestät der Kaiser und König haben sich entschlossen, dem Throne zu entsagen.

Der Reichskanzler bleibt noch so lange im Amte, bis die mit der Abdankung Seiner Majestät, dem Thronverzichte Seiner Kaiserlichen und Königlichen Hoheit des Kronprinzen des Deutschen Reichs und von Preußen und der Einsetzung der Regentschaft verbundenen Fragen geregelt sind. Er beabsichtigt, dem Regenten die Ernennung des Abgeordneten Ebert zum Reichskanzler und die Vorlage eines Gesetzentwurfs wegen der Ausschreibung allgemeiner Wahlen für eine verfassungsgebende deutsche Nationalversammlung vorzuschlagen, der es obliegen würde, die künftige Staatsform des deutschen Volk, einschließlich der Volksteile, die ihren Eintritt in die Reichsgrenzen wünschen sollten, endgültig festzustellen.

Berlin, den 9. November 1918. **Der Reichskanzler.**
Prinz Max von Baden.

Es wird nicht geschossen!

Der Reichskanzler hat angeordnet, daß seitens des Militärs von der Waffe kein Gebrauch gemacht werde.

Parteigenossen! Arbeiter! Soldaten!

Soeben sind das Alexanderregiment und die vierten Jäger geschlossen zum Volke übergegangen. Der sozialdemokratische Reichstagsabgeordnete Wels u. a. haben zu den Truppen gesprochen. Offiziere haben sich den Soldaten angeschlossen.

Der sozialdemokratische Arbeiter- und Soldatenrat.

Berlin, 14 Uhr:

Scheidemann ruft die Republik aus

9. November. Von einem Balkon des Deutschen Reichstags in Berlin ruft Philipp Scheidemann die deutsche Republik aus. Scheidemann ist Abgeordneter der Mehrheits-SPD, die zunächst die monarchistische Oktoberverfassung (→28. 10./S. 143) mit verabschiedete, aufgrund der revolutionären Ereignisse jedoch die Bestätigung durch die Volksvertretung der Arbeiter- und Soldatenräte sucht.

Zwei Stunden vor der Proklamation Scheidemanns hatte Reichskanzler Max von Baden die Abdankung von Kaiser Wilhelm II. bekanntgegeben. Gegen Mittag verkündete die SPD-Fraktion den Austritt aus der Regierung und verlangte die Übernahme des Reichskanzleramtes, das daraufhin dem Abgeordneten Friedrich Ebert übertragen wurde. Von den revolutionären Ereignissen des Tages ist die Mehrheits-SPD ebenso wie alle anderen Parteien überrascht worden (→9. 11./S. 163). Sie ist jedoch wegen Eberts Amtsübernahme, der Organisation eines Aktionsausschusses der Betriebsvertrauensleute und bereits laufender Koalitionsverhandlungen mit den unabhängigen Sozialdemokraten besser auf die Volkserhebung vorbereitet. Scheidemann nutzt die revolutionäre Bewegung, um der Bevölkerung die Regierungsübernahme der SPD zu verkünden:

»Das deutsche Volk hat auf der ganzen Linie gesiegt. Das alte Morsche ist zusammengebrochen; der Militarismus ist erledigt! Die Hohenzollern haben abgedankt! Der Abgeordnete Ebert ist zum Reichskanzler ausgerufen worden. Ebert ist damit beauftragt worden, eine neue Regierung zusammenzustellen. Dieser Regierung werden alle sozialistischen Parteien angehören. Jetzt besteht unsere Aufgabe darin, diesen glänzenden Sieg, diesen vollen Sieg des deutschen Volkes nicht beschmutzen zu lassen, und deshalb bitte ich Sie, sorgen Sie dafür, daß keine Störung der Sicherheit eintrete. Wir müssen stolz sein können, in alle Zukunft auf diesen Tag.

Sorgen Sie dafür, daß die neue deutsche Republik, die wir errichten werden, nicht durch irgend etwas gefährdet werde! Es lebe die deutsche Republik!«

Philipp Scheidemann proklamiert für die Sozialdemokraten von einem Balkon des Reichstages aus die Republik

Berlin, 16 Uhr:

Liebknecht ruft die Republik aus

9. November. Karl Liebknecht proklamiert vor dem Berliner Schloß die freie sozialistische Republik. Liebknecht ist Angehöriger der Spartakusgruppe, die den linken Flügel der unabhängigen Sozialdemokraten (USPD) vertritt.
Die Spartakusgruppe und die von ihr gestützten Revolutionären Obleute (→9. 11./S. 163) hatten den Aufstand der Berliner Arbeiter für den 11. November festgelegt und werden von der spontanen Erhebung überrascht. Liebknecht versucht, die revolutionären Arbeiter und Soldaten für seine sozialistische Rätedemokratie nach sowjetischem Vorbild zu gewinnen. Er weiß jedoch, daß der Führer der Mehrheits-Sozialdemokraten (MSPD), Friedrich Ebert, bereits zum Reichskanzler ernannt wurde und daß die Mehrheit der USPD über eine Regierungsbildung mit der MSPD diskutiert. Mit der Proklamation soll die nach Ansicht des Spartakusbundes bürgerliche Revolution zu einer sozialistischen umfunktioniert werden. Vor den versammelten revolutionären Arbeitern und Soldaten erklärt Liebknecht (Auszug):
»Der Tag der Revolution ist gekommen. Wir haben den Frieden erzwungen. Der Friede ist in diesem Augenblick geschlossen. Das Alte ist nicht mehr. Die Herrschaft der Hohenzoller, die in diesem Schloß jahrhundertelang gewohnt haben, ist vorüber. In dieser Stunde proklamieren wir die freie sozialistische Republik Deutschland ...
Durch dieses Tor wird die neue sozialistische Freiheit der Arbeiter und Soldaten einziehen. Wir wollen an der Stelle, wo die Kaiserstandarte wehte, die Rote Fahne der freien Republik Deutschland hissen ...
Die Herrschaft des Kapitalismus, der Europa in ein Leichenfeld verwandelt hat, ist gebrochen ...
Wir müssen alle Kräfte anspannen, um die Regierung der Arbeiter und Soldaten aufzubauen und eine neue staatliche Ordnung des Proletariats zu schaffen, eine Ordnung des Friedens, des Glücks und der Freiheit unserer deutschen Brüder und unserer Brüder in der ganzen Welt.
Wir reichen ihnen die Hände und rufen sie zur Vollendung der Weltrevolution auf.«

Karl Liebknecht, der die freie sozialistische deutsche Republik ausruft

Nur wenige der revolutionären Soldaten und Arbeiter unterstützen die radikalen Positionen der Spartakusgruppe um Karl Liebknecht und Rosa Luxemburg

Karl Liebknecht, der für eine Rätedemokratie nach sowjetischem Vorbild eintritt, bei einer Rede im Berliner Tiergarten

Berliner Räte für »Volksbeauftragte«

11. November. Der »Vorwärts« berichtet über die erste Sitzung des Arbeiter- und Soldatenrates von Berlin, auf der die Koalitionsverhandlungen von SPD und USPD unterstützt werden und der »Rat der Volksbeauftragten« als neue Regierung bestätigt wird:
»Gestern nachmittag 5 Uhr fand im Zirkus Busch die erste Versammlung der von den Soldaten und der Arbeiterschaft gewählten Vertrauensmänner statt. Etwa 3000 Personen füllten den Raum, ungefähr zu gleichen Teilen Arbeiter und Soldaten. Die Versammlung wurde von dem Vorsitzenden des provisorischen Aktionsausschusses Genossen Barth eröffnet ... Die Mitteilung des Genossen Ebert, daß zwischen den sozialistischen Parteien eine Einigung über die Bildung der Regierung zustande gekommen sei auf der Grundlage, daß je drei Vertreter der Mehrheitssozialisten und der Unabhängigen in das Kriegskabinett der neuen Regierung eintreten, rief brausenden Beifall hervor, während mehrfache Störversuche von seiten der Spartakusgruppe von den Versammelten entschieden zurückgewiesen wurden ...
In gleichem Maße, wie von der äußersten Linken der Ausschluß der Mehrheitssozialisten verlangt wurde, wuchs das stürmische Begehren der Versammlung, daß der Aktionsausschuß des Arbeiter- und Soldatenrates unbedingt paritätisch von Vertretern beider Parteien besetzt werden müsse ...
Nunmehr schlug der Vorsitzende der Versammlung vor, das politische Kabinett, daß sich infolge der Einigung der sozialistischen Parteien gebildet hat, zu bestätigen und nannte hierbei die Namen der Kabinettsmitglieder Ebert, Scheidemann, Landsberg, Haase, Dittmann und Barth. Diese Erklärung wurde seitens der Versammlung mit brausendem Jubel aufgenommen. Die Bestätigung erfolgte, wie der Vorsitzende feststellte, mit ungeheurer Mehrheit gegen vereinzelte Stimmen ...«

Eine der ersten Sitzungen des am 10. November gebildeten Berliner Arbeiter- und Soldatenrates im Reichstagsgebäude

Liebknechts Sozialismus-Pläne scheitern

10. November. Nach dem erfolgreichen bewaffneten Aufstand vom Vortag bilden sich in Berlin Arbeiter- und Soldatenräte, die sich rasch der Mehrheits-SPD anschließen. In einer umgehend einberufenen Versammlung im Zirkus Busch wählen die Räte einen Vollzugsausschuß, dem Vertreter der Arbeiter, der Soldaten und der sozialdemokratischen Parteien angehören. Der Arbeiter- und Soldatenrat von Berlin bestätigt den Rat der Volksbeauftragten als neue Regierung.
Der Anschluß der Berliner Revolutionäre an die SPD macht den Plan des linksradikalen Spartakusbundes, eine sozialistische Räterepublik nach sowjetischem Vorbild zu gründen, zunichte. Vor allem die Soldatenräte, die den entscheidenden Teil zur Revolution beigetragen haben, sind in ihrer Mehrheit weder proletarisch noch sozialistisch, noch wollen sie eine Diktatur des Proleteriats ausüben. Statt dessen unterstützen sie die neue Einheit von SPD und gemäßigtem USPD-Flügel.
Der SPD-Abgeordnete Friedrich Ebert hatte schon frühzeitig die unabhängigen Sozialdemokraten zu einer gemeinsamen Regierung aufgefordert. Der Versuch des Vertreters des Spartakusbundes, Karl Liebknecht, die Mehrheits-SPD von der Regierungsbildung auszuschließen, fand bei den Räten keine Zustimmung. Statt dessen bestätigt die Versammlung den Rat der Volksbeauftragten, der mit dem Friedensschluß und der Organisation zur Einrichtung einer Nationalversammlung beauftragt wird. Ebenso wird ein »Vollzugsrat des Arbeiter- und Soldatenrates Groß-Berlin« gewählt.
Der Berliner Arbeiter- und Soldatenrat, der sich als Vertretung des gesamten Volkes versteht, legitimiert die erste republikanische Regierung in Deutschland.

Sicherheitsausschuß des Rates der Volksbeauftragten im Reichstag

Erste Regierung der Republik ist gebildet

10. November. Nach Verhandlungen zwischen USPD und MSPD bilden beide Parteien eine Koalition und konstituieren den »Rat der Volksbeauftragten«. Das sechsköpfige Gremium, das vom Berliner Arbeiter- und Soldatenrat unterstützt wird, ist die erste Regierung der deutschen Republik. Gleichberechtigte Vorsitzende des Rates sind Hugo Haase (USPD) und Friedrich Ebert (MSPD), der sich allerdings den Titel »Reichskanzler« sichert.

Der ersten republikanischen Regierung gehören außerdem Wilhelm Dittmann (USPD), Otto Landsberg (MSPD), Philipp Scheidemann (MSPD) sowie Emil Barth (USPD) an. Die Führer des Spartakusbundes und der Revolutionären Obleute, Karl Liebknecht und Richard Müller, hatten sich geweigert, der neuen Regierung beizutreten. Barth, Mitglied der Revolutionären Obleute, ist als Vertreter der USPD Mitglied der neuen Regierung, nicht jedoch als Delegierter der linksradikalen Gruppen.

Bereits am 9. November hatte der bisherige Reichskanzler Max, Prinz von Baden, dem Abgeordneten Ebert das Amt des Reichskanzlers übertragen. Max von Baden hatte das Recht, den Titel weiterzugeben, da er zuvor die Abdankung des Kaisers bekanntgegeben hatte (→ S. 166). Nach der preußischen Verfassung liegt die oberste Regierungsgewalt beim Reichskanzler, wenn kein Monarch vorhanden ist. Ebert hat also formal den Titel eines Reichskanzlers und Regenten inne. Damit vertritt die SPD weiterhin den Standpunkt der monarchistischen Oktoberverfassung. Erst die Ereignisse vom 9. November und die Bestätigung der Koalitionsabsprache zwischen SPD und USPD durch den Berliner Arbeiter- und Soldatenrat gaben der Regierung eine republikanische Grundlage.

Ebert übernimmt die ständige Leitung der Reichskanzlei und übt damit praktisch das Amt des Reichskanzlers aus. Dadurch, daß SPD, Zentrum und Liberale die wichtigsten Staatssekretariate besetzen, bleibt die alte Reichstagsmehrheit an der Macht. So führt Matthias Erzberger (Zentrum) als Staatssekretär die Waffenstillstandsverhandlungen (→ 11. 11./S. 178), Hugo Preuß (Fortschrittspartei) übernimmt das Reichsamt des Innern.

Friedrich Ebert, MSPD-Mitglied und Vorsitzender des Rates der Volksbeauftragten, der ersten republikanischen Regierung im Deutschen Reich

Aufruf der neuen Reichsregierung

9. November. Die neue republikanische Regierung der Volksbeauftragten veröffentlicht ihren ersten Aufruf:

»Der heutige Tag hat die Befreiung des Volkes vollendet. Der Kaiser hat abgedankt, sein ältester Sohn auf den Thron verzichtet.

Die Sozialdemokratische Partei hat die Regierung übernommen und der Unabhängigen Sozialdemokratischen Partei den Eintritt in die Regierung auf dem Boden voller Gleichberechtigung angeboten. Die neue Regierung wird sich für die Wahlen zu einer konstituierenden Nationalversammlung organisieren, an denen alle über 20 Jahre alten Bürger beider Geschlechter mit vollkommen gleichen Rechten teilnehmen werden. Sie wird sodann ihre Machtbefugnisse in die Hände der neuen Vertretung des Volkes zurücklegen. Bis dahin hat sie die Aufgabe, Waffenstillstand zu schließen und Friedensverhandlungen zu führen, den Volksgenossen in Waffen den raschesten geordneten Weg zu ihrer Familie und zu lohnendem Erwerb zu sichern...«

V. l.: Barth (USPD), Landsberg (MSPD), Ebert (MSPD), Haase (USPD), Dittmann (USPD), Scheidemann (MSPD)

Abkommen zwischen Ebert und den Militärs

10. November. Der Erste Generalquartiermeister Wilhelm Groener sagt in einem Telefongespräch dem Vorsitzenden des Rates der Volksbeauftragten, Friedrich Ebert, die Unterstützung des Frontheeres zu. Das Geheimabkommen sichert den Offizieren ihre führende Rolle in der Armee und der neuen Regierung eine bewaffnete Macht, die gegen linksradikale Tendenzen innerhalb der revolutionären Bewegung eingesetzt werden kann.
Groener, dem nicht an der Rückkehr von Kaiser Wilhelm II. gelegen war, hatte sich bereits am Vortag geweigert, die Frontsoldaten gegen die Revolution im Innern zu führen. Er will mit den gemäßigten Mehrheitssozialisten paktieren, um die Rolle des Offizierskorps als nationale Elite zu erhalten und eine neue Armee in einem bürgerlichen Deutschland aufzubauen. Dazu benötigt das Offizierskorps die Legitimation durch die neue Regierung. Politisches Ziel der leitenden Offiziere, das auch von Generalfeldmarschall Paul von Hindenburg unterstützt wird, ist die Zusammenarbeit mit dem rechten Flügel der Sozialdemokratie, um einen sozalistischen Umsturz nach sowjetischem Vorbild zu verhindern. Ebert geht es einerseits um die geordnete Rückführung der Frontsoldaten, andererseits um die Ausschaltung der linksradikalen politischen Kräfte.

Wilhelm Groener, letzter Generalquartiermeister der kaiserlichen Armee, schließt ein Geheimabkommen mit dem Sozialdemokraten Friedrich Ebert

Offiziere für ein neues Preußentum

In seinen Memoiren äußert sich Wilhelm Groener über das Geheimabkommen mit Friedrich Ebert:

»Der Sturz des Kaisertums entzog den Offizieren den Boden ihres Daseins . . . Das Offizierskorps konnte nur mit einer Regierung zusammen gehen, die den Kampf gegen Radikalismus und Bolschewismus aufnahm. Dazu war Ebert bereit, aber er hielt sich nur mühsam am Steuer und war nahe daran, von den Unabhängigen und der Liebknecht-Gruppe über den Haufen gerannt zu werden . . . Wir hofften, durch unsere Tätigkeit einen Teil der Macht im neuen Staat an Heer und Offizierskorps zu bringen, gelang das, so war der Revolution zum Trotz das beste und stärkste Element des alten Preußentums in das neue Deutschland hinüber gerettet.«

Könige, Fürsten und Herzöge im Deutschen Reich danken ab

November. Die Revolution führt zur Abdankung der gekrönten Landesherren in zwanzig deutschen Kleinstaaten. Die neuen sozialdemokratischen Regierungschefs rufen in allen deutschen Ländern den Freistaat aus.
Die längste Regierungszeit als Feudalherrscher erlebte Wilhelm II., der 1888 auch König von Preußen geworden war und erst am 28. November abdankte. Die kürzeste Zeit hat Bernhard III., Herzog von Sachsen-Meinigen, aufzuweisen, der erst 1914 an die Macht kam und am 10. November abdankte. Das Vermögen der ehemaligen Monarchenhäuser wird nicht enteignet, sondern einstweilen beschlagnahmt.
Die neuen Regierungen, auch in ihren radikaleren Ausprägungen in Bayern und Sachsen, lösen den alten, intakt gebliebenen Verwaltungsapparat nicht auf, sondern tun alles, um die Strukturen zu erhalten. Somit findet auch kein Personalaustausch statt; die mehrheitlich dem bürgerlich-konservativen Parteienspektrum zuzurechnenden Beamten beherrschen weiterhin den Behördenapparat.

Münchner Neueste Nachrichten

Thronverzicht König Ludwigs III.

München, 13. November 1918

Dem Ministerium des Volksstaates Bayern ging folgende **Erklärung** zu:
„Zeit meines Lebens habe ich mit dem Volk und für das Volk gearbeitet. Die Sorge für das Wohl meines geliebten Bayern war stets mein höchstes Streben.
Nachdem ich infolge der Ereignisse der letzten Tage **nicht mehr in der Lage** bin, die **Regierung weiterzuführen**, stelle ich **allen Beamten, Offizieren und Soldaten** die Weiterarbeit unter den gegebenen Verhältnissen frei und **entbinde** sie des mir geleisteten **Treue-Eides**.

Anif, den 13. November 1918. **Ludwig.**"

Auf diese Kundgebung wurde folgende **Antwort** erteilt:
„Der Ministerrat des Volksstaates Bayern nimmt den **Thronverzicht Ludwigs III.** zur Kenntnis. Es steht dem ehemaligen König und seiner Familie nichts im Wege, sich wie jeder andere Staatsbürger frei und unangetastet in Bayern zu bewegen, sofern er und seine Angehörigen sich verbürgen, nichts gegen den Bestand des Volksstaates Bayern zu unternehmen.

Die Tageszeitung »Münchner Neueste Nachrichten« über die Abdankung König Ludwigs III. von Bayern

Deutsche Räterepublik oder parlamentarische Demokratie

22. November. Der Vollzugsrat des Groß-Berliner Arbeiter- und Soldatenrats erkennt den Rat der Volksbeauftragten als neue ausführende Staatsgewalt an und beschließt, nicht direkt in den Verwaltungsapparat einzugreifen. Obwohl der Vollzugsrat sich das Kontrollrecht über Regierungsentscheidungen vorbehält, liegt die reale Macht jetzt eindeutig bei den gemäßigten Sozialdemokraten. Damit ist die Vorentscheidung zugunsten einer parlamentarischen Demokratie in Deutschland gefallen.

Die Macht der neuen Regierung der Volksbeauftragten ist trotz breiter Unterstützung durch Bevölkerung und Militärs in den ersten Wochen nach der Revolution keinesfalls gesichert. Statt dessen gibt es ständige Kompetenzschwierigkeiten zwischen den sozialdemokratischen Parteipolitikern und den Arbeiter- und Soldatenräten. Die entscheidende politische Frage zielt auf die zukünftige Organisation des Staates. Während die SPD-Politiker die rasche Wahl einer Nationalversammlung durchsetzen wollen, die eine parlamentarische Demokratie mit allgemeinem freiem Wahlrecht aufbauen soll, favorisieren radikale Gruppen die Errichtung einer sozialistischen Räterepublik. Die Durchsetzung einer proletarischen Rätedemokratie würde bedeuten, daß alle am direkten Produktionsprozeß Beteiligten in ihren Betrieben und Wohnbezirken Vertreter wählten. Die einzelnen Räte würden auf höherer Ebene wiederum Vertreter wählen, bis hin zu einem nationalen obersten Rat. Ein solches System würde die direkte Selbstregierung der Werktätigen bedeuten, politische Parteien, Gewaltenteilung und Parlament wären überflüssig.

Die Mehrheitssozialisten, die für ein freies und geheimes Wahlrecht und die parlamentarische Demokratie eintreten, sehen im Rätesystem die Gefahr der Diktatur einer Minderheit über die Mehrheit des Volkes, wenn es einer kleinen Gruppe gelänge, Schlüsselpositionen innerhalb der Räte zu besetzen. Die gemäßigten sozialdemokratischen Politiker um Friedrich Ebert befürchteten, daß die Räte sich nur auf die Arbeiter in den Großbetrieben stützen und die übrigen Bevölkerungsgruppen in politischer Machtlosigkeit halten könnten.

Philipp Scheidemann (MSPD)

Mehrheits-SPD für den Parlamentarismus

In der Regierung des Rates der Volksbeauftragten stellen die drei Mitglieder der Mehrheits-SPD, Friedrich Ebert, Philipp Scheidemann und Otto Landsberg, die stärkste politische Gruppe dar. Sie werden unterstützt von der Masse der Bevölkerung, den Arbeiter- und Soldatenräten und den Offizieren des Frontheeres. Entsprechend dem politischen Ideal der alten Sozialdemokratie versuchen sie die parlamentarische Demokratie durchzusetzen, die im Reichstag ebenso wie in Selbstverwaltungskörperschaften der Gemeinden durch allgemeine, freie und geheime Wahlen verankert sein soll. In den Arbeiter- und Soldatenräten sieht die MSPD nur eine Übergangserscheinung, die nach der Wahl einer Nationalversammlung verschwinden soll.

Wirtschaftspolitisch setzt sich die MSPD für die Zurückdrängung des privaten Kapitalismus und die vorsichtige Überführung der Betriebe in Gemeineigentum ein. Zunächst soll jedoch die unbedingt notwendige Produktion von Versorgungsgütern nicht gestört werden. Die MSPD vertritt weiterhin das bürgerliche Bündnis der Oktoberregierung (→ 3. 10./S. 145).

Hugo Haase (USPD)

Räte, Parlament und Kammern der Arbeit

Der Parteivorstand der USPD, im Rat der Volksbeauftragten vertreten durch Hugo Haase, Wilhelm Dittmann und Emil Barth, setzt sich für eine Kombination aus parlamentarischem und rätedemokratischem System ein. Ein Räteparlament, das auf dem Prinzip einer berufsständischen Gliederung der Werktätigen beruht, soll dem Parlament zur Seite gestellt werden. Die Möglichkeit einer reinen Räterepublik nach sowjetischem Vorbild wird von der Mehrheit der USPD ebenso abgelehnt wie von der MSPD. Statt dessen sollen die Räte dazu beitragen, die parlamentarische Demokratie zu sichern und die Sozialisierung in den Betrieben voranzutreiben. Die USPD wünscht, daß überall in Deutschland »Kammern der Arbeit« errichtet werden, die neben der politischen Vertretung durch das Parlament die wirtschaftliche Demokratie im Reich verkörpern sollen.

In ihren wirtschaftspolitischen Forderungen stimmt die Mehrheit der USPD mit den vorsichtigen Sozialisierungsabsichten der MSPD überein.

Rosa Luxemburg (Spartakus)

Spartakusbund tritt für Sozialismus ein

Der auf dem linken Flügel der USPD angesiedelte Spartakusbund tritt konsequent für eine reine Räteregierung unter Ablehnung der Nationalversammlung und des Parlamentarismus ein. Die zentrale Forderung der revolutionären Gruppe um Rosa Luxemburg und Karl Liebknecht ist die Wahl von Arbeiter- und Soldatenräten im ganzen Deutschen Reich, die Gesetzgebung und Verwaltung kontrollieren sollen. Das Programm der Gruppe vom 16. November verlangt die Beseitigung der Reichsregierung und aller Parlamente sowie die Zerschlagung der Einzelstaaten zugunsten einer einheitlichen, sozialistischen Republik. Luxemburg und Liebknecht, die allerdings nur einen kleinen Kreis revolutionärer Marxisten innerhalb des Bundes repräsentieren, sind sich trotz ihrer Forderungen darüber klar, daß die Mehrheit des Volkes und der Räte mit der bürgerlich-republikanischen Regierung des Rates der Volksbeauftragten einverstanden ist. Sie lehnen daher Putschversuche der revolutionären Minderheit ab.

Gustav Stresemann (DVP)

Bürgerliche Parteien halten sich zurück

Die alten Parteien der bürgerlichen Mitte – Zentrum, Fortschrittspartei und der linke Flügel der Nationalliberalen – besetzen nach wie vor entscheidende Positionen in den Verwaltungen und – als »Fachleute« – Ministerposten in der Reichsregierung. Zwar überlassen diese Parteien angesichts der Revolution den Sozialdemokraten die politische Führung, dennoch entspricht die Reichsregierung der bürgerlich-demokratischen Neubildung im Oktober (→ 3. 10./S. 142). Fortschrittspartei und Nationalliberale repräsentieren den Mittelstand, der mit dem Sturz des alten Systems einverstanden ist, jedoch eine Diktatur der Arbeiterschaft fürchtet. Im Lauf des Novembers kommt es zu Abspaltungen und Neugründungen im bürgerlichen Lager (Bayerische Volkspartei, 12. 11.; Bayerische Mittelpartei, 14. 11.; Deutsche Demokratie Partei, 20. 11.; Deutschnationale Volkspartei, 30. 11.). Als militante, antirepublikanische Organisation wird am 13. November der Wehrverband »Der Stahlhelm. Bund der Frontsoldaten« gegründet.

Habsburger Vielvölkerstaat endgültig zusammengebrochen

11. November. Der österreichische Kaiser Karl I. unterzeichnet im Wiener Schloß Schönbrunn ein Manifest an das deutschösterreichische Volk, in dem er auf jeden Anteil an der Regierung verzichtet. Obwohl der Kaiser damit als Regierungsoberhaupt zurücktritt, ist das Manifest keine formelle Abdankungsurkunde. Mit der militärischen Niederlage Österreich-Ungarns und dem Rücktritt des Kaisers zerfällt der Vielvölkerstaat in seine nationalen Regionen. Damit endet die seit 1282 dauernde Herrschaft der Habsburger über Österreich.

Der verlorene Krieg führt den Zerfall des riesigen Habsburger Reiches zu Ende. Seit 1860 war die österreichische Innenpolitik durch den ständigen Kampf um die Nationalitätenfrage gekennzeichnet. So mußte Kaiser Franz Joseph I. 1867 die weitgehende Unabhängigkeit Ungarns anerkennen. Der »Ungarische Ausgleich« war der Beginn der k. u. k. (kaiserlichen und königlichen) Monarchie. Das Reich gliederte sich seither in die beiden Hälften Zisleithanien und Transleithanien, orientiert am Grenzfluß Leitha.

Zu Zisleithanien zählen die Länder Niederösterreich, Oberösterreich, Salzburg, Tirol, Vorarlberg, Steiermark, Kärnten, Krain, Görz, Gradiska, Istrien, Dalmatien, Böhmen, Mähren, Schlesien, Galizien und die Bukowina. Zu Transleithanien gehören Ungarn, Siebenbürgen, Kroatien und Slawonien.

Alle Völker des Riesenreiches strebten angesichts der militärischen Niederlage im Weltkrieg zur Autonomie. Kaiser Karl versuchte noch mit dem Völkermanifest vom → 16. Oktober (S. 146) das Reich in einen Bundesstaat umzuwandeln und so einerseits die Monarchie zu retten, andererseits den Demokratieforderungen des US-amerikanischen Präsidenten Thomas Woodrow Wilson zu genügen, um einen Friedensschluß möglich zu machen. Der Kaiser wurde jedoch von den Ereignissen überrollt.

Wilson teilte mit, die Völker der Monarchie sollten selbst über ihren Weg bestimmen. Außerdem brach die Italienfront endgültig zusammen: Rumänische, bosnische, kroatische und ungarische Einheiten weigerten sich, den Kampf fortzusetzen und zogen aus dem Frontgebiet ab.

Karl I. befand sich zu diesem Zeitpunkt im ungarischen Budapest, um die monarchistisch eingestellte Regierung zu unterstützen. Die Bevölkerung stand jedoch auf seiten des Grafen Mihály Graf Károlyi von Nagykárolyi, der am 26. Oktober einen Nationalrat gegründet hatte. Am 2. November verkündete Károlyi die Republik und zwang Karl I. zur Abdankung als König von Ungarn.

Der Landtag von Agram (Zagreb) proklamierte am 29. Oktober die Vereinigung Kroatiens, Slawoniens, Dalmatiens und Fiumes (Rijeka) als Grundlage für einen zukünftigen südslawischen Gesamtstaat. Am 14. Oktober hatten in Prag und anderen tschechischen Städten die Massendemonstrationen begonnen, die am 28. Oktober zum Ende des Königreichs Böhmen führten. Am 21. Oktober gründeten die Deutschösterreicher eine provisorische Nationalversammlung. Auch in Siebenbürgen, das schrittweise von rumänischen Truppen besetzt wurde, bildete sich ein Nationalrat. Mit der Gründung der Republik Polen am 14. November (→ S. 176) entscheidet sich das Schicksal Galiziens.

Der Großangriff der Italiener und Briten an der Piave-Front am 24. Oktober konnte einige Tage aufgehalten werden, Massenmeutereien führten jedoch zum Zusammenbruch der Front, so daß die wichtigsten Städte verlorengingen. Am 3. November unterzeichnete das österreichische Oberkommando die von Italien diktierten Waffenstillstandsbedingungen.

Nachdem alle Reichsteile den Weg zur Autonomie beschritten hatten und am 6. November der Befehl zur allgemeinen Demobilisierung vom Armee-Oberkommando ausgegeben worden war, gab es für den Kaiser nichts mehr zu regieren.

Die Habsburger – über 600 Jahre Herrschaft in Österreich

Der Aufstieg der Familie Habsburg begann mit der Wahl Rudolf I. zum deutschen König im Jahre 1273. 1282 belehnte Rudolf I. seine Söhne Albrecht I. und Rudolf II. erblich mit dem Herzogtum Österreich. Seither besteht die Herrschaft der Habsburger über die Erblande.

Mit dem Erwerb von Kärnten, Krain, Tirol, Freiburg im Breisgau und Triest im 14. Jahrhundert wurde die habsburgische Hausmacht geschaffen. 1379 kam es zur Trennung der Dynastie, in die albertinische und die leopoldinische Linie, die erst durch die Herrschaft von Kaiser Maximilian I. wieder zusammengeführt wurden. Die Habsburger blieben (mit einer kurzen Unterbrechung von 1742–1745) bis 1806 im Besitz der Krone des Heiligen Römischen Reiches Deutscher Nation.

Durch den Gewinn der spanischen, böhmischen und ungarischen Krone wurde das Haus Habsburg im Verlauf des 16. Jahrhunderts zu einer europäischen Großmacht. Höhepunkt seiner Macht ist die Herrschaft der spanischen Linie unter Philipp II. (König 1556–1598).

Der deutschen Linie gelang der Aufbau Österreichs zu einer Macht von kontinentaler Bedeutung nach dem Sieg über die Türken 1683. 1740 übernahm die Erzherzogin Maria Theresia die Herrschaft über Österreich. Durch ihre Heirat mit dem lothringischen Herzog und späteren Kaiser Franz I. Stephan entstand die Linie der Habsburg-Lothringer, einer weitverzweigten Dynastie. Maria Theresia führte drei Kriege gegen den König von Preußen, Friedrich II., in dessen Verlauf Schlesien an Preußen verloren ging. Unter ihrem Nachfolger Joseph II. fanden bedeutende innenpolitische Reformen statt, insbesondere die einer Gerichtsordnung. 1806 legte Franz I. auf Druck des Kaisers der Franzosen, Napoleon I., die Würde des römisch-deutschen Kaisers ab und begründete das Kaiserreich Österreich, das mit dem Rücktritt von Karl I. (Abb. v. l. Kaiserin Zita, Thronfolger Otto, Karl I.) beendet wird. Einen letzten Höhepunkt erlangte das Kaiserreich unter Franz Joseph I., der von 1848 bis zu seinem Tod 1916 die Doppelmonarchie Österreich-Ungarn regierte.

Massendemonstration von kriegsmüden Arbeitern und Soldaten für die Republik Deutschösterreich auf der Wiener Ringstraße vor dem Parlament

Gründung der Republik Deutschösterreich

12. November. Von der Rampe des Parlaments in Wien verkündet der Präsident des österreichischen Staatsrates, Franz Dinghofer, die Gründung der »Republik Deutschösterreich«.

Im Zuge der Auflösung des Vielvölkerstaates hatten die deutschsprachigen Mitglieder des Abgeordnetenhauses bereits am 21. Oktober eine Proklamation zur Errichtung eines Staates aller deutschsprachigen Gebiete der Monarchie vorbereitet. Unter dem Sozialdemokraten Karl Renner als Staatskanzler wurde am 30./31. Oktober eine provisorische deutsch-österreichische Regierung gebildet und die rot-weiß-rote Flagge als Symbol der neuen Republik eingeführt.

Am Nachmittag des 12. November verabschiedet die provisorische Nationalversammlung in Wien den Gesetzentwurf, der in Österreich die Republik einführt.

Eine erste Bewährungsprobe muß die junge Republik überstehen, als bereits während der Proklamation Rotgardisten der am 3. November gegründeten Kommunistischen Partei die »Sozialistische Republik« fordern und eine Schießerei provozieren. Der Putschversuch findet keine Unterstützung. Alle anderen Parteien, auch die Christlichsozialen, die sich zunächst gegen den Begriff »Republik« gewehrt hatten, unterstützen die neue Republik.

Bei der Ausrufung der Republik Deutschösterreich durch den Präsidenten des Staatsrates, Franz Dinghofer, vor dem Wiener Parlament kommt es zu Provokationen durch die kommunistischen Roten Garden, die mit Transparenten die Errichtung der sozialistischen Republik fordern; die Parolen finden allerdings keine Beachtung

Die Proklamation des neuen Staates

12. November. Die provisorische österreichische Nationalversammlung veröffentlicht in Wien den Aufruf: »An das Deutschösterreichische Volk« von Staatskanzler Karl Renner:

»Die durch das gleiche Stimmrecht aller Bürger berufenen Vertreter des Volkes von Deutschösterreich haben in der Provisorischen Nationalversammlung unter dem freigewählten Präsidenten vereinigt und beraten durch die von der Volksvertretung eingesetzten verantwortlichen Behörden den Beschluß gefaßt, den Staat Deutschösterreich als Republik, das ist als freier Volksstaat, einzurichten, dessen Gesetze vom Volk ausgehen und dessen Behörden ohne Ausnahmen durch die Vertreter des Volkes eingesetzt werden . . .

Jetzt, da die Freiheit gesichert ist, ist es erste Pflicht, die staatsbürgerliche Ordnung und das wirtschaftliche Leben wieder herzustellen.«

Polens Weg zur Autonomie

Jósef Klemens Pilsudski

Offiziere der Polnischen Legion

Ignacy Daszyński, Chef der Lubliner Provisorischen Volksregierung Polens

14. November. Der Nationalist Jósef Klemens Pilsudski, der am 11. November den Oberbefehl über die polnische Armee übernommen hat, wird vom Regenschaftsrat in Warschau als neuer Staatschef Polens anerkannt. Noch am selben Tag ernennt Pilsudski den Chef der bisherigen »Provisorischen Volksregierung« in Lublin, Ignacy Daszyński, zum Ministerpräsidenten.

Aufgrund der Proteste der Konservativen gegen die Berufung des radikal-sozialistischen Daszyński, beauftragt Pilsudski am 18. November den gemäßigten Sozialisten Jedrzej Moraczewski mit der Bildung der ersten Regierung der autonomen Republik Polen. Demokratische Wahlen sollen bald stattfinden.

Mit der Anerkennung Pilsudskis als Staatsoberhaupt stabilisieren sich die Verhältnisse in Polen.

Nachdem Polen 1795 seine Eigenstaatlichkeit verloren hatte, proklamierten am 5. November 1916 das Deutsche Reich und Österreich-Ungarn die Wiedererrichtung des Königreiches Polen, das allerdings vorerst unter der Verwaltung der beiden Generalgouverneure in Warschau und Lublin blieb. Beide Staaten hofften vor allem auf die Unterstützung polnischer Soldaten im Kampf gegen Rußland.

Pilsudski hatte sich im Bemühen um die Schaffung eines autonomen Polen zunächst auf eine weitgehende Zusammenarbeit mit dem Deutschen Reich und Österreich-Ungarn eingelassen. Die von Pilsudski gegründete Polnische Legion blieb jedoch – entgegen seinen Forderungen – als Polnisches Hilfskorps weiterhin unter dem Befehl Österreich-Ungarns bzw. ab 10. April 1917 unter dem Befehl des deutschen Generalgouverneurs Hans von Beseler. Nachdem es bei der Vereidigung des Polnischen Hilfskorps unter deutschen Oberbefehl zu Protesten kam, wurde Pilsudski am 22. Juli 1917 im Deutschen Reich interniert.

Nach der Proklamation des Königreichs Polen 1916 und der Februarrevolution in Rußland 1917 wuchs die Nationalbewegung in Polen stark an. Am 15. August 1917 konstituierte sich in Paris ein polnisches Nationalkomitee, dessen Führer und Gründer, der Nationaldemokrat Roman Dmowski, für sich beanspruchte, Chef einer polnischen Exilregierung zu werden.

Wenige Monate später, am 27. Oktober 1917, wurde durch ein Patent des österreichischen und deutschen Generalgouverneurs in Polen ein Regentschaftsrat eingesetzt. Das Verhältnis zwischen diesem Regentschaftsrat und den Mittelmächten trübte sich jedoch, als bei dem Friedensschluß mit der Ukraine am 9. Februar 1918 die Mittelmächte der Ukraine das überwiegend von Polen besiedelte Cholmer Land zusprachen. Nachdem jedoch Rußland im Frieden von Brest-Litowsk am 16. März auf seine Ansprüche auf Polen verzichten mußte, bemühte sich der Regentschaftsrat wieder um einen Ausgleich mit Wien und Berlin.

Mit der Kapitulation der Mittelmächte und dem Ende des Weltkriegs wurde der Weg für eine autonome Republik Polen frei. Am 7. Oktober proklamierte der Regentschaftsrat die »Schaffung eines unabhängigen Staates, der alle polnischen Gebiete umfaßt«.

In Lublin organisierte Oberst Edward Rydz-Smigly am 6. und 7. November einen Putsch gegen den Regentschaftsrat und setzte eine »Provisorische Volksregierung« unter Ignacy Daszyński ein.

Sitzung des polnischen Staatsrates während der deutschen Besatzung unter Generalgouverneur Hans von Beseler

Republik Ungarn ausgerufen

16. November. In Budapest wird durch den neuen Regierungschef Mihály Graf Károlyi von Nagykároly die Ungarische Republik proklamiert. Damit ist der jahrhundertelange Kampf der Ungarn um nationale Autonomie und die Befreiung von der über 200jährigen Abhängigkeit von den österreichischen Habsburgern einstweilen siegreich beendet worden.

Im Anschluß an den militärischen Sieg der Alliierten über Bulgarien Ende September (→ 29. 9./S. 134) hatte der Ausschuß der sozialdemokratischen Partei Ungarns am 8. Oktober einen allgemeinen »Aufruf gegen die nationale Unterdrückung« verteilen lassen, verbunden mit dem Aufruf, die Regierung unter Alexander Wekerle zu unterstützen und eine Nationalversammlung auf der Grundlage des allgemeinen, gleichen und geheimen Wahlrechts zu wählen. Die immer deutlicher werdende unabdingbare militärische Niederlage der Donaumonarchie bestärkte die Ungarn in ihrer Forderung nach einem eigenen Nationalstaat. Am 24. Oktober demonstrierten ungarische Offiziere für den sofortigen Friedensschluß mit der Entente und für die Errichtung einer rein ungarischen Staatsregierung unter dem Grafen Károlyi, der einem alten ungarischen Adelsgeschlecht entstammte und sich im Laufe des Weltkrieges politisch zu einem Befürworter der westlichen Demokratien entwickelt hatte. Seit 1917 war er entschieden für einen ungarischen Separatfrieden mit der Entente eingetreten. Das politische Programm Károlyis unterscheidet sich nur geringfügig von dem der Sozialdemokraten.

Károlyi wurde im Oktober von allen ungarischen Vertretern der Autonomiebewegung einhellig zum Vorsitzenden eines Revolutionskomitees gewählt. Noch Ende Oktober wurden Garnison, Polizei, Post- und Eisenbahnbeamte auf das Komitee vereidigt. Am 31. Oktober ernannte Erzherzog Josef im Namen Karls IV., des noch amtierenden Königs von Ungarn (und als Karl I., Kaiser von Österreich) Károlyi zum Ministerpräsidenten.

Die Gebiete Siebenbürgen, Banat, Slawonien und Kroatien sollen nach Vorstellung der neuen Regierung weiterhin Bestandteile der Republik Ungarn bleiben, obwohl Serben, Kroaten und Slowenen bereits Ende Oktober öffentlich erklärt haben, sie wollten einen eigenen autonomen Staat bilden.

Lastwagen mit revolutionären Soldaten in den Straßen von Budapest

Einheimische Hilfstruppen (Askaris) der ostafrikanischen Kolonialarmee von Oberstleutnant Paul von Lettow-Vorbeck in behelfsmäßigen Uniformen

Lettow-Vorbeck gibt auf

25. November. Zwölf Tage, nachdem sie von der deutschen Kapitulation im Weltkrieg erfahren haben, strecken auch die noch in Ostafrika stehenden deutschen Truppen unter dem Oberbefehl von Oberstleutnant Paul von Lettow-Vorbeck südlich des Tanganjika-Sees die Waffen. Sie hatten es in dem seit Kriegsbeginn währenden Kampf gegen die starke Übermacht der britischen Verbände immer wieder geschafft, sich dem Gegner durch geschickte Ausweichmanöver zu entziehen. Hin und wieder hatten sie sogar kleinere Erfolge errungen.

Nach Schätzungen Lettow-Vorbecks standen den etwa 1200 deutschen bzw. askarischen Soldaten im Sommer 1918 etwa 120 000 britische Soldaten gegenüber, die zudem bedeutend besser ausgerüstet waren.

Die britische Großoffensive gegen die letzte, noch nicht von alliierten Streitkräften eingenommene deutsche Kolonie Ostafrikas hatte im Frühjahr 1916 unter dem Oberbefehl von General Jan Christiaan Smuts begonnen. Lettow-Vorbeck mußte seine Truppen im Zuge des britischen Vormarsches auf das Zentrum Deutsch-Ostafrikas zwischen Daressalam und Kigoma am Tanganjika-See nach Süden zurückverlagern. Dank der von ihm und seinen Truppen angewandten Guerillataktik gelang es den Deutschen, sich bis Ende 1917 auf »eigenem« Territorium zu halten. Lettow-Vorbeck entschloß sich dann aus strategischen Gründen, seine Soldaten nach Moçambique zu überführen, um die Briten zu verwirren und sie zu zwingen, ihre gesamten Truppen und Kriegsmaterialien über den Seeweg an die Küste von Moçambique zu verlagern.

Verlust der deutschen Kolonien

Name	deutsch seit	Kapitulation
Togo	1901	August 1914
Kamerun	1884	Februar 1916
Südwest(afrika) (Namibia)	1884	Juli 1915
Ostafrika (Tanganjika, Ruanda, Urundi)	1890	November 1918
Neuguinea (Nordostteil = »Kaiser-Wilhelms-Land«)	1884	August 1914
Samoa	1889 (Teilung 1899)	August 1914
Kiautschou (Nordchina)	1898	August 1914

Vor Ende April 1918 mußte nicht mit der Neuaufnahme der britischen Offensive gerechnet werden. Als es dann soweit war, schaffte es Lettow-Vorbeck durch weitere Ausweichmanöver, den Feind bis zum Waffenstillstand nicht mehr zum Zuge kommen zu lassen (→ 19. 7./S. 107).

Waffenstillstand von Compiègne

11. November. In einem Eisenbahnwaggon im Wald von Compiègne unweit von Paris unterzeichnet der Reichstagsabgeordnete Matthias Erzberger die Waffenstillstandsbedingungen, die der französische General und Oberbefehlshaber der Alliierten, Ferdinand Foch, ultimativ vorgelegt hatte. Der Waffenstillstand, der den vierjährigen Krieg beendet, kommt einer bedingungslosen Kapitulation des Deutschen Reiches gleich.

Erzberger war am 6. November von der letzten kaiserlichen Regierung unter Max, Prinz von Baden, mit der Leitung der Delegation beauftragt worden. Seit seiner Abreise aus Berlin erhielt der Politiker keine Informationen über die revolutionären Veränderungen im Reich.

Die deutsche Militärführung unter Generalfeldmarschall Paul von Hindenburg war mit der zivilen Delegation einverstanden, weil die Generalität die Verantwortung für die militärische und politische Niederlage nicht übernehmen wollte.

Die Verhandlungen zwischen Erzberger und Foch begannen am 8. November. Die deutsche Delegation wurde aufgefordert, die Bedingungen, die es dem Deutschen Reich unmöglich machen sollten, die Kampfhandlungen wieder aufzunehmen, ohne Verhandlungen zu akzeptieren. Erzberger bat daraufhin um eine Bedenkfrist, um sich mit der politischen Führung in Berlin abzustimmen. Er bekam jedoch lediglich einen Kontakt mit Generalfeldmarschall Hindenburg, der ihn anwies, den Waffenstillstandsbedingungen in jedem Falle zuzustimmen. In der Nacht zum 12. November findet die Unterzeichnung statt. Das Waffenstillstandsabkommen, das Foch und Erzberger unterzeichneten, gilt zunächst für die Dauer von 36 Tagen und muß danach verlängert werden.

Die hauptsächlichen Bedingungen der alliierten Mächte sind:

- ▷ Räumung der von den Deutschen besetzten Gebiete in Frankreich, Belgien und Luxemburg innerhalb von 15 Tagen
- ▷ Räumung der linksrheinischen Gebiete und deren Besetzung durch alliierte Truppen
- ▷ Einrichtung dreier alliierter Brückenköpfe auf rechtsrheinischem Gebiet bei den Städten Mainz, Koblenz und Köln
- ▷ Freilassung sämtlicher alliierter Kriegsgefangener und Rückführung der deutschen Kriegsgefangenen erst nach Abschluß eines regulären Friedensvertrages
- ▷ Abrüstung der Hochseeflotte
- ▷ Übergabe von 5000 Kanonen, 25 000 Maschinengewehren, 1700 Flugzeugen, 5000 Lokomotiven, 5000 Lastkraftwagen und 150 000 Eisenbahnwaggons
- ▷ Weiterbestehen der Blockade der deutschen Seehäfen und Unterbindung des Seehandels
- ▷ Rückzug der deutschen Truppenverbände im Osten hinter die Grenzen von 1914 zu einem Zeitpunkt, den die Alliierten später mitteilen werden
- ▷ Verzicht auf die Friedensverträge von Brest-Litowsk (mit Sowjetrußland) und Bukarest (mit Rumänien)

Die wichtigste politische Bedingung ist das Weiterbestehen der Seeblokkade, die die schon jetzt katastrophalen Versorgungsbedingungen im Deutschen Reich noch weiter verschlimmern wird.

Die Verhandlungsdelegation der alliierten Mächte nach der Unterzeichnung des Friedensvertrages von Compiègne (2. v. r. Marschall Ferdinand Foch)

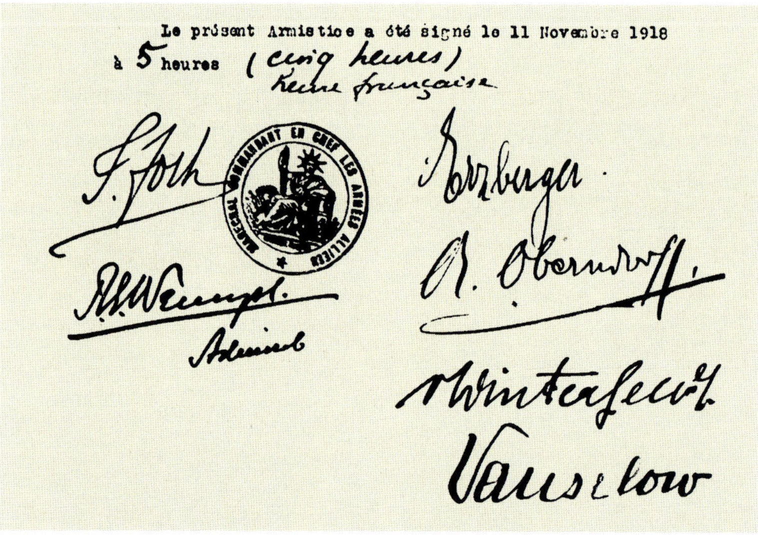

Die letzte Seite des Waffenstillstandsvertrages zwischen den Alliierten und dem Deutschen Reich; l. oben die Unterschrift Fochs, r. oben die Erzbergers

Foch: »Was führt die Herren hierher?«

11. November. In seinen Memoiren beschreibt der Leiter der deutschen Waffenstillstands-Delegation, Matthias Erzberger, das Zusammentreffen und die Verhandlungen mit dem Oberbefehlshaber der alliierten Truppen, Marschall Ferdinand Foch, in Compiègne.

»In Erfüllung meines Auftrages hatte ich es erreicht, daß ich Freitag, 8. November 1918, vormittags die Verhandlungen mit Marschall Foch aufnehmen konnte ... Wir vier Bevollmächtigte begaben uns mit dem Dolmetscheroffizier ... in den gegenüberliegenden Sonderzug ... Kurz darauf erschien Marschall Foch ... in Begleitung seines Generalstabschefs und dreier englischer Marineoffiziere ... Es waren also weder Amerikaner noch Italiener oder Belgier zu den Waffenstillstandsverhandlungen erschienen, sondern nur das Oberkommando der Alliierten ... Marschall Foch ... fragte in französischer Sprache: ›Was führt die Herren hierher? Was wünschen Sie von mir?‹ Ich erwiderte, daß ich den Vorschlägen über Herbeiführung eines Waffenstillstandes zu Wasser, zu Lande, in der Luft und an allen Fronten entgegensehe, worauf Marschall Foch bestimmt antwortete: ›Ich habe keine Vorschläge zu machen.‹ Ich wies darauf hin, daß wir gekommen seien aufgrund der Note von Wilson, ... Foch ... erklärte ganz bestimmt, daß Verhandlungen über die Bedingungen unter gar keinen Umständen zugelassen würden; Deutschland könne sie annehmen oder ablehnen, ein Drittes gebe es nicht ...

Auf Vorschlag von Marschall Foch wurde am 11. November die letzte Seite des Abkommens unterzeichnet ... Die Unterzeichnung begann 5 Uhr 20 Minuten. Zwei Exemplare wurden ausgefertigt ...

Ich ... nahm nochmals Bezug auf unsere Gegenbemerkungen zu den Waffenstillstandsbedingungen und wies darauf hin, daß manche Verpflichtungen undurchführbar seien. Die Erklärung schloß mit den Worten: ›Ein Volk von siebzig Millionen leidet, aber es stirbt nicht.‹ Was Marschall Foch mit der Antwort quittierte ›Très bien‹. Um 5 Uhr 30 Minuten verabschiedeten sich die beiderseitigen Delegationen durch Erheben von den Stühlen; ein Händedruck wurde nicht gewechselt.«

△ △ *Foch (r.), Erzberger (M.) im Eisenbahnwaggon bei Compiègne*
△ *Foch unterzeichnet den Vertrag*

Militärs entziehen sich der Verantwortung für den Weltkrieg

Die deutsche Oberste Heeresleitung erklärt sich mit einer zivilen Waffenstillstandsdelegation einverstanden, da ihr so die Möglichkeit bleibt, die Verantwortung für den verlorenen Krieg zurückzuweisen. Weil die deutschen Truppen an sämtlichen Fronten noch auf feindlichem Gebiet stehen, bietet sich für die Militärs die Gelegenheit, den Zusammenbruch nicht als militärische Niederlage des Deutschen Reichs anzuerkennen.

Der Erste Generalquartiermeister Wilhelm Groener schreibt über den Waffenstillstand:

»... Mir konnte es nur lieb sein, wenn bei diesen unglückseligen Verhandlungen, von denen nichts Gutes zu erwarten war, das Heer und die Heeresleitung so unbelastet wie möglich blieb ... Die Heeresleitung stellte sich bewußt auf den Standpunkt, die Verantwortung für den Waffenstillstand und alle späteren Schritte von sich zu weisen. ... es kam mir und meinen Mitarbeitern darauf an, die Waffe blank und den Generalstab für die Zukunft unbelastet zu erhalten. Ich bin aber auch heute noch der Überzeugung, daß wir ohne Revolution im Innern an der Grenze Widerstand hätten leisten können; ob die Nerven der Heimat noch durchgehalten hätten für eine Verteidigung hinter dem Rhein, erscheint mir sehr zweifelhaft; militärisch war sie denkbar.«

Der Waffenstillstand beendet nach vier Jahren Kampf und Tod

11. November. Die Unterzeichnung des Waffenstillstandsabkommens zwischen dem Deutschen Reich und dem alliierten Oberkommando in Compiègne und der Waffenstillstand Österreich-Ungarns mit Italien am 3. November in Padua besiegelt die vollständige militärische und politische Niederlage der Mittelmächte (→ 11. 11./S. 178).

Zum letzten Mal Erfolgsmeldungen
Generalfeldmarschall Paul von Hindenburg gibt im Großen Hauptquartier zu Spa den letzten Heeresbericht des Krieges heraus.
»Bei der Abwehr amerikanischer Angriffe östlich der Maas zeichneten sich durch erfolgreiche Gegenstöße das Brandenburgische Reserve-Infanterie-Regiment Nr. 207 unter seinem Kommandeur Oberstleutnant Hennings und Truppen der 192. sächsischen Infanterie-Division unter Führung des Oberstleutnants von Zeschau, Kommandeur des Infanterie-Regiments Nr. 183, besonders aus.
Infolge Unterzeichnung des Waffenstillstandsvertrages wurden heute vormittag an allen Fronten die Feindseligkeiten eingestellt.
Großes Hauptquartier,
11. November 1918«

Bei Unterzeichnung des Abkommens, das für die Deutschen einer Kapitulation gleichkommt, befinden sich allerdings keine alliierten Truppen auf deutschem Gebiet. Statt dessen verläuft die Front im Westen von der belgischen Küste über Gent und Mons in französisches Gebiet bei Sedan und endet in den französischen Vogesen. Im Osten stehen die deutschen Truppen auf einer Linie, die von der Rigaer Bucht südöstlich bis Dünaburg und von dort südlich bis an den Karpatenrand in der Bukowina reicht.
Zwar befand sich die deutsche Armee im Westen in der Auflösung, einzelne Truppenteile leisteten jedoch noch Widerstand. Die französischen, britischen und US-amerikanischen Verbände griffen auf der gesamten Frontlänge an, kamen jedoch nur langsam voran. Den alliierten Militärs fehlte so der durchschlagende strategische Enderfolg. Aus diesem Grunde drängten die französischen Heerführer, General Charles Mangin und General Edouard de Castelnau, auf einen Großangriff in Lothringen am 14. November. Dieses Vorhaben wurde jedoch durch die Waffenstillstandsverhandlungen zunichte gemacht.
Kritiker in Frankreich und Großbritannien sind der Meinung, der Waffenstillstand sei verfrüht gekommen. Es wäre zunächst notwendig gewesen, den Krieg bis auf deutsches Gebiet zu tragen. Nur eine vernichtende Niederlage für die Militärs, ein Friedensschluß, der in Berlin unterzeichnet worden wäre, und eine sofortige Politik der Versöhnung mit dem deutschen Volk hätten die Garantie für einen dauerhaften Frieden ergeben.
Die Unterzeichnung des Waffenstillstands durch eine zivile Delegation in einer Situation, in der die deutschen Armeen noch feindliches Gebiet besetzt halten, ermöglicht es den Militärs, die Niederlage von sich zu weisen. Matthias Erzberger war am 8. November noch von der kaiserlichen Regierung mit der Führung von Waffenstillstandsverhandlungen beauftragt worden. Bis zum Abschluß des Waffenstillstandsabkommens am 11. November war aber, ohne daß Erzberger davon erfuhr, die Revolution in Deutschland erfolgreich und eine neue sozialdemokratische, republikanische Regierung an der Macht. Offizierskorps und reaktionäre Gegner des neuen Staates können daher der ersten deutschen Republik die Verantwortung für Kapitulation und harte Waffenstillstandsbedingungen anlasten. Da es den alliierten Armeen bis zum Waffenstillstand nicht gelungen ist, die zurückweichende deutsche Armee bis hinter die Reichsgrenze zu drängen, findet die Annahme, die deutsche Armee sei »im Felde unbesiegt«, von vielen Seiten Zustimmung.
Der Waffenstillstand stellt die junge deutsche Republik aber nicht nur vor das Problem innenpolitischer Auseinandersetzungen mit reaktionären Gegnern der Republik, sondern vor allem vor die praktischen Schwierigkeiten der Rückführung des Millionenheeres geschlagener Soldaten in die Heimat. Dies ist um so schwerer, als die Waffenstillstandsbedingungen die Auslieferung von nahezu sämtlichen Lastwagen, Lokomotiven und Waggons an die Alliierten vorsehen.

den Krieg auf den Schlachtfeldern in Mitteleuropa

△ Das Stadtzentrum des westfranzösischen Ortes Cambrai wurde nicht nur heftig umkämpft, sondern auch beim Rückzug der deutschen Armee systematisch zerstört

◁ ◁ Nach dem Krieg: Deutsche Offiziere passieren die Kampflinie (Westfront), um dem Gegner die verminten Gebiete anzuzeigen

◁ Beim erfolgreichen Vormarsch der alliierten Truppen gegen Ende des Krieges werden die ohnehin beschädigten Städte noch einmal unter Feuer genommen und endgültig zerstört

***Abb. nächste Seite:** Anläßlich der ▷ alliierten Siegesfeier in Paris trifft der britische König Georg V. am 28. November in der französischen Hauptstadt ein; der königliche Besucher wird auf seiner Fahrt vom Bahnhof zum Außenministerium beim Passieren des Triumphbogens (Abb.) von der Bevölkerung stürmisch begrüßt*

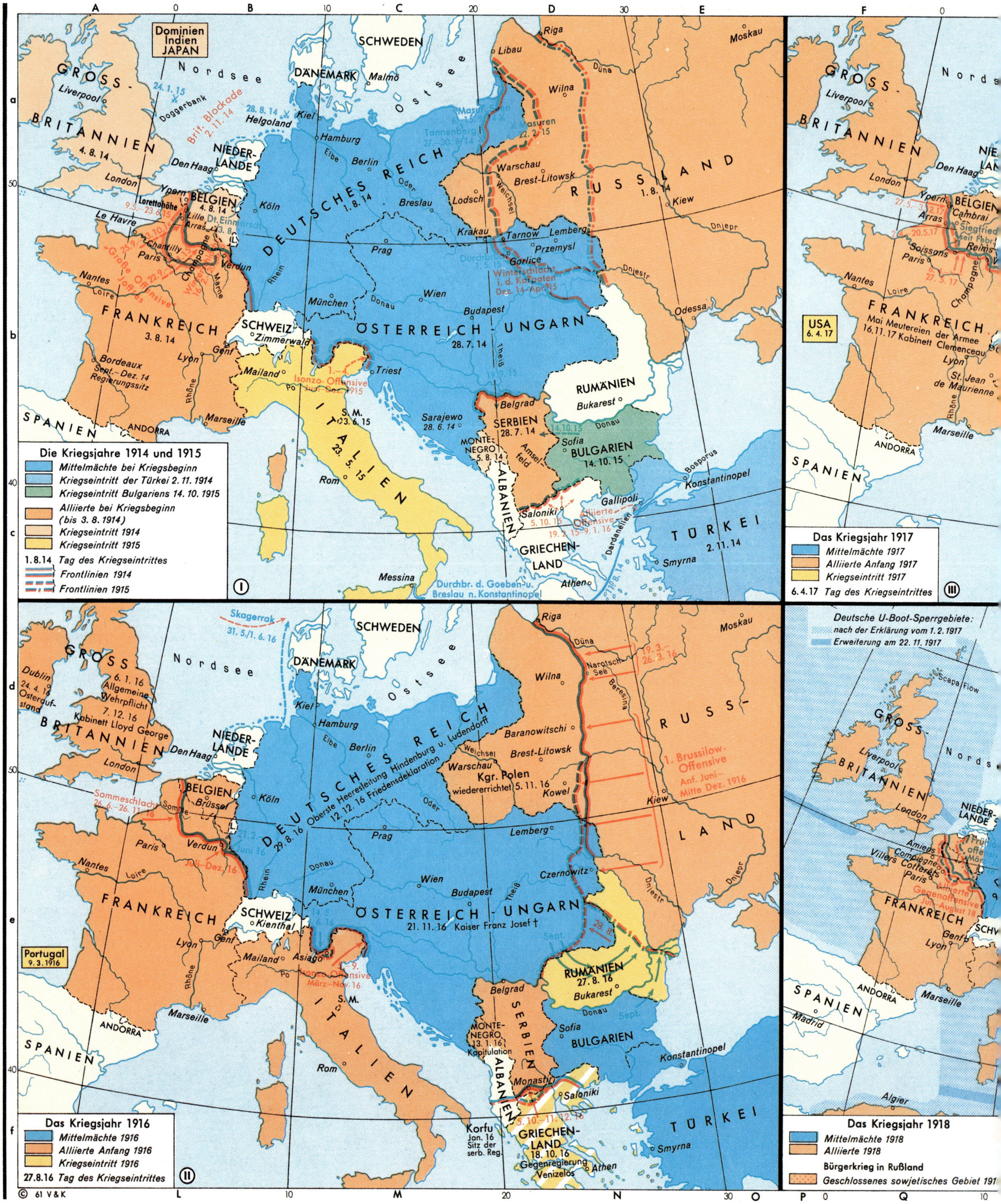
Dominien Indien JAPAN
Nordsee
Ostsee
SCHWEDEN
DÄNEMARK
GROSS-BRITANNIEN 4. 8. 14
Liverpool
London
Doggerbank
24. 1. 15
Brit. Blockade 2. 11. 14
28. 8. 14 Helgoland
NIEDER-LANDE
Den Haag
BELGIEN 4. 8. 14
Lorettohöhe
Ypern
Lille
Le Havre
Paris
Chantilly
Verdun
Große Offensive
Nantes
Loire
FRANKREICH 3. 8. 14
Bordeaux Sept.-Dez. 14 Regierungssitz
Lyon
Genf
Marseille
Rhône
SPANIEN
ANDORRA
SCHWEIZ
Zimmerwald
DEUTSCHES REICH 1. 8. 14
Kiel
Hamburg
Elbe
Berlin
Oder
Breslau
Köln
Rhein
Prag
Donau
München
Wien
Budapest
ÖSTERREICH-UNGARN 28. 7. 14
Triest
Isonzo-Offensive
Mailand
Po
ITALIEN 23. 5. 15
Rom
Messina
Masurische Seen
Tannenberg 27.–30. 8. 14
Masuren 22. 2. 15
Riga
Libau
Wilna
Düna
Warschau
Brest-Litowsk
Lodsch
Weichsel
Krakau
Tarnow
Lemberg
Przemysl
Gorlice
Winterschlacht i. d. Karpaten Dez. 14–Apr. 15
Dnjestr
Dnjepr
Kiew
Odessa
Moskau
RUSSLAND 1. 8. 14
Theiß
RUMÄNIEN
Bukarest
Belgrad
SERBIEN 28. 7. 14
Sarajewo 28. 6. 14
MONTENEGRO 5. 8. 14
ALBANIEN
BULGARIEN 14. 10. 15
Sofia
Bosporus
Konstantinopel
Gallipoli
Saloniki
Dardanellen
GRIECHENLAND
Athen
TÜRKEI 2. 11. 14
Smyrna
Durchbr. d. Goeben u. Breslau n. Konstantinopel
Die Kriegsjahre 1914 und 1915
Mittelmächte bei Kriegsbeginn
Kriegseintritt der Türkei 2. 11. 1914
Kriegseintritt Bulgariens 14. 10. 1915
Alliierte bei Kriegsbeginn (bis 3. 8. 1914)
Kriegseintritt 1914
Kriegseintritt 1915
1.8.14 Tag des Kriegseintrittes
Frontlinien 1914
Frontlinien 1915
I
USA 6. 4. 17
Cambrai
Arras
Siegfried
Soissons
Reims
Champagne
FRANKREICH Mai Meutereien der Armee 16.11.17 Kabinett Clemenceau
St. Jean de Maurienne
Das Kriegsjahr 1917
Mittelmächte 1917
Alliierte Anfang 1917
Kriegseintritt 1917
6.4.17 Tag des Kriegseintrittes
III
Skagerrak 31. 5./1. 6. 16
Dublin 24. 4. 16 Osteraufstand
6. 1. 16 Allgemeine Wehrpflicht
7. 12. 16 Kabinett Lloyd George
Sommeschlacht 26. 6.–26. 11. 16
Brüssel
Somme
Juli-Dez. 16
Portugal 9. 3. 1916
29. 8. 16 Oberste Heeresleitung Hindenburg u. Ludendorff
12. 12. 16 Friedensdeklaration
Narotsch-See
19. 3.–26. 3. 16
Beresina
Baranowitschi
Kgr. Polen wiedererrichtet 5. 11. 16
Kowel
1. Brussilow-Offensive Anf. Juni–Mitte Dez. 1916
Czernowitz
Kienthal
Asiago
Isonzo-Offensive März-Nov. 16
21. 11. 16 Kaiser Franz Josef †
RUMÄNIEN 27. 8. 16
MONTENEGRO 13. 1. 16 Kapitulation
Monastir
Korfu Jan. 16 Sitz der serb. Reg.
GRIECHENLAND 18. 10. 16 Gegenregierung Venizelos
Das Kriegsjahr 1916
Mittelmächte 1916
Alliierte Anfang 1916
Kriegseintritt 1916
27.8.16 Tag des Kriegseintrittes
II
Deutsche U-Boot-Sperrgebiete: nach der Erklärung vom 1. 2. 1917
Erweiterung am 22. 11. 1917
Scapa Flow
Amiens
Compiègne
Villers Cotterêts
Gegenoffensive
Madrid
Algier
Das Kriegsjahr 1918
Mittelmächte 1918
Alliierte 1918
Bürgerkrieg in Rußland
Geschlossenes sowjetisches Gebiet 191
© 61 V&K

Zerstörung des alten Europa

November. Mit dem Ende des Weltkrieges, der 49 Monate, also über vier Jahre dauerte, ist das Staatensystem des alten Europa zusammengebrochen. Das Deutsche Reich verliert seine Stellung als Großmacht, Österreich-Ungarn erfährt eine völlige Umwandlung der politischen und gesellschaftlichen Ordnung durch die Entstehung neuer Nationalstaaten. Großbritannien und Frankreich sind zwar als Sieger aus dem Krieg hervorgegangen, verlieren jedoch ihren Rang als führende Weltmächte. Das politische und wirtschaftliche Machtpotential in der Welt verlagert sich in die USA. Wegen des Zusammenbruchs der europäischen Mächte kündigt sich in der Dritten Welt das Ende des Kolonialismus an.

Der Krieg hat die Aufteilung der Welt grundlegend verändert. Das Deutsche Reich verliert neben seinen Kolonien die Gebiete Elsaß-Lothringen, Nordschleswig, Posen, Teile von Oberschlesien sowie einen Teil von Westpreußen. Das Habsburger Reich löst sich vollständig auf. Ungarn und die Tschechoslowakei werden selbständig, Serbien bereitet mit Kroatien und Slowenien eine Staatsgründung vor, und Siebenbürgen fällt an Rumänien. Das deutschsprachige Kernland wird Republik. Die zum ehemaligen Russischen Reich gehörigen baltischen Länder Estland, Lettland, Litauen und Finnland werden selbständige Staaten. Polen, das von deutschen, österreichischen und russischen Truppen besetzt war, erhält seine Unabhängigkeit zurück. Das Osmanische Reich büßt seine Vormacht im vorderasiatischen Raum ein.

Europa wird in seiner weltpolitischen Bedeutung insgesamt auf die Dimension eines kleinen Kontinents zurückgedrängt.

Die USA und Japan sind die Sieger eines Krieges, der durch das komplizierte Bündnissystem und den Imperialismus der alten europäischen Staaten ausgelöst wurde.

Das europäische Staatensystem wurde vor Ausbruch des Krieges nur noch durch Verträge zusammengehalten, die sich auf die Möglichkeit eines Krieges bezogen. Kriegsgefährlich waren die deutsch-britische Flottenrivalität, das französische Ziel, Elsaß-Lothringen zurückzugewinnen, sowie die Auseinandersetzung zwischen Rußland und Österreich-Ungarn in Südosteuropa. Der Anspruch des Deutschen Reiches auf eine Weltmachtstellung schürte die Kriegsgefahr um so mehr.

Die Ermordung des österreichischen Thronfolgers Franz Ferdinand durch serbische Nationalisten am 28. Juni 1914 war ebenso wie das österreichische Ultimatum an Serbien zunächst nur ein Ereignis von lokaler Bedeutung. Österreich-Ungarn wollte, vertraglich unterstützt durch das Deutsche Reich, mit einem Sieg über Serbien seinen Einfluß auf dem Balkan gegen den südslawischen Nationalismus sichern. Der Angriff auf Serbien war jedoch mittelbar ein Angriff auf die russischen Interessen auf dem Balkan. Dieser Konflikt berührte das labile Bündnissystem der wichtigsten europäischen Mächte, die zur Unterstützung ihrer jeweiligen Bündnispartner zwischen dem 31. Juli und dem 12. August mobil machten und Kriegserklärungen verkündeten.

Das vom ehemaligen deutschen Reichskanzler Otto von Bismarck konstruierte Bündnissystem, das dem Deutschen Reich die Kontrolle über die Beziehungen der europäischen Länder untereinander sichern sollte, hatte sich im Zeichen von Großmachtpolitik, Nationalismus und Imperialismus zu einer permanenten Bedrohung der Völker entwickelt, die 1914 ihren gewaltsamen Ausbruch fand.

Am Ende des Krieges sind jahrhundertealte Monarchien im Deutschen Reich, Österreich-Ungarn, Rußland, China und im Osmanischen Reich beseitigt bzw. um ihre Macht gebracht worden. Der Krieg förderte das Entstehen und die Ausbreitung revolutionärer Bewegungen, die sich in Rußland sogar als neue sowjetische Herrschaft etablieren können.

Eine der wichtigsten Folgen des Krieges ist die Dezentralisierung der Weltwirtschaft. Der Schwerpunkt der wirtschaftlichen Macht verlagert sich in die USA, insbesondere Großbritannien verliert seine bisherige Vormachtstellung. Während die europäischen Länder vier Jahre lang die Investition im privaten Verbrauch zugunsten der Rüstungsindustrie zurückgedrängt hatten, gewannen die USA eine einzigartige Position als Lieferant von Rohstoffen, Lebensmitteln und Fertigwaren, was zu einem beträchtlichen Exportüberschuß führte.

Bilanz des Grauens nach vier Jahren sinnlosen Mordens

November. In den direkten Kampfaktionen des Weltkrieges starben insgesamt 8 538 315 Soldaten, 21 219 452 wurden verwundet, und in den Kriegsgefangenenlagern sind 6 490 500 Soldaten interniert. Nicht zu zählen sind die Opfer, die durch indirekte Auswirkungen, Hungerblockaden, Krankheiten und Angriffe auf die Zivilbevölkerung ihr Leben verloren haben.

Auf seiten der Entente und der Mittelmächte kämpften insgesamt etwa 65 Millionen Soldaten. Die größten Verluste hat das Deutsche Reich mit etwa 1,8 Millionen Gefallenen zu beklagen, gefolgt von Rußland mit rund 1,7 Millionen. Im Deutschen Reich sterben infolge der Hungerblockade durch die britischen Seestreitkräfte etwa 763 000 Zivilisten an Unterernährung und ihren Folgen. 2600 Zivilisten kommen durch Luftangriffe ums Leben.

Erstmals hat ein Krieg auf höchstem technischen Niveau stattgefunden, der ganze Landstriche in Mitteleuropa verwüstete und in dem die neuentwickelte Kriegsmaschinerie eine entscheidende Rolle spielte. Höhepunkt des Massensterbens waren die großen Materialschlachten, bei denen es zunehmend nicht mehr darum ging, einen Geländevorteil zu erreichen, sondern nur darum, durch den Einsatz größtmöglicher Mengen von Vernichtungswaffen die Truppen des Gegners ausbluten zu lassen. Zu den bevorzugten Taktiken der Heerführer gehörten der Einsatz riesiger Mengen von Granaten für ein nicht selten wochenlanges Trommelfeuer auf die gegnerischen Stellungen und vor allem der Gebrauch der neuentwickelten Giftgase, gegen die es kaum einen Schutz gab. Sinnbild der todbringenden Übermacht der Technik wurden die gepanzerten Tanks.

Der rücksichtslose U-Boot-Krieg, in dem von deutscher Seite bedingungslos jedes Schiff angegriffen wurde, verdeutlichte, wie sehr durch die technologische Entwicklung der Kriegsmittel die Trennlinie zwischen regulären Kampftruppen und Zivilisten als Angriffsziel zunichte gemacht wurde. Die Ausweitung der Kriegstechnik als Kampfmittel gegen die gesamte feindliche Bevölkerung zeigte sich auch in der Entwicklung von Bombenflugzeugen.

Erstmals in der Geschichte fand ein moderner Vernichtungskrieg statt, in dem durch den Einsatz wissenschaftlich-technischer Mittel keine Fronten mehr existierten, sondern die Kämpfe für Soldaten und Zivilisten gleichermaßen tödlich waren.

Gefallener deutscher Soldat im Stacheldrahtverhau an der belgischen Front

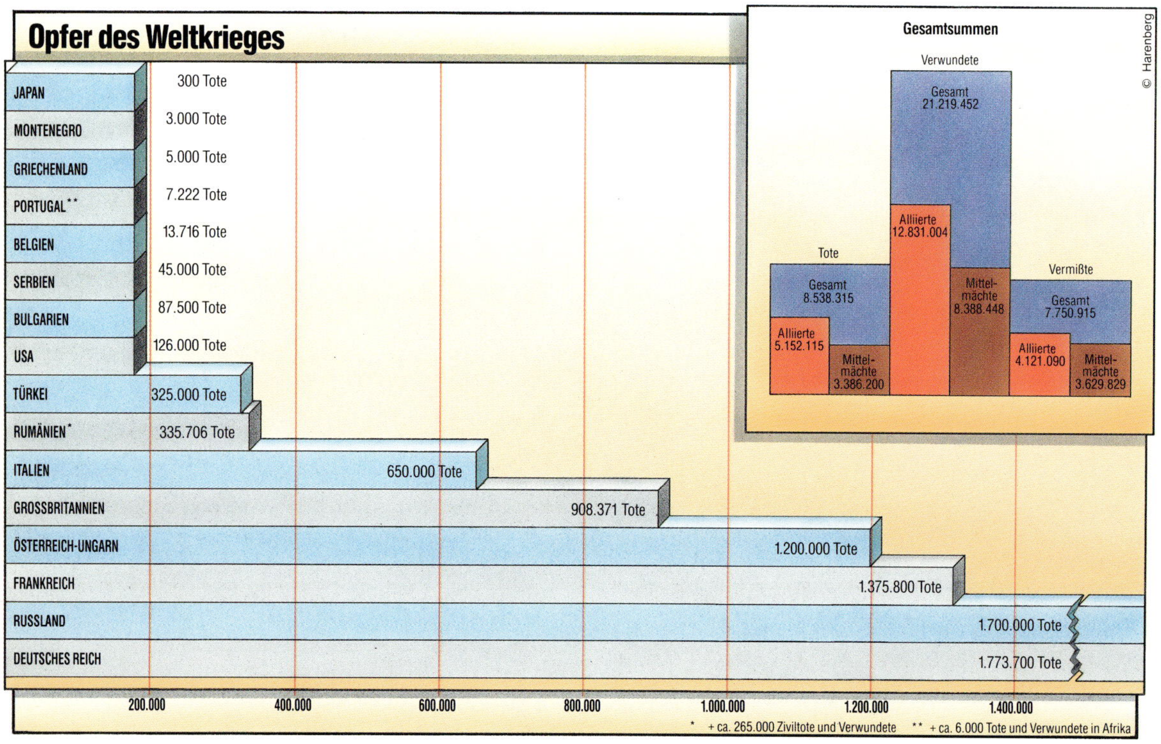

Von Sarajevo bis zur Kapitulation

Das Jahr 1914
28. 6.: Attentat von Sarajevo
28. 7.: Kriegserklärung Österreich-Ungarns an Serbien
1. 8./3. 8.: Kriegserklärungen des Deutschen Reiches an Rußland und Frankreich
3./4. 8.: Deutscher Einmarsch in Belgien
26.–30. 8.: Schlacht bei Tannenberg
6.–9. 9.: Schlacht an der Marne
2.–5. 11.: Kriegserklärungen der Entente an das Osmanische Reich

1915
25. 5.: Kriegseintritt Italiens
1. 7.: Beginn der deutsch-österreichischen Offensive (Ost)
14. 10.: Kriegseintritt Bulgariens

1916
21. 2.–21. 7.: Verdun-Schlacht
31. 5.–1. 6.: Seeschlacht am Skagerrak
12. 12.: Friedensangebot der Mittelmächte

1917
22. 1.: Friedensproklamation des amerikanischen Präsidenten Thomas Woodrow Wilson
1. 2.: Erklärung des uneingeschränkten U-Boot-Krieges durch das Deutsche Reich
Februar/März: Rücknahme der deutschen Westfront
6. 4.: Kriegserklärung der USA
19. 7.: Friedensresolution des Deutschen Reichstags
6./7. 11.: Oktoberrevolution

1918
8. 1.: »14-Punkte«-Erklärung
3. 3.: Friede von Brest-Litowsk
21. 3.: Beginn der deutschen Offensive an der Westfront
7. 5.: Friede von Bukarest
29. 9.: Waffenstillstand Bulgariens
3. 10.: Deutsches Waffenstillstandsangebot an Wilson
Waffenstillstand der Alliierten mit dem Osmanischen Reich (30. 10.), Österreich-Ungarn (3. 11.) und dem Deutschen Reich (11. 11.).

Unübersehbare Gräberfelder mit ▷ gefallenen Soldaten kennzeichnen das Grauen des vierjährigen Krieges

Unsere lieben Kameraden
Gefr. Fritz Rose
Vizewachtm. Johann Brommer
Kan.: Gustav Harbach.
F.A.R. 53
Hier ruht in Gott
Musk. Wilhelm Nitsche
2. Komp. I.R. 62
gefallen am 10.5.18.

Wendung zum Pazifismus bei Lyrikern des Expressionismus

Zahlreiche Dichter des deutschen Expressionismus, die 1914, bei Ausbruch des Krieges, von der gleichen Begeisterung erfaßt waren, wie die Masse der national-patriotisch gestimmten Bevölkerung, legen jetzt in ihren Gedichten Zeugnis vom Grauen des Krieges ab. Während ihre expressionistischen Stilmittel sich kaum verändert haben, führt die vierjährige unmittelbare Erfahrung von Schrecken und Sinnlosigkeit des Krieges nun zu bewegenden Zeugnissen des Pazifismus.

Die Visionen von »Kampf«, »Aufbruch«, »Sturm« und »Aktion« gehörten schon in Friedenszeiten zu den charakteristischen Motiven des Expressionismus. In einer Zeit, in der das Kaiserreich ständig zwischen Kriegsgefahr und »Ruhe und Ordnung« schwankte, wurde der Krieg wie eine große, neue richtungweisende Umwälzung begriffen. »Es war Reinigung, Befreiung, was wir empfanden, und eine ungeheure Hoffnung«, sagte der Romancier Thomas Mann stellvertretend auch für die expressionistischen Lyriker über die Geisteshaltung der avantgardistischen Künstler bei Ausbruch des Krieges. Einige erwarteten sogar eine Erneuerung der künstlerischen Formen eben durch die Kriegsereignisse.

Ein Großteil der expressionistischen deutschen Lyriker meldeten sich sofort nach Kriegsausbruch als Freiwillige. Ihr Enthusiasmus und ihre Hoffnungen dauerten jedoch im Höchstfall wenige Monate. Die neue Realität der Materialschlachten und des Massensterbens stimmte mit ihren Aufbruchsvisionen keineswegs überein. Die schokkierende Realität des modernen Sterbens manifestiert sich in der expressionistischen Lyrik zunehmend in Bildern des Todes.

Gegen Ende des Krieges entstehen Visionen der »Menschheitsdämmerung«, die Hoffnung, daß mit dem Zusammenbruch der alten Welt eine neue, wahrhaft »menschliche« Gesellschaft entstehen soll.

Im folgenden einige Gedichte aus dem letzten Kriegsjahr:

Ernst Toller: **Marschlied**

Wie Wandrer zum Tode,
Der Erdnot geweiht,
Wir kranzlose Opfer,
Zu Letztem bereit

Johannes R. Becher, deutscher Pazifist und expressionistischer Lyriker

Wir fern aller Freude
Und fremd aller Qual.
Wir Blütenverwehte
Im nächtlichen Tal.

Wir Preis einer Mutter,
Die nie sich erfüllt,
Wir wunschlose Kinder,
von Schmerzen gestillt.

Wir Tränen der Frauen,
Wir lichtlose Nacht,
Wir Waisen der Erde
Ziehn stumm in die Schlacht.

Ernst Toller veröffentlichte dieses Gedicht im April 1918.

Thomas Mann, namhafter, aber politisch unentschlossener Romancier

Erich Mühsam, deutscher Anarchist, Räte-Politiker und Schriftsteller

Johannes R. Becher: **Ewig im Aufruhr**

Ewig im Aufruhr
Wider die Feste
Wütendster Würger,
Der Schlächter des Lamms.
Reißet zerreißet
Gewaltsame Böen, Finsternisse
den Wucherer-Turm!
Die Tyrannen
zerplatzten auf Thronen
Hah es zerschmolz
Wahn-Gewölk schon der Nacht.
Sehet auch schrumpfen
Die Kannibalen der Erben.
Nicht mehr den Reichen nur
Schenkt sich die Welt.
Wälder umzwitschern
den Mittag der Guten.
Die Gerechten
Ruhen in Gott.
Arg in den Bergen
Zerschellen die Sünder.
Sklaven, steigt auf
aus giftiger Schlucht.
Sterne grünen
Die toten Propheten,
Gekreuzigt einst
von den Schergen des Baal.
Unten im Lava-Trichter
Die Heuchler,
Der Brüder Verräter:
Gespenstischer Traum.

Selig ihr Armen,
Zersprengt und erblindet!
Denn der Unschuldige
Lebt ohne Besitz.
Nur der Böse vergräbt sich in Erde
hängend grundlos
Im qualvollen Sund.

Ernst Toller, Dichter und Mitglied der bayerischen Räteregierung

Über Gezeiten aus Moder
Sich spannen . . .!
In Gefängnisse
Quelle des Baums . . .!
Euere verschütteten
Höfe erwachen!
Aufgefegt
Im panischen Sturm.

Immer noch strotzen
Die Plätze von Henkern.
Messergegürtet.
Gewehre im Arm.
Ihre Kolben zerstampfen
Die Psalter.
Bomben-Gewitter
Ruchlos im Raum.
Aber bald endet solch Werk sich:
Da stürzen
– Fieber brüllen
Im Ölbauch der Tanks –
Sich verreckend
Die Mörder aufs Pflaster.
Fahnen hissen sich
Heilig in Rot.

Erich Mühsam: **Kriegslied**

Sengen, brennen, schießen, stechen,
Schädel spalten, Rippen brechen,
Spionieren, requirieren,
Patrouillieren, exerzieren,
Fluchen, bluten, hungern, frieren . . .
So lebt der edle Kriegerstand,
Die Flinte in der linken Hand,
Das Messer in der rechten Hand –
Mit Gott, mit Gott, mit Gott,
Mit Gott für König und Vaterland.

(Übersichtsartikel → S. 113).

Revolutionäres Bekenntnis der Dadaisten

17. November. Anders als in der ideologisch von Tristan Tzara bestimmten Dada-Bewegung in Zürich, nimmt diese 1916 in der Schweiz begründete avantgardistische Kunstrichtung im Deutschen Reich eine mehr und mehr politische Ausrichtung an, die sich gegen den bürgerlichen Staat und für die Revolution einsetzt. Dies wird exemplarisch deutlich an dem Zwischenfall, der sich während eines Gottesdienstes im Berliner Dom ereignet. Als der Geistliche die Frage an die Gemeinde stellt: »Was ist uns Jesus Christus?« ruft ein Teilnehmer laut »Christus ist euch wurscht!« in das Domgewölbe, woraufhin er hinausgeworfen wird. Es stellt sich heraus, daß es sich bei dem Provokateur um den selbsternannten »Oberdada« Johannes Baader handelte.

Cheftheoretiker der Dada-Bewegung in Berlin ist Richard Huelsenbeck, der im Februar 1916 in Zürich zusammen mit Tristan Tzara, Hugo Ball, Hans Arp und Marcel Janco das dadaistische »Cabaret Voltaire« gegründet hatte.

Gemeinsamer Nenner der Dadaisten war, wie Huelsenbeck später in einem Rückblick schrieb, daß sie alle »keinen Sinn für den Mut [hatten]«, der dazugehörte, sich für die Idee einer Nation totschießen zu lassen, die im besten Fall eine Interessengemeinschaft von Fellhändlern und Lederschiebern, im schlechtesten eine kulturelle Vereinigung von Psychopathen ist ...«

Hatte jedoch Tzara, der Erfinder des Namens »Dada«, noch im März 1918 in seinem Manifest verkündet: »Dada bedeutet nichts« und die von ihm begründete Kunstrichtung weniger als politischen denn als ästhetischen Neuansatz begriffen, so entwickeln sich die deutschen Dada-Vertreter zu militanten Vertretern einer grundsätzlichen gesellschaftlichen Umwälzung im Deutschen Reich mit Hilfe der Kunst.

Richard Huelsenbeck, Cheftheoretiker der Berliner Dada-Bewegung

Huelsenbeck, der im Januar 1917 von Zürich nach Berlin zurückkam, schloß sich mit einigen anderen Künstlern zusammen, um die spezifisch auf deutsche Verhältnisse zugeschnittene Form des Dadaismus zu entwickeln. Im Vordergrund steht die kunstpolitische Aktion gegen den bürgerlichen Staat. Dies wird verbunden mit heftiger Polemik gegen die Expressionisten, die sich nach Meinung der deutschen Dadaisten mit dem Staat eingerichtet haben.

Gegen Kriegsende verfassen Huelsenbeck und Raoul Hausmann ein Programm der deutschen Dadaisten. Kernsätze: »Der Dadaismus fordert: 1. die internationale revolutionäre Vereinigung aller schöpferischen und geistigen Menschen der ganzen Welt auf dem Boden des radikalen Kommunismus, 2. die Einführung der progressiven Arbeitslosigkeit durch umfassende Mechanisierung jeder Tätigkeit ... 3. die sofortige Expropriation des Besitzes [Sozialisierung] und kommunistische Ernährung aller, sowie die Errichtung der Allgemeinheit gehörender Licht- und Gartenstädte, die den Menschen zur Freiheit entwickeln.«

Selma Lagerlöf

20. November. *Ihren 60. Geburtstag begeht die schwedische Schriftstellerin Selma Lagerlöf in ihrer Heimat Värmland.*

Selma Lagerlöf, die bereits 1909 mit dem Nobelpreis für Literatur ausgezeichnet wurde, erzielte ihren ersten künstlerischen Erfolg mit dem Roman »Gösta Berling« (1891). Sehr bekannt wurde auch ihr dreibändiges Kinderbuch »Wunderbare Reise des kleinen Nils Holgersson mit den Wildgänsen« (1907/08).

Wilhelminischer Untertanengeist in Roman kritisiert

Heinrich Mann, Verfasser des Romans »Der Untertan«, der den preußischen Obrigkeitsstaat karikiert

30. November. Mit erheblicher Verspätung, vier Jahre und vier Monate nach seiner Vollendung, erscheint Heinrich Manns gesellschaftskritischer Roman »Der Untertan« in einer sehr hohen Auflage von 100 000 Exemplaren.

Der auf Kriegsdauer der wilhelminischen Zensur zum Opfer gefallene Roman behandelt am Beispiel des Protagonisten Diederich Heßling die Karriere eines ebenso kleinbürgerlichen wie kaisertreuen Aufsteigers im deutschen Kaiserreich unter Wilhelm II. Mit seiner konsequent vertretenen Maxime, nur der, der nach unten trete und nach oben dienere, komme im wilhelminischen Staat nach oben, gelingt Heßling der keineswegs unerwartete Aufstieg.

Heinrich Manns minuziöse Darstellung der Entwicklung eines autoritären Charakters, der allein die Chance hat, in einem autoritären Staat wie dem preußischen eine gehobene Position zu erreichen, mußte bei den Zensurbehörden scharfe Kritik hervorrufen. Einige Kapitel des noch unvollendeten Romans, die in den Vorkriegsjahren 1912/13 im »Simplicissimus« und der Zeitschrift »Pan« veröffentlicht worden waren, hatten bereits 1912 zu einem Majestätsbeleidigungsprozeß gegen den Autor geführt. Anfang 1914 wurde dennoch in der Münchener Zeitschrift »Zeit im Bild« mit dem Vorabdruck begonnen, der mit Kriegsausbruch jedoch erwartungsgemäß verboten wurde. 1916 wurden von dem Leipziger Verleger Kurt Wolff zehn Exemplare gedruckt und an ausgewählte Kritiker verschickt. Erst nach der Aufhebung der Zensur im Gefolge der Revolution ist das satirische Schlüsselwerk einem breiten deutschen Publikum zugänglich.

Titelseite des Romans »Der Untertan«, der 1916 bei Kurt Wolff in Leipzig erstmals erschienen ist

Szenenbild von einer Aufführung revolutionären Theaters in der Sowjetunion

Theater 1918:

Sozialistische Revolution bringt neue Formen auf die Bühne

Die entscheidenden Impulse für die Theatergeschichte kommen aus dem neuen Rußland, wo sich nach der siegreichen Oktoberrevolution von 1917 auch eine Revolutionierung in der Kunst abzeichnet. In Übereinstimmung mit der Meinung des führenden Revolutionärs Wladimir I. Lenin, die Kunst gehöre dem Volk, kommt es zu zahlreichen Theatergründungen, an deren Aufbau die revolutionären Massen selbst Anteil haben.

Verantwortlich für alle Theater ist der Volkskommissar für Aufklärung, Anatoli W. Lunatscharski. Leiter der Sektion »Theater« ist Wsewolod E. Mejerchold, dem sich nach dem Zusammenbruch der alten Kultur ein freies Experimentierfeld anbietet, das er für ein neues Volkstheater nutzen will. »Theateroktober« nennt Mejerchold die neuen Inszenierungen von Volksfesten, Laienspielen und Agitationsveranstaltungen, in denen die traditionelle Theaterpsychologie keinen Raum mehr hat, sondern mitunter Tausende von Schauspielern und Zuschauern bislang unbekannte Ausdrucksformen der Volksmassen selbst inszenieren. Gemeinsam mit seinem wichtigsten Autor Wladimir W. Majakowski stützt sich Mejerchold auf drei Techniken: die Umsetzung individueller Erlebnisse auf körperliche Ausdrucksformen, die in Rußland traditionellen Hanswurstpossen der Jahrmärkte und die konstruktivistische Gestaltung des gesamten Theaterraumes, in dem die Trennung zwischen Bühne und Zuschauerraum aufgehoben

»Agit-Zug« in Rußland; Kunst und Theater für die Bevölkerung in der Provinz

Hauptmanns »Austreibung« 1918 in Frankfurt uraufgeführt; Szene

Szenenbild aus der Berliner Aufführung von »Blutopfer« von Georg Reicke (Bürger ster von Berlin); auf deutschen Bühnen Patriotisches bis zur Kapitulation

Russische »Prolet-Kunst«-Schauspieler; Theateraufführungen in der Fabrik

wird. In Revolutionsstücken wie »Mysterium buffo« von Majakowski und »Die Pantomime der großen Revolution« setzt das neue Theater neben traditioneller Schauspielkunst Tanz, Akrobatik, Clownerie und Pantomime ein. Mitunter gehen die Veranstaltungen nach Ende der Stücke auf den Straßen weiter.
Die Mehrheit der russischen Völker besaß unter der Zarenherrschaft kein eigenes Nationaltheater. Mit der Einbeziehung großer Bevölkerungsmassen in die neue Theaterkunst entstehen auch in den nichtrussischen Landesteilen Theater, in denen man in der Landessprache spielt. So gründet sich im Februar des Jahres 1918 bereits ein usbekisches Berufstheater unter dem Dramaturgen Chakim-sade Chamsa.
Mit den politischen Agitationsveranstaltungen, den Experimenten und der Aufnahme von Volkstraditionen wird in den ersten Monaten der Sowjetrepublik das moderne Welttheater geboren.
Das deutsche Theaterleben steht weiterhin im Zeichen des Expressionismus und der Kriegserfahrungen. Im Dresdner Schauspielhaus wird am 10. Februar die Tragödie »Seeschlacht« von Reinhard Goering uraufgeführt (→10. 2./S. 40), die die Sinnlosigkeit und den Schrecken des modernen, technischen Krieges auf die Bühne bringt. Die Sinnlosigkeit des Krieges und die Hoffnung auf eine neue Gesellschaft ist gleichermaßen Thema der Tragödie »Ein Geschlecht« von Fritz von Unruh, das am → 16. Juni (S. 97) in Frankfurt am Main uraufgeführt wird.
In den Vereinigten Staaten von Amerika tritt der Dramatiker Eugene O'Neill mit seinem Einakter »Unterm karibischen Mond« hervor, der am 20. November in New York uraufgeführt wird. Das Stück behandelt den Alltag von Seeleuten und ist eines der ersten, mit denen der junge Autor O'Neill sich der Kritik der Öffentlichkeit stellt.
Bislang nicht genutzte Formen verwendet der italienische Dramatiker Pier Luigi Maria Rosso di San Secondo. Sein Stück »Marionetten, welche Leidenschaft!« endet im unartikulierten Schreien und Stammeln seiner Hauptpersonen und wird daher heftig kritisiert.

Höchste Auflagen für »Heidi«

9. November. Im 450. Tausend erscheinen Johanna Spyris Kinderbücher »Heidis Lehr- und Wanderjahre« und »Heidi kann brauchen, was es gelernt hat«.
Der in der zweiten Hälfte des 19. Jahrhunderts erstmals erschienene Kinderroman der Schweizer Autorin Johanna Spyri (1827–1901) gehört zu den beliebtesten Kinderbüchern. Die Geschichte vom Naturkind Heidi, das auf einer Schweizer Alm aufwächst, von einem guten und strengen Großvater und von den Regeln der großmächtigen Natur erzogen wird, dann von einer Großstadt-Familie als Pflegetochter aufgenommen wird, um der gelähmten Tochter des Hauses etwas Unterhaltung zu verschaffen, das schließlich der Gelähmten durch den Aufenthalt in den Schweizer Bergen wieder zum Laufen verhilft: das alles rührte die Herzen der zahlreichen jungen Leserinnen.
Das Buch »Heidi« singt das Hohelied der Natur und des unverdorben-dörflichen Lebens. »Heidi« trifft den Nerv einer Gesellschaft, die infolge der Industrialisierung auf fast vollständige Verstädterung zutreibt. Das schreckliche Heimweh, das Heidi empfindet, als sie in Frankfurt angekommen ist, können besonders die nachvollziehen, die infolge der Arbeitslosigkeit auf dem Land in die Städte geflohen sind.

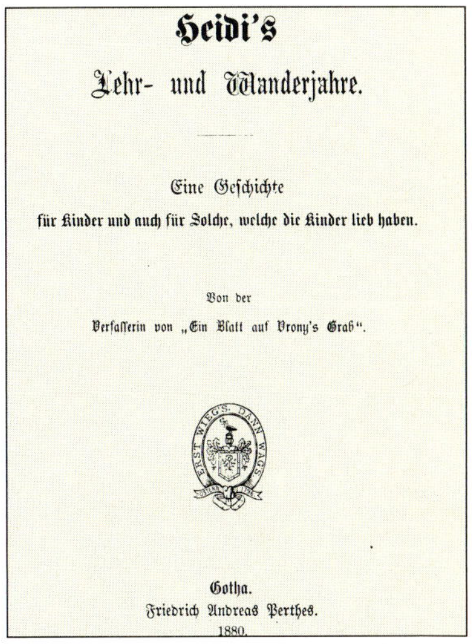

Heidi's
Lehr- und Wanderjahre.
Eine Geschichte
für Kinder und auch für Solche, welche die Kinder lieb haben.
Von der
Verfasserin von „Ein Blatt auf Vrony's Grab".
Gotha.
Friedrich Andreas Perthes.
1880.

Titelseite der ersten Ausgabe von »Heidis Lehr- und Wanderjahre«

Johanna Spyri, schweizerische Erfolgsautorin der Heidi-Bücher

Erstes sowjetisches Drama

7. November. Im musikdramatischen Theater von Petrograd wird das erste sowjetische Drama, »Mysterium buffo« von Wladimir W. Majakowski, zum Jahrestag der Revolution uraufgeführt. Das von dem Schauspieler und Regisseur Wsewolod E. Mejerchold inszenierte Drama stellt in sechs Akten und einem Prolog eine Verherrlichung der sozialistischen Oktoberrevolution dar und bedient sich dabei neuartiger dramaturgischer Mittel.
Plakativ gegenüber stehen sich die »Reinen« und die »Unreinen« – Ausbeuter und Proletarier –, ergänzt wird das Szenario durch Teufel, Heilige, Engel, den »Herrn Zebaoth«, einen »Versöhnler«, einen »Intelligenzler«, und die »handelnden Personen des gelobten Landes«, das sind die Produktionsmittel, die für den Aufbau des Sozialismus unerläßlich sind: Hammer und Sichel ebenso wie Brot und Salz, aber auch Kleidungsstücke und die »Materie« als solche. Schließlich bereichert auch noch der »Mensch der Zukunft« das Schauspieleraufgebot.
Der Regisseur arbeitet mit mehreren Bühnen gleichzeitig, die im traditionellen Theater übliche Grenze zwischen Bühne und Zuschauerraum wird bisweilen durchbrochen. Nachdem die »Unreinen« die »Reinen« erfolgreich von der »Arche« vertrieben haben, landen sie nach Durchwanderung von »Hölle«, »Himmel« und »Ruin« endlich in ihrem elektrifizierten und blumengeschmückten Wunschland, das sie sich selbst erschaffen haben. Das Verhältnis zu den Produktionsmitteln hat sich umgekehrt: jetzt sind es die Maschinen, die ausschließlich für das Wohl der Arbeiter sorgen.

Dezember 1918

Mo	Di	Mi	Do	Fr	Sa	So
						1
2	3	4	5	6	7	8
9	10	11	12	13	14	15
16	17	18	19	20	21	22
23	24	25	26	27	28	29
30	31					

1. Dezember, Sonntag

Island wird selbständige Republik.

Serbien und Montenegro vereinigen sich mit den südslawischen Gebieten zum Königreich der Serben, Kroaten und Slowenen. Im Namen des serbischen Königs Peter I. proklamiert der serbische Thronfolger Alexander Karadordevic (Karageorgewitsch) das neue Königreich. →S. 205

Kronprinz Wilhelm verzichtet im holländischen Exil offiziell auf den deutschen Thron.

In der Schlußvereinbarung der internationalen Finanzkommission bei den Waffenstillstandsvereinbarungen verpflichtet sich das Deutsche Reich, das gesamte Volksvermögen zur Deckung der alliierten Kriegskosten bereitzustellen.

2. Dezember, Montag

Armenien erklärt seine Unabhängigkeit vom Osmanischen Reich.

Der Bergarbeiterführer Otto Hue lehnt jede Form von Ausnahmezustand mit diktatorischer Regierungsform ab und verlangt statt dessen die umgehende Einberufung der Nationalversammlung.

3. Dezember, Dienstag

Die gesamte linke Rheinseite ist von deutschen Truppenkontingenten geräumt, nachdem bei Köln die letzten Soldaten den Rhein überquert haben.

In Posen wird anläßlich des Zusammentritts des am 14. November gebildeten polnischen Volksrates mit einem Pontifikalamt des Erzbischofs die Befreiung Polens von der Fremdherrschaft gefeiert. Für die bisher zum Deutschen Reich gehörenden Gebiete wird ein Oberster Volksrat gewählt. →S. 205

In Berlin wird die »Novembergruppe«, eine Künstlervereinigung, in der u.a. der Maler Max Pechstein und der Architekt Erich Mendelsohn vertreten sind, gegründet. Politisch bekennt sich die Gruppe zur Novemberrevolution. →S. 207

In Berlin wird der »Arbeitsrat für Kunst« auf Anregung des Architekten Bruno Taut sowie des späteren Leiters des Weimarer Bauhauses, Walter Gropius, gegründet. →S. 207

4. Dezember, Mittwoch

Auf einer Großkundgebung der Zentrumspartei in Köln wird durch die führenden Zentrumspolitiker Karl Trimborn und Wilhelm Marx unter der Losung »Los von Berlin« die Gründung einer eigenständigen rheinisch-westfälischen Republik gefordert, die von Preußen abgetrennt werden soll. Die »Kölnische Volkszeitung« gehört zu den hauptsächlichen Propagandisten dieser Separationsbestrebungen. →S. 203

Industrie und Gewerkschaften vereinbaren eine vorläufige Satzung für die Arbeitsgemeinschaft von Arbeitgebern und Arbeitnehmervertretern. →S. 203

Im deutschen Reichsinnenministerium wird als eigenständiger Bereich das Reichsluftamt gegründet.

5. Dezember, Donnerstag

Während einer Konferenz von Arbeitgebern in Dortmund werden mehrere Großindustrielle, u.a. Edmund Stinnes und August Thyssen mit Sohn Fritz, festgenommen und nach Berlin gebracht, weil ein als Kellner getarntes USPD-Mitglied sie als Landesverräter denunziert hatte. →S. 202

Die Verbände der deutschen Beamten- und Lehrerschaft schließen sich mit etwa 1,5 Millionen Mitgliedern zum Deutschen Beamtenbund zusammen. →S. 203

6. Dezember, Freitag

Der Landtag Elsaß-Lothringens spricht sich für den Anschluß an Frankreich aus.

Bonn wird von französischen und britischen Truppen besetzt.

Ein Putschversuch von Offizieren und Soldaten in Berlin, der sich gegen die Macht der Arbeiter- und Soldatenräte richtet, schlägt fehl. – Im Verlauf der Unruhen kommen bei tumultartigen Auseinandersetzungen zwischen Spartakisten und Regierungstruppen 16 Menschen ums Leben. →S. 196

Im Münchener Schauspielhaus wird das Revolutionsstück »Der Minister« von Roda Roda (eigentl. Sandor Friedrich Rosenfeld) uraufgeführt.

In Berlin wird Ernst Lubitschs Film »Die Mädel vom Ballett« uraufgeführt.

7. Dezember, Sonnabend

In der österreichischen Südsteiermark kommt es, wie zuvor schon in Kärnten, zu bewaffnetem Widerstand gegen die eingedrungenen südslawischen Truppen.

Die Volksbeauftragten verkünden eine Amnestie für alle aktiven Militärangehörigen im Deutschen Reich.

8. Dezember, Sonntag

Generalfeldmarschall Paul von Hindenburg, Chef der deutschen Obersten Heeresleitung, fordert von Friedrich Ebert die Wiederherstellung der militärischen Kommandogewalt und die Abschaffung der Soldatenräte (→19. 12./S. 200).

Massenkundgebungen der drei sozialistischen Parteien MSPD, USPD und Spartakusbund machen die Unterschiede zwischen ihnen deutlich. MSPD und USPD grenzen sich entschieden vom Spartakusbund ab. Der Führer des Spartakusbundes, Karl Liebknecht, beschuldigt Friedrich Ebert und Philipp Scheidemann, an den konterrevolutionären Vorgängen des 6. Dezember beteiligt gewesen zu sein.

Der Hamburger Arbeiter- und Soldatenrat beschließt, darauf hinzuwirken, daß Religionsunterricht und Schulandachten aus den staatlichen Schulen verbannt werden (→28. 12./S. 208).

9. Dezember, Montag

Der Staatssekretär des Äußeren, Wilhelm Heinrich Solf (Zentrumspartei), bittet um seine Entlassung, weil er vom sozialistischen Volksrat in Berlin in letzter Zeit scharf angegriffen wurde.

Der Zentralrat der Marine verkündet in Berlin sein sozialistisches Programm, das u.a. die Schaffung einer sozialistisch-republikanischen Armee und die Aufteilung des Großgrundbesitzes vorsieht.

Ein Ausschuß des Rates der Volksbeauftragten beschließt, daß die von deutschem Militär im Verlauf des Krieges geraubten Kunstgegenstände in vollem Umfang an Großbritannien und Frankreich zurückerstattet werden sollen.

Die deutsche Universität in Straßburg wird von den französischen Behörden geschlossen, alle deutschen Professoren der Hochschule werden ohne Entschädigung entlassen.

10. Dezember, Dienstag

Die Deutsche Vaterlandspartei, im letzten Kriegsjahr gegründet, löst sich auf. Ihre Führer schließen sich größtenteils der Deutschnationalen Volkspartei (DNVP) an.

Die »Kölnische Volkszeitung«, Sprachrohr des deutschen Zentrums, schlägt eine Reichsteilung in die Republiken Rheinland-Westfalen, Nord-Ostsee, Donauländer und Mitteldeutschland vor (→11. 12./S. 203).

Konrad Adenauer, Oberbürgermeister von Köln seit 1917, fordert den Präsidenten des Reichstages auf, das Parlament zur Bestätigung der neuen Regierung einzuberufen.

In Hamborn treten die Bergarbeiter in den Streik. Sie fordern einen Mindestlohn von 15 Mark und die Rückerstattung von Strafgeldern, die sie wegen einer Arbeitsniederlegung 1912 hatten zahlen müssen. Der Streik greift in den nächsten Tagen auf Essen und Oberhausen über (→19. 12./S. 202).

Der Nobelpreis für Physik wird an Max Planck, der für Chemie an Fritz Haber verliehen. Nobelpreise für Literatur und Medizin werden in diesem Jahr ebensowenig vergeben wie der Friedensnobelpreis. →S. 206

11. Dezember, Mittwoch

Der Rat der Volksbeauftragten ruft das Volk auf, sich nicht vorzeitigen Neugliederungs- oder auch Separationsbewegungen im Deutschen Reich anzuschließen. →S. 203

Die deutsch-böhmische Regierung flüchtet nach Sachsen, da sie von der neuen tschechischen Regierung verfolgt wird (→22. 12./S. 205).

12. Dezember, Donnerstag

Um die öffentliche Sicherheit zu garantieren, soll laut Beschluß der Volksbeauftragten eine freiwillige Volkswehr gebildet werden. →S. 200

Der Präsident des Reichstages, Konstantin Fehrenbach, kündigt die Einberufung des Reichstages an. Dieser existiert in den Augen der Volksbeauftragten jedoch gar nicht mehr.

13. Dezember, Freitag

Die Alliierten erkennen den deutschen Rat der Volksbeauftragten nicht als rechtmäßige Regierungsinstanz an.

Die deutsche Regierung in Berlin nimmt das Rücktrittsgesuch des Staatssekretärs des Äußeren, Wilhelm Heinrich Solf, an.

Die Freikonservativen schließen sich geschlossen der Deutschnationalen Volkspartei an.

Der Autor des vor kurzem erschienenen Romans »Der Untertan« (→30. 11./S. 189), Heinrich Mann, spricht im »Politischen Rat geistiger Arbeiter« in München über den Sinn der Revolution. →S. 208

Die deutsche Erstaufführung des Dramas »Und das Licht scheinet in der Finsternis« von Leo Tolstoi findet in der Inszenierung von Max Reinhardt im Deutschen Theater in Berlin statt. Die Hauptrollen spielen Alexander Moissi, Hermine Körner und Ernst Deutsch. →S. 208

In Berlin wird der Film »Henriette Jakoby« (Regie: Richard Oswald) mit Conrad Veidt in der männlichen Hauptrolle uraufgeführt.

14. Dezember, Sonnabend

Bei den heute stattfindenden britischen Unterhauswahlen haben erstmals alle Männer ab dem 21. und alle Frauen ab dem 30. Lebensjahr Wahlrecht. Die liberalkonservative Regierung David Lloyd George wird bestätigt. Die Labour Party ist nicht mehr in der Regierung vertreten. Die in Irland gewählten Abgeordneten, überwiegend der separatistischen Sinn Fein zugehörig, beschließen, in Dublin ein eigenes, revolutionäres Parlament zu gründen. An der Spitze steht Eamon de Valera. →S. 205

Der Spartakusbund unter Führung Karl Liebknechts legt sein politisches Programm vor. Hauptforderung ist die Errichtung einer sozialistischen Räterepublik (→30. 12./S. 201).

Im Kleinen Theater in Berlin wird das Drama »Freie Knechte«, ein Antikriegsstück von Hans Franck, uraufgeführt.

15. Dezember, Sonntag

In Berlin wird die Nationalliberale Partei aufgelöst. Sie geht in der neugegründeten Deutschen Volkspartei auf, deren treibende Kraft Gustav Stresemann ist.

»L'Illustration«, die französische Wochenzeitschrift, feiert in ihrer Ausgabe vom 28. Dezember die erste Besetzung von rechtsrheinischem Gebiet in Wiesbaden durch französische Einheiten

L'ILLUSTRATION

Prix du Numéro : 1 fr. 75. SAMEDI 28 DÉCEMBRE 1918 *76e Année. — N° 3956.*

NOS SOLDATS SUR LA RIVE DROITE DU RHIN

Les troupes du 33e corps défilent devant le général Lecomte, à Wiesbaden, le 15 décembre.

(Voir l'article, pages 617 et suivantes.)

Auf einer Generalversammlung der USPD in Berlin vertritt Rosa Luxemburg die Meinung, die Partei solle die Regierung verlassen. Hugo Haase verteidigt dagegen das Bündnis mit der MSPD (→ 29. 12./S. 199).

Im Ruhrgebiet befinden sich derzeit rund 20 000 Bergleute im Streik für Lohnerhöhungen und Reformen (→ 19. 12./S. 202).

16. Dezember, Montag

514 Delegierte nehmen an dem heute eröffneten 1. Rätekongreß der Arbeiter- und Soldatenräte Deutschlands in Berlin teil, der bis zum 20. Dezember dauert. → S. 197

Die Generalversammlung der Friedrich Krupp-AG in Essen beschließt, in diesem Jahr keine Dividende auszuschütten. Vorstand und Aufsichtsrat hatten eine Dividende von 4% vorgeschlagen. 1917 waren es 10%. Der Reingewinn aus dem Geschäftsjahr 1917/18 hat fünf Millionen Mark betragen.

In Bayern wird die kirchliche Schulaufsicht aufgehoben.

Der erst 22jährige Pianist und Komponist Wilhelm Kempff gibt ein Solokonzert in der Berliner Philharmonie, das von Publikum und Kritik bejubelt wird.

17. Dezember, Dienstag

Staatssekretär Matthias Erzberger leitet die in Berlin stattfindende Gründungsversammlung der »Deutschen Liga für Völkerbund«.

In Breslau protestieren 20 000 Katholiken gegen die kirchenfeindliche Politik der Sozialisten.

In Berlin wird der Spielfilm »Carmen« unter der Regie von Ernst Lubitsch mit Pola Negri und Harry Liedtke uraufgeführt. → S. 208

18. Dezember, Mittwoch

Der Allgemeine Deutsche Rätekongreß in Berlin beschließt die sog. Sieben Hamburger Punkte, in denen die Übernahme der Kommandogewalt über das Heer, die zur Zeit von den Volksbeauftragten ausgeübt wird, gegen den Willen der Militärs festgelegt ist (→ 16. 12./S. 197).

Die Bayerische Volkspartei verlangt stärkere Eigenstaatlichkeit für Bayern und den Anschluß Deutschösterreichs und Deutschböhmens. Falls Spartakisten an der zukünftigen Regierung beteiligt sein sollten, droht die BVP mit Abtrennung Bayerns von Deutschland.

Die in Essen erscheinende »Bergwerks-Zeitung« verurteilt alle Bestrebungen der Sozialisierungskommission, den Bergbau zum jetzigen Zeitpunkt zu verstaatlichen (→ 20. 12./S. 202).

19. Dezember, Donnerstag

Generalfeldmarschall Paul von Hindenburg protestiert gegen den Beschluß des Zentralrates der Arbeiter- und Soldatenräte, die Kommandogewalt über das Heer zu übernehmen. → S. 200

Der Allgemeine Deutsche Rätekongreß in Berlin billigt den Beschluß des Rates der Volksbeauftragten, möglichst bald Wahlen zur Nationalversammlung durchzuführen. Er lehnt es mehrheitlich ab, sich als Rätekongreß selbst zum Nationalparlament zu deklarieren. Damit ist das vom Spartakusbund propagierte Rätesystem verworfen. Der neugewählte Zentralrat der deutschen sozialistischen Republik besteht nur aus Mitgliedern der MSPD (→ 16. 12./S. 197).

Nach der bewilligten Schichtlohn-Erhöhung um 4 Mark von 13 auf 17 Mark erklären sich die streikenden Bergarbeiter des Ruhrgebiets zur Beendigung des Streiks bereit. → S. 202

20. Dezember, Freitag

Nachfolger Wilhelm Heinrich Solfs als Staatssekretär des Äußeren wird Ulrich Graf von Brockdorff-Rantzau.

Der Rätekongreß in Berlin spricht sich mit großer Mehrheit für die »Sozialisierung aller dafür geeigneten Industrien«, insbesondere des Bergbaus aus. → S. 202

In einem Hirtenbrief fordern die katholischen Bischöfe Preußens die Gläubigen zum Widerstand gegen die antikirchliche Politik der sozialistischen Regierung auf (→ 28. 12./S. 208).

Im Nationaltheater München findet die Uraufführung der Tragödie »Hannibal« von Christian Dietrich Grabbe statt. Die Titelrolle spielt Albert Steinrück. → S. 208

Der zweite Teil der Lulu-Tragödie »Die Büchse der Pandora« von Frank Wedekind wird mit großem Erfolg erstmals seit 1906 im Kleinen Schauspielhaus in Berlin wieder aufgeführt. → S. 208

21. Dezember, Sonnabend

21 im Ruhrgebiet ansässige Bergwerks- und Industrieunternehmen gründen in Bochum die Gesellschaft für Kohlentechnik. Die Gesellschaft unterhält das »Kaiser-Wilhelm-Institut für Kohlenforschung«.

22. Dezember, Sonntag

Der tschechoslowakische Staatspräsident Tomáš Garrigue Masaryk erklärt Deutschböhmen zum Bestandteil der Tschechoslowakei. → S. 205

Die Redaktion der »Bremer Bürgerzeitung« wird von Mitgliedern der USPD besetzt. Damit beherrschen die Unabhängigen Sozialdemokraten jetzt 20 Tageszeitungen.

23. Dezember, Montag

Wegen noch ausstehender Lohnzahlungen besetzen Matrosen der Volksmarinedivision das Berliner Schloß sowie die Reichskanzlei und nehmen den Stadtkommandanten Otto Wels (SPD) fest (→ 24. 12./S. 198).

In Preußen werden per Regierungserlaß sämtliche Orden und Titel abgeschafft.

Durch eine Regierungsverordnung über Tarifverträge, Arbeiter- und Angestellten-Ausschüsse und Schlichtung von Arbeitsstreitigkeiten werden schriftliche Tarifverträge im Deutschen Reich erstmals als rechtsverbindlich anerkannt.

24. Dezember, Dienstag

Auf Befehl des Reichskanzlers Friedrich Ebert gehen Truppenverbände gegen die Matrosen vor, die seit dem Vortag das Berliner Schloß besetzt halten. → S. 198

Bis einschließlich zum 1. 1. 1919 bleiben die Betriebe in München wegen des Mangels an Heizstoffen geschlossen.

25. Dezember, 1. Weihnachtstag

Revolutionäre Arbeiter besetzen in Berlin Redaktionsbüro und Druckhaus des »Vorwärts«, des Parteiorgans der MSPD. Sie wollen die Herausgabe eines linksradikalen »Roten Vorwärts« erzwingen.

Franz Seldte gründet in Magdeburg den rechtsradikalen Bund der Frontsoldaten »Stahlhelm«.

26. Dezember, 2. Weihnachtstag

In einer Rede spricht sich der Volksbeauftragte Emil Barth für die umgehende Sozialisierung des Bergbaus aus.

Im Deutschen Schauspielhaus Hamburg wird das Stück »Legende eines Lebens« von Stefan Zweig uraufgeführt.

27. Dezember, Freitag

Die Stadt Posen kommt offiziell unter polnische Verwaltung (→ 3. 12./S. 205).

Staatssekretär August Müller (Reichswirtschaftsamt) berichtet über die Ergebnisse der Verhandlungen im alliierten Hauptquartier. Kohle und Erzlieferungen der Alliierten in das Rhein-Main-Gebiet sind demnach zu erwarten.

28. Dezember, Sonnabend

Der Berliner Stadtkommandant Otto Wels gibt seinen Rücktritt bekannt.

Der preußische Kultusminister Wilhelm Haenisch nimmt den Erlaß über den Religionsunterricht vom 29. November auf Druck der Kirchen zurück. Religionsunterricht ist demnach wieder Pflichtfach. → S. 208

29. Dezember, Sonntag

Die USPD-Mitglieder Wilhelm Dittmann, Hugo Haase und Emil Barth verlassen die Regierung des Rats der Volksbeauftragten und werden durch Gustav Noske und Rudolf Wissell, beide SPD, ersetzt. → S. 199

Vor dem Berliner Reichstag demonstrieren Sozialdemokraten und Linksliberale gegen die »Blutdiktatur des Spartakus-Bundes«.

30. Dezember, Montag

85 Delegierte deutscher Spartakusgruppen treffen in Berlin zur ersten nationalen Konferenz des Spartakusbundes unter dem Vorsitz von Wilhelm Pieck zusammen. Auch eine Delegation aus der Sowjetunion, u. a. Karl Radek, ist erschienen. Es wird die Gründung einer »Kommunistischen Arbeiterpartei Deutschlands (Spartakusbund)« beschlossen.

31. Dezember, Dienstag

Auf Anordnung der deutschen Reichsregierung beginnt die allgemeine Demobilmachung. → S. 201

Reinhard Scheer, Chef des Admiralstabs der deutschen Marine, nimmt seinen Abschied. → S. 200

Das Jahr 1918 weist in der Bilanz für das Deutsche Reich 531 Streiks aus, an denen 716 000 Arbeiter beteiligt und von denen rund 2000 Betriebe betroffen waren. Über 1,45 Millionen Arbeitstage gingen durch die Arbeitskämpfe verloren.

Für Leipziger Arbeiter gibt Arthur Nikisch, Dirigent des Gewandhausorchesters seit 1895, ein Konzert mit der 9. Sinfonie Ludwig van Beethovens in der Leipziger Albert-Halle. → S. 207

Die Hauptvertreter des Berliner Dada John Heartfield (eigentl. Helmut Herzfeld) und Wieland Herzfelde sowie der Regisseur Erwin Piscator und der Maler George Grosz treten der neugegründeten Kommunistischen Arbeiterpartei bei.

Gestorben:

2. Paris: Edmond Rostand (*1. 4. 1868, Marseille), französischer Dramatiker.

3. Berlin: Carl Busse (*12. 11. 1872, Lindenstadt/Posen), deutscher Lyriker.

11. Ljubljana: Ivan Cankar (*10. 5. 1876 Vrhnika b. Ljubljana) slowenischer Schriftsteller.

21. Loeben: Konrad Prinz zu Hohenlohe-Schillingsfürst (*16. 12. 1863, Wien), liberaler österreichischer Politiker.

27. Budapest: Karl Schlechter (*2. 3. 1874, Wien), bedeutender österreichischer Schachspieler der »Wiener Schule«.

Geboren:

11. Kislowodsk: Alexandr Solschenizyn, sowjetischer Schriftsteller.

21. St. Andrä-Wördern: Kurt Waldheim, österreichischer Diplomat.

23. Hamburg: Helmut Schmidt, deutscher Politiker (SPD).

25. Mit Abu Al Kaum: Muhammad Anwar As Sadat (†6. 10. 1981, Kairo; ermordet), ägyptischer Politiker.

Das Wetter im Monat Dezember

Station	Mittlere Lufttemperatur (°C)	Niederschlag (mm)	Sonnenscheindauer (Std.)
Aachen	6,1 (3,1)	111 (62)	– (49)
Berlin	3,8 (0,7)	82 (41)	– (36)
Bremen	5,2 (2,2)	82 (54)	– (33)
München	4,1 (–0,7)	140 (44)	– (41)
Wien	– (0,9)	– (51)	– (–)
Zürich	3,8 (0,2)	180 (73)	36 (37)

( ) Langjähriger Mittelwert für diesen Monat
– Wert nicht ermittelt

»Gute Weihnacht« – ein typisches, hoffnungsfroh gestimmtes Titelblatt des in Frankfurt erscheinenden »Illustrierten Blattes«, das endlich wieder auf ein friedvolles Weihnachtsfest und ein glückliches neues Jahr hinweisen kann

Nr. 53. VI. Jahrgang, 1918.
Frankfurt a. M., 29. Dezbr

(18)

Einzelpreis 15 Pfg.
einschließl. Teuerungszuschlag

Das Illustrierte Blatt

Phot. Photothek, Berlin

Gute Weihnacht!

Wieder zu Hause im Dezember 1918: Ein Vater mit seinen vergnügten Kindern.

Putschversuch gegen Berliner Vollzugsrat

6. Dezember. Offiziere und Soldaten des Gardegrenadier-Regiments »Kaiser Franz« in Berlin nehmen vorübergehend die Mitglieder des Vollzugsrates der Arbeiter- und Soldatenräte gefangen und rufen Friedrich Ebert zum Reichspräsidenten aus. Der konterrevolutionäre Aufstand wird rasch niedergeschlagen, doch kommt es dabei zu blutigen Zusammenstößen zwischen Anhängern des Spartakusbundes und Regierungssoldaten.

Der Putschversuch, der nur von einigen wenigen Offizieren und zwei Beamten des Auswärtigen Amtes getragen wird, richtet sich gegen die Macht der Arbeiter- und Soldatenräte. Ein Kommando von 300 Mann besetzt das Reichskanzlerpalais und verhaftet die anwesenden Mitglieder des Vollzugsrates (→10. 11./S. 170). Nach Diskussionen der Räte mit den einfachen Soldaten und der Zusicherung, keine strafrechtliche Verfolgung einzuleiten, zieht das Kommando wieder ab. Zur gleichen Zeit ruft eine andere Abteilung der Putschisten Friedrich Ebert zum Präsidenten der Republik aus, was dieser jedoch ablehnt.

Der Stadtkommandant von Berlin, Otto Wels, der von dem Überfall erfahren hatte, alarmiert die Berliner Truppen und läßt alle Zugänge zur inneren Stadt absperren. Ein Demonstrationszug des Spartakusbundes, der ebenfalls von dem Putschversuch informiert ist, stößt auf eine Sperrkette der Soldaten. Aus ungeklärter Ursache kommt es zu einem Schußwechsel, bei dem 16 Spartakisten getötet werden.

Das Blutbad stärkt das Mißtrauen der oppositionellen Arbeiterschaft Berlins gegenüber den Mehrheitssozialisten. Man vermutet, Ebert habe sich mit der monarchistischen und militärischen Gegenrevolution verbündet, um die Macht der Räte gewaltsam niederzuschlagen.

Demonstration von Arbeitern und Soldaten gegen das Blutbad, das Regierungstruppen am 6. Dezember unter Spartakisten in Berlin anrichteten

Bewaffnete Spartakisten veranstalten Demonstrationszüge gegen den konterrevolutionären Putsch und werden aus ungeklärter Ursache in eine Schießerei mit Regierungstruppen verwickelt, bei der 16 Demonstranten sterben

Volksbeauftragte in Vertrauenskrise

6. Dezember. Der schwere Zusammenstoß zwischen friedlichen Demonstranten des Spartakusbundes und Regierungstruppen, die unter dem Befehl des sozialdemokratischen Stadtkommandanten von Berlin, Otto Wels, stehen, führt zu einem schweren Vertrauensverlust für die Regierung, vor allem für die MSPD-Mitglieder. Gleichzeitig beginnt die bewaffnete Macht, auf die sich der Rat der Volksbeauftragten stützen kann, zu schwinden.

Spartakusbund und Revolutionäre Obleute unterstellen der Regierung Putschabsichten gegen die Arbeiter- und Soldatenräte und rufen zur Absetzung der MSPD-Regierungs-Mitglieder auf. Die MSPD sieht sich außerdem von bewaffneten reaktionären Gruppen bedroht.

Die MSPD-Parteizeitung »Vorwärts« erklärt deshalb, daß ein Putschversuch, gleich ob von rechter oder linker Seite, keinen Erfolg haben könne, und versucht so, das wachsende Mißtrauen in der Arbeiterschaft einzudämmen. Der sozialdemokratischen Regierung bleibt nur der Weg, die Unterstützung der Arbeiter durch Propaganda zu gewinnen, weil sie die Staatsgewalt militärisch kaum noch gegen rechte wie linke Gegner der Republik aufrechterhalten kann.

Otto Wels

Die Militärpolitik der Regierung sieht vor, Heimattruppen ebenso wie das Feldheer zu demobilisieren. Während also die Volksbeauftragten am 10. November, dem Zeitpunkt der Regierungsbildung, durch Millionen von Soldaten gestützt wurden, bedeutet die Entlassung der Soldaten aus der Armee die zunehmende Wehrlosigkeit der gewählten Regierung.

Es ist daher absehbar, daß bewaffnete Truppen nur noch auf seiten der Regierungsgegner bestehen bleiben: als sozialistische Revolutionäre, reaktionäre Freikorps oder in Banden organisierte Söldnertruppen. Der Rat der Volksbeauftragten muß um die Unterstützung der gesamten Arbeiterschaft werben, um Putschversuchen vorzubeugen.

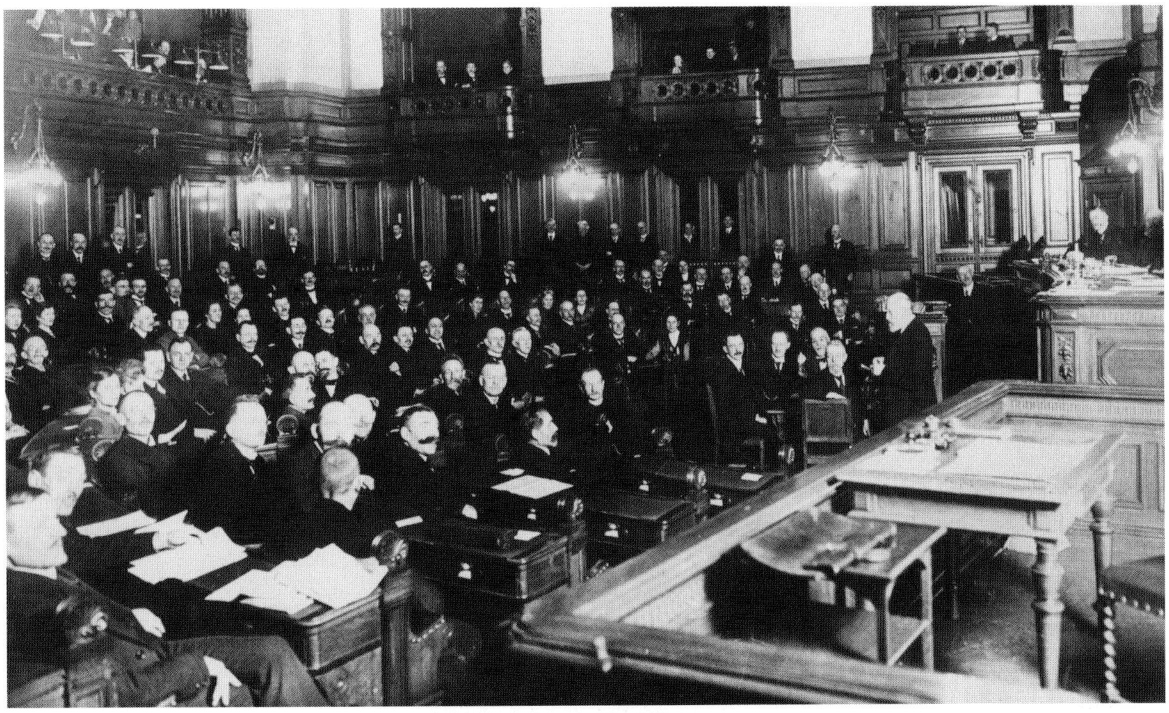

Der MSPD-Politiker Scheidemann bei einer Rede vor den Delegierten des Kongresses der Arbeiter- und Soldatenräte

Räte für Wahlen zur Nationalversammlung

16. Dezember. In Berlin beginnt der »Allgemeine Kongreß der Arbeiter- und Soldatenräte Deutschlands«, der sich als Vertretung des gesamten deutschen Volkes versteht. Der Kongreß, der bis zum 20. Dezember tagt, bestätigt die Politik des Rates der Volksbeauftragten und beschließt, am 19. Januar 1919 Wahlen zu einer deutschen Nationalversammlung abzuhalten. Damit verzichtet der Rätekongreß darauf, sich selbst als Regierungsgewalt einzusetzen, und weist den Weg zu einer parlamentarischen Demokratie.

Arbeiter- und Soldatenräte aus dem gesamten Reich wählten Delegierte für den Berliner Kongreß. Insgesamt 489 Delegierte sind stimmberechtigt, davon gehören 288 der MSPD, 90 der USPD und 25 einer besonderen Soldatenfraktion an. Die übrigen Delegierten vertreten eine bürgerlich-demokratische Parteirichtung oder sind parteilos. Da MSPD und USPD die meisten Delegierten stellen, verfügt die Regierung der Volksbeauftragten über die Mehrheit auf dem Kongreß. Der linksradikale Spartakusbund ist nur durch etwa zehn Anhänger vertreten. Die Führer des Spartakusbundes, Rosa Luxemburg und Karl Liebknecht, konnten bei den Delegiertenwahlen in Berlin kein Mandat erringen. Der Kongreß lehnt es auch ab, die beiden Revolutionäre als Berater ohne Mandat zuzulassen. Der Kongreß verabschiedet zunächst den Termin für die Wahl einer Nationalversammlung. Widerstand leisten neben den wenigen Spartakus-Angehörigen nur diejenigen Vertreter der USPD, die zur Richtung der Revolutionären Obleute gehören und – anders als die Parteiführung unter Wilhelm Dittmann und Hugo Haase – das Rätesystem in seinem Bestand gefährdet sehen.

Demonstration für die Macht der Arbeiter- und Soldatenräte in Berlin

Der Kongreß beschließt, einen permanent tagenden Zentralrat zu wählen, der die Arbeit der gegenwärtigen Regierung der Volksbeauftrgten bis zur Wahl der Nationalversammlung kontrolliert. Die Mehrheit in der USPD, die in der Beteiligung an der Regierung nur einen Verrat am sozialistischen Weg sieht, lehnt die Beteiligung an der Wahl zum Zentralrat ab, so daß dieser nur von Mitgliedern der MSPD besetzt wird. Die USPD-Mitglieder Haase und Dittmann fügen sich dem Mehrheitsbeschluß ihrer Fraktion, obwohl sie Mitglieder der Regierung der Volksbeauftragten sind. Mit dieser Entscheidung zeichnet sich nach der Spaltung der SPD in MSPD und USPD eine weitere Spaltung der Arbeiterbewegung ab.

Die dritte schwerwiegende Entscheidung des Kongresses betrifft die Kommandogewalt über die Armee. Auf Antrag der Hamburger Delegation verabschiedet der Kongreß die »Sieben Hamburger Punkte«, die von Friedrich Ebert heftig bekämpft werden. Der Beschluß sieht vor, daß die Kommandogewalt über die Truppen ausschließlich bei den Volksbeauftragten unter Kontrolle des Vollzugsrates liegt.

Paul von Hindenburg, als Vertreter der Obersten Heeresleitung, reagiert sofort mit offener Auflehnung gegen den Beschluß.

Rat und Regierung arbeiten zusammen

16. Dezember. Wilhelm Dittmann, Mitglied des Rates der Volksbeauftragten und gemäßigter Parteiführer der USPD, spricht auf dem Allgemeinen Kongreß der Arbeiter- und Soldatenräte Deutschlands über die Zusammenarbeit des Zentralrats mit der Regierung. Dittmann versucht, ein Nebeneinander von Rätesystem und parlamentarischer Demokratie als zukünftige Regierungsform in Deutschland zu propagieren.

»Die Führung der Revolution lag überall in sozialistischen Händen, Sozialisten haben ihr Richtung und Ziel gegeben. Der friedliche und ruhige Verlauf der Bewegung ist eine Frucht der sozialistischen Schulung der Massen und beruht auf dem Willen der Massen zu zielbewußter politischer Aktion. Spontan und elementar, ohne Kommando und ohne Direktive von irgendwelchen Zentralen, haben die Arbeitermassen allerorts dazu gedrängt, die beiden sozialistischen Parteien, die alte sozialdemokratische Partei und die unabhängige sozialdemokratische Partei wurden durch den Massenwillen gezwungen, gemeinsam die Arbeiter- und Soldatenräte, gemeinsam die Regierungen zu bilden . . .

Ohne dieses allgemeine politische Vertrauen der beiden sozialistischen Parteien im Reiche könnte die Reichsregierung über das Weichbild Großberlins hinaus keine Autorität beanspruchen. Auch die moralische Macht der Arbeiter- und Soldatenräte beruht überall auf dem Vertrauen der Volksmassen zu den sozialistischen Parteien . . .

Der Berliner Vollzugsrat der Arbeiter- und Soldatenräte hat bisher das Recht der Volkskontrolle über die Reichsregierung ausgeübt. Erst allmählich ist es gelungen, die gegenseitigen Rechte völlig klarzustellen, Exekutive und Kontrolle voneinander zu scheiden . . .

Es ist schließlich eine Vereinbarung zwischen dem Vollzugsrat und dem Rate der Volksbeauftragten zustande gekommen, eine Vereinbarung, die dem Vollzugsrat die Kontrolle und das Recht der Ernennung und Abberufung der Mitglieder des Kabinetts zugesteht und der Reichsregierung die Exekutive zuweist . . .«

Regierungstruppen, die während der Meuterei der Volksmarinedivision das Hauptquartier der Truppe im Berliner Schloß belagern

Anhänger der Volksmarinedivision vor dem Berliner Schloß während des Angriffs der Regierungstruppen unter General Arnold Lequis

Marinedivision meutert gegen Regierung

24. Dezember. Die Volksmarinedivision in Berlin schließt mit der Reichsregierung einen Vertrag, der den Soldaten die ausstehende Soldzahlung zusichert und festlegt, daß keine bewaffneten Aktionen mehr gegen die Regierung ausgeführt werden. Die Matrosen, die in den Revolutionstagen des November nach Berlin gekommen waren, hatten sich dem Befehl zur Demobilisierung widersetzt und die Regierung zeitweilig verhaftet. Um den Aufstand beilegen zu können, mußte sich der Vorsitzende des Rates der Volksbeauftragten, Friedrich Ebert, mit den ehemaligen Offizieren der Frontarmee verbünden.

Die Regierung der Volksbeauftragten hatte der Volksmarinedivision am 23. Dezember befohlen, ihr Hauptquartier im Berliner Schloß zu räumen und ihre Truppenstärke von 1500 auf 600 Mann zu reduzieren. Die Matrosen wollten auf das Angebot eingehen, stellten jedoch eine Soldforderung von 80 000 Mark, die ihnen vorenthalten worden waren. Man einigte sich darauf, daß die Matrosen den geforderten Sold erhalten würden, wenn sie die Schlüssel für das Schloß beim Stadtkommandanten Otto Wels ablieferten. Die Matrosen überbrachten jedoch die Schlüssel dem Volksbeauftragten Emil Barth. Daraufhin verweigerte Wels die Auszahlung der geforderten Summe. Eine Abteilung der Matrosen marschierte zur Kommandantur und nahm den Stadtkommandanten gefangen. Eine andere Abteilung besetzte die Diensträume des Rates der Volksbeauftragten und verhängte einen Hausarrest. Obwohl die Telefonleitungen gesperrt wurden, gelang es Friedrich Ebert über seine Geheimtelefonverbindung zur Obersten Heeresleitung, General Wilhelm Groener um rasche Hilfe zu ersuchen.

Die Oberste Heeresleitung, die ohnehin das Interesse hat, gegen Räte und bewaffnete Revolutionäre vorzugehen, greift den Hilferuf Eberts bereitwillig auf und beauftragt General Arnold Lequis, mit Fronttruppen gegen die Meuterer vorzugehen. Am 24. Dezember kommt es zu einer Straßenschlacht. Frontsoldaten beschießen das Berliner Schloß und den Marstall. Der Angriff wird jedoch nicht zu Ende geführt, weil sich immer mehr Berliner Arbeiter auf die Seite der Matrosen stellen und die Frontsoldaten ihre Aktionen abbrechen, weil sie befürchten, für gegenrevolutionäre Manöver mißbraucht zu werden.

Statt dessen beginnen Verhandlungen zwischen der Regierung und der Volksmarinedivision. Die Matrosen geben den Stadtkommandanten Wels frei, räumen das Schloß und versprechen, künftig keine bewaffnete Aktion mehr gegen die Regierung der Volksbeauftragten zu unternehmen. Sie erhalten dafür die ausstehende Soldzahlung und eine vollständige Amnestie. Die Division wird in die Republikanische Soldatenwehr eingegliedert.

Bei den Kämpfen, die von den linken Gruppen später als »Eberts Blutweihnacht« bezeichnet werden, kommen elf Matrosen und 56 Frontsoldaten ums Leben. Die Regierung unter Friedrich Ebert wird sofort für den Tod der Matrosen, die im November zu den aktivsten Revolutionären gehört hatten, verantwortlich gemacht.

Das Mißtrauen der oppositionellen Berliner Arbeiterschaft gegen den Rat der Volksbeauftragten, das bereits bei den Vorgängen um den Putschversuch vom 6. Dezember entstanden war, ist außerordentlich gewachsen.

Portal des Berliner Schlosses nach Beschuß durch Regierungstruppen

Parlamentäre der Volksmarinedivision versuchen nach dem Artilleriefeuer auf ihr Hauptquartier im Berliner Schloß, Verhandlungen aufzunehmen

USPD-Mitglieder treten zurück

29. Dezember. Die USPD-Mitglieder Hugo Haase, Wilhelm Dittmann und Emil Barth erklären ihren Rücktritt aus der Regierung des Rates der Volksbeauftragten. Die drei Regierungsmitglieder hatten dem Zentralrat der Arbeiter- und Soldatenräte Fragen zu den Vorgängen vom 24. Dezember gestellt. Die Antwort fiel nach ihrer Ansicht ungenügend aus.

»Wir treten aus der Regierung aus und begründen diesen Schritt in folgender Weise:

1. Das Blutbad vom 24. Dezember 1918 ist dadurch verschuldet, daß die Volksbeauftragten Ebert, Scheidemann, Landsberg dem Kriegsminister den unbegrenzten Auftrag zu militärischer Gewaltanwendung gegeben haben. Zur Befreiung des Stadtkommandanten Wels war ein solcher Auftrag weder nötig noch zweckdienlich. Das Leben von Wels wurde gerade durch eine Kanonade auf das Gebäude, in dem er sich befand, auf das höchste gefährdet. Der militärische Angriff erfolgte außerdem erst sieben Stunden, nachdem dem Kriegsminister der Auftrag erteilt worden war, also zu einer Zeit, wo, wenn Wels' Leben wirklich bedroht war, mit seiner Unversehrtheit kaum noch gerechnet werden konnte ...
Wir können es nicht verantworten, daß einem Vertreter des alten Gewaltsystems die Verfügung über das Leben der Mitmenschen übertragen wird ...
2. Wie gefährlich der dem Kriegsminister erteilte Auftrag gewesen ist, ergibt sich schon daraus, daß der Zentralrat [das Vorgehen des Generalkommandos Lequis] ausdrücklich hat mißbilligen müssen.
3. Die Antwort auf die Frage 3 (Abschaffung der Rangabzeichen) befriedigt uns ebenfalls nicht, da sie nicht die sofortige und strikte Durchführung der vom Kongreß der Arbeiter- und Soldatenräte gefaßten Beschlüsse verlangt, sondern lediglich die Aufforderung zur alsbaldigen Vorlage von Ausführungsbestimmungen enthält ...
6. Da wir hiermit aus der Regierung ausscheiden, haben wir die an uns als Volksbeauftragte gestellte Frage nicht mehr zu beantworten.«

Schwere Krise nach »Eberts Blutweihnacht«

29. Dezember. Als Reaktion auf die Niederschlagung der Matrosenmeuterei am → 24. Dezember (S. 198) treten die drei unabhängigen Sozialdemokraten Wilhelm Dittmann, Hugo Haase und Emil Barth aus der deutschen Regierung des Rates der Volksbeauftragten zurück. An ihrer Stelle werden Rudolf Wissell und Gustav Noske (beide MSPD) Regierungsmitglieder. Das Ende der sozialistischen Koalitionsregierung vom 10. November ist gleichbedeutend mit einem Vertrauensverlust für die MSPD und einer endgültigen Spaltung der Arbeiterbewegung.

Friedrich Ebert, MSPD-Mitglied und Vorsitzender des Rates der Volksbeauftragten, konnte die Autorität der Regierung nur mit Hilfe der alten Generalität gegen die meuternde Volksmarinedivision aufrechterhalten. Die USPD-Mitglieder wollten die Verantwortung für diese Zusammenarbeit nicht mittragen und riefen den Zentralrat, der die Kontrolle über die Regierung ausübt, als Schiedsstelle an. Der nur mit Mehrheitssozialisten besetzte Rat billigte das Vorgehen der Regierung. Daraufhin erklären die USPD-Mitglieder ihren Austritt aus der Regierung.

Haase und Dittmann werfen der MSPD vor, sich in Militärfragen zu stark auf die alte Generalität zu stützen. Durch ihren Austritt aus der Regierung gewinnen sie zwar das Vertrauen der revolutionären Arbeiterschaft in Berlin zurück, verstärken jedoch die Notwendigkeit für die verbleibenden Regierungsmitglieder, mit der Generalität zusammenzuarbeiten. Bislang wurde die Zentralregierung von der großen Mehrheit der Arbeiterschaft gestützt, während nur eine Minderheit für einen konsequenten Sozialismus und ein Rätesystem eintrat. Mit dem Austritt der USPD aus der Regierung und ihrer Behauptung, die Mehrheitssozialisten seien bereits Gefangene der militärischen Gegenrevolution, zerfällt die große Anhängerschaft der MSPD.

Die MSPD verfolgt derzeit zwei Hauptziele: Zum einen soll der Weg zu einer parlamentarischen Demokratie mit einer starken Zentralregierung beschritten werden, zum andern muß die Regierung die Versorgung der Bevölkerung sichern und daher auf die Forderungen der Alliierten eingehen. Das Waffenstillstandsabkommen von Compiègne (→ 11. 11./S. 178) sieht die Fortsetzung der Hungerblockade vor. Dagegen stellt US-Präsident Thomas Woodrow Wilson Lebensmittellieferungen für den Fall in Aussicht, daß es der deutschen Regierung gelingt, Wahlen zu einer Nationalversammlung durchzusetzen und die Räte zu bekämpfen.

Spartakisten besetzen das Gebäude der MSPD-Zeitschrift »Vorwärts«

Wilhelm Dittmann, USPD-Politiker und ehemaliges Regierungsmitglied

Hugo Haase, ehemaliger Vorsitzender des Rates der Volksbeauftragten

Emil Barth, ehemaliger Volksbeauftragter und linker USPD-Politiker

Hindenburg fordert Kommandogewalt

19. Dezember. In einem Telegramm an die deutsche Reichsregierung protestiert Generalfeldmarschall Paul von Hindenburg gegen den Beschluß des Zentralrats der Arbeiter- und Soldatenräte, die Kommandogewalt über das Heer zu übernehmen. Hindenburg erkennt den Beschluß, die sog. Sieben Hamburger Punkte vom 18. Dezember (→ 16. 12./S. 197), nicht an, betont jedoch weiter seine Loyalität zu einer Reichsregierung unter Führung von Friedrich Ebert.

Die Oberste Heeresleitung hatte sich bereits am 9. November auf die Seite der neuen Regierung gestellt. Das politische Ziel der leitenden Offiziere ist jedoch, die sozialistischen Arbeiter- und Soldatenräte, die USPD und den Spartakusbund zu entmachten und eine Regierung zu unterstützen, die vom konservativen Flügel der MSPD gebildet wird. Ebert, dem es um die reguläre Ausrichtung der Wahlen zur Nationalversammlung und die Zurückdrängung der Räte geht, sah keinen Anlaß, die Zusammenarbeit mit den alten Militärs abzulehnen.

Ebert und Generalquartiermeister Wilhelm Groener vereinbarten deshalb den Einmarsch von zehn Frontdivisionen in Berlin. Ebert versuchte mit seiner Ansprache zum Einmarsch der Truppen am 10. Dezember, eine Vermittlung zwischen der alten Militärmacht und der neuen Regierung herzustellen. Er verkannte dabei die politischen Ziele der Heeresleitung und die Tatsache, daß sich unter den Frontsoldaten bereits reaktionäre Freikorps gebildet haben (→ 31. 12./S. 201). Besonders verhängnisvoll war Eberts Satz: »Kein Feind hat euch überwunden!« Ebert unterstützte damit die Auffassung der Obersten Heeresleitung, nicht sie trage die Schuld an der militärischen und politischen Katastrophe, sondern die Republikaner und die Revolution im Innern.

Im Gegensatz zu Ebert erkannten die Mitglieder der USPD die Gefahr einer Zusammenarbeit mit der alten Generalität. Der Zentralrat der Arbeiter- und Soldatenräte versuchte daher, die direkte Befehlsgewalt über das Heer zu erlangen, was durch den offenen Widerspruch der kaiserlich-konservativ geprägten Generäle um Hindenburg verhindert wurde (→ 16. 12./S. 197).

Friedrich Ebert empfängt am 10. Dezember die zurückkehrenden Fronttruppen und spricht die verhängnisvollen Worte »Kein Feind hat euch überwunden!«

Gewehrappell bei den Einheiten des Spartakusbundes, der ebenso wie rechtsradikale Frontverbände gegen die Regierung der Volksbeauftragten steht

Regierung ohne ein eigenes Volksheer

12. Dezember. Die deutsche Regierung des Rates der Volksbeauftragten veröffentlicht das Gesetz zur Bildung einer freiwilligen Volkswehr. Der Versuch, die Regierungsgewalt mit Hilfe einer eigenen demokratischen Polizeitruppe auch militärisch zu sichern, scheitert, weil sich keine Soldaten der neuen Truppe zur Verfügung stellen.

Mit der zunehmenden Demobilisierung der Front- und Heimattruppen verliert der Rat der Volksbeauftragten seine militärische Basis, um gegen bewaffnete Truppen rechter oder linker Fraktionen vorzugehen. Der Putschversuch vom → 6. Dezember (S. 196) hatte gezeigt, daß schon eine kleine Einheit von nur 300 Mann in der Lage wäre, die Macht an sich zu reißen.

Die freiwillige Volkswehr soll nach streng demokratischen Gesichtspunkten aus erfahrenen Soldaten zusammengestellt werden. Die Freiwilligen, die ihre Führer selbst wählen sollen, würden nach dem Gesetz ausschließlich dem Rat der Volksbeauftragten und keiner anderen Instanz des Reiches unterstehen.

Da sich keine Soldaten für die Ordnungstruppe melden, ist die deutsche Regierung die einzige politische Kraft im Reich, die nicht über eine bewaffnete Macht verfügt. Einziger militärischer Bündnispartner ist daher die alte Militärführung mit ihren Frontsoldaten. Rechte wie linke Gegner der Republik stützen sich dagegen auf eigene Verbände.

Vizeadmiral Scheer erklärt seinen Rücktritt

Vizeadmiral Reinhard Scheer (vorn M.) im Kreis von Marineoffizieren

31. Dezember. Der Chef des deutschen Admiralstabes und der Seekriegsleitung, Reinhard Scheer, erklärt seinen Rücktritt. Scheers Befehl an die Flotte, einen Angriff auf Großbritannien durchzuführen, war der Anlaß zur Matrosenmeuterei vom → 29. Oktober (S. 145).

Scheer war am 15. Januar 1916 Oberbefehlshaber der Flotte geworden. Der unter seinem Befehl ausgeführte Vorstoß gegen die britische Flotte in der Skagerrak-Schlacht vom 1. Juni 1916 war die einzige Aktion der deutschen Großkampfschiffe. Als sich der Zusammenbruch der deutschen Front abzeichnete, befahl Scheer ein letztes Auslaufen der Flotte.

Spartakus gründet Kommunistische Partei Deutschlands

30. Dezember. In Berlin findet die Reichskonferenz des Spartakusbundes statt. Der Zusammenschluß des linken Flügels der USPD bestätigt formell die Loslösung von den unabhängigen Sozialdemokraten und konstituiert sich als »Kommunistische Partei Deutschlands (Spartakusbund)«. Nach der Trennung der alten Arbeiterpartei in MSPD und USPD am 8. April 1917 findet mit der Gründung der KPD die zweite Spaltung der deutschen Arbeiterbewegung statt.

Karl Liebknecht

Franz Mehring

Leo Jogiches

Die neue Partei unter Führung von Karl Liebknecht und Rosa Luxemburg tritt für die Schaffung einer einheitlichen sozialistischen Republik in Deutschland nach dem Muster der russischen Sowjetrepublik ein. Hauptziel der Partei, zu deren Gründern auch Franz Mehring und Leo Jogiches gehören, ist der Aufbau einer direkten Rätedemokratie und die Verhinderung der Wahlen zu einer Nationalversammlung, die zu einer parlamentarischen Demokratie führen würde. Der Spartakusbund hatte, um seine Basis zu verbreitern, die Gruppe der Revolutionären Obleute, USPD-Mitglieder aus der Berliner Arbeiterschaft, zur Mitarbeit eingeladen. Eine Zusammenarbeit scheitert jedoch daran, daß die Obleute für die Wahl einer Nationalversammlung eintreten und forderten, daß die Bezeichnung »Spartakus« nicht im Namen der neuen Partei erscheinen dürfe.

Die Kommunistische Partei konstituiert sich somit ausschließlich auf Betreiben verschiedener linksradikaler Mitglieder der USPD.

Das politische Programm der Partei wird von den theoretischen Köpfen des Spartakusbundes, Luxemburg und Liebknecht, entworfen. Beide versuchen, der Partei auch die Möglichkeit eines parlamentarischen Weges offenzuhalten. Luxemburg wendet sich entschieden gegen eine Diktatur der Partei über die Arbeitermassen nach Art des russischen Bolschewismus. Luxemburg sieht die Aufgabe der Partei in einem langwierigen Entwicklungsprozeß und lehnt jede Machtübernahme durch einen Putsch ab. Die Mehrheit der Gründungsmitglieder besteht jedoch aus aktionistischen Revolutionären, die den parlamentarischen Weg prinzipiell ablehnen und den bewaffneten Aufstand propagieren.

Der Aufstand der Volksmarinedivision am →23./24. Dezember (S. 198), dem die Regierung nur mit Mühe begegnen konnte, hatte gezeigt, daß die Staatsgewalt kaum über bewaffnete Truppen verfügte. Diese Situation will die Mehrheit der Delegierten ausnutzen, um gewaltsam die Macht zu erringen.

Der Kongreß faßt daher den Beschluß, die Wahlen zu einer Nationalversammlung mit allen Mitteln zu verhindern. Luxemburg und Liebknecht fügen sich der Mehrheitsmeinung, obwohl sie damit die Unterstützung der Arbeiter, die hinter den Revolutionären Obleuten stehen, verlieren. Damit geben die beiden brillantesten Köpfe der sozialistischen Bewegung bereits in der Phase der Gründung der Kommunistischen Partei ihre Führung wieder ab. Aktionistische Revolutionäre bestimmen die Linie, die eine bewaffnete Konfrontation mit der Regierung des Rats der Volksbeauftragten einleitet.

Soldaten in Freikorps aktiv

Friedrich Ebert

31. Dezember. Die Reichsregierung in Berlin veröffentlicht den Befehl zur Demobilisierung von Heer und Marine. Damit hat die alte kaiserliche Armee zu existieren aufgehört. Während die Masse der ehemaligen Soldaten in ihre Heimatorte abwandert, bilden sich unter Führung einzelner Offiziere die »Freikorps«. Antirepublikanische Soldaten schließen sich zu kleinen Gruppen zusammen und bleiben weiterhin bewaffnet.

Bereits im Verlauf des November waren bewaffnete Formationen entstanden, die neben dem alten Heer und den republikanischen Kräften eine dritte Machtgruppe im Reich bildeten. Die freiwilligen Verbände, die Freikorps genannt wurden, sind auf Betreiben der Obersten Heeresleitung entstanden, die angesichts des Zerfalls der alten Armee ihre militärische Schlagkraft für den Fall des Ausbruchs einer Revolution bewahren wollte. Major Kurt von Schleicher, Leiter des politischen Büros bei der Obersten Heeresleitung, schlug vor, junge Offiziere als Kommandanten von größeren Einheiten auszubilden und die Freiwilligen mit einem überdurchschnittlich hohen Sold zu honorieren.

Trotz ihrer antirepublikanischen Stoßrichtung finden die Freikorps die Unterstützung der Mehrheitssozialisten unter Friedrich Ebert, da die Einheiten zunächst als Schutztruppen an den deutschen Grenzen eingesetzt werden. Sie sollen den Abzug des Ostheeres aus den besetzten Gebieten decken und ein mögliches Nachrücken sowjetischer Truppen verhindern.

Obwohl Ebert nur eine begrenzte Anzahl von Freiwilligen-Verbänden billigte, kam es zur illegalen Gründung sehr vieler Freikorps.

Die einzelnen Einheiten operieren isoliert und haben keinen organisatorischen Zusammenhang. Damit wird die Grundlage für eine gefährliche Bedrohung der jungen Republik von rechts geschaffen.

Rosa Luxemburg verkündet KPD-Programm

Der am 30. Dezember in Berlin zusammengetretene Parteitag des Spartakusbundes nimmt das von Rosa Luxemburg konzipierte Programm an, welches der Gründung der neuen Kommunistischen Partei Deutschlands zugrunde liegen soll. Die wichtigsten Passagen aus ihrem Programm lauten:

»Der Spartakusbund ist keine Partei, die über die Arbeitermasse oder durch die Arbeitermasse zur Herrschaft gelangen will. Der Spartakusbund ist nur der zielbewußte Teil des Proletariats, der die ganze breite Masse der Arbeiterschaft bei jedem Schritt auf ihre geschichtliche Aufgabe hinweist, der in jedem Einzelstadium der Revolution das sozialistische Endziel und in allen nationalen Fragen die Interessen der proletarischen Weltrevolution vertritt...

R. Luxemburg

Der Spartakusbund lehnt es ab, mit Handlangern der Bourgeoisie, mit den Scheidemann-Ebert die Regierungsgewalt zu teilen, weil er in einer solchen Zusammenwirkung einen Verrat an den Grundsätzen des Sozialismus, eine Stärkung der Gegenrevolution und eine Lähmung der Revolution erblickt...

Der Spartakusbund wird nie anders die Regierungsgewalt übernehmen, als durch den klaren, unzweideutigen Willen der großen Mehrheit der proletarischen Masse..., nie anders als Kraft ihrer bewußten Zustimmung zu den Ansichten, Zielen und Kampfmethoden des Spartakusbundes...

Die proletarische Revolution kann sich nur stufenweise, Schritt für Schritt, auf dem Golgathaweg eigener bitterer Erfahrungen, durch Niederlagen und Siege, zur vollen Klarheit und Reife durchringen. Der Sieg des Spartakusbundes steht nicht am Anfang, sondern am Ende der Revolution. Er ist identisch mit dem Siege der großen Millionenmassen des sozialistischen Proletariats.«

Streik der Ruhr-Bergarbeiter beendet

19. Dezember. Der Streik der Bergarbeiter im Ruhrgebiet wird beendet, nachdem die Arbeitgeber einer Erhöhung des Schichtlohnes um vier Mark auf 17 Mark zugestimmt haben. Der Streik hatte sich im Laufe von Unruhen, die seit Monatsbeginn das Ruhrgebiet erschüttern, seit dem 10. Dezember schnell ausgedehnt.

Ausgangspunkt der Streikbewegung ist Hamborn. Die Bergarbeiter fordern einen Mindestschichtlohn von 15 Mark und die Rückerstattung von Strafgeldern, die sie wegen eines Streikes im Jahr 1912 hatten zahlen müssen. Fünf Tage später befinden sich bereits 20 000 Arbeiter im gesamten Ruhrgebiet im Ausstand.

Der politische Hintergrund der Streikbewegung im Ruhrgebiet ist die Forderung der Bergarbeiter nach Vergesellschaftung des gesamten Kohlenbergbaus. Obwohl die Übernahme des Bergbaus in staatliche Kontrolle eine sozialdemokratische Forderung seit der Jahrhundertwende gewesen ist, verhalten sich die MSPD-Mitglieder im Rat der Volksbeauftragten, der gegenwärtigen Regierung, sehr zurückhaltend. Der Aufruf der vom Rat berufenen Sozialisierungskommission, die am 5. Dezember zusammentrat, endet mit der Parole »Zeit lassen«.

Die Passivität der Regierung ist die Hauptursache der Streikbewegung, die jetzt mit der Erfüllung der Lohnforderung zunächst beigelegt ist. Linksradikale Gruppen bereiten sich jedoch auf eine gewaltsame Übernahme der Betriebe vor.

Bergarbeiter! Tut Eure Pflicht! Helft Euren Volksgenossen durch Eure Arbeit!

Der Verband der Bergarbeiter Deutschlands.
gez. H. Sachse. Hue. Husemann.

Der Gewerkverein christlicher Bergarbeiter Deutschlands.
gez. Vogelsang. Imbusch. Rürup. Steger.

Die polnische Berufsvereinigung, Abteilung für Bergarbeiter.
gez. Frz. Mankowski. Kolpacki.

Der Gewerkverein der Fabrik- und Handarbeiter H.-D., Abteilung der Bergarbeiter.
gez. F. Schmidt. Willems.

Zechenverband.
gez. Hugenberg. Winkhaus. Althoff. Dütting. Funcke. Haarmann. Jacob. Kleine. Pattberg. Tengelmann. Wiskott. von Loewenstein.

Ausschnitt eines Flugblattes von Bergarbeiterverbänden und Zechenverband vom 23. November 1918; in dem Aufruf wird den Bergarbeitern mitgeteilt, daß die Achtstundenschicht und Lohnerhöhungen vereinbart seien

Massenkundgebung der Elberfelder Bergarbeiter, die für Lohnerhöhungen und die Vergesellschaftung des Kohlebergbaus im Ruhrgebiet streiken

Stahlindustrielle von Räten gefangen

5. Dezember. Auf Veranlassung des Arbeiter- und Soldatenrates von Dortmund werden die führenden Großindustriellen August Thyssen, Fritz Thyssen und Edmund Stinnes verhaftet und nach Berlin gebracht. Ein USPD-Anhänger hatte als Kellner getarnt an einer Arbeitgeber-Versammlung in Dortmund teilgenommen und den Anwesenden Landesverrat vorgeworfen.

Die Verhafteten werden in Berlin sofort wieder freigelassen, weil die Regierung des Rates der Volksbeauftragten nicht an einer Konfrontation mit der Großindustrie interessiert ist. Die Verhaftung in Dortmund ist Ausdruck einer revolutionären Stimmung unter den Bergarbeitern, die eine Vergesellschaftung der Großindustrie fordern und Putschversuche fürchten.

Bereits am 3. Dezember war es zu bewaffneten Auseinandersetzungen zwischen Offizieren des Frontheeres und Einheiten des Arbeiter- und Soldatenrates in Essen gekommen. Am Nachmittag fand eine Großdemonstration statt. Nach der Rede des Spartakisten Eugen Leviné zog die Versammlung zur Krupp-Residenz Villa Hügel, wo ein Treffen von Offizieren und Politikern, unter ihnen der Oberbürgermeister von Essen, Hans Luther, stattfand. Obwohl Luther versicherte, daß kein gewaltsames Vorgehen gegen die Räte im Ruhrgebiet geplant sei, vermuten die Demonstranten die Vorbereitung eines Putschversuchs.

Fritz Thyssen, Großunternehmer der deutschen Kohle- und Stahlindustrie

Rat fordert Verstaatlichung

20. Dezember. Der Zentralrat der Arbeiter- und Soldatenräte im Berlin, oberste Kontrollinstanz im Deutschen Reich, beauftragt die Regierung mit der Sozialisierung der Großindustrie, insbesondere des Bergbaus zu beginnen. Der Rat der Volksbeauftragten steht dagegen der Frage der Verstaatlichung zurückhaltend gegenüber.

Bereits unmittelbar nach der Machtübernahme am 9. November hatte sich der Rat der Volksbeauftragten für eine Reform der allgemeinen Wirtschaftsordnung ausgesprochen, wollte jedoch die dringend notwendige Versorgung der Bevölkerung nicht durch radikale Verstaatlichungsmaßnahmen stören.

Als die Forderung nach Sozialisierung unter den Bergarbeitern immer lauter wurde und keine konkreten Pläne bei der Regierung vorlagen, mußten die Volksbeauftragten Initiative zeigen. Sie gründeten am 5. Dezember eine Sozialisierungskommission, die unter dem Vorsitz des marxistischen Theoretikers Karl Kautsky (USPD) Pläne erarbeiten sollte.

In ihrer ersten Erklärung vom 11. Dezember nennt die Kommission die Bereiche Kohle und Eisen als wichtigsten Industriezweig, der in Gemeineigentum überführt werden müßte. Insbesondere die Anhänger von Friedrich Ebert warnen vor »unvernünftigen Experimenten«.

Edmund Stinnes, der mit August und Fritz Thyssen verhaftet wird

Wilhelm Marx (Zentrum) befürwortet den Separatismus im Rheinland

Wilhelm Sollmann, Vorsitzender der Kölner SPD; gegen den Separatismus

Für eine rheinische Republik: Konrad Adenauer, Kölns Oberbürgermeister

Aufteilung des Reichs in vier Republiken?

11. Dezember. Die deutsche Zentralregierung in Berlin, der Rat der Volksbeauftragten, erläßt einen Aufruf »An das Deutsche Volk«, in dem sie zur Abwehr separatistischer Bestrebungen auffordert. Vor allem im Rheinland besteht die Tendenz, eine eigenständige Republik unabhängig von Preußen zu gründen.

Am 4. Dezember hatten führende Zentrumspolitiker, Karl Trimborn und Wilhelm Marx, auf einer Großkundgebung in Köln dazu aufgerufen, »den Wiederaufbau eines neuen deutschen Staatswesens von den Ländern am Rhein aus aufzunehmen«. Die konservative Zentrumspartei begründet ihre Absicht mit der Unmöglichkeit einer Regierungsbildung im »anarchistischen Berlin« und der Chance, mit der Bildung einer rheinischen Republik den französischen Annexionsplänen zuvorzukommen.

Nach den Vorstellungen der deutschen Separatisten soll das Reich zukünftig in vier Republiken aufgeteilt werden, die »Rheinisch-westfälische«, die »Nordostsee-Republik«, die »Mitteldeutsche Republik« und die »Donau-Länder-Republik«, die auch das deutschsprachige Österreich einbeziehen soll (→12. 11./S. 175). Diese vier Republiken sollen sich zum zukünftigen Deutschland zusammenschließen, ohne jedoch ihre Eigenständigkeit aufzugeben.

Es sind vor allem die bürgerlich-konservativen Parteien, von denen eine Staatsbildung außerhalb des Reiches betrieben wird. Die politischen Motive der Zentrumspartei liegen in der Abwehr der befürchteten sozialistischen Zentralregierung in Berlin und der Verhinderung der politischen Trennung von Staat und Kirche, die seit 1869 zum Programm der Sozialdemokratie gehörte.

Bürgerliche wollen den Separatismus

4. Dezember. Auf Veranlassung der bürgerlich-katholischen Zentrumspartei findet in Köln eine Großversammlung mit führenden Politikern statt, auf der eine Entschließung zur Gründung einer eigenständigen Republik im Rheinland und in Westfalen verabschiedet wird.

Die Entschließung führt aus: »In Anbetracht der tiefgreifenden politischen Umwälzungen im Deutschen Reich, in der Erkenntnis der völligen Unmöglichkeit, in Berlin eine geordnete Regierung zu schaffen, in der Überzeugung, daß die Länder am Rhein nebst Westfalen politisch, kulturell und wirtschaftlich ausreichend staatsbildende Kräfte besitzen, gibt die Versammlung ihrem festen Willen Ausdruck, die Einheitlichkeit des Reiches zu wahren und den Wiederaufbau eines neuen deutschen Staatswesens von den Ländern am Rhein und Westfalen aufzunehmen.

Die Versammlung fordert deshalb die anerkannten Vertreter des Volkswillens aller Parteien in Rheinland und Westfalen und in anderen Ländern am Rhein auf, baldigst die Proklamierung einer dem Deutschen Reiche angehörigen selbständigen Rheinisch-Westfälischen Republik in die Wege zu leiten.«

Basis der Gewerkschaften

4. Dezember. Ernst von Borsig als Vertreter der deutschen Industrie und Carl Legien als Vertreter der Gewerkschaften unterzeichnen die »Vorläufige Satzung für die Arbeitsgemeinschaft der Industriellen und gewerblichen Arbeitgeber und Arbeitnehmer Deutschlands«. Die damit gegründete Zentralarbeitsgemeinschaft (ZAG) betont ausdrücklich die Anerkennung der Gewerkschaften als Vertreter der Arbeiterschaft und die gemeinsame Verantwortung von Unternehmern und Arbeitern für den wirtschaftlichen Fortschritt im Deutschen Reich.

Die Gründung der ZAG ist ein bedeutender Faktor für die Konsolidierung des Wirtschaftslebens. Das Abkommen bestätigt die von Legien und Hugo Stinnes am 15. November geschlossene Vereinbarung über die Festsetzung der achtstündigen Höchstarbeitszeit und die Aushandlung von Tarifverträgen für alle Gewerbezweige. Die Unternehmer betrachten nur die Gewerkschaften als legitime Vertreter der Arbeiterschaft.

Die Gewerkschaften, die ein partnerschaftliches Verhältnis zwischen Arbeitgebern und Arbeitnehmern anstreben, verzichten damit auf die Verwirklichung der Forderung nach Sozialisierung. Sie betrachten statt dessen die Bekämpfung von Hunger und Arbeitslosigkeit als ihr vordringlichstes Ziel.

Carl Legien, Vertreter der deutschen Gewerkschaften in der ZAG

Gewerkschaft für Beamte gegründet

5. Dezember. Die Verbände der deutschen Beamten- und Lehrerschaft schließen sich in Berlin zum »Deutschen Beamtenbund« zusammen. Die neue gewerkschaftlich orientierte Vereinigung verfügt zum Zeitpunkt ihrer Gründung über 1,5 Millionen Mitglieder.

Der neue Beamtenbund wird einen Tag nach der endgültigen Vereinbarung zwischen Unternehmern und Gewerkschaften für gewerbliche und Industriearbeiter gegründet. Zuvor hatten die staatlichen Stellen, die gegenüber den Beamten als Arbeitgeber auftreten, das Recht auf Gründung selbständiger Organisationen verkündet.

Rückzug über den Rhein bei Bonn

Demobilisierte deutsche Heeressoldaten von der Westfront beim Rückmarsch über die Kölner Rheinbrücke

Probleme mit Heimkehrern

31. Dezember. Mit dem Beschluß zur Demobilisierung der gesamten Armee bestätigt die deutsche Regierung des Rates der Volksbeauftragten nur einen Vorgang, der bereits unmittelbar nach Abschluß des Waffenstillstands eingesetzt hatte (→ 11. 11./S. 178). Insbesondere wegen des Weihnachtsfestes haben nun immer mehr Soldaten ihre Einheiten verlassen.

Die geordnete Auflösung der alten kaiserlichen Armee stellt die Regierung vor größte Probleme. So werden zunächst Gesetze erlassen, die mit der Demobilisierung bestimmter Jahrgänge versuchen, eine Ordnung in die ungeregelte Auflösung der Armee zu bringen. Angesichts der unsicheren politischen Situation will die Regierung vor allem die Ablieferung der Waffen durchsetzen.

Bei der Wiedereingliederung der Soldaten in das Zivilleben steht die Arbeitsbeschaffung an erster Stelle. Die Betriebe werden aufgefordert, die Massen an weiblichen Arbeitern, die in den letzten Kriegsjahren Produktion und Verwaltung aufrechterhalten haben, schnellstmöglich zu entlassen, um Arbeitsplätze für die Männer zu schaffen.

Neben der Versorgung und Wiedereingliederung der schwer Kriegsverletzten bereitet die große Anzahl von geschlechtskranken Soldaten größte Probleme. Da es kaum Behandlungsmöglichkeiten gibt und die Zahl der Erkrankten sehr hoch ist, wird befürchtet, daß es nach der Heimkehr der Männer zu einer unkontrollierbaren Ausbreitung von Geschlechtskrankheiten kommen wird. Die einzelnen Truppenverbände führen Listen zur Erfassung von Geschlechtskranken und versuchen, möglichst alle Erkrankten zu registrieren und ihren Befund den Gesundheitsbehörden mitzuteilen.

Ebert (l.) und General Lequis (M.) begrüßen heimkehrende Soldaten

Schwestern des Roten Kreuzes kehren in ihre Heimatorte zurück

Empfang eines demobilisierten deutschen Soldaten in der Heimat

Eine riesige Menschenmenge erwartet auf dem Pariser Platz in der Reichshauptstadt Berlin die Rückkehr großer Truppenverbände aus dem Westen

Polnische Kirche feiert Befreiung

3. Dezember. Mit einem durch den Erzbischof zelebrierten Pontifikalamt feiert die Bevölkerung des Bistums in Posen die Befreiung von der deutschen Fremdherrschaft, nachdem bereits am 14. November ein polnischer Volksrat für die Provinz gebildet worden war.

Das Großherzogtum Posen war durch den Wiener Kongreß 1815 Preußen zugesprochen worden. Die Stadt Posen selbst war bereits 1793 an Preußen gefallen.

Von besonderer Bedeutung ist für die katholischen Gläubigen die Selbständigkeit auch deshalb, weil das protestantische Preußen die Bevölkerung vielfach in der Ausübung ihres Glaubens behindert hatte.

Rede einer britischen Frauenrechtlerin für das allgemeine Wahlrecht

Britische Frauen wählen erstmals

14. Dezember. Bei den Wahlen zum britischen Unterhaus nehmen erstmals Frauen ihr in den letzten Jahren erkämpftes Wahlrecht wahr. Das Votum bestätigt die liberal-konservative Regierung unter Premierminister David Lloyd George.

Die Kandidaten werden zum ersten Mal von allen Männern ab dem 21. und allen Frauen ab dem 30. Lebensjahr gewählt. Das britische Unterhaus hatte am 19. Juni 1917 Frauen ab diesem Alter für stimmberechtigt erklärt. Das Frauenwahlrecht ist ein Erfolg der Women's Social And Political Union, die sich 1903 um die britische Frauenrechtlerin Emmeline Pankhurst gebildet hatte.

Großbritannien ist der erste Staat, in dem Frauen das Wahlrecht ausüben können. Auch die deutsche Regierung hat bereits beschlossen, Frauen zu den Wahlen für eine Nationalversammlung zuzulassen.

Neues Königreich der Südslawen gegründet

1. Dezember. Die südslawischen Völker gründen den neuen Staat »Königreich der Serben, Kroaten und Slowenen«. Zum Herrscher des neuen Reichs wird der bisherige serbische König Peter I. proklamiert.

Das Gebiet des neuen Königreichs umfaßt das alte Königreich Serbien sowie die südslawischen Gebiete von Österreich-Ungarn. Das Staatsgebiet vereinigt eine Reihe von Völkern, die bisher in unterschiedlichsten politischen und kulturellen Verhältnissen existiert haben. Die größte Bevölkerungsgruppe stellen die etwa 6 Millionen Serben, gefolgt von etwa 3,5 Millionen Kroaten und 1,5 Millionen Slowenen. Hinzu kommen etwa 1,5 Millionen nationale Minderheiten: Deutschstämmige, Albaner, Rumänen, Madjaren und Montenegriner.

Erstmals hatten südslawische Emigranten aus Österreich-Ungarn 1917 in der »Erklärung von Korfu« die Errichtung eines gemeinsamen Königreichs vorgeschlagen. Mit dem Zusammenbruch der österreichisch-ungarischen Doppelmonarchie entstanden am 29. Oktober 1918 der Nationalrat Kroatiens, am 30. Oktober der Nationalrat von Bosnien und Herzegowina und am 19. November die montenegrinische Volksversammlung.

Peter I., König des neuen Reiches der Serben, Kroaten und Slowenen

Nikola Pašić, Ministerpräsident des neuen Königreiches auf dem Balkan

Die Errichtung eines südslawischen Reiches unter Anschluß der österreichischen Gebiete zählte seit 1914 zu den Kriegszielen des Königreichs Serbien. So ist das alte serbische Kernland das Zentrum des neuen Reiches, dem die jetzt eigenständigen Gebiete beitreten.

Prinzregent Alexander, der Peter I. zum König des neuen Reiches ausruft, und sein Ministerpräsident Nikola Pašić entwerfen in Belgrad eine Staatskonstruktion, die eine Vormachtstellung des früheren serbischen Königreichs vorsieht. Belgrad wird zum entscheidenden Machtzentrum auf dem Balkan. In der Absicht, das frühere serbische Königreich nach allen Seiten hin zu erweitern, bietet die stärkste Macht auf dem Balkan die gleichberechtigte Bildung eines neuen Königreichs an.

Böhmen in die Tschechoslowakei

22. Dezember. Der Staatspräsident der neuen tschecho-slowakischen Republik, Tomáš Garrigue Masaryk, erklärt Böhmen und das Sudetengebiet zum Bestandteil des neuen Staates. Eine tschechische Militärregierung ersetzt die örtlichen deutschsprachigen Verwaltungen, die sich für einen Anschluß an die Republik Österreich ausgesprochen haben.

Nach der Gründung der tschechoslowakischen Republik hatten sich die deutschsprachigen Gebiete als österreichische Provinzen Deutschböhmen und Sudetenland zusammengeschlossen. Nach der Abdankung des österreichischen Kaisers Karl I. (→11. 11./S. 174) wurden sämtliche Beamte auf die neue Republik Österreich vereidigt. Mit Unterstützung der Alliierten erklärt die Prager Regierung jedoch Böhmen und Mähren insgesamt zu tschechoslowakischem Gebiet.

In Prag: Standbild des Marschalls Radetzky mit Sackleinen verhüllt

Volkszorn gegen österreichische Relikte: Umgestürztes Denkmal

Präsident Wilson mit Jubel begrüßt

Mitte Dezember. *Auf seiner ersten Europareise nach dem Waffenstillstand besucht der US-amerikanische Präsident Thomas Woodrow Wilson (M.) die Hauptstädte der Entente-Staaten London, Paris (Abb.) und Rom. In allen Städten wird der Präsident überschwenglich begrüßt. Seit seiner Friedensrede, die er am 22. Januar 1917 vor dem US-amerikanischen Kongreß in Washington gehalten hatte, gilt Wilson in Europa als derjenige Politiker, der dazu berufen scheint, die kriegführenden Staaten durch seine Vermittlung zum Frieden zu führen. Wilsons 14-Punkte-Programm vom Januar dieses Jahres verstärkte diesen Eindruck des Willens zum Frieden* *(→ 8. 1./S. 12).*

Auszeichnung für 21 Deutsche

10. Dezember. Mit Max Planck und Fritz Haber erhalten im Jahr 1918 der 20. bzw. 21. Deutsche den Nobelpreis, der seit 1901 verliehen wird.

Deutsche Nobelpreisträger

Wilhelm Conrad Röntgen, Physik 1901
Emil Adolf von Behring, Medizin 1901
Emil Fischer, Chemie 1902
Theodor Mommsen, Nobelpreis für Literatur 1902
Philipp Lenard, Physik 1905
Adolf von Baeyer, Chemie 1905
Robert Koch, Medizin 1905
Eduard Buchner, Chemie 1907
Paul Ehrlich, Medizin 1908
Rudolf Eucken, Literatur 1908
Karl Ferdinand Braun, Nobelpreis für Physik 1909
Wilhelm Ostwald, Chemie 1909
Otto Wallach, Chemie 1910
Albrecht Kossel, Medizin 1910
Paul von Heyse, Literatur 1910
Wilhelm Wien, Physik 1911
Gerhart Hauptmann, Nobelpreis für Literatur 1912
Max von Laue, Physik 1914
Richard Willstätter, Nobelpreis für Chemie 1915
Max Planck, Physik 1918
Fritz Haber, Chemie 1918

Planck und Haber bekommen Nobelpreise

10. Dezember. Die schwedische Akademie der Wissenschaft verleiht die diesjährigen Nobelpreise für Physik und Chemie an zwei Deutsche. Max Planck wird für seine Verdienste um die Quantenphysik mit dem Nobelpreis für Physik ausgezeichnet; Fritz Haber erhält den Nobelpreis für Chemie für die Entwicklung eines industriellen Syntheseverfahrens von Ammoniak, das er zwischen 1910 und 1913 gemeinsam mit Carl Bosch entwickelt hatte. Nobelpreise für Medizin und Literatur werden in diesem Kriegsjahr ebensowenig verliehen wie der Friedensnobelpreis.

Am 14. Dezember des Jahres 1900 stellte der damals 42jährige Planck in einem Vortrag in der Deutschen Physikalischen Gesellschaft in Berlin sein »Plancksches Strahlungsgesetz« vor, das die moderne Quantenphysik begründet.

Es handelt sich um eine Formel, mit der die Wärmestrahlung absolut schwarzer Körper festgehalten werden kann. Die Formel liefert die Grundlage für die Theorie der nichtstetigen Energieemission von Elementarteilchen wie Atomen und Molekülen. Durch Plancks grundlegend-revolutionären Ansatz wird das gesamte bisherige physikalische Weltbild in Frage gestellt.

Fritz Haber, seit 1912 Direktor des neugegründeten Kaiser-Wilhelm-Instituts für Physikalische Chemie und Elektrochemie in Berlin, erhält die hohe wissenschaftliche Auszeichnung für die Entwicklung eines großindustriell nutzbaren Verfahrens zur Synthese von Ammoniak aus Stickstoff und Wasserstoff unter Verwendung hoher Drucke über 200 bar bei Temperaturen um 500° C unter Zuhilfenahme eines Katalysators aus Eisen. Ammoniak ist von großer Bedeutung für die Sprengstoffherstellung und die Produktion von Kunstdünger.

Haber, der im Krieg neben seiner wissenschaftlichen Tätigkeit auch für das Kriegsministerium auf dem Gebiet der Kampfgasentwicklung arbeitete, befaßte sich schon früh mit den thermodynamischen Abläufen bei Gasreaktionen, wobei er immer um Verknüpfung von Grundlagenforschung und Anwendungen bemüht war. Als 1909 die Grundlagen der Ammoniaksynthese durch Haber geklärt waren, baute er gemeinsam mit Bosch das erste deutsche Ammoniaksynthesewerk in Ludwigshafen auf. Carl Bosch wiederum wird 1925 Mitbegründer der I.G. Farbenindustrie AG.

Max Planck, deutscher Physiker und Nobelpreisträger des Jahres 1918

Fritz Haber, diesjähriger deutscher Nobelpreisträger für Chemie

Rudolf Belling: »Verwundete«; Bronzeplastik aus dem Jahre 1915

Hans Richter-Berlin: »Die Aufrichtung des Kreuzes«, 1915

Moritz Melzer (?), Entwurf für die »Novembergruppe«, 1918

Künstlerverein für die Ziele der Revolution

3. Dezember. In Berlin gründen namhafte Künstler, unter ihnen der Maler Max Pechstein und der Architekt Erich Mendelsohn, die Künstlervereinigung »Novembergruppe«. Grundsatz der Gruppe ist die Unterstützung der jungen Republik.

Die überwiegend aus der Tradition des Expressionismus stammenden Künstler wollen laut Programm an die politische eine »Revolution des Geistes« anschließen. Mit neuen künstlerischen Ausdrucksformen soll die Kunst dem Volk anders und intensiver als bisher nahegebracht werden. Dieses kulturelle Ziel soll vor allen Dingen durch Ausstellungen erreicht werden.

Max Pechstein, Mitbegründer der republikanischen »Novembergruppe«

Durch die zahlreichen Künstler, die während des Krieges im Schweizer Exil leben mußten, ist die Novembergruppe von Beginn an eine international durchmischte Bewegung.

Die politischen und gesellschaftlichen Umwälzungen im November des Jahres bieten den republikanisch gesinnten Künstlern die Möglichkeit, auch die alten Beschränkungen der künstlerischen Institutionen abzulegen. Hatte Kaiser Wilhelm II. für moderne künstlerische Richtungen nur den Namen »Rinnsteinkunst« übrig, so ist mit dem Sturz der Monarchie die Chance gegeben, der gesellschaftlich engagierten Kunst eine feste Basis zu geben.

Verbotene Stücke dürfen erscheinen

Dezember. Die Anzahl der literarischen Werke, die im deutschen Kaiserreich verboten waren, ist kaum zu übersehen. Einen Anhaltspunkt liefert die Liste bislang verbotener Theaterstücke, die der Drei-Masken-Verlag in Berlin veröffentlicht:

- ▷ Gerdt von Bassewitz: »Judas«
- ▷ Lion Feuchtwanger: »Die Kriegsgefangenen«
- ▷ Paul Guttmann: »Der entfesselte Mann«
- ▷ Horst Engel: »Der Schrei nach dem Kinde«
- ▷ Hanns Johst: »Stroh«
- ▷ Harry Kahn: »Der Ring«
- ▷ Heinrich Lautensack: »Das Gelübde«
- ▷ Sophus Michaelis: »Der Arzt und der König«
- ▷ Arno Nadel: »Adam«
- ▷ Romain Rolland: »Wölfe«
- ▷ Wilhelm Schmidtbonn: »Die Stadt der Besessenen«
- ▷ Carl Sternheim: »Der Kandidat«, »Tabula rasa«, »1913«, »Die Hose«
- ▷ Fritz von Unruh: »Louis Ferdinand, Prinz von Preußen«, »Ein Geschlecht«
- ▷ Frank Wedekind: »Die Büchse der Pandora«, »Schloß Wetterstein«, »Tod und Teufel«, »Frühlings Erwachen«
- ▷ Arnold Zweig: »Die Sendung Samuels«

Bau-Avantgarde gründet Arbeitsrat

3. Dezember. Auf Anregung der Architekten Bruno Taut und Walter Gropius, beide bekannt durch ihre zukunftweisenden Vorstellungen über menschengerechtes Bauen, wird in Berlin der »Arbeitsrat für Kunst« gegründet. Er ist orientiert an den Räten, die sich überall im Reich in Produktion und Verwaltung bilden, um eine Selbstbestimmung im sozialistischen Sinne zu verwirklichen. Die Architekten wollen sich in der jungen Republik vor allem dafür engagieren, daß sich das Bauwesen in Zukunft vor allem an den Interessen der Benutzer, gleich ob in Privatwohnungen oder im Arbeitsbereich, orientiert.

Nach Plänen von Walter Gropius und Adolf Meyer wurde für die Faguswerke in Alfeld an der Leine 1910/11 dieses Werksgebäude errichtet

Nikisch dirigiert Beethovens »9.«

31. Dezember. Vor einem Arbeiterpublikum dirigiert der berühmte Dirigent Arthur Nikisch ein Konzert mit Ludwig van Beethovens 9. Sinfonie in der Leipziger Albert-Halle. Nikisch setzt damit ein Zeichen der Solidarität mit den Zielen der Novemberrevolution.

Im gleichen Sinne wie zahlreiche neu gebildete Künstlervereinigungen, etwa die Berliner »Novembergruppe«, will Nikisch nun die klassische Musik breiten Bevölkerungsschichten näherbringen.

Nikisch wurde 1895 zugleich Dirigent des Leipziger Gewandhausorchesters und des Berliner Philharmonischen Orchesters.

Bester deutscher Film des Jahres: »Carmen«

17. Dezember. *Im Uraufführungskino der Ufa (Universum Film AG) am Kurfürstendamm in Berlin wird erstmals der Film »Carmen« (Regie: Ernst Lubitsch) aufgeführt. Hauptrollen spielen Pola Negri und Harry Liedtke. Während Pola Negri in ihrer Rolle als Carmen wie immer besticht, scheint Liedtke in der Rolle des Don José Navarro eine Fehlbesetzung zu sein. Auch der ansonsten von Regisseur Ernst Lubitsch bekannte Witz ist in diesem Werk nur stellenweise vorhanden. Trotzdem wird der Film ein großer Publikumserfolg. Die Fachwelt ist ebenfalls angetan: Das Werk wird von der offiziellen Filmbewertungsstelle zum »Besten Film des Jahres 1918« gewählt (im Bild Filmszene mit Liedtke l. und Negri M.).*

Tolstoi-Drama in Reinhardt-Inszenierung

13. Dezember. *In der Inszenierung von Max Reinhardt findet im Berliner Deutschen Theater die deutsche Erstaufführung des Dramen-Fragments »Und das Licht scheinet in der Finsternis« des russischen Dichters Leo Tolstoi statt. Die Hauptrollen spielen Alexander Moissi, Hermine Körner und Ernst Deutsch. Das zwischen 1886 und 1900 entstandene Drama ist dasjenige Werk Tolstois, das am meisten biographisch geprägt ist und den Konflikt des Dichters zwischen seiner moralischen Überzeugung und der Unfähigkeit, sie in die Tat umzusetzen, eindringlich beschreibt. Der Held, ein gebildeter Gutsbesitzer, scheitert an seinem Vorhaben, mit seiner Familie nach den Regeln der christlichen Bergpredigt zu leben. (Abb.: Szenenbild)*

Büchse der Pandora wieder aufgeführt

20. Dezember. Am Berliner Kleinen Schauspielhaus wird das Drama »Die Büchse der Pandora« von Frank Wedekind wieder aufgeführt. Das Stück war nach einem dreijährigen Zensur-Prozeß 1906 wegen Sittenwidrigkeit verboten worden.

Unter der Regie von Karl Heine spielen Gertrud Eysoldt (Lulu), Emil Jannings (Rodrigo), Werner Krauss (Schigolch) und Hermine Körner (Gräfin). Das Stück, das den Niedergang der kindlich-triebhaften Lulu darstellt, ist der zweite Teil der Tragödie »Der Erdgeist« von 1898. Es handelt von menschlichen Triebstrukturen, die im Widerspruch zur verlogenen Moral der bürgerlichen Gesellschaft stehen. Die Darstellung der Lulu, die mit ihrer zügellosen Sexualität über Leichen geht und schließlich der bürgerlichen Perversion selbst zum Opfer fällt, schockiert das Publikum wie bereits bei den ersten Aufführungen.

Vormärz-Drama erst jetzt uraufgeführt

20. Dezember. 83 Jahre nach ihrer Vollendung wird die Tragödie »Hannibal« von Christian Dietrich Grabbe am Nationaltheater München uraufgeführt. Das 1835 entstandene Stück kommt gut beim Publikum an, das in dem hier behandelten Untergang Karthagos das jüngste Schicksal des Deutschen Reichs wiederzuerkennen vermeint.

Die Tragödie, die unter der Regie von Albert Steinrück inszeniert wird, schildert in schnell wechselnden Einzelszenen das Leben des Heerführers Hannibal im Kampf gegen die Römer. Hannibal wird als ein genialer Held dargestellt, der letztlich scheitert, weil er von den rein kaufmännisch denkenden Krämern Karthagos nicht genügend unterstützt wird. Den Sieg Roms und die Karthago diktierten Friedensbedingungen sieht das Publikum als Parallele zur deutschen Niederlage und den Waffenstillstandsforderungen.

Freiheit der Kunst von Bevormundung

13. Dezember. Der Schriftsteller Heinrich Mann hält in München einen Vortrag über »Sinn und Idee der Revolution«. Gleichzeitig hält der bayerische Ministerpräsident Kurt Eisner eine Versammlung von Künstlern und Kunstfreunden ab, auf der eine Reform des gesamten Kunstbetriebes diskutiert wird.

Heinrich Mann spricht vor dem »Rat geistiger Arbeiter«, den der Publizist Kurt Hiller ins Leben gerufen hat. Mann plädiert für den Vorrang des seelischen Wohls und der geistigen Entwicklung vor wirtschaftlichen Fragen. Eisner spricht über die Notwendigkeit für den Künstler, das tägliche Brot zu verdienen und der Pflicht des Staates, helfend einzugreifen. Er regt die Gründung einer Künstlergewerkschaft an, die gemeinsam mit den staatlichen Organisationen für die wirtschaftliche Grundlage künstlerischer Tätigkeit zu sorgen habe.

Religionsstunden bleiben erhalten

28. Dezember. Mit der Anordnung des preußischen Ministers für Wissenschaft und Volksbildung, Konrad Haenisch, den Beschluß zur Trennung von Kirche und Schulwesen bei etwaigen Schwierigkeiten nicht durchzuführen, wird der Erlaß zur Abschaffung des Religionsunterrichtes außer Kraft gesetzt.

Bereits am 29. November hatte die preußische Regierung beschlossen, das Schulgebet aufzuheben, die Kinder auf Wunsch vom Religionsunterricht freizustellen und die geistliche Aufsicht über die Volksschulen aufzuheben. Das Programm der Trennung von Kirche und Schulwesen stieß auf massive Kritik, vor allem in den katholischen Regionen, aber auch bei den gemäßigten Politikern der Mehrheitssozialisten. Wie auch in den wirtschaftlichen Fragen der Sozialisierung treten die MSPD-Mitglieder für ein sehr behutsames Vorgehen ein.

1918: Erste Friedensweihnacht nach vier Jahren Krieg

24. Dezember. Seit knapp sechs Wochen ruhen die Waffen, nach vier vom Krieg überschatteten Weihnachtsfeiern kann das Fest des Friedens und der Liebe endlich wieder im Kreise der ganzen Familie verbracht werden – wenn nicht Ehemänner, Söhne, Väter im Krieg getötet wurden, oder die Männer wegen der organisatorischen Schwierigkeiten der Demobilisierung den Weg in die Heimat noch nicht antreten konnten – zu schweigen von denen, die noch in Kriegsgefangenenlagern interniert sind.

Aber auch die glücklichen Familien, die keine Verluste zu beklagen haben, verbringen das Fest, obschon im Frieden, doch auf eine Weise, die sich von den vier vergangenen Weihnachtsfeiern kaum unterscheidet: Der Lebensmittelmangel ist durch die einstweilen weiter bestehende alliierte Seeblockade im Deutschen Reich eher noch krasser geworden, von einer Weihnachtsgans kann selbst in wohlhabenden Familien keine Rede sein.

Doch trotz allen Mangels überwiegt bei weitem die Erleichterung über das Ende des Krieges – aber gewiß auch die Rückerinnerung an das Grauen und persönliche Leiden, das mit ihm verbunden war.

Die »Düsseldorfer Nachrichten« bringen zum Weihnachtsfest folgenden fiktiven Dialog zwischen dem Christkind und einem Wachmann: »... Wie das Christkind näherkommt, erkennt es einen Feldgrauen, wie sie ehedem in den Schützengräben Wache hielten. Nanu, denkt das Christkind, ist also doch noch Krieg? Das Christkind grüßt den Pendelmann höflich und fragt bescheiden: ›Können Sie mir vielleicht sagen, warum da drin niemand mehr ist?‹ Dabei deutet es rückwärts auf den Palast. Der Wachmann besieht sich den zierlichen Herrn einen Augenblick, dann knurrt er in seinen Bart: ›Revolution!‹ Davon hat nun das Christkind noch nie etwas gehört. Kleinlaut fragt es weiter: ›Und die Schutzleute, Herr?‹ ›Hinweggefegt‹, lautet die lakonische Antwort. Das Christkind überlegt die beiden Antworten, dann geht ein Leuchten über sein Gesicht: Revolution, das ist also sicher so etwas, wie eine große Kehrmaschine, wie eine Reinemachmaschine ...«

Weihnachtswerbung für deutschen »Cognac«: krasser Gegensatz zur Not im Reich

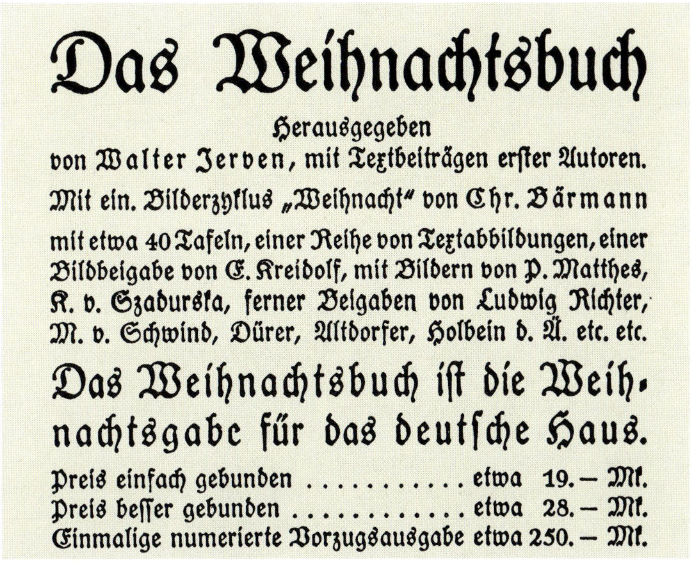

Das Weihnachtsbuch

Herausgegeben
von Walter Jerven, mit Textbeiträgen erster Autoren.
Mit ein. Bilderzyklus „Weihnacht" von Chr. Bärmann
mit etwa 40 Tafeln, einer Reihe von Textabbildungen, einer Bildbeigabe von E. Kreidolf, mit Bildern von P. Matthes, K. v. Szadurska, ferner Beigaben von Ludwig Richter, M. v. Schwind, Dürer, Altdorfer, Holbein d. J. etc. etc.

Das Weihnachtsbuch ist die Weihnachtsgabe für das deutsche Haus.

Preis einfach gebunden .... etwa 19.– Mk.
Preis besser gebunden .... etwa 28.– Mk.
Einmalige numerierte Vorzugsausgabe etwa 250.– Mk.

Erbauliches zu Weihnachten aus dem Hugo Schmidt Verlag, München; Werbeanzeige in der Münchener Kulturzeitschrift »Jugend«

Auch ein karger Gabentisch mindert die Freude über den Frieden nicht

Titelseite der Familienzeitschrift »Daheim« zum Weihnachtsfest

1918: Kriegsendkampf und Revolutionen erschüttern Europa

Das Jahr 1918 bringt durch den siegreichen Ausgang des Krieges für die Alliierten einschneidende politische Veränderungen, die die ganze Welt betreffen. Im Zentrum des Geschehens steht Mitteleuropa.
Trotz des eindringlichen Friedensappells, den der US-amerikanische Präsident Thomas Woodrow Wilson am → 8. Januar (S. 12) an alle kriegsbeteiligten Länder richtet, versucht die deutsche Oberste Heeresleitung in einer letzten Großoffensive, doch noch den Sieg zu erringen (→ 21. 3./S. 48). Der Versuch scheitert, spätestens am → 8. August (S. 118) ist die Niederlage der Mittelmächte im Weltkrieg besiegelt. Die Verbündeten des Deutschen Reiches waren bereits im Vorjahr am Ende ihrer militärischen Kraft angekommen. Nacheinander schließen 1918 Bulgarien (→ 29. 9./S. 134), das Osmanische Reich (→ 30. 10./S. 149) und Österreich-Ungarn (→ 11. 11./S. 174) separate Waffenstillstandsvereinbarungen mit den Alliierten ab.
Der Niedergang der Monarchien der Hohenzollern und der Habsburger führt in beiden Reichen zur Revolution und zur Ausrufung der Republik, im Falle Österreich-Ungarns zur Zersplitterung des Reiches.

Wilsons Friedensplan

8. Januar. Der US-amerikanische Präsident Thomas Woodrow Wilson stellt den kriegführenden Mächten in einer Rede vor dem Kongreß in Washington die »14 Punkte« vor, in denen er die Bedingungen eines Friedensschlusses nennt. Der Friedensplan stellt vor allem das Selbstbestimmungsrecht aller Völker in den Mittelpunkt. Das Deutsche Reich und Österreich-Ungarn lehnen die Vorschläge ab. Die »Norddeutsche Allgemeine Zeitung« spricht die offizielle deutsche Haltung aus:

»Die 14 Punkte bilden im Gegensatz zu der Überschrift, die Wilson ihnen gibt, nicht ein Programm des Weltfriedens, sondern eine wahre Sinfonie des Willens zum Unfrieden, durchsetzt von hoffnungsfroh klingenden Schalmeien von der Freiheit der Schiffahrt und anderen Dingen ... Unter Berufung auf das Selbstbestimmungsrecht der Völker maßt er sich die Verfügung an, in die innerstaatlichen Verhältnisse Österreich-Ungarns einzugreifen und proklamiert die Vergewaltigung der Nationen ...«

Ludendorff-Offensive erfolgreich

21. 3./30. 5. Generalquartiermeister Erich Ludendorff versucht mit einer gewaltigen Offensive an der Westfront die Entscheidungsschlacht gegen die Alliierten herbeizuführen. Am 21. März beginnt die Offensive, nach einer kurzen Unterbrechung erreichen deutsche Truppen erstmals seit 1914 wieder die Marne. Das Deutsche Reich scheint im Westen vor dem Sieg zu stehen. Der Vorstoß wird als offizielle Bekanntmachung in allen Zeitungen abgedruckt:

»Durch den glänzenden Sieg des Kronprinzen ist nunmehr die französische Nordwestfront von Reims bis zum Meere, die eine Länge von 250 km hatte, auf 200 km durchstoßen. Nur an zwei Stellen, bei Arras und nördlich von Ypern, verläuft die Front noch über das alte Gelände wie vor Beginn unserer März-Offensive. Der gestrige Tag hat unseren Waffen nun wieder einen neuen gewaltigen Erfolg beschieden ... Wir stehen heute wieder auf dem Gelände der alten Marne-Schlacht.«

Schwarzer Tag der Deutschen

8. August. An der Westfront zwischen Ancre und Aisne überrennen alliierte Truppen in einer Gegenoffensive die deutschen Stellungen. Die deutsche Armee befindet sich in ungeordnetem Rückzug und kann nicht einmal die hinteren Verteidigungsstellungen erreichen. Der »schwarze Tag der deutschen Armee« (Ludendorff) bedeutet den endgültigen Zusammenbruch der deutschen Westfront. Damit ist die Niederlage der Mittelmächte unabwendbar besiegelt. Die britische Nachrichtenagentur Reuter meldet:

»Die britische Armee hat bei Tagesanbruch die Offensive ergriffen. Wir unternahmen schwere Angriffe gegen die Stellungen südlich der Ancre. Drei bis vier Stunden später griffen die Franzosen ein. Die Schlacht setzte mit schwerem Bombardement ein, darauf folgte Sperrfeuer aus Feldkanonen und Mörsern. Einige hundert Tanks schlossen sich den Infantrie-Wellen an. Der Feind war überrumpelt ... Die Gefangenen geben zu, daß sie vollständig überrascht wurden.«

Ende der Donaumonarchie

11. November. Mit dem Waffenstillstand mit Italien vom 3. November ist der Krieg für Österreich-Ungarn definitiv verloren. Der Rücktritt des letzten Habsburger Kaisers Karl I. markiert das Ende der k.u.k. Monarchie. Karl I. verzichtet auf jede Beteiligung an der Regierung:

»Das Volk hat durch seine Vertreter die Regierung übernommen. Ich verzichte auf jeden Anteil an den Staatsgeschäften.«

Wilhelm II. dankt ab

9. November. Angesichts des militärischen Zusammenbruchs und der revolutionären Vorgänge im ganzen Deutschen Reich verkündet der deutsche Reichskanzler Max Prinz von Baden eigenmächtig den Rücktritt des Kaisers. Erst am Nachmittag des gleichen Tages trifft ein Dokument von Wilhelm II. aus dem großen Hauptquartier in Spa ein, in dem er selbst seinen Rücktritt als Kaiser bekanntmacht:

»Großes Hauptquartier, den 9. November 1918
Um Blutvergießen zu vermeiden, sind Seine Majestät bereit, als Deutscher Kaiser abzudanken, aber nicht als König von Preußen. Seine Majestät wollen auch aus dem Grunde als König von Preußen bleiben, um zu vermeiden, daß durch den bei Abdankung erfolgenden gleichzeitigen Abgang der Mehrzahl der Offiziere die Armee führerlos wird und sich auflöst ...
Seine Majestät wollen einen Bürgerkrieg nicht.«

Deutsche Truppen beim Rückmarsch

Kaiser Wilhelm II.

Propagandapostkarte

Demonstration für die Abdankung des Kaisers

Deutsche Republik ausgerufen

9. November. Gleich zweimal wird nach dem Sieg der Revolution im Deutschen Reich die Republik ausgerufen. Der letzte monarchistische Reichskanzler, Max von Baden, hatte dem MSPD-Abgeordneten Friedrich Ebert das Amt des Reichskanzlers übertragen. Der MSPD-Abgeordnete Philipp Scheidemann verkündet vom Reichstag aus den Beschluß und proklamiert die Republik. Zwei Stunden später ruft Karl Liebknecht, Führer des linksradikalen Spartakusbundes, vor dem Berliner Schloß ebenfalls die Republik aus. Die erste deutsche Republik ist von Beginn an von politischen Machtkämpfen erschüttert.

Scheidemann erklärt:
»Die Hohenzollern haben abgedankt! Es lebe die deutsche Republik! Der Abgeordnete Ebert ist zum Reichskanzler ausgerufen worden. Ebert ist damit beauftragt worden, eine neue Regierung zusammenzustellen. Dieser Regierung werden alle sozialistischen Parteien angehören. ... Ruhe, Ordnung und Sicherheit, das ist das, was wir jetzt brauchen.«
Liebknecht sagt:
»Wir haben den Frieden erzwungen. Der Friede ist in diesem Augenblick geschlossen. Das Alte ist nicht mehr. Der Tag der Revolution ist gekommen ... Die Herrschaft der Hohenzollern ... ist vorüber. In dieser Stunde proklamieren wir die freie sozialistische Republik Deutschland.«

Waffenstillstand unterzeichnet

11. November. Der Zentrumsabgeordnete Matthias Erzberger unterzeichnet im Auftrag der Reichsregierung und der Obersten Heeresleitung das Waffenstillstandsabkommen mit den Alliierten. Das Abkommen, das ultimativ vorgelegt wird, stellt kaum erfüllbare Bedingungen an das Deutsche Reich. Während die deutschen Militärs sich aus dem Schlußakt der Katastrophe, die sie mit ausgelöst haben, herausstehlen, erklärt Reichskanzler Friedrich Ebert vor der Berliner Räteversammlung den Zwang zur Anerkennung:

»Sie kennen die furchtbaren Waffenstillstandsbedingungen der Entente ... Die Situation zwingt uns, sie anzunehmen. Wir müssen einen Frieden zu schließen versuchen, der die Lebensinteressen der Arbeiter sichert ... Es gilt nun, eine neue, sozialistische Volkswirtschaft aufzubauen. Es lebe die sozialdemokratische Republik Deutschland!«

Plakat der Sozialdemokraten gegen Bürgerkrieg und Anarchie ▷

Anarchie
ist Helfer der
Reaktion
und
Hungersnot

Neue Postwertzeichen 1918 im Deutschen Reich

Freimarken-Ergänzungswerte; Germania mit Kaiserkrone (3 Werte)

Besetzungsausgabe (Aushilfsausgabe) mit dem Aufdruck Rumänien und dem rumänischen Wert (5 Werte); Erstausgabe am 1. März

Besetzungsausgabe, Portomarken Rumänien mit Aufdruck (5 Werte)

Kriegssteuer-Portomarke Rumänien mit Aufdruck (Militärverwaltung in Rum.)

Freimarken-Ausgabe, deutsche Marken mit Bukarester Aufdruck; gültig für das Etappengebiet der 9. deutschen Armee

Anhang

Das Deutsche Reich, Österreich und die Schweiz 1918 in Zahlen

Die Statistiken für die drei deutschsprachigen Länder umfassen eine Auswahl von grundlegenden Daten. Es wurden vor allem Daten aufgenommen, die innerhalb der einzelnen Länder vergleichbar sind. Maßgebend für alle Angaben waren die amtlichen Statistiken. Die Zahlen beziehen sich auf die jeweiligen Staatsgrenzen von 1918. Nicht in allen gesellschaftlichen Bereichen finden jährliche Erhebungen statt, so daß mitunter die Daten aus früheren Jahren aufgenommen werden mußten. Das Erhebungsdatum ist jeweils angegeben (unter der Rubrik »Stand«). Die aktuellen Zahlen des Jahres 1918 werden – wo möglich – durch einen Vergleich zum Vorjahr relativiert. Wichtige Zusatzinformationen zum Verständnis einzelner Daten sind in den Fußnoten enthalten.

Deutsches Reich

Erhebungsgegenstand	Wert	Vergleich Vorjahr (%)	Stand
Fläche			
Fläche (km[2])	540 857,6	–	1. 12. 1910[1]
Bevölkerung			
Wohnbevölkerung	62 272 185[2]	–	1. 12. 1916[1]
– männlich	27 725 649[2]	–	1. 12. 1916[1]
– weiblich	34 546 536[2]	–	1. 12. 1916[1]
Einwohner je km^2	120,0	–	1910[1]
Ausländer	1 264 461[3]	–	1. 12. 1916[1]
Privathaushalte	14 283 380	–	1. 12. 1910[1]
– Einpersonenhaushalte	1 045 143	–	1. 12. 1910[1]
– Mehrpersonenhaushalte	13 238 237	–	1. 12. 1910[1]
Lebendgeborene	926 813	+ 1,6	1918
Gestorbene	1 635 913	– 19,1	1918
Eheschließungen	352 543	+ 14,3	1918
Ehescheidungen	13 344[4]	+ 15,0	1918
Familienstand der Bevölkerung[2]			
– Ledige insgesamt	35 941 510	–	1. 12. 1916[1]
männlich	16 398 807	–	1. 12. 1916[1]
weiblich	19 542 703	–	1. 12. 1916[1]
– Verheiratete	21 023 944	–	1. 12. 1916[1]
– Verwitwete und Geschiedene	3 861 219	–	1. 12. 1916[1]
männlich	860 485	–	1. 12. 1916[1]
weiblich	3 000 734	–	1. 12. 1916[1]
Religionszugehörigkeit			
– Christen insgesamt	64 096 820	–	1. 12. 1910[1]
katholisch	23 821 453	–	1. 12. 1910[1]
evangelisch	39 991 421	–	1. 12. 1910[1]
sonstige	283 946	–	1. 12. 1910[1]
– Juden	615 021	–	1. 12. 1910[1]
– andere, ohne Konfession	214 152	–	1. 12. 1910[1]
Altersgruppen			
unter 5 Jahren	6 331 514	–	1. 12. 1916[1]
5 bis unter 10 Jahren	7 423 480	–	1. 12. 1916[1]
10 bis unter 15 Jahren	7 321 959	–	1. 12. 1916[1]
15 bis unter 20 Jahren	6 567 397	–	1. 12. 1916[1]
20 bis unter 30 Jahren	8 078 695	–	1. 12. 1916[1]
30 bis unter 40 Jahren	7 231 926	–	1. 12. 1916[1]
40 bis unter 50 Jahren	6 873 484	–	1. 12. 1916[1]
50 bis unter 60 Jahren	5 549 943	–	1. 12. 1916[1]
60 bis unter 70 Jahren	3 453 498	–	1. 12. 1916[1]
70 bis unter 80 Jahren	1 641 122	–	1. 12. 1916[1]
80 bis unter 90 Jahren	334 214	–	1. 12. 1916[1]
90 bis unter 100 Jahren	16 409	–	1. 12. 1916[1]
100 und darüber	170	–	1. 12. 1916[1]
unbekannt	93 047	–	1. 12. 1916[1]
Die zehn größten Städte			
– Berlin	1 681 916	–	5. 12. 1917[1]
– Hamburg	811 908	–	5. 12. 1917[1]
– Köln	551 221	–	5. 12. 1917[1]
– München	542 554	–	5. 12. 1917[1]
– Leipzig	512 787	–	5. 12. 1917[1]
– Dresden	470 490	–	5. 12. 1917[1]
– Breslau	445 145	–	5. 12. 1917[1]
– Düsseldorf	374 770	–	5. 12. 1917[1]
– Frankfurt am Main	363 148	–	5. 12. 1917[1]
– Nürnberg	303 696	–	5. 12. 1917[1]
Erwerbstätigkeit			
Erwerbstätige	21 830 549	–	1. 12. 1916[1]
– männlich	13 026 245	–	1. 12. 1916[1]
– weiblich	8 804 304	–	1. 12. 1916[1]
– nach Wirtschaftsbereichen			
Land- und Forstwirtschaft, Tierhaltung und Fischerei	5 514 549	–	1. 12. 1916[1]
Produzierendes Gewerbe	7 376 364	–	1. 12. 1916[1]
Handel und Verkehr	2 574 057	–	1. 12. 1916[1]
Häusliche Dienste	1 528 272	–	1. 12. 1916[1]
Militär und freie Berufe	3 900 529	–	1. 12. 1916[1]
sonstige	936 778	–	1. 12. 1916[1]
Ausländische Arbeitnehmer	428 863	–	1. 12. 1916[1]
Arbeitslose	87 205	–	1. 12. 1916[1]
Betriebe			
– Landwirtschaftliche Betriebe	5 736 082	–	1907[1]
– Industrie, einschließlich Bergbau und Baugewerbe	2 086 368	–	1907[1]
– Handel, Gastgewerbe, Reiseverkehr	83 931	–	1907[1]
Verkehr			
– Eisenbahnnetz (km)	60 554,5[4]	–	1918
Beförderte Personen	53 037 000	+ 6,2	1918
Beförderte Güter (1000 t)	387 021	–	1918
– Bestand an Kraftfahrzeugen	93 072[5]	+ 19,6	1. 1. 1914[1]
davon Pkw	83 333	+ 18,9	1. 1. 1914[1]
davon Lkw	9 739	+ 26,4	1. 1. 1914[1]
– Binnenschiffe zum Gütertransport (Tragfähigkeit in t)	7 394 657	–	1. 1. 1913[1]
Beförderte Güter (1000 t)	407 587	–	1917[1]
– Handelsschiffe/Seeschiffahrt (BRT)	5 238 937	–	1. 1. 1914[1]
Bildung			
– Schüler an Volksschulen	10 336 100	–	1911[1]
Mittelschulen	354 054	–	1911[1]
Höheren Schulen	664 156	–	1911[1]
– Studenten	84 401	+ 11,1	1918
Gesundheitswesen			
– Ärzte	30 558	–	1909[1]
– Zahnärzte	11 213	–	1909[1]
– Krankenhäuser	4 430	– 0,1	1918
Sozialleistungen			
– Mitglieder der gesetzlichen Krankenversicherung	14 432 040	+ 1,8	1918
– Rentenbestand Rentenversicherung der Arbeiter	1 800 407	+ 5,5	1918
Finanzen und Steuern			
– Gesamtausgaben des Staates (Mio. Mark)	48 058,767	– 9,8	1918
– Gesamteinnahmen des Staates (Mio. Mark)	48 058,767	+ 36,5	1918
– Schuldenlast des Staates (Mio. Mark)	102 997,974	+ 29,7	1918
Preise			
– Einzelhandelspreise ausgewählter Lebensmittel in Mark			
Butter, 1 kg	12,00	+ 100,0	1918[6]
Weizenmehl, 1 kg	0,64	– 28,1	1918[6]
Schweinefleisch, 1 kg	3,80	– 9,5	1918[6]

[1] Letzte verfügbare Angabe
[2] Ortsanwesende Bevölkerung
[3] Ohne Kriegsgefangene
[4] Ohne Elsaß-Lothringen
[5] Ohne Krafträder
[6] Oktober 1918 in Berlin

Erhebungsgegenstand	Wert	Vergleich Vorjahr (%)	Stand
Preise			
Rindfleisch, 1 kg	5,00	+ 19,0	1918[6]
Eier, 1 Stück	0,19	–	1917[7]
Kartoffeln, 1 kg	0,20	± 0	1918[6]
Vollmilch, 1 l	0,48	+ 4,3	1918[6]
Zucker, 1 kg	0,88	–	1918[6]

Erhebungsgegenstand	Bremen	Berlin	Breslau	Aachen	Stuttgart	München
Klimatische Verhältnisse						
– Mittlere Lufttemperatur						
Januar (°C)	2,1	0,5	1,3	3,5	1,7	0,9
Februar	3,3	1,7	1,4	4,6	2,7	1,6
März	4,6	4,4	4,2	5,6	6,0	5,1
April	9,2	11,4	12,7	8,2	9,9	9,7
Mai	14,5	15,3	14,4	14,6	15,6	14,7
Juni	13,5	13,9	14,8	13,2	15,1	13,4
Juli	17,0	17,7	17,8	16,7	18,5	17,5
August	16,2	16,2	17,3	16,8	18,0	16,8
September	13,0	13,4	15,4	13,4	14,9	14,5
Oktober	9,7	8,8	10,1	9,0	8,3	7,2
November	4,3	3,2	3,2	5,1	3,9	2,3
Dezember	5,2	3,8	2,5	6,1	5,3	4,1
– Niederschlagsmengen						
Januar (mm)	84	–	27	94	37	29
Februar	72	47	23	40	9	14
März	8	10	12	28	21	15
April	44	34	21	55	82	53
Mai	31	10	23	45	60	55
Juni	85	62	71	45	46	104
Juli	77	70	121	99	63	124
August	96	85	76	89	38	96
September	83	54	38	138	110	73
Oktober	36	37	62	118	30	35
November	16	13	19	46	36	33
Dezember	84	82	68	111	79	140

Österreich

Erhebungsgegenstand	Wert	Vergleich Vorjahr (%)	Stand
Fläche			
Fläche (km^2)	78 061	–74,0	1918
Bevölkerung			
Wohnbevölkerung	6 767 000	–	1913[1]
– männlich	3 283 565	–	1910[1]
– weiblich	3 362 419	–	1910[1]
Privathaushalte	1 391 230	–	1918
Lebendgeborene	87 775	–	1918
Gestorbene	164 736	+14,1	1918
Eheschließungen	40 892	+36,0	1918
Ehescheidungen	1 779	+58,0	1918
Familienstand der Bevölkerung[2]			
– Ledige insgesamt	17 050 231	–	1910[1]
männlich	8 701 431	–	1910[1]
weiblich	8 348 800	–	1910[1]
– Verheiratete	9 885 617	–	1910[1]
– Verwitwete und Geschiedene	1 634 952	–	1910[1]
männlich	428 339	–	1910[1]
weiblich	1 206 613	–	1910[1]
Religionszugehörigkeit[2]			
– Christen insgesamt	26 538 313	–	1910[1]
katholisch	25 949 627	–	1910[1]
evangelisch	588 686	–	1910[1]
sonstige	667 056	–	1910[1]
– Juden	1 313 687	–	1910[1]
– andere, ohne Konfession	52 869	–	1910[1]
Altersgruppen[2]			
unter 6 Jahren	4 199 464	–	1910[1]
6 bis 10 Jahre	3 293 336	–	1910[1]
11 bis 15 Jahre	3 056 698	–	1910[1]
16 bis 20 Jahre	2 645 602	–	1910[1]
21 bis 30 Jahre	4 395 812	–	1910[1]
31 bis 40 Jahre	3 631 950	–	1910[1]
41 bis 50 Jahre	2 950 765	–	1910[1]
51 bis 60 Jahre	2 253 077	–	1910[1]
61 bis 70 Jahre	1 430 724	–	1910[1]
71 bis 80 Jahre	604 226	–	1910[1]
81 bis 90 Jahre	103 615	–	1910[1]
91 und darüber	5 531	–	1910[1]
Die zehn größten Städte			
– Wien	2 031 498	–	1910[1]
– Graz	151 781	–	1910[1]
– Linz	87 769	–	1910[1]
– Innsbruck	53 194	–	1910[1]
– Salzburg	36 188	–	1910[1]
– Wiener Neustadt	32 874	–	1910[1]
– Klagenfurt	28 911	–	1910[1]
– Sankt Pölten	21 805	–	1910[1]
– Baden	20 632	–	1910[1]
– Villach	19 298	–	1910[1]
Erwerbstätigkeit			
Erwerbstätige[2]	16 020 405	–	1910[1]
– nach Wirtschaftsbereichen			
Land- und Forstwirtschaft, Tierhaltung und Fischerei	8 506 466	–	1910[1]
Produzierendes Gewerbe	3 627 816	–	1910[1]
Handel und Verkehr (inkl. Gast- und Schankwirtschaft)	1 576 623	–	1910[1]
Öffentlicher Dienst und Militärdienst, freie Berufe	2 309 500	–	1910[1]
Arbeitslose	46 203	–	1. 12. 1918
Betriebe			
– Bergbau	368	–	1915[1]
– Verarbeitendes Gewerbe	15 887	–	1915[1]
– Beherbergungsbetriebe	6 261	–	1915[1]
Außenhandel in Mio. Kronen (Mark)			
– Einfuhr	2 981 (2001)	–	1914[1]
– Ausfuhr	2245 (1507)	–	1914[1]
– Einfuhrüberschuß	736 (494)	–	1914[1]

1) Letzte verfügbare Angabe
2) Zahlen für das alte Staatsgebiet Österreich-Ungarn
6) Oktober 1918 in Berlin
7) Oktober 1917 in Berlin

Erhebungsgegenstand	Wert	Vergleich Vorjahr (%)	Stand
Verkehr			
– Straßennetz (km)	127110524	–	1916[1)]
– Handelsschiffe/Seeschiffahrt (Nettoregistertonnen)	442444	–	1912[1)]
Bildung			
– Schüler an Volks- und Bürgerschulen	913255	–	1918/19
Mädchenlyzeen	5122	+ 2,6	1918/19
Realschulen, Realgymnasien	9063	–	1918/19
Gymnasien	12916	– 5,0	1918/19
– Studenten	23587	+111,6	Winter 1918
Sozialleistungen			
– Mitglieder der gesetzlichen Krankenversicherung	785095	– 12,1	1918
Finanzen und Steuern			
– Gesamtausgaben des Staates[3)] in Mio. Kronen (Mio. Mark)	17357 (11655)	–	1914/15[1)]
– Gesamteinnahmen des Staates[3)] in Mio. Kronen (Mio. Mark)	16710 (11220)	–	1914/15[1)]
Preise			
– Einzelhandelspreise ausgewählter Lebensmittel in Kronen (Mark)[4)]			
Butter, 1 kg	12,35 (8,29)	+50,4	Juli 1918
Weizenmehl, 1 kg	1,60 (1,07)	+33,3	Juli 1918
Schweinefleisch, 1 kg	15,17 (10,19)	+88,0	Juli 1918
Rindfleisch, 1 kg	6,68 (4,48)	+14,4	Juli 1918
Eier, 1 Stück	0,60 (0,40)	+76,5	Juli 1918
Kartoffeln, 1 kg	0,67 (0,45)	+13,6	Juli 1918
Milch, 1 l	0,61 (0,41)	+38,6	Juli 1918
Zucker, 1 kg	1,53 (1,03)	+30,8	Juli 1918
Brot, 1 kg	0,58 (0,39)	+ 1,8	Juli 1918

1) Letzte verfügbare Angabe
2) Schätzung
3) Ordentliche und außerordentliche Etataufwendungen
4) Arithmetisches Mittel ausgewählter Großstädte

Schweiz

Erhebungsgegenstand	Wert	Vergleich Vorjahr (%)	Stand
Fläche			
Fläche (km^2)	41298,35	–	1918
Bevölkerung			
Wohnbevölkerung	3970482	+2,13	17. 1. 1918
– männlich	1845529	–	1910[1)]
– weiblich	1907764	–	1910[1)]
Einwohner je km^2	96,1	+2,07	1918
Ausländer	552011	–	1910[1)]
Privathaushalte	829009	–	1910[1)]
Lebendgeborene	72658	+ 0,8	1918
Gestorbene	75034	+40,1	1918
Eheschließungen	26117	+12,3	1918
Ehescheidungen	1699	+ 3,6	1918
Familienstand der Bevölkerung			
– Ledige insgesamt	2259951	–	1910[1)]
männlich	1146662	–	1910[1)]
weiblich	1113289	–	1910[1)]
– Verheiratete	1252876	–	1910[1)]
– Verwitwete und Geschiedene	240466	–	1910[1)]
männlich	70316	–	1910[1)]
weiblich	170150	–	1910[1)]
Religionszugehörigkeit			
– Christen insgesamt	3701352	–	1910[1)]
katholisch	1593538	–	1910[1)]
evangelisch	2107814	–	1910[1)]
– Juden	18462	–	1910[1)]
– andere, ohne Konfession	33479	–	1910[1)]
Altersgruppen			
unter 5 Jahren	403747	–	1910[1)]
5 bis unter 10 Jahren	394369	–	1910[1)]
10 bis unter 15 Jahren	375124	–	1910[1)]
15 bis unter 20 Jahren	365520	–	1910[1)]
20 bis unter 30 Jahren	619241	–	1910[1)]
30 bis unter 40 Jahren	547102	–	1910[1)]
40 bis unter 50 Jahren	422378	–	1910[1)]
50 bis unter 60 Jahren	293079	–	1910[1)]
60 bis unter 70 Jahren	210568	–	1910[1)]
70 bis unter 80 Jahren	101029	–	1910[1)]
80 und darüber	21136	–	1910[1)]
Die zehn größten Städte			
– Zürich	211850	+1,4	1918[2)]
– Genf	140000	+0,5	1918[2)]
– Basel	133640	–0,6	1918[2)]
– Bern	100770	+1,6	1918[2)]
– Lausanne	70600	+0,8	1918[2)]
– St. Gallen	69510	–1,2	1918[2)]
– Luzern	44700	+4,0	1918[2)]
– La Chaux-de-Fonds	39820	–0,3	1918[2)]
– Biel	32140	+3,0	1918[2)]
– Winterthur	26990	+0,9	1918[2)]
Erwerbstätigkeit			
Erwerbstätige	1783195	–	1910[1)]
– männlich	1178782	–	1910[1)]
– weiblich	604413	–	1910[1)]
– nach Wirtschaftsbereichen			
Land- und Forstwirtschaft, Tierhaltung und Fischerei	477118	–	1910[1)]
Industrie und Handwerk	644102	–	1910[1)]
Handel und Verkehr	208064	–	1910[1)]
sonstige	453911	–	1910[1)]
Ausländische Arbeitnehmer	296924	–	1910[1)]
Außenhandel			
– Einfuhr (Mio. sFr./Mio. Mark)	2401,463 (4130,516)	– 0,2	1918
– Ausfuhr (Mio. sFr./Mio. Mark)	1963,171 (3376,654)	–15,5	1918
– Einfuhrüberschuß (Mio. sFr./Mio. Mark)	438,292 (753,862)	–	1918

Statistische Zahlen 1918

Erhebungsgegenstand	Wert	Vergleich Vorjahr (%)	Stand
Verkehr			
– Eisenbahnnetz (km)	5771	+ 2,6	1918
Beförderte Personen (in 1000)	308815	+ 0,2	1918
Beförderte Güter (in 1000 t)	19667	– 4,8	1918
– Bestand an Kraftfahrzeugen	6292	–	1917[1]
davon Pkw	5076	–	1917[1]
davon Lkw	1216	–	1917[1]
– Binnenschiffe zum Personentransport (Tragfähigkeit in t)	5569	– 9,5	1918
Beförderte Güter (t)	23459	–29,1	1918
Bildung			
– Schüler an Primarschulen	555353	– 0,3	1918/19
Sekundar- und Mittelschulen	75846	–	1918
– Studenten	9650	–	1918
Gesundheitswesen			
– Ärzte	2652	–	1917
– Zahnärzte	490	–	1917
– Krankenhäuser	104	+42,5	1918
Sozialleistungen			
– Mitglieder der gesetzlichen Krankenversicherung	721452	+14,5	1918
Finanzen und Steuern			
– Gesamtausgaben des Bundes (Mio. sFr./Mio. Mark)	283,56 (487,72)	+19,9	1918
– Gesamteinnahmen des Bundes (Mio. sFr./Mio. Mark)	221,71 (381,34)	+19,4	1918
– Schuldenlast des Bundes (Mio. sFr./Mio. Mark)	3222,35 (5542,44)	+18,6	1918
Preise			
– Einzelhandelspreise ausgewählter Lebensmittel in sFr. (Mark)			
Butter, 1 kg	7,70 (13,24)	+20,1	1918
Vollmehl, 1 kg	0,84 (1,44)	± 0	1918
Schweinefleisch, 1 kg	8,53 (14,67)	+54,8	1918
Rindfleisch, 1 kg	4,72 (8,12)	+34,5	1918
Eier, 1 Stück	0,49 (0,84)	+53,1	1918
Kartoffeln, 1 kg	0,29 (0,50)	+38,1	1918
Vollmilch, 1 l	0,35 (0,60)	+ 9,3	1918
Zucker, 1 kg	1,39 (2,39)	+ 4,5	1918

[1] Letzte verfügbare Angabe

Erhebungsgegenstand	Zürich	Basel	Bern	Genf	Davos	Lugano
Klimatische Verhältnisse						
– Mittl. Lufttemperatur						
Januar (°C)	0,0	1,1	–1,3	1,0	–5,7	1,6
Februar	1,0	2,5	0,3	1,9	–5,4	4,3
März	4,7	5,4	3,5	4,8	–1,9	6,8
April	8,5	9,1	7,6	8,6	3,3	9,4
Mai	14,4	15,5	14,0	15,1	8,7	16,8
Juni	13,5	14,8	13,7	15,5	7,9	17,7
Juli	17,4	18,7	17,4	18,8	11,9	21,5
August	17,0	18,0	16,7	18,7	10,9	20,4
September	14,0	14,8	13,5	15,4	9,0	18,0
Oktober	7,3	8,0	6,6	8,2	2,6	10,7
November	3,5	4,5	3,0	5,3	–1,1	5,7
Dezember	3,8	5,2	2,9	4,4	–3,6	3,1
– Niederschlagsmengen						
Januar (mm)	62	40	46	51	34	49
Februar	33	16	26	10	37	11
März	49	33	55	47	38	180
April	63	92	83	106	54	297
Mai	42	33	44	17	18	142
Juni	170	66	162	155	113	178
Juli	78	41	29	65	77	157
August	80	52	66	33	105	164
September	176	135	238	180	130	217
Oktober	49	54	55	61	50	229
November	29	47	29	77	25	99
Dezember	180	69	139	154	248	32
– Sonnenscheindauer						
Januar (Std.)	75	97	85	62	114	133
Februar	84	128	115	120	140	205
März	180	177	188	221	172	171
April	85	80	74	133	112	57
Mai	232	247	250	305	198	236
Juni	220	239	237	290	158	238
Juli	255	272	277	341	205	275
August	226	266	251	320	195	282
September	143	135	143	177	158	186
Oktober	82	122	108	145	111	122
November	49	80	69	35	129	116
Dezember	36	48	53	45	72	99

Die Regierungen des Deutschen Reichs, Österreichs und der Schweiz 1918

Neben den Staatsoberhäuptern des Deutschen Reichs, Österreichs und der Schweiz sind in der Zusammenstellung die einzelnen Kabinette des Jahres 1918 in chronologischer Reihenfolge enthalten. Hinter den Namen der wichtigsten Regierungsmitglieder steht in Klammern der Zeitraum ihrer Tätigkeit.

Deutsches Reich

Staatsform:
Kaiserreich/Republik
Kaiser:
Wilhelm II. (1888–9. 11. 1918)

Reichskanzler:
Georg Graf von Hertling (1917–3. 10. 1918), Max Prinz von Baden (4. 10.–9. 11. 1918)
Vizekanzler:
Friedrich von Payer (1917–9. 11. 1918)
Auswärtiges:
Richard von Kühlmann (1917–9. 7. 1918), Paul von Hintze (9. 7.–3. 10. 1918), Wilhelm Solf (3. 10.–13. 12. 1918), Ulrich Graf von Brockdorff-Rantzau (20. 12. 1918–1919)
Inneres:
Max Wallraff (1917–6. 10. 1918), Karl Trimborn (6. 10.–9. 11. 1918), Hugo Preuß (15. 11. 1918–1919)
Reichsschatzamt:
Siegfried Graf Roedern (1916–14. 11. 1918), Eugen Schiffer (14. 11. 1918–1919)
Reichsjustizamt:
Paul von Krause (1917–1919)
Reichspostamt:
Otto Rüdlin (1917–1919)
Reichsmarineamt:
Eduard von Capelle (1916–7. 10. 1918), Paul Behncke (7. 10. bis November 1918), Ernst Ritter von Mann, Edler von Tiechler (November 1918 bis 1919)
Reichskolonialamt:
Wilhelm Solf (1911–13. 12. 1918)
Kriegsernährungsamt:
Wilhelm von Waldow (1917–8. 11. 1918), Emanuel Wurm (14. 11. 1918–1919)
Reichswirtschaftsamt:
Hans Karl Freiherr von Stein zu Nord- und Ostheim (1917–8. 11. 1918), August Müller (14. 11. 1918–1919)
Reichsarbeitsamt:
Gustav Bauer (4. 10. 1918–1919)
Rat der Volksbeauftragten (9./10. 11. 1918–1919):
Friedrich Ebert (Mehrheitssozialist), Philipp Scheidemann (Mehrheitssozialist), Otto Landsberg (Mehrheitssozialist), Hugo Haase (USPD; Volksbeauftragter nur bis 29. 12. 1918), Wilhelm Dittmann (USPD; Volksbeauftragter nur bis 29. 12. 1918), Emil Barth (USPD; Volksbeauftragter nur bis 29. 12. 1918), Gustav Noske (Mehrheitssozialist), Rudolf Wissell (Mehrheitssozialist)

Gekrönte Häupter und Regierungschefs der deutschen Länder

Anhalt:
Friedrich II., Herzog (1904–21. 4. 1918), Eduard, Herzog (21. 4.–13. 9. 1918), Joachim Ernst, Herzog (13. 9.–12. 11. 1918)
Freistaat:
Max Gutknecht, Ministerpräsident (8.–14. 11. 1918), Wolfgang Heine, Ministerpräsident (14. 11. 1918–1919)
Baden:
Friedrich II., Großherzog (1907–14./22. 11. 1918), Heinrich Freiherr von und zu Bodmann, Ministerpräsident (1917–14. 11. 1918)
Freistaat:
Anton Geiß (Mehrheitssozialist), Staats- und Ministerpräsident (14. 11. 1918–1920)
Bayern:
Ludwig III., König (1913–7./8. 11. 1918), Otto Ritter von Dandl, Ministerpräsident und Außenminister (1917–8. 11. 1918)
Freistaat:
Kurt Eisner (Mehrheitssozialist), Ministerpräsident und Außenminister (8. 11. 1918–1919)
Braunschweig:
Ernst August, Herzog (1913 bis November 1918)
Freistaat:
August Merges (USPD) als Leiter eines Rats der Volksbeauftragten (9. 11. 1918–1919)
Hessen:
Ernst Ludwig, Großherzog (1892 bis November 1918), Christian Wilhelm Karl von Ewald, Ministerpräsident (1906–11. 11. 1918)
Freistaat:
Karl Ulrich, Ministerpräsident (11. 11. 1918–1928)
Lippe:
Leopold IV., Fürst zur Lippe (1905–12. 11. 1918); Freistaat
Mecklenburg-Schwerin:
Friedrich Franz IV., Großherzog (1897–14. 11. 1918); Freistaat
Mecklenburg-Strelitz:
Adolf Friedrich VI., Großherzog (1914–24. 2. 1918); fällt durch Erbschaft am 24. 2. 1918 an Mecklenburg-Schwerin, Freistaat am 14. 11. 1918
Oldenburg:
August, Großherzog (1900 bis November 1918)
Freistaat:
Bernhard Kuhnt, Ministerpräsident (11. 11. 1918–1919)
Preußen:
Wilhelm II., König (1888–9. 11. 1918), Georg Graf von Hertling, Ministerpräsident und Außenminister (1917–3. 10. 1918), Max Prinz von Baden, Ministerpräsident und Außenminister (4. 10.–9. 11. 1918), Robert Friedberg, Vizepräsident (1917–9. 11. 1918), Bill Drews, Minister des Innern (1917–9. 11. 1918)
Freistaat:
Paul Hirsch (Mehrheitssozialist), Ministerpräsident (11. 11. 1918–1920) und Innenminister (11. 11. 1918–1919), Heinrich Ströbel, (USPD), Ministerpräsident (11. 11. 1918–1919), Eugen Ernst (SPD), Innenminister (11. 11. 1918–1919), Rudolf Breitscheid (USPD), Innenminister (16. 11. 1918–1919), Albert Südekum (Mehrheitssozialist), Großberliner Polizeipräsident (16. 11. 1918–1919), Otto Braun (Mehrheitssozialist), Landwirtschaftsminister (11. 11. 1918–1921)
Reuß ältere Linie:
Heinrich XXIV., Fürst (1902–11. 11. 1918); Freistaat
Reuß jüngere Linie
Heinrich XXVII., Fürst (1913–11. 11. 1918); Freistaat
Sachsen:
Friedrich August III., König (1904–13. 11. 1918), Heinrich Beck, Ministerpräsident (1914–26. 10. 1918) und Kultusminister (1910–26. 10. 1918), Rudolf Heinze, Ministerpräsident und Justizminister (26. 10.–13. 11. 1918)
Freistaat:
Richard Lipinski (USPD), Ministerpräsident, Außen- und Innenminister (15. 11. 1918–1919)
Sachsen-Altenburg:
Ernst II., Herzog (1908–13. 11. 1918); Freistaat
Sachsen-Coburg-Gotha:
Karl Eduard, Herzog (1900 bis November 1918); Freistaat
Sachsen-Meiningen:
Bernhard III., Herzog (1914–10. 11. 1918); Freistaat
Sachsen-Weimar:
Wilhelm Ernst, Großherzog (1901 bis November 1918)
Schwarzburg-Rudolstadt:
Günther, Fürst (1890–22./25. 11. 1918); nach der Proklamation des Freistaats Schwarzburg-Rudolstadt konstituiert sich auch das seit 1909 in Personalunion verbundene Schwarzburg-Sondershausen als Freistaat
Waldeck und Pyrmont:
Friedrich, Fürst (1893–13. 11. 1918); Freistaat
Württemberg:
Wilhelm II., König (1891–29. 11. 1918), Karl Freiherr von Weizsäcker, Ministerpräsident und Außenminister (1906–6. 11. 1918), Theodor Liesching, Ministerpräsident, Außen- und Justizminister (6.–9. 11. 1918)
Freistaat:
Wilhelm Blos (Mehrheitssozialist), Ministerpräsident und Außenminister (11. 11. 1918–1920)

Österreich

Staatsform:
Kaiserreich/Republik
Kaiser:
Karl I. (1916–11. 11. 1918)

Österreichisch-ungarische Minister (Kaiserreich):

Minister des Kaiserlichen und des Königlichen Hauses und des Äußeren:
Ottokar Graf Czernin von und zu Chudenitz (1916–16. 4. 1918), Stephan Freiherr bzw. Graf Burián von Rajecz (1915–1916, 16. 4.–24. 10. 1918), Julius Graf Andrássy von Csíkszentkirály und Krasznahorka (24. 10.–2. 11. 1918), Ludwig Freiherr von Flotow (2.–11. 11. 1918)
Finanzminister:
Stephan Freiherr bzw. Graf Burián von Rajecz (1903–1912, 1916–16. 4. 1918), Alexander Bernhard Freiherr Spitzmüller von Harmersbach (16. 4.–4. 11. 1918), Paul Freiherr von Kuh-Chrobak (4.–11. 11. 1918)
Kriegsminister:
Rudolf Stöger-Steiner Edler von Steinstätten (1917 bis November 1918)
Chef der Marinesektion:
Maximilian Njegovan (1917–27. 2. 1918), Franz von Holub (27. 2. 1918 bis Januar 1919)

Landeschef von Bosnien-Herzegowina:
Stefan Freiherr Sarkotić (1914–1918)

Österreichische Minister (Kaiserreich):

Kabinett Seidler von Feuchtenegg (1917–25. 7. 1918):
Ministerpräsident:
Ernst Ritter Seidler von Feuchtenegg (1917–25. 7. 1918)
Inneres:
Friedrich Graf Toggenburg (1917–11. 6. 1918), Edmund Ritter von Gayer (11. 6.–11. 11. 1918)
Kultus und Unterricht:
Ludvig Alexis Cwikiński (1917–25. 7. 1918)
Justiz:
Hugo Ritter von Schauer (1917–27. 10. 1918)
Finanzen:
Ferdinand Freiherr von Wimmer (1917–27. 10. 1918)
Handel:
Friedrich Freiherr von Wieser (1917–11. 11. 1918)
Öffentliche Arbeiten:
Friedrich Freiherr von Wieser (1917–22. 7. 1918)
Eisenbahnen:
Karl Freiherr von Banhans (1917–11. 11. 1918)
Ackerbau:
Ernst Graf Silva Tarouca (1917–11. 11. 1918)
Landesverteidigung:
Karl Freiherr Czapp von Birkenstetten (1917–27. 7. 1918)
Staatsminister für Galizien:
Julius Twardowski-Skrzypna (1917–25. 7. 1918)
Volksernährung:
Anton Höfer (1917–26. 2. 1918), Ludwig Paul (26. 2.–11. 11. 1918)
Soziale Fürsorge:
Viktor Mataja (1917–27. 10. 1918)
Ohne Geschäftsbereich:
Ivan Ritter von Zolger (1917–26. 5. 1918)
Volksgesundheit:
Ivan Horbačevský (1917–11. 11. 1918)

Kabinett Hussarek von Heinlein (25. 7.–27. 10. 1918):
Ministerpräsident:
Max Freiherr Hussarek von Heinlein (25. 7.–27. 10. 1918)
Inneres:
Edmund Ritter von Gayer (11. 6.–11. 11. 1918)
Kultus und Unterricht:
Georg Ritter von Madeyski-Poray (25. 7.–27. 10. 1918)
Justiz:
Hugo Ritter von Schauer (1917–27. 10. 1918)
Finanzen:
Ferdinand Freiherr von Wimmer (1917–27. 10. 1918)
Handel:
Friedrich Freiherr von Wieser (1917–11. 11. 1918)
Öffentliche Arbeiten:
Emil Ritter Homann von Herimberg (1917, 25. 7.–11. 11. 1918)
Eisenbahnen:
Karl Freiherr von Banhans (1917–11. 11. 1918)

Ackerbau:
Ernst Graf Silva Tarouca (1917–11. 11. 1918)
Landesverteidigung:
Karl Freiherr Czapp von Birkenstetten (1917–27. 10. 1918)
Staatsminister für Galizien:
Kasimir Ritter von Galecki (25. 7.–11. 11. 1918)
Volksernährung:
Ludwig Paul (26. 2.–11. 11. 1918)
Soziale Fürsorge:
Viktor Mataja (1917–27. 10. 1918)
Volksgesundheit:
Ivan Horbačevšky (1917–11. 11. 1918)

Kabinett Lammasch (27. 10.–11. 11. 1918):
Ministerpräsident:
Heinrich Lammasch (27. 10.–11. 11. 1918)
Inneres:
Edmund Ritter von Gayer (11. 6.–11. 11. 1918)
Kultus und Unterricht:
Richard Edler von Hampe (27. 10.–11. 11. 1918)
Justiz:
Paul von Vitorelli (27. 10.–11. 11. 1918)
Finanzen:
Josef Redlich (27. 10.–11. 11. 1918)
Handel:
Friedrich Freiherr von Wieser (1917–11. 11. 1918)
Öffentliche Arbeiten:
Emil Ritter Homann von Herimberg (1917, 25. 7.–11. 11. 1918)
Eisenbahnen:
Karl Freiherr von Banhans (1917–11. 11. 1918)
Ackerbau:
Ernst Graf Silva Tarouca (1917–11. 11. 1918)
Landesverteidigung (beauftragt):
Friedrich Freiherr Lehne von Lehnsheim (27. 10.–11. 11. 1918)
Staatsminister für Galizien:
Kasimir Ritter von Galecki (25. 7.–11. 11. 1918)
Volksernährung:
Ludwig Paul (26. 2.–11. 11. 1918)
Soziale Fürsorge:
Ignaz Seipel (27. 10.–11. 11. 1918)
Volksgesundheit:
Ivan Horbačevšky (1917–11. 11. 1918)

Republik Deutsch-Österreich

1. Kabinett Renner (30. 10. 1918–1919):
Staatskanzler:
Karl Renner (SPÖ; 30. 10. 1918–1920, 1945)
Äußeres:
Victor Adler (SPÖ; 30. 10.–11. 11. 1918), Otto Bauer (SPÖ; 21. 11. 1918–1919)
Inneres:
Heinrich Mataja (Christlichsozial; 30. 10. 1918–1919)
Unterricht:
Rafael Pacher (Deutschnational; 30. 10. 1918–1919)
Justiz:
Julius Roller (Deutschnational; 30. 10. 1918–1919)
Finanzen:
Otto Steinwender (Deutschnational; 30. 10. 1918–1919)
Handel und Industrie:
Karl Urban (Deutschnational; 1916/17, 30. 10. 1918–1919)
Öffentliche Arbeiten:
Johann Zerdik (Christlichsozial; 30. 10. 1918–1919)
Landwirtschaft:
Josef Stöckler (Christlichsozial; 30. 10. 1918–1920)
Heerwesen:
Josef Mayer (30. 10. 1918–1919)
Volksernährung:
Hans Löwenfeld-Ruß (30. 10. 1918–1920)
Verkehrswesen:
Karl Jukel (Christlichsozial; 30. 10. 1918–1919)
Gesundheit:
Ignaz Kaup (30. 10. 1918–1919)
Fürsorge:
Ferdinand Hanusch (SPÖ; 30. 10. 1918–1919)

Schweiz

Staatsform:
Republikanischer Bundesstaat
Bundespräsident:
Felix Calonder (freisinnig)

Politisches Departement (Äußeres):
Felix Calonder (freisinnig; 1913–1919)
Inneres:
Gustave Ador (freisinnig; 1917–1919)
Justiz und Polizei:
Eduard Müller (freisinnig; 1911–1919)
Finanzen und Zölle:
Giuseppe Motta (katholisch-konservativ; 1911–1919)
Militär:
Camille Decoppet (freisinnig; 1912–1919)
Volkswirtschaft:
Edmund Schultheß (freisinnig; 1912–1935)
Post und Eisenbahn:
Robert Haab (freisinnig; 1918–1929)

Staatsoberhäupter und Regierungen ausgewählter Länder 1918

Die Einträge zu den wichtigsten Ländern des Jahres 1918 informieren über die Staatsform (hinter dem Ländernamen), Titel und Namen des Staatsoberhaupts sowie in Klammern dessen Regierungszeit. Es folgen – soweit vorhanden – die Regierungschefs, bei wichtigeren Ländern auch die Außenminister des Jahres 1918; jeweils in Klammern stehen die Zeiträume der Amtsausübung. Eine Kurzdarstellung gibt – wo es sinnvoll erscheint – einen Einblick in die innen- und außenpolitische Situation des Landes. Über bewaffnete Konflikte und Unruhegebiete, auf die hier nicht näher eingegangen wird, informiert der Anhang »Kriege und Krisenherde des Jahres 1918« gesondert.

Abessinien: Kaiserreich
Kaiserin: Zäuditu (1916–1928)
Regent und Thronfolger: Täfäri Mäkwännen (1916–1928, danach König 1928–1930 und Kaiser 1930–1974 als Haile Selassie I.)

Afghanistan: Emirat
Emir: Habib Ullah Khan (1901–1919)
Seit 1879 erkennt das Land die britische Oberhoheit über seine Außenpolitik an. Während des Weltkriegs wahrt es Neutralität.

Ägypten: Sultanat
Seit Ausbruch des Weltkriegs britisches Protektorat unter Aufhebung der osmanischen Oberhoheit.
Britischer Oberkommissar: Reginald Wingate (1916–1919)
Sultan: Fuad I. (1917–1922, danach König 1922–1936)

Albanien: Republik
Während des Weltkriegs von Italien und Österreich besetzt. Die Integrität des Landes wird 1919 wiederhergestellt.
Staatspräsident: Turchan Pascha (25. 12. 1918–1924)

Algerien
Politisch und wirtschaftlich dem Mutterland angegliedertes französisches Generalgouvernement.
Generalgouverneur: Charles Lutaud (1911–1918)

Annam: Königreich
De facto französisches Protektorat
König: Khwai Dinh (1916–1925)

Argentinien: Bundesrepublik
Präsident: Hipólito Irigoyen (1916–1922, 1928–1930)

Aserbaidschan:
Nationale Republik ab 26. 5. 1918
Präsident des Nationalrats: Mehmet Emin Resul-zade (28. 5. 1918–1920)
Ministerpräsident: Fath Ali Chan Cho'i (28. 5.–1919)
Am 14. 2. bildet Aserbaidschan zusammen mit Armenien (am 22. 4. erweitert durch Georgien) die »Unabhängige, Demokratische und Föderative Republik Transkaukasien«. Am 26. 5. zerfällt dieses Staatsgebilde, Aserbaidschan wird selbständig.

Äthiopien: Siehe Abessinien

Australien:
Bundesstaat im Britischen Empire
Ministerpräsident: William Morris Hughes (1915–1923)
Britischer Generalgouverneur: Ronald Craufurd Munro-Ferguson (1914–1920)
Während des Weltkriegs baut Australien, das Großbritannien mit Truppen und Hilfslieferungen unterstützt und die deutschen Kolonialtruppen im pazifischen Raum bekämpft, eine leistungsfähige eigene Industrie auf.

Belgien: Königreich
König: Albert I. (1909–1934)
Ministerpräsident: Charles Graf Broqueville (1911–3. 6. 1918, 1932–1934), Gerhard Cooreman (3. 6.–21. 11. 1918), Léon Delacroix (22. 11. 1918–1920)
Außenminister: Charles Graf Broqueville (1917 bis Januar 1918), Paul Hymans (Januar 1918 bis 1920, 1924/25, 1927–1934)
Der größte Teil des Landes untersteht während des Weltkriegs der deutschen Militärverwaltung, die den wallonischen gegen den flämischen Bevölkerungsteil auszuspielen versucht. Der Widerstand der Bevölkerung richtet sich gegen Zwangsrekrutierungen, Demontage von Industriebetrieben u. a. Die belgische Regierung hat ihren Sitz auf französischem Territorium; der König hält sich bei seinen im Westen des Landes kämpfenden Truppen auf.

Bhutan: Königreich
König: Ugyen Wangchuk (1907–1926)
Das Land erkennt die britisch-indische Vormacht an, regelt seine inneren Angelegenheiten jedoch selbständig.

Birma:
Das Land wurde 1886 von Großbritannien annektiert und wird als Provinz von Britisch-Indien verwaltet.

Bolivien: Republik
Präsident: José N. Gutiérrez Guerra (1917–1920)
Bolivien hat die diplomatischen Beziehungen zum Deutschen Reich abgebrochen, jedoch nicht den Krieg erklärt.

Brasilien: Bundesrepublik
Präsident: Wenceslao Braz Pereira Gomes (1914–15. 11. 1918), Francisco de Paula Rodrigues Alves (15. 11. 1918–1919; tritt sein Amt wegen Krankheit nicht an), Delfin Moreira da Costa Ribeiro (15. 11. 1918–1919)
Brasilien ist 1917 auf der Seite der Alliierten in den Weltkrieg eingetreten. – Da die europäischen Länder während des Weltkriegs keine Fertigware mehr liefern können, beginnt Brasilien mit dem Aufbau einer eigenen Industrie.

Bulgarien: Königreich
König bzw. Zar: Ferdinand I. (1887–3. 10. 1918, Abdankung), Boris III. (3. 10. 1918–1943)
Ministerpräsident: Wasil Radoslawow (1886/87, 1913–16. 6. 1918), Theodor Tódorow (28. 11. 1918–1919)
Bulgarien hat sich 1915 den Mittelmächten angeschlossen.

Chile: Republik
Präsident: Juan Luis Sanfuentes Andonaegui (1915–1920)
Chile bleibt im Weltkrieg neutral.

China: Republik
Präsident: Feng Kuo-chang (1917–4. 9. 1918), Hsü Shih-ch'ang (4. 9. 1918–1922)
China ist zersplittert in Machtbereiche regionaler Militärcliquen. – Während des Weltkriegs nutzt China die Schwäche Rußlands aus und besetzt die Äußere Mongolei.

Costa Rica: Republik
Präsident: Federico Tinoco Granados (1917–1919)
Das Land gerät politisch und wirtschaftlich immer mehr unter den Einfluß der USA. Tinoco Granados, der durch einen Militärputsch an die Macht gekommen ist, wird von den USA nicht anerkannt.

Dänemark: Königreich
König: Christian X. (1912–1947)
Ministerpräsident: Carl Theodor Zahle (1909/10, 1913–1920)
Das Land organisiert während des Weltkriegs seine Verteidigung entsprechend der bewaffneten Neutralität.

Dominikanische Republik:
1916–1924 von den USA besetztes Land. Die Regierungsgewalt liegt bei einem US-amerikanischen Militärgouverneur (Präsident: Frederico Henríquez y Carvajal; 1916–1922).
Erhebungen gegen die Besatzungsmacht werden niedergeschlagen.

Ecuador: Republik
Präsident: Alfredo Baquerizo Moreno (1916–1920)

El Salvador: Republik
Präsident: Carlos Meléndez (1913/14, 1915–1919)

Estland: Republik
Unabhängiger Staat ab 24. 2. 1918
Staatspräsident und Ministerpräsident: Konstantin Päts (24. 2. 1918–1919, 1921/22, 1923/24, 1931/32, 1932/33, 1933–1938, Staatspräsident 1938–1940)

Finnland: Unabhängiger Staat
Ab 1919 Republik
Reichsverweser: Pehr Evind Svinhufvud (1917 bis Dezember 1918; Staatspräsident 1931–1937)
Erwählter König: Prinz Friedrich Karl von Hessen (24. 10.–29. 12. 1918)
Reichsverweser: Karl Gustaf Emil Freiherr von Mannerheim (12. 12. 1918–1919)
Ministerpräsident: Oskar Tokoi (1917–27. 5. 1918), Juho Kusti Paasikivi (27. 5.–27. 11. 1918), Lauri Ingman (27. 11. 1918–1919)

Frankreich: Republik
Präsident: Raimond Poincaré (1913–1920)
2. Kabinett Clemenceau, 17. 11. 1917 bis 1920:
Ministerpräsident: Georges Clemenceau (1906–1909, 1917–1920)
Außenminister: Stéphan Pichon (1906–1911, 1913, 1917–1920)

Georgien: Republik ab 26. 5. 1918
Staatspräsident: Noe Zordania (Mai 1918 bis 1921)
Am 22. 4. wird Georgien Bestandteil der »Unabhängigen, Demokratischen und Föderativen Republik Transkaukasien«, der auch Aserbaidschan und Armenien angehören und die am 26. 5. wieder zerfällt.

Griechenland: Königreich
König: Alexander (1917–1920)
Ministerpräsident: Eleftherios Weniselos (1910–1915, 1917–1920)
Außenminister: Nikolaus Politis (1917–1920)

Großbritannien: Königreich
König: Georg V. (1910–1936)
1. Kabinett Lloyd George (liberal), 1916 bis 1919:
Premierminister: David Lloyd George (1916–1922)
Außenminister: Arthur James Balfour (1916–1922)
Schatzkanzler: Andrew Bonar Law (1916–1919)
Seesperrenminister: Edgar Algernon, Robert Cecil (1916–19. 8. 1918), Laming Worthington-Evans (19. 8. 1918–1919)
Kolonialminister: Walter Hume (1916–1919)
Staatssekretär für Indien: Joseph Austen Chamberlain (1916–1919)
Vorsitzender des Geheimen Rats: George Nathaniel Curzon (1916–1919)
Vom Vertrauen der All-Parteien-Koalition, die sich am Beginn des Ersten Weltkriegs gebildet hat, bleibt das Bestehen der diktatorischen Machtstellung von Premierminister Lloyd George abhängig.

Guatemala: Diktatur
Präsident: Manuel Estrada Cabrera (1898–1920)

Haiti: Von den USA besetzte Republik
Präsident: Philippe Sudre Dartiguenave (1915–1922)
Seit 1915 ist Haiti von den USA besetzt (bis 1934), die das politische Geschehen, die Finanzen und die Zölle kontrollieren. Der Präsident ist mit Hilfe der USA an die Macht gekommen.

Honduras: Republik
Präsident: Francisco Bertrand (1913–1919)
Honduras ist eine der wichtigsten Wirtschaftsprovinzen des US-Bananentrusts United Fruit Company.

Indien (Britisch-Indien):
Britisches Vizekönigreich
Vizekönig: Frederick John Napier Thesiger Viscount Chelmsford (1916–1921)

Indochinesische Union:
Französisches Protektorat
Generalgouverneur: Albert Sarraut (1917–1919)
Die Indochinesische Union ist ein französisches Protektorat, bestehend aus den 1887 vereinigten französischen Protektoraten Annam, Tonkin und Kambodscha, der Kolonie Kotschinchina und ab 1893 auch Laos.

Irak: Von Großbritannien besetzt
Irak war bis 1914 Teil des Osmanischen Reichs, wurde 1914 von britischen Truppen besetzt und wird 1921 Königreich.

Iran: Siehe Persien (»Iran« ab 1934)

Irland: Teil von Großbritannien
Irland ist seit 1801 dem Vereinigten Königreich von Großbritannien und Irland eingegliedert; Freistaat ab 1921.

Island: Unter dänischer Herrschaft
Unabhängig 30. November 1918
Ministerpräsident: Jon Magnússon (1917–1922)
Island untersteht seit 1397 der dänischen Herrschaft, seit 1874 mit beschränkter Selbstverwaltung; unabhängiger Staat ab 30. November 1918 in Personalunion mit Dänemark (bis 1944).

Italien: Königreich
König: Viktor Emanuel III. (1900–1946)
1. Kabinett Orlando, 1917–1919:
Ministerpräsident: Vittorio Emanuele Orlando (1917–1919)
Außenminister: Giorgio Sidney Baron Sonnino (1914–1919)

Japan: Kaiserreich
Kaiser: Joschihito (1912–1926)
Ministerpräsident: Seiki Terauchi (1916–22. 9. 1918), Takaschi Hara (22. 9. 1918–1921)
Außenminister: Yasuya (ab 1920: Graf) Uchida (30. 9. 1918–1923)
Als Verbündeter Großbritanniens erweitert Japan während des Weltkriegs seine Außenmärkte. – Nach dem Rücktritt von Seiki Terauchi bildet Takaschi Hara, der Vorsitzende der Konstitutionellen Partei, am 30. September 1918 das erste Einparteienkabinett Japans. Von nun an wird der Anspruch auf Regierungsbildung, den der Führer der Mehrheitspartei im Reichstag vertritt, anerkannt.

Jemen: Imamat
Königreich ab 30. Oktober 1918
Imam: Hamid Ad Din Jahja (seit 1904, König 30. 10. 1918–1948)

Jordanien:
Jordanien ist ein Teil des Osmanischen Reichs; Emirat Trans-Jordanien ab 1921 bzw. 1923.

Jugoslawien:
Teil des Osmanischen Reichs, Österreich-Ungarns/Königreich
König: Peter I. Karadordević (1903–1921, bis 1918 König von Serbien)
Ministerpräsident: Nikola Pašić (Ministerpräsident von Serbien: 1891/92, 1904/05, 1906–1908, 1909–1911, 1912–1918, davon 1915–1918 im Exil; Ministerpräsident des Königreichs der Serben, Kroaten und Slowenen 30. 11.–20. 12. 1918, 1921–1924, 1924–1926), Stojan Protić (20. 12. 1918–1919)
Außenminister: Ante Trumbić (29. 12. 1918–1920)
Das Land ist 1915/16 bis 1918 von den Mittelmächten besetzt. Jugoslawien ist Teil des Osmanischen Reichs und Österreich-Ungarns, ab 1. Dezember 1918 ist es als »Königreich der Serben, Kroaten und Slowenen« selbständig (Name »Jugoslawien« erst ab 1929). Siehe auch Kroatien, Montenegro, Serbien.

Kambodscha: Königreich
Zur Indochinesischen Union gehörendes französisches Protektorat.
König: Sisovath (1904–1927)

Kanada: Bundesstaat
Britisches Dominion
Premier- und Außenminister: Robert Laird Borden (1911–1920)
Britischer Generalgouverneur: Victor Cavendish Herzog von Devonshire (1916–1921)
Kanada beteiligt sich als britisches Dominion auf seiten der Alliierten am Ersten Weltkrieg.

Kirchenstaat: Siehe Päpste

Kolumbien: Republik
Präsident: José Vicente Concha (1914–7. 8. 1918), Marco Fidel Suarez (7. 8. 1918–1921)

Korea:
Japanisches Generalgouvernement Chosen (1910–1945)
Generalgouverneur: Yoshimicho Graf Hasegawa (1916–1919)

Kroatien:
Österreichisch-Ungarisches Kronland
Ab 1. 12. 1918 Teil des Königreichs der Serben, Kroaten und Slowenen (siehe unter Jugoslawien)
Ungarischer Statthalter: Anton von Mihalović (1917–29. 10. 1918)

Kuba: Republik
Präsident: Mario García Menocal (1913–1921)
Das Land ist wirtschaftlich (Zucker, Tabak) und politisch völlig abhängig von den USA, die sich seit der Räumung der Insel 1902 auch das Interventionsrecht vorbehalten haben.

Laos: Königreich
Seit 1893 zur Indochinesischen Union gehörendes französisches Protektorat.
König: Sisavong Vong (1904–1959)

Lettland: Unabhängig 18. 11. 1918
Staatspräsident: Karlis Ulmanis (18. 11. 1918–1919, 1936–1940)
Ministerpräsident: Karlis Ulmanis (1918/19, 1919, 1925/26, 1931, 1934, 1934–1940)

Libanon: Teil des Osmanischen Reichs
Seit 1864 ist das Gebiet um Beirut autonom und untersteht einem christlichen Gouverneur. 1918 wird der Libanon französisches Völkerbundsmandat.

Liberia: Republik
Präsident: Daniel Howard (1916–1920)

Liechtenstein: Fürstentum
Fürst: Johann II. (1858–1929)

Litauen: Unabhängig ab 16. 2. 1918
Im Juli 1918 wird Litauen Monarchie; ab 2. 11. 1918 ist es Freistaat
Erwählter König: Wilhelm Herzog von Urach (Juli bis November 1918)
Ministerpräsident: Augustin Voldemaras (November 1918, 1926–1929), Nikolaus Slezevicius (27. 12. 1918–1919)

Luxemburg: Großherzogtum
Großherzogin: Marie Adelheid (1912–1919)
Ministerpräsident und Außenminister: Emil Reuter (27. 9. 1918–1925)
Während des Ersten Weltkriegs bleibt die Regierung des trotz seiner Neutralität von deutschen Truppen besetzten Landes im Amt.

Marokko: Sultanat
Französisches Protektorat
Sultan: Jusuf (1912–1927)
Französischer Generalresident: Louis Hubert Lyautey (1912–1925)

Mexiko: Bundesrepublik
Präsident: Venustiano Carranza (1915–1920)

Monaco: Fürstentum
Fürst: Albert (1889–1922)

Montenegro: Königreich
Ab 1. 12. 1918 Teil des Königreichs der Serben, Kroaten und Slowenen (siehe unter Jugoslawien).
König: Nikolaus I. (Nikola I.) Petrović Njegos (König 1910–29. 11./15. 12. 1918, davor Fürst 1860–1910)

Nepal: Königreich
König: Tribhuwan Bir Bikram Schah (1911–1950, 1952/53)
Ministerpräsident: Maharadscha Sri Tschandra Schah Rana (1901–1929)

Neuseeland:
Dominion im Commonwealth
Premierminister: William Ferguson Massey (1912–1925)
Neuseeländische Truppen kämpfen während des Ersten Weltkriegs auf der Seite der Alliierten (Besetzung des deutschen Schutzgebiets Samoa). Am 7. 5. 1919 erhält Neuseeland für Samoa ein Völkerbundsmandat.

Nicaragua: Republik
Präsident: Emiliano Chamorro Vargas (1917–1920, 1926)
1912 sind US-Marinetruppen in Nicaragua gelandet, die bis 1933 in dem mittelamerikanischen Land bleiben.

Niederlande: Königreich
Königin: Wilhelmina (1890–1948)
Kabinettsbilder: Pieter Wilhelm Adriaan Cort van der Linden (liberal; 1913–3. 7. 1918), Charles Joseph Maria Ruys de Beerenbrouck (katholisch; 9. 9. 1918–1925, 1929–1933)
Außenminister: John Loundon (1913–3. 7. 1918), Herman Adriaan van Karnebeeck (9. 9. 1918–1927)
Während des Weltkriegs bleiben die Niederlande wie die Schweiz und Skandinavien neutral.

Norwegen: Königreich
König: Håkon VII. (1905–1957)
Ministerpräsident: Gunnar Knudsen (1908–1910, 1913–1919)
Im Weltkrieg bewahrt Norwegen wie die beiden anderen skandinavischen Länder trotz britischen Drucks Neutralität.

Osmanisches Reich: Sultanat
Sultan: Muhammad V. (1909–3. 7. 1918), Muhammad VI. (3. 7. 1918–1922)
Großwesir: Mehmet Talat Pascha (1917 bis Oktober 1918), Ahmad Issed Pascha (Oktober/November 1918), Ahmad Taufik Pascha (1909, November 1918 bis 1919, 1920–1922)
Kriegsminister: Enwer Pascha (1914–1918)
Der Waffenstillstand von Mudros am 30. 10. bedeutet faktisch das Ende des Osmanischen Reichs.

Panama: Republik
Unter faktischem Protektorat der USA
Präsident: Ramón Valdes (1916 bis Juni 1918), Ciro L. Urriola (4. 6.–12. 10. 1918), Belisario Porras (1912–1916, 12. 10. 1918–1924)
Die Verfassung von 1904 sieht das Interventionsrecht der USA vor, die davon mehrmals Gebrauch machen (1908, 1912, 1918).

Papst: Benedikt XV. (1914–1922)
Kardinalstaatssekretär: Kardinal Pietro Gasparri (1914–1930)
Der frühere Kirchenstaat ist seit 1870 dem italienischen Nationalstaat eingegliedert. Erst 1929 wird durch die Lateranverträge der autonome Stadtstaat Vatikanstadt geschaffen.

Paraguay: Republik
Präsident: Manuel Franco (1916–1919)

Persien: Kaiserreich
Kaiser/Schah: Ahmad Schah (1909–1925)
Trotz formeller Neutralität ist Persien während des Ersten Weltkriegs von osmanischen, britischen und russischen Truppen besetzt.

Peru: Republik
Präsident: José Pardo y Barreda (1904–1908, 1915–1919)

Philippinen: Gouvernement der USA
Generalgouverneur: Francis Burton Harrison (1913–1921)
Durch die 1916 vom US-Kongreß verabschiedete Jones-Akte ist den Philippinen die staatliche Unabhängigkeit in Aussicht gestellt worden, sobald eine stabile Regierung gebildet sei (realisiert erst 1946).

Polen: Republik
Unabhängig ab 14. 11. 1918
Staatspräsident: Józef Klemens Pilsudski (14. 11. 1918–1922)
Ministerpräsident: Ignacy Daszyński (14.–18. 11. 1918), Jedrzej Moraczewski (18. 11. 1918–1919)
Außenminister: Leo Wasilewski (18.–30. 11. 1918), Marian Seyda (30. 11. 1918–1919)

Portugal: Republik/Diktatur
Staatspräsident: Bernardino Luis Machado Guimarães (1915–28. 4. 1918)
Staatspräsident/Diktator: Sidónio Pais (28. 4.–14. 12. 1918) und Ministerpräsident (1917–14. 12. 1918)
Staatspräsident (vorläufig): João do Canto e Castro (16. 12. 1918–1919)
Ministerpräsident: João Tamagnini Barbosa (23. 12. 1918–1919)
Außenminister (vorläufig): João Alberto Pereira de Azevedo Neves (23. 12. 1918–1919)

Rumänien: Königreich
König: Ferdinand I. (1914–1927)
Ministerpräsident: Ion C. Brătianu (1909/10/11, 1914–9. 2. 1918, 19. 12. 1918–1919, 1922–1926, 1927), Alexandru Avărexcu (9. 2.–14. 3. 1918, 1920/21, 1926/27), Alexandru Marghiloman (19. 3.–10. 11. 1918), Coandă (10. 11.–19. 12. 1918)
Außenminister: Ion C. Brătianu (18. 12. 1918–1919, 1927)
Das Königreich Rumänien ist von 1916 bis zum Ende des Weltkriegs von den Mittelmächten besetzt.

Rußland: Republik
Unter Sowjetherrschaft
Vorsitzender des Allrussischen Zentralvollzugsausschusses (Staatsoberhaupt): Jakow Michailowitsch Swerdlow (1917–1919)
Parteichef: Wladimir I. Lenin (bis 1922)
Vorsitzender des Rates der Volkskommissare (Ministerpräsident): Wladimir I. Lenin (1917–1924)
Volkskommissar des Äußeren: Leo D. Trotzki (1917–9. 3. 1918, danach Volkskommissar für Verteidigung 1918–1924), Adolf A. Joffe (9. 3.–April 1918), Karl B. Radek (April–? 1918), Georgi W. Tschitscherin (1918–1930)
Volkskommissar des Inneren: Alexei I. Rykow (1917–Februar 1918, Vorsitzender des Rates der Volkskommissare = Ministerpräsident 1924–1930)
Volkskommissar für Volksbildung: Anatoli W. Lunatscharski (8. 11. 1917–1930)
In Frieden von Brest-Litowsk (3. 3.) verzichtet Rußland u. a. auf Polen, Litauen, Kurland, auf Estland und Livland und erkennt die Selbständigkeit Finnlands und der Ukraine an.

Sansibar: Sultanat
Unter britischem Protektorat
Sultan: Chalifa II. (1911–1960)

Schweden: Königreich
König: Gustav V. (1907–1950)
Ministerpräsident: Nils Eden (1917–1920)
Wie die beiden anderen skandinavischen Staaten bleibt Schweden im Ersten Weltkrieg neutral.

Serbien: Königreich
Ab 1. 12. 1918 Teil des Königreichs der Serben, Kroaten und Slowenen (siehe unter Jugoslawien).
König: Peter I. Karadordević (1903–1921)
Ministerpräsident: Nikola Pašić (1891/92, 1904/05, 1906–1908, 1909–1911, 1912–1918, davon 1915–1918 im Exil, danach Ministerpräsident des Königreichs der Serben, Kroaten und Slowenen 1918, 1921–1924, 1924–1926)
Das Land ist 1915/16 bis 1918 von den Mittelmächten besetzt.

Siam: Siehe Thailand

Spanien: Königreich
König: Alfons XIII. (1886–1931)
Ministerpräsident: Manuel García-Prieto (1917, 1917–23. 3. 1918, 9. 11.–3. 12. 1918, 1922/23, 1923), Antonio Maura y Montaner (1903–1905, 1907–1909, 23. 3.–9. 11. 1918, 1919, 1921/22)
Außenminister: Alvaro Figueroa y Torres, Graf Romanones (10. 11. 1918–1919)
Spanien bleibt während des Ersten Weltkriegs neutral.

Südafrikanische Union:
Dominion im Commonwealth
Ministerpräsident: Louis Botha (1910–1919)
Generalgouverneur: Sydney Viscount Buxton (1914–1920)

Thailand: Königreich
König: Rama VI. (1910–1925)

Tibet: Autonomer Staat seit 1914
Dalai-Lama: Thupten Gjatso (1876/95–1933)
Pantschen-Lama: Tschökji Njima (1883–1937)

Tschechoslowakei: Republik
ab 28. 10. 1918
Staatspräsident: Tomáš Garrigue Masaryk (7. 11. 1918 bzw. 27. 5. 1920–1935)
Ministerpräsident: Karel Kramár (14. 11. 1918–1919)
Außenminister: Eduard Beneš (14. 11. 1918–1935)

Tunis: Französisches Protektorat
Bei: Muhammad V. (1906–1922)
Generalresident: Gabriel Alapetite (1906 bis Oktober 1918), Pierre Etienne Flandin (Oktober 1918 bis 1921)

Türkei: Siehe Osmanisches Reich

Ungarn: Königreich/Republik
Königreich als Teil der österreichisch-ungarischen Doppelmonarchie, Republik ab 16. 11. 1918
König: Karl IV. (1916–13. 11. 1918)
Ministerpräsident: Alexander Wekerle (1892–1895, 1906–1910, 1917–31. 10. 1918)
Ministerpräsident eines Revolutionsministeriums: Mihály Graf Károlyi von Nagykárolyi (30. 10. 1918–1919, danach Staatspräsident 1919)

Uruguay: Republik
Präsident: Feliciano Viera (1915–1919)

USA: Bundesstaat
Präsident: Thomas Woodrow Wilson (Demokrat), 28. Präsident (1913–1921)
Vizepräsident: Thomas Riley Marshall (1913–1921)
Außenminister: William Jennings Bryan (1913–1921)

Venezuela: Diktatur
Präsident: Juan Vicente Gómez (1908–1929, 1931–1935)

Kriege und Krisenherde des Jahres 1918

Die herausragenden politischen und militärischen Krisensituationen des Jahres 1918 werden – alphabetisch nach Ländern geordnet – im Überblick dargestellt. Die Ereignisse des Weltkriegs sind dem alphabetischen Länderverzeichnis chronologisch vorangestellt.

Erster Weltkrieg

Die nationale und internationale Politik steht 1918 im Zeichen des Weltkriegs, der in diesem Jahr nach dem Entscheidungskampf im Westen mit dem Zusammenbruch der Mittelmächte endet und in die Revolutionen im Deutschen Reich und im Vielvölkerstaat Österreich-Ungarn mündet. Folgende Staaten befinden sich bisher im Kriegszustand:

Mittelmächte		*Entente*
Österreich-Ungarn	–	Serbien
Österreich-Ungarn	–	Rußland
Österreich-Ungarn	–	Montenegro
Österreich-Ungarn	–	Frankreich
Österreich-Ungarn	–	Großbritannien
Österreich-Ungarn	–	Rumänien
Österreich-Ungarn	–	Siam
Österreich-Ungarn	–	China
Österreich-Ungarn	–	USA
Österreich-Ungarn	–	Panama
Österreich-Ungarn	–	Kuba
Deutsches Reich	–	Rußland
Deutsches Reich	–	Frankreich
Deutsches Reich	–	Belgien
Deutsches Reich	–	Großbritannien
Deutsches Reich	–	Serbien
Deutsches Reich	–	Montenegro
Deutsches Reich	–	Japan
Deutsches Reich	–	Portugal
Deutsches Reich	–	Rumänien
Deutsches Reich	–	Italien
Deutsches Reich	–	Griechenland
Deutsches Reich	–	USA
Deutsches Reich	–	Panama
Deutsches Reich	–	Kuba
Deutsches Reich	–	Siam
Deutsches Reich	–	Liberia
Deutsches Reich	–	China
Deutsches Reich	–	Brasilien
Osmanisches Reich	–	Rußland
Osmanisches Reich	–	Großbritannien
Osmanisches Reich	–	Frankreich
Osmanisches Reich	–	Rumänien

Entscheidende Ereignisse im letzten Kriegsjahr:

Friedensprogramm der USA
US-Präsident Woodrow Wilson legt am 8. Januar 1918 in einer Rede vor dem Kongreß ein Friedensprogramm in 14 Punkten vor, das einen baldigen Friedensschluß herbeiführen soll und eine Neuordnung der Welt vorsieht: Wiederherstellung der Unabhängigkeit Belgiens, Rückgabe von Elsaß-Lothringen an Frankreich, Räumung der besetzten Gebiete in Rußland und auf dem Balkan, Bildung eines unabhängigen polnischen Staates, Autonomie für die einzelnen Völker in Österreich-Ungarn und im Osmanischen Reich. Die Forderung nach Autonomie erweitert Wilson später zum Grundsatz des Selbstbestimmungsrechts der Völker und Nationen über ihren politischen Status.

Arbeiter streiken für den Frieden
In Österreich-Ungarn und im Deutschen Reich brechen im Januar 1918 Streiks aus, bei denen Hunderttausende gegen den Krieg protestieren (Januarstreiks).
Die Streikbewegung in Österreich-Ungarn geht am 15. Januar vom Wiener-Neustädter Industriegebiet aus und greift auf Wien, die Steiermark, Oberösterreich, Prag, Brünn und Budapest über. Die Ursachen für die Streiks liegen in der sich ständig verschlechternden Ernährungssituation, in der wachsenden Kriegsmüdigkeit und in der Empörung über die sich hinschleppenden Friedensverhandlungen mit Rußland in Brest-Litowsk, die kein baldiges Kriegsende in Aussicht stellen. Die Streikenden fordern einen sofortigen Friedensschluß ohne Annexionen, eine bessere Lebensmittelversorgung, ein demokratisches Wahlrecht und die Entlassung der politischen Gefangenen. Nachdem die österreichische Regierung den Abschluß des Friedens mit Rußland, die Verbesserung der Ernährungslage und die Demokratisierung des Gemeindewahlrechts zugesichert hat, raten die Sozialdemokraten zum Abbruch des Ausstands, was die Streikenden nur allmählich befolgen.
Im Deutschen Reich rufen die Berliner »Revolutionären Obleute«, die der USPD (Unabhängige Sozialdemokratische Partei Deutschlands) nahestehen, am 28. Januar zum Streik auf. Während des Januarstreiks im Deutschen Reich befinden sich rund eine Million Arbeiter im Ausstand, vor allem aus der Metallindustrie. Die Regierung verhängt den Ausnahmezustand, die Militärbehörden drohen den Streikenden mit Kriegsgerichtsverfahren, wenn sie nicht bis zum 4. Februar die Arbeit wiederaufnehmen. Daraufhin wird der Streik abgebrochen.

Friedensschluß Mittelmächte/Ukraine
Das Deutsche und das Osmanische Reich sowie Österreich-Ungarn schließen am 9. Februar 1918 in Brest-Litowsk einen Sonderfrieden mit der Ukraine, den sog. Brotfrieden von Brest-Litowsk: Die Mittelmächte erkennen die antibolschewistische Ukrainische Volksrepublik als von Sowjetrußland unabhängigen Staat an und erhalten dafür Getreidelieferungen aus der Ukraine.

Friede von Brest-Litowsk
Die Mittelmächte – Deutsches Reich, Österreich-Ungarn, Osmanisches Reich und Bulgarien – zwingen Sowjetrußland durch ihren am 18. Februar begonnenen erneuten militärischen Vorstoß am 3. März 1918 zum Abschluß des Friedensvertrags von Brest-Litowsk gemäß ihren Bedingungen: Sowjetrußland verliert Gebiete, die jahrhundertelang zum Zarenreich gehört haben. Es verzichtet auf seine Hoheitsrechte in Finnland, Livland, Estland und Kurland, Polen, Litauen, der Ukraine, Georgien und den armenischen Gebieten Kars, Ardahan und Batum. Polen, Kurland, Litauen, Livland und Estland werden vom Deutschen Reich und von Österreich-Ungarn besetzt. Die genannten Länder lösten sich seit Dezember 1917 – gemäß dem von den Sowjets proklamierten Recht auf Selbstbestimmung der Völker – von Rußland; ihre Unabhängigkeitsbestrebungen unterstützte das Deutsche Reich zur Sicherung des eigenen Einflusses. Die armenischen Gebiete Ardahan, Kars und Batum gelangen unter osmanische Verwaltung. Ein Zusatzvertrag vom 27. August verpflichtet Sowjetrußland zu Reparationszahlungen in Höhe von sechs Millionen Goldmark.

Deutsche Westoffensive
Am 21. März 1918 beginnt die große deutsche Westoffensive. Sie wird unter dem Decknamen »Michael« in dem Frontabschnitt zwischen Cambrai und Saint-Quentin durchgeführt. Diese Offensive ist der letzte Versuch, eine militärische Entscheidung zugunsten des Deutschen Reichs herbeizuführen. Nach Auffassung der 3. Obersten Heeresleitung (OHL) unter Erich Ludendorff hat Deutschland nicht mehr die Wahl zwischen Krieg und Frieden, sondern nur noch die zwischen Angriff und Verteidigung. Die Entscheidung soll fallen, bevor die USA voll in den Krieg eingreifen können. Die Vereinigten Staaten haben Ende 1917 vier Divisionen mit 145 000 Soldaten in Frankreich stationiert, doch sind diese Soldaten noch in Ausbildung.
Die Deutschen brechen am 21. März mit 59 Divisionen und 6600 Geschützen durch die gegnerischen Linien. In den folgenden Tagen gelingt es den deutschen Streitkräften, die feindlichen Linien im Süden zu durchstoßen, im Norden, wo der Schwerpunkt des Angriffs liegt, halten die britischen Truppen jedoch stand. Am 23. März teilt Ludendorff die Offensive. Doch für zwei Entscheidungsschlachten reichen die deutschen Kräfte nicht mehr. Am 5. April kommt der Vormarsch zum Stillstand. Die Deutschen sind nur wenige Kilometer vorgedrungen, 230 000 Soldaten sind gefallen. Am 8. August bricht die deutsche Westfront zusammen. Der alliierte Angriff, der den deutschen Truppen nicht einmal mehr die Gelegenheit zum Rückzug in die hinteren Verteidigungslinien gibt, wird zum »Schwarzen Tag« des deutschen Heeres. Der Zusammenbruch zwingt die Oberste Heeresleitung, sich in breiter Front zwischen Lys und Chemin des Dames auf die Siegfried-Stellung des Jahres 1917 zurückzuziehen. Doch hier fehlt eine vorbereitete Verteidigungslinie. Es beginnt ein bis zum November dauerndes Ringen, bei dem das deutsche Heer unablässig zurückgedrängt wird.

Friede Mittelmächte/Rumänien
Die Mittelmächte und Rumänien schließen am 7. Mai 1918 den Frieden von Bukarest. Rumänien tritt die Dobrudscha an Bulgarien ab und räumt den Deutschen Rechte bei der Ausnutzung der rumänischen Erdölquellen ein.

Friedensnote Österreich-Ungarn
Der österreichische Kaiser Karl I. wendet sich am 14. September 1918 in der Friedensnote »An alle!« an die kriegführenden Staaten und schlägt vor, unverzüglich Verhandlungen für einen Verständigungsfrieden aufzunehmen, wie ihn US-Präsident Woodrow Wilson am 8. Januar in seinem 14-Punkte-Programm vorgeschlagen hat. Am 27. September macht Wilson deutlich, daß die Alliierten nicht mit autoritären Regimen verhandeln wollen, die »ihre Politik auf Gewalt stützen«. Damit ist diese Möglichkeit für einen Verständigungsfrieden verspielt.

Waffenstillstand Bulgarien/Alliierte
Nach dem Zusammenbruch seiner Armee schließt Bulgarien am 29. September 1918 einen Waffenstillstand mit den Alliierten. Bulgarien demobilisiert und räumt alle ehemals serbischen und griechischen Gebiete. Am 4. Oktober dankt Zar Ferdinand I. ab. Nachfolger wird sein Sohn Boris III.

Deutsche Friedensnote
Noch vor der offiziellen Amtsübernahme unterzeichnet am 3. Oktober 1918 der designierte deutsche Reichskanzler Max Prinz von Baden eine Note an US-Präsident Woodrow Wilson, in der dieser ersucht wird, »die Herstellung des Friedens in die Hand zu nehmen«. Die neue Reichsregierung akzeptiert die von Wilson aufgestellten Forderungen, insbesondere die 14 Punkte seiner Kongreßbotschaft vom 8. Januar, als Grundlage für Friedensverhandlungen. Außerdem wird der Präsident aufgefordert, »den sofortigen Abschluß eines Waffenstillstandes« herbeizuführen.
Damit hat sich die Oberste Heeresleitung (OHL) mit ihrem Beschluß vom 29. September durchgesetzt, den neuen Reichskanzler ohne jeden Aufschub zur Absendung eines Waffenstillstandsersuchens zu veranlassen, weil keine Hoffnung mehr besteht, »dem Feind den Frieden aufzuzwingen«, vielmehr ein Zusammenbruch der deutschen Front unmittelbar bevorsteht.

Waffenstillstand Osmanisches Reich
Das Osmanische Reich und die Alliierten schließen am 30. Oktober 1918 den Waffenstillstand von Mudros. Das Osmanische Reich scheidet aus dem Weltkrieg aus, öffnet die Dardanellen, liefert alle Kriegsschiffe aus und gibt sein Staatsgebiet für Operationen der Alliierten frei. Der Waffenstillstand von Mudros bedeutet faktisch das Ende des Osmanischen Reichs.
Im Dezember 1917 waren britische Truppen in Palästina eingedrungen. Zu diesem Zeitpunkt hatte ein anglo-indisches Heer bereits die osmanischen Truppen im Irak zum Stehen gebracht und den Briten die Herrschaft über die persischen und irakischen Ölquellen gesichert. Währenddessen hatte der britische Agent Thomas E. Lawrence (genannt Lawrence von Arabien) den Scherifen von Mekka durch die Aussicht auf eine selbständige Machtstellung zum Abfall vom Osmanischen Reich bewogen. Mit Unterstützung der arabischen Truppenverbände gelang es den britischen Soldaten unter der Führung von General Edmund Allenby in der sog. Palästinaschlacht am 18./19. September 1918 die Osmanen zu schlagen. Anfang Oktober drang Lawrence mit arabischen Truppen bis Damaskus vor und nahm die von den Osmanen besetzte Hauptstadt Syriens ein. Die Hoffnungen der arabischen Nationalisten auf Selbständigkeit und Unabhängigkeit vom Osmanischen Reich werden durch eine Erklärung Großbritanniens und Frankreichs am 8. November neu belebt. Die Alliierten stellen in gemeinsamen Noten fest, daß ihr Kriegsziel, die Befreiung der von den Osmanen unterdrückten Völker, erreicht sei und daß sie nun bereit seien, in Syrien und Mesopotamien unabhängige Regierungen zu errichten, die eine freiheitliche Entwicklung dieser Länder garantieren sollen.

Waffenstillstand Österreich-Ungarn
In der Villa Giusti bei Padua wird am 3. November 1918 der Waffenstillstand zwischen Österreich-Ungarn und den Alliierten unterzeichnet. Folgende Vereinbarungen werden getroffen: Sofortige Einstellung der Feindseligkeiten und Räumung Tirols bis zum Brenner und des Pustertals bis Toblach, des Tarviser Bekkens, des Isonzogebiets, Istriens samt Triest, Westkrains sowie Dalmatiens mit allen Adria-Inseln; Bewegungsfreiheit alliierter Truppen auf österreichischem Boden; Heimführung der alliierten Kriegsgefangenen; Abrüstung auf 20 Divisionen und Auslieferung der halben Artillerie der Donaumonarchie.

Waffenstillstand Deutsches Reich/Alliierte
In einem Eisenbahnwaggon im Wald von Compiègne unterzeichnen am 11. November 1918 der Leiter der deutschen Waffenstillstandskommission, Matthias Erzberger, und der französische Marschall Ferdinand Foch die Waffenstillstandsbedingungen der alliierten Sieger. Der Zentrumsabgeordnete Erzberger ist von der Obersten Heeresleitung (OHL) und Reichskanzler Max Prinz von Baden beauftragt worden, dem Waffenstillstand auf jeden Fall zuzustimmen. Die Bedingungen haben ultimativen Charakter, d.h., sie müssen ohne Verhandlungen anerkannt werden.
Die militärischen und politischen Forderungen der Alliierten sollen es den Deutschen unmöglich machen, den Krieg wiederaufzunehmen. Große Mengen Kriegsmaterial müssen abgeliefert werden. Foch verlangt die Räumung der besetzten ausländischen und der deutschen linksrheinischen Gebiete, auf dem rechten Rheinufer ist eine entmilitarisierte Zone vorgesehen. Alliierte Brückenköpfe bei Mainz, Koblenz und Köln sollen den Alliierten eine bessere Kontrolle ermöglichen. Das Deutsche Reich wird nicht von alliierten Truppen besetzt; deutsche Truppen stehen jedoch noch in Frankreich, Belgien und Osteuropa. Bei der Unterzeichnung des Vertrags ist kein deutscher Offizier anwesend, weil die Generalität und der Reichskanzler die Verantwortung für die Niederlage nicht übernehmen wollen. Zudem ist Erzberger Bevollmächtigter des Rats der Volksbeauftragten. Daher lasten reaktionäre Kreise die militärische Niederlage und die harten Bedingungen des Waffenstillstands den revolutionären Veränderungen in Deutschland an.

Die deutsche Novemberrevolution

Seit dem Aufstand der Kieler Matrosen am 29. Oktober haben sich überall im Reich Arbeiter- und Soldatenräte gebildet, die die Macht übernehmen und für eine sozialistische Republik eintreten.
Kurt Eisner, Vorsitzender der Münchener USPD, proklamiert am 7./8. November 1918 in München den republikanischen »Freistaat Bayern«. König Ludwig III. von Bayern geht ins Exil.
Am 9. November verkündet Reichskanzler Max Prinz von Baden gegen 12 Uhr die Abdankung von Kaiser Wilhelm II. Gegen 13 Uhr ernennt er den Führer der Mehrheitssozialdemokraten, Friedrich Ebert, zum neuen Reichskanzler und tritt selbst zurück. Um 14 Uhr proklamiert Philipp Scheidemann, Mitglied der Mehrheitssozialdemokraten, vom Reichstagsgebäude aus die Deutsche Republik. Etwas später – gegen 16 Uhr – ruft der Führer des linksorientierten Spartakusbundes, Karl Liebknecht, vor dem Berliner Schloß die freie sozialistische Republik aus.
Die zweifache Ausrufung der Republik dokumentiert die Widersprüchlichkeit der Novemberrevolution und die unterschiedlichen Ziele der sie tragenden Parteien. Die Mehrheitssozialdemokraten betrachten es als das Gebot der Stunde, »das deutsche Volk vor Bürgerkrieg und Hungersnot zu bewahren«, sie sind bestrebt, eine Radikalisierung der Revolution zu verhindern. Die Unabhängige Sozialdemokratische Partei verfolgt das Ziel, »die revolutionären sozialistischen Errungenschaften zu befestigen«. Der Spartakusbund tritt für eine Rätedemokratie und die Vergesellschaftung der Schwerindustrie und des Großgrundbesitzes im Deutschen Reich ein.

Ausgewählte Neuerscheinungen auf dem Buchmarkt 1918

Die Auswahl berücksichtigt nicht nur Neuerscheinungen von literarischem oder wissenschaftlichem Wert, sondern auch vielgelesene Bücher des Jahres 1918. Innerhalb der einzelnen Länder sind die erschienenen Werke alphabetisch nach Autoren geordnet.

Belgien

Felix Timmermans
Das Jesuskind in Flandern
(Het kindeken Jezus in Vlaanderen)
Erzählung
Felix Timmermans (1886–1947), neben Stijn Streuvels der wichtigste Vertreter der flämischen Heimatdichtung und zwischen den beiden Weltkriegen der meistgelesene Schriftsteller der flämischen Literatur, verlegt in seiner Erzählung »Das Jesuskind in Flandern« das biblische Geschehen um die Geburt Jesu, die Verfolgung durch Herodes, die Flucht und Rückkehr nach Flandern. – Die deutsche Übersetzung erscheint 1919.

Deutsches Reich

Gerhart Hauptmann
Der Ketzer von Soana
Novelle
Der deutsche Erzähler und Dramatiker Gerhart Hauptmann (1862–1946), Literaturnobelpreisträger 1912, verarbeitet in seiner im Verlag S. Fischer in Berlin erschienenen Novelle »Der Ketzer von Soana« das Erlebnis einer Griechenlandreise und stellt den Eros als das eigentlich Göttliche in Gegensatz zum kirchlichen Christentum. »Ich weiß selbst nicht, wieso ich das Griechentum in seiner ganzen Nacktheit so erleben und darstellen mußte«, schreibt der Nobelpreisträger über dieses Werk.
Der junge Priester Francesco Vela besucht im Auftrag seines Bischofs in einem in einer herrlichen Bergwelt gelegenen Dorf ein Hirtenpaar, das in einem blutschänderischen Eheverhältnis zusammenlebt. Francesco gibt sein Priesterdasein auf und führt mit Agata, der Tochter des Hirtenpaars, ebenfalls das einfache Leben eines Hirten.
Hauptmann zählt zu den bedeutendsten Vertretern des deutschen Naturalismus. In den Dramen »Vor Sonnenaufgang« (1889), »Einsame Menschen« (1891), »Die Weber« (1892), »Der Biberpelz« (1893), »Rose Bernd« (1903) oder »Die Ratten« (1911), mit denen er bekannt wurde, schildert er die soziale Not der unterprivilegierten Schichten und den am Unverständnis seiner Umwelt scheiternden Menschen.

Klabund
Bracke
Ein Eulenspiegelroman
Klabund (= »Wandlung«), eigentlich Alfred Henschke (1890–1928), deutscher Lyriker, Dramatiker und Erzähler zwischen Impressionismus und Expressionismus, Nachdichter und Übersetzer aus dem Chinesischen, Persischen, Japanischen und Französischen, will in seinem beim Verlag Reiß in Berlin erschienenen Roman »Bracke«, der mit seiner episodischen Struktur eher einer Geschichten- oder Schwanksammlung ähnelt, einen Spiegel schaffen, »in dem man sich selbst betrachte und bekenne, belächle und beweine, leicht- und tiefsinnig«. Die Ausgangssituation ist folgende: »Einen Menschen so schnell laufen zu sehen, wie man selber nie laufen könnte«, stärkt in Brackes Mutter den Glauben an die Möglichkeiten der Menschheit. Ihre Begeisterung über die Künste eines Schnelläufers läßt ihren Sohn Bracke ein Siebenmonatskind werden. Klabund zeigt Bracke als Schalk im 16. Jahrhundert, als »ein Mensch auf dem Wege zu sich selbst«.
Klabunds zahlreiche Prosawerke – die Romane »Moreau« (1916), »Mohammed« (1917), »Bracke« – propagieren in historischer Verkleidung eine pazifistische und freizügige Lebenshaltung.

Wilhelm Lehmann
Die Schmetterlingspuppe
Roman
»Die Schmetterlingspuppe«, nach »Der Bilderstürmer« (1917) der zweite Roman des deutschen Lyrikers und Erzählers Wilhelm Lehmann (1882–1968), stellt wiederum einen Menschen in den Mittelpunkt der Handlung, der Selbstverwirklichung in der Natur finden möchte. Der beim Verlag S. Fischer in Berlin erschienene Roman schildert die Geschichte des mecklenburgischen Lehrers Loeski, dessen Ehe an seiner selbstquälerischen Suche nach dauerhaften realen Sinnzusammenhängen – die er allein in der Natur erkennen kann – zerbricht. Als seine Frau ihn verläßt, gibt sie ihm eine Schmetterlingspuppe mit der Bemerkung, wenn die Puppe ausschlüpft, werde sie, seine Frau, sterben. Loeski fährt nach Irland, Sinnbild für einen außerzivilisatorischen Bereich mythischer Natur. Als er hier die junge Ariadne verführt, schlüpft der Schmetterling aus, zerschmettert aber an der Scheibe eines Fensters: Loeskis »Seelengeburt« ist gescheitert, er kehrt nach Deutschland zurück und begeht hier Selbstmord.

Heinrich Mann
Der Untertan
Roman
Obwohl bereits 1914 vollendet, kann Heinrich Manns (1871–1950) Roman »Der Untertan« wegen Schwierigkeiten mit der Zensur erst am 30. November 1918 erscheinen, nach dem militärischen und politischen Zusammenbruch des Deutschen Kaiserreichs. Dieser bedeutendste kritisch-realistische Gesellschaftsroman über das Wilhelminische Deutschland und zugleich ein Hauptwerk deutscher Satire im 20. Jahrhundert wird im Verlag Kurt Wolff in München veröffentlicht (1916 ist bereits ein Privatdruck erschienen). Grundidee des Romans ist die satirische Entlarvung des kaiserlichen Untertans, der sich durch feige Kriecherei gegenüber allem Mächtigen und Starken und durch unerbittliche Brutalität gegenüber Schwächeren und Untergebenen – nach dem Motto: »Wer treten will, muß sich treten lassen« – die Teilnahme an der Macht erkauft. Am Beispiel der Hauptfigur, dem Chemiker und Fabrikbesitzer Diederich Heßling, wird nicht nur die individuelle Physiognomie eines skrupellosen Karrieristen enthüllt, sondern Mann zeichnet in der Gestalt Heßlings das Bild einer ganzen sozialen Klasse, die in Heßlings Denken, Handeln und Fühlen gleichnishaft dargestellt wird.

Thomas Mann
Betrachtungen eines Unpolitischen
Kulturpolitische Streitschrift
Die politische Rechte nimmt Thomas Manns (1875–1955) eisige Ablehnung der Revolution von 1918 und seine vordergründig promonarchistische und antidemokratische kulturpolitische Streitschrift »Betrachtungen eines Unpolitischen«, die im Verlag S. Fischer in Berlin erscheint, zum Anlaß, den Dichter und späteren Literaturnobelpreisträger (1928) nicht nur als Vertreter eines geistesgeschichtlichen, sondern auch eines politischen Konservatismus zu sehen. In den »Betrachtungen eines Unpolitischen« vertritt Mann die Ansicht, daß die westliche Demokratie kultur- und geistfeindlich sei. In den westlichen Demokratien habe der Bourgeois die Macht usurpiert und ordne jedes individuelle Tun und besonders das künstlerische Schaffen dem politischen Interesse und dem sozialen Zweck unter. Nach Manns Ansicht muß sich aber jede künstlerische und geistige Tätigkeit dem politisch-sozialen Bereich

entgegensetzen. Thomas Mann, der hier dem geistigen Konservatismus eine nationale Führungsrolle zuspricht, beginnt sich jedoch bald von den »Patriotenlümmeln« und »Pogrom-Monarchisten« zu distanzieren. Die Bundesgenossenschaft derer, die das Rad der Geschichte zurückdrehen wollen, mißfällt ihm.

Oswald Spengler
Der Untergang des Abendlandes
Umrisse einer Morphologie der Weltgeschichte
Kulturphilosophisches Werk
Der deutsche Kultur- und Geschichtsphilosoph Oswald Spengler greift in seinem kulturphilosophischen Hauptwerk »Der Untergang des Abendlandes« – der erste Band erscheint 1918 in Wien unter dem Titel »Gestalt und Wirklichkeit«, der zweite Teil erscheint 1922 in München unter dem Titel »Welthistorische Perspektiven« – biologistische Aspekte der Philosophie von Johann Wolfgang von Goethe und Friedrich Nietzsche auf. Er sieht die Kulturen als Organismen, die auf entsprechenden Entwicklungsstufen vergleichbar sind. Danach gibt es acht Hochkulturen: Die »apollinische« Antike, Ägypten, Babylon, Indien, China; das »magische« Arabien und Mexiko sowie das »faustische« Abendland. Alle sind gleichrangig, haben eine annähernd gleiche Lebensdauer von einem Jahrtausend und entwickeln sich nach den gleichen Gesetzen. Spenglers universalistische, fortschrittspessimistische Analyse fordert – bei aller Umstrittenheit – die Philosophen des 20. Jahrhunderts zu neuen Geschichtsentwürfen heraus.

Hermann Stehr
Der Heiligenhof
Roman
Der beim Verlag S. Fischer in Berlin erscheinende zweibändige Roman »Der Heiligenhof« des unter dem Einfluß des Realismus, der schlesischen Mystik und der schlesischen Märchen- und Sagenwelt stehenden realistisch-psychologischen Schriftstellers Hermann Stehr (1864–1940) erzählt die Geschichte des Münsterländer Bauern Andreas Sintlinger, der durch sein blindes Kind, das »Heiligen-Lenlein« – Symbol der mystischen Weltanschauung des Verfassers –, zu einem neuen, lichten Leben erweckt wird: Durch seine Tochter lernt er, die Welt mit den Augen der Seele zu sehen, nach dem Motto »Wem die Welt nicht Seele wird, findet durch sie niemals zu Gott«. Er verliert seine Tochter zum ersten Mal, als sie durch ein Liebeserlebnis sehend wird wie alle anderen Menschen. Als sie nach Auseinandersetzungen mit ihrem Geliebten Selbstmord begeht, muß Sintlinger den Weg zu Gott aus der eigenen Seele heraus neu finden.

Eduard Stucken
Die weißen Götter
Roman
Der neuromantische Erzähler, Lyriker und Dramatiker Eduard Stucken (1865–1936) erringt mit dem 1918 bis 1922 beim Verlag Reiß in Berlin erscheinenden vierbändigen historischen Roman »Die weißen Götter« seinen größten Erfolg. Erzählt wird die Geschichte der Eroberung des Aztekenreichs in Mexiko durch den spanischen Konquistador Hernán Cortés.

Frankreich

Guillaume Apollinaire
Kalligramme
Gedichte von Frieden und Krieg
(Calligrammes
Poèmes de la paix et de la guerre)
Gedichte
Die Gedichtsammlung »Kalligramme« von Guillaume Apollinaire (1880–1918; →S. 229) umfaßt etwa 20 Gedichte, deren Verse in symbolischen Formen angeordnet sind, wobei bildliche Effekte die poetische Wirkung unterstützen sollen. Aus der grafischen Anordnung der Zeilen dieser »visuellen Gedichte« wird das jeweilige Thema erkennbar (Fontäne, Geschütz, Krawatte usw.). Außer den Kalligrammen enthält der Band Gedichte von Frieden und Krieg, die zu den eindrucksvollsten des Lyrikers zählen. – Eine deutsche Übersetzung erscheint erst 1953. Apollinaire ist auch der Verfasser der 1913 erschienenen Gedichtsammlung »Alcools«, eines der einflußreichsten lyrischen Werke der französischen Literatur in der ersten Hälfte des 20. Jahrhunderts. Besondere Kennzeichen dieser zum Teil dem Symbolismus verpflichteten Gedichte unterschiedlichen Inhalts sind der systematische Verzicht auf Interpunktion, die Betonung des Rhythmus und die Mischung verschiedener Stile. »Nur der Rhythmus kann die Verse skandieren, da haben Sie die wirkliche Interpunktion. Man braucht keine andere«, schrieb der Dichter.

André Maurois
Die Momente des Schweigens des Oberst Bramble
(Les silences du colonel Bramble)
Kriegsbericht
André Maurois (1885–1967), während des Weltkriegs Verbindungsoffizier und Dolmetscher in einer schottischen Division, berichtet in seinem aus Dialogen, erzählender Prosa und Kriegserinnerungen bestehenden Prosawerk »Die Momente des Schweigens des Oberst Bamble« von den Gesprächen im Hauptquartier eines Oberst während des Weltkriegs. Die stilistische Eleganz und Leichtigkeit sichern diesem Erstlingswerk unmittelbaren Erfolg. Die deutsche Übersetzung erscheint 1929. – In seinen Romanen schildert Maurois mit psychologischem Gespür das französische Großbürgertum und begründet die Gattung der »biographie romancée«, der zum Roman verarbeiteten, an Lebensdokumente gebundenen Biographie.

Romain Rolland
Meister Breugnon
(Colas Breugnon)
Erzählung
Der Dichter Romain Rolland (1866–1944), Literaturnobelpreisträger 1915, legt mit »Meister Breugnon« eine Sammlung von Erzählungen in der Art bäuerlicher Kalendergeschichten vor. Hauptgestalt der zur Zeit König Ludwigs XIII. In der ersten Hälfte des 17. Jahrhunderts spielenden Geschichten ist der rüstige, trink- und erzählfreudige Burgunder Bauer Colas Breugnon. – Die deutsche Übersetzung erscheint 1920.
Rolland begann als Dramatiker. In seinem erfolgreichen Roman »Jean-Christophe« (1904–1912) ist die Titelfigur ein genialer Musiker, der Züge von Ludwig van Beethoven und Richard Wagner trägt.

Tristan Tzara
Manifest des Dadaismus von 1918
(Manifeste Dada 1918)
Dadaistische Programmschrift
Der rumänisch-französische Schriftsteller Tristan Tzara (1896–1963), der 1916 mit Hugo Ball, Richard Huelsenbeck und Hans Arp in Zürich die Dada-Bewegung gegründet hat, stellt in seinem programmatischen »Manifest des Dadaismus von 1918« im Namen uneingeschränkter Freiheit des küstlerischen Ausdrucks alle überkommenen literarischen Formen radikal in Frage.
In seinen Gedichten prangert Tzara die Gesetze der Logik, der Moral und der Gesellschaft an, hofft jedoch auf eine Veränderung des Lebens und eine Umgestaltung der Welt durch die Befreiung vom Positivismus und einer falschen Fortschrittsgläubigkeit.

Großbritannien

Giles Lytton Strachey
Große Viktorianer
(Eminent Victorians)
Biographische Studien
Giles Lytton Strachey (1880–1932), Verfasser von biographischen Romanen und Essays, unternimmt in seinem als konventionelle biographische Darstellung getarnten Werk »Große Viktorianer« einen Angriff auf die gesamte Viktorianische Ära am Beispiel von vier Repräsentanten dieser Zeit: Kardinal Henry Edward Manning (1808–1892) wird als ehrgeiziger, heuchlerischer Oberhirte der Katholiken Englands dargestellt; die Krankenpflegerin Florence Nightingale (1820–1910) erscheint als fragwürdige Reformerin des Sanitätswesens; der anglikanische Geistliche und Pädagoge Thomas Arnold (1795–1842) als selbstgefälliger Erneuerer des Privatschulwesens und General Charles Georges Gordon (1833–1885) als Abenteurer und Heldentod-Idol. – Deutsche Teilübersetzungen erscheinen 1932 und 1937.

Österreich

Karl Klaus
Die letzten Tage der Menschheit
Tragödie in fünf Akten mit Vorspiel und Epilog
Der österreichische Journalist, Schriftsteller und Zeitkritiker Karl Kraus (1874–1936) veröffentlicht 1918/19 in drei Sonderheften zu seiner in Wien erscheinenden Zeitschrift »Die Fackel« sein dichterisches Hauptwerk, die Tragödie »Die letzten Tage der Menschheit«, eine satirisch-dramatische Darstellung Österreichs vom Sarajevo-Attentat bis zum Ende des Weltkriegs, die »nach irdischem Zeitmaß etwa zehn Abende umfassen« würde. In fünf Akten passieren fünf Jahre in bunter szenischer Folge Revue. Mehr als ein Drittel des Texts besteht aus Zitaten, die Zeitungsmeldungen und -anzeigen, Leitartikeln, Tagesbefehlen, Verordnungsblättern, Gerichtsurteilen und Gedichtsammlungen entstammen. Im Vorwort schreibt Kraus: »Der Inhalt ist von dem Inhalt der nur in blutigem Traum verwahrten Jahre, da Operettenfiguren die Tragödie der Menschheit spielten. Die Handlung, in hundert Szenen und Höllen führend, ist unmöglich, zerklüftet, heldenlos wie jene . . . Ein so restloses Schuldbekenntnis, dieser Menschheit anzugehören, (muß dennoch) irgendwo willkommen und irgendeinmal von Nutzen sein.«
1899 gründete Kraus die literarisch-politische Zeitschrift »Die Fackel«, die unregelmäßig, etwa dreimal im Monat, erscheint und in der er ab 1911 ausschließlich eigene Arbeiten publiziert. Mit beißendem Spott, mit Witz und Polemik prangert Kraus in seinen Glossen und Satiren politische und kulturelle Mißstände an, wendet sich gegen verlogene Moral und die manipulierte Presse. Neben Glossen und Satiren veröffentlicht er auch Epigramme, Gedichte und dramatische Werke.

Arthur Schnitzler
Casanovas Heimfahrt
Novelle
Der österreichische Dramatiker und Erzähler Arthur Schnitzler (1862–1931) schildert in seiner im Verlag S. Fischer in Berlin erschienenen Novelle »Casanovas Heimfahrt« eine – erfundene – unrühmliche Episode aus dem Leben des alternden Liebesabenteurers. Casanova erpreßt von dem in Spielschulden geratenen jungen Leutnant Lorenzi eine Nacht mit dessen Geliebter Marcolina. Am Entsetzen der erwachenden Frau erkennt er, daß er nicht um seiner selbst willen geliebt worden ist, sondern als Stellvertreter für sein jüngeres Spiegelbild. Im Duell tötet er den Leutnant.
In Novellen, Einaktern und losen Szenenfolgen stellt Schnitzler am Beispiel der Beziehungen zwischen Menschen die morbide Gesamtstimmung seiner Zeit dar. Mit scheinbar absichtslosen, meisterhaft differenzierenden Zwischentönen und dem in der Novelle »Leutnant Gustl« (1901) erstmals verwendeten »inneren Monolog« entlarvt er die hohlen Ehrbegriffe der korrupten Standeskultur und einer blasierten, scheinheiligen Gesellschaft. Weitere Erzählungen und Dramen: »Der grüne Kakadu« (1899), »Reigen« (1903), »Der Weg ins Freie« (1908), »Professor Bernhardi« (1912).

Uraufführungen Schauspiel, Oper, Operette und Ballett 1918

Die bedeutendsten Uraufführungen aus Schauspiel, Oper, Operette und Ballett sind alphabetisch nach Ländern und innerhalb der Länder nach Autoren/Komponisten geordnet.

Deutsches Reich

Reinhard Goering
Seeschlacht
Tragödie
Aus der Erschütterung des Krieges heraus und unter dem Eindruck der Seeschlacht am Skagerrak (1916) schuf der expressionistische Dramatiker Reinhard Goering (1887–1936), der im Ersten Weltkrieg als Feldarzt arbeitete und sich dabei mit Tuberkulose infizierte, die Tragödie »Seeschlacht«, die ihn mit einem Schlag berühmt macht. Die Uraufführung am 10. Februar 1918 im Königlichen Schauspielhaus in Dresden endet mit einem Skandal. Die Inszenierung durch Max Reinhardt im gleichen Jahr in Berlin wird ein vieldiskutierter Erfolg. Das Stück wird als Protest gegen das sinnlose Völkermorden verstanden.

Franz Schreker
Die Gezeichneten
Oper in drei Akten
Franz Schreker (1878–1934), der auch Klaviermusik, Orchesterwerke und Kammermusik komponiert, schreibt die Texte seiner Opern selbst und huldigt einem stark erotisch gefärbten Symbolismus, der sich in seiner Musik mit großem Klang entfaltet, so auch in der Oper »Die Gezeichneten«, die am 25. April in Frankfurt am Main uraufgeführt wird. Stilistisch ist Schreker nur schwer einer bestimmten Stilrichtung zuzuordnen, vielfach wird er als spätromantischer Eklektiker bezeichnet. Der üppige Orchesterklang gibt die Mischung von Mystik und Erotik dieser Oper treffend wieder.

Fritz von Unruh
Ein Geschlecht
Verstragödie in einem Akt
Der Generalssohn Fritz von Unruh (1885–1970) schafft mit der Verstragödie »Ein Geschlecht«, die am 16. Juni im Schauspielhaus in Frankfurt am Main uraufgeführt wird, einen Aufruf gegen Krieg und Gewaltherrschaft und damit zugleich eines der Hauptwerke des deutschen Expressionismus. Das Stück gilt einer ganzen Generation als Fanal eines neuen, engagierten Theaters, das über alle Ländergrenzen hinweg einen kämpferischen Pazifismus vertreten soll. Am Beispiel einer Familie wird der Krieg als eine Kraft dargestellt, die alle Ordnungen auflöst und elementare Leidenschaften entfesselt. Die Mutter, die gerade ihren gefallenen Lieblingssohn beerdigt hat, erlebt, wie ihr ältester Sohn wegen Frauenschändung und ihr zweiter Sohn wegen Feigheit vor dem Feind hingerichtet werden sollen; der jüngste Sohn soll das Todesurteil vollstrecken, doch eine Ohnmacht bewahrt ihn davor. Die Mutter ruft alle Mütter zum »Blutbund« auf, um die Urheber des Kriegs zu bekämpfen. Die Kinder erheben sich gegen die Mutter, der sie vorwerfen, sie habe sie nur in Lust empfangen, um dem »Götzen Vaterland Heldensöhne« zu opfern. Der älteste Sohn begeht Selbstmord, dem »Feigen« wird von den Soldaten die »Freiheit« gegeben, sich auf dem Schlachtfeld zu »bewähren«. Als die Mutter dem Heerführer das Symbol seiner Macht, den Führerstab, entreißt und die friedliche Welt proklamiert, wird sie von den Militärs ermordet. Der jüngste Sohn verspricht, die Gedanken seiner Mutter in »die Kasernen der Gewalt« zu tragen.

Italien

Giacomo Puccini
Der Mantel
(Il Tabarro)
Schwester Angelica
(Suor Angelica)
Gianni Schicchi
(Gianni Schicchi)
Opern in einem Akt
Am 14. Dezember wird in New York Giacomo Puccinis (1885–1924) musikalisches Triptychon »Der Mantel«, »Schwester Angelica« und »Gianni Schicchi« uraufgeführt. Der Einakter »Der Mantel« – Text von Giuseppe Adami nach Didier Gold – ist Puccinis düsterste Oper: Eine Eifersuchtstragödie um einen Schleppkahnbesitzer auf der Seine. Inhaltlich steht das Werk dem Verismus nahe, ist jedoch von zahlreichen impressionistischen Stimmungsmalereien durchzogen. Die Grundstimmung des Einakters »Schwester Angelica« – Text von Gioacchino Forzano –, in dem nur Frauenstimmen zur Verwendung gelangen, ist hingegen ausgesprochen lyrisch: Weiche, zarte Töne und Farben überwiegen in einer etwas problematischen Handlung um eine Klosternonne, die wegen ihres unehelichen Kindes freiwillig durch Gift aus dem Leben scheidet, um im Jenseits wieder mit ihm vereint zu sein. Der am Schluß stehende Einakter »Gianni Schicchi« – Text ebenfalls von Gioacchino Forzano – ist hingegen eine Komödie, eine echte Buffo-Oper von höchster Meisterschaft, bei der es um eine gewitzte Erbschleichergeschichte geht, in der der »Titelheld« eine ganze florentinische Sippe um ihr Vermögen prellt. Die Uraufführung des Triptychons in New York wird ein großer Triumph für Puccini. – Die deutschsprachige Erstaufführung aller drei Einakter findet am 20. Oktober 1920 in Wien statt.

Pier Luigi Maria Rosso di San Secondo
Marionetten, welche Leidenschaft!
(Merionette, che passione!)
Drei Akte mit einem Vorspiel
Der Erzähler, Romancier und Bühnenschriftsteller Pier Luigi Maria Rosso di San Secondo (1887–1956), eigentlich Pietro Maria Rosso, bedeutendster italienischer Dramatiker neben Luigi Pirandello und mit diesem befreundet, wird schlagartig berühmt durch seine ironisch-bittere Komödie »Marionetten, welche Leidenschaft!«, die am 4. März in Mailand im Teatro Manzoni uraufgeführt wird. In diesem »Schauspiel der verzweifelten Pausen«, wie es der Autor genannt hat, entrinnen drei Menschen – der Herr in Trauer, der Herr in Grau und die Dame im Blaufuchs – ihrem Marionettendasein nur für die Dauer der Enthüllung dessen, was sie bedrückt und quält. Vorübergehend finden sie zusammen und versuchen, ein »neues« Leben zu beginnen – vergeblich.

Sowjetrußland

Wladimir W. Majakowski
Mysterium buffo
(Misterija-buff)
Drama in sechs Akten und einem Prolog
Anläßlich des ersten Jahrestags der Oktoberrevolution wird am 7. November im Musikdramatischen Theater von Petrograd (Leningrad) unter der Regie von Wsewolod E. Mejerchold (Meyerhold) Wladimir W. Majakowskis (1893–1930) Drama »Mysterium buffo« uraufgeführt, das der Autor im Untertitel ein »heroisches, episches und satirisches Abbild unseres Weltalters« nennt. Das revolutionäre Mysterienspiel, das zugleich das erste sowjetische Theaterstück überhaupt ist, verherrlicht die Oktoberrevolution in stark parodistischen Zügen. Der Titel wird so erklärt: »Mysterium – das ist das Große an der Revolution, buffo – das Lächerliche in ihr.« Mitwirkende sind »sieben Paar reiner Wesen« (ein indischer Radscha, ein türkischer Pascha, ein russischer Spekulant, ein wohlgenährter Perser, Georges Clemenceau, David Lloyd George u. a.), »sieben Paar unreiner Wesen« (ein Rotarmist,ein Laternenputzer, eine Waschfrau, eine Näherin u. a.), ein Versöhnler, ein Intelligenzler, mehrere Teufel, Heilige (Methusalem, Jean-Jacques Rousseau, Leo D. Tolstoi) und Engel, der Herr Zebaoth sowie die »handelnden Personen des Gelobten Landes« (Hammer, Sichel, Maschinen, Zange, Nadel, Feile, Brot, Salz, Zucker, Materie, Stiefel, Schaltbrett u. a.) und schließlich »der Mensch der Zukunft«. – Die zweite, überarbeitete Fassung erlebt 1921 im Ersten Theater der RSFSR (Russische Sozialistische Föderative Sowjetrepublik) in Moskau ihre Premiere.

Igor Strawinski/
Charles Ferdinand Ramuz
Die Geschichte vom Soldaten
(L'histoire du Soldat)
Gelesen, Gespielt und Getanzt. In zwei Teilen.
Am 28. September wird in Lausanne Igor Strawinskis (1882–1971) »Geschichte vom Soldaten« nach einer »irgendwo, irgendwann« spielenden Legende des russischen Erzählers Alexandr N. Afanasjew uraufgeführt. Den Text schrieb der schweizerische Schriftsteller Charles Ferdinand Ramuz (1878–1947). Das Werk, das »gelesen, gespielt und getanzt« wird, wurde vom Komponisten, da es während des Weltkriegs nur schwer möglich ist, Stücke mit großer Besetzung und Ausstattung herauszubringen, für eine kleine Orchester- und Solistenbesetzung komponiert und wird vielfach auch als Ballett mit kommentierenden Sprechern bezeichnet. Strawinski verwendet Märsche, Choräle und Tänze, darunter Ragtime und Tango.
»Die Geschichte vom Soldaten« wird zu einem Schlüsselwerk in der ernsten Musik des 20. Jahrhunderts.

Ungarn

Béla Bartók
Herzog Blaubarts Burg
(A Kékszakállú Herceg Vára)
Oper in einem Akt
Die kühnen harmonischen Neuerungen des Komponisten Béla Bartók (1881–1945), der der ungarischen Musik Weltgeltung verschafft und mit Paul Hindemith, Arnold Schönberg und Igor Strawinski zu den bedeutendsten Vertretern der Neuen Musik zählt, werden bei der Uraufführung seiner einzigen, bereits 1911 komponierten Oper »Herzog Blaubarts Burg« am 24. Mai in Budapest als Sensation empfunden. Impressionistische und folkloristische Züge verschmelzen in diesem Werk zu einem faszinierenden Ganzen. Während die Singstimmen einen einfachen deklamierenden Ton anschlagen, liegt der Hauptakzent beim Orchester, in dem wiederkehrende Motive aufklingen. Die düstere Atmosphäre der Handlung – das Libretto schrieb Béla Balázs – wird mit scharfen Konturen wiedergegeben. Unheimliche Klänge dominieren über das rhythmische Element. Da diese Oper nur zwei Sänger erfordert – Herzog Blaubart und Judith –, bürgert es sich später ein, das Werk auch im Konzertsaal aufzuführen, da die Musik ohne die Illusion der Bühne nichts von ihrer Unmittelbarkeit verliert. Die deutsche Erstaufführung findet 1922 in Frankfurt am Main statt.

USA

Eugene O'Neill
Unterm karibischen Mond
(The Moon of the Caribbees)
Einakter
Eugene O'Neill (1888–1953), Begründer des modernen US-amerikanischen Dramas, schildert in diesem am 20. Dezember im Playwright's Theatre in New York uraufgeführten Einakter »Unterm karibischen Mond« alltägliche Situationen aus dem Leben von Seeleuten der Gegenwart. Das Stück, O'Neills realistischer Frühphase zuzurechnen, ist das erste einer Folge von vier Einaktern über das Leben zur See auf dem britischen Trampschiff »Glencairn«, was soviel wie »enges Grab« bedeutet. O'Neill verarbeitet in diesen Dramen eigene Erlebnisse aus seiner Zeit als Seemann.

Filme 1918

Die neuen Filme des Jahres 1918 sind im Länderalphabet und hier wiederum alphabetisch nach Regisseuren aufgeführt. Bei ausländischen Filmen steht unter dem deutschen Titel der Originaltitel.

Deutsches Reich

Ernst Lubitsch
Die Augen der Mumie Ma
Ernst Lubitsch, ursprünglich Schauspieler bei Max Reinhardt, kommt gegen Ende des Ersten Weltkriegs zum Film und schafft die ersten international erfolgreichen deutschen Filme. »Die Augen der Mumie Ma«, ein in Ägypten und Europa spielender reißerischer Abenteuerfilm, ist sein erster Großfilm und zugleich sein erster Film mit Pola Negri, die die Titelrolle spielt. In weiteren Rollen sind Emil Jannings als der Araber Radu, Harry Liedtke als der Maler Albert Wendland und Max Laurence als Prinz Hohenfels zu sehen. Über den grandiosen Erfolg schreibt Lubitsch später in seiner Autobiographie »Mein Leben«: »Man holte an Schauspielern heran, was gut und teuer war, und ließ es kosten, was es wollte. Das Manuskript schrieb kostspielige Dekorationen vor, unter anderem Palmen in den Rüdesdorfer Kalkbergen, die auch besorgt wurden, und – was noch wichtiger war – man machte sichtbar den Versuch, wirkliche Charaktere zu gestalten. Darüber hinaus wurde der Film für mich noch besonders bedeutungsvoll, denn ich hatte eine Schauspielerin als Partnerin, die ein ganz großes Filmtalent war: Pola Negri! Sie war damals noch wild und ungebärdig, platzte vor Temperament und befand sich dauernd auf Hochtouren. Man würde heute über diesen Film sicherlich lachen, doch damals war er eine Sensation! Die Theaterbesitzer waren außer sich vor Begeisterung, und selbst in den Kritiken, die zu dieser Zeit noch von den jüngsten Reportern geschrieben wurden, war eine Verwunderung zu spüren: Der Film entwickelte sich zum Kunstwerk.« Pola Negri meint: »›Die Augen der Mumie Ma‹ war ein enormer Publikumserfolg und förderte die Karrieren von uns allen, die wir damit zu tun gehabt hatten. Einer der Gründe dafür war sicher, daß sein intensiver, romantischer, orientalischer Fatalismus genau die Art von Eskapismus darstellte, nach der das kriegsmüde Volk hungerte.«

Ernst Lubitsch
Carmen
Ein fideles Gefängnis
Pola Negri spielt die Titelrolle in dem Film »Carmen«, den Ernst Lubitsch nach Prosper Mérimées gleichnamiger Novelle drehte. Während das zeitgenössische Publikum den Film, der am 17. Dezember in Berlin uraufgeführt wird, als Meisterwerk wertet – drei Jahre später kommt er unter dem Titel »Gypsy Blood« in den USA heraus und wird auch dort ein Renner beim Publikum und den Kritikern –, gilt er der Filmgeschichte als nur wenig gelungen.
Ebenfalls 1918 wird Lubitschs Film »Ein fideles Gefängnis« uraufgeführt, den er nach der Operette »Die Fledermaus« von Johann Strauß (Sohn) gedreht hat. Die Hauptrollen spielen Harry Liedtke, Ossi Oswalda und Emil Jannings.

Richard Oswald
Das Tagebuch einer Verlorenen
Die Handlung des Films »Das Tagebuch einer Verlorenen« nach dem gleichnamigen Roman von Margarete Böhme, uraufgeführt am 29. Oktober mit Erna Morena in der Titelrolle, ist reine Kolportage, doch Regisseur Richard Oswald macht daraus ein Qualitätsprodukt, das die Zeitschrift »Der Film« nach der Premiere als »ein fast poetisches Erlebnis« bezeichnet, »voll Tragik und dramatischer Kraft«: Thymian, die Tochter eines Apothekers, wird verführt und bekommt ein Kind; als der Vater sie verstößt, sie in einem Erziehungsheim sadistisch gequält wird und das Kind stirbt, macht sie in einem zwielichtigen Restaurant als Kokotte Karriere. Als sie das Vermögen des Vaters erbt, schenkt sie es ihrer kleinen Schwester, um sie vor demselben Schicksal zu bewahren; ihr Verlobter begeht daraufhin Selbstmord. Zuletzt heiratet sie einen alten Grafen.

Richard Oswald
Jettchen Gebert
Richard Oswalds Verfilmung des Romans »Jettchen Gebert« von Georg Hermann mit Gretl Thein in der Titelrolle und Conrad Veidt als Friedrich Kößling wird am 8. November in Berlin uraufgeführt. Jettchen Gebert, eine gebildete Jüdin von außergewöhnlicher Schönheit, die bei Onkel und Tante aufgewachsen ist, verliebt sich in den mittellosen Literaten, Musikkritiker und Journalisten Dr. Kößling. Doch in den Augen der standesbewußten Judenfamilie ist der besitzlose Kößling, der außerdem Christ ist, keine gute Partie. Kößling wird durch tatkräftige Unterstützung des Onkels von Jettchen davon »überzeugt«, die junge Frau lieber nicht zu heiraten. In ihrer Hoffnungslosigkeit und Verzweiflung und aus der schuldigen Dankbarkeit gegenüber Onkel und Tante heraus willigt Jettchen schließlich in die Ehe mit einem Vetter ein. Den Hochzeitstag verbringt sie in marionettenhafter Starre an der Seite ihres kleinen, fetten, selbstgefälligen und ordinären Gatten, der ihr körperlichen Ekel einflößt. Am Abend erwacht sie innerlich und flieht im Brautkleid hinaus auf die Straße.

USA

Charles Chaplin
Gewehr über!
(Shoulder Arms)
Kurz nach Ende des Weltkriegs bringt Charlie Chaplin die Kriegssatire »Gewehr über!« heraus, obwohl er vorher heftig angegriffen wurde, weil er sich nicht freiwillig zur Front gemeldet hatte, und ihn seine Freunde bestürmten, keinen Film zu drehen, in dem das Militär lächerlich gemacht würde. In »Gewehr über!« spielt er einen Soldaten, der im Schützengraben und beim Wachestehen einsam wie eh und je ist und nur in seinen Träumen ein bißchen Leben mitbekommt. Es ist kein Film, der sich über die Soldaten lustig macht, sondern eine Satire über den Krieg, die die Trostlosigkeit des Krieges besser und eindringlicher zeigt als die meisten später gedrehten Antikriegsfilme. – »Gewehr über!« wird Chaplins bis dahin größter Erfolg.

Erich von Stroheim
Blinde Ehemänner
(Blind Husbands)
Der aus einer österreichischen Familie der Mittelschicht stammende Erich von Stroheim – das Adelsprädikat fügte er erst nach Beginn seiner Filmlaufbahn dem Namen zu – emigrierte 1906 in die USA, war ab 1914 in kleineren Rollen beim Film tätig und wurde Regieassistent von David W. Griffith. Er spezialisierte sich auf Rollen, die der allgemeinen Vorstellung vom brutalen preußischen Offizier entsprachen; in der Folgezeit verkörperte er den »Mann, den man liebend gern haßt«. Die gesellschaftskritischen Filme, die er drehte, brachten ihn fast durchweg in Gegensatz zu den Produzenten, da es ihm nicht gelang, seine Ideen in kommerziell verwertbarer Weise umzusetzen; sie kamen fast immer geschnitten in die Kinos, so auch »Blinde Ehemänner«, sein erster Film.
In »Blinde Ehemänner« führt er Regie und spielt zugleich die Rolle eines Leutnants, der sich in die Frau eines amerikanischen Touristen verliebt; bei einer Bergtour der beiden Männer fällt dem Touristen ein Brief seiner Frau an den Leutnant in die Hände, ein Brief, aus dem klar ersichtlich wird, daß die Frau kein Verhältnis mit dem Leutnant hat; der Ehemann durchschneidet jedoch das Seil, an dem der Leutnant hängt, der Leutnant stürzt in die Tiefe.

Sportereignisse und -rekorde des Jahres 1918

Die Aufstellung erfaßt Rekorde, Sieger und Meister in wichtigen Sportarten. Aufgenommen wurden nur solche Wettbewerbe, die in den vergangenen Jahren bereits regelmäßig ausgetragen worden sind oder ab 1918 kontinuierlich zu den Sportprogrammen gehörten. Sportarten in alphabetischer Reihenfolge.

Automobilsport

1918 keine internationalen Rennen

Boxen/Schwergewicht

Ort/Datum	Weltmeister	Gegner	Ergebnis
	Jess Willard (USA)	1918 keine Titelkämpfe	

Eiskunstlaufen

1918 keine Meisterschaften

Fußball

Länderspiele	Ergebnis	Ort	Datum
Deutschland	1918 keine Länderspiele		
Österreich (+1, =0, −3)			
Österreich – Schweiz	5:1	Wien	9.5.
Ungarn – Österreich	2:0	Budapest	
Österreich – Ungarn	0:2	Wien	
Österreich – Ungarn	0:3	Wien	
Schweiz (+0, =0, −2)			
Österreich – Schweiz	5:1	Wien	9.5.
Ungarn – Schweiz	2:1	Budapest	12.5.

Landesmeister	
Deutschland	nicht ausgetragen
Österreich	FAC Wien
Schweiz	Servette Genf
Belgien	nicht ausgetragen
Dänemark	Boldklubben Kopenhagen
England	nicht ausgetragen
Finnland	JK Helsinki
Holland	Ajax Amsterdam
Italien	nicht ausgetragen
Norwegen	Kvick Holden
Schottland	Glasgow Rangers
Schweden	IFK Göteborg

Landespokal	
Österreich	nicht ausgetragen
Schweiz	nicht ausgetragen
England	nicht ausgetragen
Frankreich	Olympique Paris
Schottland	nicht ausgetragen

Gewichtheben

Weltrekordler (Land), Datum	Dreikampf	Drücken	Reißen	Stoßen
Jan Sparre (RUS)			90,0 kg	
Hermann Gässler (GER)				157,0 kg*

* unfreies Umsetzen

Leichtathletik

Deutsche Meisterschaften (Berlin, 25. August)

Disziplin	Sieger (Ort)	Leistung
Männer		
100 m	Arthur Schoch (Berlin)	11,8
200 m	Arthur Reinhardt (Hamburg)	22,8
400 m	Hans Skowronnek (Berlin)	53,8
800 m	Georg Amberger (Berlin)	2:02,4
1500 m	Heinz Erler (Berlin)	4:21,1
7500 m	Jean Kastenholz (Köln)	25:29,2
110 m Hürden	Reinhard Wegner (Charlottenburg)	16,8
Weitsprung	Willi Dünker (Düsseldorf)	6,41
Hochsprung	Karl Schelenz (Berlin)	1,75
Stabhochsprung	Ludwig Gaim (München)	3,50
Kugelstoßen	Heinz Schumann (Kiel)	11,94
Diskuswurf	Xaver Geyer (München)	35,97
Speerwurf	Walter Lüdeke (Steglitz)	48,85

Weltrekorde (Stand: 31. 12. 1918)

Disziplin	Name (Land)	Leistung	Datum	Ort
Männer				
100 m	Emil Ketterer (GER)	10,5	09.07.1911	Karlsruhe
200 m (Gerade)	Arthur Robinson (USA)	20,8	02.05.1913	Mercersburg
400 m	Ted Meredith (USA)	47,4	27.05.1916	Cambridge (USA)
800 m	Ted Meredith (USA)	1:51,9	08.07.1912	Stockholm
1500 m	John Zander (SWE)	3:54,7	05.08.1917	Stockholm
Meile	Norman Taber (USA)	4:12,6	16.07.1915	Cambridge (USA)
5000 m	Hannes Kohlemainen (FIN)	14:36,6	10.07.1912	Stockholm
10 000 m	Jean Bouin (FRA)	30:58,8	16.11.1911	Paris
110 m Hürden	Robert Simpson (USA)	14,6	27.05.1916	Columbia
400 m Hürden	William Meanix (USA)	54,6	16.07.1915	Cambridge
4 × 100 m	Deutschland	42,3	08.07.1912	Stockholm
4 × 400 m	USA	3:16,6	15.07.1912	New York
Hochsprung	Clinton Larsen (USA)	2,03	01.06.1917	Provo
Stabhochspr.	Marc Wright (USA)	4,02	08.06.1912	Cambridge
Weitsprung	Peter O'Connor (GBR)	7,61	05.08.1901	Dublin
Dreisprung	Daniel Ahearn (USA)	15,52	30.05.1911	New York
Kugelstoßen	Ralph Rose (USA)	15,54	21.08.1909	S. Francisco
Diskuswurf	Armas Taipale (FIN)	47,58	20.07.1913	Magdeburg
Hammerwurf	Patrick Ryan (USA)	57,77	17.08.1913	New York
Speerwurf	Jonni Myyrä (FIN)	64,81	03.08.1915	Lappeens-rauta
Frauen				
100 m	Nina Popowa (RUS)	13,1	22.08.1913	Kiew
200 m	Lisie Nyström (FIN)	29,7	28.09.1913	Turku
400 m	Adi Bierbrauer (AUT)	1:10,0	29.06.1918	Wien
800 m	Elsa Dahl (SWE) Berit Hjulhammer (SWE)	2:50,8 2:50,8	01.11.1914 01.11.1914	Stockholm Stockholm
4 × 100 m	Finnland	55,6	08.08.1915	Turku
Hochsprung	Dorothy Hover (USA) Isabella Swain (USA) Miriam Heermans (USA)	1,44 1,44 1,44	16.05.1911 16.05.1911 16.05.1911	Aurora Aurora Aurora
Weitsprung	Maude Deveraux (USA)	5,12	20.06.1916	Skidmore

Anmerkung: Was die Leichtathletik-Weltrekorde von 1912 bis 1918 angeht, so gab es wegen des Ersten Weltkrieges keine offizielle Anerkennung von Höchstleistungen. Weltrekorde der Kriegsverlierer, auch nachgereichte, wurden nicht zur Kenntnis genommen. Der Internationale Leichtathletik-Verband (IAAF) arbeitete von 1914 bis 1918 nicht. Einige wenige Weltrekorde wurden von der IAAF rein zufällig Jahre später in die Rekordlisten aufgenommen.
Was die Frauen-Weltrekorde angeht, so fühlte sich auf internationaler Ebene niemand zuständig, nur einige nationale Verbände nahmen Rekorde in ihre Bücher auf.

Deutsche Rekorde (Stand: 31. 12. 1918)

Disziplin	Name (Ort)	Leistung	Datum	Ort
Männer				
100 m	Emil Ketterer	10,5	09.07.1911	Karlsruhe
200 m	Richard Rau (Berlin)	21,6	28.06.1914	Berlin
400 m	Hanns Braun (München)	48,3	13.07.1912	Stockholm
800 m	Hanns Braun (München)	1:52,2	13.07.1912	Stockholm
1000 m	Georg Mickler (Berlin)	2:32,3	22.06.1913	Hannover
1500 m	Carl Ernst (Berlin)	4:05,1	27.07.1913	Wien
3000 m	Erwin von Sigel (Berlin)	8:59,6	28.07.1912	Hamburg
5000 m	Josef Stoiber (Nürnberg)	15:50,1	11.06.1911	Berlin
10 000 m	Gregor Vietz (Berlin)	33:45,1	26.05.1912	Leipzig
110 m Hürden	Otto Röhr (Charlottenburg)	15,4	27.07.1913	Wien
400 m Hürden	Otto Röhr (Charlottenburg)	58,2	28.06.1914	Berlin
4 × 100 m	Nationalstaffel TSV München 1860	42,3 42,6	08.07.1912 28.06.1914	Stockholm Berlin
Hochsprung	Robert Pasemann (Berlin)	1,92	13.08.1911	Braunschwg.

Deutsche Rekorde (Stand: 31. 12. 1918)

Disziplin	Name (Ort)	Leistung	Datum	Ort
Männer				
Stabhochsprung	Robert Pasemann (Berlin)	3,79	06.07.1913	Berlin
Weitsprung	Willi Dünker	7,06	14.06.1914	Münster
Dreisprung	Karl Baaske (Osterode/Ostpr.)	14,87	01.09.1912	Osterode
Kugelstoßen	Karl Halt (München)	13,32	29.06.1913	Karlsruhe
Diskuswurf	Heinrich Buchgeister (Berlin)	43,71	19.07.1914	Berlin
Hammerwurf	Max Furtwengler (Fürth)	36,53	29.09.1912	Nürnberg
Speerwurf	Heinrich Buchgeister (Berlin)	57,35	08.07.1913	Amsterdam
Zehnkampf	Karl Halt (München)	6140	7.–9.7.1914	Malmö

Pferdesport

Disziplin/Turnier	Sieger (Land)	Pferd (Gestüt)	Datum
Galopprennen			
Deutsches Derby	Otto Schmidt (GER)	Marmor	
Trabrennen			
Deutsches Derby	R. Großmann (GER)	Peter I. (Klausner)	
Turniersport			
1918 keine internationalen Wettbewerbe			

Radsport

1918 keine internationalen Wettbewerbe

Schwimmen

Deutsche Meisterschaften in Berlin

Disziplin	Sieger (Ort)	Leistung
Männer		
Freistil 100 m	Walter Feistl (Reinickendorf)	1:08,5
Freistil 1500 m	Emil Benecke (Magdeburg)	8:06,8*
Brust 100 m	Alfred Wacker (Stuttgart)	1:24,8
Rücken 100 m	Erich Rademacher (Magdeburg)	1:26,8
Seite 100 m	Emil Benecke (Magdeburg)	1:18,0
Mehrkampf**	Hans Luber (Berlin)	72 P.
Kunstspringen	Hans Luber (Berlin)	—
Frauen		
Freistil 100 m	Grete Rosenberg (Hannover)	1:33,4
Rücken 100 m	Erna Murray (Berlin)	1:36,4

* verkürzte Strecke
** Tauchen, Springen, Schwimmen

Weltrekorde (Stand 31. 12. 1918)

Disziplin	Name (Land)	Leistung	Datum	Ort
Männer				
Freistil 100 m	Paoa Kahanamouku (USA)	1:01,4	09.08.1918	New York
Freistil 200 m	Norman Ross (USA)	2:21,6	16.11.1916	San Francisco
Freistil 400 m	John G. Hatfield (GBR)	5:21,6	26.09.1912	London
Freistil 800 m	Henry Taylor (GBR)	11:25,4	21.07.1906	Runcorn
Freistil 1500 m	George Hogdson (CAN)	22:00,0	10.07.1912	Stockholm
Freistil 4 × 100 m	GER	4:34,0	20.07.1912	Hamburg
Freistil 4 × 200 m	AUS	10:11,2	15.07.1912	Stockholm
Brust 100 m	Willi Lützow (GER)	1:16,8	24.05.1914	Magdeburg
Brust 200 m	Willi Lützow (GER)	2:54,2	25.04.1914	Magdeburg
Rücken 100 m	Otto Fahr (GER)	1:15,6	29.04.1912	Magdeburg
Rücken 200 m	Otto Fahr (GER)	2:48,4	03.04.1912	Magdeburg

Weltrekorde (Fortsetzung)

Disziplin	Name (Land)	Leistung	Datum	Ort
Frauen				
Freistil 100 m	Fanny Durack (AUS)	1:16,2	16.02.1915	Sydney
Freistil 200 m	Fanny Durack (AUS)	2:56,0	1915	Manly
Freistil 400 m	Fanny Durack (AUS)	6:58,0*	1914	Sydney
Freistil 800 m	Fanny Durack (AUS)	13:56,0*	1914	Sydney
Freistil 1500 m	Fanny Durack (AUS)	26:08,0	1914	Sydney
Freistil 4 × 100 m	GBR	5:52,8	15.07.1912	Stockholm
Brust 100 m	Erna Murray (GER)	1:35,0	1917	Berlin
Brust 200 m	G. Willner (GER)	3:41,6	1909	Hamburg
Rücken 100 m	Erna Murray (GER)	1:35,2	1918	Berlin

Deutsche Rekorde (Stand 31. 12. 1918)

Disziplin	Name (Ort)	Leistung	Datum	Ort
Männer				
Freistil 100 m	Kurt Bretting (Magdeburg)	1:02,4 E	06.04.1912	Brüssel
Freistil 200 m	Kurt Bretting (Magdeburg)	2:27,3	20.04.1912	
Freistil 400 m	Oskar Schiele (Magdeburg)	5:31,2	21.04.1912	Magdeburg
Freistil 800 m	Otto Fahr (Cannstatt)	11:45,0	20.04.1912	Magdeburg
Freistil 1500 m	Oskar Schiele (Magdeburg)	24:05,6	09.08.1913	Kassel
Brust 100 m	Willi Lützow (Magdeburg)	1:16,8 E	24.05.1914	Magdeburg
Brust 200 m	Willi Lützow (Magdeburg)	2:54,2 E	25.04.1914	Magdeburg
Rücken 100 m	Otto Fahr (Cannstatt)	1:15,6 E	29.04.1912	Magdeburg
Rücken 200 m	Otto Fahr (Cannstatt)	2:48,4 E	03.04.1912	Magdeburg
Freistil 4 × 100 m	Hellas Magdeburg	5:09,4 E	11.07.1910	Frankfurt
Frauen				
Freistil 100 m	Grete Rosenberg (Hannover)	1:22,2	28.06.1914	Berlin
Freistil 200 m	E. Bohne (Magdeburg)	3:46,4	1907	Hannover
Brust 100 m	Erna Murray (Berlin)	1:35,0 E	1917	Berlin
Brust 200 m	G. Willner (Hamburg)	3:41,6 E	1909	Hamburg
Rücken 100 m	Erna Murray (Berlin)	1:35,2 E	1918	Berlin

* Zwischenzeiten im 1500 m Weltrekordschwimmen
E = Europarekord

Tennis

Meisterschaften	Ort	Datum
Wimbledon	nicht ausgetragen	
US Open	Newport, Rhode Island (Herren) Philadelphia (Damen, Mixed)	
Australian Open	nicht ausgetragen	
Internationale Deutsche	nicht ausgetragen	
Daviscup-Endspiel	nicht ausgetragen	

Turnier	Sieger (Land) – Finalgegner (Land) Ergebnis
Herren	
US Open	Lindley Murray (USA) – Bill Tilden (USA) 6:3, 6:1, 7:5
Damen	
US-Open	Molla Bjurstedt (NOR/USA) – E. E. Goss (USA) 6:4, 6:3
Herren-Doppel	
US Open	Bil Tilden (USA)/ Vinnie Richards (USA) – Fred Alexander (USA) / Beals Wright (USA) 6:3, 6:4, 3:6, 2:6, 6:2
Damen-Doppel	
US Open	E. E. Goss (USA)/ M. Zinderstein – Molla Bjurstedt (NOR/USA)/ Mrs. J. Rogge (USA) 7:5, 8:6
Mixed	
US Open	Beals Wright (USA)/ H. Wightman(-Hotchkiss) (USA) – Fred Alexander (USA)/ M. Bjurstedt (NOR/USA) 6:2, 6:4

Abkürzungen zu den Sportseiten

AFG	Afghanistan
ARG	Argentinien
AUS	Australien
AUT	Österreich
BEL	Belgien
BOL	Bolivien
BRA	Brasilien
BUL	Bulgarien
CAN	Kanada
CHI	Chile
CHN	China
COL	Kolumbien
COS	Costa Rica
CUB	Kuba
DAN	Dänemark
DOM	Dominikanische Republik
ECU	Ecuador
ETH	Abessinien (Äthiopien)
FRA	Frankreich
GBR	Großbritannien
GER	Deutsches Reich
GRE	Griechenland
GUA	Guatemala
HAI	Haiti
HOL	Niederlande
HON	Honduras
IRA	Persien (Iran)
ITA	Italien
JAP	Japan
LIA	Liberia
LIE	Liechtenstein
LUX	Luxemburg
MCO	Monaco
MEX	Mexiko
NEP	Nepal
NIC	Nicaragua
NOR	Norwegen
NSE	Neuseeland
PAN	Panama
PAR	Paraguay
PER	Peru
POR	Portugal
PUR	Puerto Rico
RUM	Rumänien
RUS	Rußland
SAF	Südafrika
SAL	El Salvador
SAN	San Marino
SPA	Spanien
SUI	Schweiz
SWE	Schweden
THA	Thailand
TUR	Türkei
UNG	Ungarn
URU	Uruguay
USA	Vereinigte Staaten von Amerika
VEN	Venezuela

Nekrolog

Bekannte Persönlichkeiten aus allen Bereichen des gesellschaftlichen Lebens, die im Jahr 1918 gestorben sind, werden – alphabetisch geordnet – in Kurzbiographien dargestellt.

Abd Al Hamid II.

osmanischer Sultan 1876 bis zur Absetzung durch die Jungtürken 1909, Kalif (* 21. 9. 1842, Konstantinopel), stirbt am 10. Februar in Konstantinopel.
Die Regierungszeit von Abd Al Hamid II., dem Sohn von Abd Al Madschid I., war geprägt durch die Auseinandersetzung mit den Jungtürken. Um 1870 entstand unter Offizieren und Intellektuellen die Bewegung der Jungtürken, die eine konstitutionelle Monarchie, die Beschränkung des ausländischen Einflusses und die staatliche Förderung der Industrie forderte. 1876 erzwangen sie von Abd Al Hamid II. die Gewährung einer Verfassung, die der Sultan jedoch 1878 wieder aufhob. 1908 kam es zur Revolution der Jungtürken, Abd Al Hamid mußte die Verfassung von 1876 wieder in Kraft setzen, eine Amnestie für politische Häftlinge gewähren, die Zensur aufheben und reaktionäre Politiker entlassen. Das Osmanische Reich wurde konstitutionelle Monarchie, die Jungtürken übernahmen die politische Macht, erzwangen 1909 die Abdankung Abd Al Hamids zugunsten seines Bruders Muhammad V. Reschad. Muhammad verfügte kaum über Einfluß gegenüber den Jungtürken, deren führende Politiker Enwar Pascha und Mehmet Talat Pascha sind.

Victor Adler

österreichischer sozialistischer Parteiführer (* 24. 6. 1852, Prag), Vertreter des Austromarxismus, stirbt am 11. November in Wien.
Der als »Armeleut-Doktor« bekanntgewordene Arzt war maßgeblich beteiligt an der Neugründung der österreichischen Sozialdemokratie auf dem Hainfelder Parteitag (1888/89) durch die Einigung des gemäßigten mit dem orthodoxmarxistischen Flügel. Als Parteivorsitzender gründete er 1889 die »Arbeiterzeitung«, das offizielle Organ der österreichischen Sozialdemokraten. 1899 setzte er sich im »Brünner Programm« für einen föderativ-autonomen Nationalitäten-Staatsverband ein. 1905 wurde er Mitglied des Abgeordnetenhauses. Nach dem Zusammenbruch der Habsburger Monarchie am Ende des Weltkriegs wurde er Staatssekretär für Äußeres in der deutsch-österreichischen Regierung.

Guillaume Apollinaire

französischer Dichter und Kritiker (* 26. 8. 1880, Rom), der der Stilrichtung des Surrealismus den Namen gab, stirbt am 9. November in Paris an der spanischen Grippe.
Apollinaires absurdes Drama »Die Brüste des Teiresias«, uraufgeführt 1917 in Paris, ist dem Namen nach das erste »surrealistische« Theaterstück, die Bezeichnung »surrealistisch« hatte der Autor eigens für dieses Stück geprägt. Im Vorwort heißt es dazu: »Als der Mensch das Gehen künstlich nachschaffen wollte, erfand er das Rad, das keine Ähnlichkeit mit einem Bein hat. So schuf er surrealistisch, ohne es zu wollen.« Apollinaire versteht hier »surrealistisch« im Sinne von »nicht naturalistisch«.
Apollinaire gehörte nach der Jahrhundertwende in seiner Wahlheimat Paris zu einem Kreis junger avantgardistischer Schriftsteller und Maler. Als Literatur- und Kunstkritiker entdeckte und förderte er u. a. Pablo Picasso, Georges Braque, Henri Matisse und Henri Rousseau und setzte sich für den Kubismus ein (Essaysammlung »Die kubistischen Maler«, 1912). Aufsehen erregten seine Gedichtsammlungen »Alcools« (1913) und »Kalligramme« (1918; → S. 224), in denen er versuchte, durch Elemente der bildenden Kunst neue Ausdrucksmöglichkeiten für die Literatur zu schaffen: Die grafische Anordnung der Buchstaben ergab eine Skizze des jeweiligen Gedichtbands. Ein weiteres Hauptwerk ist der Roman »Der gemordete Dichter« (1916).

Albert Ballin

deutscher Reeder (* 15. 8. 1857, Hamburg), unter dessen Leitung die HAPAG die größte Reederei der Welt wurde, scheidet am 9. November in Hamburg durch Freitod aus dem Leben.
1899 wurde Ballin, der 1874 die Auswanderungsagentur seines Vaters geerbt und in Verbindung mit der US-amerikanischen Carr-Linie wertvolle internationale Beziehungen geknüpft hatte, Generaldirektor der Hamburg-Amerikanischen Packetfahrt-Aktiengesellschaft (HAPAG), die er zur größten Reederei der Welt ausbaute. Als Vertrauter von Kaiser Wilhelm II. bemühte er sich um eine Verständigung zwischen dem Deutschen Reich und Großbritannien, konnte jedoch die britenfeindliche Politik der deutschen Regierung nicht verhindern.

Arrigo Boito

italienischer Komponist und Dichter (* 24. 2. 1842, Padua), stirbt am 10. Juni in Mailand.
Boito war der erste Anhänger Richard Wagners unter den italienischen Opernkomponisten. Wie Wagner – dessen »Rienzi«, »Tristan« und »Wesendonck-Lieder« er ins Italienische übertrug – versuchte er, im Gesamtkunstwerk von Musik und Dichtung zum vollendeten Ausdruck zu gelangen. Er verfaßte romantisch-phantastische Libretti zu eigenen Opern: »Mefistofele« wurde bei der Uraufführung an der Mailänder Scala 1868 abgelehnt und erlebte nach der Umarbeitung 1875 einen triumphalen Erfolg in Bologna. Eine zweite Oper, »Nerone«, blieb Fragment.
Als Lyriker stand Boito auf der Basis der europäischen Romantik und der französischen Dekadenzdichtung sowie realistischer und veristischer Strömungen. Er verfaßte u. a. die Opernlibretti zu Amilcare Ponchiellis »La Gioconda« (1876, nach Victor Hugo) sowie zu »Otello« (1887) und »Falstaff« (1893) von Giuseppe Verdi.

Randolph Silliman Bourne

US-amerikanischer Essayist (* 30. 5. 1886, Bloomfield/New Jersey), stirbt am 22. Dezember verarmt in New York an einer Lungenentzündung.
Der nach einem Fall mißgestaltete Führer der Gruppe »Young America« galt mit seinen kritischen Essays über die Institutionen der Vereinigten Staaten und seinen radikalen Angriffen gegen das Großkapital als Sprecher seiner Generation. Er hinterläßt die anarchistisch gefärbte Schrift »Der Krieg ist die Gesundheit des Staates«.

Karl Ferdinand Braun

deutscher Physiker (* 6. 6. 1850, Fulda), Physiknobelpreisträger 1909, Erfinder der Braunschen Röhre, stirbt am 20. April als Zivilinternierter in New York.
1897 erfand Braun die Kathodenstrahlröhre, die Basis der Fernsehkamera und der Fernsehempfängerröhre, später Kernstück aller Kathodenstrahloszillographen, Fernseh- und Radargeräte. Braun ging bei seiner Erfindung von den bekannten Elektronenröhren aus, wie sie auch Konrad Röntgen bei der Entdekkung der Röntgenstrahlen (1895) benutzt hatte: Vakuumröhren, in denen sich zwei elektrische Pole (Kathode und Anode) befinden. Braun entdeckte, daß die Elektronenstrahlen beim Auftreffen auf fluoreszierende Farbe diese Farbe zum Leuchten bringen. Er beschichtete die der Kathode gegenüberliegende Glaswand mit entsprechender Farbe und lenkte den Elektronenstrahl mit veränderlichen Magnetfeldern ab. Dadurch erhielt er einen wandernden Lichtfleck auf dem Leuchtschirm. Wandert der Fleck schnell genug, dann entstehen wegen des Nachleuchtens der Fluoreszenzfarbe Linien (die späteren Bildzeilen).
Weitere Erfindungen Brauns waren der gekoppelte, aus zwei Schwingkreisen bestehende Sender (1898) und die Einführung des Kristalldetektorenempfängers – Voraussetzungen für den weltweiten Funkverkehr. 1913 erfand er die Rahmenantenne. Zusammen mit dem italienischen Funkpionier Guglielmo Marconi erhielt Braun 1909 den Physiknobelpreis verliehen für seine Verdienste um die drahtlose Telegraphie.

Carl Busse

deutscher Lyriker und Erzähler (* 12. 11. 1872, Lindenstadt/Posen), stirbt am 3. Dezember in Berlin.
Busse, neuromantisch-eklektizistischer Lyriker und Verfasser kulturhistorischer Romane, trat auch als Literarhistoriker und Herausgeber hervor. Den Naturalismus lehnte er ab. Die Stoffe seiner Erzählungen siedelte er häufig im polnisch-deutschen Grenzland an (»Die Schüler von Polajewo«, 1901). Erzählungen und Romane: »In junger Sonne« (1892), »Stille Geschichten« (1894), »Träume« (1895), »Jugendstürme« (1896), »Höhenfrost« (1897), »Jadwiga« (1899), »Im polnischen Wind« (1906), »Die Referendarin« (1906), »Das Gymnasium zu Lengowo« (1907), »Lena Küpper« (1910), »Flugbeute« (1914), »Sturmbeute« (1917).

Ivan Cankar

slowenischer Dichter und Schriftsteller (* 10. 5. 1876, Vrhnika bei Ljubljana), stirbt am 11. Dezember in Ljubljana.
Cankar, dessen Hauptwerke in zahlreiche europäische Sprachen übersetzt wurden, ist der Schöpfer eines neuen slowenischen Prosastils, den er insbesondere durch die für ihn charakteristische lyrische Skizze bereicherte. In seinen Romanen, Novellen und Erzählungen schildert er Schicksale von Unterdrückten und übt in fast jedem Werk Kritik an der kleinbürgerlichen Moral, der sozialen Ausbeutung und der politischen Charakterlosigkeit. Hauptwerke sind die Erzählungen »Das Haus zur barmherzigen Mutter Gottes« (1907), die Satire »Aus dem Florianertal« (1908) und die Komödie »Spuk im Florianertal« (1908).

Georg Cantor

deutscher Mathematiker (* 3. 3. 1845, Petersburg/Leningrad), Begründer der Mengenlehre, stirbt am 6. Januar in Halle/Saale.
Cantor, Mathematikprofessor in Halle, begründete mit seinen Theorien der Punktmengen bzw. der transfiniten Zahlen in den Jahren 1871 bis 1884 die Mengenlehre. Seine Definition der Menge lautet: »Unter einer Menge verstehen wir jede Zusammenfassung M von bestimmten wohlunterschiedenen Objekten a unserer Anschauung und unseres Denkens (welche Elemente von M genannt werden) zu einem Ganzen.«
Die Mengenlehre erweist sich wegen ihrer Abstraktheit – es ist nicht festgelegt, um welche Objekte es sich handelt, die zu Mengen zusammengefaßt werden – als sehr verallgemeinerungsfähig und damit als grundlegend für verschiedene mathematische Disziplinen.

Max Dauthendey

deutscher Lyriker und Erzähler, auch Dramatiker und Kunstmaler (* 25. 7. 1867, Würzburg), stirbt nach gescheiterten Heimkehrversuchen am 29. August tropenkrank in der Internierung in Malang auf Java.
Dauthendey führte ein unstetes Wanderleben (Schweden, London, Paris, New York, Mexiko, Ägypten, Indien, Ostasien, Arabien, Neuguinea u. a.). Dauthendey war in Lyrik und Prosa ein Impressionist, der seine meist exotischen Stoffe aus der genauen Kenntnis ferner Länder schöpfte. Seine Hauptwerke sind die Gedichtsammlungen »Singsangbuch« (1907) und »Die geflügelte Erde« (1910), die Novellensammlung »Die acht Gesichter am Biwasee« (1911) und der Roman »Raubmenschen« (1911).

Claude Debussy

französischer Komponist des Impressionismus (*22. 8. 1862, Saint-Germain-en-Laye), stirbt am 25. März in Paris.
Während seiner Ausbildung war Debussy als Hauspianist und Musiklehrer bei der Baronin von Meck tätig, deren Familie er auf mehreren Reisen durch Europa begleitete, wobei er in Italien Richard Wagner kennenlernte, von dem er eine Zeitlang beeinflußt wurde (Kantate »La demoiselle élue«, 1887/88). Mit der Kantate »L'enfant prodigue« errang er 1884 den Rompreis. Der Einfluß fernöstlicher und russischer Kunstmusik verdrängte bald die Romantik aus dem Schaffen dieses Komponisten, der die Musik des 19. und beginnenden 20. Jahrhunderts zu einem eigenen, impressionistischen Stil verband.
Bis 1899 verband Debussy eine enge Freundschaft mit Gabrielle Dupont, die seine Kompositionen, besonders die 1902 uraufgeführte Oper »Pelléas et Mélisande«, wesentlich förderte. 1908 heiratete er Claude Emma, die Mutter seines einzigen Kindes. In seinen letzten Lebensjahren entstanden das Mysterienspiel »Das Martyrium des heiligen Sebastian« (1911), das Ballett »Jeux« (1913) und verschiedene Opern. Darüber hinaus hinterläßt Debussy Orchesterwerke, Sonaten, ein Streichquartett sowie zahlreiche Lieder und Klavierkompositionen.

Raymond Duchamp-Villon

französischer Bildhauer (*5. 11. 1876, Damville/Eure), stirbt am 7. Oktober in Cannes.
Duchamp-Villon, Brudes des Malers Marcel Duchamp und des Malers und Radierers Jacques Villon, begann seine künstlerische Arbeit unter dem Einfluß des impressionistischen Bildhauers Auguste Rodin, schloß sich dann den Kubisten an und versuchte ihre Gestaltungsprinzipien auf die Bildhauerei zu übertragen. Sein Hauptwerk ist »Das Pferd« (erstmals 1914, zahlreiche Ausführungen). Daneben schuf er auch eine Vielzahl von Porträtbüsten.

Ludwig Edinger

deutscher Neurologe (*13. 4. 1885, Worms), stirbt am 26. Januar in Frankfurt am Main.
Edinger wurde 1904 Leiter des später nach ihm benannten neurologischen Instituts der Senckenberg-Gesellschaft in Frankfurt am Main und 1914 Professor der Neurologie an der Universität Frankfurt am Main. Seine zahlreichen Arbeiten betreffen vor allem die Anatomie, vergleichende Anatomie und die Krankheiten des Nervensystems. Nach ihm sind benannt der Edinger-Kern des dritten Hirnnervs und das Edinger-Nervenfaserbündel zwischen den Rückenmarksträngen und dem Sehhügel.

Gerrit Engelke

eigentl. Gerriet E., deutscher Arbeiterdichter (*21. 10. 1890, Hannover) stirbt am 13. Oktober nach schwerer Verwundung in einem britischen Lazarett bei Cambrai. Engelke, gelernter Anstreicher, wurde von der bürgerlichen Literaturkritik neben Heinrich Lersch als bedeutendster deutscher Arbeiterdichter gefeiert. Soziale Themen wie Arbeit, Industrie und Großstadt behandelte er nicht als Klassenkämpfer, sondern unter dem Aspekt eines religiös gefärbten Humanismus. Er glaubte an die Überwindung des seelenmordenden »Industrie-Materialismus« durch einen göttlichen »Weltgeist«. Der sprachgewaltige Lyriker wandte sich – beeinflußt von Walt Whitman und Richard Dehmel – mit Ekstase und expressiver Wortmacht an seine Zeitgenossen. Gedichtsammlungen: »Schulter an Schulter« (1916, mit Heinrich Lersch und Karl Zielke), »Rhythmus des neuen Europa« (postum 1921), »Briefe der Liebe« (1926) »Gesang der Welt« (1927).

Paul Gautsch von Frankenthurn

österreichischer Politiker (*26. 2. 1851, Döbling/Wien), stirbt am 20. April in Wien.
Gautsch von Frankenthurn verbesserte als Ministerpräsident einer Übergangsregierung 1897/98 die Badenischen Sprachverordnungen für Böhmen, konnte aber trotzdem die Opposition der Deutschen nicht beruhigen und trat 1898 zurück. Als Ministerpräsident von 1904 bis 1906 scheiterte er an der Frage der Wahlrechtsreform. 1911 war er zum dritten Mal Ministerpräsident, in der Zwischenzeit amtierte er als Präsident des Obersten Rechnungshofs. Er galt als Vertrauter von Kaiser Franz Joseph. Seit 1895 gehörte er dem Herrenhaus als lebenslängliches Mitglied an.

Alexander Girardi

österreichischer Schauspieler und Sänger (*5. 12. 1850, Graz), stirbt am 20. April in Wien.
Girardi zählt zu den bedeutendsten und populärsten österreichischen Volksschauspielern. Nach einem kurzen Wanderleben kam er 1871 nach Wien, wo er 1874 bis 1896 am Theater an der Wien als Charakterkomiker wirkte. 1908 bis 1909 war er am Thalia-Theater in Berlin und ab 1917 am Wiener Burgtheater tätig. Mit seinem natürlich-liebenswürdigen Humor und typisch österreichischem Gemüt spielte er die Gestalten Ferdinand Raimunds und verkörperte auch in literarisch weniger hochstehenden Lustspielen wirksame Rollen.

Friedrich von Hessing

deutscher Orthopädiemechaniker (*19. 6. 1838, Schönbrunn/Ansbach), stirbt am 16. März in Göggingen (Augsburg).
Hessing – er wurde 1913 geadelt – war als Gärtner, Schreiner, Schlosser und Orgelbauer tätig, ehe er mit seinen Ideen und Apparaten zur Heilung von körperlichen Verformungen, Knochenbrüchen und Gelenkentzündungen an die Öffentlichkeit trat und 1866 eine orthopädische Heilanstalt in Göggingen bei Augsburg gründete. Prinzip seiner Heilmethode war es, die verletzten oder erkrankten Körperteile so zu entlasten, daß sie, im Schwebezustand ruhend, bei freier Bewegung heilen können. Hessing erfand mehrere orthopädische Apparate, so den Schienenhülsenapparat und das Hüftbügelkorsett (Hessing-Korsett).

Ferdinand Hodler

schweizerischer Maler eines vom Symbolismus beeinflußten Jugendstils, Begründer der modernen schweizerischen Malerei (*14. 3. 1853, Bern), stirbt am 10. Mai in Genf.
Berg- und Waldlandschaften bestimmen das Früh- und das Spätwerk Hodlers, dessen Naturalismus mit dem mehrfach preisgekrönten Gemälde »Die Nacht« (1889) in einen ausdrucksstarken Symbolismus überging. In dekorativer Starrheit schuf er monumentale Historienbilder und Lebensgleichnisse, die deutlich von Jugendstil und Impressionismus beeinflußt sind. Sein monumentaler Stil kam weitgehend den Forderungen der Wandmalerei entgegen, und er schuf einige seiner besten Werke in dieser Technik, wobei er gleichzeitig der Historienmalerei neue Wege wies: »Rückzug der Schweizer bei Marignano« (1896–1900, Landesmuseum Zürich), »Auszug der Jenenser Studenten« (1908, Universität Jena), »Einmütigkeits-Glaubensschwur der Reformationszeit« (1913, Rathaus Hannover), ferner Wilhelm-Tell-Szenen u. a.

Konrad Prinz zu Hohenlohe-Schillingsfürst

österreichischer Politiker (*16. 12. 1863, Wien), stirbt am 21. Dezember in Leoben an der oberen Mur.
Konrad Prinz zu Hohenlohe-Schillingsfürst, seiner liberalen Ansichten wegen »der rote Prinz« genannt, wurde 1903 Statthalter in Triest und 1906 Ministerpräsident und Minister des Innern. Er leitete die neue Wahlkreiseinteilung in die Wege, trat jedoch noch im selben Jahr zurück, als den Ungarn trotz seines Widerspruchs ein selbständiger Zolltarif eingeräumt wurde. Danach war er erneut Statthalter in Triest, 1915/16 amtierte er als Minister des Innern, 1916/17 gemeinsamer Finanzminister beider Reichshälften und 1917/18 Erster Oberhofmeister Kaiser Karls.

Zesar Antonowitsch Kjui

russischer Komponist (*18. 1. 1835, Wilna), stirbt am 26. März in Petrograd (Leningrad).
Kjui, der durch Mili A. Balakirew zur »Gruppe der 5« stieß, die eine Erneuerung der russischen Kunstmusik durch Einbeziehung der russischen Folklore anstrebte, komponierte Orchestersuiten, Kammermusik, Klavier- und Violinstücke, mehrere Opern und etwa 200 Lieder, zum Teil unter dem Einfluß Robert Schumanns und Alexandr S. Dargomyschkis. Zur »Gruppe der 5« gehörten außer Kjui und Balakirew Modest Mussorgski, Nikolai A. Rimski-Korsakow und Alexandr P. Borodin.

Gustav Klimt

österreichischer Maler und Zeichner des Wiener Jugendstils (*14. 7. 1862, Baumgarten/Wien), stirbt am 6. Februar in Wien.
Klimt, Hauptvertreter des österreichischen Jugendstils und Vorläufer der Wiener Schule des Phantastischen Realismus, sollte eigentlich wie sein Vater Graveur und Goldschmied werden. Nach der Ausbildung an der Wiener Kunstgewerbeschule – wo er besonders von Ferdinand Laufberger beeinflußt wurde – erhielt er attraktive Malaufträge und stattete mit seinem Bruder und einem Freund Treppenhäuser und Decken mit Gemälden aus, u. a. im Wiener Burgtheater und im Kunsthistorischen Museum.
Während Klimts Meisterschaft als Zeichner schon früh unbestritten war, ernteten seine ornamentalen – später in erlesenem »goldenem« Stil gehaltenen – Bilder mit kleingemusterten Flächenelementen und kühn geschwungenen Linien ebensoviel Lob wie Kritik. Besonders die immer wieder abgewandelte Darstellung raffinierter Sinnlichkeit (»Der Kuß«, »Die Jungfrau«, »Adam und Eva«) wurde von Zeitgenossen als anstößig und obszön empfunden. Zu einem Skandal führten die Gemälde »Philosophie«, »Medizin« und »Jurisprudenz«, die er in den Jahren 1900 bis 1903 im Auftrag von Wiener Universitätsinstituten malte. Der Staat verweigerte die Annahme der in Auftrag gegebenen Bilder mit dem Argument, es handle sich um obszöne Darstellungen. – Klimt war u. a. Lehrer der Maler Oskar Kokoschka und Egon Schiele.

Timm Kröger

deutscher Schriftsteller (*29. 11. 1844, Haale/Landkreis Rendsburg-Eckernförde), stirbt am 29. März in Kiel.
Der Autodidakt Timm Kröger, Sohn eines Großbauern und bis 1864 selbst als Landwirt in Haale tätig, nach dem Studium Rechtsanwalt und Notar, schildert in seinen schlicht-gemütvollen, heimatverbundenen Erzählungen das niederdeutsche Bauernleben und die norddeutsche Landschaft. Eine Vorliebe zeigt er für stille Sonderlinge und die menschenleere Einsamkeit der Natur. Hauptwerke sind die Erzählungen bzw. Novellen »Eine stille Welt« (1891), »Der Schulmeister von Handewitt« (1894) und »Um den Wegzoll« (1905).

Paul Laband

deutscher Jurist, führender Staatsrechtslehrer des Kaiserreichs (*24. 5. 1838, Breslau), stirbt am 23. März in Straßburg.
Laband wurde 1864 Professor für Rechtsgeschichte und öffentliches Recht in Königsberg in Preußen und lehrte ab 1872 in Straßburg. Er war der führende Staatsrechtslehrer des deutschen Kaiserreichs und der Hauptvertreter des staatsrechtlichen Positivismus, der diese Wissenschaft von allen politischen und staatsphilosophischen Überlegungen zu reinigen und ausschließlich mit rechtsbegrifflichen Konstruktionen zu arbeiten versuchte. Sein Hauptwerk ist »Das Staatsrecht des Deutschen Reiches« (drei Bände, 1876–1882). Er war Gründungsmitglied der Zeitschrift »Archiv für öffentliches Recht« und der »Deutschen Juristenzeitung«.

Amalie Materna
österreichische Opernsängerin (*10. 7. 1845, St. Georgen/Steiermark), stirbt am 18. Januar in Wien.
Amalie Materna, Mitglied der Wiener Hofoper von 1869 bis 1894, ab 1902 Gesanglehrerin, war vor allem eine hervorragende Interpretin Richard Wagners (dramatischer Sopran).

Koloman Moser
österreichischer Innenarchitekt, Maler und Grafiker des Jugendstils (*30. 3. 1868), stirbt am 18. Oktober in Wien.
Moser war Gründungsmitglied der Wiener Secession und der Wiener Werkstätte. Durch seine Entwürfe in den verschiedensten Bereichen des Kunsthandwerks – Stoff- und Teppichmuster, Schmuck, Ledersachen, Spielzeug, Bucheinbände, Bühnendekorationen und Inneneinrichtungen – übte er nachhaltigen Einfluß auf den Jugendstil in Österreich aus. Zu seinen Hauptwerken zählen seine Entwürfe für das stilisierte Eulenmotiv, der »Reigen der Kranzträgerinnen« und das Glasfenster »Die Kunst« im Gebäude der Wiener Secession.

Muhammad V.
osmanischer Sultan seit 1909 (*3. 11. 1844, Konstantinopel/Istanbul), stirbt am 3. Juli 1918 in Konstantinopel (Istanbul).
Muhammad, der Sohn des Sultans Abd Al Madschid, wurde 1909 von der Nationalversammlung an Stelle seines abgesetzten Bruders Abd Al Hamid II. zum Sultan proklamiert. Auf die Politik der Jungtürken gewann er keinen Einfluß.

Nikolaus II.
letzter russischer Zar von 1894 bis 1917 (*18. 5. 1868, Zarskoje Selo/Puschkin), wird am 16. Juli in Jekaterinburg (Swerdlowsk) von Bolschewiken ermordet. Mit ihm sterben seine Frau Alexandra – die 1872 in Darmstadt geborene Tochter des Großherzogs Ludwig IV. von Hessen –, seine vier Töchter und der 14jährige Thronfolger Alexei.
Nikolaus II. bestieg 1894 den Thron als Nachfolger seines Vaters Alexander III. und regierte zunächst ganz im Stil seiner autokratischen Vorgänger. Erst nach dem verlorenen Krieg gegen Japan 1904/05 und nach revolutionären Unruhen (»Blutsonntag von St. Petersburg« 1905) ließ er sich zu Zugeständnissen bewegen, u.a. zur Einrichtung eines Parlaments (Reichsduma), die er aber kurze Zeit später wieder zurücknahm. Unter dem Eindruck der drohenden Revolution dankte er im März 1917 ab, wurde mit seiner Familie nach Sibirien verbannt und in Jekaterinburg gefangengehalten.

Carl Peters

deutscher Kolonialpolitiker (*27. 9. 1856, Neuhaus/Elbe), Gründer der Gesellschaft für Deutsche Kolonisation, Mitbegründer des Alldeutschen Verbands, stirbt am 10. September in Woltorf (Peine).
Im Alter von 27 Jahren gründete der Historiker und Geograph Peters 1884 zusammen mit Felix Graf Behr-Bandelin die Gesellschaft für Deutsche Kolonisation als »Kapitalistengruppe zur Annexion und später zur Verwaltung möglichst großer Kolonialländer unter deutscher Flagge«. Mit der Gründung dieser Gesellschaft konnte er sein Projekt Deutsch-Ostafrika finanziell absichern und eine Expedition unternehmen, in deren Verlauf er durch Abtretung mit Stammesführern ausgedehnte Territorien erwarb, die 1885 deutsche Schutzgebiete (Kolonien) wurden. 1891 gehörte er zu den Gründern des Allgemeinen Deutschen Verbands, einer Vorläuferorganisation des aggressiv-nationalistischen Alldeutschen Verbands, und wurde im selben Jahr zum Reichskommissar zur Verfügung des Gouverneurs von Ostafrika ernannt. Schwere Vorwürfe wegen unwürdiger Behandlung von Eingeborenen führten 1897 zu seiner Entlassung.

Georgi Walentinowitsch Plechanow
russischer Revolutionär (*11. 12. 1856, Gudalowka), Gegner Wladimir I. Lenins als Vertreter der Menschewiken, stirbt am 30. Mai in Terijoki (Selenogorsk).
Plechanow, Sohn eines adligen Grundbesitzers, beschäftigte sich während seiner Studienzeit mit sozialistischem Gedankengut und unterstützte die revolutionäre Bewegung der Narodniki (»Freunde des Volkes«). 1876 war er in Petersburg Redner auf einer Protestversammlung, bei der erstmals in Rußland rote Fahnen mitgeführt wurden.
1880 entzog er sich der drohenden Verhaftung durch die Flucht ins Ausland, wo er fast 40 Jahre, bis Anfang 1917, als Emigrant lebte. Unter dem Einfluß der Werke seines Freundes Karl Marx gründete er 1883 in Genf die erste marxistische Gruppe, »Befreiung der Arbeit«, aus der später die Sozialdemokratische Arbeiterpartei Rußlands hervorging. 1889 war er Abgeordneter Rußlands bei der Zweiten Internationale. Nach intensiver Zusammenarbeit mit Lenin seit 1895, kam es 1903 in London zur Spaltung der Partei in die revolutionären Bolschewiken und die reformgläubigen Menschewiken. Plechanow stellte sich an die Spitze der Gemäßigten, weil er fürchtete, daß ein gewaltsamer Umsturz, wie ihn Lenin propagierte, das Volk in eine neue Knechtschaft führen würde.

Manfred Freiherr von Richthofen

deutscher Offizier und erfolgreichster deutscher Jagdflieger während des Ersten Weltkriegs (*2. 5. 1892, Breslau), fällt am 21. April in Vaux-sur-Somme bei Corbie.
Von Richthofen war von 1916 bis 1918 mit 80 Abschüssen der erfolgreichste deutsche Kampfflieger. 1917 wurde er Kommandeur des Jagdgeschwaders 1. Nach der Verfolgung eines Gegners in geringer Höhe hinter der gegnerischen Front wird er am 21. April durch einen Treffer in die Maschine zum Niedergehen gezwungen. Kurz vor der Landung trifft ihn der Schuß eines kanadischen Fliegers tödlich. Er schrieb: »Der rote Kampfflieger« (1917).

César Ritz
schweizerischer Hotelier (*23. 2. 1850, Niederwald/Wallis), stirbt am 20. Oktober in Küsnacht im Kanton Zürich.
Ritz gründete die nach ihm benannte Hotelkette. Seinem ersten Hotel in Paris (1898) folgten bald weitere Luxusunterkünfte in den europäischen Metropolen.

Peter Rosegger

eigentlich P. Roßegger, österreichischer volkstümlicher Erzähler (*31. 7. 1843, Alpl/Steiermark), stirbt am 26. Juni in Krieglach.
Rosegger, Sohn eines Waldbauern, verlebte seine Kindheit als Hütejunge in den Bergen, später als Lehrling bei einem von Hof zu Hof wandernden Schneider. Von einem pensionierten Dorflehrer lernte er Lesen und Schreiben. Seine Romane und Erzählungen verherrlichen die unberührte Natur und die Volksseele seiner steierischen Heimat. Zum Teil in Mundart geschrieben, sind es »Idyllen aus der untergehenden Welt« (1899), die bei allem Humor auch im Sinn einer Bewahrung der alten Bräuche erziehen wollen und gegen die moderne »Sittenlosigkeit« zu Felde ziehen. Seine autobiographischen Romane »Die Schriften des Waldschulmeisters« (1875) und »Waldheimat« (1877) sowie die Geschichten »Als ich noch der Waldbauernbub war« (1902) bleiben auch nach seinem Tod eine beliebte Lektüre. Weitere Werke: »Geschichten aus Steiermark« (1871), »Der Gottsucher« (1883).

Edmond Rostand
französischer Erfolgsdramatiker und Lyriker (*1. 4. 1868, Marseille), bedeutendster Vertreter des romantischen Versdramas, stirbt am 2. Dezember in Paris.
Rostand verwandelte das historische Schauspiel in gehobenes Unterhaltungstheater und bot dem breiten Publikum in virtuoser Verstechnik und geschickter Szenenführung problemlose Schönheit als Fluchtpunkt aus dem politischen und sozialen Alltag. In »Cyrano de Bergerac« (1897), seinem Meisterwerk, das ihn weltberühmt machte, stellte er die romantisch verklärte Liebe eines Edelmannes aus dem 17. Jahrhundert dar. 1901 wurde er Mitglied der Académie française. Nach dem Mißerfolg seines satirischen Dramas »Chantecler« (1910) zog er sich von der Bühne zurück. Weitere Dramen: »Die Romantischen« (1894), »Das Weib von Samaria« (1897), »Der junge Aar« (1900).

Egon Schiele

dem Wiener Jugendstil und frühen Wiener Expressionismus nahestehender österreichischer Maler und Zeichner (*12. 6. 1890, Tulln), stirbt am 31. Oktober in Wien.
Entscheidend für Schieles künstlerische Entwicklung war die Begegnung mit Gustav Klimt im Jahre 1907. Beeinflußt von dem Freund, Förderer und Vorbild, malte er in den folgenden Jahren (bis etwa 1910) im Formenkanon des Jugendstils, näherte sich danach dem expressiven Stil Oskar Kokoschkas an und wurde schließlich zu einem der ausdrucksstärksten Expressionisten. Zu Schieles bekanntesten Werken zählen seine Darstellungen deformierter Akte, die ihn – mit ihren verrenkten Körpern, verzerrten Gesichtern und ekstatischen Gesten – als Zeitgenossen des Psychoanalytikers Sigmund Freud ausweisen, vom Publikum und von den Gerichten jedoch als pornographisch verurteilt wurden. Nach Beschlagnahmung einiger Blätter mußte der Künstler 1912 eine 24tägige Gefängnisstrafe absitzen.
Weitere Themen Schieles sind Landschaftsdarstellungen, Kinderbildnisse und analytische Selbstporträts.

Karl Schlechter
österreichischer Schachspieler (*2. 3. 1874, Wien), stirbt am 27. Dezember in Budapest.
Schlechter, Schachmeister der Wiener Schule, war ein bedeutender Positionsspieler mit umfangreichen theoretischen Kenntnissen. Er gewann die Meisterschaften in Ostende (1906) und in Hamburg (1910).

Georg Simmel
deutscher Soziologe und Philosoph (*1. 3. 1858, Berlin), stirbt am 26. September in Straßburg.
Simmel vertrat zunächst eine an Herbert Spencer und Charles Darwin orientierte biologische Erkenntnistheorie (Wahrheit = Gattungszweckmäßigkeit) und entwickelte in freier Anlehnung an Immanuel Kant seine Aprioritätslehre, die für seine Soziologie und seine Geschichts- und Religionsphilosophie grundlegend wurde. Danach wird das Geschehen erst »Geschichte«, wird die innere Beziehung von Mensch zu Mensch erst »Gesellschaft«, wird die stimmungsmäßige Religiosität erst zur »Religion«, wenn bestimmte seelische Formkräfte wirksam werden (historisches, soziales, religiöses Apriori). In der Nachfolge Georg Wilhelm Friedrich Hegels und Edmund Husserls gelangte er in einem zweiten Stadium zur Aufstellung und Anerkennung eines selbständigen Reiches »ideeller und idealer Forderungen«, die für das Erkennen und Handeln der Menschen eine übersubjektive Gültigkeit beanspruchen. Untersuchungsgegenstand der formalen Soziologie ist für Simmel das Spektrum der abstrakt-generellen sozialen Formen: Arbeitsteilung, Konkurrenz, Parteiung, Repräsentation, Über- und Unterordnung usw. Simmels Formanalysen hatten besonders in den USA großen Einfluß.
Zu seinen Hauptwerken zählen »Über soziale Differenzierung« (1890), »Einleitung in die Moralwissenschaft. Eine Kritik der ethischen Grundbegriffe« (zwei Bände, 1892/93), »Die Probleme der Geschichtsphilosophie« (1892), »Die Philosophie des Geldes« (1900), »Kant. 16 Vorlesungen« (1904), »Soziologie. Untersuchungen über die Formungen der Vergesellschaftung« (1908), »Grundfragen der Soziologie« (1917). In großen Monographien bedeutender Gestalten des Abendlandes (Rembrandt, Kant, Johann Wolfgang von Goethe, Friedrich Nietzsche) versuchte er den überzeitlichen Sinngehalt sichtbar zu machen.

István Graf Tisza

ungarischer Politiker (*22. 4. 1861, Pest/Budapest), wird am 31. Oktober von revolutionären Soldaten in der ungarischen Hauptstadt Budapest ermordet.
Tisza, Sohn des früheren langjährigen ungarischen Ministerpräsidenten (1875–1890) Kálmán Tisza, war von 1903 bis 1905 und von 1913 bis 1917 Ministerpräsident. 1910 gründete er die liberale Nationale Arbeitspartei, 1912/13 war er Präsident des Abgeordnetenhauses. Um die Machtstellung der Magyaren und ihre Herrenschicht im Königreich Ungarn und in der habsburgischen Gesamtmonarchie zu erhalten, hielt er mit großer Bestimmtheit an der dualistischen Ordnung des österreichisch-ungarischen Ausgleichs von 1867 und dem deutsch-österreichischen Bündnis von 1879 fest. Zugleich bekämpfte er alle Bestrebungen nach einem föderalistischen Umbau der Habsburgermonarchie, die Einführung eines demokratischen Wahlrechts in Ungarn und generell die Forderungen der nichtmagyarischen Minderheiten, besonders der Kroaten und der siebenbürgischen Rumänen. In der Julikrise 1914 widersetzte er sich anfangs dem Gedanken eines Kriegs gegen Serbien, wurde dann jedoch der eigentliche Träger der Weltkriegspolitik Österreich-Ungarns mit überragendem Einfluß in der ganzen Habsburgermonarchie, einschließlich der Heeresleitung. Da er sich Reformplänen widersetzte (Erweiterung des Wahlrechts), berief ihn der neue Kaiser Karl I. 1917 ab.

Otto Wagner

österreichischer Architekt des »Nutzstils« (*13. 7. 1841, Penzing/Wien), dessen Bauten seit der Jahrhundertwende das Stadtbild Wiens prägen, stirbt am 11. April in Wien.
Wagner förderte die Hinwendung der österreichischen Architektur zum Jugendstil, den er selbst mit seinem funktionalistischen »Nutzstil« überwand. 1892/93 leitete sein Generalregulierungsplan eine umfassende Stadtsanierung Wiens ein, in deren Verlauf Wagner die Bauten der Wiener Stadtbahn (1894–1897), die Kaianlagen zur Regulierung des Donaukanals, das Wiener Postsparkassenamt (1904–1906) und die Landesheilanstalt am Steinhof in Hietzing mit der Anstaltskirche (1904–1906) schuf. Außerdem errichtete er in Wien die Länderbank (1890). Er veröffentlichte »Moderne Architektur« (1896).

Frank Wedekind

deutscher Dramatiker, Lyriker und Erzähler (*24. 7. 1864, Hannover), der vor allem durch seine Dramen von sich reden machte, in denen er gegen die bürgerliche Sexualmoral verstieß, stirbt am 9. März in München.
Wedekind, neben Gerhart Hauptmann der bedeutendste deutsche Dramatiker der Jahrhundertwende, führte nach einem abgebrochenen Jurastudium ein wechselvolles Leben: Er war Journalist und Werbechef bei Maggi, Zirkussekretär beim Zirkus Herzog und Ibsen-Rezitator, betätigte sich ab 1890 als Dramaturg, Schauspieler und Regisseur, ging auf Theatertourneen und war Mitarbeiter der satirischen Wochenschrift »Simplicissimus«. Am Münchner Kabarett »Die elf Scharfrichter« sang er – nach Verbüßung einer Festungshaft wegen Majestätsbeleidigung (1899/1900) – ab 1901 zur Laute eigenen Lieder und satirische Balladen.
Mit Max Reinhardts Uraufführung seiner Tragödie »Frühlings Erwachen« 1906 in den Berliner Kammerspielen, die weltweit Resonanz fand – in Deutschland wurde das Stück nach der Uraufführung bis 1912 verboten –, begann der künstlerische Durchbruch Wedekinds. Weitere Werke sind die Dramen »Erdgeist« (1895), »Der Liebestrank« (1900), »Der Marquis von Keith« (1910), »Die Büchse der Pandora« (1904), »Totentanz« (1906) und »Die Zensur« (1908), die Erzählungen »Rabbi Esrach« (1897), und »Der Brand von Egliswyl« (1897), die sog. »Simplicissimus-Gedichte« (1897–1902) sowie das Traktat »Mine-Haha oder über die körperliche Erziehung junger Mädchen« (1901).

Bernhard Weiß

deutscher evangelischer Theologe (*20. 6. 1827, Königsberg/Preußen), stirbt am 14. Januar in Berlin.
Der kirchenpolitisch und theologisch konservative Bibelkommentator, Textkritiker und Leben-Jesu-Forscher Weiß wurde 1863 Professor für Neues Testament in Kiel und lehrte von 1877 bis 1903 in Berlin, wo er auch Oberkonsistorialrat, Vortragender Rat im Kultusministerium (1880–1899) und Präsident des Zentralausschusses der Inneren Mission (1887–1896) war. Sein 1868 erschienenes »Lehrbuch der biblischen Theologie des Neuen Testaments« erreichte 1903 bereits die siebte Auflage. 1908 veröffentlichte er »Die Quellen der synoptischen Überlieferung«.

Personenregister

Das Personenregister enthält alle in diesem Buch genannten Personen (nicht berücksichtigt sind mythologische Gestalten und fiktive Persönlichkeiten sowie Eintragungen im Anhang mit Ausnahme des Nekrologs). Die Herrscher und Angehörigen regierender Häuser mit selben Namen sind alphabetisch nach den Ländern ihrer Herkunft geordnet. Kursive Zahlen verweisen auf Abbildungen.

Sachregister

Das Sachregister enthält Suchwörter zu den in den einzelnen Artikeln behandelten Ereignissen sowie Hinweise auf die im Anhang erfaßten Daten und Entwicklungen. Kalendariumseinträge sind nicht in das Register aufgenommen. Während politische Ereignisse im Ausland unter den betreffenden Ländernamen zu finden sind (Beispiel »Rücktritt Kaiser Karl I.« unter »Österreich-Ungarn«), wird das politische Geschehen im Deutschen Reich unter den entsprechenden Schlagwörtern erfaßt. Begriffe zu herausragenden Ereignissen des Jahres sind ebenso direkt zu finden (Beispiel: »Erster Weltkrieg« eben dort). Ereignisse und Begriffe, die einem großen Themenbereich (außer Politik) zuzuordnen sind, sind unter einem Oberbegriff aufgelistet (Beispiel: »Nahrungsmittelversorgung« unter »Essen und Trinken/Ernährung«).

Bildquellenverzeichnis

Amerika-Haus, Köln (3); Archiv Gerstenberg, Wietze (12); Deutsches Literaturarchiv, Marbach (2); Forschungsinstitut für Musiktheater, Bayreuth (1); Friedrich Krupp GmbH, Historisches Archiv, Essen (2); Haniel Archiv, Oberhausen (2); Historia-Photo, Hamburg (11); Harenberg Kommunikation, Dortmund (415); Werner Hoppe, Dortmund (4); Imperial War Museum, London (1); Internationaal Institut vor Socialgeschiedenis, Amsterdam (1); Köln-Düsseldorfer Schiffahrtsgesellschaft, Köln (1); Prins Archief, Gravenhage (1); Stiftung Schweizerische Theatersammlung, Bern (1); Süddeutscher Verlag, München (35); USIS, Bonn (1); Zentralbibliothek Zürich (2)